KB202010

복 있는 사람

오직 하나님 말씀에 사로잡혀 밤낮 성경말씀 곱씹는 그대!
에덴에 다시 심긴 나무, 달마다 신선한 과실 맺고 잎사귀 하나 지는 일 없이,
늘 꽃 만발한 나무라네.(시편 1:2-3, 메시지)

나는 저자에게 직접 『메시지』의 저술 동기를 물은 적이 있습니다. 유진은 순전히 '목회적 동기'였다고 대답했습니다. 교인들이 성경 읽기를 너무 어려워하고, 말은 안 하지만 성경 읽기의 당위성을 알면서도 그렇게 못하고 있는 죄책감에서 교인들을 해방시키고 즐겁게 성경을 읽을 수 있도록 도울 길은 없을까를 고민했다고 합니다. 그 결과가 이 책 『메시지』입니다. 나는 지난 수년 동안 영어 성경을 이 『메시지』로 읽어 왔습니다. 얼마나 쉽고 흥미까지 있는지요! 그러면서도 이 책은 성경 원문의 표현을 벗어나지 않는 학문적 엄밀성까지 지키고 있습니다. 나는 성경에 흥미를 느끼며 성경을 독파할 다시없는 우리 시대의 대안으로, 단연 유진 피터슨의 『메시지』를 추천하고 싶습니다.

이동원 목사 지구촌교회

성경은 자구(字句)를 따져 가며 세심히 읽어야 하는 진리의 말씀입니다. 그뿐만 아니라, 성경은 하나님께서 우리를 인격적 존재로 대하시며 건네시는 생생한 일상의 말씀이기도 합니다. 그 살아 있는 말씀으로 하나님의 마음을 느끼며 신앙의 내용도 바로 이해하게 될 때, 우리는 더욱 성숙한 믿음으로 나아가게 될 것입니다. 그 길로 나아가는 데 이 책 『메시지』는 크나큰 유익을 줄 것이라 기대합니다.

박영선 목사 남포교회

유진 피터슨의 『메시지』 완간을 우리 모두가 오랫동안 기다려 왔습니다. 그의 탁월한 글솜씨와 함께 현대적 감각의 생생한 언어로 성경을 흥미롭게 풀어 우리 곁에 다가온 『메시지』는 성도들의 영적 삶에 큰 변화를 가져올 기회가 되리라 확신합니다. 어렵게 여기던 성경과의 거리감을 없애고 친밀하게 다가갈 수 있게 함으로 그야말로 '열린 성경'이 되어 더 많은 독자들을 만날 수 있게 되었습니다. 말씀이 거침없이 읽힐 때 어떤 일이 일어날지 참으로 기대와 함께 흥분이 됩니다.

이규현 목사 수영로교회

문자로 기록된 성경은 하나님의 말씀이다. 거기에는 하나님의 깊은 뜻이 담겨 있다. 성경에 담겨 있는 깊은 뜻은 어느 시대 어떤 번역자에 의해서도 완전하게 드러낼 수 없다. 시대의 상황에서 최선을 다한 번역일 뿐이다. 유진 피터슨의 『메시지』는 우리 시대에 살고 있는 사람들에게 하나님의 깊은 뜻을 가장 적절하게 잘 드러낸 최선의 번역이라는 찬사를 아끼지 않는다. 이름 그대로 독자들에게 살아 있는 메시지로 들려질 수 있는 번역이다. 어느 때보다 하나님의 말씀에 목말라하는 이때에, 이 『메시지』가 많은 독자들에게 영의 양식이 될 줄 확신하는 바이다.

임영수 목사 모새골 공동체

저는 『메시지』 성경을 읽으면서, 성경 읽기를 무척이나 어려워하는 우리 성도들이 떠올랐습니다. 묵상은 커녕 성경을 하루 한 장 읽기에도 바쁜 오늘날, 『메시지』는 한국교회에 참 귀한 선물입니다. 저는 성도를 말씀으로 깨워 각자의 삶 속에서 예수님 닮은 모습으로 서도록 도와주는 일이 목회자의 본질적인 사명이라 확신하며 사역해 왔습니다. 그러한 목회자의 마음이 담긴 『메시지』는, 어렵게만 느껴지던 성경을 우리 일상의 언어로 풀어 주어 성도 스스로 삶 속에서 말씀으로 하나님과 관계 맺도록 도와줍니다. 진정한 그리스도인의 영성은 구체적이고 실천적인 '일상의 영성', '삶의 영성'입니다. 『메시지』를 통해 한국교회의 성도들이 말씀의 깊은 세계로 뛰어들어 그 말씀대로 살기 위해 씨름하는, 주님의 참된 제자로 세워지기를 소망합니다.

이찬수 목사 분당우리교회

성에 낀 창가, 흐린 불빛 아래 앉아 시린 손을 호호 불며 시를 쓰던 지바고를 생각한다. 그리고 말씀의 지층을 탐사하면서, 곱씹은 말씀 한 자 한 자를 명징한 언어로 옮기느라 골똘했을 한 사람을 생각한다. 『메시지』의 행간에는 각고의 세월 동안 그가 흘렸을 눈물과 탄식, 기쁨과 감동이 배어 있다. 그 행간까지도 읽으려 한 번역자들과 편집자들의 노고도 눈물겹다. 아브라함 요수아 헤셸은 현대인을 가리켜 '메시지를 잃어버린 메신저'라 했다. 그런 현대인들에게 이 한 권의 책은 우리가 잃어버린 혹은 잊고 있는 본래적 삶을 되찾도록 도와줄 것이다. 성경의 세계와 깊이 만날 수 있는 또 하나의 창을 얻은 기분이다.

김기석 목사 청파교회

우리 교회는 성경을 읽을 때 두 가지 번역본을 사용하려고 합니다. 하나는 개역개정 성경이고, 하나는 『메시지』라는 의역 성경입니다. 특히, 『메시지』란 성경을 적극적으로 활용해 주시기를 바랍니다. 이미 성경을 여러 번 읽었던 분들은 새로운 번역본으로 읽으면서 성경의 새로운 의미를 깨달을 수 있을 것입니다. 그리고 처음 성경을 읽는 분들은 현대어로 번역된 이 성경을 통해 성경의 의미를 쉽게 파악할 수 있을 것입니다. 말씀을 통해 우리의 심령에 주실 하나님의 은혜의 단비를 사모합니다.

정현구 목사 서울영동교회

유진 피터슨의 『메시지』는 묵상 성경이다. 유진 피터슨은 문학적 상상력과 신학적 치밀성이 통합된 아주 놀라운 성경 해석가요 설교자다. 그의 풍요로운 문학적 상상력이 신학적 경직을 훌쩍 긴너뛰어, 그의 모든 글들을 풍요롭고 자유롭고 아름답게 해준다. 딱딱한 성경의 이야기(narrative)를 흥미롭고 풍요로운 시적 언어로 다시 풀어내어 신선한 통찰력이 넘치는 새로운 이야기로 전하는 '스토리텔링 바이블'이 바로 『메시지』이다.

이문식 목사 광교산울교회

저는 『메시지』의 출판을 정말 오랫동안 기다려 왔습니다. 1996년도 안식년에 저는 리젠트 칼리지에 머물면서 저자도 만나고 그의 저서들도 접하게 되었습니다. 그때 『메시지』를 소개받고 읽으며 얼마나 좋아했는지 모릅니다. 그리고 그때부터 저는 한국어판의 간행을 기다려 왔습니다. 벌써 15년이나 되었네요. 이 책의 출간을 진심으로 기뻐하며 추천합니다. 여러분 모두 성경처럼 옆에 두고 읽어 보십시오. 은혜가 되고 영감이 떠오를 것입니다.

정주채 목사 향상교회

성경은 하나님에 대하여 어디서도 얻을 수 없는 살아 있는 정보를 가득 담고 있는 세상에서 가장 소중한 책이지만, 성경 원어가 모국어가 아닌 모든 사람에게 늘 쉽지 않은 책이기도 하다. 유진 피터슨은 문화와 시간의 벽을 뛰어넘어 그 소중한 의미를 밝혀 주는 번역과 의역 작업을 통해 우리를 성경 말씀에 더 가까이 나아가게 만든다. 한국인에 의한 한국판 『메시지』가 나올 때까지, 이 책은 우리 모두에게 축복의 보고가 될 것이다.

김형국 목사 나들목교회

『메시지』는 변함없는 진리의 말씀을, 지금 이 시대의 평범하고 일상적인 단어들에 담아 생동감 있게 전해 줍니다. 성경의 원문에 충실한 바른 번역이 살아 있는 언어로 더욱 빛을 발하는 『메시지』는, 성경을 처음 읽는 사람이든 오랫동안 상고해 온 사람이든, 누구에게나 깊이 파고드는 생명력 있는 진리의 귀한 통로가 될 것입니다. 이 시대의 젊은이와 미래를 이끌어 갈 다음 세대에게 생명을 살리는 도구로 크게 쓰일 것입니다.

오정현 목사 사랑의교회

유진 피터슨의 『메시지』는 이미 영어권 독자에게는 '뉴욕타임스'처럼 매일 읽을 수 있는 책으로 자리 잡았다. 그러나 『메시지』는 단순히 사건에 대한 기사를 읽고 아는 것에 그치지 않고 '거룩한 독서', '영적 독서' 렉티오 디비나(lectio divina) 전통이 해온 것처럼 읽고, 묵상하고, 기도하고, 일상의 구체적 삶에서 말씀을 삶으로 살아 내도록 배려한다. 따라서 오늘도 여전히 살아 계셔서 말씀하시는 하나님이 성경을 통해서 말씀하시고 계신 것을 『메시지』를 통해서 체험하게 될 것이고 읽는 이들이 성경을 더욱더 사랑하게 될 것이라 믿고 진심으로 추천한다.

강영안 미국 칼빈신학대학원 철학신학 교수, 서강대학교 철학과 명예교수

나는 『메시지』 출간으로, 한반도에 사는 남과 북의 사람들이 성경이 읽고 이해할 수 있는 책이라는 것을 알게 되리라고 확신한다. 유진 피터슨은 보통 사람들의 일상 언어로 성경을 번역했지만 학문적인 엄밀성도 갖춰, 젊은 사람이나 나이 든 사람, 성경을 공부해 온 사람이나 성경을 한 번도 읽은 적 없는 사람 모두에게, 하나님의 말씀이 "살아 있는" 말씀이 되게 했다. 하나님께서 『메시지』를 사용하셔서, 이 땅 한반도가 그분의 살아 있는 말씀으로 가득 채워지기를 기도한다.

오대원 예수전도단 설립자

포스트모던 시대에 교회가 유념해야 하는 사실은 매체가 메시지가 된다는 점입니다. 교회가 간직해 온 가장 소중하고 핵심적인 매체는 하나님의 말씀인 성경인데, 그간 다양한 번역이 나오기는 했지만 아직도 개역이나 개역개정에 대해 많은 사람들이 어렵다는 반응을 보이고 있습니다. 이처럼 한국교회의 매체는 여전히 어렵고 접근하기 불편한 것이 사실입니다. 성경이라는 매체가 '교회는 어려운 곳'이라는 메시지를 전한다면 안타까운 일입니다. 유진 피터슨의 『메시지』는 이미 영어권에서는 폭발적인 반응을 일으킨 바 있습니다. 이 『메시지』가 우리나라의 독자들에게도 전해지게 되어 기쁘게 생각합니다. 바라기는 『메시지』가 우리와 함께하시는 임마누엘의 하나님을 대면하는 새로운 매체가 되어, 교회의 문호가 모든 사람에게 활짝 열려 있다는 메시지도 함께 전달되기를 기대합니다.

김중안 전 한국기독학생회 IVF 대표

"말씀이 육신이 되어⋯⋯." 육신이 된 말씀은 역사의 분기점마다 새 세상을 창조하는 영감과 통찰, 그리고 힘의 원천이었다. 위대한 개혁의 시대에는 일상의 언어, 보통 사람의 말로 생생하게 살아 펄떡이는 말씀이 있었다. 위클리프의 성경이, 루터의 성경이, 암울했던 일제 강점기에는 개역성경이, 그리고 이제 우리에게는 『메시지』가 주어졌다. 주님께서는 우리 시대 또 어떤 역사를 시작하실 것인가?

이윤복 전 죠이선교회 대표

원어의 운율과 숙어적인 의미를 살리면서도 편안하게 빠져서 읽을 수 있는 『메시지』를 우리말로 읽을 수 있게 됨을 환영한다. 우리말로 옮기면서 운율과 어감이 다소 달라졌지만, 성경을 살아 있는 메시지로 듣고자 하는 이들의 보조성경으로 흔쾌히 권하련다.

권영석 전 학원복음화협의회 상임대표

기독교는 창조주 하나님께서 친히 속내를 드러내신 계시의 종교다. 성경은 영원한 하나님의 진리를 제한된 사람의 언어로 담아낸 책으로, 평범한 사람이 이해하도록 배려하신 하나님의 커뮤니케이션이다. 그러나 역사상 수많은 번역이 난삽하거나 고전적 표현을 고집함으로써 성경의 메시지로부터 일반인을 격리시키는 오류를 범하곤 했다. 개역성경도 긴 시간이 흐르면서 현대인이 쉽게 읽기 어려운 책이 되고 말았다. 유진 피터슨의 『메시지』가 우리말로 번역된 것을 보니 오랜 가뭄에 단비같이 반가운 소식이다. 이 탁월한 '성경 옆의 성경'을 통해, 하나님의 말씀이 독자의 삶에 친숙하고 풍성하게 되살아나는 축복이 있기를 바란다.

정민영 전 국제 위클리프 성경번역선교회 부대표

개역성경, 솔직히 좀 어려운 게 사실이지만 다들 쓰니까 어쩔 수 없이 들고 다녀야 했다. 다른 현대어 성경, 좀 밋밋하고 아쉬운 구석이 많아 영어 성경 보듯 가끔 참고만 했다. 유진 피터슨의 『메시지』 성경, 오랜만에 앉은자리에서 책 읽듯이 쭉 읽고 묵상하고 싶게 만드는 성경이다. 못 믿겠으면 지금 당장 로마서 12장 1-2절을 찾아 읽어 보라!

서재석 Young2080 대표

『메시지』 성경의 출간은 오랫동안 기다려 왔던 일입니다. 왜냐하면 성경을 오늘날의 언어로 이해할 수 있는 탁월한 성경이기 때문입니다. 『메시지』를 통해 많은 사람들이 성경의 진수를 오늘의 생각과 언어 그리고 정서로 이해할 수 있었으면 좋겠습니다. 성경을 손에 잡히는 언어로 이해하고 묵상하기에 가장 훌륭한 도구가 될 것입니다.

한철호 미션파트너스 상임대표

말씀에 목마른 사람들이 있습니다. 말씀 없이는 단 한 순간도 살아갈 수 없는 사람들입니다. 저는 컴패션 현지에서 가난 속에서 몸부림치며 하나님 말씀 붙들고 일어나는 수많은 어린이와 부모들을 만납니다. 그들과 만나면, 말씀의 능력 앞에 엎드릴 수밖에 없습니다. 그 말씀에 가장 좋은 친구가 되는 『메시지』를 통해 말씀의 살아 있음을 더욱 깊이 경험하게 되기를 바랍니다.

서정인 국제어린이양육기구 한국컴패션 대표

『메시지』는 평소에 늘 곁에 두고 읽고 싶은 성경입니다. 마침내 본문 전체가 번역되다니, 얼마나 기쁜지요! 유진 피터슨은 많은 책에서 일상의 영성을 강조하는데, 우리의 구체적인 삶 가운데 함께하시는 하나님을 깨닫고 만나는 데 『메시지』가 많은 도움을 주리라 믿습니다. 『메시지』를 읽고 잠잠히 묵상하는 가운데, 수천 년 전 살았던 성경 속 인물들이 지금 우리 곁에서 이야기하는 듯한 놀라운 경험을 하게 될 것입니다.

문애란 G&M 글로벌문화재단 대표

『메시지』는 이 시대의 언어로 성경 속 그 시절을 물 흐르듯 자연스럽게 만나게 합니다. 『메시지』를 통해 더 많은 이들이 우리를 향한 하나님의 계획하심과 일하심을 생생하게 느끼기를, 나아가 예수님을 알지 못하는 이들 역시 지금 이 순간에도 살아 역사하시는 하나님을 뜨겁게 맞이하기를 소망합니다.

김경란 전 KBS 아나운서

『메시지』 성경의 뛰어난 가독성은, 하나님의 말씀인 성경이 이렇게 빨리 읽히고 이렇게 쉽게 이해되어도 괜찮나, 하는 생각이 들어 문득 독서를 멈출 정도이다. 그렇지만 성경이 왜 잘 안 읽히고 이해되기 어려운 책이어야 한단 말인가. 일상의 언어와 시대의 문장에 담겨 우리를 찾아온 새로운 버전의 이 성경은 하나님의 말씀이 얼마나 친근하고 가까운지를 새삼 상기시킨다. 말씀이 그분의 임재의 현장임을 믿는다. 『메시지』 성경의 생생하고 과감한 현대적 표현을 통해 우리는 어제와 마찬가지로 오늘도 동일하게 활동하시는 성령의 역동적인 운행을 경험하며 놀란다.

이승우 소설가, 조선대학교 문예창작학과 교수

『메시지』가 다른 쉬운 번역 성경과 차별되는 독특함은, 번역과 의역을 넘나드는 그 문학성 때문이다. 『메시지』는 딱딱한 성경의 이야기성(narrative)을 멋지게 되살려 낸, 이 시대를 사는 그리스도인들에게 참 반가운 선물이다. 『메시지』는 피터슨의 학문적인 토대 위에서 30여 년간의 목회 사역과 그의 문학적 소양이 빚어낸 역작이다. 하지만 역설적으로 『메시지』는 유진 피터슨의 책이 아니다. 그는 창작자가 아니라 통역자이기 때문이다. 하나님이 말씀하시고, 피터슨 목사는 알아듣기 쉬운 언어로 그 말씀을 전하는 또 한 명의 도구일 뿐이다. 이 지혜로운 동네 목사님이 준비해 주신 말씀이 우리 안에서 살아 내지도록 하는 것만이 그 은혜에 보답하는 길이리라.

고(故) 안수현 『그 청년 바보의사』 저자

제가 이스라엘에서 10년간 사역하면서 누린 최고의 복은, 이스라엘의 역사·지리·문화에 대한 폭넓은 이해를 통해 성경을 역사 드라마처럼 익사이팅하게 읽을 수 있게 되었다는 점입니다. 유진 피터슨의 『메시지』 또한 성경 속 이야기를 눈앞에서 움직이듯이 생생히 전달해 주어 성경을 더욱 친근하고 입체적으로 이해하도록 돕습니다. 이 책을 통해, 풍성하고 벗어날 수 없는 성경의 매력에 푹 빠져 보시기 바랍니다.

류모세 『열린다 성경』 저자

『메시지』는 유진 피터슨의 35년간의 목회 경험과 신학 교수로서의 전문성이 집약된 '읽는 성경'이다. 학자적 엄밀성뿐 아니라 공역 성경이 줄 수 없는 친근함과 정겨움이 넘쳐나는 이 책은, 기독교인과 일반인 모두에게 성경을 더욱 가까이하는 계기를 제공한다.

「국민일보」

『메시지』는 마치 다리와도 같다. 성경과 사람들 사이에 다리를 놓아 우리로 하여금 바로 일상에서 말씀하시는 것 같은 생생한 어조로 진리를 듣게 해준다.

하덕규 CCM 아티스트

유진 피터슨은 일상과 사람과 영성을 따로 보지 않았습니다. 『메시지』에는 뭇 백성을 향한 애끓는 사랑과 그분을 향한 한결같은 장인 정신이 살아 있습니다. 예수가 사람이 되어 오신 사랑과 연민을 그는 『메시지』를 통해 실천했습니다.

홍순관 CCM 아티스트

『메시지』의 출간을 독자의 한 사람으로 기다리고 있었습니다. 따뜻하고 친절한 저자의 배려가 글 한 구절 한 구절에 담겨져 있는 듯합니다. 덕분에 쉽게 펼쳐 보지 못했던 성경의 구석구석을 『메시지』와 함께 여행할 수 있어 읽는 내내 가슴 설레고, 인생이라는 여행길에 걸음걸음 흥겨움을 줍니다. 고맙습니다. 좋은 책을 만나게 해주셔서…….

조수아 CCM 아티스트

하나님은 인간의 언어를 사용하여 우리의 수준으로 말씀하셨다. 신약성경이 코이네(평범한) 그리스어로 쓰여진 것도 바로 그 맥락일 것이다. 『메시지』는 누구나 이해할 수 있는 일상의 언어로 우리에게 말씀하신 그 놀라운 성육신의 은혜를 고스란히 담아내고 있다.

조준모 CCM 아티스트, 한동대학교 국제어문학부 교수

일상을 사는 일과 말씀을 읽고 그 말씀을 일상 속에 해석하고 또한 비추어 내는 일은 늘 어려운 숙제 같습니다. 여기 이 책이 그 여정 가운데 도움이 되지 않을까 싶습니다.

한웅재 CCM 아티스트

『메시지』 시가서 감수자

『메시지』는 목회자의 마음으로 번역된 성경이다. 독자에게 하나님의 마음을 전달하려는 간절한 목자의 마음이 문체와 어조 속에 잘 반영되어 있다. 유진 피터슨은 자신이 목회하는 교회의 회중의 눈높이에 맞춰, 현대인의 접근을 어렵게 만드는 성경의 구절들을 일상의 언어로 탁월하게 번역해 냈다.

김회권 교수 숭실대학교 구약학

광야길을 가며 구약성경을 읽고 있던 에티오피아 재무장관에게 예루살렘 교회의 전도자 빌립이 다가와 물었습니다. "읽는 것이 이해가 되십니까?" 그러자 에티오피아 내시는 "도와주는 사람이 없는데 어찌 이해가 되겠습니까?"라고 대답했습니다. 이 에피소드는 유진 피터슨의 『메시지』의 역할이 무엇인지 잘 설명해 줍니다. 우리가 부르는 찬송가의 한 구절처럼, 『메시지』는 하나님의 말씀을 알아듣기 쉽고 이해하기 쉽게 들려주는 탁월한 통역자입니다. 또한 천상의 언어를 우리가 사는 이 땅의 언어로 번역한 성육신적 성경입니다. 어느 것도 이보다 더 좋을 수 없을 것입니다.

류호준 교수 백석대학교 구약학

구약의 시가서는 까다로운 운문으로 되어 있어 통독의 효과가 가장 의문시되는 책들 중 하나다. 통독보다는 시간을 두고 천천히 읽는 정독이나 묵상이 필요한 부분이 바로 시가서다. 그러나 『메시지』 성경은 히브리어 운문을 이해하기 쉬운 현대적 번역으로 옮겨, 통독을 통해서도 욥기, 시편, 잠언, 전도서, 아가에 나타난 메시지를 쉽게 파악할 수 있게 해준다. 또한 시가서가 성경 문학의 백미(白眉)라는 점을 고려하면, 이 책은 최고의 인문학 교양서의 역할도 할 수 있을 것이다.

김구원 교수 개신대학원대학교 구약학

오랫동안 기다리던 『메시지』 시가서가 드디어 출간되었다. 일상에서 만나는 하나님, 하나님께서 섭리하시는 일상의 삶이 『메시지』 성경에 어떻게 녹아 있을지 몹시 궁금했는데, 역시 기대를 저버리지 않는다. 저자의 40년 목회자로서의 삶과 묵상의 결과물로서, 오늘날 일상의 언어로 친근하게 표현되었을 뿐 아니라 한국적 맥락에서 능수능란하게 번역되어 있어, 구약의 지혜자와 시인들의 빛나는 지혜와 진솔한 고백, 그 절절한 외침들을 가슴 깊이 와 닿게 만든다. 성경을 통독하고자 하는 이들은 시 읽기에 대한 부담감을 떨쳐 버리고 편하게 넘기면서 읽을 수 있을 것이고, 한 구절 한 구절 음미하며 묵상하고자 하는 이들에게는 구약 성도들의 깊은 신앙의 맛을 느끼게 하는 동시에 쉽게 삶으로 옮겨 가도록 도와줄 것이다. 또한 시가서 본문으로 설교하는 사역자들은 원문과 다른 번역본들과 더불어 이 책을 참조하며 읽을 때 해석과 적용의 고리를 선명하게 이어 나갈 수 있을 것이다. 많은 성도들이 이 책을 통해 일상에서 더 깊이 하나님을 만나고 일상의 삶을 더 지혜롭고 행복하게 영위할 수 있게 되기를 바란다.

김성수 교수 고려신학대학원 구약학

성경 읽기의 궁극적 목표는 순종이다. 순종은 하나님의 뜻에 대한 깨달음을 전제한다. 그리고 우리는 이 깨달음을 위해 성경을 읽는다. 그렇지만 우리는 종종 내게 칼날을 겨누는 깨달음보다는 그런 불편함이 없는 읽기 자체에만 몰두하려 한다. 그런 우리에게는 우리의 무릎을 꿇게 하는 성령의 감화가 필요하겠지만, 깨달음의 장애를 제거하려는 노력도 필요할 것이다. 유진 피터슨의 『메시지』는 깨달음을 위한 읽기를 돕는 참 좋은 도구다. 물론 한 사람의 경험으로 비춘 사적인 읽기이지만, 그래서 오히려 더 구체적이고 더 살갑다. 『메시지』를 읽으며 우리는 '나도 이처럼 실감나게 말씀을 읽고 싶다'는 열망을 갖게 된다. 세상의 온갖 잡음으로 난청의 지병에 시달리는 우리를 돕는 좋은 보청기가 될 수 있을 것이다.

권연경 교수 숭실대학교 신약학

『메시지』는 내가 아는 성경의 최근 번역본 중에 가장 역동적인 성경이다. 『메시지』는 아이들도 이해할 수 있는 성경이다. 성경을 많이 읽어 온 사람은 이 『메시지』를 통해 예수님의 말씀을 전혀 새로운 눈으로 보게 될 것이다.

빌리 그레이엄

『메시지』는 하나님 말씀을 교인들에게 전하려고 했던 피터슨의 목회 경험에서 나온 책이다. 『메시지』를 통해 가장 큰 유익을 얻을 사람은, 성경을 읽어도 이해가 되지 않아 성경을 덮어 버린 사람이다. 또한 깊이 생각하며 진리를 추구하지만 아직 말씀을 받아들일 준비가 되어 있지 않은 사람이다. 놀랍게도 『메시지』는, 일상적인 언어로 저들에게 강렬하게 다가가서 살아 있는 말씀이 된다.

달라스 윌라드 『하나님의 모략』 저자

『메시지』는 성경 본래의 목소리를 생생한 언어로 전해 주는 성경이다. 강력하게 추천한다.

리처드 포스터 『영적 훈련과 성장』 저자

학자적 엄밀성과 생생한 표현이 잘 어우러진 유진 피터슨의 『메시지』는, 다양한 성경 번역본 가운데 단연 돋보이고 뛰어난 성경이다. 성경 원문의 논리적 흐름과 활력적인 정서, 함축된 의미들이 탁월하게 되살아난다.

제임스 I. 패커 『하나님을 아는 지식』 저자

『메시지』는 오늘날 살아 있는 일상의 언어로 말하는 성경이다. 유진 피터슨의 탁월한 언어 감각은 『메시지』만의 고유한 특징이다.

고든 피 리젠트 칼리지 신약학 교수

우리는 전 교인과 함께 『메시지』를 읽었고, 지금도 계속해서 읽고 있다.

릭 워렌 새들백교회 담임목사

나는 『메시지』에서 단어를 읽을 뿐 아니라, 단어 뒤에서 말하는 소리까지도 듣게 된다. 『메시지』는 우리 눈에 읽히고 귀로도 들려서, 성경 속으로 들어가는 문을 활짝 열어 준다.

마이클 카드 CCM 아티스트

피터슨 목사님, 안녕하세요? 저는 그룹 U2의 싱어인 보노입니다. 성경 본문을 이렇게 멋지게 번역하신 그 수고에 대해서 저와 저희 밴드가 감사의 마음을 전하고 싶습니다. 정말이지 너무 훌륭합니다. 그동안 많은 훌륭한 번역들이 있었지만 제 자신의 언어 그대로 이야기해 주는 이런 성경은 처음이었어요. 10년이라는 시간, 참 긴 시간이죠. 이젠 좀 쉬셔야죠? 안녕히.

보노 록그룹 U2 리드싱어

『메시지』는 한 번 손에 들면 놓을 수 없는 책이다. 다음에 어떤 내용이 있을지 궁금해서 계속해서 읽게 되고, 읽다 보면 끊임없이 놀라게 된다. 『메시지』의 신선한 관점과 형식은 예수님에 관한 사실들을 단번에 읽어 내는 경험을 가져다줄 것이다.

에이미 그랜트 CCM 아티스트

성경의 이야기를 새롭고 신선하게 보는 눈을 열어 준 이 책을 처음 만난 것이 아주 오래전 일인 것 같다. 이제 『메시지』를 읽고 싶어 하는 저 수많은 사람들의 명단에 내 이름이 올라 있다. 『메시지』는 내게 너무도 소중한 친구이다.

맥스 루케이도 『예수님처럼』 저자

유진 피터슨 덕분에 이 시대 모든 이들이 성경을 흥미롭고 강력하고 감미롭고 날카롭고 설득력 있고 통렬하고 인간적이고 현대적이고 따뜻하고 극적으로 읽을 수 있게 되었다.

월터 왱어린 『오직 나와 내 집은』 저자

나는 『메시지』의 한 구절을 읽고, 다시 읽고 생각한다. '아, 이것이 그런 뜻이었구나!' 피터슨은 우리에게 평생의 선물을 주었다.

레베카 피펏 『빛으로 소금으로』 저자

놀랍다! 나는 항상 『메시지』를 가지고 다닌다. 『메시지』는 어디를 가든 꺼내 보고 싶은 보화다.

조니 에릭슨 타다 『하나님의 눈물』 저자

『메시지』는 나를 사로잡아 놀랍도록 살아 있게 한다. 『메시지』는 경이와 흥분, 인간의 진정한 언어와 감정으로 가득 차 있다.

프레드릭 뷰크너 『하나님을 향한 여정』 저자

『메시지』를 주신 하나님께 감사드린다. 유진 피터슨은 『메시지』를 통해 교회가 성경을 새롭게 읽을 수 있게 해주었다.

『크리스채너티 투데이』

『메시지』 구약 원서 감수자

『메시지』 시가서 한국어판 작업에 도움을 준 이들

번역
김순현 | 여수 갈릴리교회 담임목사, 번역가(『메시지』『안식』『디트리히 본회퍼』 등 다수)
홍종락 | 전문 번역가(『메시지』『올 댓 바이블』『피고석의 하나님』『영광의 무게』 등 다수)
이종태 | 한남대학교 교양대학 교수, 번역가(『메시지』『순전한 기독교』『다윗: 현실에 뿌리박은 영성』 등 다수)

책임 감수
김회권 | 숭실대학교 기독교학과 교수, 『청년설교 시리즈』『하나님 나라 신학 강해 시리즈』 저자

신학 감수
권연경 | 숭실대학교 신약학 교수
김구원 | 개신대학원대학교 구약학 교수
김성수 | 고려신학대학교 구약학 교수
류호준 | 백석대학교 구약학 교수

영문 감수
이종태 | 한남대학교 교양대학 교수, 번역가(『메시지』『순전한 기독교』『다윗: 현실에 뿌리박은 영성』 등 다수)

편집 및 독자 감수
『메시지』 한국어판이 약 10년에 걸쳐 완간되기까지, 복 있는 사람 출판사에서 오랫동안 수고해 온 멤버들과 개교회 목회자, 선교단체 간사, 신학생들 그리고 무명의 독자들의 날카롭고도 애정어린 편집 및 감수의 손길이 『메시지』 곳곳에 배어 있다.

메시지 | 시가서영한대역

2015년 5월 29일 초판 1쇄 발행
2023년 1월 20일 양장판 1쇄 인쇄
2023년 2월 1일 양장판 1쇄 발행

지은이 유진 피터슨
옮긴이 김순현 홍종락 이종태
책임 감수자 김회권
펴낸이 박종현

(주) 복 있는 사람
주소 서울특별시 마포구 연남동 246-21(성미산로23길 26-6)
전화 02-723-7183(편집), 7734(영업·마케팅) 팩스 02-723-7184
이메일 hismessage@naver.com
등록 1998년 1월 19일 제1-2280호

ISBN 979-11-92675-40-4 04230

메시지 | **시가서**^{영한대역}

THE MESSAGE
The Old Testament Wisdom Books

Eugene H. Peterson

The
MESSAGE

메시지 영한대역
시가서

유진 피터슨

복 있는 사람

차례

일러두기

- 유진 피터슨의 『메시지』 영어 원문을 번역하면서, 한국 교회의 실정과 환경을 고려하여 『메시지』 한글 번역본의 극히 일부분을 의역하거나 문장과 용어를 바꾸었다.
- 유진 피터슨은 『메시지』 영어 원문에서, 유일무이한 하나님의 인격적 이름을 주(LORD) 대신에 대문자 GOD로 번역했다. 따라서 『메시지』 한국어판은 많은 논의와 신학 감수를 거쳐, 원저자의 의도를 반영해 '주'(LORD) 대신에 강조체 '하나님'(GOD)으로 표기했다.
- 지명, 인명은 대한성서공회에서 발행한 『개역개정』『새번역』 성경의 원칙을 따랐다.

한국의 독자에게

한국의 많은 친구들이 하나님의 말씀, 이 귀한 성경 말씀을 오늘의 언어로 된 새로운 번역으로 읽게 된다니 기쁘기 그지없습니다.

하나님의 말씀—하나님은 말씀하시고, 언어를 사용하십니다—은 세상과 우리 안에서 벌어지는 모든 일, 글자 그대로 모든 일의 기초입니다. 성경의 첫 페이지에는 "하나님께서 말씀하셨다"가 아홉 번이나 나옵니다. 하나님이 말씀하시면, 일이 생겨납니다. 우리가 존재하게 됩니다. 성경은 하나님이 말씀하실 때 생겨나거나 존재하게 되는 일들의 이야기입니다. 그 이야기는 우리가 자녀와 부모 간에, 친구와 이웃들과 이야기할 때 사용하는 언어와 똑같은 언어로 말하고 기록되었습니다. 그러므로 하나님의 백성이, 하나님이 누구시며 그분이 무슨 일을 하시는지를 계시해 주는 말씀을 읽는 데 계속해서 열심을 내는 것은 놀랄 일이 아닙니다. 참으로 놀라운 사실은, 하나님의 백성인 우리가 모든 것을 포괄하는 그 거대한 창조와 구원의 이야기에 등장하고, 그 이야기에 참여하고 있으며, 그 이야기를 살아 낸다는 것입니다.

여러분이 이 책을 펴서 읽는 동안, 기독교 신앙과 모든 삶의 핵심에 자리한 그 거대한 대화 속으로 들어가기를, 하나님이 말씀하시고 여러분이 응답하는 대화 속으로 들어가기를 간절히 바랍니다.

유진 피터슨

『메시지』를 읽는 독자에게

『메시지』에 독특한 점이 있다면, 현직 목사가 그 본문을 다듬었기 때문일 것이다. 나는 성경의 메시지를 내가 섬기는 사람들의 삶 속에 들여놓는 것을 내게 주어진 일차적 책임으로 받아들이고 성인 인생의 대부분을 살아왔다. 강단과 교단, 가정 성경공부와 산상수련회에서 그 일을 했고, 병원과 양로원에서 대화하면서, 주방에서 커피를 마시고 바닷가를 거닐면서 그 일을 했다. 『메시지』는 40년간의 목회 사역이라는 토양에서 자라난 열매다.

　인간의 삶을 만들고 변화시키는 하나님의 말씀은, 내가 『메시지』 작업을 하는 동안 정말로 사람들의 삶을 만들고 변화시켰다. 우리 교회와 공동체라는 토양에 심겨진 말씀의 씨앗은, 싹을 틔우고 자라서 열매를 맺었다. 현재의 『메시지』를 작업할 무렵에는, 내가 수확기의 과수원을 누비며 무성한 가지에서 잘 영근 사과며 복숭아며 자두를 따고 있다는 기분이 들곤 했다. 놀랍게도 성경에는, 내가 목회하는 성도며 죄인인 사람들이 살아 낼 수 없는 말씀, 이 나라와 문화 속에서 진리로 확증되지 않는 말씀이 단 한 페이지도 없었다.

　내가 처음부터 목사였던 것은 아니다. 원래 나는 교사의 길에 들어서서, 몇 년간 신학교에서 성경 원어인 히브리어와 그리스어를 가르쳤다. 남은 평생을 교수와 학자로 가르치고 집필하고 연구하며 살겠거니 생각했었다. 그러다 갑자기 직업을 바꾸어 교회 목회를 맡게 되었다.

　뛰어들고 보니, 교회는 전혀 다른 세계였다. 제일 먼저 눈에 띈 차이는, 아무도 성경에 별로 관심이 없어 보인다는 점이었다. 얼마 전까지만 해도, 사람들은 내게 돈을 내면서까지 성경을 가르쳐 달라고 했는데 말이다. 내가 새로 섬기게 된 사람들 중 다수는, 사실 성경에 대해 아무것도 몰랐다. 성경을 읽은 적도 없었고, 배우려는 마음조차 없었다. 성경을 몇 년씩 읽어 온 사람들도 많았지만, 그들에게 성경은 너무 익숙해서 무미건조하고 진부한 말로 전락해 있었다. 그들은 지루함을 느낀 나머지 성경을 제쳐 둔 상태였다. 그 양쪽 사이에 있는 사람은 많지 않았다. 내가 가장 중요하게 여긴 일은, 성경 말씀을 그 사람들의 머리와 가슴 속에 들여놓아서, 성경의 메시지가 그들의 삶이 되게 하는 것이었다. 그러나 거기에 관심을 갖는 사람은 거의 없었다. 신문과 잡지, 영화와 소설이 그들 입맛에 더 맞았다.

　결국 나는, 바로 그 사람들에게 성경의 메시지를 듣게—정말로 듣게—해주는 일을 내 평생의 본분으로 삼게 되었다. 그것이야말로 확실히 나를 위해 예비된 일이었다.

　나는 성경의 세계와 오늘의 세계라는 두 언어 세계에 살고 있었다. 나는 언제나 그 두 세계가 같은 세계인 줄 알았다. 그러나 사람들은 그렇게 보지 않았다. 나는 어쩔 수 없이 "번역가"(당시에는 그런 표현을 쓰지 않았지만)가 되었다. 날마다 그 두 세계의 접경에 서서, 하나님이 우리를 창조하시고 구원하시고 치유하시고 복 주시고 심판하시고 다스리실 때 쓰시는 성경의 언어를, 우리가 잡담하고 이야기하고 길을 알려 주고 사업하고 노래 부르고 자녀에게 말할 때 쓰는 오늘의 언어로 옮긴 것이다.

그렇게 하는 동안, 성경의 원어―강력하고 생생한 히브리어와 그리스어―는 끊임없이 내 설교의 물밑에서 작용했다. 성경의 원어는 단어와 문장을 힘 있고 예리하게 해주고, 내가 섬기는 사람들의 상상력을 넓혀 주었다. 그래서 오늘의 언어 속에서 성경의 언어를 듣고, 성경의 언어 속에서 오늘의 언어를 들을 수 있게 해주었다.

나는 30년간 한 교회에서 그 일을 했다. 그러던 어느 날(1990년 4월 30일이었다), 한 편집자가 내게 편지를 보내 왔다. 그동안 내가 목사로서 해온 일의 연장선에서 새로운 성경 번역본을 집필해 달라는 청탁의 편지였다. 나는 수락했다. 그 후 10년은 수확기였다. 그 열매가 바로 『메시지』다.

『메시지』는 읽는 성경이다. 기존의 탁월한 주석성경을 대체하기 위한 것이 아니다. 내 취지는 간단하다. (일찍이 우리 교회와 공동체에서도 그랬듯이) 성경이 충분히 읽을 수 있는 책이라는 사실을 모르는 사람들에게 성경을 읽게 해주고, 성경에 관심을 잃은 지 오래된 사람들에게 성경을 다시 읽게 해주는 것이다. 그렇다고 군이 내용을 쉽게 하지는 않았다. 성경에는 이해하기 어려운 부분도 많이 있다. 그래서 『메시지』를 읽다 보면, 더 깊은 연구에 도움이 될 주석성경을 구하는 일이 조만간 중요하게 여겨질 것이다. 그때까지는, 일상을 살기 위해 읽으라. 읽으면서 이렇게 기도하라. "하나님, 말씀하신 대로 내게 이루어지기를 원합니다."

유진 피터슨

『메시지』머리말

읽는 것이 먼저다. 일단 성경을 읽는 것이 중요하다. 읽다 보면, 어느새 우리는 새로운 말의 세계에 들어가 대화를 나누게 된다. 하나님께서 시작과 끝을 쥐고 계신 그 대화에 우리도 참여하고 있음을 곧 알게 된다. 이것은 우리가 예상치 못한 일이다. 하지만 어느 시대를 막론하고 성경을 읽는 사람들은, 성경이 우리에 관해서 기록된 책일 뿐 아니라 우리를 향해 기록된 책이라는 사실을 알고 있었다. 성경 속에서 우리는 대화의 참여자가 된다. 그 대화를 통해, 하나님은 말씀으로 우리를 만드시고 복 주시고 가르치시고 인도하시고 용서하시고 구원하신다.

우리는 이런 일에 익숙하지 못하다. 반면에, 설명이나 지시나 감동이나 즐거움을 주는 책을 읽는 데는 익숙하다. 하지만 성경은 다르다. 성경은 계시의 세계다. 하나님은 바로 우리 같은 사람들—하나님 형상대로 지음받은 남녀들—에게, 그분이 일하시는 방식과 우리가 살고 있는 세계의 실상을 계시해 주신다. 동시에 하나님은 우리를 이끌어 그분의 일하시는 삶에 동참하도록 초청하고 명령하신다. 우리 시대의 가장 중요한 일은 하나님께서 (하늘에서와 같이) 이 땅에 사랑과 정의의 위대한 통치를 세우시는 것이다. 우리가 그 일의 주체임을, 우리는 서서히 (혹은 갑자기) 깨닫는다. '계시'란 우리 스스로는 알아내지 못할 일, 짐작하지도 못할 내용을 읽고 있다는 뜻이다. 성경의 독특성은 바로 계시에 있다.

『메시지』성경도, 일단 읽고 귀 기울여 듣는 것이 중요하다. 공부할 시간은 나중에 얼마든지 있을 것이다. 우선은 그냥 읽는 것이 중요하다. 서두르지 말고 생각하면서 읽어야 한다. 성경의 이야기와 노래, 기도와 대화, 설교와 환상이 우리를 보다 큰 세계로 초청하는 방식을 느낄 수 있어야 한다. 하나님께서는 그 큰 세계에 계시면서 우리 눈에 보이는 모든 것에 개입하신다. 이 땅에 산다는 것—그냥 왔다 가는 것이 아니라 정말로 산다는 것—의 의미를 일깨워 주신다. 읽다 보면, 우리는 "알아듣기" 시작한다. 읽으면 읽을수록, 더욱 그렇다. 우리는 하나님과 대화를 나누고 있다. 우리에게 가장 중요한 사안들에 관해서 어느새 듣고 대답하고 있다. 우리는 누구인가, 어디서 와서 어디로 가는가, 무엇이 우리를 움직이는가, 우리가 사는 세계와 공동체의 원리는 무엇인가, 무엇보다도 우리 가운데 계시면서 우리 힘으로 할 수 없는 일들을 대신 해주시는 하나님의 신기한 사랑에 관해 대화하게 된다.

성경을 읽으면서 우리는, 이 세상에 더 큰 의미가 있음을 알게 된다. 인간이라는 존재에도, 보이는 세계에도, 보이지 않는 세계에도 더 큰 의미가 있다. 모든 것에 더 큰 의미가 있다! 그리고 그 의미는 하나님과 관계가 있다.

　　많은 사람들에게 성경은 새로운 책, 전혀 다른 종류의 책이다. 성경은 우리가 읽는 책이지만, 우리를 읽는 책이기도 하다. 우리는 뭔가 얻어 낼 수 있는 책을 찾아 읽는 데 익숙하다. 이를테면, 유용한 정보나 기운을 북돋아 주는 감동적인 이야기, 온갖 일의 방법론, 비오는 날 시간을 때울 오락물, 더 행복한 삶으로 이끌어 줄 지혜 같은 것을 찾는다. 성경 읽기에도 그런 유익이 있을 수 있고, 실제로 있기도 하다. 하지만 하나님께서 우리에게 성경을 주신 본래 목적은, 단순히 우리를 초청하시기 위해서다. 하나님의 세계와 하나님의 말씀을 내 집처럼 느끼도록, 하나님이 말씀하시는 방식과 우리가 삶으로 그분께 응답하는 방식에 익숙해지도록 하려는 것이다.

　　성경을 읽다 보면, 몇 가지 놀라운 일이 있다. 가장 놀랄 만한 일은, 성경은 일단 펼쳐서 읽어

보면 참으로 다가가기 쉬운 책이라는 점이다. 성경은 사실 누구나 읽고 이해할 수 있는 책이다. 두어 세대마다 새로운 번역본이 나오는 이유는, 성경의 언어를 우리가 현재 쓰는 일상어, 성경이 맨 처음 기록된 바로 그 언어로 유지하기 위해서다. 똑똑하지 않은 사람, 교육을 많이 받지 못한 사람도 성경을 이해할 수 있다. 성경은 우리가 시장과 놀이터와 저녁식탁에서 흔히 듣는 단어와 문장들로 기록되었기 때문이다. 성경이 워낙 유명하고 높여지다 보니, 반드시 전문가들이 설명하고 해석해 주어야 한다고 생각하는 사람들이 많다. 물론 설명이 필요한 부분도 있다. 하지만 성경에 기록된 말을 처음 들은 사람들은 평범한 노동자 계층이었다. 성경을 영어로 옮긴 초기의 최고 번역가 중 한 사람인 윌리엄 틴데일이 한 말이 있다. 그는 "쟁기로 밭을 가는 소년"이 읽을 수 있도록 성경을 번역하고 있다고 말했다.

　　교육을 많이 받은 아프리카인 어거스틴은 나중에 역사상 가장 영향력 있는 성경 교사가 되었지만, 성경을 처음 읽었을 때는 큰 반감을 가졌다. 문학적으로 세련되고 깔끔한 책을 극찬했던 그가 보기에, 성경은 평범하고 시시한 사람들의 투박하고 촌스러운 이야기로 가득했던 것이다. 그가 읽은 라틴어역 성경에는 속어와 은어가 수두룩했다. 많은 등장인물이 "속되고" 예수는 평범해 보여서, 그는 성경을 한 번 보고는 경멸하며 내던졌다. 그러나 하나님은 세련된 지성인의 몸을 입고 오지 않으셨고, 그분의 고상한 세계를 터득하도록 우리에게 수준 높은 지식인 문화를 가르치지도 않으셨다. 어거스틴은 세월이 흐른 뒤에야 그것을 깨달았다. 하나님이

우리를 구원하기 위해 유대인 종의 모습으로 인간의 삶에 들어오셨다는 것을 알게 되면서부터, 그는 감사하고 믿는 마음으로 성경을 읽기 시작했다.

성경을 읽어도 세상이 "더 나아지지" 않는다며 놀라는 사람들도 있다. 성경의 세계는 결코 여행사의 안내 책자에 나오는 그런 이상적인 세계가 아니다. 하나님께서 이 세계 속에서 일하시고 사랑하시고 구원하시지만, 그렇다고 해서 고난과 불의와 악이 말끔히 사라지지는 않는다. 그렇게 간단한 문제가 아니다. 하나님은 죄로 물든 우리의 본성과 역사 속에서 끈기 있고 깊이 있게 일하시지만, 종종 은밀하게 일하신다. 이 세계는 깔끔하고 단정한 곳이 못되며, 우리가 모든 일을 통제할 수 있다는 보장도 없다. 이런 현실에 익숙해져야 한다. 어디에나 신비가 있다. 성경이 우리에게 제시하는 세계는, 우리의 직업을 계획하여 미래를 보장받을 수 있는 세계, 인과법칙에 따라 움직이는 예측 가능한 세계가 아니다. 모든 일이 우리의 미숙한 바람대로 이루어지는 꿈의 세계도 아니다. 고통과 가난과 학대가 있다. 그 앞에서 우리는 분개하여 "어떻게 이러실 수 있습니까!" 하고 부르짖는다. 대다수 사람들의 경우, 우리의 꿈의 세계가 성경이 제시하는 실제 세계로 바뀌기까지, 길고 긴 세월이 걸린다. 그 실제 세계는 은혜와 자비, 희생과 사랑, 자유와 기쁨의 세계다. 하나님께 구원받은 세계다.

놀라운 사실이 하나 더 있다. 성경은 우리의 기분을 맞추려고 하지 않는다는 것이다. 성경은 더 쉬운 삶을 약속하는 어떤 것도 우리에게 팔려고 하지 않는다. 성경은 우리가 흔히 생각하는 형통이나 쾌락이나 짜릿한 모험의 비결을 내놓지 않는다. 성경을 읽으면서 뚜렷이 부각되는 실체는, 하나님께서 구원을 위해 사랑으로 행하시는 일이다. 우리와, 우리가 하는 모든 일이 그 하나님의 일에 포함되어 있다. 이것은 죄와 문화 속에서 위축되고 너저분해진 우리가 상상하던 것과는 사뭇 다르다. 성경을 읽는 것은, 여러 우상을 소개하는 우편주문용 카탈로그에서 우상 하나를 골라서 우리의 환상을 채우는 것이 아니다. 성경은 하나님께서 말씀으로 만물과 우리를 창조하시는 것에서 시작한다. 그리고 하나님께서 우리 각 사람과의 복잡한 관계 속으로 들어오셔서, 우리를 도우시고 복 주시고 가르치시고 훈련하시고 책망하시고 징계하시고 사랑하시고 구원하시는 이야기를 들려준다. 이것은 현실 도피가 아니라, 오히려 더 큰 현실 속으로 뛰어드는 것이다. 희생이 따르지만, 시종 훨씬 더 나은 삶으로 말이다.

하나님은 이 가운데 어느 것도 우리에게 강요하지 않으신다. 하나님의 말씀은 인격적인 부름이기 때문에, 초청하고 명령하고 도전하고 책망하고 심판하고 위로하고 지도하지만, 절대로 강요하지는 않는다. 결코 억지로 시키지 않는다. 대화에 참여해서 응답할 자유와 여지가 우리에게 주어져 있다. 무엇보다도 성경은 하나님의 일과 언어에 동참하도록 우리를 초청하는 책이다.

읽으면서 우리는, 말씀을 읽는 일과 말씀대로 사는 삶이 연관되어 있음을 알게 된다. 성경의 모든 말씀은 삶으로 살아 낼 수 있다. 많은 사람들이 발견하듯이, 성경을 읽으면서 가장 중요한 질문은 '이것이 무슨 의미인가'가 아니라 '어떻게 이대로 살 수 있는가'이다. 그래서 우리는 성경을 비인격적으로 읽지 않고 인격적으로 읽는다. 우리의 참 자아로 살기 위해서 읽는다. 그저 생활수준을 높이는 데 유용한 정보를 얻기 위해 읽는 것이 아니다. 성경 읽기는 하나님의 음성을 듣고 순종하기 위한 방편이지, 종교 자료를 수집해서 우리 스스로 신이 되기 위한 수단이 아니다.

지금부터 당신은 성경의 이야기를 듣게 될 것이다. 그 이야기들은 당신을 자신에게 몰입된 상태에서 이끌어 내어, 세상의 구원을 이루고 계신 하나님의 드넓은 자유 속으로 데려갈 것이다. 거기서 만나게 될 단어와 문장들이, 당신을 비수처럼 찔러 아름다움과 희망에 눈뜨게 할 것이다. 그것이 당신을 참된 삶과 연결해 줄 것이다.

그 메시지에 꼭 응답하기 바란다.

감수의 글

모세오경(율법서)과 예언서가 **하나님께서 이스라엘에게 선포하신 말씀들**의 집성물이라면, 욥기에서부터 아가까지 구약의 시가서는 **하나님을 향해 인간이 쏟아낸 말들**과 하나님의 역사주관 섭리에 대한 **인간의 비판적, 관조적 성찰**의 집성물이다(내용상 욥기, 잠언, 전도서를 묶어 '지혜서'로 구분하기도 한다). 시가서에서는 하나님께서 들어주시고 받아 주신 인간의 모든 말도 **하나님의 말씀**으로 간주된다. 여기서는 하나님께서 친히 환희에 찬 인간의 찬양과 감사를 받으시며 쓰라린 기도, 불평과 의심, 그리고 항변도 묵묵히 경청해 주신다. 시가서의 하나님은 경청하시는 하나님, 연약하고 부서진 인간 옆에 와 함께하시는 성육신의 하나님이시다.

욥기는 다섯 명의 등장인물과 하나님이 대화자로 등장하는 희곡작품이다. 욥기는 동방의 우스 땅에 살던 의인 욥이 하루아침에 열 명의 자녀와 재산을 다 잃고 난 후 수치스러운 병에 걸려 친구와 이웃들로부터 버림받는 비극에서 시작되어, 마지막에 가서 하나님의 위로를 맛보며 하나님과 화해하는 반전 환희극(歡戱劇)으로 끝나는 작품이다. 또한 욥기는 까닭 없는 고난을 연속적으로 겪으며 하나님께 정의가 어디 있느냐고 대드는 욥의 항변에, 창조의 신비와 창조주로서의 권능에 의지해 하나님께서 응답하시는 이야기다. 자신이 당한 참혹한 고난의 원인을 찾지 못해 하나님을 직접 대면해 따지겠다는 욥은 탄식과 자기연민, 항변과 자기변호 사이를 오가며 하나님과의 대면을 간청한다. 마침내 폭풍과 흑암 속에서 나타나신 하나님은 욥에게 감히 상상할 수 없는 질문들을 퍼부으신다. 창조의 신비에 속한 엄청난 질문공세를 받고서야 욥은 자신이 지적으로 해명할 수 없는 질문을 하나님께 제기한 사실을 깨닫고 회개한다. 욥 자신의 고난이 창조의 신비에 속한 고난임을 알고, 하나님께서 자신에게 허락하신 신비로운 "고난"을 받아들이고 하나님께 승복하는 것이다.

전체적으로 욥기는 "하나님은 왜 의인에게 고통을 주실까" 하는 질문에 대한 명쾌한 해답이라기보다는, 억울하고 애매하게 느껴지는 고난도 하나님의 절대주권적 섭리와 통치에 대한 믿음 안에서 견뎌 내야 함을 강조하는 책이다. 욥기는 하나님의 정의를 믿고 수용하는 것이 참다운 하나님 경외임을 강조하며, 억울한 고통을 겪는 사람들로 하여금 그 고난도 하나님의 주권 안에서 일어난 일임을 받아들일 수 있도록 돕는다. 폭풍 속에서 나타나신 하나님은 고난의 원인을 명쾌하게 알려 주시지는 않을지라도, 고난 중에서 불평하고 항변하는 욥을 받아 주시고 그를 정죄하는 친구들의 비난과 모략으로부터 건져 주심으로써 욥을 위로하신다. 온 세상 사람들에 의해 하나님께 버림받았다고 욕을 듣던 욥에게 나타나 해명해 주신 것 자체가 욥의 고난에 대한 하나님의 응답인 것이다. 이런 점에서 욥기는 신명기 28–29장, 잠언, 그리고 일부 예언서 신학의 뼈대가 되는 원칙, 곧 하나님께서는 죄에는 벌, 선행(복종)에는 상급(축복)을 주신다는 전통적이고 인습적인 교리에 대한 회의를 제기한다.

시편은 하나님의 왕적 다스림에 대한 갈망과 그 다스림의 결과에 대한 허다한 시적 고백과 선언들로 가득 차 있다. 시편이 사용된 맥락은 예배(공예배와 일상생활 예배), 교육과 제의(축제, 절기)였다. 예배에 시편 찬양을 도입한 사람은 이스라엘의 국민가수 다윗이었다. 다윗은 "이스라엘의 노래하는 자"(삼상 16:18, "유명한 수금 연주자"; 삼하 23:2, 이스라엘의 "국민가수")라고 불린다. 대부분 구두로 의사소통이 이루어졌던 그 옛날에(주전 1000년 전후), 노래만큼 좋은 신앙 교육의 도구는 없었을 것이다(신 31:22, "모세가 그날 이 노래를 써서 이스라엘 자손들에게 가르쳤더라"). 다윗은 이스라엘에게 시편(찬양) 장르를 도입함으로써 야웨 신앙을 대중화시키는 데 이바지하였다. 많은 시편의 실제적인 저자인 동시에 비파와 수금의 전문 연주자로서, 야웨 신앙을 일반 백성들의 삶의 현장 속에 접목시키는 데 결정적 역할을 했던 것이다.

시편도 욥기나 전도서처럼 하나님을 향한 대듦의 언어(confronta-tional language) 및 불평의 언어를 믿음의 반경 안에서 포용한다. 특히 109편이나 137편은 원시적 보복감정을 숨김없이 드러내는 것을 용인한다. 그것은 복수를 가르치지는 않지만 복수심에 시달리는 인간의 연약한 감정 토로를 묵묵히 듣고 계시는 하나님을 보여준다. 그래서 시편에는 교리신학에서는 상상할 수 없는 경계를 자유롭게 넘나드는 '야성미' 넘치는 하나님이 심심찮게 발견된다. 시편의 하나님은 약자의 억울한 고난에 일방적으로 편드시는 하나님이다. 따라서 시편에는 인간의 가장 비참한 감정까지도 배려하시는 놀라운 신적 자비가 자주 발견된다. 인간의 역사에 대한 하나님의 쉼 없는 권념과 간섭의지가 시편의 찬양곡들을 통하여 폐부에 전달되는 것이다.

시편은 이스라엘의 찬송 중에 보좌 위로 착석하시는 왕이신 여호와에 대한 믿음에 기반한다(시 22:3). 하나님의 백성들이 온몸과 영혼으로 하나님을 찬양할 때, 하나님은 비로소 백성들의 마음의 보좌 위에 착석하신다는 것이다. 이런 점에서 시편은 모세오경과 예언서의 연장선상에 있으며 이 둘을 통합하고 있다. 모세오경이 하나님의 다스림의 대강령을 천명하고 예언서가 심판과 회복을 통한 하나님 나라의 회복을 선포한다면, 시편은 찬양과 기도를 통해 하나님의 말씀이 개인과 공동체 속에 구현되도록 한다. 하나님의 말씀을 감미로운 선율과 내재율에 실어 성도들의 영혼 지성소에 실어 나르는 것이다. 시편은 곡조 없이 읽히거나 낭송되는 "시"들의 묶음이 아니라, 노랫말과 곡조가 결합된 음악곡집이다. 따라서 대부분의 개별 시편들은 실제 찬송할 때 어떤 곡조나 분위기로 불러야 할지를 지시하고 있다. 시편 56편에는 "인도자를 따라 요낫 엘렘 르호김에 맞춘 노래"라는 표제가 붙어 있다. 직역하면 "슬픈 비둘기소리 곡조" 정도로 번역된다. 시편 5편은 관악기에 맞춘 노래요, 4, 55, 61, 67편은 현악기에 맞춰서 부르도록 작곡된 찬양곡이다.

시편 찬양은 하나님의 성품에 대한 객관적 찬미와 하나님의 선하심에 대한 공적 선포다. 찬양은 음악을 통한 한 편의 설교와 같은 역할을 하기 때문에 하나님께서는 성도들이 드리는 찬양 속에서 회중에게 하시고 싶은 말씀을 하신다. "이스라엘의 찬송 중에 계시는 하나님"(시 22:3)이라는 표현은 회중이 찬양할 때 하나님께서 보좌 위에 앉아 회중을 다스리기 시작하신다는 말이다. 결국 시편 찬양은 하나님의 보좌 착석을 알리는 신호다. 시편을 읽고 기도하고 찬양하는 성도의 삶은 곧장 하나님의 자애로운 통치권으로 편입된다.

잠언은 하나님의 토라(Torah, 율법)를 미시적 인간관계와 일상생활 속에서 실천하는 것을 돕는 책이다. 구약성경 전체가 교육 목적으로 기록되었지만(시 1, 19, 119편, 딤후 3:15-17) 모세 오경과 잠언이 특별히 구약의 교육적 기능을 대표한다. 구약성경이 주장하는 교육 내용, 주체, 목적은 다음과 같다. 첫째, 유일무이한 하나님의 사랑을 충분히 경험하고 맛보는 가운데, 그분을 전심으로 사랑하는 법을 가르친다. 둘째, 구약 교육의 중심과제는 유일하신 하나님을 예배하고 그것을 사회 및 가정생활 가운데 구현하며 국제적 맥락에서 실현하는 인격자, 가정, 교회, 국가를 창조하는 데 있다. 셋째, 구약에서 새로운 세대의 교육 책임은 부모에게 위탁되어 있다. 잠언에서는 부모가 토라 전승자이자 교육자다. 넷째, 구약 교육의 목표는 하나님을 사랑하고 부모와 아름답고 감미로운 순종관계를 이루며 이웃에게는 유용하고 유익한 존재가 되도록 가르치는 품성교육이다. 그래서 잠언은 품성계도 및 연단교육(character formation)에 초점을 맞추고 있다.

전체적으로 잠언은 바르게 생각하는 것, 분수 안에서 생각하고 행동하는 것, 부모의 자녀양육을 위한 지혜, 유혹에 약하며 회초리로 다스려야 할 만큼 다루기 힘든 반역성을 가진 청소년 세대 훈계, 근면한 노동의 보람, 어리석고 우매한 사귐의 파탄적 결과, 불확실한 인생살이에서 북극성과 같은 하나님의 인도를 받는 방법, 자신의 능력과 판단에 대한 과도한 신뢰가 가져올 낭패, 교만의 사탄적 성격, 신분사회에서 인정받고 성공하는 처신에 관한 지혜 등에 관하여

자세히 반복적으로 가르쳐 준다. 심지어 잠언은 22장 이하에서 이집트의 궁중예절교육 교본과 거의 흡사한 서른 가지 훈계도 포함하고 있다. 이처럼 잠언은 창조주 하나님의 보편적 세상 통치를 경험적으로 관찰한 이방인들의 윤리, 도덕적 교훈마저 하나님 경외를 가르치는 교본에 기꺼이 수용하는 개방성을 보여준다.

　전도서는 지혜적 잠언의 수집물이면서, 동시에 젊은이를 포함한 독자들에게 하나님의 자애로운 통치가 현실에서 보이지 않을지라도 하나님을 경외하고 건전한 노동으로 살아가는 안분지족(安分知足)을 가르쳐 준다. 이 책은 불신앙과 신앙, 권태와 보람, 일확천금을 노리는 모험주의와 건전한 안분지족의 경건의 경계선에서 방황하고 의심하고 불평하는 사람들을 흔들리지 않는 야웨 경외 신앙으로 초청하는 철학적, 신학적 묵상록이다. 바벨론 포로생활의 고달픔에 대한 신학적 절규로 읽힐 수 있는 욥기와 시편(137편) 등과 같이, 전도서도 야웨의 전통적인 공평과 정의로운 통치에 대한 방법론적 의심을 여기저기서 표출하고 있다. 저자가 솔로몬 왕이라는 말은 전도서에 나타나 있지 않지만, 다윗의 아들 예루살렘 왕으로서 잠언을 짓고 모으는 일에 열심을 낸 왕은 솔로몬 왕으로 알려져 있으므로 전통적으로 솔로몬의 저작이라고 믿어 왔다. 전도서의 주인공 화자는 솔로몬적인 극단 경험(극단적 지혜와 지식 추구, 극단적 쾌락과 성욕 추구, 극단적 부와 명예 추구)을 통해서 인생의 환희와 보람을 느끼지 못하며, 모든 것은 불확실하고 견고하지 못하다는 것을 경험한다. 세상은 불공평한 것처럼 보이고, 지혜 있는 자나 어리석은 자가 돌연히 쇄도하는 불행에 함께 쓰러지며, 재판정과 법정은 악한 강자의 손아래 놓아나는 것처럼 보인다. 이런 점에서 욥기와 더불어 전도서는 구약성경에서 불확실하고 위험한 세계에 대한 대표적인 현실비판적 신앙교본이다. 욥기와 더불어 이 전도서도 전통적 야웨 신앙에 대한 비판적 성찰의 기록으로, 회의하고 좌절하는 성도들을 위로하고, 야웨 하나님이 다스리시는 세계에 대한 믿음과 하나님에 대한 믿음을 지탱하고 지지해 주는 위로의 책이다. 겉보기에 전도서는 삶의 불확정성과 허무함에 대하여 고백하는 것 같지만 그 본질에서는 세상의 부조리와 불공평, 불확정성과 허무함에도 불구하고 젊은 날에 하나님을 경외하고 하루하루를 즐기며 사는 평범한 삶이 얼마나 좋은지를 가르친다.

　아가(雅歌)라는 말은 "이 세상에서 가장 아름다운 노래", "노래 중의 노래"를 가리킨다. 아가는 솔로몬의 연애시로, 시면서 신부 이스라엘에 대한 신랑 야웨 하나님의 멈출 수 없는 사랑에 대한 신비주의적 묵상시다(베르나르 드 클레르보). 아가의 주제는 연애 같은 신앙생활과 영성생활이다. 아가의 장르는 극시(오페라)에 가깝다. 등장인물은 솔로몬 왕과 그가 남방 순시 때 우연히 만나 꿈 같은 사랑을 주고받았던 시골 처녀 술람미, 그리고 이들의 이루어질 수 없을 것 같은 사랑의 순전성을 시험하기 위해 퉁명스럽게 끼어드는 예루살렘 여인들이다. 모두 여덟 장으로 구성되어 있는 아가는, 현재 한글성경이나 영어성경에서는 각 구절들이 누구의 대사인지가 분명치 않아 아가를 충분히 음미하는 데 어려움을 준다. 그런데 히브리어 성경은 인칭과 성수(number and gender)가 명시되어 있기에 각 구절이 누구의 말인지를 판단할 수 있다. 중세의 페트라르카나 셰익스피어의 소네트를 무색하게 할 정도로 아름답고 감동적인 사랑의 절창이 아가의 각 장을 지배한다. 처음부터 끝까지 아가는 남자 연인과 여자 연인 사이에 흐르는 성애적 감정을 가장 진솔하고 역동적인 이미지와 비유로 묘사하고 있다. 대담하고도 생동감 넘치는 육체적 아름다움에 대한 묘사들, 성적 접촉이나 애무에 대한 암시적 묘사들은 성애적 상상력을 고조시킨다. 이처럼 아가는 명백한 사랑 노래다.

그런데 한 차원 더 깊이 읽어 보면, 아가는 하나님의 사랑에 대한 깊은 묵상시로 읽힌다. 하나님의 마음속으로 들어가고픈 무한정 열망을 가진 영성가들의 사랑 노래다. 나지안주스의 그레고리나 베르나르 드 클레르보 등이 아가를 통해 하나님과의 깊은 교제를 추구했다는 사실은 아가의 영성신학적 가치를 예증한다. 아가가 말하는 영성은 하나님과의 감미로운 교제 속에서 자발적으로 일어나는 하나님에 대한 순종 의지와 능력이다. 영성은 연애적 친밀성과 배타적 소속감을 추구하기 때문에 연애적 감정몰입과 의지적 투신을 요구한다. 아가가 말하는 연애는 영성적 몰입과 연합이며, 아가가 말하는 영성도 연애적 흥분과 친밀감, 배타적 친밀감을 느끼고자 하는 강력한 사모 감정으로 추동된다. 진정한 연애경험과 하나님과의 영적 결합을 최고의 희열이자 목적으로 삼는 영성 추구는 둘 다 하나님의 성령에 의하여 심화되고 견고해진다. 하나님의 영이 우리의 의지와 지성과 감정을 사로잡아 하나님과의 깊은 연합 상태로 이끌고 들어간다. 이런 점에서 아가는 영성이 무엇인가를 묵상하는 데 깊은 통찰을 던지는 책임이 분명하다.

이처럼 아가는 남녀 간의 절절한 연애를 노래하는 시인 동시에, 하나님과 이스라엘, 그리스도와 그의 신부되신 교회(신자) 사이에 있어야 할 깊고 순결한 사랑을 노래하고 있다. 바로 이런 이유 때문에 아가는 유월절 절기에 이스라엘 백성들이 하나님의 사랑을 기억하고 회고할 때 불렸다. 이스라엘에게 신앙은 하나님의 압도적인 사랑의 육박이며, 저항할 수 없는 접근이요 초청이었다. 그리스도인에게 신앙생활은 연애와 같은 면이 있다. 거리를 초월하고 상황을 초월하고 신분을 초월하여 서로에게 강력하게 소속되는 감정 몰입과 의지적 투신이 연애이듯이, 하나님께서는 거리를 초월하시고 신분을 뛰어넘으면서까지 시골뜨기 소녀같이 얼굴이 탄 죄인된 우리 인간을 사랑하신다.

지혜문서로 분류되는 욥기, 잠언, 전도서에서는 하나님과 이스라엘의 특별한 구원사와 언약 관계가 부각되지 않는다. 반면에 하나님의 창조질서 운행과 역사를 주관하시는 섭리가 일상의 언어로 표현되어 있다. 모세오경과 예언서는 하나님과 선민 이스라엘의 특별언약과 특별구원사가 주도하지만, 이 책들에는 창조질서와 역사주관 섭리를 통해 자신을 온 세상 만민에게 알려 주시는 하나님의 보편적인 다스리심이 두드러진다. 세상 만민은 비록 시내 산에서 계시된 특별계시나 언약을 통해 하나님을 알지는 못했으나, 천지를 창조하신 질서와 역사의 도도한 흐름을 통해 하나님을 더듬어 발견하도록 부름받았다(시 19편, 행 17:22-32). 욥기, 잠언, 전도서는 배타적 선민주의 너머에 활동하시는 보편적 창조주 하나님의 창조운행과 역사주관 섭리를 자세하게 가르쳐 준다.

한국교회가 이러한 지혜의 책들을 읽어야 하는 이유는 그것의 보편성과 포용성 때문이다. 모세오경을 배타주의적으로 읽고 해석해 일반계시와 선민 밖의 하나님의 통치를 인정하는 데 인색한 한국교회로 하여금 세계의 다른 문명에 나타난 고등종교와 고상한 인생철학과 교훈의 가치를 인식하도록 도와주기 때문이다. 욥기, 잠언, 전도서는 창조주 하나님의 보편적 창조질서 운행과 역사주관 섭리를 인식한 만민들의 종교와 철학에 나타난 불완전하고 파편적인 하나님 인식과 이해를 긍정적으로 평가하도록 도와준다. 또한 선민 이스라엘의 특별구원사 밖에서 진행된 하나님의 자애로운 창조주적 다스림을 식별하도록 도와준다. 이 세 책은 선민이 아닌 만민의 자리에서 하나님을 경험하고 하나님께 묻고 하나님께 도전적인 질문을 제기하는 것을 용납하고 있다. 따라서 이 책들을 깊이 읽고 연구한 그리스도인은 타종교나 세상의 철학과 도덕에 대한 정당한 존중감을 갖게 될 것이며, 기독교의 절대성을 확신하지만 동시에 다른 고등종교와 고상한 철학의 가치를 인정해 주는 기독교 신앙의 보편적 포용성도 증거할 수 있을 것이다.

반면에 시편과 아가는 모세오경과 예언서처럼 하나님과 이스라엘의 구원사, 특별언약관계의 역사 배경을 염두에 두고 읽어야 한다. 시편과 아가는 하나님께 올려지는 모든 기도, 찬양, 불평과 의심이 하나님의 말씀으로 읽힐 수 있음을 가르쳐 준다. 시편은 하나님이 선포하신 말씀뿐만 아니라 하나님이 들어주시고 경청해 주신 말씀도 하나님의 말씀임을 깨닫게 해준다. 따라서 시편은 하나님에 대한 이웃의 의심과 불평, 항변과 대듦도 귀하게 볼 수 있는 눈을 길러 준다. 유월절에 낭독되는 아가는 하나님과 이스라엘의 언약적 사랑을 염두에 두고 쓰여진 사랑 노래다. 아가의 미시적 배경은 남녀 간의 사랑이며 거시적 배경은 하나님과 이스라엘(그리스도와 교회)의 사랑이다. 아가는 인간의 사랑에는 육체를 통한 사랑 표현이 얼마나 중요한지를 묘사하며, 그 육체적 하나됨은 영적 하나됨의 열매라는 것을 강조한다. 육체 자체가 성적 쾌락을 위한 하나의 상품이 되어 가는 세상에 던지는 가장 큰 도전은 육체적, 감정적 성애는 고도의 언약적 책임감이 동반되는 관계 안에서만 향유될 수 있다는 진리다. 연애의 근원은 하나님의 인간 사랑, 하나님의 추적하시는 사랑에 대한 인간의 응답적 사랑임을 아가는 잘 가르쳐 준다. 한국교회는 시편의 하나님이 보여주시는 경청, 수용, 현존의 하나님을 배우는 동시에, 아가가 가르쳐 주는 인간 사랑과 하나님 사랑의 일체성을 배울 필요가 있다. 특별히 율법서의 영성이 지배하는 한국교회에서는 시가서를 내면화시킨 성도, 듣고 수용하며 이웃의 고통과 환난 현장에 함께하는 상담적 영성을 실천하는 성도가 절실히 요청된다.

❦

왜 『메시지』 시가서를 읽어야 하는가?

'시가서'는 『메시지』 성경의 백미(白眉)다. 『메시지』의 특징과 장점이 무엇보다 잘 드러나 있을 뿐 아니라, 독자에게 하나님의 마음을 원음 그대로 전달하려는 목자의 마음과 감수성이 그 문체와 어조 속에 잘 반영되어 있다. 다음의 세 가지 이유로 『메시지』 시가서를 추천한다.

첫째, 『메시지』 시가서는 각 책의 특징에 적합한 한글문체로 번역되었으며, 구약성경의 히브리어 원문이 갖는 논리적, 서사적 역동성이 잘 부각되어 있다. 욥기의 경우 그 줄거리가 확연히 부각되도록, 특히 욥기의 대화와 논쟁의 서사가 박진감 있게 읽히도록 번역되어 묘한 긴장감을 불러일으킨다. 욥과 세 친구들이 내세우는 각각의 논점이 무엇인지 훨씬 더 선명하게 부각된다. 한글 번역문체도 욥의 심정과 빈정대는 친구들의 내면 풍경을 잘 포착했고, 마지막에 등장하는 하나님의 폭풍 같은 질문세례도 욥이 왜 하나님의 압도적 질문공세에 승복하게 되었는지를 실감나게 보여준다.

시편의 탄원, 불평, 간구, 찬양은 지금 바로 독자들의 기도언어로 읊조려지기에 손색이 없다. 이런 번역은 단지 원어나 구문에 대한 이해만으로는 불가능하고 시편 말씀을 하나님의 마음으로 읽으면서도 동시에 부조리한 이 땅의 현실에서 살아가는 연약한 인간의 자리에서 읽을 때에만 가능한 일이다. 목회자의 마음은 중보자의 마음이다. 시편에 가장 자주 등장하는 곤경에 처한 개인의 토로를 들어 보면, 누군가가 우리의 마음에 들어와 있지 않으면 도저히 포착할 수 없는 가슴 절절한 기도, 찬양, 간청이 우리를 기도 모드로 재주형해 준다.

잠언은 잠언이라는 책 성격에 맞게 바늘로 찌르는 듯한 지혜 교사의 음성을 잘 부각시킨 문체로 번역되어 있다. 그중에서도 잠언의 편집과 운율에 맞춘 번역이 압권이다. 기존 한글성경의 운율에 못지않게 번역되어 잠언의 숱한 대구와 대조, 유비와 직유가 명료하게 부각된다. 그뿐만 아니라 『메시지』 잠언은 암송하기에도 적합하게 번역되어 있다.

전도서의 성찰적 비판 담론도 현대 독자들에게 성경의 원음을 생생하게 재생시켜 준다. 전도서는 하나님의 창조질서와 세상질서에 대한 쓰라린 냉소를 터뜨리는 젊은이의 마음에 들려준 지혜자의 충고다. 지혜자의 말씀 하나하나가 젊은 추구자의 가슴에 와 닿는다.

아가의 사랑 고백과 성애적 감정 묘사는 종교적 외피에 감춰진 구약성경의 원음을 풍성하게 재생시켜 준다. 특히 아가의 경우, 쉴 새 없이 오고가는 대사의 화자가 누구인지를 밝혀 줌으로써 아가가 하나의 드라마적 구조를 가진 채 전개되고 있다는 점을 선명히 부각시켜 준다.

둘째, 구약성경의 하나님은 인간에게 말씀하시는 하나님일 뿐만 아니라, 인간의 말을 듣고 수용하며 이해하시는 하나님임을 『메시지』 시가서는 잘 드러내 준다. 번안에 가까운 현대적 비유와 지명, 어휘들이 나타날 때마다 우리는 하나님이 21세기 도시문명의 변방에서 아둥바둥하며 하나님을 믿어 보겠다고 애쓰는 우리 성도들의 현장에서 멀지 않은 곳에 계신다는 인상을 받는다. 『메시지』 시가서의 하나님은 억만 광년 먼 우주에 계시지 않고 이미 지구에 들어와 지구적 관점을 갖고 당신의 자녀들의 누추한 일상을 소리 없이 응시하고 계시며 흔적을 내지 않고 도와주시는 경청의 하나님이시다.

셋째, 많은 성경구절을 애독하고 암송하는 성도들의 경우, 평소 자신들이 알고 있던 구절과 다소 색다르게 번역된 『메시지』 성경을 보면서 그 구절의 원래 뜻이 무엇인지를 찾아보고 묵상할 수 있을 것이다. 따라서 현대적 번안 수준의 파격적인 번역은 그것을 가능하게 할 만큼 원문 성경구절의 의미범위가 상당히 넓고 포괄적임을 깨닫게 해주며, 성경을 더 자세히 읽고 공부해 보도록 격려한다. 예를 들면, 시편에서 원문의 도치구문이 산문으로 평이하게 번역된 경우가 대표적인데, 이 경우 『메시지』 성경은 독자들로 하여금 원문의 뜻이 무엇인지를 찾아 보도록 돕는다.

　결론적으로 『메시지』 성경은 성경통독을 원하는 모든 독자에게 매우 유용한 길라잡이가 된다. 가장 최신판 한국어 문체의 옷을 입고 나타나신 하나님, 한국인의 폐부와 심장에 웅성거리는 의심과 불평, 항변과 문제제기를 곁에서 경청하시는 하나님을 『메시지』 시가서에서 만날 수 있다.

김회권 숭실대학교 기독교학과 교수

시가서

성경 안에는 인간 경험을 있는 그대로 다루는 독특한 계열의 책들이 있다. 이 책들은 인간답게 살기 위해 반드시 기억해야 할 것들을 다루고 있는데, 성경에 수록된 이러한 증언 및 작품에는 공통적으로 "지혜"라는 명칭이 따라붙는다.

여기서 말하는 "지혜"란, 별난 사상이나 교리나 조언이 아니라 일종의 마음가짐, 분명한 자세를 가리킨다. 지혜는 범위가 넓어서, 가지각색 동료 여행자들과 달갑지 않은 여행자들을 하나로 묶어 낸다. 이 신앙 여행자들이 공통의 기반에 발을 들여놓을 수 있는 이유는 지혜의 단호한 주장 때문이다. 우리가 하나님을 진지하게 섬기고 그분께 믿음으로 응답하려면, 인간 경험의 어떤 것도 빠뜨리거나 무시해서는 안된다는 것이다.

성경에서 포괄적인 줄거리와 주요 사건을 결정하는 쪽은 하나님과 그분의 길이고, 참여자로 초대받아 예우받는 쪽은 인간이다. 우리 가운데 마지막 한 사람, 우리의 일상생활과 연관된 마지막 세부사항까지 그러한 초대와 예우를 받는다. 구원 드라마에는 관람석이 없다. 무능한 선수들을 위한 "벤치"는 따로 존재하지 않는다.

사람들이 종교나 하나님께 관심을 기울이면서 자신의 직장과 가정, 공동체와 동료들에게는 무관심한 경우가 있는데, 우리 주위에서 흔히 있는 일이다. 이들은 하나님을 얻는 만큼 인간을 잃는다. 그러나 이것은 하나님께서 의도하시는 바가 아니

There is a distinctive strain of writing in the Bible that more or less specializes in dealing with human experience—as is. *This* is what is involved in being human, and don't you forget it. "Wisdom" is the common designation given to this aspect of biblical witness and writing.

The word in this context refers more to a kind of attitude, a distinctive stance, than to any particular ideas or doctrines or counsel. As such, Wisdom is wide-ranging, collecting under its umbrella diverse and unlikely fellow travelers. What keeps the feet of these faith-travelers on common ground is Wisdom's unrelenting insistence that nothing in human experience can be omitted or slighted if we decide to take God seriously and respond to him believingly.

God and God's ways provide the comprehensive plot and sovereign action in the Holy Scriptures, but human beings—every last man and woman of us, including every last detail involved in our daily living—are invited and honored participants in all of it. There are no spectator seats provided for the drama of salvation. There is no "bench" for incompetent players.

It is fairly common among people who get interested in religion or God to get proportionately *dis*interested in their jobs and families, their communities and their colleagues—the more of God, the less of the human. But that is not the way God intends

다. 지혜는 이러한 경향을 거슬러, "영적"인 느낌이나 인상과 상관없이 모든 형식을 동원하여 인간 경험의 소중한 본질을 증언한다.

욥기, 시편, 잠언, 전도서, 아가는 성경의 지혜에 대한 중요한 증언이라고 할 수 있다. 물론 성경 전체에 지혜의 영향력이 스며들어 있기 때문에 지혜가 이 책들에 국한된다고 말할 수는 없다. 그러나 하나님께서 임재하시고 일하시는 무대인 인간 경험을 전면에 내세워 중점적으로 다룬 책은 이 몇 권뿐이다.

시편을 중앙에 놓고 그것을 중심으로 나머지 넷을 교차시킬 때 이 다섯 증언의 포괄성이 뚜렷해진다. 이를테면 시편 좌우에 욥기와 잠언을, 위아래에 전도서와 아가를 배열하는 것이다.

시편은 중심에 놓인 자석과 같아서, 인간 경험의 모든 조각과 차원을 하나님 앞으로 끌어당긴다. 불평("나는 스러져 소멸해 가고")과 감사("하나님께 박수갈채를!"), 의심("사랑 많기로 유명하신 주님, 그 사랑 지금 어디에 있습니까?")과 분노("오 하나님, 저들에게 응분의 벌을 내리소서!"), 고통의 절규("하루가 멀다 하고 누군가 나를 두들겨 팹니다")와 기쁨의 표출("하나님을 목청껏 찬양하여라!"), 조용한 묵상("주께서 주신 지혜를 작은 조각까지 곱씹고")과 떠들썩한 예배("하나님께 환호성을 올려라!") 등 가리지 않고 주제로 삼는다. 인간에게 흔히 나타나는 것이면 무엇이나 주제로 다룬다. 인간이 경험하는 것이면 무엇이나, 심지어 감정과 생각까지도 기도에 담고, 인간다운 본질을 유지하고 되찾을 수 있는 것이면 무엇이나 다 기도에 담는다. 그런 다음 우리네 인간성 전체에 관여하시는 하나님의 온전한 관심을 상하좌우의 두 축이 상세히 설명한다.

it. Wisdom counters this tendency by giving witness to the precious nature of human experience in all its forms, whether or not it feels or appears "spiritual."

Job, Psalms, Proverbs, Ecclesiastes, and the Song of Songs serve as our primary witnesses to biblical Wisdom. It is not as if wisdom is confined to these books, for its influence is pervasive throughout Scripture. But in these books human experience as the arena in which God is present and working is placed front and center.

The comprehensiveness of these five witnesses becomes evident when we set Psalms at the center, and then crisscross that center with the other four arranged as two sets of polarities: first Job and Proverbs, and then Ecclesiastes and the Song of Songs.

Psalms is a magnetic center, pulling every scrap and dimension of human experience into the presence of God. The Psalms are indiscriminate in their subject matter—complaint("I'm fading away to nothing") and thanks("applaud GOD!"), doubt("Where is the love you're so famous for, Lord?") and anger("O, God, give them their just deserts!"), outcries of pain("Not a day goes by but somebody beats me up") and outbursts of joy("Shout God-songs at the top of your lungs!"), quiet reflection("I ponder every morsel of wisdom from you") and boisterous worship("Bravo, GOD, bravo!"). If it's *human*, it qualifies. Any human experience, feeling, or thought can be prayed. Eventually it all *must* be prayed if it is to retain—or recover—its essential humanity. The totality of God's concern with the totality of our humanity is then elaborated by means of the two polarities.

The Job-Proverbs polarity sets the crisis

욥기와 잠언이 마주 보는 축은, 극도의 고난이라는 위기 경험과 우리가 직장과 가정, 돈과 섹스, 언어 사용과 감정 표현으로 이루어진 일상을 열심히 살아가며 겪는 흔한 경험을 대비하여 보여준다.

experience of extreme suffering opposite the routine experience of getting along as best we can in the ordinary affairs of work and family, money and sex, the use of language and the expression of emotions.

"어찌하여 하나님은 비참한 사람들에게 빛을 주시고
쓰디쓴 인생을 사는 이들을 살려 두시는가?
이들은 죽기를 무엇보다 바라건만 죽지 못하고
죽음보다 나은 것을 상상하지 못하며
죽어서 묻힐 날을
인생에서 가장 행복한 순간으로 손꼽아 기다리지 않는가?
부질없는 인생, 삶의 의미를 찾을 길을 하나님이 모두 막으셨으니, 살아서 무엇 하겠는가?"(욥 3:20−23)

"Why does God bother giving light to the miserable,
  why bother keeping bitter people alive,
Those who want in the worst way to die, and can't,
  who can't imagine anything better than death,
Who count the day of their death and burial
  the happiest day of their life?
What's the point of life when it doesn't make sense,
  when God blocks all the roads to meaning?"
  (Job 3:20-23)

이것은……솔로몬의 지혜로운 말이다.
어떻게 해야 바르게 잘 살 수 있는지 가르치고
인생의 의미가 무엇이며 어디로 흘러가는지 알리려고 기록한 말이다.
이것은 옳고 정의롭고 공평한 것이 무엇인지 알리고
세상의 이치를 모르는 이들을 가르치고
젊은이들이 현실을 파악하게 해줄
삶의 지침서다.
경험 많은 이들도 얻을 것이 있고
노련한 이들도 한두 가지 배울 것이 있을 것이다.
깊이 음미할 만한 새로운 지혜와
현인들의 슬기가 이 안에 있다(잠 1:1−6).

These are the wise sayings of Solomon,...
Written down so we'll know how to live well and right,
  to understand what life means and where it's going;
A manual for living,
  for learning what's right and just and fair;
To teach the inexperienced the ropes
  and give our young people a grasp on reality.
There's something here also for seasoned men and women,
  still a thing or two for the experienced to learn—
Fresh wisdom to probe and penetrate,
  the rhymes and reasons of wise men and women(Proverb 1:1-6).

신앙생활은 특별한 경험과 평범한 경험 모두와 관계가 있다. 둘 중 하나를 배제할 수도 없고, 어느 하나에 우선순위를 둘 수도 없다. 고통을 당하며 화를 내고 항변하는 욥을 보면서, 우리는 우리에게 닥칠 수 있는 최악의 상황이 하나님의 영역 안에 있음을 깨닫게 된다. 또한 우리의 관찰력과 통찰력을 예리하게 해주는 간결한 잠언들을 통해 우리 주위에서 벌어지는 일을 제대로 보면서, 평범하고 단조로운 일상 역시 하나님의 영역임을 깨닫는다.

아가와 전도서가 마주 보는 축은 황홀한 사랑 경험과 따분한 사랑 경험을 맞세운다.

입 맞춰 주세요. 당신의 입술로 내 입술 덮어주세요!
그래요, 당신의 사랑은 포도주보다 달콤하고
당신이 바른 향유보다 더 향기로워요.……

나를 데려가 주세요! ……
우리 축하하고 노래하며
멋진 사랑의 음악을 연주해요.
그래요! 당신의 사랑은 최상품 포도주보다 달콤하니까요(아 1:2-4).

모든 것이 따분하다. 극도로 따분하다.
아무도 그 의미를 찾지 못한다.
눈에도 따분하고
귀에도 따분하다.
이미 있던 것이 다시 있을 것이고
이미 벌어진 일이 다시 벌어질 것이다.
(전 1:8-9)

신앙생활은 우리가 꿈꾸던 그 이상의 것을 발견하는 기쁨과 관계가 있고, '이 모든 것의 목적이 무엇이지?' 하고 물으며 끊임없이 한 발 한 발 내딛는 일과도 관계가 있다. 이 역시 둘

The life of faith has to do with extraordinary experience; the life of faith has to do with ordinary experience. Neither cancels out the other; neither takes precedence over the other. As Job rages in pain and protest, we find that the worst that can happen to us has been staked out as God's territory. As the pithy Proverbs sharpen our observations and insights regarding what is going on all around us, we realize that all this unobtrusive, undramatic dailiness is also God's country.

The Song-Ecclesiastes polarity sets the ecstatic experience of love in tension with the boredom of the same old round.

Kiss me—full on the mouth!
  Yes! For your love is better than wine,
    headier than your aromatic oils....

Take me away with you!...
We'll celebrate, we'll sing,
  we'll make great music.
Yes! For your love is better than vintage wine(Song of Songs 1:2-4).

Everything's boring, utterly boring—
  no one can find any meaning in it.
Boring to the eye,
  boring to the ear.
What was will be again,
  what happened will happen again.
  (Ecclesiastes 1:8-9)

The life of faith has to do with the glories of discovering far more in life than we ever dreamed of; the life of faith has to do with doggedly putting one flat foot in front of the other, wondering what the point of it all

중 하나를 배제하거나 어느 하나에 우선순위를 둘 수 없다. 우리는 아가의 가사로 노래하고 기도하는 가운데, 하나님께서 인간이 경험할 수 있는 모든 복을 우리에게 내려 주신다는 것을 깨닫게 된다. 또한 전도서의 냉소적인 구절들을 곱씹으면서 인간 경험 고유의 한계들을 깨닫고 인간 경험을 있는 그대로 평가하여 그것과 하나님을 구분하게 된다.

이 시가서의 기자들은 우리가 인간 경험 전체를 정직하게 마주하고 주의를 기울이게 한다. 하나님께서 우리 각 사람 안에 거룩한 구원의 삶을 이루기 위해 활용하시는 것은 다름 아닌 우리의 경험이기 때문이다.

is. Neither cancels out the other; neither takes precedence over the other. As we sing and pray the lyrics of the Song of Songs, we become convinced that God blesses the best that human experience is capable of; as we ponder the sardonic verses of Ecclesiastes, we recognize the limits inherent in all human experience, appreciate it for what it is, but learn not to confuse it with God.

In such ways, these Wisdom writers keep us honest with and attentive to the entire range of human experience that God the Spirit uses to fashion a life of holy salvation in each of us.

욥기 | 머리말

욥이 고난을 당했다. 그의 이름은 고난과 동의어로 쓰인다. 그가 물었다. "왜 그러십니까? 어째서 접니까?" 그 질문은 하나님을 향한 것이었다. 그의 질문은 끈질기고 열정적이며 호소력 있었다. 그는 침묵을 답변으로 여기지 않았고, 상투적인 말들을 답으로 받아들이지도 않았다. 하나님을 순순히 놓아드리지 않았다.

그는 자신의 고난을 묵묵히 감내하거나 경건하게 감수하지 않았다. 다른 의견을 구하러 의사나 철학자를 찾아가지도 않았다. 그는 다만 하나님 앞에 버티고 서서 자신의 고난에 대해 강력하게 항의하고 또 항의했다.

"내가 오직 원하는 것은 한 가지 기도 응답뿐,
내 마지막 간구를 들어주시는 것.
하나님이 나를 밟아 주셨으면. 벌레처럼 짓이겨
영원히 끝장내 주셨으면.
그러면 궁지에 몰린 나머지 한계선을 넘어
거룩하신 하나님을 모독하는 일은 없을 것이고
그나마 그것으로 만족할 수 있을 텐데.
내게 무슨 힘이 있어 희망을 붙들겠는가?
무슨 미래가 있어 계속 살아가겠는가?
내 심장은 강철로 만들어진 줄 아나?
내가 무쇠 인간인가?
내가 자력으로 지금 상황을 이겨 나갈 수 있을 것 같은가?
아닐세. 난 더 이상 버틸 힘이 없네!"

(욥 6:8-13)

Job suffered. His name is synonymous with suffering. He asked, "Why?" He asked, "Why me?" And he put his questions to God. He asked his questions persistently, passionately, and eloquently. He refused to take silence for an answer. He refused to take clichés for an answer. He refused to let God off the hook.

Job did not take his sufferings quietly or piously. He disdained going for a second opinion to outside physicians or philosophers. Job took his stance before *God*, and there he protested his suffering, protested mightily.

"All I want is an answer to one prayer,
    a last request to be honored:
Let God step on me—squash me like a bug,
    and be done with me for good.
I'd at least have the satisfaction
    of not having blasphemed the Holy God,
    before being pressed past the limits.
Where's the strength to keep my hopes up?
    What future do I have to keep me going?
Do you think I have nerves of steel?
    Do you think I'm made of iron?
Do you think I can pull myself up by my bootstraps?
    Why, I don't even have any boots!"

(Job 6:8-13)

욥이 우리에게 중요한 이유는 그가 고난을 당했을 뿐 아니라, 매우 중요한 영역인 가족과 건강과 물질적인 부분에서 우리와 똑같이 고난을 받았기 때문이다. 그리고 그는 자신의 고난에 대해 집요하게 질문을 던졌고 담대하게 항의했다. 그는 자신의 질문을 가지고 "최고책임자"에게 나아갔다.

It is not only because Job suffered that he is important to us. It is because he suffered in the same ways that *we* suffer—in the vital areas of family, personal health, and material things. Job is also important to us because he searchingly questioned and boldly protested his suffering. Indeed, he went "to the top" with his questions.

❧

우리를 괴롭게 하는 것은 고난 자체가 아니다. "억울한" 고난이다.

다들 어릴 때 부모의 말을 듣지 않아 벌을 받은 적이 있을 것이다. 그 처벌이 우리의 잘못에 합당할 때 우리는 정당하다고 여기고 '잘못을 저지르면 벌을 받는구나' 하고 생각하게 된다.

그러나 우리는 나이가 들어 감에 따라, 우리가 저지르는 잘못의 크기와 우리가 겪는 고통의 강도가 정비례하지 않는다는 것을 깨닫고 놀라게 된다. 더 놀라운 사실은, 오히려 그와 정반대인 경우가 많다는 것이다. 옳은 일을 하고서 매를 맞기도 하고, 있는 힘껏 최선을 다하고 나서 보상을 기대하며 손을 내밀었다가 느닷없이 뒤통수를 얻어맞고 비틀거리며 쫓겨나기도 한다.

이것이 바로 우리를 당혹스럽게 하고, 더 나아가 분노하게 만드는 고난이다. 이런 고난이 욥에게 찾아와 그를 당혹스럽게 하고 분노하게 했다. 욥은 매사에 올바르게 처신했는데 어느 순간 갑자기 모든 것이 잘못되었다. 욥은 이 고난에 대해 목소리를 높여 하나님께 항의했다.

욥의 항변은 조리 있고 정곡을 찌르며 정직하다. 따라서 고난을 당해 본 사람이라면 누구나 욥의 목소리에서 자신의 고통을 들을 수 있다. 욥은 소심한 사

It is not suffering as such that troubles us. It is undeserved suffering.

Almost all of us in our years of growing up have the experience of disobeying our parents and getting punished for it. When that discipline was connected with wrongdoing, it had a certain sense of justice to it: *When we do wrong, we get punished.*

One of the surprises as we get older, however, is that we come to see that there is no real correlation between the amount of wrong we commit and the amount of pain we experience. An even larger surprise is that very often there is something quite the opposite: We do right and get knocked down. We do the best we are capable of doing, and just as we are reaching out to receive our reward we are hit from the blind side and sent reeling.

This is the suffering that first bewilders and then outrages us. This is the kind of suffering that bewildered and outraged Job, for Job was doing everything right when suddenly everything went wrong. And it is this kind of suffering to which Job gives voice when he protests to God.

Job gives voice to his sufferings so well, so accurately and honestly, that anyone who has ever suffered—which includes every last one of

람들이 차마 입 밖에 내지 못하는 내용들을 담대하게 말한다. 사람들의 내면에 혼란스럽게 뒤엉켜 있는 흐느낌을 시로 표현해 낸다. 많은 사람들이 속으로만 웅얼거리는 불평을 그는 하나님께 토해 낸다. 그는 좌절에 빠진 희생자이기를 거부한다.

> "나는 아네, 하나님이 살아 계심을. 그분은 나를 되살려 주시는 분.
> 그분이 마침내 땅에 우뚝 서실 것이네.
> 나 비록 하나님께 호된 벌을 받았지만 그분을 뵐 것이네!
> 내 두 눈으로 직접 하나님을 뵐 것이야.
> 오, 어서 빨리 그날이 왔으면!"
> (욥 19:25-27)

욥이 하지 않는 행동도 주목해서 보아야 한다. 그래야 그가 의도하지 않은 것을 그에게서 찾는 일이 없을 것이다. 그의 아내는 하나님을 저주하고 죽으라고 했다. 하나님을 부인함으로써 고난의 문제 자체를 없애 버리라고 제안한 셈이다. 하지만 욥은 그렇게 하지 않았다. 그렇다고 해서 그가 고난을 해명하는 것도 아니다. 고난을 피할 수 있는 비결을 알려 주지도 않는다. 고난은 신비다. 욥은 그 신비를 존중하게 된다.

> "그분은 내가 어디에 있으며 내가 무엇을 하는지 아신다네.
> 그분이 아무리 철저히 나를 시험하셔도,
> 나는 영예롭게 그 시험에 합격할 걸세.
> 나는 가까이에서 그분을 따랐고 그분의 발자취를 좇았네.
> 한 번도 그분의 길에서 벗어나지 않았네.
> 나는 그분의 말씀을 모두 지켰고
> 그분의 조언을 따랐으며 그것을 소중히 간직했네.
> 그러나 그분은 절대 주권자시니 누가 그

us—can recognize his or her personal pain in the voice of Job. Job says boldly what some of us are too timid to say. He makes poetry out of what in many of us is only a tangle of confused whimpers. He shouts out to God what a lot of us mutter behind our sleeves. He refuses to accept the role of a defeated victim.

> I know that God lives—the One who gives me back my life—
>   and eventually he'll take his stand on earth.
> And I'll see him—even though I get skinned alive!—
>   see God myself, with my very own eyes.
> Oh, how I long for that day!
> (Job 19:25-27)

It is also important to note what Job does *not* do, lest we expect something from him that he does not intend. Job does not curse God as his wife suggests he should do, getting rid of the problem by getting rid of God. But neither does Job *explain* suffering. He does not instruct us in how to live so that we can avoid suffering. Suffering is a mystery, and Job comes to respect the mystery.

> "He knows where I am and what I've done.
>   He can cross-examine me all he wants, and I'll pass the test with honors.
> I've followed him closely, my feet in his footprints,
>   not once swerving from his way.
> I've obeyed every word he's spoken,
>   and not just obeyed his advice—I've treasured it.
> But he is singular and sovereign. Who can argue with him?

분께 따질 수 있겠는가?
원하는 일을 원하실 때 행하시는 분이 아닌가.
그분은 나에 대해 정하신 일을 빠짐없이 이
루실 것이고
그 외에도 하고자 하시는 모든 일을 이루실
것이네.
그러니 그분 뵙기가 두려울 수밖에 없지 않
겠는가?
생각만 해도 두려워지는구나"(욥 23:10-
15).

고난에 직면하여 의문을 제기하다 고난을 존
중하기에 이르는 과정에서 욥은 자신이 더 큰
신비, 곧 하나님의 신비 안에 놓여 있음을 깨
닫는다. 어쩌면 고난의 가장 큰 신비는, 고난
에 처한 사람이 넘치는 경이감과 사랑과 찬양
을 안고 하나님 앞에 나아가 그분을 예배하게
된다는 사실일 것이다. 고난이 매번 그런 결과
를 낳지는 않지만, 그런 일은 생각보다 훨씬
많다. 욥의 경우는 분명히 그렇다. 그가 빈정
대는 아내에게 한 말에도 심오한 역설과 받아
들이기 어려운 우울한 진리가 담겨 있다. "우
리가 하나님께 좋은 날도 받았는데, 나쁜 날도
받는 게 당연하지 않소?"(욥 2:10)

❧

그러나 욥기에는 욥만 등장하는 것이 아니다.
욥의 친구들이 있다. 아파서 병원에 입원하거
나, 친구가 죽어 상심하거나, 일자리를 잃거
나, 사귀던 사람과 헤어지거나, 우울증에 빠
지거나, 당황하여 어쩔 줄 모르거나, 종류를
막론하고 곤경에 처하는 순간, 사람들이 다가
와 우리의 문제가 무엇이고 어떻게 해야 나아
질 수 있는지 설명하기 시작한다. 주검에 독수
리가 모이듯 고난당하는 사람들 주위에는 해
결사들이 모여든다. 처음에는 우리에게 신경
써 주는 그들이 그저 고맙고 어쩌면 그렇게 멋
진 말들을 척척 내놓는지 놀라울 따름이다. 그

He does what he wants, when he wants
to.
He'll complete in detail what he's decided
about me,
and whatever else he determines to do.
Is it any wonder that I dread meeting
him?
Whenever I think about it, I get scared
all over again"(Job 23:10-15).

In the course of facing, questioning, and
respecting suffering, Job finds himself in an
even larger mystery—the mystery of God.
Perhaps the greatest mystery in suffering
is how it can bring a person into the
presence of God in a state of worship, full
of wonder, love, and praise. Suffering does
not inevitably do that, but it does it far more
often than we would expect. It certainly did
that for Job. Even in his answer to his wife
he speaks the language of an uncharted
irony, a dark and difficult kind of truth: "We
take the good days from God—why not also
the bad days?"(Job 2:10)

❧

But there is more to the book of Job than
Job. There are Job's friends. The moment
we find ourselves in trouble of any kind—
sick in the hospital, bereaved by a friend's
death, dismissed from a job or relationship,
depressed or bewildered—people start
showing up telling us exactly what is wrong
with us and what we must do to get better.
Sufferers attract fixers the way roadkills
attract vultures. At first we are impressed
that they bother with us and amazed at their
facility with answers. They know so much!

들은 정말 아는 게 많다! 그들은 어떻게 그런 '생활의 전문가'가 되었을까?

그런 사람들은 대개 하나님의 말씀을 자주 인용하지만 어딘가 어설프다. 그럴듯한 영적 진단과 처방을 잔뜩 내놓는데, 그것을 듣고 난 다음에는 "다 나를 걱정해서 하는 말인 것 같은데, 왜 저들의 말을 듣고 나면 기분이 나빠지는 거지?" 하는 의문이 든다.

욥기는 고난의 위엄과 하나님이 우리의 고통 가운데 함께하심을 알리는 증언인 동시에, 해명이나 "답변" 정도로 축소된 종교에 맞서 성경이 제시하는 주된 반론이다. 친구라는 사람들이 욥에게 내놓은 많은 답변이 형식적으로는 옳다. 그러나 바로 그 "형식적인" 측면 때문에 그들의 답변은 쓸모가 없어졌다. 그것은 인격적 관계가 없는 답변, 교감 없는 지성이다. 욥의 친구들은 표본병에 라벨을 붙이듯 황폐해진 욥의 인생에 답변을 붙였다. 욥은 하나님이 살아 역사하시는 현실과 동떨어진 그들의 세속화된 지혜에 몹시 화를 낸다.

> "자네들 말은 이제 물릴 만큼 들었네.
> 그것도 위로라고 하는 건가?
> 그 장황한 연설은 끝도 없는가?
> 무슨 문제가 있기에 그렇게 계속 지껄이는가?
> 자네들이 내 처지라면
> 나도 자네들처럼 말할 수 있겠지.
> 끔찍한 장광설을 그러모아
> 지겹도록 들려줄 수 있을 걸세.
> 하지만 난 절대로 그렇게 하지 않을 거야.
> 격려하고 위로하고
> 안심시키는 말을 할 걸세. 복장 터지게 하는 말이 아니라!" (욥 16:1-5)

어느 시대에나 "건강, 부, 지혜"를 보장하는 생활방식을 가르쳐 주겠다고 장담하는 사람

How did they get to be such experts in living?

More often than not, these people use the Word of God frequently and loosely. They are full of spiritual diagnosis and prescription. It all sounds so hopeful. But then we begin to wonder, "Why is it that for all their apparent compassion we feel worse instead of better after they've said their piece?"

The book of Job is not only a witness to the dignity of suffering and God's presence in our suffering but is also our primary biblical protest against religion that has been reduced to explanations or "answers." Many of the answers that Job's so-called friends give him are technically true. But it is the "technical" part that ruins them. They are answers without personal relationship, intellect without intimacy. The answers are slapped onto Job's ravaged life like labels on a specimen bottle. Job rages against this secularized wisdom that has lost touch with the living realities of God.

> "I've had all I can take of your talk.
>   What a bunch of miserable comforters!
> Is there no end to your windbag speeches?
>   What's your problem that you go on and on like this?
> If you were in my shoes,
>   I could talk just like you.
> I could put together a terrific harangue
>   and really let you have it.
> But I'd never do that. I'd console and comfort,
>   make things better, not worse!" (Job 16:1-5)

In every generation there are men and women who pretend to be able to instruct us in a

들이 있다. 그들은 지적이고 도덕적인 삶이 고난을 막아 준다고 선전한다. 그들의 관점에서 보면, 꼭 필요한 지적·도덕적 답변들을 제공해 줄 수 있는 그들을 곁에 둔 우리는 운이 좋은 사람들이다.

우리 앞에 나타나 이렇게 생각하고 저렇게 행동하기만 하면 만사가 잘될 것이라고 말하는 친절한 사람들의 진부한 말을 믿고 엉뚱한 길로 내달렸던 경험이 다들 한 번씩은 있을 것이다. 이런 우리를 대신해서 욥은 번민에 찬 답변을 내놓는다. 그는 하나님에 대해 속속들이 알고 있다는 투의 조언과 모든 상황을 그럴듯하게 설명해 내는 가르침을 거부한다. 욥의 정직한 항변은 장황한 종교적 잡설과 긍정적 사고를 주장하는 자들의 판에 박힌 말을 반박할 최고의 답변이며, 이 사실은 지금도 유효하다.

욥은 정직하고 무죄한 사람이었지만 엄청난 고난을 당했다. 그리고 당대의 종교적 상식으로 무장한 엘리바스, 빌닷, 소발, 엘리후가 일장연설을 쏟아 내며 그를 포위했다. 욥과 친구들의 모습은 현저한 대조를 이룬다. 친구들은 상담가 역할을 자처하며 책에서 배운 교훈들을 현학적으로 논리정연하게 제시한다. 처음에 욥은 고통에 겨워 분통을 터뜨리며 큰소리로 항변하지만, 마침내 하나님이 나타나셔서 폭풍 가운데 말씀하시자 그 "회오리바람" 같은 신성 앞에서 경외감에 사로잡혀 믿음을 되찾고 입을 다문다. 진정한 믿음은 영적인 상투 문구로 축소되거나 성공담의 소재로 끝나지 않는다. 진정한 믿음은 고통의 불길과 폭풍 속에서 다듬어진다.

욥기는 일체의 답변을 거부하는 것이 아니다. 성경적 신앙에는 충분한 답변이 있다. 욥기가 거부하는 것은 세속화된 답변이다. 우리를 치기도 하고 고치기도 하시는 살아 계신 하나님, 참된 해답의 원천이신 그분의 말씀으로부터 분리되어 세속화된 답변이

way of life that guarantees that we will be "healthy, wealthy, and wise." According to the propaganda of these people, anyone who lives intelligently and morally is exempt from suffering. From their point of view, it is lucky for us that they are now at hand to provide the intelligent and moral answers we need.

On behalf of all of us who have been misled by the platitudes of the nice people who show up to tell us everything is going to be just all right if we simply think such-and-such and do such-and-such, Job issues an anguished rejoinder. He rejects the kind of advice and teaching that has God all figured out, that provides glib explanations for every circumstance. Job's honest defiance continues to be the best defense against the clichés of positive thinkers and the prattle of religious small talk.

The honest, innocent Job is placed in a setting of immense suffering and then surrounded by the conventional religious wisdom of the day in the form of speeches by Eliphaz, Bildad, Zophar, and Elihu. The contrast is unforgettable. The counselors methodically and pedantically recite their bookish precepts to Job. At first Job rages in pain and roars out his protests, but then he becomes silent in awestruck faith before God, who speaks from out of a storm—a "whirlwind" of Deity. Real faith cannot be reduced to spiritual bromides and merchandised in success stories. It is refined in the fires and the storms of pain.

The book of Job does not reject answers as such. There is content to biblical religion. It is the *secularization* of answers that is rejected—answers severed from their Source,

다. 하나님의 생각과 마음에서 끊어진 상태로는 그분에 대한 진리를 보유할 수 없는 까닭이다.

❦

우리에게는 연민의 마음이 있어서 사람들이 고난받는 것을 보고 싶어 하지 않는다. 그래서 본능적으로 고통을 막거나 덜어 주려 한다. 이것은 분명 좋은 충동이다. 그러나 고난당하는 자들에게 진심으로 다가가고자 한다면, 욥의 친구들처럼 되지 않도록 주의해야 한다. 나에게 잘못된 부분을 바로잡거나 문제를 없애거나 상황을 "더 좋게" 만들 능력이 있다는 주제넘은 생각을 가지고 "도움"을 베풀어서는 안된다. 고난당하는 친구들을 보면 어떻게 하면 부부관계가 나아지고, 아이들의 행실이 좋아지고, 마음과 정서가 건강해지는지 가르쳐 주고 싶어질 수도 있다. 그러나 다른 사람의 고난을 해결하려 달려들기 전에 몇 가지 명심할 것이 있다.

첫째, 우리가 제아무리 통찰력을 가졌다 해도, 친구들이 겪고 있는 문제의 본질을 온전하게 이해할 수는 없다. 둘째, 친구들이 우리의 조언을 원하지 않을 수도 있다. 셋째, 얄궂은 일이지만 사람이 하나님을 따르기로 헌신한다고 해도 고난이 줄어들지 않는다는 사실이다. 오히려 더 많은 고난을 받는다. 이들은 고난을 통해서 그 전에는 생각조차 못했을 놀라운 방법으로 삶이 변하고 깊어지며 아름답고 거룩한 사람이 된다.

그러므로 고난을 미연에 방지하겠다는 별 성과도 없는 일에 집중하지 말고, 할 수 있는 대로 고난 속으로 들어가 그 고난과 함께해야 한다. 고난의 신비 속으로 들어가 하나님을 찾아야 한다. 다시 말해, 고난받는 사람들이 안됐다는 생각을 버리고 그

the living God, the Word that both batters us and heals us. We cannot have truth *about* God divorced from the mind and heart *of* God.

❦

In our compassion, we don't like to see people suffer. And so our instincts are aimed at preventing and alleviating suffering. No doubt that is a good impulse. But if we really want to reach out to others who are suffering, we should be careful not to be like Job's friends, not to do our "helping" with the presumption that we can fix things, get rid of them, or make them "better." We may look at our suffering friends and imagine how they could have better marriages, better-behaved children, better mental and emotional health. But when we rush in to fix suffering, we need to keep in mind several things.

First, no matter how insightful we may be, we don't *really* understand the full nature of our friends' problems. Second, our friends may not *want* our advice. Third, the ironic fact of the matter is that more often than not, people do not suffer *less* when they are committed to following God, but *more*. When these people go through suffering, their lives are often transformed, deepened, marked with beauty and holiness, in remarkable ways that could never have been anticipated before the suffering.

So, instead of continuing to focus on preventing suffering—which we simply won't be very successful at anyway—perhaps we should begin entering the suffering, participating insofar as we are able—*entering* the mystery and looking around for God. In other words, we need to quit feeling sorry for people who

들을 존중하고 그들에게서 배우며, 그들이 허락하는 선에서 함께 항변하고 기도해야 한다. 동정은 근시안적이고 주제넘은 일이 될 수 있다. 고통을 나누는 일은 사람을 존중하는 일이면서 동시에 변화시키는 일이다. 욥의 고난과 기도와 예배를 바라보면, 우리가 따라가야 할 용기와 고결함의 길을 그가 열었음을 알게 된다.

🌿

그러나 나 혼자만 고난받는 것 같고 하나님이 원하시는 것이 무엇인지 몰라 욥이 앞서 간 길을 뒤따르는 일이 막막하게 느껴질 때가 있다. 그런 캄캄한 순간에는 폭풍 가운데 욥에게 나타나신 하나님이 지금 우리에게도 말씀하고 계신다는 사실을 기억해야 한다. 그 하나님께서 환상으로 우리 앞에 나타나지 않으실지라도, 그분은 욥에게 설명하신 수많은 방법들을 통해 우리에게 자신을 알려 주신다. 그것은 거시세계에서 미시세계까지, 경이로운 은하계에서 우리가 당연시하는 아주 작은 것들까지 포괄한다. 그분은 우리 앞에 펼쳐진 측량할 수 없는 우주의 창조자이시며 우리 안에 있는 소우주의 창조자도 되신다.

하나님께서 사나운 폭풍의 눈에서 욥에게 대답하셨다.……

"내가 이 땅을 창조할 때 너는 어디 있었느냐?
네가 아는 것이 그렇게 많다니, 어디 말해 보아라!……

너는 아침에게 '기상' 명령을 내리고
새벽에게 '작업 개시'를 지시한 적이 있느냐?
그리하여 땅을 이불처럼 거머쥐고

suffer and instead look up to them, learn from them, and—if they will let us—join them in protest and prayer. Pity can be nearsighted and condescending; shared suffering can be dignifying and life-changing. As we look at Job's suffering and praying and worshiping, we see that he has already blazed a trail of courage and integrity for us to follow.

🌿

But sometimes it's hard to know just how to follow Job's lead when we feel so alone in our suffering, unsure of what God wants us to do. What we must realize during those times of darkness is that the God who appeared to Job in the whirlwind is calling out to all of us. Although God may not appear to us in a vision, he makes himself known to us in all the many ways that he describes to Job—from the macro to the micro, from the wonders of the galaxies to the little things we take for granted. He is the Creator of the unfathomable universe all around us—and he is also the Creator of the universe inside of us.

"GOD answered Job from the eye of a violent storm…

Where were you when I created the earth?
  Tell me, since you know so much!…

And have you ever ordered Morning, 'Get up!'
  told Dawn, 'Get to work!'
So you could seize Earth like a blanket
  and shake out the wicked like cockroaches?…
Can you get the attention of the clouds,

바퀴벌레를 털어 내듯 악한 자들을 털어 버린
적이 있느냐?……
너는 구름의 주의를 끌어
소나기를 내리게 할 수 있느냐?
번개를 뜻대로 부리고
명령을 바로 수행했는지 보고하게 할 수 있느
냐?"(욥 38:1, 4, 12–13, 34–35)

그래서 우리는 희망을 품는다. 그 희망은 캄캄한
고난에서 피어나는 것도, 책에 담긴 듣기 좋은
답변들이 제시하는 것도 아니다. 우리의 고난을
살피시고 우리의 고통을 함께 나누시는 하나님
께로부터 오는 희망이다.

기도하고 묵상하며 욥기를 읽노라면, 인생이
생각대로 풀리지 않을 때 떠오르는 질문들을 만
나게 된다. 처음에는 욥기의 대답들이 모두 진부
하게만 들린다. 그러다 똑같은 질문들을 조금 다
르게 다시 묻게 되고 똑같은 대답들이 조금 다르
게 들린다. 이런 과정을 되풀이하면서 우리가 욥
의 입을 통해 올바른 질문을 던지게 되면, 비로
소 우리 고난의 가치가 드러나고 하나님의 음성
과 신비에 한 발짝 더 가까워지게 된다. 우리를
보고 우리의 말을 들으면서도 우리를 이해하지
못하는 사람들의 응급처치식 조언을 욥과 함께
거부할 때, 우리는 폭풍 가운데서만 찾아오는 하
나님의 계시에 마음을 열고 자신을 맡길 수 있게
된다. 하나님의 신비는 우리의 어둠과 고투를 무
색하게 만든다. 그 신비를 깨달을 때, 비로소 우
리는 고난이 하나님의 다스리심에 대해 따져 묻
는 자리가 아니라 우리의 삶을 성찰하는 자리임
을 알게 된다. 그러고 나면 입장이 뒤바뀐다. 살
아 계신 하나님이 우리에게 다가오신다. 하나님
이 우리에게 말씀하신다. 그래서 우리는 우리의
고난과 인간으로서의 나약함을 통해 욥의 경험
과 고백을 자신의 것으로 삼게 된다.

and commission a shower of rain?
Can you take charge of the lightning
bolts
and have them report to you for
orders?"(Job 38:1, 4, 12-13, 34-35)

And so we gain hope—not from the
darkness of our suffering, not from pat
answers in books, but from the God who
sees our suffering and shares our pain.

Reading Job prayerfully and medita-
tively leads us to face the questions that
arise when our lives don't turn out the way
we expect them to. First we hear all the
stock answers. Then we ask the questions
again, with variations—and hear the
answers again, with variations. Over and
over and over. Every time we let Job give
voice to our own questions, our suffering
gains in dignity and we are brought a step
closer to the threshold of the voice and
mystery of God. Every time we persist with
Job in rejecting the quick-fix counsel of
people who see us and hear us but do not
understand us, we deepen our availability
and openness to the revelation that comes
only out of the tempest. The mystery of
God eclipses the darkness and the struggle.
We realize that suffering calls *our* lives into
question, not God's. The tables are turned:
God-Alive is present to us. God is speaking
to us. And so Job's experience is confirmed
and repeated once again in our suffering
and our vulnerable humanity.

욥기

JOB

사탄이 욥을 시험하다

1 ¹⁻³ 우스 땅에 욥이라는 사람이 살았다. 그는 더없이 정직하고 약속을 잘 지키는 사람이었으며, 하나님께 온전히 헌신하고 악을 지극히 미워했다. 그에게는 아들 일곱, 딸 셋이 있었다. 그는 엄청난 부자여서 양이 칠천 마리, 낙타가 삼천 마리, 겨릿소가 오백 쌍, 암나귀가 오백 마리나 되었고, 종들도 어마어마하게 많아 동방에서 가장 영향력이 컸다!

⁴⁻⁵ 그의 아들들은 돌아가면서 제 집에서 잔치를 벌였고, 그때마다 누이들도 초대해 함께 즐거운 시간을 보냈다. 잔치가 끝난 다음 날이면 욥은 으레 일찍 일어나 제 자식들 하나하나를 위해 번제를 드렸다. "어쩌면 저 아이들 중 하나가 마음속으로 하나님을 거역하는 죄를 지었을지도 모른다"고 생각했기 때문이다. 그렇게 욥은 자식들이 혹시라도 죄를 지었을까 하여, 희생 제물을 바치곤 했다.

첫 번째 시험, 자녀와 재산을 잃다

⁶⁻⁷ 어느 날 천사들이 **하나님**께 보고하러 왔을 때, 고발자 사탄도 함께 왔다. 하나님께서 사탄을 지목하여 말씀하셨다. "너는 무슨 일을 하다 왔느냐?"

사탄이 **하나님**께 대답했다. "여기저기 다

A Man Devoted to God

1 ¹⁻³ Job was a man who lived in Uz. He was honest inside and out, a man of his word, who was totally devoted to God and hated evil with a passion. He had seven sons and three daughters. He was also very wealthy—seven thousand head of sheep, three thousand camels, five hundred teams of oxen, five hundred donkeys, and a huge staff of servants—the most influential man in all the East!

⁴⁻⁵ His sons used to take turns hosting parties in their homes, always inviting their three sisters to join them in their merrymaking. When the parties were over, Job would get up early in the morning and sacrifice a burnt offering for each of his children, thinking, "Maybe one of them sinned by defying God inwardly." Job made a habit of this sacrificial atonement, just in case they'd sinned.

The First Test: Family and Fortune

⁶⁻⁷ One day when the angels came to report to GOD, Satan, who was the Designated Accuser, came along with them. GOD singled out Satan and said, "What have you been up to?"

Satan answered GOD, "Going here and there,

니며 지상의 사정을 둘러보았습니다."

8 하나님께서 사탄에게 말씀하셨다. "내 친구 욥을 눈여겨보았느냐? 그처럼 정직하고 약속을 잘 지키며, 하나님에게 온전히 헌신하고 악을 미워하는 사람이 없다."

9-10 사탄이 항변했다. "욥이 온전히 선한 마음으로 그러는 줄 아십니까? 이제껏 그처럼 형편이 좋은 사람이 없었습니다! 주님께서 그를 애지중지하시고 그의 가족과 재산도 보호하시고 그가 하는 모든 일에 복을 주시니, 잘못될 수가 없지요!

11 하지만 주께서 손을 뻗어 그의 소유를 모두 빼앗으시면 어떤 일이 벌어지겠습니까? 그는 틀림없이 주님을 똑바로 쳐다보며 저주할 것입니다."

12 하나님께서 대답하셨다. "좋다. 어디, 그가 가진 모든 것을 네 뜻대로 해보아라. 다만 그의 몸은 건드리지 마라." 이에 사탄이 하나님 앞에서 물러났다.

13-15 얼마 후, 욥의 자녀들이 맏형의 집에 모여 잔치를 벌이고 있었는데, 심부름꾼 하나가 욥에게 와서 말했다. "주인님, 소가 밭을 갈고 나귀들이 근처에서 풀을 뜯고 있는데, 스바 사람들이 쳐들어와 가축들을 빼앗고 일꾼들을 죽였습니다. 저 혼자만 살아남아서 주인어른께 소식을 전합니다."

16 그가 말을 채 마치기도 전에, 다른 심부름꾼이 와서 말했다. "여러 차례 번개가 치더니 양 떼와 목동들을 바싹 태워 버렸습니다. 저 혼자만 살아남아서 주인어른께 소식을 전합니다."

17 그가 말을 채 마치기도 전에, 또 다른 심부름꾼이 와서 말했다. "갈대아 사람들이 세 방향에서 몰려와 낙타들을 빼앗고 낙타 몰이꾼들을 죽였습니다. 저 혼자만 살아남아서 주인어른께 소식을 전합니다."

checking things out on earth."

8 GOD said to Satan, "Have you noticed my friend Job? There's no one quite like him—honest and true to his word, totally devoted to God and hating evil."

9-10 Satan retorted, "So do you think Job does all that out of the sheer goodness of his heart? Why, no one ever had it so good! You pamper him like a pet, make sure nothing bad ever happens to him or his family or his possessions, bless everything he does—he can't lose!

11 "But what do you think would happen if you reached down and took away everything that is his? He'd curse you right to your face, that's what."

12 GOD replied, "We'll see. Go ahead—do what you want with all that is his. Just don't hurt *him*." Then Satan left the presence of GOD.

13-15 Sometime later, while Job's children were having one of their parties at the home of the oldest son, a messenger came to Job and said, "The oxen were plowing and the donkeys grazing in the field next to us when Sabeans attacked. They stole the animals and killed the field hands. I'm the only one to get out alive and tell you what happened."

16 While he was still talking, another messenger arrived and said, "Bolts of lightning struck the sheep and the shepherds and fried them—burned them to a crisp. I'm the only one to get out alive and tell you what happened."

17 While he was still talking, another messenger arrived and said, "Chaldeans coming from three directions raided the camels and massacred the camel drivers. I'm the only one to get out alive and tell you what happened."

18-19 그가 말을 채 마치기도 전에, 또 다른 심부름꾼이 와서 말했다. "주인어른의 자제분들이 큰아드님 댁에서 잔치를 벌이고 있는데, 사막에서 폭풍이 불어닥쳐 그 집을 내리쳤습니다. 집이 무너져 내려 자제분들이 모두 죽었습니다. 저 혼자만 살아남아서 주인어른께 소식을 전합니다."

20 욥은 벌떡 일어나 옷을 찢고 머리털을 깎은 후에, 바닥에 엎드려 경배하며 말했다.

21 내가 어머니의 태에서 벌거벗고 나왔으니 벌거벗은 채 땅의 태로 돌아갈 것입니다. 주신 분도 **하나님**이시고 가져가신 분도 **하나님**이시니 하나님의 이름을 찬양할 뿐입니다.

22 이 모든 일을 겪으면서도 욥은 죄를 짓지 않았다. 단 한 번도 하나님을 원망하지 않았다.

두 번째 시험, 건강을 빼앗기다

2 1-3 어느 날 천사들이 **하나님**께 보고하러 왔을 때, 사탄도 **하나님** 앞에 나타났다. **하나님**께서 사탄을 지목하여 말씀하셨다. "너는 무슨 일을 하다 왔느냐?" 사탄이 **하나님**께 대답했다. "여기저기 다니며 지상의 사정을 둘러보았습니다." 하나님께서 사탄에게 말씀하셨다. "내 친구 욥을 눈여겨보았느냐? 그처럼 정직하고 약속을 잘 지키며, 하나님에게 온전히 헌신하고 악을 미워하는 사람이 없다. 그는 자신의 믿음을 굳게 붙들었다! 네가 나를 부추겨 그를 무너뜨리고자 했지만 부질없는 짓이었다."

4-5 사탄이 대답했다. "자기 목숨을 구하기 위해서라면 무슨 일이든 하는 게 사람입니다. 주께서 손을 뻗어 그의 건강을 빼앗으시면 어떻게 되겠습니까? 그는 틀림없이

18-19 While he was still talking, another messenger arrived and said, "Your children were having a party at the home of the oldest brother when a tornado swept in off the desert and struck the house. It collapsed on the young people and they died. I'm the only one to get out alive and tell you what happened."

20 Job got to his feet, ripped his robe, shaved his head, then fell to the ground and worshiped:

21 Naked I came from my mother's womb, naked I'll return to the womb of the earth. GOD gives, GOD takes. God's name be ever blessed.

22 Not once through all this did Job sin; not once did he blame God.

The Second Test: Health

2 1-3 One day when the angels came to report to GOD, Satan also showed up. GOD singled out Satan, saying, "And what have you been up to?" Satan answered GOD, "Oh, going here and there, checking things out." Then GOD said to Satan, "Have you noticed my friend Job? There's no one quite like him, is there—honest and true to his word, totally devoted to God and hating evil? He still has a firm grip on his integrity! You tried to trick me into destroying him, but it didn't work."

4-5 Satan answered, "A human would do anything to save his life. But what do you think would happen if you reached down and took away his health? He'd curse you to your face, that's what."

주님을 똑바로 쳐다보며 저주할 것입니다.”

6 하나님께서 말씀하셨다. “좋다. 네 마음대로 해보아라. 하지만 그를 죽이지는 마라.”

7-8 사탄이 하나님을 떠나가 욥의 몸에 악성 종기가 돋게 했다. 욥은 머리부터 발끝까지 종기와 부스럼으로 뒤덮였다. 상처로 인해 미칠 듯 가려웠고 고름이 줄줄 흘러내렸다. 그는 질그릇 조각으로 자기 몸을 벅벅 긁고 재가 깔린 쓰레기 더미에 가서 앉았다.

9 그의 아내가 말했다. “아직도 그 잘난 고결함을 지키겠다는 거예요? 차라리 하나님을 저주하고 죽어 버려요!”

10 욥이 아내에게 말했다. “당신은 생각 없는 바보처럼 말하는구려. 우리가 하나님께 좋은 날도 받았는데, 나쁜 날도 받는 게 당연하지 않소?”

이 모든 일을 겪으면서도 욥은 죄를 짓지 않았다. 하나님을 거역하는 말을 한 마디도 하지 않았다.

욥의 세 친구

11-13 욥의 세 친구가 욥이 당한 온갖 어려움에 대한 소식을 들었다. 데만 사람 엘리바스, 수아 사람 빌닷, 나아마 사람 소발은 각자의 지역에서 출발했다. 그들은 욥 곁을 지키면서 그를 위로할 요량으로 중간에 만나 함께 욥을 찾아갔다. 욥의 모습을 처음 보았을 때 그들은 자신들의 눈을 믿을 수가 없었다. 친구의 몰골을 도저히 알아볼 수 없었기 때문이다! 그들은 탄식하며 목 놓아 울고 겉옷을 찢고 슬픔의 표시로 머리에 재를 뿌렸다. 그러고는 친구 옆에 주저앉았다. 그들은 욥의 곁에 앉아 칠 일 밤낮을 한 마디도 하지 않았다. 그의 고난이 얼마나 극심한지, 그의 심정이 얼마나 처참할지 알 수 있었기 때문이다.

6 GOD said, “All right. Go ahead—you can do what you like with him. But mind you, don't kill him.”

7-8 Satan left GOD and struck Job with terrible sores. Job was ulcers and scabs from head to foot. They itched and oozed so badly that he took a piece of broken pottery to scrape himself, then went and sat on a trash heap, among the ashes.

9 His wife said, “Still holding on to your precious integrity, are you? Curse God and be done with it!”

10 He told her, “You're talking like an empty-headed fool. We take the good days from God—why not also the bad days?”

Not once through all this did Job sin. He said nothing against God.

Job's Three Friends

11-13 Three of Job's friends heard of all the trouble that had fallen on him. Each traveled from his own country—Eliphaz from Teman, Bildad from Shuhah, Zophar from Naamath—and went together to Job to keep him company and comfort him. When they first caught sight of him, they couldn't believe what they saw—they hardly recognized him! They cried out in lament, ripped their robes, and dumped dirt on their heads as a sign of their grief. Then they sat with him on the ground. Seven days and nights they sat there without saying a word. They could see how rotten he felt, how deeply he was suffering.

욥이 자신의 운명을 저주하다

3

¹⁻² 그러다 욥이 침묵을 깨뜨렸다. 그는 목소리를 높여 자신의 운명을 저주했다.

³⁻¹⁰ "내가 태어난 날아, 사라져라.
내가 잉태된 그 밤아, 없어져 버려라!
우주공간의 블랙홀처럼 되어 버려라.
위에 계신 하나님이 그날을 잊어 주셨으면!
그날을 책에서 지워 버리셨으면!
내가 태어난 그날이 짙은 어둠 속에 묻히고
안개에 싸였으면!
밤이 그날을 삼켜 버렸다면!
내가 잉태된 밤 따위는 귀신이나 가져가라!
그날을 달력에서 찢어 버려라.
연감에서 삭제해 버려라.
오, 그날 밤이 아예 없어져
어떤 기쁨의 소리도 들리지 않았다면!
저주에 능한 자들이 그날을 저주하여
바다 괴물 리워야단을 풀어 버렸다면.
새벽별들이 검은 숯으로 변하고
아무리 기다려도 빛이 비추지 않고
동틀 녘의 첫 햇살도 보지 못했다면!
그러면 그날 내가 어머니의 태에서 나오지도,
이 고통 많은 세상에서 살지도 않았으련만.

¹¹⁻¹⁹ 어찌하여 나는 죽어서 나오지 않았으며
첫 숨이 마지막 숨이 되지 않았던가?
어찌하여 나를 안아 주는 두 팔이 있었으며
내게 젖을 물린 가슴이 있었던가?
그렇지 않았다면 지금쯤 나는 편안히 쉬고
있을 텐데.
아무 고통도 못 느끼고 영원히 잠들었을 텐데.
폐허가 된 왕실 묘지에 묻힌
왕과 정치가들과 함께 있을 텐데.
금과 은으로 장식한 번쩍이는 무덤에 묻힌
제후들과 함께 있을 텐데.
어찌하여 나는 죽은 채 태어나

Job Cries Out
What's the Point of Life?

3

¹⁻² Then Job broke the silence. He spoke up and cursed his fate:

³⁻¹⁰ "Obliterate the day I was born.
   Blank out the night I was conceived!
Let it be a black hole in space.
   May God above forget it ever happened.
   Erase it from the books!
May the day of my birth be buried in deep darkness,
   shrouded by the fog,
   swallowed by the night.
And the night of my conception—the devil take it!
   Rip the date off the calendar,
   delete it from the almanac.
Oh, turn that night into pure nothingness—
   no sounds of pleasure from that night, ever!
May those who are good at cursing curse that day.
   Unleash the sea beast, Leviathan, on it.
May its morning stars turn to black cinders,
   waiting for a daylight that never comes,
   never once seeing the first light of dawn.
And why? Because it released me from my mother's womb
   into a life with so much trouble.

¹¹⁻¹⁹ "Why didn't I die at birth,
   my first breath out of the womb my last?
Why were there arms to rock me,
   and breasts for me to drink from?
I could be resting in peace right now,
   asleep forever, feeling no pain,
In the company of kings and statesmen
   in their royal ruins,

빛을 보지 못한 모든 아기들과 함께 묻히
지 못했던가?
그곳에서는 악인들이 더 이상 누군가를
괴롭히지 못하고
녹초가 된 사람들이 오랫동안 기다리던
휴식을 취하며
죄수들이 간수들의 고함소리에 잠깰 일
없이
편안하게 자고 있건만.
그곳에서는 큰 자와 작은 자의 구별이
없고
노예도 자유를 얻건만.

20-23 어찌하여 하나님은 비참한 사람들에
게 빛을 주시고
쓰디쓴 인생을 사는 이들을 살려 두시는
가?
이들은 죽기를 무엇보다 바라건만 죽지
못하고
죽음보다 나은 것을 상상하지 못하며
죽어서 묻힐 날을
인생에서 가장 행복한 순간으로 손꼽아
기다리지 않는가?
부질없는 인생, 삶의 의미를 찾을 길을
하나님이 모두 막으셨으니, 살아서 무엇
하겠는가?

24-26 저녁식사로 빵 대신 신음만 삼키다
식탁을 물리고 고통을 토해 낸다.
내가 가장 두려워하던 일이 현실이 되었고
가장 무서워하던 일이 벌어졌다.
쉼이 산산조각 나고, 평안이 깨졌다.
내게 더 이상 안식은 없다. 죽음이 내 삶
을 덮쳤구나.”

엘리바스의 첫 번째 충고

4 1-6 그러자 데만 사람 엘리바스가
큰소리로 말했다.

Or with princes resplendent
   in their gold and silver tombs.
Why wasn't I stillborn and buried
   with all the babies who never saw light,
Where the wicked no longer trouble anyone
   and bone-weary people get a long-deserved
   rest?
Prisoners sleep undisturbed,
   never again to wake up to the bark of the
   guards.
The small and the great are equals in that place,
   and slaves are free from their masters.

20-23 "Why does God bother giving light to the
miserable,
   why bother keeping bitter people alive,
Those who want in the worst way to die, and
can't,
   who can't imagine anything better than
   death,
Who count the day of their death and burial
   the happiest day of their life?
What's the point of life when it doesn't make
sense,
   when God blocks all the roads to meaning?

24-26 "Instead of bread I get groans for my
supper,
   then leave the table and vomit my anguish.
The worst of my fears has come true,
   what I've dreaded most has happened.
My repose is shattered, my peace destroyed.
   No rest for me, ever—death has invaded life."

Eliphaz Speaks Out
Now You're the One in Trouble

4 1-6 Then Eliphaz from Teman spoke
up:

"내가 자네에게 한마디 해도 되겠나?
잠자코 있기가 어려운 상황이라 그러네.
자네가 많이 하던 일일세. 자네는 적절
한 말로
상황을 명확히 보게 해주고, 포기하려는
이들을 격려해 주었지.
자네의 말은 비틀거리던 이들을 일으켜
세우고
주저앉기 직전의 사람들에게 새로운 희
망을 심어 주었지.
하지만 이제 자네가 곤경에 처했고 괴
로워하고 있어!
큰일을 당한 충격으로 비틀거리고 있군.
하지만 지금은 자네가 경건한 삶에서 자
신감을 얻어야 할 때가 아닌가.
모범적인 삶에서 희망을 찾아야 할 때가
아닌가!

7-11 잘 생각해 보게! 정말 죄 없는 사람
이 쓰레기 더미에 앉는
신세가 된 적이 있던가?
진정 올곧은 사람들이 끝내 실패한 적이
있던가?
내가 본 바로는, 악을 갈고 재난을 뿌
리는 사람들이
악과 재난을 거두어들이더군.
그들은 하나님의 입김 한 번이면 산산조
각 나고
그분이 한바탕 노하시면 남아나지 못한
다네.
백수의 왕 사자가 우렁차게 포효해도
이가 빠지면 쓸모가 없지.
이가 없어 먹이를 못 잡으니 새끼들은
뿔뿔이 흩어져 혼자 힘으로 살아가야 하지.

12-16 한마디 말이 나에게 은밀히 들려
왔네.
속삭임에 불과했지만 나는 분명히 들었어.

"Would you mind if I said something to you?
    Under the circumstances it's hard to keep
    quiet.
You yourself have done this plenty of times,
spoken words
    that clarify, encouraged those who were
    about to quit.
Your words have put stumbling people on
their feet,
    put fresh hope in people about to collapse.
But now *you're* the one in trouble—you're
hurting!
    You've been hit hard and you're reeling from
    the blow.
But shouldn't your devout life give you confi-
dence now?
    Shouldn't your exemplary life give you hope?

7-11 "Think! Has a truly innocent person ever
ended up on the scrap heap?
    Do genuinely upright people ever lose out in
    the end?
It's my observation that those who plow evil
    and sow trouble reap evil and trouble.
One breath from God and they fall apart,
    one blast of his anger and there's nothing
    left of them.
The mighty lion, king of the beasts, roars
mightily,
    but when he's toothless he's useless—
No teeth, no prey—and the cubs
    wander off to fend for themselves.

12-16 "A word came to me in secret—
    a mere whisper of a word, but I heard it
    clearly.
It came in a scary dream one night,
    after I had fallen into a deep, deep sleep.

깊이 잠들었던 어느 날 밤,
무서운 꿈속에서 들었다네.
두려움이 나를 정면으로 쳐다보는데, 공포
그 자체였네.
무서워 죽을 지경이었어. 나는 머리부터 발끝
까지 벌벌 떨었지.
한 영이 내 앞을 스르륵 지나가는데
내 머리털이 주뼛 곤두서더군.
거기 나타난 것이 무엇이었는지는 알아보지
못했네.
흐릿한 형체였는데, 그때 이런 희미한 소리가
들렸어.

17-21 '어찌 죽을 존재가 하나님보다 의로울 수
있겠느냐?
어찌 인간이 그 창조주보다 깨끗할 수 있겠느냐?
아니, 하나님은 그분의 종들도 신뢰하지 않으
시고
그분의 천사들도 칭찬하지 않으시는데,
하물며 진흙으로 이루어져 나방처럼 쉬 부스러질
몸뚱이를 가진 우리야 오죽하겠느냐?
우리 몸은 오늘 있다가도 내일이면 사라져
누구도 눈여겨보지 않으니, 흔적도 없이 사라
진다.
천막 말뚝을 뽑아낼 때 천막이 그대로 무너지듯,
우리도 죽을 때가 되면 살아온 세월이 무색할
만큼
미련한 존재로 스러진다.'"

5 1-7 "욥, 응답할 사람이 있겠거든 도움
을 청해 보게!
거룩한 천사 중에 의지할 자가 있는가?
어리석은 자는 욱하는 성질 때문에 결국 목숨
을 잃고
미련한 자는 시기와 분노 때문에 죽는다네.
내가 직접 보았지. 어리석은 자들이 잘되는가
싶더니

Dread stared me in the face, and Terror.
    I was scared to death—I shook from
    head to foot.
A spirit glided right in front of me—
    the hair on my head stood on end.
I couldn't tell what it was that appeared
there—
    a blur…and then I heard a muffled
    voice:

17-21 "'How can mere mortals be more
righteous than God?
    How can humans be purer than their
    Creator?
Why, God doesn't even trust his own
servants,
    doesn't even cheer his angels,
So how much less these bodies
composed of mud,
    fragile as moths?
These bodies of ours are here today and
gone tomorrow,
    and no one even notices—gone
    without a trace.
When the tent stakes are ripped up, the
tent collapses—
    we die and are never the wiser for
    having lived.'"

Don't Blame Fate When Things Go Wrong

5 1-7 "Call for help, Job, if you think
anyone will answer!
    To which of the holy angels will you
    turn?
The hot temper of a fool eventually kills
him,
    the jealous anger of a simpleton does
    her in.

그들의 집이 순식간에 저주를 받더군.
그 자녀들이 바깥에 내쫓겨 학대와 착취
를 받아도
도와주는 사람이 전혀 없었네.
거리의 굶주린 자들이 그들의 수확물을
약탈하고
남김없이, 모조리 가져갔어.
그들이 가진 것은 모두 탐내더군.
일이 잘 안 풀린다고 운명을 탓하지 말게.
불행은 까닭 없이 찾아오는 것이 아니
니까.
인간인 탓도 있어! 인간이 불행을 타고
태어나는 것은
불티가 위로 치솟는 것처럼 자명한 일
이네.

8-16 내가 자네라면 하나님께 곧장 나아가
그분의 자비에 매달리겠네.
하나님은 뜻밖의 큰일들을 행하시는 것
으로 유명한 분이 아닌가.
놀라운 일들을 끝없이 행하시는 분이지.
드넓은 땅에 비를 내리시고
밭에 물을 대어 촉촉이 적시는 분이네.
그분이 몰락한 자들을 일으켜 세우시고
슬픔에 빠진 이들의 든든한 발판이 되어
주신다네.
남을 해치려는 이들의 흉계를 저지하여
그들의 음모가 하나도 성사되지 못하게
하신다네.
그분은 다 아는 체하는 자들의 모의를
잡아내어
그 복잡한 음모가 쓰레기와 함께 모두
쓸려 나가게 하시네.
그들은 순식간에 방향을 잃고 어둠 속에
처박혀
한 걸음도 앞으로 내딛지 못하네.
그러나 억눌린 자들은 하나님이
살인음모와 압제에서 구해 내시지.

I've seen it myself—seen fools putting down roots,

and then, suddenly, their houses are cursed.

Their children out in the cold, abused and exploited,

with no one to stick up for them.

Hungry people off the street plunder their harvests,

cleaning them out completely, taking thorns and all,

insatiable for everything they have.

Don't blame fate when things go wrong—

trouble doesn't come from nowhere.

It's human! Mortals are born and bred for trouble,

as certainly as sparks fly upward.

What a Blessing When God Corrects You!

8-16 "If I were in your shoes, I'd go straight to God,

I'd throw myself on the mercy of God.

After all, he's famous for great and unexpected acts;

there's no end to his surprises.

He gives rain, for instance, across the wide earth,

sends water to irrigate the fields.

He raises up the down-and-out,

gives firm footing to those sinking in grief.

He aborts the schemes of conniving crooks,

so that none of their plots come to term.

He catches the know-it-alls in their conspiracies—

all that intricate intrigue swept out with the trash!

Suddenly they're disoriented, plunged into darkness;

they can't see to put one foot in front of the other.

But the downtrodden are saved by God,

이렇게 하나님이 불의를 묶고 그 입을 막으시니
가난한 이들에게 여전히 희망이 있는 것 아닌가.

17-19 하나님이 개입하여 자네를 바로잡아 주시니 얼마나 큰 복인가!
전능하신 하나님의 징계를 부디 업신여기지 말게!
하나님은 상처를 입히기도 하시지만 상처를 싸매기도 하시네.
자네를 아프게 한 손으로 치료하신다네.
재난이 줄지어 닥쳐도 그분이 자네를 건져 주시니
어떤 재앙이 와도 자네는 아무 해를 입지 않을 걸세.

20-26 기근이 닥치면 하나님이 굶주림을 면케 하시고
전쟁이 일어나면 칼에 상하지 않게 지키실 것이네.
사악한 험담에서 보호받을 것이며
어떤 재난도 겁 없이 헤쳐 나갈 걸세.
재앙과 기근 따위는 가볍게 떨치고
들짐승 사이에서도 두려움 없이 다닐 걸세.
자네는 바위와 산들과도 사이좋게 지내고
들짐승들이 자네의 좋은 친구가 될 것이네.
자네의 거처가 안전한 곳이 될 것이고
재산은 축나지 않을 걸세.
자녀들이 장성하는 모습과
집안이 과수원의 풀처럼 쑥쑥 번창하는 모습을 보게 될 것이네.
수확 철에 황금빛으로 영근 곡식단처럼
자네는 오랜 세월을 알차게 보내고 무덤에 이를 걸세.

27 여보게, 이것은 틀림없는 사실이네.
내 명예를 걸고 하는 말이야!
이 말을 명심하면 잘못될 일이 없을 걸세."

saved from the murderous plots, saved from the iron fist.
And so the poor continue to hope,
while injustice is bound and gagged.

17-19 "So, what a blessing when God steps in and corrects you!
Mind you, don't despise the discipline of Almighty God!
True, he wounds, but he also dresses the wound;
the same hand that hurts you, heals you.
From one disaster after another he delivers you;
no matter what the calamity, the evil can't touch you—

20-26 "In famine, he'll keep you from starving,
in war, from being gutted by the sword.
You'll be protected from vicious gossip
and live fearless through any catastrophe.
You'll shrug off disaster and famine,
and stroll fearlessly among wild animals.
You'll be on good terms with rocks and mountains;
wild animals will become your good friends.
You'll know that your place on earth is safe,
you'll look over your goods and find nothing amiss.
You'll see your children grow up,
your family lovely and lissome as orchard grass.
You'll arrive at your grave ripe with many good years,
like sheaves of golden grain at harvest.

27 "Yes, this is the way things are—my word of honor!
Take it to heart and you won't go wrong."

욥의 대답

6

1-7 욥이 대답했다.

"내 고통의 무게를 달아 볼 수 있다면,
내 원통한 심정을 모두 저울 위에 올려놓을
수 있다면,
바다의 모래를 다 합친 것보다 더 무거울
텐데!
내가 우리에 갇힌 고양이처럼 절규하는 것
이 이상한가?
전능하신 하나님의 화살들이 내 안에 박혔네.
독화살들이 박혀 온몸에 독이 퍼졌어!
하나님이 이 모든 일을 내 탓으로 돌리셨네.
먹을 풀이 없으면 나귀와 소가 울기 마련이니
이런 상황에서 내가 입 다물고 있기를 바라
지 말게.
하나님이 내 접시에 담아 주신 것이 보이는가?
그것들 앞에서 어느 누가 제정신일 수 있겠
는가!
내 안의 모든 것이 진저리를 치니
속이 다 메슥거리네.

8-13 내가 오직 원하는 것은 한 가지 기도
응답뿐,
내 마지막 간구를 들어주시는 것.
하나님이 나를 밟아 주셨으면. 벌레처럼 짓
이겨
영원히 끝장내 주셨으면.
그러면 궁지에 몰린 나머지 한계선을 넘어
거룩하신 하나님을 모독하는 일은 없을 것
이고
그나마 그것으로 만족할 수 있을 텐데.
내게 무슨 힘이 있어 희망을 붙들겠는가?
무슨 미래가 있어 계속 살아가겠는가?
내 심장은 강철로 만들어진 줄 아나?
내가 무쇠인간인가?
내가 자력으로 지금 상황을 이겨 나갈 수
있을 것 같은가?

Job Replies to Eliphaz
God Has Dumped the Works on Me

6

1-7 Job answered:

"If my misery could be weighed,
if you could pile the whole bitter load on
the scales,
It would be heavier than all the sand of the
sea!
Is it any wonder that I'm screaming like a
caged cat?
The arrows of God Almighty are in me,
poison arrows—and I'm poisoned all
through!
God has dumped the whole works on me.
Donkeys bray and cows moo when they run
out of pasture—
so don't expect me to keep quiet in this.
Do you see what God has dished out for me?
It's enough to turn anyone's stomach!
Everything in me is repulsed by it—
it makes me sick.

Pressed Past the Limits

8-13 "All I want is an answer to one prayer,
a last request to be honored:
Let God step on me—squash me like a bug,
and be done with me for good.
I'd at least have the satisfaction
of not having blasphemed the Holy God,
before being pressed past the limits.
Where's the strength to keep my hopes
up?
What future do I have to keep me going?
Do you think I have nerves of steel?
Do you think I'm made of iron?
Do you think I can pull myself up by my
bootstraps?

아닐세. 난 더 이상 버틸 힘이 없네!

14-23 절박한 처지의 사람이 전능하신 하
나님에 대한 기대를 접을 때
그의 친구들만은 곁에 있어 줘야 하는 것
아닌가?
그런데 형제처럼 여긴 내 친구들이 사막
의 협곡처럼 변덕스럽군.
어떤 때는 눈과 얼음이 녹은 물을 산에서
콸콸 흘려보내다가도
한여름이 되면 햇볕에 바싹 마른 골짜기
로 변하는, 딱 그 짝이야.
여행자들이 마실 물을 기대하고 힘들게 왔
다가
결국 바싹 마른 협곡에 이르러 갈증으로
죽는다네.
데마의 대상들이 물을,
스바의 관광객들이 시원한 음료를 고대
하며
부푼 가슴을 안고 당도했건만, 그들을 기
다리는 것은 실망뿐!
그곳에 도착한 그들의 얼굴이 낙심으로
흐려지네!
그런데 내 친구라는 자네들이 바로 그 꼴
이야.
전혀 다를 게 없어!
내 몰골을 한번 보더니 겁을 먹고 움츠러
드는군.
내가 자네들에게 무슨 부탁을 한 것도 아
니지 않은가?
돈 한 푼 달라고 하기를 했나,
날 위해 위험을 무릅써 달라고 했나.
그런데 왜 이리 말을 돌리고 발뺌하기에
급급하나?

24-27 사실대로 말해 보게. 그럼 나는 입
을 다물 테니.
내가 무엇을 잘못했다는 것인지 알려 주게.

Why, I don't even have any boots!

My So-Called Friends

14-23 "When desperate people give up on God
Almighty,
their friends, at least, should stick with
them.
But my brothers are fickle as a gulch in the
desert—
one day they're gushing with water
From melting ice and snow
cascading out of the mountains,
But by midsummer they're dry,
gullies baked dry in the sun.
Travelers who spot them and go out of their
way for a drink
end up in a waterless gulch and die of
thirst.
Merchant caravans from Tema see them and
expect water,
tourists from Sheba hope for a cool drink.
They arrive so confident—but what a disap-
pointment!
They get there, and their faces fall!
And you, my so-called friends, are no better—
there's nothing to you!
One look at a hard scene and you shrink in
fear.
It's not as though I asked you for anything—
I didn't ask you for one red cent—
Nor did I beg you to go out on a limb for me.
So why all this dodging and shuffling?

24-27 "Confront me with the truth and I'll
shut up,
show me where I've gone off the track.
Honest words never hurt anyone,
but what's the point of all this pious

정직한 말은 누구에게도 해가 되지 않는 법
인데,
경건한 체 이리 허세를 부리는 이유가 무엇
인가?
자네들은 내가 잘못 살았다고 말하지만
고뇌에 찬 내 말을 헛소리로 여기는구먼.
자네들 눈에는 사람이 사람으로 안 보이는가?
친구가 수지타산을 따져야 할 품목에 불과
한가?

28-30 나를 똑바로 보게!
내가 자네 면전에서 거짓말을 할 것 같은가?
잘 생각해 보게. 엉뚱한 소리 말고!
곰곰이 생각해 보게. 내가 정말 믿지 못할
위인인가?
내 말에 틀린 부분이 있는가?
내가 선악을 분간하지 못할 사람인가?"

7 1-6 "인생은 고역일세. 그렇지 않은가?
종신 중노동형이지.
나는 휴식시간을 간절히 바라는 농장 일꾼
이요
삯 받을 날만 기다리는 떠돌이 품꾼 신세일세.
내게 할당된 것은 정처 없이 굽이굽이 흘러
가는 인생,
목적 없는 시간들, 그리고 고통의 밤이네!
잠자리에 들면서 '일어나려면 얼마나 남았
지?'부터 생각한다네.
밤이 깊도록 이리저리 뒤척이다 보면 아주
지긋지긋해!
내 몸은 구더기와 상처딱지로 온통 뒤덮였네.
내 살은 비늘처럼 딱딱해지다가 터져서 고
름이 줄줄 흐른다네.
나의 나날은 뜨개바늘의 움직임보다 빠르게
지나가지만
도중에 실이 떨어져 중단되는, 미완성 인생
이야!"

bluster?
You pretend to tell me what's wrong with
my life,
but treat my words of anguish as so
much hot air.
Are people mere things to you?
Are friends just items of profit and loss?

28-30 "Look me in the eyes!
Do you think I'd lie to your face?
Think it over—no double-talk!
Think carefully—my integrity is on the
line!
Can you detect anything false in what I
say?
Don't you trust me to discern good from
evil?"

There's Nothing to My Life

7 1-6 "Human life is a struggle, isn't it?
It's a life sentence to hard labor.
Like field hands longing for quitting time
and working stiffs with nothing to hope
for but payday,
I'm given a life that meanders and goes
nowhere—
months of aimlessness, nights of misery!
I go to bed and think, 'How long till I can
get up?'
I toss and turn as the night drags on—
and I'm fed up!
I'm covered with maggots and scabs.
My skin gets scaly and hard, then oozes
with pus.
My days come and go swifter than the
click of knitting needles,
and then the yarn runs out—an unfin-
ished life!

욥의 기도

7-10 "하나님, 내 생명이 한낱 입김에 불과
한 것을 잊지 말아 주십시오!
내 눈은 더 이상 좋은 일을 보지 못할 것
입니다.
주님의 눈이 더 이상 내게 미치지 않습니다.
이제는 주께서 살피셔도 내 모습이 보이지
않을 것입니다.
증발한 구름은 영원히 사라지고
무덤에 들어간 자는 되돌아오지 못합니다.
다시 와서 가족을 찾아갈 수 없고
차 한잔 하러 친구를 방문할 수도 없습니다.

11-16 그래서 나는 잠잠히 있지 않고
내 사정을 모조리 다 이야기하렵니다.
드높은 하늘에 쏟아내는 나의 항의는 거칠
지만 정직합니다.
바다를 가라앉히고 폭풍을 잠재우시듯
내 입에 재갈을 물리시렵니까?
'잠 좀 자고 나면 기분이 나아지겠지.
한결 기운이 날 거야' 하고 말하면,
주께서 오셔서 악몽으로 겁을 주시고
환영을 보내어 기겁을 하게 만드십니다.
이런 생활을 계속해서 견디느니
차라리 이불보 덮어쓰고 숨 막혀 죽는 편
이 낫겠습니다.
더 이상 살기 싫습니다! 어느 누가 이렇게
살고 싶겠습니까?
나를 좀 내버려 두십시오! 내 인생은 아무
것도 아닙니다.
한낱 연기에 불과합니다.

17-21 대체 사람이 무엇이기에 주께서 그에
게 신경을 쓰시고
그에게 마음을 두십니까?
매일 아침 그를 들여다보고
그가 어떻게 하고 있는지 살피십니까?
나를 좀 내버려 두십시오, 네?

7-10 "God, don't forget that I'm only a puff of air!
      These eyes have had their last look at
      goodness.
And your eyes have seen the last of me;
      even while you're looking, there'll be
      nothing left to look at.
When a cloud evaporates, it's gone for good;
      those who go to the grave never come
      back.
They don't return to visit their families;
      never again will friends drop in for coffee.

11-16 "And so I'm not keeping one bit of this
quiet,
      I'm laying it all out on the table;
      my complaining to high heaven is bitter,
      but honest.
Are you going to put a muzzle on me,
      the way you quiet the sea and still the
      storm?
If I say, 'I'm going to bed, then I'll feel better.
      A little nap will lift my spirits,'
You come and so scare me with nightmares
      and frighten me with ghosts
That I'd rather strangle in the bedclothes
      than face this kind of life any longer.
I hate this life! Who needs any more of this?
      Let me alone! There's nothing to my life—
      it's nothing but smoke.

17-21 "What are mortals anyway, that you
bother with them,
      that you even give them the time of day?
That you check up on them every morning,
      looking in on them to see how they're
      doing?
Let up on me, will you?
      Can't you even let me spit in peace?

침이라도 마음 놓고 뱉게 해주실 수 없습니까?
내가 죄를 지었다 한들, 그것이 주께 무슨
해가 되겠습니까?
주님은 모든 인간을 책
임지는 분이십니다.
나를 괴롭히시는 것보다 더 나은 일들이 있
지 않겠습니까?
내가 무엇이라고 일을 크게 만드십니까?
그냥 내 죄를 용서하시고
새로 시작할 기회를 주시면 어떻겠습니까?
이대로 가면 나는 곧 죽을 것입니다.
주께서 샅샅이 찾으셔도, 나는 이미 없는 몸
과 같습니다."

빌닷의 첫 번째 충고

8 ¹⁻⁷ 이번에는 수아 사람 빌닷이 말
했다.

"어떻게 그런 말을 계속할 수 있는가?
터무니없는 말만 시끄럽게 늘어놓고 있군.
하나님이 실수하시겠는가?
전능하신 하나님이 일을 그르치신 적이 있
는가?
자네 자식들이 하나님께 죄를 지은 것이 분
명하네.
그렇지 않다면 하나님이 왜 그들을 벌하셨
겠나?
자네가 해야 할 일을 말해 주겠네. 더 이상
미루지 말게나.
전능하신 하나님 앞에 무릎을 꿇게.
자네 말마따나 자네가 결백하고 정직하다면
아직 늦지 않았네. 하나님이 달려오실 걸세.
모든 것을 바로잡으시고 자네의 재산을 회
복시켜 주실 걸세.
지금 자네의 모습은 보잘것없지만,
나중에는 전보다 훨씬 나아질 걸세.

Even suppose I'd sinned—how would that
hurt you?
  You're responsible for every human
  being.
Don't you have better things to do than pick
on me?
  Why make a federal case out of me?
Why don't you just forgive my sins
  and start me off with a clean slate?
The way things are going, I'll soon be dead.
  You'll look high and low, but I won't be
  around."

Bildad's Response
Does God Mess Up?

8 ¹⁻⁷ Bildad from Shuhah was next to
speak:

"How can you keep on talking like this?
  You're talking nonsense, and noisy
  nonsense at that.
Does God mess up?
  Does God Almighty ever get things
  backward?
It's plain that your children sinned against
him—
  otherwise, why would God have
  punished them?
Here's what you must do—and don't put it
off any longer:
  Get down on your knees before God
  Almighty.
If you're as innocent and upright as you say,
  it's not too late—he'll come running;
  he'll set everything right again, reestab-
  lish your fortunes.
Even though you're not much right now,
  you'll end up better than ever.

8-19 우리 선조들에게 물어보게나.
그분들이 그 윗대 선조들에게 배운 내용을 살펴보게나.
우리는 갓 태어난 사람들과 같아서 배울 것이 많고
배울 날은 그리 길지 않네.
그러니 선조들에게 배우고 뭐가 뭔지 듣고
그분들이 경험을 통해 터득한 것을 전수받으면 좋지 않겠나?
흙이 없는데 소나무가 크게 자라고
물이 없는데 달콤한 토마토가 주렁주렁 열리겠는가?
잘리거나 꺾이지 않고 활짝 핀 꽃은 근사해 보이지만
흙이나 물이 없으면 풀보다 빨리 마른다네.
하나님을 잊은 모든 사람에게 그런 일이 벌어지고
그들의 모든 희망은 물거품이 되고 말지.
그들은 가느다란 실 하나에 목숨을 거는 꼴이요
거미줄에 운명을 거는 꼴이네.
살짝 건드리기만 해도 실은 끊어지고
한 번 콕 찌르기만 해도 거미줄은 망가지고 만다네.
그들은 햇빛을 받고 불쑥불쑥 솟아나 정원을 덮치는 잡초와 같네.
사방으로 뻗어 나가 꽃보다 더 크게 자라고
돌 사이에도 뿌리를 내리지.
하지만 정원사가 놈들을 뿌리째 뽑아내도
정원은 조금도 아쉬워하지 않네.
하나님을 경외하지 않는 자들은 빨리 사라질수록 좋네.
그래야 그 자리에 좋은 초목이 자랄 수 있으니 말이야.

20-22 하나님이 착한 사람을 내치실 리 없고
나쁜 사람을 도우실 리도 없네.
하나님이 자네에게 웃음을 돌려주실 걸세.

To Hang Your Life from One Thin Thread

8-19 "Put the question to our ancestors,
　study what they learned from their ancestors.
For we're newcomers at this, with a lot to learn,
　and not too long to learn it.
So why not let the ancients teach you, tell you what's what,
　instruct you in what they knew from experience?
Can mighty pine trees grow tall without soil?
　Can luscious tomatoes flourish without water?
Blossoming flowers look great before they're cut or picked,
　but without soil or water they wither more quickly than grass.
That's what happens to all who forget God—
　all their hopes come to nothing.
They hang their life from one thin thread,
　they hitch their fate to a spider web.
One jiggle and the thread breaks,
　one jab and the web collapses.
Or they're like weeds springing up in the sunshine,
　invading the garden,
Spreading everywhere, overtaking the flowers,
　getting a foothold even in the rocks.
But when the gardener rips them out by the roots,
　the garden doesn't miss them one bit.
The sooner the godless are gone, the better;
　then good plants can grow in their place.

20-22 "There's no way that God will reject a good person,
　and there is no way he'll help a bad one.

자네가 기뻐 외치는 소리로 지붕이 들썩거릴 거야.
자네 원수들은 완전히 망신을 당하고 그들이 세운 허울 좋은 집은 무너지고 말 걸세."

욥의 대답

9 ¹⁻¹³ 욥이 대답했다.

"그래서 새로운 게 뭔가? 나도 그 정도는 아네.
그러나 한낱 인간이 어찌 하나님보다 옳을 수 있겠는가?
우리가 하나님을 상대로 소송을 벌이려 한들
승산이 얼마나 되겠는가? 천에 하나도 안될 걸세.
하나님의 지혜는 너무나 깊고 하나님의 능력은 어마어마하니
누가 그분과 겨뤄서 무사할 수 있겠는가?
그분은 산들을 눈 깜짝할 사이 옮기시고 내키면 산을 뒤엎기도 하신다네.
땅을 강하게 뒤흔들어 그 기초까지 진동하게 하시지.
해에게 '비치지 마라' 하시면 그대로 되고
별들을 덮어 가리신다네.
홀로 하늘을 펼치시고 바다 물결 위를 성큼성큼 걸으시네.
북두칠성과 오리온자리, 묘성과 남방 별자리들을 만드셨네.
그분은 우리가 이해하지 못할 큰일들을 행하시고
그분의 기적은 이루 다 헤아릴 수 없어.
하나님이 내 앞으로 바로 지나가신다 해도 나는 그분을 볼 수 없네.
은밀하지만 분명히 일하시는데도 나는 눈치채지 못한다네.

God will let you laugh again;
    you'll raise the roof with shouts of joy,
With your enemies thoroughly discredited,
    their house of cards collapsed."

Job Continues
How Can Mere Mortals Get Right with God?

9 ¹⁻¹³ Job continued by saying:

"So what's new? I know all this.
    The question is, 'How can mere mortals get right with God?'
If we wanted to bring our case before him,
    what chance would we have? Not one in a thousand!
God's wisdom is so deep, God's power so immense,
    who could take him on and come out in one piece?
He moves mountains before they know what's happened,
    flips them on their heads on a whim.
He gives the earth a good shaking up,
    rocks it down to its very foundations.
He tells the sun, 'Don't shine,' and it doesn't;
    he pulls the blinds on the stars.
All by himself he stretches out the heavens
    and strides on the waves of the sea.
He designed the Big Dipper and Orion,
    the Pleiades and Alpha Centauri.
We'll never comprehend all the great things he does;
    his miracle-surprises can't be counted.
Somehow, though he moves right in front of me, I don't see him;
    quietly but surely he's active, and I miss it.
If he steals you blind, who can stop him?
    Who's going to say, 'Hey, what are you

하나님이 자네들 소유를 몽땅 털어 가신다 한들
누가 그분을 막을 수 있겠나?
누가 '지금 뭐하시는 겁니까?' 하고 항의할 수 있겠나?
하나님은 진노를 돌이키지 않으시니
용이 낳은 괴물들도 그분 앞에서는 꼼짝 못하네.

14-20 그러니 내가 어떻게 그분과 논쟁을 벌이며
그분의 마음을 움직일 변론을 내놓을 수 있겠는가?
내가 결백하다 해도 입증할 수 없으니
고작해야 재판관의 자비를 빌 수 있을 뿐이야.
내가 하나님을 부를 때 그분이 친히 대답하시면
그때 비로소 나는 그분이 내 말을 들으셨다고 믿겠네.
하지만 현재로서는, 하나님이 나를 여기저기 치시고
까닭 없이 마구 때려 멍들게 하신다네.
그분은 내게 숨 돌릴 틈도 주지 않으시고
괴로움에 괴로움만 더하시지.
힘으로 결판을 보려 하면 그분이 강하시니 승부는 뻔하네!
재판에서 정의를 가려 보려고 한들, 누가 감히 그분을 소환하겠는가?
내가 결백하다 해도, 내 입에서 나오는 모든 말이 날 유죄로 보이게 만들 거네.
내가 흠이 없다 해도, 무죄를 항변할수록 더 나쁜 놈으로 보일 거야.

21-24 나를 믿어 주게. 난 결백하네.
뭐가 어떻게 돼 가는 건지 모르겠네.
도무지 살고 싶지가 않아!
어떻게 살든 결과가 마찬가지라면, 하나님이 착한 사람과 나쁜 사람을
한꺼번에 멸하신다는 결론을 내릴 수밖에

doing?'
God doesn't hold back on his anger;
    even dragon-bred monsters cringe before him.

14-20 "So how could I ever argue with him,
    construct a defense that would influence God?
Even though I'm innocent I could never prove it;
    I can only throw myself on the Judge's mercy.
If I called on God and he himself answered me,
    then, and only then, would I believe that he'd heard me.
As it is, he knocks me about from pillar to post,
    beating me up, black-and-blue, for no good reason.
He won't even let me catch my breath,
    piles bitterness upon bitterness.
If it's a question of who's stronger, he wins, hands down!
    If it's a question of justice, who'll serve him the subpoena?
Even though innocent, anything I say incriminates me;
    blameless as I am, my defense just makes me sound worse.

If God's Not Responsible, Who Is?

21-24 "Believe me, I'm blameless.
    I don't understand what's going on.
    I hate my life!
Since either way it ends up the same, I can only conclude
    that God destroys the good right along

없지 않은가.
재앙이 닥쳐 사람들이 갑자기 죽어 나가도
하나님은 무죄한 자들의 절망을 팔짱 끼고
지켜만 보신다네.
하나님은 악한 자들에게 세상을 맡기시고
옳고 그름을 분간하지 못하는 재판관들을
세우시네.
이것이 하나님 책임이 아니라면, 누구 책임이란 말인가?

25-31 시간이 얼마 안 남았고 남은 생애가
쏜살같이 달려가니
그 속도가 너무나 빨라 좋은 일을 볼 겨를이 없습니다.
그 지나가는 것이 돛을 올려 바람을 받으며
달리는 배 같고
먹잇감을 향해 내리닫는 독수리 같습니다.
'이 모든 것을 다 잊고
밝은 면만 보면서 억지웃음이라도 지어야지' 하고 말해 보지만
주께서 나를 봐주지 않으실 것이 분명하니,
이 고통은 창자 속 왕모래처럼 나를 계속
괴롭힐 것입니다.
유죄 판결이 이미 내려졌으니
항의하고 항소한들 무슨 소용이 있겠습니까?
온몸을 북북 문지르고
때가 잘 빠지는 비누로 아무리 깨끗이 씻어도
부질없을 것입니다. 주께서 나를 돼지우리에 밀어 넣으셔서,
누구도 견디지 못할 악취를 풍기게 하실 테니까요.

32-35 하나님과 나는 대등하지 않으니 그분을 상대로 소송을 벌일 수 없구나.
동등한 존재로 같이 법정에 들어갈 수가 없구나.
하나님과 나 사이에 개입하여 내가 살 기회

with the bad.
When calamity hits and brings sudden death,
  he folds his arms, aloof from the despair
  of the innocent.
He lets the wicked take over running the world,
  he installs judges who can't tell right from
  wrong.
  If he's not responsible, who is?

25-31 "My time is short—what's left of my life races off
  too fast for me to even glimpse the good.
My life is going fast, like a ship under full sail,
  like an eagle plummeting to its prey.
Even if I say, 'I'll put all this behind me,
  I'll look on the bright side and force a smile,'
All these troubles would still be like grit in my gut
  since it's clear you're not going to let up.
The verdict has already been handed down—'Guilty!'—
  so what's the use of protests or appeals?
Even if I scrub myself all over
  and wash myself with the strongest soap I can find,
It wouldn't last—you'd push me into a pigpen, or worse,
  so nobody could stand me for the stink.

32-35 "God and I are not equals; I can't bring a case against him.
  We'll never enter a courtroom as peers.
How I wish we had an arbitrator
  to step in and let me get on with life—

를 열어 주고
내 멱살을 틀어쥔 하나님의 손을 풀어
이 두려움에서 벗어나 다시 숨을 쉴 수 있게
해줄
중재자가 있다면 얼마나 좋을까!
그러면 목소리 높여 내 사정을 거침없이 말하
련만.
지금 상황에서는 그렇게 할 도리가 없구나."

10

¹ "더 이상 견딜 수가 없구나. 살고
싶지않아!
내 사정을 모두 이야기하겠다.
내 인생의 온갖 괴로움을 남김없이 털어놓
겠다."

욥의 기도
2-7 욥은 이렇게 기도했다.

"드리고 싶은 말씀이 있습니다.
하나님, 내게 유죄 판결을 내리지 마십시오.
그것이 여의치 않다면 죄목이라도 알려 주십
시오.
손수 지으신 이 몸은 시련과 박대로 대하시고
악한 자들의 음모에는 복을 주시다니,
이것을 어찌 주께서 말씀하시는 '선한' 일이
라 할 수 있겠습니까?
주께서는 우리 인간들처럼 세상을 보지 않으
십니다.
겉모습에 속는 분이 아니시지 않습니까?
주께서는 우리와 달리 마감시한에 쫓겨 일하
지 않으십니다.
영원 가운데 거하시니 일을 제대로 처리하실
충분한 여유가 있으십니다.
그런데 이 무슨 일입니까? 내 허물을 파헤치시고
수치가 될 만한 것을 찾기 위해 이리도 혈안
이 되셨습니까?
주께서는 내가 무죄임을 잘 아십니다.

To break God's death grip on me,
   to free me from this terror so I could
   breathe again.
Then I'd speak up and state my case
boldly.
   As things stand, there is no way I can do
   it."

To Find Some Skeleton in My Closet

10

¹ "I can't stand my life—I hate it!
   I'm putting it all out on the
table,
all the bitterness of my life—I'm holding
back nothing."

2-7 Job prayed:

"Here's what I want to say:
Don't, God, bring in a verdict of guilty
   without letting me know the charges
   you're bringing.
How does this fit into what you once
called 'good'—
   giving me a hard time, spurning me,
   a life you shaped by your very own
   hands,
   and then blessing the plots of the
   wicked?
You don't look at things the way we
mortals do.
   You're not taken in by appearances, are
   you?
Unlike us, you're not working against a
deadline.
   You have all eternity to work things out.
So what's this all about, anyway—this
compulsion
   to dig up some dirt, to find some skele-

나를 도울 자가 없다는 것도 아십니다.

8-12 주께서는 나를 질그릇처럼 손수 빚으셨는데
이제는 산산조각 내려 하십니까?
주께서 진흙으로 나를 얼마나 아름답게 빚으셨는지 잊으셨습니까?
그런데 이제 나를 진흙덩이로 돌리시렵니까?
주께서 정자와 난자를 섞으시자
경이로운 잉태가 이루어졌고,
살갗과 뼈, 근육과 두뇌를 갖춘
나란 존재가 기적같이 생겨났습니다!
주께서는 내게 생명과 믿기지 않는 큰 사랑을 주셨습니다.
내가 숨 쉬는 것까지도 눈여겨보시고 지켜 주셨습니다.

13-17 그러나 주께서는 한 가지 사실을 알려 주지 않으셨습니다.
그것이 다가 아니라는 것,
내가 한 걸음이라도 잘못 디디면 주께서 기다렸다는 듯이 달려들어
조금도 봐주지 않으시리라는 것을 말입니다.
내가 정말 죄가 있다면 나는 끝장입니다.
그러나 죄가 없다 해도 달라질 것은 없습니다. 끝장이긴 마찬가지입니다.
뱃속이 비통함으로 가득합니다.
나는 고통의 늪에 빠졌고 고통이 턱까지 차올랐습니다.
이런 상황에서도 어떻게든 잘해 보려고, 용감하게 견디려 애써 보지만
주님은 내가 도무지 감당할 수 없는 분,
먹이를 노리는 사자처럼 조금도 사정을 봐주지 않으십니다.
주께서 내게 불리한 증인들을 새롭게 내세우십니다.
나를 향한 노여움을 키우시고
내게 슬픔과 고통을 더하십니다!

ton in my closet?
You know good and well I'm not guilty.
    You also know no one can help me.

8-12 "You made me like a handcrafted piece of pottery—
    and now are you going to smash me to pieces?
Don't you remember how beautifully you worked my clay?
    Will you reduce me now to a mud pie?
Oh, that marvel of conception as you stirred together
    semen and ovum—
What a miracle of skin and bone,
    muscle and brain!
You gave me life itself, and incredible love.
    You watched and guarded every breath I took.

13-17 "But you never told me about this part.
    I should have known that there was more to it—
That if I so much as missed a step, you'd notice and pounce,
    wouldn't let me get by with a thing.
If I'm truly guilty, I'm doomed.
    But if I'm innocent, it's no better—I'm still doomed.
My belly is full of bitterness.
    I'm up to my ears in a swamp of affliction.
I try to make the best of it, try to brave it out,
    but you're too much for me,
    relentless, like a lion on the prowl.
You line up fresh witnesses against me.
    You compound your anger
    and pile on the grief and pain!

18-22 이러실 거면 왜 나를 세상에 내놓으셨습니까?
아무도 나를 보지 못했다면 좋았을 것을!
사산아로 태어나 숨 한 번 못 쉬고
그대로 땅에 묻혔다면 좋았을 것을.
이제 내가 죽을 때도 되지 않았습니까?
죽어서 묻히기 전에,
관에 들어가 땅속에 봉인되고
죽은 자들의 땅으로 영원히 추방되어
칠흑 같은 어둠 속에서 아무것도 볼 수 없게 되기 전에,
노를 멈추시고 내가 미소라도 한번 짓도록 내버려 두실 수 없습니까?"

소발의 첫 번째 충고

11

1-6 이제 나아마 사람 소발 차례가 되었다.

"말은 청산유수로군! 더 이상 듣고만 있을 수 없군.
헛소리만 늘어놓는데 내버려 둬서야 되겠나?
이보게 욥, 자네가 계속 이렇게 나오는데
우리가 잠자코 있을 거라고 생각하나?
푸념과 조롱을 계속하도록 내버려 둘 줄 알았나?
자네는 '내 생각은 건전하고
내 행동은 흠이 없다'고 주장하는군.
하나님이 자네를 따끔하게 꾸짖으시고
자네에게 진상을 알려 주시면 좋겠네!
자네에게 지혜의 내막을 보여주시면 좋겠어.
참된 지혜는 겉모습만 보아서는 알 수 없는 법이니까.
그러나 이것 하나만은 확실하네.
자네는 아직 받아야 할 벌의 절반도 못 받았다는 사실이야.

7-12 자네가 하나님의 신비를 설명할 수 있겠나?
전능하신 하나님을 도표로 나타낼 수 있겠나?
하나님은 자네가 상상도 못할 만큼 높으시고

18-22 "So why did you have me born?
    I wish no one had ever laid eyes on me!
I wish I'd never lived—a stillborn,
    buried without ever having breathed.
Isn't it time to call it quits on my life?
    Can't you let up, and let me smile just once
Before I die and am buried,
    before I'm nailed into my coffin, sealed
    in the ground,
And banished for good to the land of the
dead,
    blind in the final dark?"

Zophar's Counsel
How Wisdom Looks from the Inside

11

1-6 Now it was the turn of Zophar from Naamath:

"What a flood of words! Shouldn't we put a stop to it?
    Should this kind of loose talk be permitted?
Job, do you think you can carry on like this and we'll say nothing?
    That we'll let you rail and mock and not step in?
You claim, 'My doctrine is sound
    and my conduct impeccable.'
How I wish God would give you a piece of his mind,
    tell you what's what!
I wish he'd show you how wisdom looks from the inside,
    for true wisdom is mostly 'inside.'
But you can be sure of this,
    you haven't gotten half of what you deserve.

7-12 "Do you think you can explain the

자네가 도무지 헤아릴 수 없을 만큼 깊
으시네.
지평선보다 멀리 뻗어 계시고
끝없는 대양보다 훨씬 광대하시네.
그분이 불쑥 찾아오셔서 자네를 잡아
가두시고
법정으로 끌고 가신다면 자네가 별수 있
겠나?
그분은 부질없는 허세를 꿰뚫어 보시고
멀리서도 악을 찾아내시지.
아무도 그분의 눈을 가릴 수 없네!
머리가 빈 사람이 깨닫는 시간이면
노새가 말을 배울 수 있을 걸세.

13-20 그래도 자네가 하나님을 갈망하고
그분께 손을 내민다면,
자네 손에 묻은 죄를 떨어내고
집안에 악을 간직하지 않는다면,
부끄럼 없이 세상을 마주하면서
죄책감과 두려움 없이 당당하게 살아갈
수 있을 걸세.
자네는 괴롭던 일을 다 잊어버리고
오래되어 빛바랜 사진처럼 여기게 될 걸세.
자네의 세상은 햇빛으로 씻김을 받고
모든 그늘은 여명에 흩어질 걸세.
자네는 희망에 부풀어 긴장을 풀고 자신
감을 되찾을 거야.
편안히 앉아 주위를 둘러보며 여유로운
마음을 갖게 될 걸세.
아무 염려 없이 마음을 터놓고 사는 자
네에게
많은 이들이 찾아와 복을 빌어 달라고
구할 거야.
그러나 악인들은 이런 일을 보지 못할
거네.
그들은 기대할 만한 것이 아무것도 없이
막다른 골목으로 달려가고 있네."

mystery of God?
   Do you think you can diagram God
   Almighty?
God is far higher than you can imagine,
   far deeper than you can comprehend,
Stretching farther than earth's horizons,
   far wider than the endless ocean.
If he happens along, throws you in jail
   then hauls you into court, can you do
   anything about it?
He sees through vain pretensions,
   spots evil a long way off—
   no one pulls the wool over *his* eyes!
Hollow men, hollow women, will wise up
   about the same time mules learn to talk.

Reach Out to God

13-20 "Still, if you set your heart on God
   and reach out to him,
If you scrub your hands of sin
   and refuse to entertain evil in your home,
You'll be able to face the world unashamed
   and keep a firm grip on life, guiltless and
   fearless.
You'll forget your troubles;
   they'll be like old, faded photographs.
Your world will be washed in sunshine,
   every shadow dispersed by dayspring.
Full of hope, you'll relax, confident again;
   you'll look around, sit back, and take it easy.
Expansive, without a care in the world,
   you'll be hunted out by many for your bless-
   ing.
But the wicked will see none of this.
   They're headed down a dead-end road
   with nothing to look forward to—nothing."

욥의 대답

12 ¹⁻³ 욥이 대답했다.

"자네들은 모든 전문가의 대변인인 모양
이군.
자네들이 죽으면 우리에게 살아갈 방도를
일러 줄 자가 없겠어.
하지만 나에게도 머리가 있다는 걸 잊지
말게.
난 자네들의 장단에 놀아날 생각 없네.
전문가가 아니라도 그 정도는 안다네.

⁴⁻⁶ 친구들에게 내가 조롱을 당하는구나.
'하나님과 대화하던 사람이 저 꼴이군!'
무자비하게 조롱을 당하는구나.
'저 자 좀 봐. 잘못한 게 전혀 없대!'
잘사는 사람들이 남 탓하며 손가락질하
기는 쉽고
배부른 사람들이 어렵게 사는 이들을 비
웃기는 쉽지.
사기꾼들이 경비가 철저한 집에서 안전하
게 지내고
하나님을 모독하는 거만한 자들이 오히려
호사스럽게 산다네.
자신을 보호해 줄 신을 돈 주고 산 자들.

⁷⁻¹² 가서 짐승들의 생각을 물어보게나.
그것들이 가르쳐 줄 걸세.
새들에게 물어보게나. 진실을 알려 줄
걸세.
땅에 귀를 갖다 대 보게. 그리고 기본을 배
우게.
귀를 기울여 보게. 바다의 물고기도 제 이
야기를 들려줄 걸세.
하나님이 주권자이시라는 것과
모든 사람과 살아 숨 쉬는 모든 생물이
그분의 손안에 있다는 것을,
그 모든 것들이 알고 동의하고 있지 않

Job Answers Zophar
Put Your Ear to the Earth

12 ¹⁻³ Job answered:

"I'm sure you speak for all the experts,
    and when you die there'll be no one left to
    tell us how to live.
But don't forget that I also have a brain—
    I don't intend to play second fiddle to you.
    It doesn't take an expert to know these
    things.

⁴⁻⁶ "I'm ridiculed by my friends:
    'So that's the man who had conversations
    with God!'
Ridiculed without mercy:
    'Look at the man who never did wrong!'
It's easy for the well-to-do to point their fingers
in blame,
    for the well-fixed to pour scorn on the
    strugglers.
Crooks reside safely in high-security houses,
    insolent blasphemers live in luxury;
    they've bought and paid for a god who'll
    protect them.

⁷⁻¹² "But ask the animals what they think—let
them teach you;
    let the birds tell you what's going on.
Put your ear to the earth—learn the basics.
    Listen—the fish in the ocean will tell you
    their stories.
Isn't it clear that they all know and agree
    that GOD is sovereign, that he holds all
    things in his hand—
Every living soul, yes,
    every breathing creature?
Isn't this all just common sense,

은가?
이것은 누구나 아는 상식이네.
누구나 맛을 느낄 수 있는 것처럼 말일세.
노인들만 지혜를 독점한다고 생각하나?
나이가 지긋해야만 인생을 알게 될 거라 믿는가?

13-25 참 지혜와 진정한 능력은 하나님의 것,
그분께 어떻게 살아야 하는지
무엇을 위해 살아야 하는지 배울 수 있네.
그분이 헐어 버리시면 다시는 세울 수 없고
그분이 잡아 가두시면 결코 풀려날 수 없네.
그분이 비를 막으시면 가뭄이 들고
비를 풀어 놓으시면 홍수가 진다네.
힘과 성공은 하나님의 것,
속는 자와 속이는 자 모두 그분의 통치 아래 있네.
그분은 그들이 내세우는 자격을 박탈하시고
재판관들이 어리석은 바보임을 드러내시네.
왕들의 왕복을 벗기시고
그 허리에 누더기를 두르게 하신다네.
제사장들의 예복을 벗기시고
고관들을 자리에서 물러나게 하시네.
신뢰받는 현인들이 입을 다물게 하시고
장로들의 분별력과 지혜를 거두어 가시지.
유명인사들에게 멸시를 쏟으시고
힘 있고 강한 자들의 무장을 해제하신다네.
어두운 동굴에 스포트라이트를 비추시고
칠흑 같은 어둠을 정오의 태양 아래로 끌어내시네.
나라들을 흥하게도 하시고 망하게도 하시며
세우기도 하시고 버리기도 하신다네.
세계 지도자들의 지각을 빼앗으시고
아무도 없는 곳으로 그들을 내몰아,
어둠 속에서 막막한 심정으로 더듬거리게 하시네.
술 취한 사람처럼 휘청대며 비틀거리게 하시네."

as common as the sense of taste?
Do you think the elderly have a corner on wisdom,
　that you have to grow old before you understand life?

From God We Learn How to Live
13-25 "True wisdom and real power belong to God;
　from him we learn how to live,
　and also what to live for.
If he tears something down, it's down for good;
　if he locks people up, they're locked up for good.
If he holds back the rain, there's a drought;
　if he lets it loose, there's a flood.
Strength and success belong to God;
　both deceived and deceiver must answer to him.
He strips experts of their vaunted credentials,
　exposes judges as witless fools.
He divests kings of their royal garments,
　then ties a rag around their waists.
He strips priests of their robes,
　and fires high officials from their jobs.
He forces trusted sages to keep silence,
　deprives elders of their good sense and wisdom.
He dumps contempt on famous people,
　disarms the strong and mighty.
He shines a spotlight into caves of darkness,
　hauls deepest darkness into the noonday sun.
He makes nations rise and then fall,
　builds up some and abandons others.
He robs world leaders of their reason,
　and sends them off into no-man's-land.
They grope in the dark without a clue,
　lurching and staggering like drunks."

13

¹⁻⁵ "그래, 그 모든 것을 내 눈으로 보았고
내 귀로 들어서 알고 있다네.
자네들이 아는 것은 나도 다 아는 것이니
내가 자네들보다 못할 것이 없네.
나는 전능하신 하나님께 내 사정을 아뢰겠네.
지긋지긋한 자네들 말고, 하나님께 직접 호소할 참이네.
자네들은 거짓말로 내 인생을 더럽히는군.
하나같이 돌팔이 의사들이야!
자네들이 입을 다물었으면 좋겠네.
자네들의 지혜를 보여줄 방법은 그것뿐일세.

⁶⁻¹² 이제 내 변론을 들어 보게.
내 입장을 한번 생각해 보게나.
'하나님을 섬긴답시고' 계속 거짓말을 늘어놓을 셈인가?
'하나님을 궁지에서 빼 드린답시고' 없는 이야기를 지어낼 건가?
어째서 자네들은 늘 그분의 편을 드는가?
그분께 변호사가 필요한가?
자네들이 피고석에 앉는다면 어떻게 되겠나?
배심원단은 자네들의 거짓말에 넘어갈지 모르지만
하나님도 속아 주실까?
자네들의 증언에서 잘못된 부분을 집어내시고
당장 꾸짖으실 것이네.
그분의 위엄이 두렵지도 않나?
그분 앞에서 시답잖은 거짓말을 하는 것이 무섭지도 않은가?
자네들의 그럴듯한 이야기들은 고루한 교훈이요
티끌을 모은 것일 뿐 아무짝에도 쓸모없네.

¹³⁻¹⁹ 그러니 입 좀 다물고 내가 하는 말을 들어 보게.
무슨 벌이 내려지든 내가 감당하겠네.

I'm Taking My Case to God

13

¹⁻⁵ "Yes, I've seen all this with my own eyes,

heard and understood it with my very own ears.
Everything you know, I know,
so I'm not taking a backseat to any of you.
I'm taking my case straight to God Almighty;
I've had it with you—I'm going directly to God.
You graffiti my life with lies.
You're a bunch of pompous quacks!
I wish you'd shut your mouths—
silence is your only claim to wisdom.

⁶⁻¹² "Listen now while I make my case,
consider my side of things for a change.
Or are you going to keep on lying 'to do God a service'?
to make up stories 'to get him off the hook'?
Why do you always take his side?
Do you think he needs a lawyer to defend himself?
How would you fare if you were in the dock?
Your lies might convince a jury—but would they convince *God*?
He'd reprimand you on the spot
if he detected a bias in your witness.
Doesn't his splendor put you in awe?
Aren't you afraid to speak cheap lies before him?
Your wise sayings are knickknack wisdom,
good for nothing but gathering dust.

¹³⁻¹⁹ "So hold your tongue while I have my say,
then I'll take whatever I have coming to me.

내가 이렇게 위험을 무릅쓰고
목숨을 걸어 가며 모험을 하는 이유가 무엇이
겠나?
그분이 나를 죽이신다 해도 희망을 놓을 수
없어서라네.
나는 끝까지 결백을 주장할 걸세.
기다려 주게. 이것이 최선의 길, 구원의 길이
될 걸세!
일말의 죄책감이라도 있다면 내가 이럴 수 있
을 것 같은가?
목숨을 걸고 하나님 앞에 나설 것 같은가?
내 말에 주의를 기울이고
두 귀로 잘 들어 보게.
이제 내 변론을 마쳤으니
나는 무죄로 풀려날 것을 확신하네.
나의 혐의를 입증할 사람이 있을까?
난 할 말을 다 했네. 내 변론은 여기까지네."

욥의 기도

20-27 "하나님, 나에게 두 가지 청이 있으니
제발 들어주십시오.
그러면 주께서 나를 귀히 여기심을 알겠습니다.
우선, 고통을 거두어 주십시오.
그 두려움이 내가 감당치 못할 만큼 큽니다.
그리고 하나님께서 내게 직접 말씀해 주십시
오. 그러면 내가 응답하겠습니다.
아니면 내가 먼저 아뢰게 해주시고 주께서 응
답해 주십시오.
나의 죄목이 몇 가지나 됩니까?
목록을 보여주십시오. 얼마나 심각합니까?
주께서는 왜 숨어 계십니까? 왜 아무 말씀이
없으십니까?
어찌하여 나를 원수 취급 하십니까?
어찌하여 나를 낡은 깡통처럼 걷어차십니까?
어찌하여 죽은 말에 채찍질을 하십니까?
주께서는 내가 저지른 사소한 잘못들의 목록
을 길게 작성하시고
내가 어린 시절 지은 죄까지 책임을 물으십니다.

Why do I go out on a limb like this
  and take my life in my hands?
Because even if he killed me, I'd keep on
hoping.
  I'd defend my innocence to the very end.
Just wait, this is going to work out for the
best—my salvation!
  If I were guilt-stricken do you think I'd
  be doing this—
  laying myself on the line before God?
You'd better pay attention to what I'm
telling you,
  listen carefully with both ears.
Now that I've laid out my defense,
  I'm sure that I'll be acquitted.
Can anyone prove charges against me?
  I've said my piece. I rest my case.

Why Does God Stay Hidden and Silent?

20-27 "Please, God, I have two requests;
  grant them so I'll know I count with you:
First, lay off the afflictions;
  the terror is too much for me.
Second, address me directly so I can
answer you,
  or let me speak and then you answer me.
How many sins have been charged against
me?
  Show me the list—how bad is it?
Why do you stay hidden and silent?
  Why treat me like I'm your enemy?
Why kick me around like an old tin can?
  Why beat a dead horse?
You compile a long list of mean things
about me,
  even hold me accountable for the sins of
  my youth.
You hobble me so I can't move about.

두 다리를 묶어 꼼짝 못하게 하십니다.
일거수일투족을 감시하고
위험인물로 낙인을 찍으십니다.

²⁸ 부패한 물건처럼 인간도 빠르게 썩어 갑
니다.
좀먹은 셔츠처럼, 곰팡이 핀 블라우스처럼."

You watch every move I make,
and brand me as a dangerous character.

²⁸ "Like something rotten, human life fast
decomposes,
like a moth-eaten shirt or a mildewed
blouse."

If We Die, Will We Live Again?

14 ¹⁻¹⁷ "우리는 모두 같은 배를 타고
표류하는 신세,
사는 날은 너무 짧고, 괴로움은 너무 많습니다.
사막의 들꽃처럼 피었다 지니
구름의 그림자처럼 무상합니다.
어찌하여 이렇듯 보잘것없는 존재에게 시간
을 들이시며
나를 법정으로 끌고 가는 수고를 하십니까?
애초부터 별 볼 일 없던 우리에게
어찌하여 특별한 것을 기대하십니까?
인간의 수명은 정해져 있습니다.
우리가 얼마나 오래 살지 주께서 이미 정해
놓으셨고
주께서 정하신 경계는 누구도 넘을 수 없습
니다.
그러니 우리를 너그럽게 대해 주십시오. 좀
봐주십시오!
막일하는 노동자들도 쉬는 날이 있지 않습니까.
한 그루 나무에도 희망은 있습니다.
그것을 베어 내도 여전히 기회가 있으니
뿌리에서 다시 새싹이 돋아납니다.
그 뿌리가 오래되어 뒤틀려도,
그루터기가 오랫동안 죽은 듯 그대로 있어도,
물기를 조금이라도 받으면 소생하여
묘목처럼 움을 틔우고 자라납니다.
그런데 사람은 어떻습니까? 죽으면 살아날
희망이 없습니다.
마지막 숨을 거두면 그것으로 끝입니다.
바싹 말라 물이 있던 흔적만 남은

14 ¹⁻¹⁷ "We're all adrift in the same
boat:
too few days, too many troubles.
We spring up like wildflowers in the desert
and then wilt,
transient as the shadow of a cloud.
Do you occupy your time with such fragile
wisps?
Why even bother hauling me into court?
There's nothing much to us to start with;
how do you expect us to amount to
anything?
Mortals have a limited life span.
You've already decided how long we'll live—
you set the boundary and no one can
cross it.
So why not give us a break? Ease up!
Even ditchdiggers get occasional days off.
For a tree there is always hope.
Chop it down and it still has a chance—
its roots can put out fresh sprouts.
Even if its roots are old and gnarled,
its stump long dormant,
At the first whiff of water it comes to life,
buds and grows like a sapling.
But men and women? They die and stay dead.
They breathe their last, and that's it.
Like lakes and rivers that have dried up,
parched reminders of what once was,

호수와 강처럼,
인간은 쓰러지면 다시 일어나지 못하고
다시 깨어나지 못합니다.
차라리 나를 산 채로 묻으시고
주님의 진노가 식을 때까지 주님의 눈에서
벗어나 숨어 있게 해주십시오.
그러나 나를 그 상태로 버려두지는 말아 주
십시오!
날짜를 정하시고 때가 되면 나를 다시 찾아
주십시오.
우리가 죽으면 다시 살겠습니까? 나는 이것
을 여쭙고 싶습니다.
이 힘겨운 시기 내내 나는 희망을 놓지 않고
최후의 변화를 기다립니다. 부활을 고대합니다!
손수 지으신 피조물을 애타게 그리워하셔서
주께서 부르시면, 내가 응답하겠습니다!
주께서 내 모든 발걸음을 지켜보시지만
내 잘못을 추궁하지는 않으실 것입니다.
내 죄를 자루에 담아
대양 깊숙한 곳에 던져 버리실 것입니다.

18-22 그러나 산이 닳아 없어지고
바위가 부서지고
돌멩이가 매끈매끈해지고
토양이 침식하기에 이르도록
주께서는 우리의 희망을 가차 없이 짓밟으
십니다.
주님은 우리가 어찌해 볼 수 없는 분,
최종 결정권은 늘 주께 있습니다.
그것이 마음에 들지 않아 우리는 싫은 기색
을 하지만
주께서는 막무가내로 우리를 멀리 쫓아 보내
십니다.
자녀들이 잘되어도 우리는 그것을 알지 못할
테고
그들이 잘못되어도 마음 아파할 수 없습니다.
우리가 아는 것은 우리 자신의 몸과 영혼뿐,
그것으로 한평생 아파하고 슬퍼합니다."

So mortals lie down and never get up,
    never wake up again—never.
Why don't you just bury me alive,
    get me out of the way until your anger
    cools?
But don't leave me there!
    Set a date when you'll see me again.
If we humans die, will we live again?
That's my question.
    All through these difficult days I keep
    hoping,
    waiting for the final change—for resur-
    rection!
Homesick with longing for the creature
you made,
    you'll call—and I'll answer!
You'll watch over every step I take,
    but you won't keep track of my
    missteps.
My sins will be stuffed in a sack
    and thrown into the sea—sunk in deep
    ocean.

18-22 "Meanwhile, mountains wear down
    and boulders break up,
Stones wear smooth
    and soil erodes,
    as you relentlessly grind down our
    hope.
You're too much for us.
    As always, you get the last word.
We don't like it and our faces show it,
    but you send us off anyway.
If our children do well for themselves, we
never know it;
    if they do badly, we're spared the hurt.
Body and soul, that's it for us—
    a lifetime of pain, a lifetime of sorrow."

엘리바스의 두 번째 충고

15 1-16 데만 사람 엘리바스가 다시 말했다.

"자네가 정말 지혜로운 사람이라면, 그렇게 수다쟁이처럼
헛된 말만 늘어놓겠는가?
한창 진지한 주장을 펼치는데 헛소리나 늘어놓고
쓸데없는 말을 지껄이겠는가?
자네 꼴 좀 보게! 자네는 종교를 하찮게 여기고
영적 대화를 공허한 험담으로 바꿔 놓고 있네.
자네가 그렇게 말하는 이유는 바로 죄 때문이네.
자네는 사기꾼이 되기로 작정했군.
자네의 말로 스스로 유죄임이 드러나지 않았는가.
내가 한 말 때문이 아니야. 자네 스스로 자네를 정죄했어!
이런 일을 당한 사람이 자네가 처음인가?
자네가 저 산들만큼이나 오래 살기라도 했나?
하나님이 이 모든 일을 계획하실 때 엿듣기라도 했나?
자네 혼자만 똑똑한 줄 아나?
우리는 모르고 자네만 아는 게 무엇인가?
우리에게 없는 식견을 자네가 갖추고 있는가?
백발의 노인들이 우리를 지지한다네.
자네보다 훨씬 오랫동안 세상을 경험한 분들이지.
온화하고 부드럽게 들려주시는
하나님의 약속이 자네에게는 충분치 않은가?
제 감정에 휘둘려
비난을 일삼고 분통을 터뜨리고
온 힘을 다해 하나님께 대항하며
말도 안되는 소리를 토해 내다니, 도대체

Eliphaz Attacks Again
You Trivialize Religion

15 1-16 Eliphaz of Teman spoke a second time:

"If you were truly wise, would you sound so much like a
   windbag, belching hot air?
Would you talk nonsense in the middle of a serious argument,
   babbling baloney?
Look at you! You trivialize religion,
   turn spiritual conversation into empty gossip.
It's your sin that taught you to talk this way.
   You chose an education in fraud.
Your own words have exposed your guilt.
   It's nothing I've said—you've incriminated yourself!
Do you think you're the first person to have to deal with these things?
   Have you been around as long as the hills?
Were you listening in when God planned all this?
   Do you think you're the only one who knows anything?
What do you know that we don't know?
   What insights do you have that we've missed?
Gray beards and white hair back us up—
   old folks who've been around a lot longer than you.
Are God's promises not enough for you,
   spoken so gently and tenderly?
Why do you let your emotions take over,
   lashing out and spitting fire,
Pitting your whole being against God

어찌 된 일인가?

한낱 인간이 하나님 앞에서 결백할 수 있는가?

여인에게서 태어난 자가 온전할 수 있을 것 같은가?

하나님은 그분의 거룩한 천사들도 신뢰하지 않으시고

하늘의 흠까지 잡아내시는데,

악을 물 마시듯 하는

냄새나고 더러운 우리 인간들이야 오죽하겠는가?

17-26 자네에게 할 말이 있으니 좀 들어 보게! 내 생각을 말해 주겠네.

이것은 내가 지혜로운 사람들에게서 배운 것이고,

지혜로운 사람들은 그것을 조상들에게서 배워 후대에 충실히 전수했지.

그 조상들이 살던 먼 옛날,

그들은 이 땅을 독차지했네.

하나님의 법규를 따르지 않고 제멋대로 사는 자들이 기대할 수 있는 것은 괴로움뿐이고,

오래 살수록 사정은 더 나빠진다네.

작은 소리에도 겁에 질리고

원하는 것을 가졌다고 생각하는 순간 재앙이 닥친다네.

그들은 삶이 점점 더 나아질 거라는 희망을 포기하게 되지.

그들의 이름은 늘 상황이 가장 안 좋게 풀리는 사람들 명단에 들어 있다네.

다음 끼니를 어떻게 때울지 모른 채 여기저기 헤매고 다니니,

그들에게는 하루하루가 심판의 날이라네!

그들은 끝없는 공포 속에 살며

끊임없이 궁지에 몰리지.

하나님께 주먹을 휘두르고

전능하신 하나님께 정면으로 대들며

사사건건 따지고 들다가,

by letting words like this come out of your
   mouth?
Do you think it's possible for any mere
mortal to be sinless in God's sight,
   for anyone born of a human mother to get
   it all together?
Why, God can't even trust his holy angels.
   He sees the flaws in the very heavens
   themselves,
So how much less we humans, smelly and foul,
   who lap up evil like water?

Always at Odds with God

17-26 "I've a thing or two to tell you, so listen up!
   I'm letting you in on my views;
It's what wise men and women have always
taught,
   holding nothing back from what *they*
   were taught
By their parents, back in the days
   when they had this land all to themselves:
Those who live by their own rules, not God's,
can expect nothing but trouble,
   and the longer they live, the worse it gets.
Every little sound terrifies them.
   Just when they think they have it made,
   disaster strikes.
They despair of things ever getting better—
   they're on the list of people for whom
   things always turn out for the worst.
They wander here and there,
   never knowing where the next meal is
   coming from—
   every day is doomsday!
They live in constant terror,
   always with their backs up against the wall
Because they insist on shaking their fists at God,
   defying God Almighty to his face,

늘 수세에 몰리기 때문이라네.

27-35 설령 그들이 건강의 화신인 것처럼
말쑥하고 튼튼하고 혈기왕성해 보여도,
결국에는 유령도시에 살면서
개도 거들떠보지 않을 헛간과
삐걱대는 오두막에서 묵을 신세라네.
출세 한번 못 해보고
변변한 존재도 되어 보지 못하지.
그러다 죽어. 그들이 죽음을 모면할 거라
고? 어림없는 소리!
그들은 하나님의 입김 한 번에 쓰러져
말라비틀어질 잡초라네.
여기에 교훈이 있네. 거짓에 투자하는 자는
거짓을 이자로 받고,
만기일 전에 투자한 것을 다 회수한단 말
일세.
대단한 투자 아닌가!
그들은 익기도 전에 서리 맞아 떨어진 과일,
활짝 꽃피우기도 전에 잘린 꽃봉오리처
럼 될 걸세.
하나님을 두려워하지 않는 자들은 열매
를 만들지 못하는 척박한 땅과 같네.
뇌물 위에 세운 인생은 연기처럼 사라져
버리지.
그들은 죄와 동침하여 악을 낳으니,
그들의 삶은 속임수를 생산하는 자궁이
라네."

욥의 대답

16
1-5 그러자 욥이 스스로를 변호
했다.
"자네들 말은 이제 물릴 만큼 들었네.
그것도 위로라고 하는 건가?
그 장황한 연설은 끝도 없는가?
무슨 문제가 있기에 그렇게 계속 지껄이
는가?
자네들이 내 처지라면

Always and ever at odds with God,
    always on the defensive.

27-35 "Even if they're the picture of health,
    trim and fit and youthful,
They'll end up living in a ghost town
    sleeping in a hovel not fit for a dog,
    a ramshackle shack.
They'll never get ahead,
    never amount to a hill of beans.
And then death—don't think they'll escape that!
    They'll end up shriveled weeds,
    brought down by a puff of God's breath.
There's a lesson here: Whoever invests in lies,
    gets lies for interest,
Paid in full before the due date.
    Some investment!
They'll be like fruit frost-killed before it ripens,
    like buds sheared off before they bloom.
The godless are fruitless—a barren crew;
    a life built on bribes goes up in smoke.
They have sex with sin and give birth to evil.
    Their lives are wombs for breeding deceit."

Job Defends Himself
If You Were in My Shoes

16
1-5 Then Job defended himself:

"I've had all I can take of your talk.
    What a bunch of miserable comforters!
Is there no end to your windbag speeches?
    What's your problem that you go on and
    on like this?
If you were in my shoes,
    I could talk just like you.

나도 자네들처럼 말할 수 있겠지.
끔찍한 장광설을 그러모아
지겹도록 들려줄 수 있을 걸세.
하지만 난 절대로 그렇게 하지 않을 거야. 격
려하고 위로하고
안심시키는 말을 할 걸세. 복장 터지게 하는
말이 아니라!

6-14 큰소리로 말해도 기분이 나아지지 않고
입을 다물고 있어도 도움이 안됩니다.
나는 완전히 꺾였습니다.
하나님, 주께서 나와 내 가족을 완전히 망하
게 하셨습니다!
나를 말린 자두처럼 오그라들게 하시고
주께서 나를 대적하심을 세상에 알리셨습
니다.
거울에 비친 수척한 얼굴이 나를 노려보며
주께서 나를 어찌 대하시는지 말없이 증언
합니다.
주님의 진노가 나를 노리고
주님의 이가 나를 갈가리 찢으며
주님의 눈이 뚫어져라 나를 노려봅니다. 하
나님이 내 원수가 되시다니!
사람들이 나를 보고 놀라 벌린 입을 다물지
못합니다.
그들은 나를 경멸하여 마구 때리고
집단으로 공격합니다.
그런데 하나님은 가만히 서 계시면서 저들
이 하는 대로 내버려 두시고
악인들이 저 하고 싶은 대로 나를 함부로 대
하도록 내버려 두십니다.
분수를 지키며 제 일을 감당하던 나를 하나
님이 두들겨 패시고
멱살을 쥐어 내던지십니다.
주께서 나를 표적으로 삼으시고
궁수들을 모아 내게 화살을 쏘게 하십니다.
그들이 사정없이 쏜 화살이 내 몸에 잔뜩 박
혔고

I could put together a terrific harangue
    and really let you have it.
But I'd never do that. I'd console and
comfort,
    make things better, not worse!

6-14 "When I speak up, I feel no better;
    if I say nothing, that doesn't help either.
I feel worn down.
    God, you have wasted me totally—me
    and my family!
You've shriveled me like a dried prune,
    showing the world that you're against me.
My gaunt face stares back at me from the
mirror,
    a mute witness to your treatment of me.
Your anger tears at me,
    your teeth rip me to shreds,
    your eyes burn holes in me—God, my
    enemy!
People take one look at me and gasp.
    Contemptuous, they slap me around
    and gang up against me.
And God just stands there and lets them
do it,
    lets wicked people do what they want
    with me.
I was contentedly minding my business
when God beat me up.
    He grabbed me by the neck and threw
    me around.
He set me up as his target,
    then rounded up archers to shoot at me.
Merciless, they shot me full of arrows;
    bitter bile poured from my gut to the
    ground.
He burst in on me, onslaught after
onslaught,

창자가 터져 쓰디쓴 담즙이 땅바닥에 쏟아집니다.
주께서 나에게 달려들어 맹공격을 퍼부으시고 성난 황소처럼 내게 돌진하십니다.

15-17 나는 수의를 지어 입고
흙먼지 바닥에 엎드렸습니다.
내 얼굴은 통곡으로 벌겋게 얼룩이 졌고
눈 밑에는 어두운 그림자가 보입니다.
그러나 나는 누구 한 사람 해친 적이 없고
내 기도는 진실합니다!

18-22 오 땅이여, 내가 받은 부당한 대우를 덮지 말아 다오!
내 울음소리를 가리지 말아 다오!
하늘에는 나의 진실을 아는 분이 틀림없이 계실 것이다.
지극히 높은 하늘에는 내 무죄를 밝혀 줄 변호사가 계실 것이다.
내가 하나님 앞에서 눈이 퉁퉁 붓도록 우는 동안, 그분은 나의 수호자, 나의 친구가 되어 주실 것이다.
이웃이 이웃의 편을 들듯,
하나님 앞에서 사람을 대변해 줄 그분께 내가 호소할 것이다.

이제 몇 해만 지나면
나는 돌아오지 못할 길을 떠날 것이다.”

17 1-2 “내 마음은 부서졌고
내 수명은 다했으며,
이미 파 놓은 무덤이 나를 기다립니다.
나를 조롱하며 달려드는 저들의 모습이 보이십니까?
저들의 오만함을 내가 언제까지 참아야 합니까?

charging me like a mad bull.

15-17 “I sewed myself a shroud and wore it like a shirt;
   I lay facedown in the dirt.
Now my face is blotched red from weeping;
   look at the dark shadows under my eyes,
Even though I've never hurt a soul
   and my prayers are sincere!

The One Who Represents Mortals Before God

18-22 “O Earth, don't cover up the wrong done to me!
   Don't muffle my cry!
There must be Someone in heaven who knows the truth about me,
   in highest heaven, some Attorney who can clear my name—
My Champion, my Friend,
   while I'm weeping my eyes out before God.
I appeal to the One who represents mortals before God
   as a neighbor stands up for a neighbor.

“Only a few years are left
   before I set out on the road of no return.”

17 1-2 “My spirit is broken,
   my days used up,
my grave dug and waiting.
See how these mockers close in on me?
   How long do I have to put up with their insolence?

3-5 오 하나님, 나를 지지해 주시고 그것을 보증해 주십시오.
지지 의사를 문서로 작성하고 서명까지 해주십시오.
그리해 주실 분은 주님뿐이십니다!
이 사람들은 아무짝에도 쓸모가 없습니다!
주께서는 저들이 얼마나 어리석은지 보셔서 아시니
저들의 뜻이 관철되도록 내버려 두진 않으시겠지요?
친구를 배신하는 자들은
학대받는 인생을 자녀에게 물려주게 될 것입니다.

6-8 하나님, 주께서 나를 동네의 이야깃거리로 삼으시는 탓에
사람들이 내 얼굴에 침을 뱉습니다. 하도 많이 울어 내 눈이 흐려지고
몸은 살가죽과 뼈만 남았습니다.
점잖은 사람들은 내 모습을 보고 그들의 눈을 의심합니다.
선량한 이들마저 하나같이 내가 하나님을 버렸다고 주장합니다.

9 그러나 지조 있는 사람은 인생의 방향을 분명히 하고
그 길을 꿋꿋이 갑니다.
깨끗하고 정결한 손이 결국에는 힘을 얻을 것이라는 확신 때문입니다!

10-16 자녀들 모두 다시 시작하고,
다시 시도해 보고 싶을지 모르겠네.
나는 지금까지 자녀들이 한 말에서
한 줌의 지혜도 발견하지 못했다네.
내 인생은 거의 끝났네. 내 모든 계획은 부서졌고
희망은 꺼져 버렸어.
밤이 지나고 낮이 오리라는 희망,
새벽이 밝아 올 것이라는 희망이 사라졌다네.

3-5 "O God, pledge your support for me.
  Give it to me in writing, with your signature.
  You're the only one who can do it!
These people are so useless!
  You know firsthand how stupid they can be.
  You wouldn't let them have the last word, would you?
Those who betray their own friends
  leave a legacy of abuse to their children.

6-8 "God, you've made me the talk of the town—
  people spit in my face;
I can hardly see from crying so much;
  I'm nothing but skin and bones.
Decent people can't believe what they're seeing;
  the good-hearted wake up and insist I've given up on God.

9 "But principled people hold tight, keep a firm grip on life,
  sure that their clean, pure hands will get stronger and stronger!

10-16 "Maybe you'd all like to start over,
  to try it again, the bunch of you.
So far I haven't come across one scrap
  of wisdom in anything you've said.
My life's about over. All my plans are smashed,
  all my hopes are snuffed out—
My hope that night would turn into day,
  my hope that dawn was about to break.

내가 기대할 집은 묘지뿐이고
내가 바랄 위로가 튼튼한 관뿐이라면,
가족을 다시 만날 길이 한 길 땅속으
로 내려가는 것이고
거기서 만날 가족이 벌레들뿐이라면,
그런 것을 희망이라 말할 수 있겠나?
도대체 누가 그런 것에서 희망을 찾
겠나?
아닐 것이네. 내가 희망과 함께 묻히
는 날,
자네들은 우리 둘의 합동장례식에 참
석하게 될 걸세!"

빌닷의 두 번째 충고

18 1-4 수아 사람 빌닷이 끼어들
었다.
"정말 지루하기 짝이 없는 말장난만
하고 있군!
정신 차리게! 문제의 핵심을 봐야 하지
않나.
자네는 왜 친구들을 우둔한 짐승 취급
하는가?
우리가 아무것도 모른다는 듯 깔보고
있군.
어찌 그리 흥분하는가?
세상이 자네 입맛에 맞게 다시 설계되
기를 바라는가?
자네의 편의를 위해 현실이 멈추기라
도 해야 하는가?

5-21 악한 자의 빛은 꺼진다. 이것이 세
상의 원리네.
그 불꽃은 사그라지고 소멸한다네.
그들의 집은 어두워지고
그곳의 등불은 모두 꺼져 버리지.
그들의 힘찬 발걸음은 약해져 비틀거
리고
자기가 놓은 덫에 걸려든다네.

If all I have to look forward to is a home in the graveyard,
    if my only hope for comfort is a well-built coffin,
If a family reunion means going six feet under,
    and the only family that shows up is worms,
Do you call that hope?
    Who on earth could find any hope in that?
No. If hope and I are to be buried together,
    I suppose you'll all come to the double funeral!"

Bildad's Second Attack
Plunged from Light into Darkness

18 1-4 Bildad from Shuhah chimed in:

"How monotonous these word games are getting!
    Get serious! We need to get down to business.
Why do you treat your friends like slow-witted animals?
    You look down on us as if we don't know anything.
Why are you working yourself up like this?
    Do you want the world redesigned to suit you?
    Should reality be suspended to accommodate you?

5-21 "Here's the rule: The light of the wicked is put out.
    Their flame dies down and is extinguished.
Their house goes dark—
    every lamp in the place goes out.
Their strong strides weaken, falter;
    they stumble into their own traps.
They get all tangled up
    in their own red tape,

그들 모두
자신들의 형식주의에 얽매이고
발목이 붙잡히며
목에는 올가미가 씌워지지.
자신들이 숨겨 놓은 밧줄에 걸려 넘어지고
제 손으로 판 구덩이에 빠진다네.
사방에서 공포가 엄습하면
그들은 허둥지둥 달아난다네.
배고픈 무덤이 잔뜩 벼르고 있지.
저녁식사로 그들을 집어삼키고
먹음직한 요리로 차려 내서
굶주린 죽음에게 한턱 내려고 말이야.
그들은 아늑한 집에서 붙잡혀
사형수의 감방으로 곧장 끌려간다네.
그들의 목숨은 연기가 되어 올라가고
산성비가 그 잔해를 적시지.
그들의 뿌리는 썩고
그 가지는 시든다네.
그들은 다시 기억되지 못하고
묘비 없는 무덤에 이름 없이 묻힌다네.
빛에서 어둠으로 내몰리고
세상에서 내쫓긴다네.
자식 하나 두지 못한 채 빈손으로 떠나니
그들이 이 세상에 살았음을 보여줄 것이 전혀
없지.
그들의 운명을 보고 서쪽 사람들이 소스라치
게 놀라고
동쪽 사람들이 기겁을 하며 이렇게 말할 걸세.
'저럴 수가! 사악한 자들에게는 저런 일이 벌
어지는구나.
하나님을 모르는 자들의 말로가 저렇구나!'"

욥의 대답

19 ¹⁻⁶ 욥이 대답했다.

"자네들은 언제까지 나를 두들겨 패며
장황한 말로 나를 공격하려는가?
자네들은 나를 거듭거듭 비난하는군.

Their feet are grabbed and caught,
  their necks in a noose.
They trip on ropes they've hidden,
  and fall into pits they've dug themselves.
Terrors come at them from all sides.
  They run helter-skelter.
The hungry grave is ready
  to gobble them up for supper,
To lay them out for a gourmet meal,
  a treat for ravenous Death.
They are snatched from their home
sweet home
  and marched straight to the death
  house.
Their lives go up in smoke;
  acid rain soaks their ruins.
Their roots rot
  and their branches wither.
They'll never again be remembered—
  nameless in unmarked graves.
They are plunged from light into darkness,
  banished from the world.
And they leave empty-handed—not one
single child—
  nothing to show for their life on this
  earth.
Westerners are aghast at their fate,
  easterners are horrified:
'Oh no! So this is what happens to
perverse people.
  This is how the God-ignorant end up!'"

Job Answers Bildad
I Call for Help and No One Bothers

19 ¹⁻⁶ Job answered:

"How long are you going to keep batter-

나를 이토록 괴롭히다니, 자네들은 양심도 없나?
내가 어찌어찌해서 정도에서 벗어났다 하더라도
그게 자네들하고 무슨 상관이란 말인가?
어찌하여 부득부득 나를 깎아내리고
내 불행을 회초리 삼아 나를 때리는가?
하나님께나 그리하게. 이 모든 일의 배후에는 그분이 계시고
나를 이 혼란 속으로 끌어들인 분도 그분이시니 말일세.

7-12 여보게, 내가 '살인이다!' 하고 외쳐도 다들 반응이 없고
도움을 청해도 그냥 지나쳐 버리네.
하나님이 내 길에 장애물을 두어 나를 막으시고
모든 등불을 꺼서 나를 어둠 속에 가두셨네.
나의 평판을 무너뜨리고
나의 자존심을 송두리째 앗아 가셨네.
나를 갈가리 찢어 못쓰게 만드시고
희망을 뿌리째 뽑으셨네.
하나님이 내게 노하셨네. 무섭게 노하셨어!
나를 극악한 원수로 대하시네.
무기란 무기는 다 동원하여
대대적인 공격을 가하시며
사방에서 한꺼번에 나를 덮치셨네.

13-20 하나님이 가족을 내게서 멀리 떠나게 하시니
나를 아는 자들이 하나같이 나를 피한다네.
친척과 친구들이 모두 떠나가고
집안의 손님들은 나란 사람이 있었다는 사실조차 잊었네.
여종들까지 나를 거리의 부랑자 취급하며
아는 체도 하지 않는다네.
종을 불러도 대답이 없고
간청해도 나를 무시한다네.

ing away at me,
    pounding me with these harangues?
Time after time after time you jump all over me.
    Do you have no conscience, abusing me like this?
Even if I have, somehow or other, gotten off the track,
    what business is that of yours?
Why do you insist on putting me down,
    using my troubles as a stick to beat me?
Tell it to God—he's the one behind all this,
    he's the one who dragged me into this mess.

7-12 "Look at me—I shout 'Murder!' and I'm ignored;
    I call for help and no one bothers to stop.
God threw a barricade across my path—I'm stymied;
    he turned out all the lights—I'm stuck in the dark.
He destroyed my reputation,
    robbed me of all self-respect.
He tore me apart piece by piece—I'm ruined!
    Then he yanked out hope by the roots.
He's angry with me—oh, how he's angry!
    He treats me like his worst enemy.
He has launched a major campaign against me,
    using every weapon he can think of,
    coming at me from all sides at once.

I Know That God Lives

13-20 "God alienated my family from me;
    everyone who knows me avoids me.
My relatives and friends have all left;
    houseguests forget I ever existed.
The servant girls treat me like a bum off the street,

아내마저 더 이상 내 곁에 있기 싫어하니
나는 가족에게 불쾌한 존재가 되었다네.
거리의 부랑아들도 나를 업신여기고
내가 외출이라도 하면 조롱과 야유를 퍼
붓는다네.
나와 가까이 지내던 사람들이 모두 나를
지긋지긋해하고
가장 사랑하던 이들도 나를 거부한다네.
나는 뼈만 남았고
내 목숨은 위태롭기 그지없네.

21-22 오 친구들이여, 소중한 벗들이여,
나를 불쌍히 여겨 주게나.
하나님은 나를 정말 모질게 대하셨다네!
자네들마저 나를 그렇게 대해야 하겠는가?
나를 구박하는 게 지겹지도 않은가?

23-27 내 말이 책에 기록될 수 있다면,
끌로 바위에 새길 수 있다면!
그러나 나는 아네, 하나님이 살아 계심
을. 그분은 나를 되살려 주시는 분.
그분이 마침내 땅에 우뚝 서실 것이네.
나 비록 하나님께 호된 벌을 받았지만 그
분을 뵐 것이네!
내 두 눈으로 직접 하나님을 뵐 것이야.
오, 어서 빨리 그날이 왔으면!

28-29 혹시 자네들이 '어찌해야 욥을 이해
시킬 수 있을까?
자신의 불행이 전부 자기 탓이라는 것을
어찌 깨닫게 할 수 있을까?'
하고 생각한다면,
신경 쓰지 말고 자네들 걱정이나 하게.
자네들의 죄와 하나님의 임박한 심판이
나 걱정하란 말일세.
심판이 확실히 다가오고 있으니."

look at me like they've never seen me
before.
I call my attendant and he ignores me,
ignores me even though I plead with him.
My wife can't stand to be around me
anymore.
I'm repulsive to my family.
Even street urchins despise me;
when I come out, they taunt and jeer.
Everyone I've ever been close to abhors me;
my dearest loved ones reject me.
I'm nothing but a bag of bones;
my life hangs by a thread.

21-22 "Oh, friends, dear friends, take pity on me.
God has come down hard on me!
Do you have to be hard on me, too?
Don't you ever tire of abusing me?

23-27 "If only my words were written in a
book—
better yet, chiseled in stone!
Still, I know that God lives—the One who
gives me back my life—
and eventually he'll take his stand on earth.
And I'll see him—even though I get skinned
alive!—
see God myself, with my very own eyes.
Oh, how I long for that day!

28-29 "If you're thinking, 'How can we get
through to him,
get him to see that his trouble is all his own
fault?'
Forget it. Start worrying about *yourselves*.
Worry about your own sins and God's
coming judgment,
for judgment is most certainly on the way."

소발의 두 번째 충고

20 ¹⁻³ 나아마 사람 소발이 다시 말을 받았다.

"자네에게 이런 말을 듣게 되다니 믿을
수가 없군!
치가 떨리고 속이 다 울렁거리네.
어떻게 내 지성을 그렇게 모욕할 수가
있나?
자, 내 따끔하게 한마디 해주겠네!

⁴⁻¹¹ 자네는 기본도 모르나?
아담과 하와가 이 땅에 자리를 잡았던 처
음부터
이어진 세상의 원리를 모르는가?
악한 자들의 좋은 시절은 오래가지 못하고
경건하지 못한 자들의 기쁨은 한순간뿐
일세.
악한 자가 세계적인 명성을 얻고
누구보다 유명해져서 뻐기고 다녀도,
결국 똥 무더기 위에 처박히는 신세가
되지.
아는 사람들이 그들을 보고 역겨워하며
'저 꼴이 뭐람' 하고 말한다네.
그들은 기억나지 않는 꿈처럼,
빛을 받으면 사라지는 어슴푸레한 환상
처럼 흩어져 버리네.
한때는 모두가 아는 유명인사였을지 몰
라도 이제는 별 볼 일 없어.
어디를 가도 알아보는 사람 하나 없지.
자녀들은 밑바닥에서 구걸하고
부당하게 챙긴 이득은 남김없이 토해 내
야 할 걸세.
젊고 기력이 왕성한 한창때라도
결국 버티질 못한다네.

¹²⁻¹⁹ 그들은 악을 별미 맛보듯 하고
혀로 이리저리 굴려 가며

Zophar Attacks Job—The Second Round
Savoring Evil as a Delicacy

20 ¹⁻³ Zophar from Naamath again took his turn:

"I can't believe what I'm hearing!
    You've put my teeth on edge, my stomach in
    a knot.
How dare you insult my intelligence like this!
    Well, here's a piece of my mind!

⁴⁻¹¹ "Don't you even know the basics,
    how things have been since the earliest
    days,
    when Adam and Eve were first placed on
    earth?
The good times of the wicked are short-lived;
    godless joy is only momentary.
The evil might become world famous,
    strutting at the head of the celebrity parade,
But still end up in a pile of dung.
    Acquaintances look at them with disgust
    and say, 'What's that?'
They fly off like a dream that can't be remem-
bered,
    like a shadowy illusion that vanishes in the
    light.
Though once notorious public figures, now
they're nobodies,
    unnoticed, whether they come or go.
Their children will go begging on skid row,
    and they'll have to give back their ill-gotten
    gain.
Right in the prime of life,
    and youthful and vigorous, they'll die.

¹²⁻¹⁹ "They savor evil as a delicacy,
    roll it around on their tongues,

그 향이 희미해질 때까지 음미한다네.
악의 맛을 제대로 아는 사람들이지!
하지만 그러다 식중독에 걸려
복통을 호소한다네.
온갖 기름진 음식이 뱃속에서 요동을 친다네.
하나님은 그것들을 다 토해 내게 만드시지.
악을 게걸스럽게 입에 넣고 맹독을 주식으로 삼다가
그것 때문에 죽는다네.
갓 구운 빵과 치즈, 시원한 칵테일이나 음료수를 놓고
잔잔한 시냇가 옆에서 즐기는 평온한 소풍 같은 것은 그들에게 없어.
반쯤 씹다 만 음식을 뱉어 내고
애써 얻은 것을 느긋하게 누리지도 못하네.
왜 그럴까? 가난한 자들을 착취하고
남의 것을 빼앗았기 때문이네.

20-29 하나님을 부인하는 그런 자들은
자기가 가진 것과 자기 모습에 만족하지 못한다네.
탐욕에 정신없이 휘둘리기 때문이지.
그러나 닥치는 대로 약탈을 해도
결국 손에 쥐는 것은 하나도 없다네.
다 얻었다고 생각할 바로 그때 재앙이 닥쳐서
불행이 가득 담긴 접시만 받는다네.
그들은 불행으로 배를 채우고
하나님은 그들에게 진노의 맛을 보여주시지.
한동안은 그것을 씹을 수밖에 없네.
하나의 재앙을 피해 필사적으로 달아나도
또 다른 재앙이 들이닥친다네.
연달아 두들겨 맞고
죽도록 얻어맞네.
공포의 집에 갇혀서
그동안 약탈한 물건들이 허탄하게 사라지는 광경을 보게 되지.

Prolong the flavor, a dalliance in decadence—
　real gourmets of evil!
But then they get stomach cramps,
　a bad case of food poisoning.
They gag on all that rich food;
　God makes them vomit it up.
They gorge on evil, make a diet of that poison—
　a deadly diet—and it kills them.
No quiet picnics for them beside gentle streams
　with fresh-baked bread and cheese, and tall, cool drinks.
They spit out their food half-chewed,
　unable to relax and enjoy anything they've worked for.
And why? Because they exploited the poor,
　took what never belonged to them.

20-29 "Such God-denying people are never content with what they have or who they are;
　their greed drives them relentlessly.
They plunder everything
　but they can't hold on to any of it.
Just when they think they have it all, disaster strikes;
　they're served up a plate full of misery.
When they've filled their bellies with that,
　God gives them a taste of his anger,
　and they get to chew on that for a while.
As they run for their lives from one disaster,
　they run smack into another.
They're knocked around from pillar to post,
　beaten to within an inch of their lives.
They're trapped in a house of horrors,
　and see their loot disappear down a black hole.
Their lives are a total loss—

그들의 인생은 철저한 실패야.
동전 한 닢, 땡전 한 푼 남지 않네.
하나님이 죄에 찌든 그들의 옷을 벗기시고
모두가 볼 수 있게 그 더러운 옷가지를 큰
길가에 걸어 놓으실 걸세.
그들의 인생은 그야말로 실패작이어서
하나님의 진노 앞에서 남아날 것이 없다네.
자, 이것이 하나님이 악인들을 위해 마련
하신 청사진이라네.
그들이 기대할 수 있는 전부지."

욥의 대답

21 ¹⁻³ 욥이 대답했다.

"내 말을 잘 들어 보게나. 부디 좀 들어
보게.
그 정도의 호의는 베풀 수 있지 않나.
내가 말하는 동안만 참아 주게.
그러고 나서 나를 마음껏 조롱해도 좋네.

4-16 내 불평 상대는 자네들이 아니라 하
나님이네.
내가 그분의 침묵을 지긋지긋해하는 것
이 이상한가?
내 꼴을 좀 보게. 내게 벌어진 일이 끔찍하
지 않은가?
아니! 아무 말 말게. 자네들 의견이 아쉬
운 게 아니니까.
지난 일을 돌이켜 보면 또 한 번 충격을 받고
내 몸은 경련을 일으킨다네.
어찌하여 악한 자들이 그리 잘살고
장수하며 부자가 되는가?
그들은 자녀들이 성공하는 것을 보고
손주들을 보는 기쁨을 얻는다네.
그들의 집은 평화롭고 두려워할 일이 없네.
하나님의 징계의 회초리를 맞는 법도 없지.
그들의 수소는 왕성한 정력으로 씨를 퍼
뜨리고

not a penny to their name, not so much as a
bean.
God will strip them of their sin-soaked clothes
and hang their dirty laundry out for all to
see.
Life is a complete wipeout for them,
nothing surviving God's wrath.
There! That's God's blueprint for the
wicked—
what they have to look forward to."

21 ¹⁻³ Job replied:

"Now listen to me carefully, please listen,
at least do me the favor of listening.
Put up with me while I have my say—
then you can mock me later to your heart's
content.

4-16 "It's not *you* I'm complaining to—it's
God.
Is it any wonder I'm getting fed up with his
silence?
Take a good look at me. Aren't you appalled
by what's happened?
No! Don't say anything. I can do without
your comments.
When I look back, I go into shock,
my body is racked with spasms.
Why do the wicked have it so good,
live to a ripe old age and get rich?
They get to see their children succeed,
get to watch and enjoy their grandchil-
dren.
Their homes are peaceful and free from fear;
they never experience God's disciplining

암소는 영락없이 새끼를 낳는다네.
그들은 아이들을 내보내 놀게 하고
그 아이들이 새끼 양처럼 뛰노는 것을
지켜본다네.
바이올린과 플루트로 음악을 연주하고
노래와 춤으로 즐거운 시간을 보내네.
그렇게 오래오래 풍족하게 살다가
잠자는 중에 아무 고통 없이 죽지.
그들은 하나님께 이렇게 말하네. '저리
가세요!
나는 당신이나 당신의 길에 관심 없습니다.
전능하신 하나님? 우리가 왜 당신과 어
울려야 합니까?
그런다고 우리에게 무슨 이득이 있습니
까?'
그들은 틀려도 크게 틀렸네. 그들은 신이
아니지 않나.
그들이 어떻게 그런 행태를 이어 갈 수 있
는지, 나는 도무지 모르겠네!

17-21 악한 자들이 실패하거나
재앙을 겪거나
응분의 벌을 받는 일이 몇 번이나 있던가?
불운을 겪는 경우는 또 몇 번이나 있던가?
그리 많지 않네.
자네들은 '하나님이 그들의 후손을 치기
위해 처벌을
유보하신다'고 말하겠지.
그렇다면 나는 '지금 당장 그들에게 벌을
내려
자신이 한 일을 알게 해주십시오!' 하고
구하겠네.
그들은 자신이 저지른 악의 결과를 감당
하고
하나님의 진노를 온전히 느껴야 마땅하네.
안전하게 무덤 속으로 들어가 버리고 나면
가족에게 무슨 일이 벌어지든 그들이 신
경이나 쓰겠는가?

rod.
Their bulls breed with great vigor
and their cows calve without fail.
They send their children out to play
and watch them frolic like spring lambs.
They make music with fiddles and flutes,
have good times singing and dancing.
They have a long life on easy street,
and die painlessly in their sleep.
They say to God, 'Get lost!
We've no interest in you or your ways.
Why should we have dealings with God
Almighty?
What's there in it for us?'
But they're wrong, dead wrong—they're not
gods.
It's beyond me how they can carry on like
this!

17-21 "Still, how often does it happen that the
wicked fail,
or disaster strikes,
or they get their just deserts?
How often are they blown away by bad luck?
Not very often.
You might say, 'God is saving up the punish-
ment for their children.'
I say, 'Give it to them right now so they'll
know what they've done!'
They deserve to experience the effects of their
evil,
feel the full force of God's wrath firsthand.
What do they care what happens to their
families
after they're safely tucked away in the
grave?

22-26 그러나 하나님은 우리가 도무지 이해할 수 없는 방식으로 일하시는 분인데, 감히 어떻게 하나님께 이래라저래라 할 수 있겠나?
어떤 사람은 만사가 순탄하여
원기왕성하게
전성기를 누리다가 죽고,
또 어떤 이는 행복을 맛보지도 못한 채
가진 것 없이 비참하게 죽는다네.
하지만 묘지에 나란히 누운 두 사람을
벌레들은 분간하지 못하지.
27-33 나는 속지 않네. 자네들의 속셈을 잘 알거든.
나를 넘어뜨리려고 계획을 꾸미고 있지 않나.
자네들은 폭군의 성채가 산산조각 나고
악인의 업적이 무너진다는 순진한 주장을 하네만,
온 세상을 다녀 본 사람들의 생각을 물어본 적이 있는가?
그들의 이야기를 들어 본 적이 있는가?
악한 자들이 처벌을 면하고
악행을 저지르고도 죄값을 치르지 않았다고 하지 않던가?
그들에게 범죄의 책임을 물은 사람이 있던가?
그들이 응분의 벌을 받은 적이 있던가?
없을 걸세.
그들은 화려하고 근사한 장례식 끝에,
값비싼 무덤 속으로 우아하게 들어간다네.
그러면 다들 그가 참 훌륭한 사람이었다고 거짓말을 늘어놓지.

34 그런데 어찌 내가 자네들의 터무니없는 소리에 위로받기를 바라는가?
자네들의 위로는 거짓말투성이야."

Fancy Funerals with All the Trimmings

22-26 "But who are we to tell God how to run his affairs?
    He's dealing with matters that are way
    over our heads.
Some people die in the prime of life,
    with everything going for them—
    fat and sassy.
Others die bitter and bereft,
    never getting a taste of happiness.
They're laid out side by side in the cemetery,
    where the worms can't tell one from the other.
27-33 "I'm not deceived. I know what you're up to,
    the plans you're cooking up to bring me
    down.
Naively you claim that the castles of tyrants fall to pieces,
    that the achievements of the wicked
    collapse.
Have you ever asked world travelers how they see it?
    Have you not listened to their stories
Of evil men and women who got off scot-free,
    who never had to pay for their wicked-
    ness?
Did anyone ever confront them with their crimes?
    Did they ever have to face the music?
Not likely—they're given fancy funerals
    with all the trimmings,
Gently lowered into expensive graves,
    with everyone telling lies about how
    wonderful they were.

34 "So how do you expect me to get any comfort from your nonsense?
    Your so-called comfort is a tissue of lies."

엘리바스의 세 번째 충고

22

¹⁻¹¹ 데만 사람 엘리바스가 다시 말을 받았다.

"하나님을 도와드릴 만큼 힘센 사람이 있는가? 하나님께 조언할 만큼 영특한 사람이 있는가?
자네가 의롭다 한들, 전능하신 하나님이 거들떠나 보시겠는가?
자네가 완벽한 연기를 펼친다 한들, 하나님이 박수 한 번 치실 것 같은가?
자네가 결백해서
하나님이 자네를 징계하시고 자네를 힘들게 하신다고 생각하는가?
그럴 리가! 그것은 자네가 도덕적으로 너무나 문제가 많고
자네의 죄악이 끝이 없기 때문이야.
사람들이 와서 도움을 청하면
자네는 그들의 겉옷을 빼앗고 의지할 데 없는 그들을 착취했네.
배고픈 이들에게 먹을 것은커녕 부스러기 하나 건네지 않았고
목마른 이들에게 물 한 잔 주지 않았네.
그러면서도 어마어마한 재산에 둘러싸여 모든 사람의 존경을 받고 위세를 부렸지!
자네는 불쌍한 과부들을 문전박대했고 고아들을 무정하게 짓밟았네.
이제 자네가 공포에 사로잡히고, 두려움에 벌벌 떨고 있군.
갑자기 형세가 뒤바뀌었어!
칠흑 같은 어둠 속에서
물이 넘쳐 목까지 차오르는 신세가 되니 어떤가?

¹²⁻¹⁴ 하나님의 다스리심을 자네도 인정하지 않나?
별들을 보게! 그분이 우주를 다스리시네.
하지만 자네는 감히 이렇게 묻는군. '하나

Eliphaz Attacks Job—The Third Round
Come to Terms with God

22 ¹⁻¹¹ Once again Eliphaz the Temanite took up his theme:

"Are any of us strong enough to give God a hand,
  or smart enough to give him advice?
So what if you were righteous—would God Almighty even notice?
  Even if you gave a perfect performance, do you think he'd applaud?
Do you think it's because he cares about your purity
  that he's disciplining you, putting you on the spot?
Hardly! It's because you're a first-class moral failure,
  because there's no end to your sins.
When people came to you for help,
  you took the shirts off their backs, exploited their helplessness.
You wouldn't so much as give a drink to the thirsty,
  or food, not even a scrap, to the hungry.
And there you sat, strong and honored by everyone,
  surrounded by immense wealth!
You turned poor widows away from your door;
  heartless, you crushed orphans.
Now *you're* the one trapped in terror, paralyzed by fear.
  Suddenly the tables have turned!
How do you like living in the dark, sightless,
  up to your neck in flood waters?

¹²⁻¹⁴ "You agree, don't you, that God is in charge?
  He runs the universe—just look at the stars!

님이 무엇을 아시겠어?
저 멀리 어둠 속에서 어떻게 심판하시겠어?
구름에 둘러싸여 하늘에서만 서성이시는데
어떻게 우리를 보시겠어?'

15-18 자네는 악한 자들이 옛날부터 줄기
차게 걷던
그 길을 고집할 참인가?
그러다 그들이 어떻게 되었는가? 젊은
나이에 죽거나
갑작스러운 홍수에 휩쓸려 죽었네.
그들은 하나님께 '꺼지시지!
전능하신 하나님 따윈 필요 없어!' 하고
말하지만,
그들이 가진 모든 것을 주신 분이 바로 하
나님이시네.
그들이 어떻게 그런 행위들을 이어 갈 수
있는지, 나는 도무지 모르겠네!

19-20 착한 사람은 나쁜 자들이 망하는 것
을 보며 잔치를 벌인다네.
그들은 안도하며 환성을 지르지.
'마침내 우리의 원수가 전멸하고
그들이 소유하고 추구하던 모든 것이 연
기처럼 사라지는구나!'

21-25 하나님께 순복하고 그분과 화해하게.
그러면 모든 것이 좋아질 것이네.
어찌해야 할지 알려 달라고 그분께 청하고
그분의 말씀을 마음에 새기게.
전능하신 하나님께 돌아오게.
그러면 회복될 걸세.
자네 안에 있는 모든 악을 치워 버리게.
돈을 움켜쥔 손을 놓고
금칠한 사치품을 버리게.
전능하신 하나님이 자네의 보물이 되시고
자네가 상상도 못한 값진 보화가 되어 주
실 것이네.

Yet you dare raise questions: 'What does God
know?
    From that distance and darkness, how can
        he judge?
He roams the heavens wrapped in clouds,
    so how can he see us?'

15-18 "Are you going to persist in that tired
old line
    that wicked men and women have always
        used?
Where did it get them? They died young,
    flash floods sweeping them off to their
        doom.
They told God, 'Get lost!
    What good is God Almighty to us?'
And yet it was God who gave them every-
thing they had.
    It's beyond me how they can carry on like this!

19-20 "Good people see bad people crash, and
call for a celebration.
    Relieved, they crow,
'At last! Our enemies—wiped out.
    Everything they had and stood for is up in
        smoke!'

21-25 "Give in to God, come to terms with him
    and everything will turn out just fine.
Let him tell you what to do;
    take his words to heart.
Come back to God Almighty
    and he'll rebuild your life.
Clean house of everything evil.
    Relax your grip on your money
    and abandon your gold-plated luxury.
God Almighty will be your treasure,
    more wealth than you can imagine.

²⁶⁻³⁰ 자네는 전능하신 하나님으로 인해 즐거워하고
기쁜 마음으로 그분을 담대하게 바라보게 될 걸세.
자네가 기도하면 그분이 귀 기울여 들으시고
자네가 서원한 대로 할 수 있도록 도우실 걸세.
자네가 원하는 일이 이루어질 것이고
자네 인생은 빛으로 둘러싸일 것이네.
무기력한 자들을 위해 자네가 '기운 내게! 용기를 내게!' 하면
하나님이 그들을 구해 주실 것이네.
그래, 죄 지은 자들도 죄에서 빠져나올 수 있네.
자네 삶에 임한 하나님의 은혜가 그들의 탈출 통로가 될 거야."

욥의 대답

23

¹⁻⁷ 욥이 대답했다.

"나는 잠잠히 있지 않겠네. 물러서지 않을 걸세.
나의 항변은 정당하네.
하나님이 나를 이렇게 대하실 수는 없어. 공정하지 않아!
하나님을 어디에서 찾을 수 있는지만 알면
당장 그분께 가련만.
그분을 뵙고 나의 사정을 설명하고
그분 앞에서 직접 나의 주장을 펼치련만.
그분의 생각을 정확히 파악하고
그분의 의도를 알아낼 수 있으련만.
그분이 나를 물리치시거나 힘으로 누르실 것 같은가?
아닐세. 그분은 내 말을 진지하게 들어주실 거네.
내가 올곧게 살아온 사람임을 알아보실 거네.
재판관께서 내 모든 혐의에 대해 무죄 판결을 내리실 거네.

⁸⁻⁹ 동쪽으로 가서 찾아도 그분은 보이지 않고
서쪽으로 가도 흔적이 없구나.

²⁶⁻³⁰ "You'll take delight in God, the Mighty One,
    and look to him joyfully, boldly.
You'll pray to him and he'll listen;
    he'll help you do what you've promised.
You'll decide what you want and it will happen;
    your life will be bathed in light.
To those who feel low you'll say, 'Chin up! Be brave!'
    and God will save them.
Yes, even the guilty will escape,
    escape through God's grace in your life."

Job's Defense
I'm Completely in the Dark

23

¹⁻⁷ Job replied:

"I'm not letting up—I'm standing my ground.
    My complaint is legitimate.
God has no right to treat me like this—
    it isn't fair!
If I knew where on earth to find him,
    I'd go straight to him.
I'd lay my case before him face-to-face,
    give him all my arguments firsthand.
I'd find out exactly what he's thinking,
    discover what's going on in his head.
Do you think he'd dismiss me or bully me?
    No, he'd take me seriously.
He'd see a straight-living man standing before him;
    my Judge would acquit me for good of all charges.

⁸⁻⁹ "I travel East looking for him—I find no one;

북쪽으로 가 보아도 자취를 숨기셨고
남쪽에 가도 뵐 수가 없구나.

10-12 그러나 그분은 내가 어디에 있으며 내가 무엇을 하는지 아신다네.
그분이 아무리 철저히 나를 시험하셔도,
나는 영예롭게 그 시험에 합격할 걸세.
나는 가까이에서 그분을 따랐고 그분의 발자취를 좇았네.
한 번도 그분의 길에서 벗어나지 않았네.
나는 그분의 말씀을 모두 지켰고
그분의 조언을 따랐으며 그것을 소중히 간직했네.

13-17 그러나 그분은 절대 주권자시니 누가 그분께 따질 수 있겠는가?
원하는 일을 원하실 때 행하시는 분이 아닌가.
그분은 나에 대해 정하신 일을 빠짐없이 이루실 것이고
그 외에도 하고자 하시는 모든 일을 이루실 것이네.
그러니 그분 뵙기가 두려울 수밖에 없지 않겠는가?
생각만 해도 두려워지는구나.
하나님이 나를 낙심하게 하신다!
전능하신 하나님이 나를 벌벌 떨게 하신다!
나는 칠흑 같은 어둠 속에 있어,
손을 눈앞에 갖다 대도 아무것도 보이지 않는다."

24 1-12 "전능하신 분이 심판의 날을 감추시는 게 아니라면
어째서 우리에게 알려 주시지 않는가?
살인을 저지르고, 도둑질과 거짓말, 불법적인 일들을 밥 먹듯 하고도
무사히 넘어가는 자들이 있지 않은가?
그들은 가난한 이들을 등치고

then West, but not a trace;
    I go North, but he's hidden his tracks;
        then South, but not even a glimpse.

10-12 "But he knows where I am and what I've done.
    He can cross-examine me all he wants,
        and I'll pass the test with honors.
I've followed him closely, my feet in his footprints,
    not once swerving from his way.
I've obeyed every word he's spoken,
    and not just obeyed his advice—I've *treasured* it.

13-17 "But he is singular and sovereign. Who can argue with him?
    He does what he wants, when he wants to.
He'll complete in detail what he's decided about me,
    and whatever else he determines to do.
Is it any wonder that I dread meeting him?
    Whenever I think about it, I get scared all over again.
God makes my heart sink!
    God Almighty gives me the shudders!
I'm completely in the dark,
    I can't see my hand in front of my face."

An Illusion of Security

24 1-12 "But if Judgment Day isn't hidden from the Almighty,
    why are we kept in the dark?
There are people out there getting by with murder—
    stealing and lying and cheating.
They rip off the poor

불행한 이들을 착취하며,
의지할 데 없는 자들을 도랑에 밀어 넣고
약자들을 괴롭혀 생명의 위협을 느끼게 하네.
가난한 이들은 길 잃은 개와 고양이처럼
뒷골목에서 먹을 것을 찾아 헤매거나
부자들의 쓰레기통을 뒤지며
동냥으로 근근이 살아간다네.
집이 없는 그들은 추운 거리에서 떨며 밤을
지새우고
머리 누일 곳조차 찾지 못하네.
비바람에 몸이 젖고 얼어
임시 대피소로 모여들지.
젖먹이 아기를 둔 엄마들은 아기를 빼앗기고
가난한 이들의 어린 자녀들은 납치되어 팔려
가네.
그들은 올이 거의 다 빠진 누더기 차림으로
돌아다니고
열심히 일해도 늘 굶주리네.
등골 빠지게 일해 봤자
남는 게 없어.
사람들이 여기저기서 죽어 가며 고통에 신음
하고 있네.
가엾은 이들이 도와 달라고 부르짖건만,
하나님은 아무 문제 없다는 듯 침묵만 지키
시네!

13-17 기어이 빛을 피하는 자들이 있더군.
빛이 가득한 길을 피하는 자들이지.
해가 떨어지면 살인자는 자리에서 일어나
가난한 이들을 죽이고 무방비 상태의 사람들
을 유린한다네.
성폭력범들은 땅거미가 지기를 기다렸다가
'이제는 아무도 우리를 알아보지 못하겠지'
생각하네.
강도들도 밤중에 제 일을 하고
낮에는 도통 모습을 드러내지 않지.
그들은 낮과 엮이기를 원하지 않아.
그런 작자들에게는 깊은 어둠이 아침이니

and exploit the unfortunate,
Push the helpless into the ditch,
    bully the weak so that they fear for their
lives.
The poor, like stray dogs and cats,
    scavenge for food in back alleys.
They sort through the garbage of the rich,
    eke out survival on handouts.
Homeless, they shiver through cold nights
on the street;
    they've no place to lay their heads.
Exposed to the weather, wet and frozen,
    they huddle in makeshift shelters.
Nursing mothers have their babies
snatched from them;
    the infants of the poor are kidnapped
    and sold.
They go about patched and threadbare;
    even the hard workers go hungry.
No matter how backbreaking their labor,
    they can never make ends meet.
People are dying right and left, groaning in
torment.
    The wretched cry out for help
    and God does nothing, acts like nothing's
    wrong!

13-17 "Then there are those who avoid light
at all costs,
    who scorn the light-filled path.
When the sun goes down, the murderer
gets up—
    kills the poor and robs the defenseless.
Sexual predators can't wait for nightfall,
    thinking, 'No one can see us now.'
Burglars do their work at night,
    but keep well out of sight through the
    day.

무시무시한 어둠을 공범으로 삼는다네.

18-25 그들은 물 위에 떠 있는 나무토막
이요
아무짝에도 쓸모없는 저주받은 쓰레기
와 같지.
뜨거운 여름 태양 아래 눈이 녹듯이
죄인들은 무덤 속으로 사라진다네.
모태도 그들을 잊고, 구더기가 그들을 맛
있게 먹어 치우지.
악한 것은 오래가지 못하는 법이지.
그들은 파렴치하게도
불행한 이들을 약탈한다네.
잔뜩 뽐내며 힘자랑을 해도
빛 좋은 개살구에 불과하지. 그들은 아무
것도 아니야.
자신은 안전하다고 착각할지 몰라도
하나님이 그들을 눈여겨보신다네.
잠시 성공을 거두는 듯해도
오래가지 않고 결국에는 내놓을 것이 하
나도 없어지네.
철 지난 신문처럼
쓰레기를 싸는 데 쓰일 뿐이지.
나를 거짓말쟁이로 모는 것은 자네들 자
유네만,
뜻대로 되지는 않을 걸세."

빌닷의 세 번째 충고

25 1-6 수아 사람 빌닷이 다시 욥
을 비난했다.

"하나님은 주권자시요, 무시무시한 분
이시네.
우주의 모든 것이 그분의 계획대로 착착
움직이지.
그분의 천군천사를 누가 다 헤아릴 수 있
겠는가?
어딘들 그분의 빛이 비치지 않겠는가?

They want nothing to do with light.
Deep darkness is morning for that bunch;
    they make the terrors of darkness their
    companions in crime.

18-25 "They are scraps of wood floating on the
water–
    useless, cursed junk, good for nothing.
As surely as snow melts under the hot,
summer sun,
    sinners disappear in the grave.
The womb has forgotten them, worms have
relished them–
    nothing that is evil lasts.
Unscrupulous,
    they prey on those less fortunate.
However much they strut and flex their
muscles,
    there's nothing to them. They're hollow.
They may have an illusion of security,
    but God has his eye on them.
They may get their brief successes,
    but then it's over, nothing to show for it.
Like yesterday's newspaper,
    they're used to wrap up the garbage.
You're free to try to prove me a liar,
    but you won't be able to do it."

Bildad's Third Attack
Even the Stars Aren't Perfect in God's Eyes

25 1-6 Bildad the Shuhite again
attacked Job:

"God is sovereign, God is fearsome–
    everything in the cosmos fits and works in
    his plan.
Can anyone count his angel armies?
    Is there any place where his light doesn't

한낱 인간이 어찌 하나님께 맞설 수 있겠
는가?
별 볼 일 없는 사람이 어찌 죄 없는 체할
수 있겠는가?
하나님이 보실 때는 달도 흠이 있고
별들도 완전하지 않거늘,
그에 비하면 민달팽이와 구더기에 불과한
평범한 사람들이야 더 말할 나위가 있겠
는가?"

욥의 대답

26 ¹⁻⁴ 욥이 대답했다.

"힘없는 사람에게 정말이지 큰 힘이 되
어 주는군!
절묘하게 때를 맞추어 도우러 왔어!
혼란에 빠진 사람에게 그런 멋진 충고를
하다니!
통찰력이 정말 기가 막히군!
도대체 이 모든 것을 어디서 배웠나?
어디서 그렇게 대단한 영감을 얻었는가
말이네.

⁵⁻¹⁴ 죽어 땅에 묻힌 모든 자와
깊고 깊은 바다에 빠져 죽은 모든 이가
고통으로 몸부림치네.
하나님 앞에서는 지옥이 활짝 열리고
무덤도 파헤쳐져 훤히 드러난다네.
그분은 형체 없는 공간에 하늘을 펼치시고
텅 빈 허공에 땅을 매다시네.
뭉게구름 자루에 물을 부어 넣으시고
그 자루가 터지지 않게 하시지.
시간이 지남에 따라 달이 적절히
찼다 이울었다 하게 하시네.
대양 위에 수평선을 그으시고
빛과 어둠의 경계를 정하신다네.
하늘에서 우르릉 쾅쾅 천둥소리가 들려
오는군.

shine?
How can a mere mortal presume to stand up
to God?
How can an ordinary person pretend to be
guiltless?
Why, even the moon has its flaws,
even the stars aren't perfect in God's eyes,
So how much less, plain men and women—
slugs and maggots by comparison!"

Job's Defense
God Sets a Boundary Between Light and Darkness

26 ¹⁻⁴ Job answered:

"Well, you've certainly been a great help to a
helpless man!
You came to the rescue just in the nick of
time!
What wonderful advice you've given to a
mixed-up man!
What amazing insights you've provided!
Where in the world did you learn all this?
How did you become so inspired?

⁵⁻¹⁴ "All the buried dead are in torment,
and all who've been drowned in the deep,
deep sea.
Hell is ripped open before God,
graveyards dug up and exposed.
He spreads the skies over unformed space,
hangs the earth out in empty space.
He pours water into cumulus cloud-bags
and the bags don't burst.
He makes the moon wax and wane,
putting it through its phases.
He draws the horizon out over the ocean,
sets a boundary between light and darkness.
Thunder crashes and rumbles in the skies.

들어 보게! 하나님이 언성을 높이시네!
그분은 능력으로 바다 폭풍을 잠재우시고
지혜로 바다 괴물을 길들이신다네.
입김 한 번으로 하늘을 맑게 하시고
손가락 하나로 바다뱀을 눌러 버리시네.
그러나 이것은 시작일 뿐,
그분의 통치를 알리는 속삭임에 불과하네.
하나님이 제대로 언성을 높이시면 우리가
무엇을 할 수 있겠나?"

세 친구에 대한 욥의 대답

27 1-6 욥이 소발의 대꾸를 기다리
다 다시 말을 이었다.

"살아 계신 하나님! 그분이 나를 부당하게
대하셨네!
전능하신 하나님! 그분이 내 인생을 파괴
하셨네!
그러나 내게 숨이 붙어 있는 한,
하나님이 내게 생명을 불어넣으시는 한,
참되지 않은 말은 한 마디도 하지 않을 걸세.
그 어떤 엉터리 죄목도 인정하지 않을 걸세.
나는 자네들이 고발하는 내용을 인정할 수
없네.
목숨을 걸고 내 결백을 주장하겠네.
나의 결백을 꽉 붙들고 놓지 않을 것이며
결코 후회하지 않겠네.

7-10 내 원수의 사악한 실체가 드러났으면!
내 대적의 유죄가 밝혀졌으면!
하나님을 모르는 자들의 목숨이 갑자기
끊어지면,
하나님이 그들의 인생을 끝장내시면, 그들
에게 무슨 희망이 있을까?
재난이 닥칠 때,
도움을 청하는 그들의 소리를 하나님이 들
으실 것 같은가?
그들이 전능하신 분께 관심을 보인 적이 있

Listen! It's God raising his voice!
By his power he stills sea storms,
    by his wisdom he tames sea monsters.
With one breath he clears the sky,
    with one finger he crushes the sea serpent.
And this is only the beginning,
    a mere whisper of his rule.
    Whatever would we do if he *really* raised
    his voice!"

No Place to Hide

27 1-6 Having waited for Zophar, Job
now resumed his defense:

"God-Alive! He's denied me justice!
    God Almighty! He's ruined my life!
But for as long as I draw breath,
    and for as long as God breathes life into me,
I refuse to say one word that isn't true.
    I refuse to confess to any charge that's
    false.
There is no way I'll ever agree to your
accusations.
    I'll not deny my integrity even if it costs me
    my life.
I'm holding fast to my integrity and not
loosening my grip–
    and, believe me, I'll never regret it.

7-10 "Let my enemy be exposed as wicked!
    Let my adversary be proven guilty!
What hope do people without God have
when life is cut short?
    when God puts an end to life?
Do you think God will listen to their cry for
help
    when disaster hits?
What interest have they ever shown in the

던가?
그들이 과연 기도한 적이 있던가?

11-12 나는 자네들에게 하나님의 일하심을 분명하게 보여주었네.
전능하신 하나님에 대해 어떤 것도 감추지 않았어.
증거는 바로 자네들 앞에 있네. 자네들이 직접 볼 수 있지.
그런데도 어찌 허튼소리를 계속하는가?

13-23 자네들이 했던 말을 그대로 자네들에게 돌려주겠네.

'이것이 하나님이 악한 자들을 다루시는 방식이요
악한 자들이 전능하신 하나님께 받을 몫일세.
그 자식들은 모두 비명횡사하고
식탁에 올릴 빵이 부족할 것이네.
그들은 전염병으로 죽을 것이나
과부들은 남편이 죽어도 눈물 한 방울 흘리지 않을 걸세.
그들이 제아무리 돈을 많이 벌고
최신 유행에 맞는 멋진 옷들을 사들여도,
결국에는 선한 사람들이 그 옷을 입고
착한 사람들이 그 돈을 나누어 가질 거야.
그들이 아무리 근사한 집을 지어도
그 집은 한 차례의 겨울도 버티지 못할 걸세.
부자로 잠자리에 들지만
깨어나 보면 빈털터리리라네.
두려움이 홍수처럼 그들을 덮칠 것이네.
한밤중에 회오리바람이 불어 그들을 날려 보내고
폭풍이 그들을 휩쓸 것이네!
그들의 흔적은 발자국 하나 남지 않게 될 걸세.

Almighty?
    Have they ever been known to pray before?

11-12 "I've given you a clear account of God in action,
    suppressed nothing regarding God Almighty.
The evidence is right before you. You can all see it for yourselves,
    so why do you keep talking nonsense?

13-23 "I'll quote your own words back to you:

"'This is how God treats the wicked,
    this is what evil people can expect from God Almighty:
Their children—all of them—will die violent deaths;
    they'll never have enough bread to put on the table.
They'll be wiped out by the plague,
    and none of the widows will shed a tear when they're gone.
Even if they make a lot of money
    and are resplendent in the latest fashions,
It's the good who will end up wearing the clothes
    and the decent who will divide up the money.
They build elaborate houses
    that won't survive a single winter.
They go to bed wealthy
    and wake up poor.
Terrors pour in on them like flash floods—
    a tornado snatches them away in the middle of the night,
A cyclone sweeps them up—gone!
    Not a trace of them left, not even a footprint.
Catastrophes relentlessly pursue them;

온갖 재해가 가차 없이 그들을 뒤쫓아
달아날 곳도, 숨을 곳도 없을 것이네.
비바람에 사정없이 얻어맞고
폭풍으로 완전히 찢길 것이네.'"

28 ¹⁻¹¹ "우리는 은을 품은 광맥이 있다는 것과
어떤 광석에서 금을 정련해 내는지 알고 있네.
철은 땅속에서 캐내고
구리는 광석을 녹여 얻지.
광부들은 어두운 땅속을 뚫고 들어가
산의 뿌리를 더듬어 광석을 찾고,
숨 막히는 어둠 속에서 파고 또 판다네.
그들은 사람들의 자취가 없는 먼 곳에
수직 갱도를 파고
밧줄을 내려 갱도 안으로 들어가네.
지구 표면이 곡창지대라면
그 심층은 대장간이라서
광석에서 사파이어를 떼어 내고
암석에서 금을 캐내지.
독수리는 그 가치를 알지 못하고
매는 거기에 눈을 두지 않네.
들짐승들은 그것을 의식하지 못하고
사자는 그것이 거기 있는지도 모른다네.
그러나 광부들은 바위를 깨부수고
산을 뿌리째 파헤치네.
암석에 갱도를 뚫어
온갖 아름다운 보석을 찾아낸다네.
그들은 강의 근원을 발견하고
땅에 숨겨진 여러 보물을 캐낸다네.

¹²⁻¹⁹ 하지만 지혜는 어디서, 도대체 어디서 찾을까?
통찰력은 어디에 숨어 있을까?
사람들은 도무지 감도 못 잡고
어디를 찾아봐야 할지 전혀 모른다네.

they run this way and that, but there's no place to hide—
Pummeled by the weather,
blown to kingdom come by the storm.'"

Where Does Wisdom Come From?

28 ¹⁻¹¹ "We all know how silver seams the rocks,
we've seen the stuff from which gold is refined,
We're aware of how iron is dug out of the ground
and copper is smelted from rock.
Miners penetrate the earth's darkness,
searching the roots of the mountains for ore,
digging away in the suffocating darkness.
Far from civilization, far from the traffic,
they cut a shaft,
and are lowered into it by ropes.
Earth's surface is a field for grain,
but its depths are a forge
Firing sapphires from stones
and chiseling gold from rocks.
Vultures are blind to its riches,
hawks never lay eyes on it.
Wild animals are oblivious to it,
lions don't know it's there.
Miners hammer away at the rock,
they uproot the mountains.
They tunnel through the rock
and find all kinds of beautiful gems.
They discover the origins of rivers,
and bring earth's secrets to light.

¹²⁻¹⁹ "But where, oh where, will they find Wisdom?
Where does Insight hide?
Mortals don't have a clue,

지구의 심층은 '여기에는 없다' 말하고
깊은 바다에서는 '그런 것은 들어 본 적도 없
다'는 소리가 메아리쳐 오네.
지혜는 순금으로도 살 수 없고
아무리 많은 은을 갖다 바쳐도 구할 수 없어.
유명한 오빌의 금으로도 살 수 없고
다이아몬드와 사파이어로도 안되네.
금이나 에메랄드는 비할 바가 못 되고
화려한 보석들도 어림없지.
진주 목걸이나 루비 팔찌 따위야 더 말할 것
도 없네.
하나같이 지혜를 사는 데 필요한 계약금에도
못 미치지!
황금이나 아프리카 다이아몬드를 아무리 높
이 쌓아도
지혜의 상대가 될 수 없다네.

20-22 그럼 지혜는 어디에서 오며
통찰력이 있는 곳은 어디일까?
아무리 둘러보아도
아무리 깊이 파 들어가도, 아무리 높이 날아
도 찾을 수 없네.
묘지를 샅샅이 뒤지고 죽은 이들에게 물어보게.
'우리도 그것의 소문만 들어 봤소' 하고 말할
걸세.

23-28 지혜에 이르는 길은 하나님만 아시고
지혜를 찾을 수 있는 곳 역시 그분만이 아신
다네.
그분은 지상의 모든 것이 어디에 있는지 아시고
하늘 아래 모든 것을 보신다네.
바람에게 명하여 불게 하시고
물의 양을 재어 나누시고
비가 어떻게 내릴지 정하시고
천둥번개가 터지게 하신 후에,
하나님은 지혜를 보셨네.
지혜를 시험하시고 만반의 준비를 갖추게 하
셔서

haven't the slightest idea where to look.
Earth's depths say, 'It's not here';
   ocean deeps echo, 'Never heard of it.'
It can't be bought with the finest gold;
   no amount of silver can get it.
Even famous Ophir gold can't buy it,
   not even diamonds and sapphires.
Neither gold nor emeralds are comparable;
   extravagant jewelry can't touch it.
Pearl necklaces and ruby bracelets—why
bother?
   None of this is even a down payment on
   Wisdom!
Pile gold and African diamonds as high as
you will,
   they can't hold a candle to Wisdom.

20-22 "So where does Wisdom come from?
   And where does Insight live?
It can't be found by looking, no matter
   how deep you dig, no matter how high
   you fly.
If you search through the graveyard and
question the dead,
   they say, 'We've only heard rumors of it.'

23-28 "God alone knows the way to
Wisdom,
   he knows the exact place to find it.
He knows where everything is on earth,
   he sees everything under heaven.
After he commanded the winds to blow
   and measured out the waters,
Arranged for the rain
   and set off explosions of thunder and
   lightning,
He focused on Wisdom,
   made sure it was all set and tested and

언제든 쓰일 수 있도록 만드셨네.
그리고 나서 사람들에게 말씀하셨지. '여기
지혜가 있다!
주님을 경외하는 것이 지혜이며,
악을 멀리하는 것이 통찰력이다.'"

욥의 마지막 대답

29 ¹⁻⁶ 욥이 답변을 계속했다.

"오, 지나간 좋은 시절,
하나님이 너무나 잘 보살펴 주시던 그때가
그립다네.
그분은 언제나 내 앞길에 등불을 비추시고
나는 그 빛에 의지해 어둠 속을 걸었지.
오, 지나간 황금 시절,
하나님과의 우정으로 내 집이 환하게 빛나
던 때가 아쉽다네.
그때는 전능하신 분이 내 곁에 계시고
내 아이들도 품 안에 있었는데.
만사가 내 뜻대로 되었고
어려운 것이 없어 보였는데.

⁷⁻²⁰ 내가 중심가로 가서
친구들과 함께 광장에 앉으면,
나이가 많든 적든 간에 내게 예를 갖춰 인
사하고
마을의 모든 사람이 나를 존경했었지.
내가 말하면 다들 귀를 기울이고
토씨 하나까지 새겨들었지.
나를 아는 이들은 다들 나를 좋게 말하고
어딜 가나 좋은 평판을 얻었네.
나는 곤경에 처한 사람들을 돕고
불행한 이들의 처지를 대변했어.
죽어 가는 이들이 나를 축복하고
유족들도 나의 조문을 받고 힘을 얻었지.
나는 늘 사람들을 따뜻하게 대하고
만나는 모든 사람을 공정히 대하는 사람
으로 알려졌지.

ready.
Then he addressed the human race: 'Here it is!
    Fear-of-the-Lord—that's Wisdom,
    and Insight means shunning evil.'"

When God Was Still by My Side

29 ¹⁻⁶ Job now resumed his response:

"Oh, how I long for the good old days,
    when God took such very good care of me.
He always held a lamp before me
    and I walked through the dark by its light.
Oh, how I miss those golden years
    when God's friendship graced my home,
When the Mighty One was still by my side
    and my children were all around me,
When everything was going my way,
    and nothing seemed too difficult.

⁷⁻²⁰ "When I walked downtown
    and sat with my friends in the public square,
Young and old greeted me with respect;
    I was honored by everyone in town.
When I spoke, everyone listened;
    they hung on my every word.
People who knew me spoke well of me;
    my reputation went ahead of me.
I was known for helping people in trouble
    and standing up for those who were down on their luck.
The dying blessed me,
    and the bereaved were cheered by my visits.
All my dealings with people were good.
    I was known for being fair to everyone I met.

눈먼 이에게는 눈이 되어 주고
발을 저는 이에게는 발이 되어 주었네.
궁핍한 이들의 아버지였고
학대받는 외국인들의 권리를 옹호했지.
노상강도들의 목덜미를 움켜잡아
훔친 것들을 돌려주게 했어.
그래서 나는 '내가 천수를 누린 것에 감사하며
내 침상에서 편안히 죽을 수 있겠구나' 생각했지.
'물가에 깊이 뿌리내린 나무 같고
싱싱하고 이슬 머금은 나무 같은 내 인생,
죽는 그날까지 내 영혼이 영광에 싸이고
내 육신은 쇠하지 않겠구나' 여겼었지.

21-25 내가 말하면 사람들이 귀를 기울였고
기대하는 눈빛으로 내 말을 토씨 하나까지 새겨들었네.
내가 말을 마치고 나면 그들은 말없이
내 말을 곱씹었지.
그들은 나의 조언을 봄비처럼 반기며
남김없이 받아 마셨어.
내가 그들을 향해 웃어 주면 그들은 믿을 수 없어 했지.
얼굴이 환해지면서 시름을 잊어버리곤 했네.
내가 그들의 지도자로 분위기를 주도하고
모범을 보이면, 그들도 그 길을 따라 살았다네.
내가 이끄는 대로 따라왔지."

30 1-8 "그러나 이제는 아닐세. 이제 나는 저들의 비웃음거리요
나이 어린 불량배와 애송이들의 조롱거리가 되었네!
내가 그 아비들을
미숙한 하룻강아지 정도로 여겼었는데.
저들은 아비보다 못한 작자들이네. 아무짝

I was eyes to the blind
  and feet to the lame,
Father to the needy,
  and champion of abused aliens.
I grabbed street thieves by the scruff of the neck
  and made them give back what they'd stolen.
I thought, 'I'll die peacefully in my own bed,
  grateful for a long and full life,
A life deep-rooted and well-watered,
  a life limber and dew-fresh,
My soul suffused with glory
  and my body robust until the day I die.'

21-25 "Men and women listened when I spoke,
  hung expectantly on my every word.
After I spoke, they'd be quiet,
  taking it all in.
They welcomed my counsel like spring rain,
  drinking it all in.
When I smiled at them, they could hardly believe it;
  their faces lit up, their troubles took wing!
I was their leader, establishing the mood
  and setting the pace by which they lived.
  Where I led, they followed."

The Pain Never Lets Up

30 1-8 "But no longer. Now I'm the butt of their jokes—
young ruffians! whippersnappers!
Why, I considered their fathers
  mere inexperienced pups.
But they are worse than dogs—good for nothing,

에도 쓸모없는
길바닥의 더러운 동물이지.
그들은 굶주린 채 먹을 것을 찾아 뒷골목을
뒤지고
달을 보고 짖어 대네.
집도 없이 떠돌며
닳아 **빠진** **뼈다귀**나 씹고 낡은 깡통이나 핥
는 자들,
위험한 불량자로 찍혀
마을에서 쫓겨난 자들이네.
누구에게도 환영받지 못하고
쫓겨나 버렸지.
자네들도 마을 변두리에서 나는 소리를 들을
수 있을 걸세.
그것은 쓰레기장에 모여 요란하게 짖어 대는
무리,
처참하게 쫓겨나
이름도 없이 구걸하는 무리가 내는 소리일세.

9-15 이제 나는 그들의 표적이 되어
학대와 조롱과 비웃음을 받는다네.
그들이 나를 혐오하고 욕하네.
악당 같은 놈들이 내 얼굴에 침까지 뱉는다네!
하나님이 나를 망하게 하시고 그대로 내팽개
치시니,
그들이 거침없이 내게 달려들어 온갖 행패를
부린다네.
보이지 않는 곳에서 불쑥 다가와서,
다리를 걸어 나를 쓰러뜨리고 공격하네.
그들이 나를 망가뜨리기로 작정하고
내 앞에 온갖 장애물을 놓는데도
누구 하나 몸을 일으켜 나를 돕지 않아!
그들은 쇠약해진 내 몸에 폭행을 가하고
망가져 쑥대밭이 된 내 인생을 짓밟는다네.
두려움이 나를 덮쳐
내 위엄이 갈기갈기 찢기고,
구원의 희망은 연기처럼 사라졌네.

stray, mangy animals,
Half-starved, scavenging the back alleys,
  howling at the moon;
Homeless guttersnipes
  chewing on old bones and licking old tin
  cans;
Outcasts from the community,
  cursed as dangerous delinquents.
Nobody would put up with them;
  they were driven from the neighborhood.
You could hear them out there at the edge
of town,
  yelping and barking, huddled in junk-
  yards,
A gang of beggars and no-names,
  thrown out on their ears.

9-15 "But now I'm the one they're after,
  mistreating me, taunting and mocking.
They abhor me, they abuse me.
  How dare those scoundrels—they spit in
  my face!
Now that God has undone me and left me
in a heap,
  they hold nothing back. Anything goes.
They come at me from my blind side,
  trip me up, then jump on me while I'm
  down.
They throw every kind of obstacle in my path,
  determined to ruin me—
  and no one lifts a finger to help me!
They violate my broken body,
  trample through the rubble of my ruined
  life.
Terrors assault me—
  my dignity in shreds,
  salvation up in smoke.

16-19 고통이 나를 붙잡고 놓아주지 않으니
이제 내 기력이 다하였네.
밤에는 뼈마디가 쑤시고
고통이 멈추지 않네.
손발이 묶이고 목에는 올가미가 걸렸어.
몸을 비틀고 몸부림치다가
진흙탕에 처박혀,
온통 진흙투성이가 되었네.

20-23 하나님, 내가 도와 달라고 소리쳐도 주
께서는 가만히 계십니다.
아무 답도 주지 않으십니다!
이렇게 주님을 바라보고 서서 항의하는데도,
주께서는 빤히 바라만 보고 계십니다!
주께서 나를 이리저리 때리고 걷어차시니,
나를 괴롭히는 분이 되셨습니다.
한때 주께서 나를 높이 들어 올리셔서 의기양
양했으나,
다음 순간 높은 곳에서 떨어뜨리시니 나는 산
산조각 났습니다.
이제 알겠습니다. 주께서는 나를 죽여
한 길 땅속에 두실 작정이시군요.

24-31 내가 무슨 짓을 했기에 이러십니까?
도움을 청하는 사람을 때리기라도 했습니까?
어렵게 사는 이들을 위해 내가 울지 않았습니까?
가난한 이들의 처지를 보고 아파하지 않았습
니까?
그런데 이 어찌 된 일입니까?
선을 기대했건만 악이 모습을 드러내고,
빛을 바랐건만 어둠이 깔립니다.
속이 쉴 새 없이 울렁거리고 도무지 진정되지
않습니다.
날이 갈수록 더 큰 고통이 찾아옵니다.
어디를 가든 먹구름이 끼어 있습니다. 해는
보이지도 않습니다.
나는 사람들이 모여 있는 곳에 서서 항의하는
신세가 되었습니다.

16-19 "And now my life drains out,
   as suffering seizes and grips me hard.
Night gnaws at my bones;
   the pain never lets up.
I am tied hand and foot, my neck in a
noose.
   I twist and turn.
Thrown facedown in the muck,
   I'm a muddy mess, inside and out.

What Did I Do to Deserve This?

20-23 "I shout for help, God, and get
nothing, no answer!
   I stand to face you in protest, and you
   give me a blank stare!
You've turned into my tormenter—
   you slap me around, knock me about.
You raised me up so I was riding high
   and then dropped me, and I crashed.
I know you're determined to kill me,
   to put me six feet under.

24-31 "What did I do to deserve this?
   Did I ever hit anyone who was calling
   for help?
Haven't I wept for those who live a hard
life,
   been heartsick over the lot of the poor?
But where did it get me?
   I expected good but evil showed up.
   I looked for light but darkness fell.
My stomach's in a constant churning,
never settles down.
   Each day confronts me with more
   suffering.
I walk under a black cloud. The sun is
gone.
   I stand in the congregation and protest.

이리와 함께 짖고
올빼미들과 함께 웁니다.
내 몸은 멍투성이에다
고열로 불덩이 같습니다.
내 바이올린은 구슬픈 음악만 연주하고,
내 피리에서는 애곡이 흘러나옵니다."

31

¹⁻⁴ "나는 젊은 여인을 음탕하게
바라보지 않겠다고
내 자신과 단단히 약속했네.
이런 내가 하나님께 무엇을 기대해야 합당하
겠나?
전능하신 하늘의 하나님께로부터 무엇을 받
아야 마땅하겠나?
재앙은 악한 자들의 몫으로 따로 준비된
것이 아닌가?
잘못을 저지른 자들에게 닥쳐야지 않겠는가?
하나님은 내가 어떻게 사는지 지켜보시고
내 발걸음을 낱낱이 헤아리지 않으시는가?

⁵⁻⁸ 내가 거짓과 단짝이 되어 다니거나
속임수와 어울린 적이 있는가?
내 죄를 저울에 정확히 달아 보시라고 하게.
그러면 내가 정직한 사람이라는 증거를 얻게
되실 것이네.
내가 곧고 좁은 길에서 벗어나
내 것이 아닌 것을 원했다면,
죄와 놀아난 적이 있었다면,
그냥 두지 마시고
내 재산을 합당한 사람에게 나눠 주시라고
하게나.

⁹⁻¹² 내가 여인의 유혹에 넘어가
그 여인과 동침할 마음을 먹기라도 했다면,
내 아내가 가만히 보고 있지 않고
다른 남자와 동침한다 해도 나는 아무 말
못할 걸세.

I howl with the jackals,
    I hoot with the owls.
I'm black-and-blue all over,
    burning up with fever.
My fiddle plays nothing but the blues;
    my mouth harp wails laments."

What Can I Expect from God?

31

¹⁻⁴ "I made a solemn pact with
    myself
never to undress a girl with my eyes.
So what can I expect from God?
    What do I deserve from God Almighty
    above?
Isn't calamity reserved for the wicked?
    Isn't disaster supposed to strike those
    who do wrong?
Isn't God looking, observing how I live?
    Doesn't he mark every step I take?

⁵⁻⁸ "Have I walked hand in hand with
falsehood,
    or hung out in the company of deceit?
Weigh me on a set of honest scales
    so God has proof of my integrity.
If I've strayed off the straight and narrow,
    wanted things I had no right to,
    messed around with sin,
Go ahead, then—
    give my portion to someone who
    deserves it.

⁹⁻¹² "If I've let myself be seduced by a
woman
    and conspired to go to bed with her,
Fine, my wife has every right to go ahead
    and sleep with anyone she wants to.
For disgusting behavior like that,

그런 역겨운 죄에 대해서라면
어떤 벌이라도 달게 받겠네.
간음은 집을 송두리째 태우는 불이니,
내가 소중히 여기는 모든 것이 그 불로 인해 사라질 걸세.

13-15 아랫사람들이 내게 불만을 표출했다고 해서
내가 그들을 부당하게 대한 적이 있던가?
그랬다면 하나님 앞에서 내가 무슨 말을 할 수 있겠나?
하나님이 내 장부를 조사하실 때 감히 뭐라 말씀드리겠나?
나를 만드신 하나님이 그들도 만들지 않았나!
우리 모두 같은 재료로 만들어져, 하나님 앞에서 동등한 존재가 아닌가!

16-18 내가 가난한 이들의 어려움을 무시하고
궁핍한 이들을 외면한 적이 있던가?
그들이 쇠진할 때,
내 사정만 살피고 내 배만 채웠던가?
내 집의 문이 그들에게 항상 열려 있었고,
그들을 항상 식탁으로 맞아들이지 않았던가!

19-20 가난한 가족이 따뜻한 옷이 없어 추위에 떨도록
그냥 내버려 둔 적이 있던가?
내가 건넨 겉옷을 보고
그들이 나를 축복하지 않았던가!

21-23 내가 내 힘과 영향력을 믿고
불행한 자들을 착취한 적이 한 번이라도 있는가?
그렇다면 주저 말고 내 두 팔을 부러뜨리고
손가락을 모두 잘라 버리게!

I'd deserve the worst punishment you could hand out.
Adultery is a fire that burns the house down;
    I wouldn't expect anything I count dear to survive it.

13-15 "Have I ever been unfair to my employees
    when they brought a complaint to me?
What, then, will I do when God confronts me?
    When God examines my books, what can I say?
Didn't the same God who made me, make them?
    Aren't we all made of the same stuff, equals before God?

16-18 "Have I ignored the needs of the poor,
    turned my back on the indigent,
Taken care of my own needs and fed my own face
    while they languished?
Wasn't my home always open to them?
    Weren't they always welcome at my table?

19-20 "Have I ever left a poor family shivering in the cold
    when they had no warm clothes?
Didn't the poor bless me when they saw me coming,
    knowing I'd brought coats from my closet?

21-23 "If I've ever used my strength and influence
    to take advantage of the unfortunate,
Go ahead, break both my arms,
    cut off all my fingers!

내가 하나님을 경외하기에 이런 일들을 하지 않았네.
그랬다면 내가 어찌 그분의 얼굴을 똑바로 뵐 수 있겠나?

24-28 내가 크게 한몫 잡기를 바라고
은행을 숭배했던가?
재산이 많다고 우쭐거리거나
부유함을 뻐기기라도 했던가?
해의 찬란함에 경외감을 느끼고
달의 아름다움에 마음을 빼앗긴 나머지,
남몰래 그것들을 숭배한 적이 있던가?
그랬다면 하나님을 배신한 것이니
어떤 벌이라도 기꺼이 받겠네.

29-30 내가 원수의 파멸을 보고 환성을 지르거나
경쟁자의 불행을 고소해한 적이 있는가?
아닐세. 나는 험담 한 마디 한 적 없고
작은 목소리로 그들을 저주한 적도 없네.

31-34 내 집에서 일한 사람들이 이렇게 말하지 않았던가?
'주인님은 우리를 잘 먹이셨습니다. 언제나 한 그릇 더 먹게 해주셨지요.'
나는 여행자가 거리에서 자도록 내버려둔 적이 없네.
우리 집은 여행자들에게 늘 열려 있었지.
내가 사람들의 입이 무서워,
이웃의 험담이 두려워
은둔을 선택했던가?
아담처럼 죄를 숨기고
잘못을 덮으려고 문을 닫아걸었던가?
자네들도 잘 알다시피 나는 그러지 않았네.

35-37 오, 누구 내 말을 들어줄 사람 없을까!
나는 답변서를 작성하고 서명까지 마쳤네.
이제는 전능하신 분께서 대답하실 차례

The fear of God has kept me from these things—
   how else could I ever face him?

If Only Someone Would Give Me a Hearing!

24-28 "Did I set my heart on making big money
   or worship at the bank?
Did I boast about my wealth,
   show off because I was well-off?
Was I ever so awed by the sun's brilliance
   and moved by the moon's beauty
That I let myself become seduced by them
   and worshiped them on the sly?
If so, I would deserve the worst of punishments,
   for I would be betraying God himself.

29-30 "Did I ever crow over my enemy's ruin?
   Or gloat over my rival's bad luck?
No, I never said a word of detraction,
   never cursed them, even under my breath.

31-34 "Didn't those who worked for me say,
   'He fed us well. There were always second helpings'?
And no stranger ever had to spend a night in the street;
   my doors were always open to travelers.
Did I hide my sin the way Adam did,
   or conceal my guilt behind closed doors
Because I was afraid what people would say,
   fearing the gossip of the neighbors so much
That I turned myself into a recluse?
   You know good and well that I didn't.

35-37 "Oh, if only someone would give me a hearing!
   I've signed my name to my defense—let the

일세!
그분의 기소장을 보고 싶군.
내 답변서는 누구나 볼 수 있네.
그 내용을 종이에 큼지막하게 써서 동네
를 돌 생각이거든.
나는 왕자부터 거지까지 모든 사람들에게
내 삶의 행적을 낱낱이 해명할 생각이네.

38-40 내가 경작하는 땅이 나를 고소하
거나
밭이랑들이 혹사를 당해 눈물을 흘린다면,
나의 이익을 위해 땅을 훼손하거나
정당한 땅 주인들을 쫓아낸 적이 있다면,
그 땅에서 밀 대신 엉겅퀴가 자라고
보리 대신 잡초가 나도록 저주해도 무방
하네."

이로써 세 친구를 향한 욥의 말이 끝났다.

엘리후의 첫 번째 충고

32 1-5 욥의 세 친구는 침묵에 잠
겼다. 할 말을 다 했는데도 욥
이 자신의 잘못을 조금도 인정하지 않고
완강하게 버티니 어찌할 도리가 없었다.
이렇게 되자 엘리후는 화가 났다. (엘리후
는 람 족속 출신인 부스 사람 바라겔의 아들
이다.) 그는 하나님보다 자신이 의롭다고
주장하는 욥을 참을 수 없었고, 욥의 말
에 변변히 대답도 못하고 그의 잘못을 입
증하지 못하는 세 친구도 못마땅했다. 그
들보다 나이가 어렸던 엘리후는 자신이
말할 기회를 기다리고 있었는데, 세 사람
이 논증에 지친 것을 보고 참아 왔던 분
노를 터뜨렸다.
6-10 부스 사람 바라겔의 아들 엘리후가
말했다.

Almighty One answer!
I want to see my indictment in writing.
Anyone's welcome to read my defense;
I'll write it on a poster and carry it around town.
I'm prepared to account for every move I've ever made—
to anyone and everyone, prince or pauper.

38-40 "If the very ground that I farm accuses me,
if even the furrows fill with tears from my abuse,
If I've ever raped the earth for my own profit
or dispossessed its rightful owners,
Then curse it with thistles instead of wheat,
curse it with weeds instead of barley."

The words of Job to his three friends were finished.

Elihu Speaks
God's Spirit Makes Wisdom Possible

32 1-5 Job's three friends now fell silent. They were talked out, stymied because Job wouldn't budge an inch—wouldn't admit to an ounce of guilt. Then Elihu lost his temper. (Elihu was the son of Barakel the Buzite from the clan of Ram.) He blazed out in anger against Job for pitting his righteousness against God's. He was also angry with the three friends because they had neither come up with an answer nor proved Job wrong. Elihu had waited with Job while they spoke because they were all older than he. But when he saw that the three other men had exhausted their arguments, he exploded with pent-up anger.
6-10 This is what Elihu, son of Barakel the Buzite, said:

"나는 어리고
어르신들은 연로하신 데다 경험도 많습니다.
그래서 나는 지금까지 입을 다물고
논의에 끼어드는 것을 자제했습니다.
나는 줄곧 생각했습니다. '경험의 힘이 드러나겠지.
저분들은 오래 살아온 만큼 더 지혜로울 거야.'
그러나 내 생각이 틀렸음을 깨달았습니다.
지혜로운 사람에게 통찰력을 주는 것은
사람 안에 있는 하나님의 영, 곧 전능하신 분의 숨결이더군요.
전문가가 지혜를 독점하는 것은 아니며
나이가 들었다고 반드시 분별력이 있는 것도 아니더군요.
그래서 나도 소신을 밝히기로 했습니다. 잘 들어주십시오!
내 생각을 정확히 말씀드리지요.

11-14 어르신들이 말할 때 한 마디도 놓치지 않고
귀 기울여 들었습니다.
적절한 말을 찾으시는 동안
귀를 쫑긋 세웠습니다.
그런데 어르신들이 입증한 게 있습니까? 하나도 없습니다.
어르신들의 말은 욥의 마음을 전혀 움직이지 못하더군요.
'우리는 할 만큼 했다.
이제는 하나님이 욥을 정신 차리게 하실 차례다' 하고 변명하지 마십시오.
욥은 아직 나와 논쟁하지 않았습니다만,
나는 어르신들과 같은 논리를 사용하지 않을 테니 염려 놓으십시오.

15-22 이제 세 분께서는 달리 하실 말씀이 없습니까?
물론 없을 겁니다! 어르신들은 완전히 엉터리니까요!

"I'm a young man,
    and you are all old and experienced.
That's why I kept quiet
    and held back from joining the discussion.
I kept thinking, 'Experience will tell.
    The longer you live, the wiser you
    become.'
But I see I was wrong—it's God's Spirit in
a person,
    the breath of the Almighty One, that
    makes wise human insight possible.
The experts have no corner on wisdom;
    getting old doesn't guarantee good
    sense.
So I've decided to speak up. Listen well!
    I'm going to tell you exactly what I
    think.

11-14 "I hung on your words while you
spoke,
    listened carefully to your arguments.
While you searched for the right words,
    I was all ears.
And now what have you proved?
Nothing.
    Nothing you say has even touched Job.
And don't excuse yourselves by saying,
'We've done our best.
    Now it's up to God to talk sense into
    him.'
Job has yet to contend with me.
    And rest assured, I won't be using
    your arguments!

15-22 "Do you three have nothing else to
say?
    Of *course* you don't! You're total
    frauds!

어르신들이 하던 말을 딱 멈추었으니
내가 더 이상 기다릴 이유가 없겠지요?
내 의견을 말할 준비가 되었습니다. 그
렇습니다!
내가 말할 차례입니다. 때가 되었습니다!
나는 할 말이 많습니다.
당장이라도 속에서 터져 나올 것 같습니다.
땅 밑의 용암처럼 끓어오릅니다.
폭발 직전의 화산 같습니다.
속 시원히
속에 있는 말을 해야겠습니다.
돌려 말하지 않겠습니다.
진실을, 오로지 진실만을 말하겠습니다.
나는 누구에게도 아첨할 줄 모르지만,
혹시라도 그랬다가는 나를 만드신 분이
지체 없이 나를 처단하실 것입니다!"

33 ¹⁻⁴ "욥이여, 내 말을 끝까지
들어주십시오.
부디 내 말에 귀 기울여 주십시오.
심사숙고한 내용을
말하는 것입니다.
다른 숨겨진 의도가 있는 것은 아닙니다.
내 마음을 정직하게 토로하는 것입니다.
하나님의 영이 지금의 나를 만드셨고
전능하신 하나님의 호흡이 내게 생명
을 주셨습니다!

⁵⁻⁷ 할 수 있겠거든 내가 틀렸음을 입증
해 보십시오.
주장을 펼쳐 보십시오. 스스로를 변호
해 보십시오.
자, 나는 당신과 다를 바 없는 인간입니다.
우리 둘 다 흙으로 만들어졌습니다.
그러니 이 상황을 같이 풀어 나가 봅시다.
내가 드세게 나간다고 기가 죽지 않았
으면 합니다.

Why should I wait any longer,
 now that you're stopped dead in your tracks?
I'm ready to speak my piece. That's right!
 It's my turn—and it's about time!
I've got a lot to say,
 and I'm bursting to say it.
The pressure has built up, like lava beneath
the earth.
 I'm a volcano ready to blow.
I *have* to speak—I have no choice.
 I have to say what's on my heart,
And I'm going to say it straight—
 the truth, the whole truth, and nothing but
 the truth.
I was never any good at bootlicking;
 my Maker would make short work of me if I
 started in now!"

33 ¹⁻⁴ "So please, Job, hear me out,
 honor me by listening to me.
What I'm about to say
 has been carefully thought out.
I have no ulterior motives in this;
 I'm speaking honestly from my heart.
The Spirit of God made me what I am,
 the breath of God Almighty gave me life!

God Always Answers, One Way or Another

⁵⁻⁷ "And if you think you can prove me wrong, do it.
 Lay out your arguments. Stand up for
 yourself!
Look, I'm human—no better than you;
 we're both made of the same kind of mud.
So let's work this through together;
 don't let my aggressiveness overwhelm you.

8-11 당신은 이렇게 말했습니다.

내 귀로 똑똑히 들었습니다.

'나는 결백하네. 잘못한 게 없어.

믿어 주게. 나는 깨끗하네. 양심에 거리

낄 게 없어.

그런데 하나님이 자꾸만 나를 괴롭히시고

나를 원수 대하듯 하신다네.

나를 감옥에 처넣으시고

끊임없이 감시하시네.'

12-14 하지만 분명히 말하겠습니다.

욥이여, 당신은 완전히 잘못 생각하고 있

습니다!

하나님은 그 어떤 사람보다도 훨씬 크십니다.

그런데 어찌 감히 그분을 법정으로 불러 놓고

당신의 비난에 답하시지 않는다고 불평합

니까?

하나님은 어떤 식으로든 항상 응답하십니다.

사람들이 때로 그 사실을 인식하지 못할 뿐

이지요.

15-18 예를 들어, 사람이 곯아떨어지거나

곤히 잠들었을 때,

하나님은 꿈이나 밤의 환상을 통해

그의 귀를 여시고

여러 차례의 경고로 경각심을 심어 주십니다.

그가 계획하는 나쁜 일이나

무모한 선택에서 돌이켜,

때 이른 죽음을 당하거나

돌아올 수 없는 강을 건너는 일이 없도록

보호하시려는 것입니다.

19-22 그런가 하면 그가 고통을 겪게 하시거나

병상에 드러눕게 하여 관심을 유도하기도

하시는데,

그렇게 되면 그는 음식을 보기만 해도 질색

을 하고

입맛을 잃어, 평소 즐겨 먹던 요리마저 싫

8-11 "Here's what you said.

I heard you say it with my own ears.

You said, 'I'm pure—I've done nothing

wrong.

Believe me, I'm clean—my conscience is

clear.

But God keeps picking on me;

he treats me like I'm his enemy.

He's thrown me in jail;

he keeps me under constant surveillance.'

12-14 "But let me tell you, Job, you're

wrong, dead wrong!

God is far greater than any human.

So how dare you haul him into court,

and then complain that he won't answer

your charges?

God always answers, one way or another,

even when people don't recognize his

presence.

15-18 "In a dream, for instance, a vision at

night,

when men and women are deep in sleep,

fast asleep in their beds—

God opens their ears

and impresses them with warnings

To turn them back from something bad

they're planning,

from some reckless choice,

And keep them from an early grave,

from the river of no return.

19-22 "Or, God might get their attention

through pain,

by throwing them on a bed of suffering,

So they can't stand the sight of food,

have no appetite for their favorite treats.

어하게 됩니다.
살이 빠지고 비쩍 말라
앙상하게 뼈만 남습니다.
죽음의 낭떠러지에 매달려
당장이라도 숨이 끊어질 수 있음을 깨닫게 됩니다.

23-25 그러나 그때라도 천사가 나타날 수 있습니다.
수천이나 되는 수호자 중 하나가 그를 위해 올 것입니다.
보냄을 받고 찾아온 천사가 자비롭게 개입하여
'내가 그의 몸값을 받았다!'는 말로
사형선고를 취소시킬 것입니다.
그러면 사람이 무슨 일인지 깨닫기도 전에 자신의 몸이 회복되어,
건강을 되찾을 것입니다!

26-28 또 사람 자신이 무릎을 꿇고 하나님께 기도할 수도 있습니다.
하나님은 그것을 좋아하십니다!
사람은 하나님의 미소를 보고,
그분과의 올바른 관계가 회복되었음을 깨닫습니다. 그리고 기뻐합니다.
그는 만나는 모든 사람 앞에서 하나님을 찬양하고
이렇게 증언할 것입니다. '난 인생을 엉망으로 살았지.
정말이지 무가치한 삶이었어.
하지만 하나님이 개입하셔서, 완전히 죽은 목숨이었던 나를 구하셨어.
나, 다시 살아났어! 다시 빛을 보게 되다니!'

29-30 하나님은 이런 식으로
거듭거듭 일하십니다. 확실한 파멸에서 우리 영혼을 끌어내십니다.
그러면 우리는 빛을 보고 빛 안에서 살게 됩니다!

They lose weight, wasting away to nothing,
  reduced to a bag of bones.
They hang on the cliff-edge of death,
  knowing the next breath may be their last.

23-25 "But even then an angel could come,
  a champion—there are thousands of them!—
  to take up your cause,
A messenger who would mercifully intervene,
  canceling the death sentence with the words:
  'I've come up with the ransom!'
Before you know it, you're healed,
  the very picture of health!

26-28 "Or, you may fall on your knees and pray—to God's delight!
  You'll see God's smile and celebrate,
  finding yourself set right with God.
You'll sing God's praises to everyone you meet,
  testifying, 'I messed up my life—
  and let me tell you, it wasn't worth it.
But God stepped in and saved me from certain death.
  I'm alive again! Once more I see the light!'

29-30 "This is the way God works.
  Over and over again
He pulls our souls back from certain destruction
  so we'll see the light—and live in the light!

31-33 욥이여, 내 말에 귀를 기울이십시오.
아직 끝나지 않았으니, 말을 끊지 말고 계속
들으십시오.
그러나 혹시 내가 알아야 할 것이 있다면 말
해 주십시오.
나는 당신이 누명을 벗기를 무엇보다 바라니까요.
할 말이 없다면 잠자코 들어주십시오. 내 말을
끊어
혼란스럽게 하지 마십시오.
그럼 이제부터 지혜의 기본을 가르쳐 드리
겠습니다.”

엘리후의 두 번째 충고

34 1-4 엘리후가 계속해서 말했다.

“훌륭하신 어르신들, 내 말을 듣고
생각하는 바를 알려 주시기 바랍니다.
여기서 벌어지고 있는 상황을 제대로 파악하
려면
머리를 맞대고 상의해야 하니까요.
이 정도는 누구나 아는 상식입니다.
누구나 맛을 느낄 수 있는 것처럼 말입니다.

5-9 들으신 것처럼 욥은 이렇게 말합니다. 나
는 옳다.
그런데 하나님은 내게 공정한 재판을 허락하
지 않으신다.
나는 스스로를 변호하는 자리에서 거짓말쟁
이라는 소리를 들었고
잘못한 것이 없는데도 처벌을 받았다.’
이보다 더 심한 말을 들어 보신 적이 있습니까?
욥의 눈에는 보이는 것이 없답니까?
나쁜 친구들과 너무 많은 시간을 보낸 걸까요?
엉뚱한 무리와 너무 오래 어울려 다닌 걸까요?
그래서 ‘하나님을 기쁘게 해드리려고 애써 봐
야 소용없다’는
그들의 말을 앵무새처럼 따라하게 된 걸까요?

31-33 “Keep listening, Job.
    Don't interrupt—I'm not finished yet.
But if you think of anything I should
know, tell me.
    There's nothing I'd like better than to
    see your name cleared.
Meanwhile, keep listening. Don't distract
me with interruptions.
    I'm going to teach you the basics of
    wisdom.”

Elihu's Second Speech
It's Impossible for God to Do Evil

34 1-4 Elihu continued:

“So, my fine friends—listen to me,
    and see what you think of this.
Isn't it just common sense—
    as common as the sense of taste—
To put our heads together
    and figure out what's going on here?

5-9 “We've all heard Job say, ‘I'm in the
right,
    but God won't give me a fair trial.
When I defend myself, I'm called a liar to
my face.
    I've done nothing wrong, and I get
    punished anyway.’
Have you ever heard anything to beat
this?
    Does nothing faze this man Job?
Do you think he's spent too much time in
bad company,
    hanging out with the wrong crowd,
So that now he's parroting their line:
    ‘It doesn't pay to try to please God’?

10-15 어르신들은 이런 문제를 능숙하게 다루는 분들이니
나와 의견이 같을 것입니다.
하나님이 악을 행하실 리 없고
전능하신 분께서 잘못을 저지르실 리 없습니다.
그분은 더도 덜도 말고, 딱 우리가 행한 그대로 갚으십니다.
사람은 언제나 뿌린 대로 거둡니다.
하나님이 악한 일을 하시거나
전능하신 분이 정의를 뒤엎으실 리 없습니다.
그분은 온 땅을 다스리시는 분!
온 세상을 한 손에 쥐고 계시는 분!
그분이 호흡을 불어넣지 않으시면
남녀노소 모두 공기가 부족하여 죽고 말 것입니다.

16-20 그러니 욥이여, 잘 생각해 보십시오.
누가 봐도 분명한 사실입니다.
질서를 싫어하는 자가 질서를 유지할 수 있겠습니까?
당신은 의롭고 전능하신 하나님을 감히 비난하는 것입니까?
하나님은 언제나 진실을 말씀하시는 분,
부패한 통치자들이 악당이자 범죄자임을 폭로하시지 않습니까?
그분이 돈 많고 유명한 자들을 편드시고 가난한 이들을 무시하십니까?
모든 이들에게 똑같이 책임을 다하시는 분이 아닙니까?
불시에 죽는 사람들은 그럴 만한 죄가 있는 것 아닙니까?
사악한 통치자들이 몰락하는 것은 피할 수 없는 운명 아닙니까?
대단하다는 사람들이 쓰러져 죽을 때,
우리는 하나님이 배후에서 일하고 계시다는 것을 깨닫습니다.

10-15 "You're veterans in dealing with these matters;
　certainly we're of one mind on this.
It's impossible for God to do anything evil;
　no way can the Mighty One do wrong.
He makes us pay for exactly what we've done—no more, no less.
　Our chickens always come home to roost.
It's impossible for God to do anything wicked,
　for the Mighty One to subvert justice.
He's the one who runs the earth!
　He cradles the whole world in his hand!
If he decided to hold his breath,
　every man, woman, and child would die for lack of air.

God Is Working Behind the Scenes

16-20 "So, Job, use your head;
　this is all pretty obvious.
Can someone who hates order, keep order?
　Do you dare condemn the righteous, mighty God?
Doesn't God always tell it like it is,
　exposing corrupt rulers as scoundrels and criminals?
Does he play favorites with the rich and famous and slight the poor?
　Isn't he equally responsible to everybody?
Don't people who deserve it die without notice?
　Don't wicked rulers tumble to their doom?
When the so-called great ones are wiped out,
　we know God is working behind the scenes.

21-28 하나님은 모든 사람을 살피시고
사소한 것 하나도 놓치지 않으십니다.
그분의 눈을 속이고 악을 행하는 자들을 가
려 줄 만큼
캄캄한 밤이나 깊은 어둠은 존재하지 않습
니다.
하나님은 그들의 범죄를 입증할 증거를 더
모으실 필요가 없습니다.
그들의 죄는 명백한 사실이기 때문입니다.
그분은 고위인사나 유력인사들을 묻지도 않
고 해임하시고
곧바로 다른 사람들로 그 자리를 채우십니다.
잘못을 저지르고 무사히 빠져나가는 사람은
없습니다. 하룻밤 만에
판결문이 서명, 봉인, 교부됩니다.
그분은 모두가 볼 수 있는 탁 트인 곳에서
악한 자들을 그 악한 행위대로 처벌하십니다.
그들은 그분을 따르지 않고
그분의 길을 더 이상 생각하지 않기 때문입
니다.
그들의 배교를 알린 것은 가난한 이들의 울
부짖음이었습니다.
억눌린 이들의 울부짖음을 하나님이 들으신
것입니다.

29-30 하나님이 침묵하신다 한들, 그것이 당
신과 무슨 상관이 있습니까?
하나님이 얼굴을 숨기신다 한들, 어찌하겠습
니까?
그러나 침묵하시든 숨으시든, 하나님은 여전
히 존재하시며 다스리시기에,
하나님을 미워하는 자들이 그분의 자리를 차
지하여
사람들의 삶을 망치는 일은 없을 것입니다.

31-33 그러니 그냥 하나님께 실토하지 그렇
니까?
이렇게 말하십시오. '내가 죄를 지었습니다.

21-28 "He has his eyes on every man and
woman.
     He doesn't miss a trick.
There is no night dark enough, no shadow
deep enough,
     to hide those who do evil.
God doesn't need to gather any more
evidence;
     their sin is an open-and-shut case.
He deposes the so-called high and mighty
without asking questions,
     and replaces them at once with others.
Nobody gets by with anything; overnight,
     judgment is signed, sealed, and deliv-
     ered.
He punishes the wicked for their
wickedness
     out in the open where everyone can see it,
Because they quit following him,
     no longer even thought about him or
     his ways.
Their apostasy was announced by the cry
of the poor;
     the cry of the afflicted got God's attention.

Because You Refuse to Live on God's Terms

29-30 "If God is silent, what's that to you?
     If he turns his face away, what can you
     do about it?
But whether silent or hidden, he's there,
ruling,
     so that those who hate God won't take
     over
     and ruin people's lives.

31-33 "So why don't you simply confess to
God?
     Say, 'I sinned, but I'll sin no more.

다시는 죄를 짓지 않겠습니다.
내가 아직 깨닫지 못한 것이 있다면 깨닫게
해주십시오.
그동안 저지른 악을 다시는 저지르지 않겠습
니다.'
당신이 하나님 뜻대로 살고 싶지 않다고 해서,
하나님이 당신의 뜻대로 움직이셔야 합니까?
선택은 당신의 몫입니다. 내가 대신할 수는
없지요.
어느 쪽을 선택할 것인지 말해 보십시오.

34-37 생각이 올바른 사람들이 이구동성으로
하는 말,
내 말에 동의하는 지혜로운 사람들이 하는 말
이 있습니다.
'욥은 헛똑똑이야.
터무니없는 소리만 지껄여 대지.'
욥이여, 하나님께 그렇게 못되게 말대꾸를 했
으니
어디 구석으로 끌려가 호된 질책을 받아 마땅
합니다.
원래 지은 죄에다가,
하나님의 징계에 저항하고
무엄하게도 하나님께 주먹을 휘두르며
전능하신 분을 여러 죄목으로 고발하는 죄를
더했기 때문입니다."

엘리후의 세 번째 충고

35 1-3 엘리후는 욥을 다시 공격했다.

"처음에는 '나는 하나님 앞에서 완전히 결백
하다'고 하더니
그 다음에는 '내가 죄를 짓든 안 짓든
무슨 차이가 있겠느냐'고 말하니,
이게 말이 됩니까?

4-8 자, 분명히 말씀드리지요.
당신과 세 친구분은 지금

Teach me to see what I still don't see.
　　Whatever evil I've done, I'll do it no
　　more.'
Just because you refuse to live on God's
terms,
　　do you think he should start living on
　　yours?
You choose. I can't do it for you.
　　Tell me what you decide.

34-37 "All right-thinking people say—
　　and the wise who have listened to me
　　concur—
'Job is an ignoramus.
　　He talks utter nonsense.'
Job, you need to be pushed to the wall
and called to account
　　for wickedly talking back to God the
　　way you have.
You've compounded your original sin
　　by rebelling against God's discipline,
Defiantly shaking your fist at God,
　　piling up indictments against the
　　Almighty One."

Elihu's Third Speech
When God Makes Creation a Classroom

35 1-3 Elihu lit into Job again:

"Does this kind of thing make any sense?
　　First you say, 'I'm perfectly innocent
　　before God.'
And then you say, 'It doesn't make a bit of
difference
　　whether I've sinned or not.'

4-8 "Well, I'm going to show you
　　that you don't know what you're talking

자신이 무슨 말을 하는지 모르고 있습니다.
하늘을 보십시오. 오래도록 열심히 들여
다보십시오.
하늘 높이 떠 있는 구름들이 보입니까?
당신이 죄를 짓는다 한들, 하나님께 달라질
것이 무엇이겠습니까?
당신이 아무리 큰 죄를 짓는다 한들, 그것
이 하나님께 대수겠습니까?
당신이 선하다 한들, 하나님이 거기서 무슨
득을 보시겠습니까?
그분이 당신의 업적에 의존하기라도 하신
단 말입니까?
사람이 선한지 악한지에 관심을 갖는 사람
들은
가족과 친구와 이웃뿐입니다.
하나님은 사람의 행위에 의존하지 않으십
니다.

9-15 사정이 어려워지면 사람들은 도움을
청하며 부르짖습니다.
이리저리 차이는 신세에서 벗어나게 해달
라고 부르짖습니다.
그러나 사정이 좋을 때는 하나님을 전혀 생
각하지 않습니다.
하나님이 사람들의 마음에서 노래가 흘러
나오게 하시고
온 세상을 과학교실로 삼으시며
날짐승과 들짐승을 통해 지혜를 가르치실
때도 마찬가지입니다.
사람들은 오만하게도 하나님께 관심을 갖
지 않습니다.
그러다 곤경에 처하면 비로소 하나님을 부
르지만,
이번에는 하나님이 그들에게 관심을 보이
지 않으십니다.
그런 기도는 순간적인 두려움을 빼면 아무
실체가 없고
전능하신 분은 그런 기도를 무시하십니다.

about,
    neither you nor your friends.
Look up at the sky. Take a long hard look.
    See those clouds towering above you?
If you sin, what difference could that make
to God?
    No matter how much you sin, will it
    matter to him?
Even if you're good, what would God get out
of that?
    Do you think he's dependent on your
    accomplishments?
The only ones who care whether you're good
or bad
    are your family and friends and neigh-
    bors.
    God's not dependent on your behavior.

9-15 "When times get bad, people cry out for
help.
    They cry for relief from being kicked
    around,
But never give God a thought when things
go well,
    when God puts spontaneous songs in their
    hearts,
When God sets out the entire creation as a
science classroom,
    using birds and beasts to teach wisdom.
People are arrogantly indifferent to God—
    until, of course, they're in trouble,
    and then God is indifferent to them.
There's nothing behind such prayers except
panic;
    the Almighty pays them no mind.
So why would he notice you
    just because you say you're tired of waiting
    to be heard,

그러니 당신이 하나님의 응답을 기다리다 지쳤고,
하나님이 세상의 문제들을 보시고 진노하셔서 뭔가 조치를 취해 주시기를 기다리다 지쳤다고 말한다 해서
하나님이 당신에게 눈길을 주실 것 같습니까?

16 욥이여, 터무니없는 소리만 하고 있군요. 그것도 쉴 새 없이 말입니다!"

36 1-4 엘리후는 심호흡을 하고 계속해서 말을 이어 나갔다.

"조금만 더 참고 들으십시오. 납득하게 될 것입니다.
하나님 편에서 할 말이 아직 남아 있습니다.
나는 이 모든 내용을 만물의 근원이신 분께 직접 배웠습니다.
정의에 대해 내가 아는 것은, 모두 나를 지으신 분이 알려 주신 것입니다.
믿어 주십시오. 나는 더하지도 빼지도 않고 진리만을 말할 것입니다.
정말입니다. 내가 속속들이 아는 내용들입니다.

5-15 하나님은 전능하시지만
무고한 사람을 힘으로 누르지 않으십니다.
악인들의 경우는 이야기가 다른데,
하나님은 그들을 본체만체하십니다.
하지만 그 피해자들의 권리는 보호하십니다.
하나님은 의인들에게서 눈을 떼지 않으시고 그들에게 아낌없는 영예를 베푸시며 끊임없이 높여 주십니다.
상황이 좋지 않을 때,
고난과 고통이 닥칠 때,
하나님은 무엇이 어디서 잘못되었는지 알려 주십니다.
그들의 교만이 문제의 원인임을 보여주십니다.

Or waiting for him to get good and angry and do something about the world's problems?

16 "Job, you talk sheer nonsense— nonstop nonsense!"

Those Who Learn from Their Suffering

36 1-4 Here Elihu took a deep breath, but kept going:

"Stay with me a little longer. I'll convince you.
There's still more to be said on God's side.
I learned all this firsthand from the Source;
everything I know about justice I owe to my Maker himself.
Trust me, I'm giving you undiluted truth;
believe me, I know these things inside and out.

5-15 "It's true that God is all-powerful,
but he doesn't bully innocent people.
For the wicked, though, it's a different story—
he doesn't give them the time of day,
but champions the rights of their victims.
He never takes his eyes off the righteous;
he honors them lavishly, promotes them endlessly.
When things go badly,
when affliction and suffering descend,
God tells them where they've gone wrong,
shows them how their pride has caused

그들이 그분의 경고에 주목하도록 만드시고
잘못된 삶을 회개하라고 말씀하십니다.
그들이 그 말씀에 순종하고 그분을 섬기면
오래도록 풍족하게 살 것입니다.
그러나 불순종하면, 한창때 죽어
인생에 대해 조금도 알지 못하게 될 것입
니다.
하나님을 모르는 성난 사람들은 불만을 토
로하며
자신의 어려움에 대해 남 탓을 합니다.
성적 방종을 일삼으며 인생을 즐기다
정력을 낭비하고, 결국 한창나이에 죽고 맙
니다.
그러나 고통을 통해 지혜를 배우는 사람은
하나님이 그 고통에서 건져 주십니다.

16-21 욥이여, 하나님이 절체절명의 위기에서
당신을 구해 내고자 애타게 호소하시는 모
습이 보이지 않습니까?
그분은 당신을 탁 트인 안전한 곳으로 이끌
어 내셔서
좋은 것들이 가득한 잔치로 초대하고 계십
니다.
그런데 지금 당신은 악인들의 죄악을 답습
하며
하나님 탓하는 데 정신이 팔려 있습니다!
당신의 많은 재산에 헛된 기대를 걸지 말고
뇌물을 써서 빠져나갈 수 있다고 생각하지
마십시오.
돈을 바쳐 빠져나갈 계획이었습니까?
당치도 않습니다!
사람들이 고통을 잊고 잠드는
밤이 되면, 그나마 좀 나을 거라
생각하지 마십시오.
무엇보다, 더 많은 악을 저질러 사태를 악
화시키지 마십시오.
지금 당신이 고통을 겪는 이유가 바로 그것
입니다!

their trouble.
He forces them to heed his warning,
    tells them they must repent of their bad
    life.
If they obey and serve him,
    they'll have a good, long life on easy
    street.
But if they disobey, they'll be cut down in
their prime
    and never know the first thing about life.
Angry people without God pile grievance
upon grievance,
    always blaming others for their troubles.
Living it up in sexual excesses,
    virility wasted, they die young.
But those who learn from their suffering,
    God delivers from their suffering.

Obsessed with Putting the Blame on God

16-21 "Oh, Job, don't you see how God's
wooing you
    from the jaws of danger?
How he's drawing you into wide-open
places—
    inviting you to feast at a table laden with
    blessings?
And here you are laden with the guilt of the
wicked,
    obsessed with putting the blame on *God*!
Don't let your great riches mislead you;
    don't think you can bribe your way out of this.
Did you plan to buy your way out of this?
    Not on your life!
And don't think that night,
    when people sleep off their troubles,
    will bring you any relief.
Above all, don't make things worse with
more evil—

22-25 하나님이 얼마나 강한 분이신지 알기나 합니까?

그분처럼 위대한 스승이 또 어디 있습니까?

이제까지 누가 그분께 이래라저래라 한 적 있으며,

그분을 나무라며 '그거 완전히 잘못하셨네요'라고 말한 적이 있습니까?

그러니 수많은 사람들이 노래로 기리는 그분의 놀라운 일을 찬양하십시오.

누구나 그것을 봅니다.

아무리 멀리 있어도 다 볼 수 있습니다.

26 오래오래 찬찬히 살펴보십시오. 하나님이 얼마나 위대하신지를.

무한하신 분, 우리가 상상하거나 이해할 수 있는 수준을 훌쩍 뛰어넘는 분이십니다!

27-33 하나님은 바다에서 물을 퍼다 맑게 걸러, 비구름 물통들을 가득 채우십니다.

그러면 하늘이 열리고

소나기가 퍼부어 모든 사람들을 적십니다.

이런 일이 어떻게 일어나는지,

그분이 구름을 어떻게 마련하시고 천둥 가운데서 어떻게 말씀하시는지, 조금이라도 아는 사람이 있습니까?

번개를 보십시오. 하늘을 가득 채우고 깊고 어두운 바닷속을 비추는, 그분의 빛의 향연입니다!

이것들은 하나님의 주권과 관대하심, 애정어린 보살핌을 상징합니다.

그분은 표적을 정확히 겨냥하여 빛의 화살을 쏘십니다.

지극히 높으신 하나님이 악에 노하여 천둥소리로 호통을 치십니다."

that's what's behind your suffering as it is!

22-25 "Do you have any idea how powerful God is?
Have you ever heard of a teacher like him?
Has anyone ever had to tell him what to do,
or correct him, saying, 'You did that all wrong!'?
Remember, then, to praise his workmanship,
which is so often celebrated in song.
Everybody sees it;
nobody is too far away to see it.

No One Can Escape from God

26 "Take a long, hard look. See how great he is—infinite,
greater than anything you could ever imagine or figure out!

27-33 "He pulls water up out of the sea,
distills it, and fills up his rain-cloud cisterns.
Then the skies open up
and pour out soaking showers on everyone.
Does anyone have the slightest idea how this happens?
How he arranges the clouds, how he speaks in thunder?
Just look at that lightning, his sky-filling light show
illumining the dark depths of the sea!
These are the symbols of his sovereignty,
his generosity, his loving care.
He hurls arrows of light,
taking sure and accurate aim.
The High God roars in the thunder,
angry against evil."

37

37 ¹⁻¹³ "그 소리가 들릴 때마다, 내 심장이 멎습니다.

정신이 아뜩하여 숨조차 쉴 수 없습니다.
들어 보십시오! 그분의 천둥소리,
우르릉 쾅쾅 우렛소리로 말씀하시는 그분의
음성을 들어 보십시오.
그분이 지평선 이쪽 끝에서 저쪽 끝까지 번
개를 보내시면
북극에서 남극까지 온 세상이 환해집니다.
뒤이어 천둥소리 가운데 그분의 음성이 메
아리치니,
강력하고도 장엄합니다.
그분은 온갖 방식으로 거침없이 능력을 드
러내십니다.
그 음성을 못 알아들을 자 없으니
천둥소리로 울리는 그분의 말씀 놀라울 따
름이고
그분의 위엄을 이해할 길이 없습니다.
그분은 눈에게 '땅을 덮어라!' 명하시고
비에게 '온 지역을 적셔라!' 명령하십니다.
누구도 비바람을 피할 수 없습니다.
누구도 하나님을 피해 달아날 수 없습니다.
눈보라가 으르렁거리며 북쪽에서 불어오고
얼음비로 땅이 꽁꽁 얼면,
들짐승도 피할 곳을 찾아
제 보금자리로 기어들어 갑니다.
하나님의 입김으로 얼음이 만들어지고
하나님의 입김으로 호수와 강이 얼어붙습
니다.
하나님이 구름을 빗물로 채우시고
구름에서 사방으로 번개를 보내십니다.
하나님은 구름의 역량을 이리저리 시험하시고
그분의 말씀이 온 세계에서 이루어지도록
명하십니다.
징계나 은혜, 아낌없는 사랑을 베풀려 하실 때,
하나님은 구름에게 일을 맡기시고 그 일이
반드시 성취되게 하십니다.

37 ¹⁻¹³ "Whenever this happens, my heart stops—
  I'm stunned, I can't catch my breath.
Listen to it! Listen to his thunder,
  the rolling, rumbling thunder of his voice.
He lets loose his lightnings from horizon to horizon,
  lighting up the earth from pole to pole.
In their wake, the thunder echoes his voice,
  powerful and majestic.
He lets out all the stops, he holds nothing back.
  No one can mistake that voice—
His word thundering so wondrously,
  his mighty acts staggering our understanding.
He orders the snow, 'Blanket the earth!'
  and the rain, 'Soak the whole countryside!'
No one can escape the weather—it's *there*.
  And no one can escape from God.
Wild animals take shelter,
  crawling into their dens,
When blizzards roar out of the north
  and freezing rain crusts the land.
It's God's breath that forms the ice,
  it's God's breath that turns lakes and rivers solid.
And yes, it's God who fills clouds with rainwater
  and hurls lightning from them every which way.
He puts them through their paces—first this way, then that—
  commands them to do what he says all over the world.
Whether for discipline or grace or extravagant love,
  he makes sure they make their mark.

14-18 욥이여, 듣고 있습니까? 이 모든 것을
주목해 본 적 있습니까?
그 자리에 가만히 서서 하나님의 기적들을
되새겨 보십시오!
하나님이 이 모든 일을 어떻게 하시는지,
캄캄한 폭풍 속에서 어떻게 번쩍이는 번개
를 만드시는지,
뭉게구름을 어떻게 쌓아 올리시는지 아십니까?
완전한 지성을 가지신 분의 이 모든 기적이
어떻게 가능한지 아십니까?
찌는 듯 더운 날이면
고작해야 부채질이나 하는 게 전부인 당신이,
뜨거운 양철지붕 같은 하늘에
영향을 미칠 수 있다는 생각을 어떻게 할
수 있습니까?

19-22 당신이 그토록 똑똑하다면, 하나님께
어떻게 말씀드릴지 가르쳐 주십시오.
우리는 아는 게 없어서 그 방법을 도무지 모
르겠습니다.
내가 하나님께 대들 만큼 우둔한 줄 압니까?
그것은 화를 자초하는 짓이 아니겠습니까?
정신이 온전히 박힌 사람이라면 구름 한 점
없이 화창한 날에
해를 똑바로 쳐다보지는 않을 것입니다.
북쪽 산에서 찬란한 금이 나오듯,
위엄에 찬 아름다움은 하나님께로부터 흘러
나옵니다.

23-24 전능하신 하나님! 우리 손이 닿지 않는
곳에 계신 분!
권능과 정의가 더없이 뛰어나신 분!
그분이 사람을 불공평하게 대하신다니, 생
각도 못할 일입니다.
그러니 모두 깊은 경외심으로 그분께 절하
십시오!
당신이 지혜롭다면 틀림없이 그분을 경배하
게 될 것입니다."

A Terrible Beauty Streams from God

14-18 "Job, are you listening? Have you
noticed all this?
    Stop in your tracks! Take in God's
    miracle-wonders!
Do you have any idea how God does it all,
    how he makes bright lightning from dark
    storms,
How he piles up the cumulus clouds—
    all these miracle-wonders of a perfect
    Mind?
Why, you don't even know how to keep
cool
    on a sweltering hot day,
So how could you even dream
    of making a dent in that hot-tin-roof sky?

19-22 "If you're so smart, give us a lesson in
how to address God.
    We're in the dark and can't figure it out.
Do you think I'm dumb enough to
challenge God?
    Wouldn't that just be asking for trouble?
No one in his right mind stares straight at
the sun
    on a clear and cloudless day.
As gold comes from the northern
mountains,
    so a terrible beauty streams from God.

23-24 "Mighty God! Far beyond our reach!
    Unsurpassable in power and justice!
    It's unthinkable that he'd treat anyone
    unfairly.
So bow to him in deep reverence, one and
all!
    If you're wise, you'll most certainly
    worship him."

하나님께서 욥에게 대답하시다

38

¹ 마침내 **하나님**께서 사나운 폭풍의 눈에서 욥에게 대답하셨다.

2-11 "어찌하여 너는 문제를 혼란스럽게 만드느냐?
어찌하여 너는 잘 알지도 못하는 말을 하느냐?
정신 차려라, 욥!
일어서거라! 똑바로 서라!
몇 가지 물어볼 테니
제대로 대답하여라.
내가 이 땅을 창조할 때 너는 어디 있었느냐?
네가 아는 것이 그렇게 많다니, 어디 말해 보아라!
누가 땅의 크기를 정하였느냐? 네가 모를 리가 없겠지!
누가 그것을 설계하고 치수를 정했느냐?
새벽별들이 일제히 노래하고
모든 천사들이 소리 높여 찬양할 때,
땅의 기초는 어떻게 놓였으며
그 주춧돌은 누가 놓았느냐?
아기가 태를 열고 나오듯 바닷물이 터져 나올 때,
누가 그것을 감독하였느냐?
바로 나다! 내가 그것을 부드러운 구름으로 싸고
밤에는 어둠의 이불로 안전하게 덮어 주었다.
그 다음에 바다의 활동 구역을 정해 줄 울타리,
빠져나가지 못할 튼튼한 울타리를 만들고
바다에게 이렇게 말했다.
'여기에 머물러라. 여기가 네가 있을 곳이다.
너는 이 안에서만 사납게 날뛸 수 있다.'

12-15 너는 아침에게 '기상' 명령을 내리고
새벽에게 작업 개시를 지시한 적이 있느냐?
그리하여 땅을 이불처럼 거머쥐고
바퀴벌레를 털어 내듯 악한 자들을 털어 버

GOD Confronts Job
Have You Gotten to the Bottom of Things?

38

¹ And now, finally, GOD answered Job from the eye of a violent storm. He said:

2-11 "Why do you confuse the issue?
  Why do you talk without knowing what you're talking about?
Pull yourself together, Job!
  Up on your feet! Stand tall!
I have some questions for you,
  and I want some straight answers.
Where were you when I created the earth?
  Tell me, since you know so much!
Who decided on its size? Certainly you'll know that!
  Who came up with the blueprints and measurements?
How was its foundation poured,
  and who set the cornerstone,
While the morning stars sang in chorus
  and all the angels shouted praise?
And who took charge of the ocean
  when it gushed forth like a baby from the womb?
That was me! I wrapped it in soft clouds,
  and tucked it in safely at night.
Then I made a playpen for it,
  a strong playpen so it couldn't run loose,
And said, 'Stay here, this is your place.
  Your wild tantrums are confined to this place.'

12-15 "And have you ever ordered Morning, 'Get up!'
  told Dawn, 'Get to work!'
So you could seize Earth like a blanket

린 적이 있느냐?
해가 만물에 빛을 비추어
모든 빛깔과 형체가 드러나면,
악한 자들을 덮고 있던 어둠이 일제히 벗
겨지고
그들의 악행이 훤히 드러난다!

16-18 너는 세상의 바닥을 본 적이 있느냐?
깊은 대양의 미로 같은 동굴들을 답사해
보았느냐?
죽음을 알기나 하느냐?
죽음의 깊은 신비를 푸는 실마리가 네게
하나라도 있느냐?
이 세상이 얼마나 드넓은지 아느냐?
짐작하는 바라도 있다면 어디 말해 보아라.

19-21 너는 빛이 어디에서 오며
어둠이 어디에 사는지 아느냐?
그것들이 길을 잃으면
손을 잡고 집에 데려다줄 수 있느냐?
물론 너는 알고 있을 것이다.
어릴 때부터 그것들과 같은 동네에서 자라
평생 알고 지낸 사이가 아니냐!

22-30 너는 눈이 만들어지는 곳에 가 보았
느냐?
우박이 비축된 저장고를 본 적이 있느냐?
환난과 전투와 전쟁 때를 대비해
내가 우박과 눈을 준비해 놓은 무기고 말
이다.
번개가 발사되는 곳,
바람이 시작되는 곳을 찾을 수 있느냐?
너는 누가 폭우를 위해
협곡들을 깎았다고 생각하느냐?
누가 천둥번개를 동반한 폭풍우가
지나갈 길을 내어
사람의 발길이 닿지 않는 들판과
사람의 눈길이 닿지 않는 사막에 물을 대고

and shake out the wicked like cockroaches?
As the sun brings everything to light,
  brings out all the colors and shapes,
The cover of darkness is snatched from the
wicked—
  they're caught in the very act!

16-18 "Have you ever gotten to the true bottom
of things,
  explored the labyrinthine caves of deep
  ocean?
Do you know the first thing about death?
  Do you have one clue regarding death's
  dark mysteries?
And do you have any idea how large this earth is?
  Speak up if you have even the beginning of
  an answer.

19-21 "Do you know where Light comes from
  and where Darkness lives
So you can take them by the hand
  and lead them home when they get lost?
Why, of *course* you know that.
  You've known them all your life,
  grown up in the same neighborhood with
  them!

22-30 "Have you ever traveled to where snow
is made,
  seen the vault where hail is stockpiled,
The arsenals of hail and snow that I keep in
readiness
  for times of trouble and battle and war?
Can you find your way to where lightning is
launched,
  or to the place from which the wind blows?
Who do you suppose carves canyons
  for the downpours of rain, and charts

쓸모없는 황무지를 흠뻑 적셔
들꽃과 풀로 뒤덮이게 하겠느냐?
비와 이슬의 아버지가 누구이며
얼음과 서리의 어머니가 누구라고 생각
하느냐?
이런 놀라운 기상현상들이 저절로 일어
난다는
생각 따위는 잠시라도 하지 않을 줄 믿
는다만, 어떠냐?

31-33 너는 아름다운 북두칠성의 눈길을
사로잡을 수 있으며,
거대한 사냥꾼 오리온자리의 추적을 따
돌릴 수 있느냐?
금성을 불러내어 네 길을 비추게 하고
큰곰자리와 작은곰자리 별들을 함께 불
러내어 뛰놀게 할 수 있느냐?
너는 하늘의 별자리들을 조금이라도 아
느냐?
그것들이 지상의 일에 어떤 영향을 미
치는지 아느냐?

34-35 너는 구름의 주의를 끌어
소나기를 내리게 할 수 있느냐?
번개를 뜻대로 부리고
명령을 바로 수행했는지 보고하게 할
수 있느냐?

36-38 누가 날씨 분별하는 지혜를 따오
기에게 주었으며,
폭풍을 감지하는 능력을 수탉에게 주었
느냐?
땅이 바싹 말라 쩍쩍 갈라지고
땅바닥이 벽돌처럼 단단히 구워질 때,
구름을 헤아리고
하늘의 빗물통을 기울여 비를 내리게
할 만큼 지혜로운 자가 있느냐?

the route of thunderstorms
That bring water to unvisited fields,
    deserts no one ever lays eyes on,
Drenching the useless wastelands
    so they're carpeted with wildflowers and
    grass?
And who do you think is the father of rain and
dew,
    the mother of ice and frost?
You don't for a minute imagine
    these marvels of weather just happen, do you?

31-33 "Can you catch the eye of the beautiful
Pleiades sisters,
    or distract Orion from his hunt?
Can you get Venus to look your way,
    or get the Great Bear and her cubs to come
    out and play?
Do you know the first thing about the sky's
constellations
    and how they affect things on Earth?

34-35 "Can you get the attention of the clouds,
    and commission a shower of rain?
Can you take charge of the lightning bolts
    and have them report to you for orders?

What Do You Have to Say for Yourself?

36-38 "Who do you think gave weather-wisdom
to the ibis,
    and storm-savvy to the rooster?
Does anyone know enough to number all the
clouds
    or tip over the rain barrels of heaven
When the earth is cracked and dry,
    the ground baked hard as a brick?

39-41 너는 암사자에게 먹이를 사냥해,
보금자리에 웅크리고 있거나
주린 배를 안고 기다리는
새끼들에게 가져다주도록 가르칠 수 있
느냐?
까마귀 새끼들이 먹을 것이 없어 날개를
퍼덕거리며
하나님께 부르짖을 때,
누가 그 어미들에게 먹이를 마련해 주느냐?”

39

1-4 “너는 산에 사는 염소가 새
끼를 치는 달을 아느냐?
암사슴이 새끼 배는 것을 본 적이 있느냐?
암사슴이 새끼를 배고 얼마나 지내는지
아느냐?
몇 달 만에 만삭이 되어
몸을 구푸려 새끼를 낳는지 아느냐?
그 어린 것들은 잘 자라 금세 독립하고
어미 곁을 떠나 다시는 돌아오지 않는다.

5-8 누가 들나귀를 풀어 주었느냐?
누가 우리의 문을 열어 녀석을 보내 주었
느냐?
나는 녀석이 거닐 만한 광야와
뒹굴 만한 평지, 탁 트인 벌판을 마련해 주
었다.
들나귀는 도성에서 마구를 찬 채 괴로움
을 겪는 제 사촌들을 비웃고,
몰이꾼들의 고함을 듣는 일 없이
언덕을 누비며 마음껏 풀을 뜯고
푸성귀를 닥치는 대로 뜯어 먹는다.

9-12 들소가 너를 고분고분 섬기겠느냐?
자진해서 네 외양간에서 밤을 지내겠느냐?
녀석에게 네 쟁기를 매어
네 밭을 갈게 할 수 있느냐?
힘이 세다고 네가 들소를 신뢰할 수 있으며

39-41 “Can you teach the lioness to stalk her prey
    and satisfy the appetite of her cubs
As they crouch in their den,
    waiting hungrily in their cave?
And who sets out food for the ravens
    when their young cry to God,
    fluttering about because they have no food?”

39

1-4 “Do you know the month when
    mountain goats give birth?
Have you ever watched a doe bear her fawn?
Do you know how many months she is
pregnant?
    Do you know the season of her delivery,
    when she crouches down and drops her
    offspring?
Her young ones flourish and are soon on
their own;
    they leave and don't come back.

5-8 “Who do you think set the wild donkey free,
    opened the corral gates and let him go?
I gave him the whole wilderness to roam in,
    the rolling plains and wide-open places.
He laughs at his city cousins, who are
harnessed and harried.
    He's oblivious to the cries of teamsters.
He grazes freely through the hills,
    nibbling anything that's green.

9-12 “Will the wild buffalo condescend to
serve you,
    volunteer to spend the night in your barn?
Can you imagine hitching your plow to a buffalo
    and getting him to till your fields?
He's hugely strong, yes, but could you trust him,
    would you dare turn the job over to him?

놈에게 함부로 일을 맡길 수 있느냐?
들소가 네 말에 따라 움직일 거라고는
너도 기대하지 않을 것이다.

13-18 타조의 날갯짓은 부질없고
녀석의 깃털은 아름답지만 아무 쓸데가 없다!
타조는 딱딱한 땅바닥에 알을 낳고
비바람을 맞도록 흙먼지 속에 버려둔다.
그 알들이 밟혀 금이 가든지
들짐승들이 짓밟든지 신경 쓰지 않는다.
새끼가 나와도 제 새끼가 아닌 양 소홀히
다룬다.
타조는 어떤 것에도 개의치 않는다.
분명히 말하지만, 내가 타조를 영특하게 창
조하지 않았고
분별력을 나누어 주지도 않았기 때문이다.
그러나 타조가 내달릴 때를 보아라. 어찌나
잘 달리는지
말과 기수를 우습게 여기며 크게 앞지른다.

19-25 말에게 힘을 주고
번쩍이는 갈기로 꾸며 준 장본인이 너더냐?
의기양양하게 달리며 대단한 콧김으로
간담을 서늘하게 하는 말을 네가 창조했
느냐?
기운이 넘치는 말은 당장 달려가고 싶어 힘
차게 땅을 박차다가
싸움터로 돌진한다.
위험을 두려워하지 않고
칼 앞에서도 물러서지 않는다.
화살통이 철커덕거리고
창이 쩽그랑거려도 요동하지 않는다.
흥분하여 몸을 부르르 떨다가 나팔이 울리면
전속력으로 질주한다.
나팔소리를 들으며 힘차게 히힝 하고 운다.
저 멀리서도 짜릿한 전투 냄새를 맡고
천둥처럼 우르르 울리는 전장의 함성을 듣
는다.

You wouldn't for a minute depend on him,
would you,
    to do what you said when you said it?

13-18 "The ostrich flaps her wings futilely–
    all those beautiful feathers, but useless!
She lays her eggs on the hard ground,
    leaves them there in the dirt, exposed to
    the weather,
Not caring that they might get stepped on
and cracked
    or trampled by some wild animal.
She's negligent with her young, as if they
weren't even hers.
    She cares nothing about anything.
She wasn't created very smart, that's for sure,
    wasn't given her share of good sense.
But when she runs, oh, how she runs,
    laughing, leaving horse and rider in the dust.

19-25 "Are you the one who gave the horse
his prowess
    and adorned him with a shimmering mane?
Did you create him to prance proudly
    and strike terror with his royal snorts?
He paws the ground fiercely, eager and spirited,
    then charges into the fray.
He laughs at danger, fearless,
    doesn't shy away from the sword.
The banging and clanging
    of quiver and lance don't faze him.
He quivers with excitement, and at the
trumpet blast
    races off at a gallop.
At the sound of the trumpet he neighs mightily,
    smelling the excitement of battle from a
    long way off,
    catching the rolling thunder of the war cries.

26-30 매가 열상승기류를 타고 손쉽게 솟
아오르며
날 수 있는 것은, 네가 가르쳤기 때문이냐?
네가 독수리의 비행을 명령하고
녀석에게 높은 곳에 둥지를 틀도록 가르
쳤느냐?
그래서 높다란 낭떠러지에서도 잘 지내고
뾰족하고 울퉁불퉁한 바위 위에서도 다
치는 법이 없는 것이냐?
독수리는 그곳에서 먹이를 찾고
아주 멀리 떨어져 있는 먹이도 찾아낸다.
길에서 죽은 짐승의 사체가 있는 곳이면
독수리가 주위를 맴돌고
그 새끼들이 죽은 짐승의 고기를 게걸스
레 먹는다."

40 1-2 하나님께서 욥에게 직접
따져 물으셨다.

"이제 너는 어떤 말로 자신을 변호할 것
이냐?
전능한 나를 법정으로 끌고 가서 고소할
참이냐?"

욥의 대답
3-5 욥이 대답했다.

"너무나 놀라워 말이 나오지 않습니다.
말문이 막혔습니다.
입을 열지 말았어야 했습니다!
말을 많이 했습니다. 지나치게 많이 했습
니다.
이제 입을 다물고 귀를 열겠습니다."

6-7 하나님께서 다시 폭풍의 눈에서 욥에
게 말씀하셨다.

26-30 "Was it through your know-how that
the hawk learned to fly,
   soaring effortlessly on thermal updrafts?
Did you command the eagle's flight,
   and teach her to build her nest in the
   heights,
Perfectly at home on the high cliff face,
   invulnerable on pinnacle and crag?
From her perch she searches for prey,
   spies it at a great distance.
Her young gorge themselves on carrion;
   wherever there's a roadkill, you'll see her
   circling."

40 1-2 GOD then confronted Job
directly:

"Now what do you have to say for yourself?
   Are you going to haul me, the Mighty One,
   into court and press charges?"

Job Answers GOD
I'm Ready to Shut Up and Listen
3-5 Job answered:

"I'm speechless, in awe—words fail me.
   I should never have opened my mouth!
I've talked too much, way too much.
   I'm ready to shut up and listen."

GOD's Second Set of Questions
I Want Straight Answers
6-7 GOD addressed Job next from the eye of
the storm, and this is what he said:

"몇 가지 더 물어볼 테니,
똑바로 대답하여라.

8-14 무엄하게도 내가 잘못하고 있다고 말
하는 것이냐?
네가 성자가 되겠다고 나를 죄인 취급하느냐?
네가 나와 같은 팔을 지녔느냐?
나처럼 천둥 속에서 소리칠 수 있느냐?
어디 한번 기량을 뽐내 보아라.
어떤 능력이 있는지, 무엇을 할 수 있는지
보자꾸나.
분노를 터뜨려 보아라.
오만한 자들을 표적으로 삼아 쓰러뜨려 보
아라.
또한 그들을 굴복시켜 보아라.
악한 자들을 꼼짝 못하게 한 뒤 묵사발을
만들어 보아라!
거대한 묘지에 그들을 파묻어,
표석 없는 무덤 속 이름 모를 시체들이 되
게 만들어 보아라.
그러면 내 도움 없이도 스스로 구원할 힘이
네게 있다고 인정하고,
나는 기꺼이 뒤로 물러나 너에게 내 일을
맡길 것이다!

15-24 육지 괴물 베헤못을 보아라. 너처럼
내가 그놈도 만들었다.
소처럼 풀을 뜯고 온순하지만,
그 허리의 힘과
배의 억센 근육을 보아라.
꼬리를 흔들면 백향목이 휘둘리는 것 같고
육중한 다리는 너도밤나무 같다.
골격은 강철로 만들어졌고
온몸의 뼈가 강철처럼 단단하다.
내가 만든 피조물 가운데 으뜸이지만
지금도 나는 그놈을 어린양처럼 여기저기
끌고 다닌다!
산에 덮인 풀들이 다 놈의 먹이고

"I have some more questions for you,
    and I want straight answers.

8-14 "Do you presume to tell me what I'm
doing wrong?
    Are you calling me a sinner so you can be
    a saint?
Do you have an arm like my arm?
    Can you shout in thunder the way I can?
Go ahead, show your stuff.
    Let's see what you're made of, what you
    can do.
Unleash your outrage.
    Target the arrogant and lay them flat.
Target the arrogant and bring them to their
knees.
    Stop the wicked in their tracks—make
    mincemeat of them!
Dig a mass grave and dump them in it—
    faceless corpses in an unmarked grave.
I'll gladly step aside and hand things over to
you—
    you can surely save yourself with no help
    from me!

15-24 "Look at the land beast, Behemoth. I
created him as well as you.
    Grazing on grass, docile as a cow—
Just look at the strength of his back,
    the powerful muscles of his belly.
His tail sways like a cedar in the wind;
    his huge legs are like beech trees.
His skeleton is made of steel,
    every bone in his body hard as steel.
Most magnificent of all my creatures,
    but I still lead him around like a lamb!
The grass-covered hills serve him meals,
    while field mice frolic in his shadow.

들쥐는 놈의 그늘 아래서 뛰논다.
오후에는 나무 그늘 아래서 낮잠을 자고
갈대 습지에서 몸을 식힌다.
버드나무 사이로 부는 바람을 맞으며
나무 그늘 아래에 느긋하게 몸을 누인다.
강물이 흘러넘쳐도 꿈쩍 않고
요단 강이 세차게 흘러도 아랑곳없이 태연
하다.
녀석을 애완동물로 키우고 싶은 마음은 없을
것이다.
집에서 기를 수도 없을 테니!"

41 1-11 "바다 괴물 리워야단을 낚싯
대로 낚을 수 있겠느냐?
통발로 그놈을 잡을 수 있겠느냐?
올가미 밧줄과
닻으로 놈을 잡을 수 있겠느냐?
놈이 네게 살려 달라고 간청하겠으며
현란한 말로 네 비위를 맞추겠느냐?
네 밑에서 평생 심부름을 하며 너를 섬기게
해달라고
부탁하겠느냐?
그것을 애완용 금붕어처럼 노리개로 삼고
동네 아이들의 마스코트로 삼을 수 있느냐?
놈을 시장에 내놓고
손님들과 가격 흥정을 할 수 있겠느냐?
놈에게 화살을 퍼부어 바늘이 잔뜩 꽂힌 바
늘꽂이처럼 만들 수 있겠으며,
그 거대한 머리에 작살을 쑤셔 박을 수 있겠
느냐?
놈에게 손이라도 얹었다가는
무용담을 이야기하기는커녕 목숨도 부지하
지 못할 것이다.
그런 엄청난 놈을 상대로 무슨 승산이 있겠
느냐?
놈을 한번 보기만 해도 고꾸라지고 말 것이다!
노려보는 그놈의 얼굴을 보는 것만으로도 기

He takes afternoon naps under shade trees,
    cools himself in the reedy swamps,
Lazily cool in the leafy shadows
    as the breeze moves through the willows.
And when the river rages he doesn't budge,
    stolid and unperturbed even when the Jordan goes wild.
But you'd never want him for a pet—
    you'd never be able to housebreak him!"

I Run This Universe

41 1-11 "Or can you pull in the sea beast, Leviathan, with a fly rod and stuff him in your creel?
Can you lasso him with a rope,
    or snag him with an anchor?
Will he beg you over and over for mercy,
    or flatter you with flowery speech?
Will he apply for a job with you
    to run errands and serve you the rest of your life?
Will you play with him as if he were a pet goldfish?
    Will you make him the mascot of the neighborhood children?
Will you put him on display in the market
    and have shoppers haggle over the price?
Could you shoot him full of arrows like a pin cushion,
    or drive harpoons into his huge head?
If you so much as lay a hand on him,
    you won't live to tell the story.
What hope would you have with such a creature?
    Why, one look at him would do you in!

가 꺾인다면,
내게는 어떻게 맞서겠다는 것이냐?
내게 덤볐다가 어느 누가 무사하겠느냐?
이 모든 것이 다 내 것이다. 내가 이 우주
를 다스린다!

12-17 바다 괴물 리워야단에 대해 할 말
이 더 있다.
그 어마어마한 체구, 그 빼어난 모습 말
이다.
누가 그 단단한 가죽을 뚫으며
그 턱에 재갈을 물릴 수 있겠느냐?
흉포한 이빨들이 줄줄이 늘어서 있는데
누가 감히 그 턱을 열려고 하겠느냐?
놈의 자랑거리는 최강의 가죽이다.
그 무엇도 그것에 흠을 낼 수 없다.
놈이 자랑하는 가죽을 그 무엇도 뚫을 수
없고
어떤 무기나 비바람도 그것을 파고들 수
없다.
가죽 중에서 가장 두껍고 질겨,
결코 뚫리지 않는다!

18-34 놈이 콧김을 뿜으면 온 세상이 불
로 환해지고
눈을 뜨면 동이 튼다.
그 입에서는 혜성들이 쏟아져 나오고
불꽃들이 부채꼴로 갈라져 나온다.
펄펄 끓는 가마에서 증기가 나오듯
놈의 콧구멍에서 연기가 뿜어져 나온다.
입김을 내뿜으면 화염이 이글거리고
그 아가리에서 불길이 흘러나온다.
그 몸은 온통 근육질, 단단하고 빈틈이
없다.
놈과 마주치는 것은 죽음과 짝을 이뤄
춤을 추는 꼴.
얼마나 건장하고 유연한지
온몸에 약점 하나 없다.

If you can't hold your own against his glower-
ing visage,
　how, then, do you expect to stand up to *me*?
Who could confront me and get by with it?
　I'm *in charge* of all this—I *run* this universe!

12-17 "But I've more to say about Leviathan, the
sea beast,
　his enormous bulk, his beautiful shape.
Who would even dream of piercing that tough
skin
　or putting those jaws into bit and bridle?
And who would dare knock at the door of his
mouth
　filled with row upon row of fierce teeth?
His pride is invincible;
　nothing can make a dent in that pride.
Nothing can get through that proud skin—
　impervious to weapons and weather,
The thickest and toughest of hides,
　impenetrable!

18-34 "He snorts and the world lights up with fire,
　he blinks and the dawn breaks.
Comets pour out of his mouth,
　fireworks arc and branch.
Smoke erupts from his nostrils
　like steam from a boiling pot.
He blows and fires blaze;
　flames of fire stream from his mouth.
All muscle he is—sheer and seamless muscle.
　To meet him is to dance with death.
Sinewy and lithe,
　there's not a soft spot in his entire body—
As tough inside as out,
　rock-hard, invulnerable.
Even angels run for cover when he surfaces,
　cowering before his tail-thrashing turbulence.

속속들이 강하고
바위처럼 단단해, 도무지 상처를 입지 않는다.
놈이 몸을 일으키면 천사들도 숨을 곳을 찾
아 달아나고
거센 바람을 일으키며 휘두르는 놈의 꼬리
를 피해 움츠러든다.
창과 작살도 그 가죽에 상처를 내지 못하고
꼴사납게 튕겨 나온다.
그 앞에서는 철봉도 지푸라기에 불과하다.
청동 무기는 말할 것도 없다.
화살이 날아와도 눈 하나 깜짝 않고
날아드는 총알은 빗방울 정도에 불과하다.
도끼를 불쏘시개 나뭇조각 정도로 취급하고
날아오는 작살을 우습게 여긴다.
장갑판을 댄 듯 튼튼한 놈의 배는 거침이
없고
바지선처럼 막강하여 저지할 수 없다.
심해를 휘저어 끓는 물처럼 만들고
달걀로 거품을 만들듯 바다를 젓는다.
한번 지나가면 빛나는 자취가 죽 이어지니,
대양에 회색 수염이 돋아난 듯 보일 것이다!
이 세상에 그와 같은 것이 없으니
녀석은 두려움을 전혀 모른다!
높은 자들과 강한 자들을 다 낮추어 보니
대양의 왕, 심해의 제왕이다!"

욥의 회개

42
¹⁻⁶ 욥이 하나님께 대답했다.

"확실히 알겠습니다. 주께서는 무슨 일이
든 하실 수 있고
누구도, 그 무엇도 주님의 계획을 망칠 수
없습니다.
주께서 '누가 이렇게 물을 흐리고,
아무것도 모르면서 상황을 혼란스럽게 만
들며,
나의 의도를 지레짐작하느냐?' 하고 물으
셨습니다.

Javelins bounce harmlessly off his hide,
  harpoons ricochet wildly.
Iron bars are so much straw to him,
  bronze weapons beneath notice.
Arrows don't even make him blink;
  bullets make no more impression than
  raindrops.
A battle ax is nothing but a splinter of
kindling;
  he treats a brandished harpoon as a joke.
His belly is armor-plated, inexorable–
  unstoppable as a barge.
He roils deep ocean the way you'd boil
water,
  he whips the sea like you'd whip an egg into
  batter.
With a luminous trail stretching out
behind him,
  you might think Ocean had grown a gray
  beard!
There's nothing on this earth quite like him,
  not an ounce of fear in *that* creature!
He surveys all the high and mighty–
  king of the ocean, king of the deep!"

Job Worships GOD
I Babbled On About Things Far Beyond Me

42
¹⁻⁶ Job answered GOD:

"I'm convinced: You can do anything and
everything.
  Nothing and no one can upset your plans.
You asked, 'Who is this muddying the
water,
  ignorantly confusing the issue,
  second-guessing my purposes?'
I admit it. I was the one. I babbled on about
things far beyond me,

자백합니다. 내가 그랬습니다. 내 능력 밖의
일에 대해 함부로 지껄였고,
내 머리로는 도무지 이해할 수 없는 경이로운
일들을 놓고 떠들어 댔습니다.
주께서는 '귀 기울여 들어라. 내가 말하겠다.
내가 몇 가지 물어볼 테니 네가 대답을 하여
라' 하셨습니다.
인정합니다. 전에는 내가 주님에 대한 소문만
들었으나
이제는 내 눈과 내 귀로 직접 보고 들었습니다!
잘못했습니다. 용서해 주십시오.
다시는 그렇게 하지 않겠습니다. 맹세합니다!
다시는 전해 들은 말의 껍질, 소문의 부스러
기에 의존해 살지 않겠습니다."

하나님께서 욥을 회복시키시다

7-8 **하나님**께서 욥에게 말씀을 마치신 후에
데만 사람 엘리바스에게 말씀하셨다. "나는
너와 네 두 친구에게 질렸다. 넌더리가 난다!
너희는 내 앞에서 정직하지도 않았고 나에 대
해 정직하게 말하지도 않았다. 너희는 내 친
구 욥과 달랐다. 너희가 해야 할 일이 있다.
수소 일곱 마리와 숫양 일곱 마리를 가지고
내 친구 욥에게 가거라. 그리고 너희 자신을
위해 번제를 드려라. 내 친구 욥이 너희를 위
해 기도해 줄 것이고, 나는 그의 기도를 들을
것이다. 너희는 나에 대해 허튼소리를 했고
욥과 달리 내게 정직하지 않았으나, 욥의 기
도를 봐서 나는 너희 잘못대로 갚지 않을 것
이다."

9 데만 사람 엘리바스, 수아 사람 빌닷, 나아
마 사람 소발은 **하나님**께서 명령하신 대로 행
했다. **하나님**께서 욥의 기도를 들어주셨다.

10-11 욥이 친구들을 위해 중보기도를 드린 이
후에 **하나님**께서 그의 재산을 회복시켜 주셨
는데, 전보다 갑절로 돌려주셨다! 그의 형제
와 자매, 친구들이 모두 그의 집으로 와서 축
하해 주었다. 그들은 지난 일에 대해 참으로

made small talk about wonders way
over my head.
You told me, 'Listen, and let me do the
talking.
Let me ask the questions. *You* give the
answers.'
I admit I once lived by rumors of you;
now I have it all firsthand—from my
own eyes and ears!
I'm sorry—forgive me. I'll never do that
again, I promise!
I'll never again live on crusts of
hearsay, crumbs of rumor."

God Restores Job
I Will Accept His Prayer

7-8 After GOD had finished addressing
Job, he turned to Eliphaz the Temanite
and said, "I've had it with you and your
two friends. I'm fed up! You haven't been
honest either with me or about me—not
the way my friend Job has. So here's
what you must do. Take seven bulls and
seven rams, and go to my friend Job.
Sacrifice a burnt offering on your own
behalf. My friend Job will pray for you,
and I will accept his prayer. He will ask
me not to treat you as you deserve for
talking nonsense about me, and for not
being honest with me, as he has."

9 They did it. Eliphaz the Temanite,
Bildad the Shuhite, and Zophar the
Naamathite did what GOD commanded.
And GOD accepted Job's prayer.

10-11 After Job had interceded for his
friends, GOD restored his fortune—and
then doubled it! All his brothers and
sisters and friends came to his house and

안타깝게 생각한다고 말하면서, **하나님**께서 허락하신 온갖 괴로움을 생각하며 그를 위로했다. 다들 집들이 선물을 푸짐하게 가져왔다.

12-15 이후 **하나님**께서 욥에게 그 이전보다 더 많은 복을 내리셨다. 그는 양 만 사천 마리, 낙타 육천 마리, 겨릿소 천 쌍, 나귀 천 마리를 소유하게 되었다. 아들 일곱과 딸 셋도 얻었다. 그는 첫째 딸을 비둘기, 둘째 딸을 계피, 셋째 딸을 검은 눈이라고 불렀다. 그 지역에는 욥의 딸들만큼 아리따운 여자가 없었다. 욥은 딸들을 아들들과 동등하게 대우했고, 유산도 똑같이 나눠 주었다.

16-17 욥은 백사십 년을 더 살면서 자손을 사 대까지 보았다! 나이가 많이 든 그는, 천수를 누리고 죽었다.

celebrated. They told him how sorry they were, and consoled him for all the trouble GOD had brought him. Each of them brought generous housewarming gifts.

12-15 GOD blessed Job's later life even more than his earlier life. He ended up with fourteen thousand sheep, six thousand camels, one thousand teams of oxen, and one thousand donkeys. He also had seven sons and three daughters. He named the first daughter Dove, the second, Cinnamon, and the third, Darkeyes. There was not a woman in that country as beautiful as Job's daughters. Their father treated them as equals with their brothers, providing the same inheritance.

16-17 Job lived on another 140 years, living to see his children and grandchildren—four generations of them! Then he died—an old man, a full life.

오랜 세월 수많은 그리스도인들이 시편을 통해 기도하는 법을 배웠다. 그리스도인들은 그보다 몇 세기 전부터 기도하고 예배해 온 유대인들에게서 이 기도책을 물려받았다. 이 책에 담긴 언어를 우리 것으로 삼을 때, 우리에게 말씀하시는 하나님께 합당하게 응답할 수 있다.

평생 목회자로 일하다 보니 시편을 '지금 우리가 쓰는 말'로 풀어내고 싶은 마음을 갖게 되었다. 목사는 무엇보다도 사람들에게 기도를 가르쳐야 할 사람이다. 그들이 모든 경험을 가지고 기도의 자리로 나가 정직하고 철저하게 하나님께 아뢰도록 도와야 할 사람이다. 그 일은 생각처럼 쉽지 않았다. 시작은 쉽다. 기도의 욕구는 우리의 존재 중심에 깊이 내재해 있는 터라 사실 무슨 일이든지 기도의 계기가 될 수 있기 때문이다. "도와주세요"와 "감사합니다"가 가장 기본적인 기도다. 그러나 정직함과 철저함은 그렇게 쉽사리 생기지 않는다.

말씀으로 세계를 창조하신 거룩하신 하나님과 대화한다고 생각하면 곤혹감이 드는 것이 당연하다. 어색하고 거북하게 느껴진다. "나처럼 못된 인간이 무슨 기도야. 행실을 바로잡아 괜찮은 사람이 될 때까지 기다려야지" 하는 마음을 갖게 된다. 때로는 어휘가 부족하다는 핑계를 대기도 한다. "몇 달만 시간을 주세요. 아니 몇 년만! 하나님과의 거룩한 만남에 어울리는 세련된 기도를 할 수 있게 훈련받고 싶습니다. 그러면 더듬거리거나 불편한 느낌이 드는 일이 없을 거예요."

Most Christians for most of the Christian centuries have learned to pray by praying the Psalms. The Hebrews, with several centuries of a head start on us in matters of prayer and worship, provided us with this prayer book that gives us a language adequate for responding to the God who speaks to us.

The stimulus to paraphrase the Psalms into a contemporary idiom comes from my lifetime of work as a pastor. As a pastor I was charged with, among other things, teaching people to pray, helping them to give voice to the entire experience of being human, and to do it both honestly and thoroughly. I found that it was not as easy as I expected. Getting started is easy enough. The impulse to pray is deep within us, at the very center of our created being, and so practically anything will do to get us started. "Help" and "Thanks!" are our basic prayers. But honesty and thoroughness don't come quite as spontaneously.

Faced with the prospect of conversation with a holy God who speaks worlds into being, it is not surprising that we have trouble. We feel awkward and out of place: "I'm not good enough for this. I'll wait until I clean up my act and prove that I am a decent person." Or we excuse ourselves on the grounds that our vocabulary is inadequate: "Give me a few months—or years!—to practice prayers that

나는 이런 고충을 털어놓는 사람들의 손에 시편을 쥐어 주며 말한다. "집에 가서 이대로 기도하십시오. 지금 기도에 대해 잘못 생각하고 있는 것 같습니다. 이 시편에 나온 대로 기도하다 보면 잘못된 생각이 없어지고 진짜 기도가 무엇인지 알게 될 겁니다." 내 말대로 한 이들은 대개 놀랍다는 반응을 보였다. 그들은 성경에 그런 내용이 있을 줄 몰랐다고 말했다. 그러면 나는 그들의 놀라움에 놀라움을 표시한다. "시편이 고상한 사람들의 기도일 거라고 생각했습니까? 시편 기자들의 언어가 세련되고 예의 바를 거라고 생각했습니까?"

기도에 대해 배우지 못한 상태에서는 선한 사람들이 잘해 나가고 있을 때 하는 행위로 기도를 오해하기 쉽다. 그러나 기도는 그런 것이 아니다. 경험이 없는 상태에서는 "기도용" 언어가 따로 있을 거라고 생각하고 그 언어를 익혀야만 하나님이 우리의 기도를 진지하게 들어주실 거라고 지레짐작한다. 하지만 그런 언어는 존재하지 않는다. 기도는 고급언어가 아니라 초급언어로 드려진다. 우리의 언어는 기도라는 수단을 통해 하나님에 대한 정직하고 참되고 인격적인 반응을 담아내게 된다. 우리는 기도를 통해 삶의 모든 것을 하나님께 내어놓는다. 다윗은 다음과 같이 기록했다.

> **하나님**, 내 삶을 샅샅이 살피시고
> 모든 사실을 직접 알아보소서.
> 나는 주님 앞에 활짝 펼쳐진 책이니,
> 멀리서도 주께서는 내 생각을 다 아십니다.……

> 오 하나님, 내 삶을 샅샅이 살피시고
> 나에 대해 모든 것을 캐 보소서.
> 나를 심문하고 시험하셔서
> 내가 어떤 사람인지 분명히 파악하소서.

are polished enough for such a sacred meeting. Then I won't feel so stuttery and ill at ease."

My usual response when presented with these difficulties is to put the Psalms in a person's hand and say, "Go home and pray these. You've got wrong ideas about prayer; the praying you find in these Psalms will dispel the wrong ideas and introduce you to the real thing." A common response of those who do what I ask is surprise—they don't expect this kind of thing in the Bible. And then I express surprise at their surprise: "Did you think these would be the prayers of *nice* people? Did you think the psalmists' language would be polished and polite?"

Untutored, we tend to think that prayer is what good people do when they are doing their best. It is not. Inexperienced, we suppose that there must be an "insider" language that must be acquired before God takes us seriously in our prayer. There is not. Prayer is elemental, not advanced, language. It is the means by which our language becomes honest, true, and personal in response to God. It is the means by which we get everything in our lives out in the open before God. David wrote,

> GOD, investigate my life;
>   get all the facts firsthand.
> I'm an open book to you;
>   even from a distance, you know what I'm
>   thinking...

> Investigate my life, O God,
>   find out everything about me;
> Cross-examine and test me,
>   get a clear picture of what I'm about;
> See for yourself whether I've done anything

내가 잘못한 일이 있는지 직접 살피시고
나를 영원한 생명의 길로 인도하소서.
(시 139:1, 23-24)

wrong—
    then guide me on the road to eternal life.
    (Psalm 139:1, 23-24)

그러나 목사인 나의 격려로 시편을 읽고도 여전히 기도를 잘 모르겠다는 사람들이 종종 있다. 영어로 번역된 시편은 매끄럽고 세련된 데다가 두운과 각운까지 맞춰져 있다. 문학적으로는 비할 데 없이 뛰어나다. 그러나 시편이 분노와 찬양과 탄식의 순간에 하나님을 갈망하는 사람들의 육성이 담긴 기도라는 사실을 생각할 때, 이런 번역에는 중요한 것이 빠져 있음을 알 수 있다. 문법적으로는 정확하다. 번역의 기초가 되는 학식은 깊고 탁월하다. 하지만 기도로 보자면 썩 흡족하지 않다. 히브리인들의 시편은 순박하면서도 거칠다. 고상하지 않다. 우아한 언어로 표현되는 교양인의 기도가 아니다.

그래서 나는 목회현장에서 만나는 이들에게 기도하는 법을 가르치면서 시편을 현대 영어의 운율과 표현으로 풀어 쓰기 시작했다. 나는 너무나 폭넓고 힘이 넘치는 시편의 기도를 가장 잘 다가오는 언어로 생생하게 접하게 해주고 싶었다. 다윗을 포함한 시편 기자들이 처음 시편을 썼을 때 사용했던 언어의 느낌을 전달하고 싶었다.

나는 이 작업을 앞으로도 계속하고 싶다. 더없이 정직하고 꼼꼼하고 철저하게 기도할 때, 역시 시편으로 기도하셨던 예수 그리스도 안에서 우리가 온전하고 참된 인간이 될 수 있을 것이라 확신하기 때문이다.

But even with the Psalms in their hands and my pastoral encouragement, people often tell me that they still don't get it. In English translation, the Psalms often sound smooth and polished, sonorous with Elizabethan rhythms and diction. As literature, they are beyond compare. But as *prayer*, as the utterances of men and women passionate for God in moments of anger and praise and lament, these translations miss something. *Grammatically*, they are accurate. The scholarship undergirding the translations is superb and devout. But as *prayers* they are not quite right. The Psalms in Hebrew are earthy and rough. They are not genteel. They are not the prayers of nice people, couched in cultured language.

And so in my pastoral work of teaching people to pray, I started paraphrasing the Psalms into the rhythms and idiom of contemporary English. I wanted to provide men and women access to the immense range and the terrific energies of prayer in the kind of language that is most immediate to them, which also happens to be the language in which these psalm prayers were first expressed and written by David and his successors.

I continue to want to do that, convinced that only as we develop raw honesty and detailed thoroughness in our praying do we become whole, truly human in Jesus Christ, who also prayed the Psalms.

시편   PSALMS

1

¹ 그대, 하나님께서 좋아하실 수밖에!
   죄악 소굴에 들락거리길 하나,
망할 길에 얼씬거리길 하나,
배웠다고 입만 살았길 하나.

²⁻³ 오직 **하나님** 말씀에 사로잡혀
밤낮 성경말씀 곱씹는 그대!
에덴에 다시 심긴 나무,
달마다 신선한 과실 맺고
잎사귀 하나 지는 일 없이,
늘 꽃 만발한 나무라네.

⁴⁻⁵ 악인들의 처지는 얼마나 다른가.
바람에 날리는 먼지 같은 그들,
입이 열 개라도 할 말 없는 죄인들이라
떳떳한 이들 사이에 끼지 못하네.

⁶ 그대의 길은 **하나님**께서 지도해 주시나,
악인들의 종착지는 구렁텅이일 뿐.

2

¹⁻⁶ 뭇 나라들아, 웬 소란이냐?
   뭇 민족들아, 웬 흉계냐?
땅의 두목들이 권력투쟁을 벌이고
선동가와 대표자들이 모여 정상회담을 여는구나.
하나님을 부정하며 메시아께 대드는 그들,

1

¹ How well God must like you—
   you don't hang out at Sin Saloon,
you don't slink along Dead-End Road,
you don't go to Smart-Mouth College.

²⁻³ Instead you thrill to GOD's Word,
   you chew on Scripture day and night.
You're a tree replanted in Eden,
   bearing fresh fruit every month,
Never dropping a leaf,
   always in blossom.

⁴⁻⁵ You're not at all like the wicked,
   who are mere windblown dust—
Without defense in court,
   unfit company for innocent people.

⁶ GOD charts the road you take.
The road *they* take is Skid Row.

2

¹⁻⁶ Why the big noise, nations?
   Why the mean plots, peoples?
Earth-leaders push for position,
Demagogues and delegates meet for summit talks,
The God-deniers, the Messiah-defiers:

"하나님에게서 벗어나자!
메시아에게서 풀려나자!" 소리친다.
하늘 보좌에 앉으신 하나님께서 웃음을 터
뜨리신다.
주제넘게 구는 그들을 가소로워하시다가,
마침내 대로하신다.
불같이 노를 터뜨리시며, 그들을 얼어붙게
만드신다.
"네 이놈들! 시온에 엄연히 왕이 있거늘!
거룩한 산 정상에서 그의 대관식 잔치가 열
리고 있거늘!"

7-9 **하나님**께서 이어 뭐라고 말씀하셨는지 알
려 주마.
그분께서 말씀하셨다. "너는 내 아들,
오늘은 네 생일이다.
원하는 것이 있느냐? 말만 하여라.
나라들을 선물로 주랴? 대륙들을 상으로 주랴?
너는 그것들을 마음대로 갖고 놀다가,
내일 쓰레기통에 던져도 좋다."

10-12 그러니 왕들아, 이 역당들아, 머리가 있
으면 생각을 하여라.
건방 떠는 통치자들아, 교훈을 새겨라.
하나님을 흠모하며 그분께 경배하여라.
두려워 떨며 찬양하여라. 메시아께 입 맞추
어라!
네 목숨이 경각에 달렸다.
그분의 노가 터지기 일보 직전이다.
그러나 하나님께 필사적으로 달아나는 이들
은 결코 후회하지 않을 터!

다윗의 시. 다윗이 아들 압살롬을 피해 달아났을 때

3 1-2 **하나님**! 보십시오! 저 셀 수 없이
많은 적들을!
적들이 벌 떼처럼 일어나
폭도처럼 나를 에워싸고 조롱을 퍼붓습니다.
"하! 하나님이 저 자를 도와주신다고?"

"Let's get free of God!
Cast loose from Messiah!"
Heaven-throned God breaks out laughing.
At first he's amused at their presumption;
Then he gets good and angry.
Furiously, he shuts them up:
"Don't you know there's a King in Zion? A
coronation banquet
Is spread for him on the holy summit."

7-9 Let me tell you what GOD said next.
He said, "You're my son,
And today is your birthday.
What do you want? Name it:
Nations as a present? continents as a
prize?
You can command them all to dance for
you,
Or throw them out with tomorrow's
trash."

10-12 So, rebel-kings, use your heads;
Upstart-judges, learn your lesson:
Worship GOD in adoring embrace,
Celebrate in trembling awe. Kiss Messi-
ah!
Your very lives are in danger, you know;
His anger is about to explode,
But if you make a run for God—you won't
regret it!

A David Psalm, When He Escaped for His Life
from Absalom, His Son

3 1-2 GOD! Look! Enemies past
counting!
Enemies sprouting like mushrooms,
Mobs of them all around me, roaring their
mockery:

3-4 그러나 **하나님**, 주님은 나의 사방에 방패를 두르시고
내 발을 받쳐 주시고, 내 머리를 들어 주십니다.
내가 온 힘 다해 **하나님**께 외치면,
그 거룩한 산에서 천둥소리로 응답해 주십니다.

5-6 이 몸, 두 다리 쭉 뻗고 누워

한숨 푹 자고 일어납니다. 푹 쉬었다가 씩씩하게 일어나,
벌 떼처럼 달려드는 적들을
두려움 없이 맞습니다.

7 일어나소서, **하나님**! 나의 하나님, 도와주소서!
저들의 얼굴을 후려갈기소서.
이쪽저쪽 귀싸대기를 올리소서.
주먹으로 아구창을 날리소서!

8 참된 도움은 오직 **하나님**께로부터 옵니다.
주님의 복으로 주님 백성을 휘감아 주십니다!

다윗의 시

4 ¹ 내가 부를 때 응답하소서. 하나님, 내 편이 되어 주소서!
내가 궁지에 몰렸을 때, 주님은 나를 구해 주셨습니다.
지금 다시 곤경에 처했으니, 은혜를 베푸시고 내 기도를 들어주소서!

2 너희 어중이떠중이들아, 너희의 비웃는 소리 내 얼마나 더 참아 주랴?
대체 언제까지 거짓에 빠져 살려느냐?
언제까지 망상에 취해 살려느냐?

3 자, 보아라.
하나님께서 누구를 택하셨는지를!
내가 부르는 즉시 그분은 내 음성을 들으신다.

"Hah! No help for *him* from God!"

3-4 But you, GOD, shield me on all sides;
You ground my feet, you lift my head high;
With all my might I shout up to GOD,
His answers thunder from the holy mountain.

5-6 I stretch myself out. I sleep.

Then I'm up again—rested, tall and steady,
Fearless before the enemy mobs
Coming at me from all sides.

7 Up, GOD! My God, help me!
Slap their faces,
First this cheek, then the other,
Your fist hard in their teeth!

8 Real help comes from GOD.
Your blessing clothes your people!

A David Psalm

4 ¹ When I call, give me answers. God, take my side!
Once, in a tight place, you gave me room;
Now I'm in trouble again: grace me! hear me!

2 You rabble—how long do I put up with your scorn?
How long will you lust after lies?
How long will you live crazed by illusion?

3 Look at this: look
Who got picked by *GOD*!
He listens the split second I call to him.

4-5 불평하려거든 해라. 다만 빈정대지는 마라.
입을 다물고, 네 마음의 소리에 귀 기울여라.
하나님의 법정에 호소하고 그분의 평결을 기다려라.

6-7 왜 다들 더 많이 갖지 못해 안달일까?
맨날 "더! 더!"
"더 많이! 더 많이!"
그러나 내게는 하나님이 있어 차고 넘칩니다.
평범한 하루 내가 누리는 이 기쁨이
날마다 흥청거리는 저들이 얻는 것보다 더 큽니다.

7-8 내가 하루 일을 끝내고 단잠에 드는 것은
하나님께서 내 삶을 회복시켜 주시기 때문입니다.

다윗의 시

5
1-3 **하나님**, 들어주소서! 부디 귀 기울여 주소서!
신음하고 울부짖으며,
두서없이 쏟아내는 나의 말을 알아들으시겠는지요?
왕이신 하나님, 주님의 도움이 필요합니다.
아침마다 주님,
내 기도 들으시겠지요.
아침마다 나,
주님의 제단에
깨진 내 삶의 조각들 펼쳐 놓고
불이 내려오기를 기다립니다.

4-6 주님은 악과 상종하지 않으시며,
악을 주님의 집에 들이시는 법이 없습니다.
허풍 떠는 자들을 바닥에 고꾸라뜨리고
이간질하는 자들을 보시면 고개를 절레절레 흔드십니다.
하나님께서는 거짓말하는 자들을 파멸시

4-5 Complain if you must, but don't lash out.
Keep your mouth shut, and let your heart do the talking.
Build your case before God and wait for his verdict.

6-7 Why is everyone hungry for *more*?
"More, more," they say.
"More, more."
I have God's more-than-enough,
More joy in one ordinary day

7-8 Than they get in all their shopping sprees.
At day's end I'm ready for sound sleep,
For you, GOD, have put my life back together.

A David Psalm

5
1-3 Listen, GOD! Please, pay attention!
Can you make sense of these ramblings,
my groans and cries?
King-God, I need your help.
Every morning
you'll hear me at it again.
Every morning
I lay out the pieces of my life
on your altar
and watch for fire to descend.

4-6 You don't socialize with Wicked,
or invite Evil over as your houseguest.
Hot-Air-Boaster collapses in front of you;
you shake your head over Mischief-Maker.
GOD destroys Lie-Speaker;

키시고
피에 주린 자들, 진실을 구부러뜨리는 자들을
역겨워하십니다.

7-8 그런데 나를 이렇게 맞아 주시다니요!
믿기지 않습니다.
이 몸, 주님의 집에 들어와 있습니다.
주님의 내실 성소에 엎드려
적진을 무사히 뚫고 나갈 방도를 일러 주시기를
기다리고 있습니다.

9-10 저들의 말은 하나같이 지뢰입니다.
그 폐는 독가스를 뿜어 댑니다.
저들의 목구멍은 쩍 벌어진 무덤,
그 혀는 기름칠한 듯 매끄럽습니다.
하나님, 저들의 죄를 물으소서!
지혜롭다는 저들, 그 지혜 때문에 망하게 하
소서.
저들을 내치소서! 주님을 내친 자들입니다.

11-12 그러나 주께 피해 달아나는 우리는
주께서 두 팔 벌려 맞아 주소서.
밤샘 잔치가 벌어지게 하소서!
우리 잔치를 호위해 주소서.
하나님은 주님을 찾는 이들을 환영하시고
기쁨으로 단장해 주시는 분으로 이름 높습니다.

다윗의 시

6
1-2 **하나님**, 이제 나를 그만 혼내소서.
부디 그만 벌하소서.
주님의 그 보살핌 몹시도 그리우니,
이제 나를 다정히 맞아 주소서.

2-3 뼈와 영혼까지 두들겨 맞아
얼룩덜룩 멍든 내 모습 보이지 않으십니까?
하나님, 언제까지
보고만 있으시렵니까?

Blood-Thirsty and Truth-Bender
disgust you.

7-8 And here I am, your invited guest—
it's incredible!
I enter your house; here I am,
prostrate in your inner sanctum,
Waiting for directions
to get me safely through enemy lines.

9-10 Every word they speak is a land mine;
their lungs breathe out poison gas.
Their throats are gaping graves,
their tongues slick as mudslides.
Pile on the guilt, God!
Let their so-called wisdom wreck them.
Kick them out! They've had their chance.

11-12 But you'll welcome us with open arms
when we run for cover to you.
Let the party last all night!
Stand guard over our celebration.
You are famous, GOD, for welcoming God-seekers,
for decking us out in delight.

A David Psalm

6
1-2 Please, GOD, no more yelling,
no more trips to the woodshed.
Treat me nice for a change;
I'm so starved for affection.

2-3 Can't you see I'm black-and-blue,
beat up badly in bones and soul?
GOD, how long will it take
for you to let up?

4-5 **하나님**, 이제 나서서 이 싸움을 끝장내 주소서.
나를 조금이라도 아끼신다면, 이 궁지에서 건져 주소서.
내가 죽어, 주께 좋을 게 뭐겠습니까?
무덤에 묻혀서는 주님의 찬양대에서 노래할 수 없습니다!

6-7 나는 지쳤습니다. 너무나 지쳤습니다.
사십 일 밤낮을, 침대가
내 눈물 홍수 위를 떠다녔습니다.
매트리스가 눈물에 흠뻑 젖어 눅눅해졌고
내 눈은 검게 움푹 파였습니다.
눈이 멀다시피 하여, 더듬거리며 다닙니다.

8-9 썩 꺼져라, 마귀의 졸개들아.
마침내 **하나님**께서 내 흐느끼는 소리 들으셨다.
내 간구를 모두 들으시고
내 기도에 응답해 주셨다.

10 겁쟁이들, 원수들이 물러간다.
굴욕을 당하고는 꽁무니를 빼는구나.

다윗의 시

7 1-2 **하나님**! 하나님! 추격이 극심하여 죽을힘 다해 주께 피합니다.
저들에게 붙잡히면, 나는 끝장입니다.
사자처럼 사나운 적에게 갈기갈기 찢겨
숲으로 끌려가게 될 것입니다.
찾는 이, 기억해 주는 사람 없이 버려지고 말 것입니다.

3-5 **하나님**, 저들 말대로
내가 친구를 배신하고
원수들에게 바가지를 씌웠다면,
정말로 내 손이 그렇게 더럽다면,
저들이 나를 붙잡아 깔아뭉개게 하시고
나를 진흙탕에 처박게 하소서.

4-5 Break in, GOD, and break up this fight;
  if you love me at all, get me out of here.
I'm no good to you dead, am I?
  I can't sing in your choir if I'm buried in some tomb!

6-7 I'm tired of all this—so tired. My bed
  has been floating forty days and nights
On the flood of my tears.
  My mattress is soaked, soggy with tears.
The sockets of my eyes are black holes;
  nearly blind, I squint and grope.

8-9 Get out of here, you Devil's crew:
  at last GOD has heard my sobs.
My requests have all been granted,
  my prayers are answered.

10 Cowards, my enemies disappear.
Disgraced, they turn tail and run.

A David Psalm

7 1-2 GOD! God! I am running to you for dear life;
  the chase is wild.
If they catch me, I'm finished:
  ripped to shreds by foes fierce as lions,
  dragged into the forest and left
  unlooked for, unremembered.

3-5 GOD, if I've done what they say—
  betrayed my friends,
  ripped off my enemies—
If my hands are really that dirty,
  let them get me, walk all over me,
  leave me flat on my face in the dirt.

6-8 **하나님**, 일어나소서.
광포한 원수들에게 주님의 거룩한 분노를 쏟아
내소서.
하나님, 깨어나소서. 나를 고소한 자들이
법정을 가득 메웠습니다. 지금은 판결을 내리
실 때입니다.
재판석에 좌정하시고 주님의 법봉을 두드려
나에 대한 거짓고소를 기각하여 주소서.
나는 준비되었습니다.
주께서 "무죄" 판결을 내리시리라 자신합니다.

9-11 **하나님**, 악인들의 악을 끝장내시고
우리에게 주님의 명령을 공포하소서.
주님은 우리 인생을 단련시키시는 분,
우리의 약한 곳을 살펴 헤아리시고
우리의 거친 곳을 깎아 다듬으시는 분.
주께서 바로잡으시고 붙들어 주시니
이제 내가 강건하고 안전합니다.
존귀하신 하나님은 매사를 올바르게 행하시는 분.
그러나 언제라도 노여움을 터뜨릴 수 있는 분.

11-13 아무도 **빠져나가지** 못한다.
하나님께서 이미 행동에 돌입하셨다.
숫돌에 칼을 가시고
활을 메워 시위에 화살을 얹으시며,
손에는 흉기를 드셨다.
화살마다 불이 붙어 이글거린다.

14 보라, 저 사람을!
죄와 간통하여
악을 잉태했구나.
오, 보라! 아기를 낳았는데
거짓을 낳았구나!

15-16 날마다 삽질하며
저 곧게 뻗은 외길 밑에
함정을 파고 은폐하는 저 자가 보이느냐?
돌아가 다시 살펴보아라. 거기에 거꾸로 처박

6-8 Stand up, GOD; pit your holy fury
   against my furious enemies.
Wake up, God. My accusers have packed
   the courtroom; it's judgment time.
Take your place on the bench, reach for
your gavel,
   throw out the false charges against
   me.
I'm ready, confident in your verdict:
   "Innocent."

9-11 Close the book on Evil, GOD,
   but publish your mandate for us.
You get us ready for life:
   you probe for our soft spots,
   you knock off our rough edges.
And I'm feeling so fit, so safe:
   made right, kept right.
God in solemn honor does things right,
   but his nerves are sandpapered raw.

11-13 Nobody gets by with anything.
   God is already in action—
Sword honed on his whetstone,
   bow strung, arrow on the string,
Lethal weapons in hand,
   each arrow a flaming missile.

14 Look at that guy!
   He had sex with sin,
   he's pregnant with evil.
Oh, look! He's having
   the baby—a Lie-Baby!

15-16 See that man shoveling day after day,
   digging, then concealing, his man-trap
   down that lonely stretch of road?
Go back and look again—you'll see him

힌 채

바람결에 흔들리는 두 다리가 보이리라.

남에게 끼친 해악은 맞불이 되어 돌아오고

남에게 가한 폭력은 부메랑이 되어 돌아온다.

17 나, 모든 일을 바로잡으시는 하나님께 감사하리라.

지극히 높으신 **하나님**의 명성을 노래하리라.

다윗의 시

8 1 **하나님**, 찬란히 빛나는 주님,

주님의 이름은 이제 모르는 사람이 없습니다.

2 주님을 높이며 젖먹이들이 옹알이로 합창하고

막 걷기 시작한 어린아이들이 목청껏 노래하니,

원수의 말소리 묻혀 버리고

무신론자의 지껄임도 잠잠합니다.

3-4 주님의 거대한 하늘, 캄캄하고 광대한 하늘을 우러러봅니다.

손수 만드신 하늘 보석,

제자리에 박아 넣으신 달과 별들을.

그리고 한없이 작은 내 모습에 깜짝 놀랍니다.

우리가 무엇이기에 이토록 걱정하시고

우리 인생길이 무엇이기에 이토록 살뜰히 살피십니까?

5-8 하지만 우리는 신들보다 조금 못한 자들.

주님은 에덴의 새벽빛으로 빛나는 우리에게

손수 지으신 세상을 맡기시고

창조의 임무를 되새기게 하셨습니다.

양 떼와 소 떼,

들짐승들,

날아다니는 새들과 헤엄치는 물고기,

깊은 바다에서 노래하는 고래들을 다스리게 하셨습니다.

in it headfirst,

legs waving in the breeze.

That's what happens:

mischief backfires;

violence boomerangs.

17 I'm thanking God, who makes things right.

I'm singing the fame of heaven-high GOD.

8 1 GOD, brilliant Lord,

yours is a household name.

2 Nursing infants gurgle choruses about you;

toddlers shout the songs

That drown out enemy talk,

and silence atheist babble.

3-4 I look up at your macro-skies, dark and enormous,

your handmade sky-jewelry,

Moon and stars mounted in their settings.

Then I look at my micro-self and wonder,

Why do you bother with us?

Why take a second look our way?

5-8 Yet we've so narrowly missed being gods,

bright with Eden's dawn light.

You put us in charge of your handcrafted world,

repeated to us your Genesis-charge,

Made us lords of sheep and cattle,

even animals out in the wild,

Birds flying and fish swimming,

whales singing in the ocean deeps.

9 **하나님**, 찬란히 빛나는 주님,
주님의 이름이 온 세상에 메아리칩니다.

다윗의 시

9
 1-2 **하나님**, 온 마음을 다해 감사하며
주께서 행하신 놀라운 일들을 책에
기록합니다.
내가 기쁨에 겨워 휘파람 불고, 즐거워 펄쩍
펄쩍 뜁니다.
지극히 높으신 하나님, 주님을 노래합니다.

3-4 내 원수들이 꽁무니를 빼던 그날,
저들은 주님 앞에 비틀거리며 고꾸라졌습
니다.
주께서 모든 일을 바로잡으셨고
내가 필요로 할 때, 곁에 계시며 변호해 주셨
습니다.

5-6 주님은 사악한 민족들에게 호루라기 불
어 경고하시는 분.
비열한 반칙을 저지른 선수들을 퇴장시키시고
곧바로 명단에서 그들의 이름을 삭제하시
는 분.
원수들이 퇴장당해 사라지고
그들의 명성은 놀림거리가 되었으며,
그들의 이름이 명예의 전당에서 지워졌습니다.

7-8 **하나님**께서는 중심을 잡으시고,
세상의 혼란을 살피시며 바로잡으시는 분.
땅에 사는 우리에게 무엇이 알맞은지 정하
시고
각 사람에게 합당한 상을 주시는 분.

9-10 **하나님**은 학대받는 이들을 위한 은신처.
곤경에 처할 때 찾아갈 피난처.
도착하는 순간, 마음이 놓이고
언제든 문 두드려도 미안한 마음 들지 않는 곳.

9 GOD, brilliant Lord,
  your name echoes around the world.

A David Psalm

9
 1-2 I'm thanking you, GOD, from a
  full heart,
  I'm writing the book on your wonders.
I'm whistling, laughing, and jumping for
joy;
  I'm singing your song, High God.

3-4 The day my enemies turned tail and
ran,
  they stumbled on you and fell on their
  faces.
You took over and set everything right;
  when I needed you, you were there,
  taking charge.

5-6 You blow the whistle on godless
nations;
  you throw dirty players out of the game,
  wipe their names right off the roster.
Enemies disappear from the sidelines,
  their reputation trashed,
  their names erased from the halls of
  fame.

7-8 GOD holds the high center,
  he sees and sets the world's mess right.
He decides what is right for us earthlings,
  gives people their just deserts.

9-10 GOD's a safe-house for the battered,
  a sanctuary during bad times.
The moment you arrive, you relax;
  you're never sorry you knocked.

11-12 시온에 거하시는 **하나님**을 노래하고
만나는 모든 이에게 그분 이야기 들려주어라.
살인자의 뒤를 쫓으시되
우리에게서 눈을 떼지 않으시고,
흐느낌과 신음소리 하나 놓치지 않으시는 그
분 이야기를.

13-14 **하나님**, 내게 친절을 베풀어 주소서.
오래도록 이 몸, 이리저리 치이며 살아왔습
니다.
죽음의 문턱에서 나를 이끌어 주셨으니,
내가 찬양의 노래를 짓겠습니다.
대로변과 번화가에서
거리 집회를 열겠습니다.
내가 찬양을 이끌 때
구원의 노래 사방에 울려 퍼질 것입니다.

15-16 저 악한 나라들,
자기들이 놓은 덫에 걸리고
자기들이 친 그물에
발이 엉켰구나.
저들, 아무 말도 못하니
하나님의 일하심, 이토록 유명하구나.
악인들이 스스로 만든 교활한 기계장치에
손이 잘렸구나.

17-20 악인들이 손에 쥔 것은
지옥행 편도 승차권.
가난한 이들, 더 이상 이름 없는 자로 살지 않고
비천한 이들, 더 이상 수치를 당하지 않으리라.
하나님, 일어나소서!
악인들의 헛된 교만이 넌더리 나지 않으신
지요?
저 허세를 까발려 주소서!
하나님, 저들을 떨게 하소서!
저들이 얼마나 어리석은지 드러내 보이소서.

11-12 Sing your songs to Zion-dwelling
GOD,
    tell his stories to everyone you meet:
How he tracks down killers
    yet keeps his eye on us,
      registers every whimper and moan.

13-14 Be kind to me, GOD;
    I've been kicked around long enough.
Once you've pulled me back
    from the gates of death,
I'll write the book on Hallelujahs;
    on the corner of Main and First
    I'll hold a street meeting;
I'll be the song leader; we'll fill the air
    with salvation songs.

15-16 They're trapped, those godless
countries,
    in the very snares they set,
Their feet all tangled
    in the net they spread.
They have no excuse;
    the way God works is well-known.
The cunning machinery made by the
wicked
    has maimed their own hands.

17-20 The wicked bought a one-way
    ticket to hell.
No longer will the poor be nameless–
    no more humiliation for the humble.
Up, GOD! Aren't you fed up with their
empty strutting?
    Expose these grand pretensions!
Shake them up, GOD!
    Show them how silly they look.

10 ¹⁻² 하나님, 어찌하여 나를 외면하십니까?

주님이 필요한데 어디 계십니까?
악인들이 큰소리치며
  가난한 이들을 맹렬히 뒤쫓고 있으니,
하나님, 저들의 다리를 걸어
  자기들이 꾸민 흉계에 빠지게 하소서.

3-4 악인들은 빈말을 떠벌리고
  사기꾼 입에서는 구린내가 진동합니다.
저들, 하늘을 찌를 듯 콧대가 높아
  하나님을 무시합니다.
벽마다 휘갈겨 쓴 낙서가 보입니다.
  "잡을 테면 잡아 보라지!" "하나님은 죽었어."

5-6 저들은 주님의 생각에 전혀 개의치 않고,
  방해가 된다 싶으면 바로 주님을 외면합니다.
"우리는 잘못되지 않아. 올해는 운이 좋거든!"
  하면서
자기들이 근사하게 산다고 생각합니다.

7-8 저들의 입에는 저주가 가득하고
  저들의 혀는 살모사처럼 독을 내뱉습니다.
선량한 사람들 뒤에 숨어 있다가
  만만한 이들을 덮칩니다.

9 운 나쁜 이를 눈여겨 두었다가
  사냥꾼처럼 은밀한 곳에서 기다립니다.
그러다 그 가련한 사람이 가까이서 헤매기라
도 하면
  뒤에서 그의 등을 찌릅니다.

10-11 불행한 이는 걷어채어 땅바닥에 쓰러지고
  운 나쁜 그는 잔인하게 난도질당합니다.
그는 하나님이 자기를 버리셨다고 생각합니다.
  자신의 곤경에는 관심이 없다고 여깁니다.

10 ¹⁻² GOD, are you avoiding me?
     Where are you when I need
you?
Full of hot air, the wicked
  are hot on the trail of the poor.
Trip them up, tangle them up
  in their fine-tuned plots.

3-4 The wicked are windbags,
  the swindlers have foul breath.
The wicked snub GOD,
  their noses stuck high in the air.
Their graffiti are scrawled on the walls:
  "Catch us if you can!" "God is dead."

5-6 They care nothing for what you think;
  if you get in their way, they blow you
    off.
They live (they think) a charmed life:
  "We can't go wrong. This is our lucky
    year!"

7-8 They carry a mouthful of hexes,
  their tongues spit venom like adders.
They hide behind ordinary people,
  then pounce on their victims.

9 They mark the luckless,
  then wait like a hunter in a blind;
When the poor wretch wanders too close,
  they stab him in the back.

10-11 The hapless fool is kicked to the
ground,
  the unlucky victim is brutally axed.
He thinks God has dumped him,
  he's sure that God is indifferent to his
    plight.

12-13 **하나님**, 일어나실 때입니다. 서두르소서.
가련한 이들이 하나님께 버림받았다고 생각합니다.
악인들은 하나님을 업신여기고도
어찌하여 무사한지,
저리도 기고만장한데
어찌하여 문책을 당하지 않는지
그들이 의아해합니다.

14 그러나 주님은 이 모든 상황을 아십니다.
그들이 당하는 업신여김과 학대를 잘 아십니다.
언젠가는 가련한 저들이,
주님 주시는 복을 분명히 받게 될 것입니다.
주께서 저들의 기대를 저버리지 않으실 테니,
그들이 영원한 고아로 남지 않을 것입니다.

15-16 악인들의 오른팔을 꺾으시고
악질들의 왼팔을 부러뜨리소서.
범죄의 낌새까지
모두 찾아 없애 주소서.
그러면 **하나님**의 은혜와 명령이 승리하고
사악한 자들은 패할 것입니다.

17-18 주께서 가련한 이들의 말에 귀를 기울여 주시니,
저들의 희미한 맥박이 약동하고
절망에 빠진 이들의 심장이 붉은 피를 뿜어 올립니다.
고아들이 부모를 얻고
노숙자들이 집을 얻습니다.
공포정치가 끝나고
폭군들의 지배도 막을 내립니다.

다윗의 시

11

1-3 나, 죽을힘 다해
하나님의 품으로 피해 왔거늘,
이제 와 달아날 이유가 무엇이겠는가?
그런데도 너희는 말하는구나.

12-13 Time to get up, GOD—get moving.
The luckless think they're Godforsaken.
They wonder why the wicked scorn God
and get away with it,
Why the wicked are so cocksure
they'll never come up for audit.

14 But you know all about it—
the contempt, the abuse.
I dare to believe that the luckless
will get lucky someday in you.
You won't let them down:
orphans won't be orphans forever.

15-16 Break the wicked right arms,
break all the evil left arms.
Search and destroy
every sign of crime.
GOD's grace and order wins;
godlessness loses.

17-18 The victim's faint pulse picks up;
the hearts of the hopeless pump red blood
as you put your ear to their lips.
Orphans get parents,
the homeless get homes.
The reign of terror is over,
the rule of the gang lords is ended.

A David Psalm

11

1-3 I've already run for dear life
straight to the arms of GOD.
So why would I run away now
when you say,

"산으로 달아나라.
악인들이 활을 당기고,
악당들이 화살을 겨눈다.
하나님께 정직한 모든 이들을
어둠 속에서 쏘려 한다.
나라의 기초가 무너졌는데
선한 사람인들 살 가망이 있겠는가?"

4-6 그러나 **하나님**은 산으로 거처를 옮기지 않으셨다.
그분의 거룩한 주소도 바뀌지 않았다.
그분은 여느 때처럼 변함없이 다스리시고
모든 것을 눈여겨보시며,
눈도 깜빡하지 않으신다.
제멋대로 구는 아담의 후손을
안팎으로 살피시되, 하나도 놓치지 않으신다.
선인과 악인을 똑같이 시험하시고
부정행위에 격분하신다.
하나님의 시험에서 떨어진 자는 밖으로 내쫓겨,
쏟아지는 불덩이를 맞게 되리라.
수통에 가득한 사막 열풍을 마시게 되리라.

7 모든 일을 바로잡는 것이야말로 **하나님**이 하시는 일.
주님은 올바른 기준 정하기를 기뻐하시고
우리를 바로 서게 하시는 분,
우리가 떳떳하면, 그분의 얼굴 마주하게 되리라.

다윗의 시
12 1-2 **하나님**, 서두르소서. 주님의 손길이 절실합니다!
마지막 남은 의인마저 쓰러지고
의지했던 친구들도 떠나고 없습니다.
거짓말이 모국어가 된 듯
번지르르한 입술에서 거짓말이 흘러나옵니다.
한 입으로 두말을 해댑니다.

"Run to the mountains; the evil
    bows are bent, the wicked arrows
Aimed to shoot under cover of darkness
    at every heart open to God.
The bottom's dropped out of the country;
    good people don't have a chance"?

4-6 But GOD hasn't moved to the mountains;
    his holy address hasn't changed.
He's in charge, as always, his eyes
    taking everything in, his eyelids
Unblinking, examining Adam's unruly brood
    inside and out, not missing a thing.
He tests the good and the bad alike;
    if anyone cheats, God's outraged.
Fail the test and you're out,
    out in a hail of firestones,
Drinking from a canteen
    filled with hot desert wind.

7 GOD's business is putting things right;
    he loves getting the lines straight,
Setting us straight. Once we're standing tall,
    we can look him straight in the eye.

A David Psalm
12 1-2 Quick, GOD, I need your helping hand!
The last decent person just went down,
All the friends I depended on gone.
Everyone talks in lie language;
Lies slide off their oily lips.
They doubletalk with forked tongues.

3-4 저들 얼굴에서 입술을 베어 버리소서!
나불대는 저 입에서 혀를 뽑아 버리소서!
"우리가 말로 구워삶지 못할 자 누구랴?
세 치 혀로 하지 못할 일이 무엇이랴?" 하며
떠드는 소리,
더는 못 듣겠습니다.

5 가난한 이들의 오두막과
집 없는 이들이 신음하는 캄캄한 골목길을 향
해, 하나님이 말씀하신다.
"내가 더는 못 참겠다. 이제 가서,
저 가련한 이들의 가슴속 응어리를 풀어 주
리라."

6-8 하나님의 말씀은 순전한 말씀,
도가니 불로
일곱 번 정련한 은과 같구나.
하늘에서처럼 땅에서도 순전하도다.
하나님, 저들의 거짓말에서 우리를 지켜 주소서.
거짓말로 우리를 사냥하는 저 악한 자들,
거짓말로 이름을 떨치는 저 악인들에게서
우리를 지켜 주소서.

다윗의 시

13
1-2 **하나님**, 그만하면 충분합니다.
너무 오래도록 나를 못 본 체하시고
주님의 뒷모습만 보여주셨습니다.
무겁고 쓰라린 고통,
겪을 만큼 겪었습니다.
오만한 원수들의 조롱,
받을 만큼 받았습니다.

3-4 **하나님**, 나의 하나님, 나를 눈여겨봐 주소서.
원수에게 당하지 않고
넘어져도 비웃음당하지 않도록
나, 두 눈 똑바로 뜨고 살고 싶습니다.

5-6 주님 품에 달려든 이 몸,

3-4 Slice their lips off their faces! Pull
The braggart tongues from their mouths!
I'm tired of hearing, "We can talk anyone
into anything!
Our lips manage the world."

5 Into the hovels of the poor,
Into the dark streets where the homeless
groan, God speaks:
"I've had enough; I'm on my way
To heal the ache in the heart of the
wretched."

6-8 God's words are pure words,
Pure silver words refined seven times
In the fires of his word-kiln,
Pure on earth as well as in heaven.
GOD, keep us safe from their lies,
From the wicked who stalk us with lies,
From the wicked who collect honors
For their wonderful lies.

A David Psalm

13
1-2 Long enough, GOD—
you've ignored me long enough.
I've looked at the back of your head
long enough. Long enough
I've carried this ton of trouble,
lived with a stomach full of pain.
Long enough my arrogant enemies
have looked down their noses at me.

3-4 Take a good look at me, GOD, my God;
I want to look life in the eye,
So no enemy can get the best of me
or laugh when I fall on my face.

5-6 I've thrown myself headlong into your

주님의 구원을 기뻐합니다.
기도 응답을 넘치도록 받았으니
이제 목이 터져라 노래 부릅니다.

다윗의 시

14

¹ 비루하고 거만한 인간들,
"하나님은 없다"고 허튼소리
하는구나.
저들의 말은 독가스,
공기를 오염시키고
강과 하늘을 더럽힌다.
그저 엉겅퀴나 키워 낼 뿐.

² **하나님**께서 하늘에서 고개를 내미시고
아래를 둘러보신다.
혹 우둔하지 않은 자가 있나 찾아보신다.
누구 하나 하나님을 바라는 사람,
하나님을 위해 준비된 사람이 있나 하고.

³ 그러나 허탕만 치실 뿐,
단 한 사람도 찾지 못하신다.
다들 쓸모없는 자, 어중이떠중이들뿐.
돌아가며 양의 탈을 쓰고 목자 행세나 하니
열이면 열, 백이면 백
모두 제멋대로 가는구나.

⁴ 저 사기꾼들,
정말 머리가 빈 것이냐?
패스트푸드 먹어 치우듯 내 백성을 집어
삼키고도
너무 바빠서 기도하지 못한다니,
그러고도 무사하리라
생각한단 말이냐?

5-6 밤이 오고 있다. 악몽이 그들에게 닥
치리니
하나님은 희생자들의 편이시기 때문이다.
가난한 이들의 꿈에

arms—
I'm celebrating your rescue.
I'm singing at the top of my lungs,
I'm so full of answered prayers.

A David Psalm

14

¹ Bilious and bloated, they gas,
"God is gone."
Their words are poison gas,
fouling the air; they poison
Rivers and skies;
thistles are their cash crop.

² GOD sticks his head out of heaven.
He looks around.
He's looking for someone not stupid—
one man, even, God-expectant,
just one God-ready woman.

³ He comes up empty. A string
of zeros. Useless, unshepherded
Sheep, taking turns pretending
to be Shepherd.
The ninety and nine
follow their fellow.

⁴ Don't they know anything,
all these impostors?
Don't they know
they can't get away with this—
Treating people like a fast-food meal
over which they're too busy to pray?

5-6 Night is coming for them, and night-
mares,
for God takes the side of victims.
Do you think you can mess
with the dreams of the poor?

재를 뿌릴 수 있을 줄 알았더냐?
아서라. 하나님은
그들의 꿈을 이루어 주시는 분이다.

7 이스라엘을 구원할 이 누구인가?
그렇다. 하나님이 계신다. 하나님은 우리 삶을
반전시키는 분.
신세가 역전된 야곱이 기뻐 뛰놀고,
신세가 역전된 이스라엘이 웃으며 노래하는구나.

다윗의 시

15 ¹ **하나님**, 당신 계신 곳에 초대받아
함께 저녁식사를 할 자 누구입니까?
어떻게 해야 우리가 주님의 방문객 명단에 오
를 수 있습니까?

2 "똑바로 걷고
바르게 행동하며
진실을 말하여라.

3-4 친구에게 해를 끼치지 말고
이웃을 탓하지 말며
비열한 자들을 경멸하여라.

5 손해가 나더라도 약속을 지키고
정직하게 살며
뇌물을 받지 마라.

이렇게 살면
주님 눈 밖에 나는 일
결코 없으리라."

다윗의 노래

16 ¹⁻² 하나님, 나를 지켜 주소서.
죽을힘 다해 주께 피합니다.
하나님께 구합니다. '나의 주님이 되어 주소서!"
하나님 없이는 모든 것이 헛됩니다.

You can't, for God
    makes their dreams come true.

7 Is there anyone around to save
Israel?
    Yes. God is around; GOD turns life
    around.
Turned-around Jacob skips rope,
    turned-around Israel sings laughter.

A David Psalm

15 ¹ GOD, who gets invited
    to dinner at your place?
How do we get on your guest list?

2 "Walk straight,
    act right,
        tell the truth.

3-4 "Don't hurt your friend,
    don't blame your neighbor;
        despise the despicable.

5 "Keep your word even when it costs
you,
    make an honest living,
        never take a bribe.

"You'll never get
blacklisted
if you live like this."

A David Song

16 ¹⁻² Keep me safe, O God,
    I've run for dear life to you.
I say to GOD, "Be my Lord!"
    Without you, nothing makes sense.

³ 하나님께서 택하시고 도처에 두신 이들,
나에게는 더없이 훌륭한 친구들입니다!

⁴ 신(神)을 사러 가지 마라.
신들은 사고파는 물건이 아니다.
나, 신의 이름을 결코 상품 대하듯
하지 않으리라.

⁵⁻⁶ **하나님**, 나는 처음부터 주님만을 택했습니다.
그런데 이제 보니, 주께서 나를 택하신 것이었습니다!
주께서 내게 집과 마당을 주셨고
나를 주님의 상속자로 삼아 주셨습니다!

⁷⁻⁸ 깨어 있을 때 **하나님**께서 주신 지혜로운 조언,
잠잘 때도 내 마음 굳게 붙듭니다.
나, 밤낮 **하나님**을 붙들겠습니다.
귀한 것 주시는 주님을 절대 떠나지 않겠습니다.

⁹⁻¹⁰ 내 마음은 행복하고
나의 삶은 안팎으로 확고합니다.
주께서 내 지옥행 승차권을 취소해 주셨으니
이제 나 그리로 갈 일 없습니다!

¹¹ 주님은 나의 발을 생명 길에 두셨고
그 길은 온통 주님 얼굴빛으로 환히 빛납니다.
주께서 내 손을 잡으신 그날 이후로,
나, 바른 길에 서 있습니다.

다윗의 기도

17 ¹⁻² **하나님**, 내 사정을 말씀드리니 귀 기울여 주소서.
거짓 없는 나의 기도, 주께 올려 드립니다.
주께서도 아시는 일이니
나의 무죄함을 세상에 알려 주소서.

³ And these God-chosen lives all around—
what splendid friends they make!

⁴ Don't just go shopping for a god.
Gods are not for sale.
I swear I'll never treat god-names
like brand-names.

⁵⁻⁶ My choice is you, GOD, first and only.
And now I find I'm *your* choice!
You set me up with a house and yard.
And then you made me your heir!

⁷⁻⁸ The wise counsel GOD gives when I'm awake
is confirmed by my sleeping heart.
Day and night I'll stick with GOD;
I've got a good thing going and I'm not letting go.

⁹⁻¹⁰ I'm happy from the inside out,
and from the outside in, I'm firmly formed.
You canceled my ticket to hell—
that's not my destination!

¹¹ Now you've got my feet on the life path,
all radiant from the shining of your face.
Ever since you took my hand,
I'm on the right way.

A David Prayer

17 ¹⁻² Listen while I build my case, GOD,
the most honest prayer you'll ever hear.
Show the world I'm innocent—
in your heart you know I am.

³ 나의 안과 밖을 샅샅이 살피시고
한밤중에도 들이닥쳐 나를 심문하소서.
나의 말이 틀림없음을,
조금도 거짓이 없음을 아시게 될 것입니다.

⁴⁻⁵ 나는 세상 사람들처럼
내 마음대로 하지 않고
주님 뜻대로,
주님 말씀대로 살려고 애씁니다.
주님의 발자국 따라
한 걸음 한 걸음
내딛으려 합니다.
나는 포기할 줄을 모릅니다.

⁶⁻⁷ 하나님, 응답을 확신하기에, 내가 주님
을 부릅니다.
그러니 응답하소서! 귀 기울여 주소서!
담벼락마다 은혜라는 글자로 채워 주시고
두려워 떠는 이들,
주위의 무뢰배들을 피해 주께 달려오는
주님의 자녀들을 품어 주소서.

⁸⁻⁹ 내게서 눈을 떼지 말아 주소서.
나를 노리는 악인들,
지긋지긋하게 몰려오는 저 원수들이 못 보게
나를 주님의 시원한 날개깃 아래 숨겨 주소서.

¹⁰⁻¹⁴ 저들의 마음은 쇠못처럼 강고하고
저들의 입에서는 허풍이 뿜어져 나옵니다.
저들이 나를 쫓아와 뒤꿈치를 잡아채고
넘어뜨리려 합니다.
사자처럼 갈기갈기 찢으려 하고
젊은 사자처럼 독기를 품고 나를 덮치려 합
니다.
하나님, 일어나소서! 저들의 턱수염을 뽑
고, 뼈를 부러뜨리소서!
주님의 칼을 들어 저들의 발톱에서 나를 빼
내 주소서.

³ Go ahead, examine me from inside out,
　surprise me in the middle of the night—
You'll find I'm just what I say I am.
　My words don't run loose.

⁴⁻⁵ I'm not trying to get my way
　in the world's way.
I'm trying to get *your* way,
　your Word's way.
I'm staying on your trail;
　I'm putting one foot
In front of the other.
　I'm not giving up.

⁶⁻⁷ I call to you, God, because I'm sure of an
answer.
　So—answer! bend your ear! listen sharp!
Paint grace-graffiti on the fences;
　take in your frightened children who
Are running from the neighborhood bullies
　straight to you.

⁸⁻⁹ Keep your eye on me;
　hide me under your cool wing feathers
From the wicked who are out to get me,
　from mortal enemies closing in.

¹⁰⁻¹⁴ Their hearts are hard as nails,
　their mouths blast hot air.
They are after me, nipping my heels,
　determined to bring me down,
Lions ready to rip me apart,
　young lions poised to pounce.
Up, GOD: beard them! break them!
　By your sword, free me from their clutch-
　es;
Barehanded, GOD, break these mortals,
　these flat-earth people who can't think

하나님, 오늘 너머의 일을 생각지 않는 저 작자들,
저 무지막지한 자들을 맨손으로 꺾으소서.

저들이 기근 때나 먹는 험한 음식을 먹고
부황 들린 모습을 내 눈으로 보고 싶습니다.
저들은 씨 뿌려 거둔 풀뿌리로
차마 못 먹을 빵을 만들 겁니다.
첫 번째 것은 자신들이 먹고, 두 번째 것은 자식들에게 주고
껍데기는 어린아이들에게 주어 씹게 하겠지요.

¹⁵ 그러나 나는 주님의 그 얼굴을
마주하여 볼 것입니다. 잠자리에서 일어날 때마다
주님 모습 그대로 뵙고,
지상에서 천국 맛보며 살 것입니다.

다윗이 모든 원수와 사울에게서 건짐을 받고
하나님께 바친 노래

18 ¹⁻² 주님은 나를 강하게 하시는 하나님,
내가 주님을 사랑합니다.
하나님은 내가 발 디딜 반석,
내가 거하는 성채,
나를 구해 주시는 기사.
나, 높은 바위산 내 하나님께
죽기 살기로 달려가
그 병풍바위 뒤에 숨고
그 든든한 바위 속에 몸을 감춘다.

³ 존귀한 찬송을 하나님께 부르며
나, 안전과 구원을 누린다.

⁴⁻⁵ 사형집행인의 올가미가 내 목을 단단히 죄고
마귀의 물살이 나를 덮쳤다.
지옥 끈에 꽁꽁 묶이고
죽음의 덫에 갇혀 출구가 모조리 막혔다.

beyond today.

I'd like to see their bellies
    swollen with famine food,
The weeds they've sown
    harvested and baked into famine bread,
With second helpings for their children
    and crusts for their babies to chew on.

¹⁵ And me? I plan on looking
    you full in the face. When I get up,
I'll see your full stature
    and live heaven on earth.

A David Song, Which He Sang to GOD After
Being Saved from All His Enemies and from
Saul

18 ¹⁻² I love you, GOD—
    you make me strong.
GOD is bedrock under my feet,
    the castle in which I live,
    my rescuing knight.
My God—the high crag
    where I run for dear life,
    hiding behind the boulders,
    safe in the granite hideout.

³ I sing to GOD, the Praise-Lofty,
    and find myself safe and saved.

⁴⁻⁵ The hangman's noose was tight at my throat;
    devil waters rushed over me.
Hell's ropes cinched me tight;
    death traps barred every exit.

6 이리도 험악한 세상! 나는 **하나님**께 외쳤다.
도와 달라고 부르짖었다.
그랬더니 하나님께서 그분의 왕궁에서 들으셨다.
내 부르짖음을 들으시고 나를 당신 앞에 불러 주셨다.
나를 독대해 주셨다!

7-15 땅이 진동하고 요동치며
거대한 산들이 나뭇잎처럼 흔들렸다.
사시나무 떨듯 떨었다.
그분께서 격노하셨기 때문이다.
코로 씩씩 연기를 내뿜으시고
입으로 불을 내뿜으셨다.
불 혀들이 널름거렸다.
하늘을 말아 내리고
땅을 밟으시니
땅 밑으로 심연이 패였다.
날개 돋친 생물을 타고,
바람날개를 타고 날아오르셨다.
먹구름을
외투로 두르셨다.
그러나 그분의 광채가 구름을 비집고 나와
우박과 불덩이를 쏟아 냈다.
하나님께서 하늘에서 천둥소리를 내셨다.
높으신 하나님께서 고함을 치셨다.
하나님이 활을 쏘셨다. 일대 아수라장이 되었다!
번개를 내리꽂으셨다. 다들 혼비백산 달아났다!
하나님께서 노호하시며
폭풍 분노를 터뜨리시자,
대양의 숨은 원천이 드러나고
대지의 심부가 훤히 드러났다.

16-19 그러나 그분께서 나를 붙잡아 주셨다.
하늘에서 바다까지 손을 뻗어 끌어올려 주셨다.
그 증오의 바다, 원수가 일으킨 혼돈에서부터,
내가 빠져든 그 공허로부터.

6 A hostile world! I call to GOD,
   I cry to God to help me.
From his palace he hears my call;
   my cry brings me right into his
   presence—
   a private audience!

7-15 Earth wobbles and lurches;
   huge mountains shake like leaves,
Quake like aspen leaves
   because of his rage.
His nostrils flare, bellowing smoke;
   his mouth spits fire.
Tongues of fire dart in and out;
   he lowers the sky.
He steps down;
   under his feet an abyss opens up.
He's riding a winged creature,
   swift on wind-wings.
Now he's wrapped himself
   in a trenchcoat of black-cloud darkness.
But his cloud-brightness bursts through,
   spraying hailstones and fireballs.
Then GOD thundered out of heaven;
   the High God gave a great shout,
   spraying hailstones and fireballs.
God shoots his arrows—pandemonium!
   He hurls his lightnings—a rout!
The secret sources of ocean are exposed,
   the hidden depths of earth lie uncovered
The moment you roar in protest,
   let loose your hurricane anger.

16-19 But me he caught—reached all the way
   from sky to sea; he pulled me out
Of that ocean of hate, that enemy chaos,
   the void in which I was drowning.

쓰러진 나를 그들이 걷어찼으나,
하나님께서 내 곁을 지켜 주셨다.
그분께서 나를 탁 트인 들판에 세워 주셨다.
나, 구원받아 거기 섰다. 놀라운 사랑이여!

20-24 조각난 내 삶을 다 맡겨 드렸더니,
하나님께서 온전하게 만들어 주셨다.
내 행실을 바로잡았더니
새 출발을 허락해 주셨다.
나 이제 **하나님**의 도(道)에 늘 정신을 바짝
차리고,
하나님을 예사롭게 여기지 않으리라.
매일 그분이 일하시는 방식을 유심히 살피며
하나도 놓치지 않으려 애쓰리라.
다시 시작하는 마음으로
한 걸음 한 걸음 신중히 내딛는다.
내 마음을 열어 보여드리니
하나님께서 내 인생 이야기를 다시 써 주셨다.

25-27 선한 이들은 주님의 선하심을 맛보고
온전한 이들은 주님의 온전하심을 맛보고
진실한 자들은 주님의 진실하심을 맛보지만,
악한 자들은 주님을 헤아리지 못할 것입니다.
주께서는 밟히는 이들의 편을 들어주시며,
콧대 높은 이들의 콧대를 꺾어 버리십니다.

28-29 **하나님**, 주께서 내 인생을 환히 비추시니
내가 하나님의 영광으로 밝게 빛납니다!
나, 날강도 떼를 박살내고
높디높은 담장도 뛰어넘습니다.

30 하나님은 얼마나 놀라우신가! 그분의 길은
쭉 뻗은 평탄대로.
하나님께서 가라 하시는 길은 모두 검증된 길.
그분은 누구든 달아나
몸을 숨길 수 있는 은신처.

They hit me when I was down,
    but GOD stuck by me.
He stood me up on a wide-open field;
    I stood there saved—surprised to be loved!

20-24 GOD made my life complete
    when I placed all the pieces before him.
When I got my act together,
    he gave me a fresh start.
Now I'm alert to GOD's ways;
    I don't take God for granted.
Every day I review the ways he works;
    I try not to miss a trick.
I feel put back together,
    and I'm watching my step.
GOD rewrote the text of my life
    when I opened the book of my heart to his
    eyes.

25-27 The good people taste your goodness,
The whole people taste your health,
The true people taste your truth,
The bad ones can't figure you out.
You take the side of the down-and-out,
But the stuck-up you take down a peg.

28-29 Suddenly, GOD, you floodlight my life;
    I'm blazing with glory, God's glory!
I smash the bands of marauders,
    I vault the highest fences.

30 What a God! His road
    stretches straight and smooth.
Every GOD-direction is road-tested.
    Everyone who runs toward him
Makes it.

31-42 **하나님** 같은 신이 있느냐?
우리의 반석이신 그분 같은 신이?
내 손에 무기를 쥐어 주시고
똑바로 겨누게 하시는 하나님 같은 신이?
나, 사슴처럼 뛰며,
산 정상에 올랐다.
그분이 내게 싸우는 법을 가르쳐 주셨다.
나, 청동활도 당길 수 있다!
주님은 내게 구원을 갑옷처럼 입혀 주십니다.
굳센 팔로 나를 붙드시고
부드러운 손길로 나를 어루만지십니다.
주께서 내가 선 땅을 든든하게 하시니,
내가 확고히 서서 흔들리지 않습니다.
내가 원수들을 뒤쫓아가, 그들을 붙잡았습니다.
그들이 기진하기까지 절대 놓지 않았습니다.
그들에게 강타를 먹이고, 그들을 아주 쓰러뜨
렸습니다.
그런 다음 그들을 깔아뭉갰습니다.
주께서 나를 무장시켜 이 싸움을 하게 하셨습니다.
주께서 그 거만한 자들을 박살내셨습니다.
나의 원수들, 주님 앞에서 꽁무니를 빼고
나를 증오하던 그들, 내가 쓸어버렸습니다.
그들이 "형님!" 하고 외쳐 댔지만,
그들의 형님은 코빼기도 비치지 않았습니다.
하나님께도 소리를 질러 댔지만,
아무 대답도 듣지 못했습니다.
내가 그들을 가루로 만들어 바람에 날려 보냈
습니다.
도랑에 오물 버리듯 그들을 내던졌습니다.

43-45 **주께서** 티격태격 다투는 백성에게서 나
를 구하시고
뭇 민족의 지도자로 세워 주셨습니다.
내가 들어 보지도 못한 민족이 나를 섬겼습니다.
내 소문을 듣자마자 그들이 내 말에 귀를 기
울였습니다.
이방인들이 항복하고 은신처에서
기어 나와 꿇어 엎드렸습니다.

31-42 Is there any god like GOD?
   Are we not at bedrock?
Is not this the God who armed me,
   then aimed me in the right direction?
Now I run like a deer;
   I'm king of the mountain.
He shows me how to fight;
   I can bend a bronze bow!
You protect me with salvation-armor;
   you hold me up with a firm hand,
   caress me with your gentle ways.
You cleared the ground under me
   so my footing was firm.
When I chased my enemies I caught
them;
   I didn't let go till they were dead men.
I nailed them; they were down for good;
   then I walked all over them.
You armed me well for this fight,
   you smashed the upstarts.
You made my enemies turn tail,
   and I wiped out the haters.
They cried "uncle"
   but Uncle didn't come;
They yelled for GOD
   and got no for an answer.
I ground them to dust; they gusted in the
wind.
   I threw them out, like garbage in the
   gutter.

43-45 You rescued me from a squabbling
people;
   you made me a leader of nations.
People I'd never heard of served me;
   the moment they got wind of me they
   listened.
The foreign devils gave up; they came

on their bellies, crawling from their
   hideouts.

46-48 Live, GOD! Blessings from my Rock,
   my free and freeing God, towering!
This God set things right for me
   and shut up the people who talked back.
He rescued me from enemy anger,
   he pulled me from the grip of upstarts,
He saved me from the bullies.

49-50 That's why I'm thanking you, GOD,
   all over the world.
That's why I'm singing songs
   that rhyme your name.
God's king takes the trophy;
   God's chosen is beloved.
I mean David and all his children—
   always.

A David Psalm

19

1-2 God's glory is on tour in the
   skies,
   God-craft on exhibit across the horizon.
Madame Day holds classes every morning,
   Professor Night lectures each evening.

3-4 Their words aren't heard,
   their voices aren't recorded,
But their silence fills the earth:
   unspoken truth is spoken everywhere.

4-5 God makes a huge dome
   for the sun—a superdome!
The morning sun's a new husband
   leaping from his honeymoon bed,
The daybreaking sun an athlete
   racing to the tape.

46-48 **하나님**, 만세! 복 주시는 나의 반석,
나의 해방자 하나님, 출중하시도다!
그분께서 나를 위해 모든 일을 바로잡으시고
말대꾸하는 자들의 입을 막아 버리셨다.
원수의 분노에서 나를 구해 주셨다.
주께서 나를 거만한 자들의 손아귀에서 빼
내 주시고
깡패들에게서 구해 주셨다.

49-50 그러므로 내가 세상 뭇 백성이 보는
앞에서
주 **하나님**께 감사를 드립니다.
주님의 이름에 운을 달아
노래를 부릅니다.
하나님이 세우신 왕이 승리를 얻고
하나님이 택하신 이가 사랑을 받음이여,
다윗과 그 자손에게, 영원토록.
언제까지나.

다윗의 시

19

1-2 하나님의 영광, 하늘을 순회하고
하나님의 솜씨, 수평선을 가로지
르며 펼쳐진다.
낮이 아침마다 수업을 열고
밤이 저녁마다 강연을 베푼다.

3-4 그들의 말 들리지 않고
그들의 목소리 녹음되지 않으나,
그 침묵은 온 땅을 채우고
소리 없는 진리 어디에나 울려 퍼진다.

4-5 하나님께서 해를 위해
거대한 둥근 지붕을 만드셨으니, 그 지붕은
초대형!
아침 해는 신방에서 달려 나온
새신랑.
동틀 무렵의 해는
결승선을 향해 질주하는 달리기 선수.

6 동틀 녘부터 해질 녘까지,
하나님의 말씀도 그렇게 하늘을 누빈다.
얼음을 녹이고, 사막을 달구며,
마음을 어루만져 믿음을 갖게 한다.

7-9 **하나님**의 계시는 온전하여
우리 삶을 회복시키고,
하나님의 이정표는 확실하여
바른 길을 알려 준다.
하나님의 인생지도는 정확하여
기쁨에 이르는 길을 보여주고,
하나님의 지시는 분명하여
알아보기 쉽다.
하나님의 명성은
순금같이 변함없고,
하나님의 결정은 정확하여
한 치의 오차도 없다.

10 하나님의 말씀은 다이아몬드보다
에메랄드 두른 다이아몬드보다 나으니,
너는 봄철 딸기보다 더 말씀을 좋아하게 되
리라.
붉게 잘 익은 딸기보다 더.

11-14 그뿐이 아니니, 하나님의 말씀은 위험
을 경고하고
감춰진 보물이 있는 곳도 알려 준다.
하나님의 말씀이 아니면 우리가 어떻게 길
을 찾고,
우리의 어리석음을 어떻게 분별할 수 있겠
는가?
하나님, 우리의 지난 잘못을 깨끗게 해주소서,
하루를 새롭게 시작하게 하소서!
어리석은 죄에 빠지지 않게 하시고
내가 주님을 대신할 수 있다고 생각하지 않
게 하소서.
그제야 내가 햇빛에 깨끗이 씻겨
죄의 얼룩 말끔히 지운 상태로 하루를 시작

6 That's how God's Word vaults across the
skies
    from sunrise to sunset,
Melting ice, scorching deserts,
    warming hearts to faith.

7-9 The revelation of GOD is whole
    and pulls our lives together.
The signposts of GOD are clear
    and point out the right road.
The life-maps of GOD are right,
    showing the way to joy.
The directions of GOD are plain
    and easy on the eyes.
GOD's reputation is twenty-four-carat
gold,
    with a lifetime guarantee.
The decisions of GOD are accurate
    down to the nth degree.

10 God's Word is better than a diamond,
    better than a diamond set between
    emeralds.
You'll like it better than strawberries in
spring,
    better than red, ripe strawberries.

11-14 There's more: God's Word warns us
of danger
    and directs us to hidden treasure.
Otherwise how will we find our way?
    Or know when we play the fool?
Clean the slate, God, so we can start the
day fresh!
    Keep me from stupid sins,
    from thinking I can take over your
    work;
Then I can start this day sun-washed,

할 수 있습니다.
이것이 내 입에 담은 말,
내가 곱씹고 기도하는 것입니다.
오, 나의 제단 반석이신 하나님,
내 기도, 아침 제단에 바치오니
받아 주소서.
나의 제단–제사장이신 하나님.

다윗의 시

20 ¹⁻⁴ 왕이 큰 어려움을 당할 때
하나님께서 왕에게 응답해 주시기를.
야곱의 하나님의 이름이 왕을 안전하게 지키
시고
거룩한 산에서 원군을 보내 주시며,
시온에서 새 보급품을 보내 주시기를.
왕의 예물에 감탄하시고
왕의 제물을 기쁘게 받으시기를.
왕이 소망하는 것을 허락하시고
왕의 계획들을 이루어 주시기를.

⁵ 왕이 승리할 때, 우리, 지붕이 들썩이도록 함
성 지르며
깃발 들고 행렬을 이끌리라.
왕의 모든 소원이 이루어지기를!

⁶ 그렇게 되리라. 도움이 오고
응답이 가까워져
모든 일이 잘되리라.

⁷⁻⁸ 전차를 반짝반짝 윤내는 이들,
군마를 손질하는 저들이 보이는가?
그러나 우리는 우리 하나님을 위해 화환을 만
든다.
전차는 녹슬고
군마는 절름거리다 멈춰 서지만,
우리는 두 발로 서서 당당히 나서리라.

scrubbed clean of the grime of sin.
These are the words in my mouth;
   these are what I chew on and pray.
Accept them when I place them
   on the morning altar,
O God, my Altar-Rock,
   God, Priest-of-My-Altar.

20 ¹⁻⁴ GOD answer you on the day
you crash,
The name God-of-Jacob put you out of
harm's reach,
Send reinforcements from Holy Hill,
Dispatch from Zion fresh supplies,
Exclaim over your offerings,
Celebrate your sacrifices,
Give you what your heart desires,
Accomplish your plans.

⁵ When you win, we plan to raise the
roof
   and lead the parade with our banners.
May all your wishes come true!

⁶ That clinches it—help's coming,
   an answer's on the way,
      everything's going to work out.

⁷⁻⁸ See those people polishing their
chariots,
   and those others grooming their
   horses?
      But we're making garlands for GOD our
      God.
The chariots will rust,
   those horses pull up lame—
      and we'll be on our feet, standing tall.

⁹ **하나님**, 왕에게 승리를 주소서.
우리가 부르짖는 날, 응답하여 주소서.

다윗의 시

21

¹⁻⁷ **하나님**, 주님의 힘은 곧 왕의 힘입니다.

주님의 도움받은 왕이 호산나를 외칩니다.
주께서는 왕이 원하는 것을 들어주시고
물리치지 않으셨습니다.
왕의 품에 한가득 선물을 안기시고
그를 성대하게 맞아 주셨습니다.
왕이 원한 행복한 삶을 허락하시고
장수의 복까지 얹어 주셨습니다.
왕을 뭉게구름처럼 높여 빛나게 하시고
그에게 오색찬란한 옷을 입히셨습니다.
주께서 왕에게 복에 복을 더하시고
환한 얼굴빛으로 기쁨을 선사하십니다.
그러니 왕이 **하나님**을 사랑하고
가장 좋은 분을 떠나지 않을밖에요.

⁸⁻¹² 주께서 한 손에는 원수들,
다른 손에는 미워하는 자들을 움켜쥐시고
용광로 앞에서 광채를 발하시니
저들이 잔뜩 몸을 움츠립니다.
이제 용광로가 저들을 송두리째 삼키고
불이 그들을 산 채로 잡아먹습니다!
주님은 저들의 후손을 땅에서 쓸어버리시고
세상을 새롭게 하십니다.
저들이 꾸민 온갖 흉계와 음모는
모조리 불발로 끝났습니다.
주께서 저들을 쫓아내셨으니
저들은 주님의 얼굴을 보지 못할 것입니다.

¹³ **하나님**, 모든 사람이 알아보도록 주님의
능력 떨치소서.
우리는 밖으로 나가 이 기쁜 소식을 노래하
겠습니다!

⁹ Make the king a winner, GOD;
  the day we call, give us your answer.

A David Psalm

21

¹⁻⁷ Your strength, GOD, is the king's strength.

  Helped, he's hollering Hosannas.
You gave him exactly what he wanted;
  you didn't hold back.
You filled his arms with gifts;
  you gave him a right royal welcome.
He wanted a good life; you gave it to him,
  and then made it a *long* life as a bonus.
You lifted him high and bright as a cumulus cloud,
  then dressed him in rainbow colors.
You pile blessings on him;
  you make him glad when you smile.
Is it any wonder the king loves GOD?
  that he's sticking with the Best?

⁸⁻¹² With a fistful of enemies in one hand
  and a fistful of haters in the other,
You radiate with such brilliance
  that they cringe as before a furnace.
Now the furnace swallows them whole,
  the fire eats them alive!
You purge the earth of their progeny,
  you wipe the slate clean.
All their evil schemes, the plots they cook up,
  have fizzled—every one.
You sent them packing;
  they couldn't face you.

¹³ Show your strength, GOD, so no one can miss it.
  We are out singing the good news!

다윗의 시

22 1-2 하나님, 하나님, 나의 하나님!
어찌하여 나를 이토록 외딴 곳에
버려두십니까?
고통으로 몸을 웅크린 채
종일토록 하나님께 부르짖건만
응답이 없습니다. 한 마디도.
나, 밤새 하나님께 부르짖으며 몸을 뒤척입니다.

3-5 그런데 하나님! 주께서는 이스라엘의 찬
양에 몸을 맡긴 채
내 곤경을 남의 일처럼 여기십니까?
주께서 우리 조상들과 함께하셨음을 잘 압니다.
그들이 주께 도움을 구했고, 주님은 응답하셨
습니다.
그들은 주님을 신뢰하며 행복하게 살았습니다.

6-8 그러나 나는 하찮은 몸,
밟혀 으스러지는 지렁이.
모두가 나를 놀립니다.
내 모습에 얼굴을 찌푸리고 고개를 가로젓습
니다.
"하나님이 저 자를 어떻게 하는지 보자.
하나님이 저 자를 그리 좋아한다니, 어떻게
도우시나 보자!"

9-11 주님은 내가 태어나던 날 나를 받아 주신 분,
어머니의 젖가슴에 나를 안겨 주신 분!
모태에서 나온 나를 품에 안으신 그때부터 지
금까지
줄곧 나의 하나님이셨던 분.
그런데 이제 주께서 나를 멀리 떠나셨고
고난이 바로 옆집으로 이사를 왔습니다.
도움의 손길, 더없이 간절합니다.

12-13 황소 떼가 내게 달려듭니다.
미친 듯이 날뛰며 몰려옵니다.
이동하는 물소 떼처럼

22 1-2 God, God...my God!
Why did you dump me
miles from nowhere?
Doubled up with pain, I call to God
all the day long. No answer. Nothing.
I keep at it all night, tossing and turning.

3-5 And you! Are you indifferent, above it all,
leaning back on the cushions of Israel's
praise?
We know you were there for our parents:
they cried for your help and you gave it;
they trusted and lived a good life.

6-8 And here I am, a nothing—an earth-
worm,
something to step on, to squash.
Everyone pokes fun at me;
they make faces at me, they shake their
heads:
"Let's see how GOD handles this one;
since God likes him so much, let *him*
help him!"

9-11 And to think you were midwife at my
birth,
setting me at my mother's breasts!
When I left the womb you cradled me;
since the moment of birth you've been
my God.
Then you moved far away
and trouble moved in next door.
I need a neighbor.

12-13 Herds of bulls come at me,
the raging bulls stampede,
Horns lowered, nostrils flaring,

뿔을 바싹 낮추고 콧김을 내뿜습니다.

14-15 나는 걷어채어 엎질러진 물동이,
내 몸의 뼈마디가 모두 어그러졌습니다.
내 마음은 속에서 녹아내린
한 방울 밀랍.
나는 해골처럼 바싹 말랐고
혀는 거뭇하게 부어올랐습니다.
저들이 땅에 묻으려고
나를 때려눕혔습니다.

16-18 이제는 들개 무리가 달려들고
폭력배들이 떼 지어 공격합니다.
내 손발을 옴짝달싹 못하게 묶어
우리에 가둡니다.
앙상한 몸으로 우리에 갇힌 나를
지나가는 사람마다 쳐다봅니다.
그들이 내 지갑과 겉옷을 빼앗고
내 옷을 차지하려고 주사위를 던집니다.

19-21 **하나님**, 지체치 마시고 나를 구해 주
소서!
어서 나를 도와주소서!
저들이 내 목을 치지 못하게 하소서.
저 잡종개들이 나를 삼키지 못하게 하소서.
주께서 속히 오시지 않으면
나는 가망이 없습니다. 황소들에게 받히고
사자들의 먹이가 되고 말 것입니다.

22-24 벗들이 예배하러 모일 때, 나 이렇게
말하겠습니다.
주님을 찬양하며 힘주어 말하겠습니다.
너희 하나님을 예배하는 이들아, 할렐루야
를 외쳐라.
너희 야곱의 아들들아, 그분께 영광을 돌려라.
너희 이스라엘의 딸들아, 그분을 찬양하여라.
너희가 학대당할 때
그분은 한 번도 너희를 저버리거나

like a herd of buffalo on the move.

14-15 I'm a bucket kicked over and spilled,
  every joint in my body has been pulled apart.
My heart is a blob
  of melted wax in my gut.
I'm dry as a bone,
  my tongue black and swollen.
They have laid me out for burial
  in the dirt.

16-18 Now packs of wild dogs come at me;
  thugs gang up on me.
They pin me down hand and foot,
  and lock me in a cage—a bag
Of bones in a cage, stared at
  by every passerby.
They take my wallet and the shirt off my back,
  and then throw dice for my clothes.

19-21 You, GOD—don't put off my rescue!
  Hurry and help me!
Don't let them cut my throat;
  don't let those mongrels devour me.
If you don't show up soon,
  I'm done for—gored by the bulls,
  meat for the lions.

22-24 Here's the story I'll tell my friends
when they come to worship,
  and punctuate it with Hallelujahs:
Shout Hallelujah, you God-worshipers;
  give glory, you sons of Jacob;
  adore him, you daughters of Israel.
He has never let you down,
  never looked the other way
  when you were being kicked around.

외면하신 적이 없다.
다른 일 보느라 자리를 뜨지 않으셨다.
바로 그 자리에 계셨고, 귀 기울여 들으셨다.

25-26 이 큰 예배 모임에서
찬양의 기쁨을 알았습니다.
내가 서원했던 일을 바로 이 자리,
하나님을 예배하는 이들 앞에서 이행하겠
습니다.
부랑자들이 **하나님**의 식탁에 앉아
배불리 먹는다.
하나님을 찾는 모든 이들이
여기서 그분을 찬양한다.
"마음껏 즐겨라, 머리부터 발끝까지.
절대 멈추지 마라!"

27-28 온 땅에서
사람들이 제정신을 차리고
황급히 **하나님**께 돌아온다.
오랫동안 보지 못한 가문들이
그분 앞에 나와 엎드린다.
하나님께서 권좌에 앉으셨다.
이제부터는 그분께서 결정권을 쥐신다.

29 힘 있는 자들이 그분 앞에 나와
경배한다!
가난하고 힘없는 이들도 모두 나와
경배한다!
어중이떠중이들도 덩달아
경배한다!

30-31 우리 자녀와 그 후손들이
이 예배에 참여하리니,
주님의 말씀이 대대로
전해지리라.
잉태 전의 아기들도
하나님은 말씀하신 대로 행하신다는
복된 소식 듣게 되리라.

He has never wandered off to do his own thing;
  he has been right there, listening.

25-26 Here in this great gathering for worship
  I have discovered this praise-life.
And I'll do what I promised right here
  in front of the God-worshipers.
Down-and-outers sit at G OD's table
  and eat their fill.
Everyone on the hunt for God
  is here, praising him.
"Live it up, from head to toe.
  Don't ever quit!"

27-28 From the four corners of the earth
  people are coming to their senses,
  are running back to G OD.
Long-lost families
  are falling on their faces before him.
G OD has taken charge;
  from now on he has the last word.

29 All the power-mongers are before him
  —worshiping!
All the poor and powerless, too
  —worshiping!
Along with those who never got it together
  —worshiping!

30-31 Our children and their children
  will get in on this
As the word is passed along
  from parent to child.
Babies not yet conceived
  will hear the good news—
  that God does what he says.

다윗의 시

23

¹⁻³ **하나님**은 나의 목자!
　　내게 부족한 것이 없습니다.
주께서 나를 푸른 풀밭에 누이시고
잔잔한 물가를 찾아 목을 축이게 하십니다.
말씀하신 대로,
　　나를 잠시 쉬게 하신 후
　　바른 길로 인도하십니다.

⁴ 내가 죽음의 골짜기를
　　지날지라도
두려울 것이 없으니,
　　주께서 나와 함께 걸으시기 때문입니다.
주님의 믿음직한 지팡이를 보니
　　내 마음 든든합니다.

⁵ 주께서 내 원수들이 보는 앞에서
　　내게 성대한 만찬을 차려 주시고
축 처진 내 고개를 세워 주시니
　　내 잔에 복이 넘칩니다.

⁶ 내 사는 동안 날마다
　　주님의 아름다움과 사랑이 나를 따르리니,
나, **하나님**의 집으로 돌아가
　　평생토록 그곳에서 살겠습니다.

다윗의 시

24

¹⁻² 땅과 그 안에 있는 모든 것
　　이 **하나님**의 것,
세상과 거기 사는 모든 사람도 **하나님**의 것.
그분께서 대양 위에 땅을 세우시고
　　강 위에 세상을 펼치셨다.

³⁻⁴ 누가 **하나님**의 산에 오를 수 있는가?
누가 그 거룩한 북벽에 오를 수 있는가?
오직 손이 깨끗한 이,
　　오직 마음이 깨끗한 이,
속이지 않는 남자들,

A David Psalm

23

¹⁻³ GOD, my shepherd!
　　I don't need a thing.
You have bedded me down in lush meadows,
　　you find me quiet pools to drink from.
True to your word,
　　you let me catch my breath
　　and send me in the right direction.

⁴ Even when the way goes through
　　Death Valley,
I'm not afraid
　　when you walk at my side.
Your trusty shepherd's crook
　　makes me feel secure.

⁵ You serve me a six-course dinner
　　right in front of my enemies.
You revive my drooping head;
　　my cup brims with blessing.

⁶ Your beauty and love chase after me
　　every day of my life.
I'm back home in the house of GOD
　　for the rest of my life.

A David Psalm

24

¹⁻² GOD claims Earth and every-
　　thing in it,
GOD claims World and all who live on it.
He built it on Ocean foundations,
　　laid it out on River girders.

³⁻⁴ Who can climb Mount GOD?
　　Who can scale the holy north-face?
Only the clean-handed,
　　only the pure-hearted;
Men who won't cheat,

호리지 않는 여자들이다.

women who won't seduce.

5-6 **하나님**께서는 그들 편이시니
하나님의 도우심으로 그들이 성공하리라.
야곱아, 이것이 하나님을 구하는 이들,
하나님을 찾는 이들에게 일어나는 일이다.

5-6 GOD is at their side;
  with GOD's help they make it.
This, Jacob, is what happens
  to God-seekers, God-questers.

7 일어나라, 너 잠든 도성이여!
일어나라, 너희 잠든 백성들아!
영광의 왕께서 들어가신다.

7 Wake up, you sleepyhead city!
Wake up, you sleepyhead people!
  King-Glory is ready to enter.

8 영광의 왕이 누구신가?
무장하고
전투태세를 갖춘 **하나님**이시다.

8 Who is this King-Glory?
  GOD, armed
  and battle-ready.

9 일어나라, 너 잠든 도성이여!
일어나라, 너희 잠든 백성들아!
영광의 왕께서 들어가신다.

9 Wake up, you sleepyhead city!
Wake up, you sleepyhead people!
  King-Glory is ready to enter.

10 영광의 왕이 누구신가?
만군의 **하나님**이시다.
그분이 영광의 왕이시다.

10 Who is this King-Glory?
  GOD-of-the-Angel-Armies:
  he is King-Glory.

다윗의 시

A David Psalm

25 1-2 **하나님**, 내 머리를 높이 듭니다.
하나님, 주님을 의지하오니
비열한 자가 나를 뒤쫓지 못하게 하소서.

25 1-2 My head is high, GOD, held high;
I'm looking to you, GOD;
No hangdog skulking for me.

3 주님과 운명을 같이하기로 했으니
나를 부끄럽게 하지 않으시겠지요?
원수가 나를 이기지 못하게 하시겠지요?

3 I've thrown in my lot with you;
You won't embarrass me, will you?
Or let my enemies get the best of me?

주님을 위해 위험을 무릅쓴 우리를
부끄럽게 하지 마소서.
수치를 당해야 할 쪽은 배신자들입니다.

Don't embarrass any of us
Who went out on a limb for you.
It's the traitors who should be humiliated.

4 **하나님**, 주께서 어떻게 일하시는지 보여
주시고

4 Show me how you work, GOD;

주님의 길을 내게 가르쳐 주소서.

5 내 손을 잡으시고
진리의 길로 이끌어 주소서.
주께서는 나의 구원자 아니십니까?

6 하나님, 주님의 긍휼과 사랑을 이정표로 삼
으시고
옛적의 경계표들을 다시 세우소서!

7 내 젊은 시절의 방탕한 생활은 잊으시고
내게 주님 사랑의 흔적 남기소서.
하나님, 나를 위해 가장 좋은 일만 계획하소서!

8 하나님은 공정하고 바르시니,
엇나간 자들을 바로잡아
바른 길로 인도하신다.

9 하나님은 따돌림 받는 이들에게 손을 내미
시고
그들을 한 걸음 한 걸음 이끄신다.

10 이제부터 너희가 걷는 길은 모두
하나님께 이르는 길이 되리니,
언약의 표지판을 따르고
노선도를 잘 살펴라.

11 하나님, 주님의 명성을 위해서라도
나의 죄악된 삶을 용서해 주소서.
이 몸, 참으로 악하게 살았습니다.

12 하나님을 경외하는 이들을 무엇에 비교할까?
그들은 바로, 하나님의 과녁을 겨냥한 화살.

13 그들은 목 좋은 곳에 자리 잡고
그 자손은 비옥한 농장을 물려받는다.

School me in your ways.

5 Take me by the hand;
Lead me down the path of truth.
You are my Savior, aren't you?

6 Mark the milestones of your mercy and
love, GOD;
Rebuild the ancient landmarks!

7 Forget that I sowed wild oats;
Mark me with your sign of love.
Plan only the best for me, GOD!

8 GOD is fair and just;
He corrects the misdirected,
Sends them in the right direction.

9 He gives the rejects his hand,
And leads them step-by-step.

10 From now on every road you travel
Will take you to GOD.
Follow the Covenant signs;
Read the charted directions.

11 Keep up your reputation, GOD;
Forgive my bad life;
It's been a very bad life.

12 My question: What are God-worshipers
like?
Your answer: Arrows aimed at God's bull's-eye.

13 They settle down in a promising place;
Their kids inherit a prosperous farm.

14 하나님의 호의는 그분을 경외하는 이들의 것.
하나님은 그들에게 속마음을 털어놓으신다.

15 나, **하나님**에게서 눈을 떼지 않으니
내 발이 걸려 넘어지는 일 없으리라.

16 하나님, 나를 보시고 도우소서!
곤경에 처한 이 몸, 의지할 곳 없습니다.

17 내 심장과 콩팥이 내 속에서 서로 싸우니
이 내전을 중지시켜 주소서.

18 중노동에 허덕이는 내 인생을 살피시고
죄에 눌린 무거운 마음 없애 주소서.

19 얼마나 많은 자들이
나를 미워하는지 보이십니까?
내게 앙심을 품은 저들이 보이십니까?

20 나를 지켜보시고 곤경에서 건지소서.
주께로 도망치니, 나를 못 본 체하지 마소서.

21 주님의 솜씨 전부 발휘하셔서 나를 다듬어 주소서.
완성된 내 모습 어떨지 몹시도 궁금합니다.

22 **하나님**, 주님의 백성을 너그럽게 보시고
꼬리에 꼬리를 무는 이 불행에서 벗어나게 하소서.

다윗의 시

26 1 **하나님**, 내 무고함을 밝혀 주소서.
이 몸, 정직을 신조로 삼고 살아왔습니다.
하나님, 주께 내 운명을 걸었고
그 마음, 지금도 변함이 없습니다.

14 God-friendship is for God-worshipers;
They are the ones he confides in.

15 If I keep my eyes on GOD,
I won't trip over my own feet.

16 Look at me and help me!
I'm all alone and in big trouble.

17 My heart and kidneys are fighting each other;
Call a truce to this civil war.

18 Take a hard look at my life of hard labor,
Then lift this ton of sin.

19 Do you see how many people
Have it in for me?
How viciously they hate me?

20 Keep watch over me and keep me out of trouble;
Don't let me down when I run to you.

21 Use all your skill to put me together;
I wait to see your finished product.

22 GOD, give your people a break
From this run of bad luck.

A David Psalm

26 1 Clear my name, GOD;
I've kept an honest shop.
I've thrown in my lot with you, GOD, and
I'm not budging.

2 **하나님**, 머리부터 발끝까지 나를 살피시고
살살이 시험해 보소서.
내게 흠잡을 곳 있는지 안팎으로
확인해 보소서.

3 이 몸, 주님의 사랑
한시도 잊은 적 없고,
주님과 보조를 맞춰 걸으며
한 박자도 놓친 적 없습니다.

4-5 사기꾼들과 어울리지 않고
조폭들과도 사귀지 않습니다.
불량배 무리를 미워하고
겉과 속이 다른 자들을 상대하지 않습니다.

6-7 **하나님**, 가장 깨끗한 비누로 내 손을 씻고
다른 이들과 손잡고 빙 둘러서서
주님의 제단을 돌며 춤을 춥니다.
하나님의 노래 목청껏 부르며
하나님의 이야기를 전합니다.

8-10 **하나님**, 주님의 집이 주님의 영광으로 빛
나기에
이 몸, 주님과 함께 사는 것이 참으로 좋습
니다.
봄맞이 대청소를 할 때가 되었으니
나를 사기꾼, 악당들과 함께 쓸어 내지 마시고,
더러운 속임수 가방을 둘러멘 남자들,
뇌물 가득한 지갑 든 여자들만 쓸어버리소서.

11-12 내가 주님 앞에서 떳떳한 것 아시니,
이제 주께서 나를 떳떳이 대해 주소서.
하나님, 내가 주께 부끄럽지 않으니,
기회 있을 때마다 내가 주님을 찬양하겠습
니다.

2 Examine me, GOD, from head to foot,
    order your battery of tests.
Make sure I'm fit
    inside and out

3 So I never lose
    sight of your love,
But keep in step with you,
    never missing a beat.

4-5 I don't hang out with tricksters,
    I don't pal around with thugs;
I hate that pack of gangsters,
    I don't deal with double-dealers.

6-7 I scrub my hands with purest soap,
    then join hands with the others in the
    great circle,
    dancing around your altar, GOD,
Singing God-songs at the top of my lungs,
    telling God-stories.

8-10 GOD, I love living with you;
    your house glows with your glory.
When it's time for spring cleaning,
    don't sweep me out with the quacks and
    crooks,
Men with bags of dirty tricks,
    women with purses stuffed with
    bribe-money.

11-12 You know I've been aboveboard
with you;
    now be aboveboard with me.
I'm on the level with you, GOD;
    I bless you every chance I get.

다윗의 시

27
¹ 하나님은 빛, 공간, 열정.
하나님은 바로 그런 분!
그분이 내 편이시니, 나 두렵지 않다.
그 누구도, 그 무엇도 겁나지 않다.

² 말 탄 야만족이 달려들어
나를 산 채로 집어삼키려 해도,
그 악당과 불량배들
꼴사납게 고꾸라지리라.

³ 사방으로 포위당해도
나 아기처럼 고요하며,
큰 혼란이 일어도
나 침착하고 냉정하리라.

⁴ 하나님께 구하는 것은
오직 한 가지.
내 평생
그분의 집에서 그분과 함께 살며,
그분의 아름다우심 묵상하고
그분의 발치에서 전심으로 배우는 것.

⁵ 떠들썩한 세상 한가운데서
고요하고 안전한 곳은, 오직 주님의 집뿐.
시끌벅적한 도로에서 멀찌감치 물러선
완벽한 은신처.

⁶ 나를 끌어내리려는 모든 자들 위로
하나님께서 내 머리와 어깨를 들어 올리시리니,
나, 그분의 처소로 나아가
지붕이 들썩이도록 찬양하리라!
나, 하나님의 노래를 부르며
하나님께 드릴 음악을 연주하리라.

⁷⁻⁹ 하나님, 들으소서. 내가 목청껏 부르짖습니다.
"나를 보아 주소서! 내게 응답하소서!"

A David Psalm

27
¹ Light, space, zest—
that's GOD!
So, with him on my side I'm fearless,
afraid of no one and nothing.

² When vandal hordes ride down
ready to eat me alive,
Those bullies and toughs
fall flat on their faces.

³ When besieged,
I'm calm as a baby.
When all hell breaks loose,
I'm collected and cool.

⁴ I'm asking GOD for one thing,
only one thing:
To live with him in his house
my whole life long.
I'll contemplate his beauty;
I'll study at his feet.

⁵ That's the only quiet, secure place
in a noisy world,
The perfect getaway,
far from the buzz of traffic.

⁶ God holds me head and shoulders
above all who try to pull me down.
I'm headed for his place to offer anthems
that will raise the roof!
Already I'm singing God-songs;
I'm making music to GOD.

⁷⁻⁹ Listen, GOD, I'm calling at the top of my lungs:
"Be good to me! Answer me!"

내 마음이 "하나님을 찾으라" 하고 속삭이면,
내 온몸이 "지금 그분을 찾고 있다!" 하
고 대답합니다.
그러니 내게서 숨지 마소서!

9-10 주님은 줄곧 내게 힘이 되어 주셨으니
이제 와서 나를 못 본 체하지 마소서.
주님은 줄곧 나를 위해 문을 열어 놓으셨으니
나를 쫓아내지도, 버리지도 마소서.
내 아버지와 어머니는 나를 버리고 떠났지만
하나님께서는 나를 맞아들이셨습니다.

11-12 **하나님**, 주님의 큰길을 내게 가르쳐 주
시고
불빛 환한 길을 따라 나를 인도하소서,
주께서 누구 편이신지 내 원수들에게 보여주
소서.
나를 개들에게 던지지 마소서.
저들은 나를 잡으려고
쉴 새 없이 으름장 놓는 거짓말쟁이들입니다.

13-14 내가 풍요의 땅에서
하나님의 선하심을 보게 될 것을 확신합니다.
하나님 곁에 머물러라!
용기를 내어라. 포기하지 마라.
거듭 말하노니,
하나님 곁에 머물러라.

다윗의 시

28

1 **하나님**, 내가 주께 부르짖을 때
못 들은 체하지 마소서.
주께 얻는 것이
귀를 먹먹하게 하는 침묵뿐이라면,
차라리 블랙홀 속으로 빠져드는 편이
낫겠습니다.

2 내게 필요한 것을 주께 알리며
도움을 구합니다.

When my heart whispered, "Seek God,"
   my whole being replied,
"I'm seeking him!"
   Don't hide from me now!

9-10 You've always been right there for
me;
   don't turn your back on me now.
Don't throw me out, don't abandon me;
   you've always kept the door open.
My father and mother walked out and left
me,
   but GOD took me in.

11-12 Point me down your highway, GOD;
   direct me along a well-lighted street;
   show my enemies whose side you're on.
Don't throw me to the dogs,
   those liars who are out to get me,
   filling the air with their threats.

13-14 I'm sure now I'll see God's goodness
   in the exuberant earth.
Stay with GOD!
   Take heart. Don't quit.
I'll say it again:
   Stay with GOD.

A David Psalm

28

1 Don't turn a deaf ear
      when I call you, GOD.
If all I get from you is
   deafening silence,
I'd be better off
   in the Black Hole.

2 I'm letting you know what I need,
   calling out for help

주님의 은밀한 성소를 향해
내 두 손을 듭니다.

3-4 나를 저 악한 자들과 함께
한 감방에 밀어 넣지 마소서.
보란 듯이 악을 저지르는 자들과
같이 가두지 마소서.
저들은 그럴싸하게 '평화'를 말하지만
은밀하게 악마를 위해 일합니다.

저들이 행한 그대로,
저들이 저지른 악 그대로 되갚으소서.
저들이 악마의 일터에서 보낸
기나긴 시간만큼 되갚으시고,
거기에 두둑한 보너스까지 얹어 주소서.

5 하나님께서 어찌 일하시는지
무엇을 꾀하시는지 알지 못하는 저들,
하나님께서 저들을 산산이 부수시고
폐허로 만들어 버리실 것입니다.

6-7 **하나님**을 찬양하여라.
주께서 내 기도를 들어주셨다.
주께서 내 편이심을 증명해 주셨으니,
나는 주님과 운명을 같이할 것이다.

나, 이제 기뻐 뛰고
소리 높여 감사하며 그분을 찬양하리라.

8-9 **하나님**은 자기 백성에게 최고의 힘,
택하신 지도자에게 드넓은 은신처가 되십
니다.
주님의 백성을 구원하시고,
주님 소유된 자들에게 복을 내리소서.
그들을 보살피시고
선한 목자와 같이 그들을 이끌어 주소서.

And lifting my arms
      toward your inner sanctum.

3-4 Don't shove me into
      the same jail cell with those crooks,
With those who are
      full-time employees of evil.
They talk a good line of "peace,"
      then moonlight for the Devil.

Pay them back for what they've done,
      for how bad they've been.
Pay them back for their long hours
      in the Devil's workshop;
Then cap it with a huge bonus.

5 Because they have no idea how God works
      or what he is up to,
God will smash them to smithereens
      and walk away from the ruins.

6-7 Blessed be GOD—
      he heard me praying.
He proved he's on my side;
      I've thrown my lot in with him.

Now I'm jumping for joy,
      and shouting and singing my thanks to him.

8-9 GOD is all strength for his people,
      ample refuge for his chosen leader;
Save your people
      and bless your heritage.
Care for them;
      carry them like a good shepherd.

다윗의 시

29 ¹⁻²

¹⁻² 만세, 하나님 만세!
신들과 천사들이 환호성을 올린다.
두려운 마음으로 하나님의 영광을 마주하고
떨리는 마음으로 하나님의 능력을 목도하여라.
주의하여 서 있거라!
가장 좋은 옷을 차려 입고 그분께 예를 갖추
어라!

³ 하나님께서 천둥소리 내시며 물 위를 질주하
신다.
찬란한 그분 목소리, 광채를 발하는 그 얼굴.
하나님께서 큰물을 가로질러 오신다.

⁴ 하나님의 우렛소리는 북소리 같고
하나님의 천둥소리는 교향악 같다.

⁵ 하나님의 우렛소리가 백향목을 박살낸다.
하나님께서 북쪽의 백향목을 쓰러뜨리신다.

⁶ 산맥들이 봄철 망아지처럼 뛰놀고
산마루들이 야생 새끼염소처럼 날뛴다.

⁷⁻⁸ 하나님의 우렛소리에 불꽃이 튀긴다.
하나님의 천둥소리에 광야가 흔들린다.
그분께서 가데스 광야를 뒤흔드신다.

⁹ 하나님의 우렛소리에 참나무들이 춤춘다.
억수 같은 비가 가지들을 벌거숭이로 만든다.
온몸을 뒤흔드는 격렬한 저 춤.
모두가 무릎 꿇고 외친다. "영광!"

¹⁰ 큰물 위에 하나님의 보좌 있으니
거기서 그분의 능력 흘러나오고,
그분께서 세상을 다스리신다.

¹¹ 하나님께서 자기 백성을 강하게 하신다.
하나님께서 자기 백성에게 평화를 주신다.

A David Psalm

29 ¹⁻²

¹⁻² Bravo, GOD, bravo!
Gods and all angels shout,
"Encore!"
In awe before the glory,
in awe before God's visible power.
Stand at attention!
Dress your best to honor him!

³ GOD thunders across the waters,
Brilliant, his voice and his face, streaming
brightness—
GOD, across the flood waters.

⁴ GOD's thunder tympanic,
GOD's thunder symphonic.

⁵ GOD's thunder smashes cedars,
GOD topples the northern cedars.

⁶ The mountain ranges skip like spring colts,
The high ridges jump like wild kid goats.

⁷⁻⁸ GOD's thunder spits fire.
GOD thunders, the wilderness quakes;
He makes the desert of Kadesh shake.

⁹ GOD's thunder sets the oak trees dancing
A wild dance, whirling; the pelting rain
strips their branches.
We fall to our knees—we call out, "Glory!"

¹⁰ Above the floodwaters is GOD's throne
from which his power flows,
from which he rules the world.

¹¹ GOD makes his people strong.
GOD gives his people peace.

다윗의 시

30
¹ **하나님**, 나는 오직 주님만 신뢰합니다.
주님은 나를 궁지에서 건져 내셔서,
원수들의 조롱거리가 되지 않게 하셨습니다.

²⁻³ **하나님**, 나의 하나님, 내가 도와 달라고 외칠 때
주께서 나를 회복시켜 주셨습니다.
하나님, 주께서 이 몸을 무덤에서 끌어내셨고,
내가 더없이 막막한 신세가 되었을 때
다시 살 기회를 주셨습니다.

⁴⁻⁵ 너희 모든 성도들아! 마음을 다해 **하나님**
을 찬양하여라!
그분의 얼굴을 바라며 감사하여라!
이따금 그분께서 노하실지라도,
평생 변함없는 것은 오직 그분의 사랑뿐.
밤에 하염없이 울다가도
낮이 되면 환히 웃게 되리라.

⁶⁻⁷ 모든 일이 순조로울 때 나, 이렇게 외쳤습니다.
"나는 확실히 성공했어.
나는 **하나님**의 총애를 받는 사람이야.
하나님이 나를 산의 왕이 되게 해주셨어."
그러자 주께서 고개를 돌리셨고
나는 산산이 무너지고 말았습니다.

⁸⁻¹⁰ **하나님**, 내가 주님을 큰소리로 부르며,
내 사정을 주님 앞에 다 털어놓았습니다.
"내가 죽어 나를 매다 파신들,
묘지에 장을 열고 나를 경매로 넘기신들,
주께 무슨 이득이 되겠습니까?
내가 한 줌 먼지가 되어 사라지면,
주님 기리는 나의 노래와 이야기를
아무도 거들떠보지 않을 것입니다.
그러니 들으소서! 이 몸을 돌아보소서!
나를 도우셔서 이 곤경에서 건져 내소서!"

¹¹⁻¹² 주께서 내 하소연을 들으시고

A David Psalm

30
¹ I give you all the credit, GOD—
    you got me out of that mess,
you didn't let my foes gloat.

²⁻³ GOD, my God, I yelled for help
    and you put me together.
GOD, you pulled me out of the grave,
    gave me another chance at life
    when I was down-and-out.

⁴⁻⁵ All you saints! Sing your hearts out to
GOD!
    Thank him to his face!
He gets angry once in a while, but across
    a lifetime there is only love.
The nights of crying your eyes out
    give way to days of laughter.

⁶⁻⁷ When things were going great
    I crowed, "I've got it made.
I'm GOD's favorite.
    He made me king of the mountain."
Then you looked the other way
    and I fell to pieces.

⁸⁻¹⁰ I called out to you, GOD;
    I laid my case before you:
"Can you sell me for a profit when I'm
dead?
    auction me off at a cemetery yard
    sale?
When I'm 'dust to dust' my songs
    and stories of you won't sell.
So listen! and be kind!
    Help me out of this!"

¹¹⁻¹² You did it: you changed wild lament

내 격한 탄식을 소용돌이 춤으로 바꾸셨습니다.
내 검은 상장(喪章)을 떼어 내시고
들꽃으로 나를 꾸며 주셨습니다.
내 안에 노래가 차올라, 가슴이 터질 것만 같습니다.
도저히 잠잠할 수 없습니다.
하나님, 나의 하나님,
감사한 이 마음, 어찌 다 전할지 모르겠습니다.

into whirling dance;
You ripped off my black mourning band
  and decked me with wildflowers.
I'm about to burst with song;
  I can't keep quiet about you.
GOD, my God,
  I can't thank you enough.

다윗의 시

31

¹⁻² 하나님, 내가 주께 도망칩니다.
죽을힘 다해 주께로 달아납니다.
나를 못 본 체하지 마소서!
이번만은 내 말을 진지하게 들어주소서!
내 눈높이로 내려오셔서 들어주소서!
부디 지체하지 마소서!
주님의 견고한 동굴은 나의 은신처,
주님의 높다란 절벽 요새는 나의 피난처입니다.

³⁻⁵ 주님은 내가 숨어드는 동굴,
내가 기어오르는 절벽.
나의 든든한 인도자,
나의 진정한 길 안내자가 되어 주소서.
숨겨진 덫에서 나를 빼내소서.
주께로 숨어들고 싶습니다.
내 목숨을 주님 손에 맡겼습니다.
주께서는 나를 떨어뜨리지도,
버리지도 않으시겠지요.

⁶⁻¹³ 내가 이 어리석은 종교 놀음을 미워하고
하나님, 오직 주님만 신뢰합니다.
내가 주님 사랑의 울타리 안에서 겅중겅중
뛰며 노래하니,
주께서 내 아픔 보시고
나를 괴롭히던 자들을 무장 해제시키셨습니다.
주님은 저들의 손아귀에 나를 두지 않으시고
나에게 숨 돌릴 여유를 주셨습니다.
하나님, 나를 친절히 대해 주소서.
내가 다시 깊고 깊은 곤경에 빠졌습니다.

A David Psalm

31

¹⁻² I run to you, GOD; I run for dear life.
  Don't let me down!
  Take me seriously this time!
Get down on my level and listen,
  and please—no procrastination!
Your granite cave a hiding place,
  your high cliff aerie a place of safety.

³⁻⁵ You're my cave to hide in,
  my cliff to climb.
Be my safe leader,
  be my true mountain guide.
Free me from hidden traps;
  I want to hide in you.
I've put my life in your hands.
  You won't drop me,
  you'll never let me down.

⁶⁻¹³ I hate all this silly religion,
  but you, GOD, I trust.
I'm leaping and singing in the circle of your love;
  you saw my pain,
  you disarmed my tormentors,
You didn't leave me in their clutches
  but gave me room to breathe.
Be kind to me, GOD—
  I'm in deep, deep trouble again.

하염없이 눈물이 나고
마음은 텅 비었습니다.
내 목숨은 신음으로 새어 나가고
내 세월은 한숨으로 다해 갑니다.
근심으로 녹초가 되었고
뼈는 가루로 변했습니다.
원수들은 나를 괴물 보듯 하고
이웃들에게는 조롱거리가 되었습니다.
친구들도 내 몰골에 놀라
보고도 못 본 척 멀찍이 돌아갑니다.
저들은 나를 기억에서 지우고 싶어 합니다.
무덤 속 시체마냥 나를 잊고,
쓰레기통 안 깨진 접시마냥 나를 버리려 합니다.
길거리에서 수군대는 소리를 듣고 있으면
정신이 나가 칼이라도 휘두를 것 같습니다!
저들은 문을 꼭꼭 닫아걸고는
나를 영원히 파멸시킬 음모를 꾸밉니다.

14-18 절박한 심정으로 주께 의지합니다.
주님은 나의 하나님이십니다!
내 모든 순간순간을 주님 손에 맡기니
나를 죽이려는 자들에게서 나를 지켜 주소서.
주님의 종의 마음을 미소로 녹여 주시고
나를 아끼시니 구원해 주소서.
주께 여러 번 기별을 드렸으니
찾아오셔서 나를 안심시켜 주소서.
악인들이나 난처하게, 허탕 치게 하셔서
저들이 머리를 설레설레 저으며
지옥으로 떠내려가게 하소서.
주님을 따르는 나를 조롱과 야유로 놀려 대는
시끄러운 거짓말쟁이들,
저들의 입을 틀어막아 주소서.

19-22 주님을 섬기는 이들을 위해
주께서 준비하신 어마어마한 복 더미,
고약한 세상을 피해
주께로 도망치는 이들을 기다리고 있군요.
주께서는 그들을 안전하게 감추시고

I've cried my eyes out;
  I feel hollow inside.
My life leaks away, groan by groan;
  my years fade out in sighs.
My troubles have worn me out,
  turned my bones to powder.
To my enemies I'm a monster;
  I'm ridiculed by the neighbors.
My friends are horrified;
  they cross the street to avoid me.
They want to blot me from memory,
  forget me like a corpse in a grave,
  discard me like a broken dish in the trash.
The street-talk gossip has me
  "criminally insane"!
Behind locked doors they plot
  how to ruin me for good.

14-18 Desperate, I throw myself on you:
  you are my God!
Hour by hour I place my days in your hand,
  safe from the hands out to get me.
Warm me, your servant, with a smile;
  save me because you love me.
Don't embarrass me by not showing up;
  I've given you plenty of notice.
Embarrass the wicked, stand them up,
  leave them stupidly shaking their heads
  as they drift down to hell.
Gag those loudmouthed liars
  who heckle me, your follower,
  with jeers and catcalls.

19-22 What a stack of blessing you have
piled up
  for those who worship you,
Ready and waiting for all who run to you
  to escape an unkind world.

적대자의 손길이 미치지 못하게 하십니다.
조롱하는 저 번드르한 얼굴들을 퇴짜 놓
으시고
지독한 험담을 잠잠케 하십니다.
하나님을 찬양하여라!
그분의 사랑은 세상 최고의 불가사의.
포위 공격에 갇힌 이 몸, 더럭 겁이 나 이렇
게 말했습니다.
"내가 주님 눈 밖에 났구나."
그러나 주님은 내 목소리를 들으시고
내 말에 귀 기울여 주셨습니다.

23 너희 모든 성도들아, **하나님**을 사랑하여라.
하나님께서는 그분을 가까이하는 모든 사
람을 보살피시나,
거만하여 자기 힘으로 하려는 자들에게는
고스란히 갚으신다.

24 용기를 내어라. 굳세어라. 포기하지 마라.
이제 곧 오시리니, **하나님**을 바라라.

다윗의 시

32 ¹ 스스로 행운아로 여겨라. 그대,
얼마나 복된 사람인지.
잘못을 말끔히 씻고
새 출발하는 그대.

2 스스로 행운아로 여겨라.
하나님께서 흠잡으실 구석 전혀 없고
하나님께 아무것도 숨길 것 없는 그대.

3 내 속에 꼭꼭 담아 두려고 했더니,
내 **뼈**는 가루로 변하고
내 말은 종일토록 신음이 되었습니다.

4 나를 짓누르는 중압감 그치지 않으니
내 생명의 진액이 다 말라 버렸습니다.

You hide them safely away
    from the opposition.
As you slam the door on those oily, mocking
faces,
    you silence the poisonous gossip.
Blessed GOD!
    His love is the wonder of the world.
Trapped by a siege, I panicked.
    "Out of sight, out of mind," I said.
But you heard me say it,
    you heard and listened.

23 Love GOD, all you saints;
    GOD takes care of all who stay close to
    him,
But he pays back in full
    those arrogant enough to go it alone.

24 Be brave. Be strong. Don't give up.
    Expect GOD to get here soon.

A David Psalm

32 ¹ Count yourself lucky, how happy
you must be—
    you get a fresh start,
    your slate's wiped clean.

2 Count yourself lucky—
    GOD holds nothing against you
    and you're holding nothing back from him.

3 When I kept it all inside,
    my bones turned to powder,
    my words became daylong groans.

4 The pressure never let up;
    all the juices of my life dried up.

5 마침내 내 모든 것 주께 고백했습니다.
"하나님께 내 잘못 모조리 털어놓겠습니다."

갑자기 나를 짓누르던 압박이 사라지고,
죄책감이 날아갑니다.
내 죄가 사라졌습니다.

6 그러므로 우리가 너나없이 기도하는 이것은
너무나 합당한 일입니다.
대혼란이 일어나고 댐이 터질지라도,
높은 곳에 있는 우리는 해를 입지 않을 것
입니다.

7 하나님은 내가 은신하는 섬.
위험이 해안에 이르지 못하게 하시고
호산나의 화환을 내 목에 걸어 주십니다.

8 너희에게 유익한 조언을 몇 마디 하겠다.
너희 얼굴을 똑바로 쳐다보고
있는 그대로 말하겠다.

9 "말이나 노새처럼 고집을 부리지 마라.
그것들은 재갈과 고삐를 채워야만
제 길로 간다."

10 하나님을 무시하는 자는 언제나 곤경에
처하지만,
하나님을 인정하는 사람은 인생의 굽이굽이
마다
주님의 사랑을 깨닫는다.

11 하나님을 찬양하여라.
다 함께 노래하여라!
마음이 정직한 너희여, 목청껏 환호하여라!

33 1-3 선한 너희여, 하나님을 기뻐하
여라!

5 Then I let it all out;
    I said, "I'll make a clean breast of my
    failures to GOD."

Suddenly the pressure was gone—
    my guilt dissolved,
    my sin disappeared.

6 These things add up. Every one of us needs
to pray;
    when all hell breaks loose and the dam
    bursts
    we'll be on high ground, untouched.

7 GOD's my island hideaway,
    keeps danger far from the shore,
    throws garlands of hosannas around my
    neck.

8 Let me give you some good advice;
    I'm looking you in the eye
    and giving it to you straight:

9 "Don't be ornery like a horse or mule
    that needs bit and bridle
    to stay on track."

10 God-defiers are always in trouble;
    GOD-affirmers find themselves loved
    every time they turn around.

11 Celebrate GOD.
    Sing together—everyone!
    All you honest hearts, raise the roof!

33 1-3 Good people, cheer GOD!
    Right-living people sound best

바르게 사는 이들의 찬양만큼 아름다운 것 없
도다.
기타 반주로 주님을 찬양하여라!
그랜드피아노로 찬양곡을 연주하여라!
새 노래로 주님을 기리고
트럼펫으로 팡파르를 울려라.

4-5 **하나님** 말씀은 속속들이 믿을 수 있고
그분께서 지으신 것 무엇 하나 흠이 없다.
하나님이 기뻐하시는 것은,
모든 것 제자리를 찾고
그분의 세계가 다림줄처럼 바르게 움직이는 것.
하나님의 인자하심이
온 땅을 흠뻑 적신다.

6-7 **하나님**께서 명령하시자, 하늘이 생겨나고
나직이 속삭이시자, 불쑥 별들이 나타났다.
그분께서 바다를 자기 항아리에 퍼 담으시고
대양을 나무통 안에 부으셨다.

8-9 땅의 피조물들아, **하나님**께 절하여라.
세상의 거민들아, 무릎을 꿇어라!
그분께서 말씀하시자,
말씀하신 그 순간에 세상이 생겨났다.

10-12 **하나님**께서 바벨의 허세를 제압하시고
세상의 집권 계획을 수포로 돌리신다.
세상을 위한 **하나님**의 계획은 굳게 서고
그분의 모든 설계는 무너지지 않는다.
하나님과 동행하며 하나님을 위하는 나라는
복이 있다.
그분께서 상속자로 삼으신 백성은 복이 있다.

13-15 **하나님**께서 하늘 높은 곳에서 둘러보시며
아담의 모든 자손을 바라보신다.
앉아 계신 그 자리에서
땅에 사는 우리 모두를 굽어보신다.
그분께서 각 사람을 지으셨으니

when praising.
Use guitars to reinforce your Hallelujahs!
   Play his praise on a grand piano!
Invent your own new song to him;
   give him a trumpet fanfare.

4-5 For GOD's Word is solid to the core;
   everything he makes is sound inside and out.
He loves it when everything fits,
   when his world is in plumb-line true.
Earth is drenched
   in GOD's affectionate satisfaction.

6-7 The skies were made by GOD's command;
   he breathed the word and the stars
   popped out.
He scooped Sea into his jug,
   put Ocean in his keg.

8-9 Earth-creatures, bow before GOD;
   world-dwellers—down on your knees!
Here's why: he spoke and there it was,
   in place the moment he said so.

10-12 GOD takes the wind out of Babel
pretense,
   he shoots down the world's power-
   schemes.
GOD's plan for the world stands up,
   all his designs are made to last.
Blessed is the country with GOD for God;
   blessed are the people he's put in his will.

13-15 From high in the skies GOD looks
around,
   he sees all Adam's brood.
From where he sits
   he overlooks all us earth-dwellers.

이제, 우리가 하는 모든 일을 지켜보신다.

16-17 큰 군대가 있다고 왕이 성공하는 것
은 아니며,
큰 힘이 있다고 용사가 승리하는 것도 아니다.
말(馬)의 힘이 답은 아니며,
완력만으로 구원을 얻는 사람도 없다.

18-19 하나님의 눈은 그분을 귀히 여기는
이들,
그분의 사랑을 구하고 찾는 이들에게 머
문다.
그들이 역경에 처할 때 당장 구하러 오시며,
어려울 때 그들의 몸과 영혼을 모두 돌보
아 주신다.

20-22 우리가 **하나님**을 의지하니,
그분은 우리가 필요로 하는 전부.
그 거룩하신 이름, 우리 소유 삼았으니
우리 마음 기쁨이 넘치네.
하나님, 우리가 주님을 의지합니다.
주님의 전부로, 우리를 사랑해 주소서.

다윗의 시. 다윗이 아비멜렉을 속이고 떠나갈 때

34 ¹ 나, 순간마다 **하나님**을 찬양하
리라.
숨이 턱에 차도록 주님을 찬양하리라.

² 내가 늘 **하나님**과 함께 살고 숨 쉬니,
지금 곤경에 처한 너희여, 이 말을 듣고 기
뻐하여라.

³ 나와 함께 이 소식을 널리 전하고
주님의 말씀 함께 외치자.

⁴ **하나님**께서 저만치 달려 나와 나를 맞아
주시고
불안과 두려움에서 나를 구해 주셨다.

He has shaped each person in turn;
  now he watches everything we do.

16-17 No king succeeds with a big army alone,
  no warrior wins by brute strength.
Horsepower is not the answer;
  no one gets by on muscle alone.

18-19 Watch this: God's eye is on those who
respect him,
  the ones who are looking for his love.
He's ready to come to their rescue in bad times;
  in lean times he keeps body and soul
  together.

20-22 We're depending on GOD;
  he's everything we need.
What's more, our hearts brim with joy
  since we've taken for our own his holy
  name.
Love us, GOD, with all you've got—
  that's what we're depending on.

A David Psalm, When He Outwitted Abimelech
and Got Away

34 ¹ I bless GOD every chance I get;
  my lungs expand with his praise.

² I live and breathe GOD;
if things aren't going well, hear this and be
happy:

³ Join me in spreading the news;
together let's get the word out.

⁴ GOD met me more than halfway,
he freed me from my anxious fears.

⁵ 그분을 우러러보아라, 너의 그 밝고 따스한 미소로.
네 감정을 그분께 숨기지 마라.

⁶ 내가 절망에서 부르짖을 때
하나님께서 나를 궁지에서 **빼내** 주셨다.

⁷ 우리가 기도할 때
하나님의 천사가 우리를 둘러 진 치고 보호한다.

⁸ 너희 입을 벌려 맛보고, 너희 눈을 활짝 떠서 보아라.
하나님이 얼마나 좋은 분이신지.
그분께 피하는 너희는 복이 있다.

⁹ 가장 귀한 것을 바라거든 **하나님**을 예배하여라.
예배할 때 그분의 온갖 선하심에 이르는 문이 열린다.

¹⁰ 굶주린 젊은 사자들은 먹이를 찾아 헤매지만,
하나님을 찾는 이들은 하나님으로 배부르리라.

¹¹ 아이들아, 와서 귀 기울여 들어라.
너희에게 **하나님** 예배하는 법을 가르쳐 주리라.

¹² 인생을 즐겁게 살기를 바라는 자 누구냐?
날마다 좋은 일이 끊이지 않기를 바라느냐?

¹³ 네 혀를 지켜 불경죄를 피하고
네 입으로 거짓말이 새 나가지 않게 하여라.

¹⁴ 죄를 버리고 선한 일을 행하여라.
평화를 꼭 붙들어 떠나지 않게 하여라!

¹⁵ **하나님**께서는 자기 벗들에게 눈을 떼지 않으시고
그분의 귀는 온갖 탄식과 신음을 놓치지 않는다.

⁵ Look at him; give him your warmest smile.
Never hide your feelings from him.

⁶ When I was desperate, I called out,
and GOD got me out of a tight spot.

⁷ GOD's angel sets up a circle
of protection around us while we pray.

⁸ Open your mouth and taste, open your eyes and see—
how good GOD is.
Blessed are you who run to him.

⁹ Worship GOD if you want the best;
worship opens doors to all his goodness.

¹⁰ Young lions on the prowl get hungry,
but GOD-seekers are full of God.

¹¹ Come, children, listen closely;
I'll give you a lesson in GOD worship.

¹² Who out there has a lust for life?
Can't wait each day to come upon beauty?

¹³ Guard your tongue from profanity,
and no more lying through your teeth.

¹⁴ Turn your back on sin; do something good.
Embrace peace—don't let it get away!

¹⁵ GOD keeps an eye on his friends,
his ears pick up every moan and groan.

16 하나님께서 반역자들을 참지 않으시고
무리 중에서 그들을 도려내시리라.

17 도움을 구하며 부르짖는 이 있느냐?
하나님께서 귀 기울여 들으시고 구하시리라.

18 너의 마음이 상할 때 하나님이 거기 계시고,
네가 낙심할 때 그분이 도우셔서 숨 쉬게 하시
리라.

19 주님의 백성들이 자주 곤경에 처할지라도
하나님께서는 그들과 늘 함께하신다.

20 그분은 네 모든 뼈를 지켜 주시는 경호원이
시니,
손가락 하나 부러지지 않는다.

21 악인은 자신을 서서히 죽이는 자니,
선한 이들을 미워하며 인생을 소모하는 까닭
이다.

22 하나님께서 노예의 몸값을 치러 자유를 주
시니,
그분께 피하는 이는 누구도 손해를 입지 않는다.

다윗의 시

35 1-3 하나님, 나를 괴롭히는 자들을
가만두지 마소서.
저 불한당들의 얼굴을 정통으로 갈겨 주소서.
무기든, 무엇이든 움켜잡으시고
나를 위해 일어나소서!
나를 노리고 달려드는 자들에게
창을 겨누어 던질 채비를 하소서.
"내가 너를 구하겠다" 말씀하시고
나를 안심시켜 주소서.

4-8 내 등을 찌르려는 저 무뢰배들,
미련한 자로 낙인찍히게 하소서.

16 GOD won't put up with rebels;
he'll cull them from the pack.

17 Is anyone crying for help? GOD is
listening,
ready to rescue you.

18 If your heart is broken, you'll find GOD
right there;
if you're kicked in the gut, he'll help you
catch your breath.

19 Disciples so often get into trouble;
still, GOD is there every time.

20 He's your bodyguard, shielding every
bone;
not even a finger gets broken.

21 The wicked commit slow suicide;
they waste their lives hating the good.

22 GOD pays for each slave's freedom;
no one who runs to him loses out.

A David Psalm

35 1-3 Harass these hecklers, GOD,
punch these bullies in the
nose.
Grab a weapon, anything at hand;
stand up for me!
Get ready to throw the spear, aim the
javelin,
at the people who are out to get me.
Reassure me; let me hear you say,
"I'll save you."

4-8 When those thugs try to knife me in

나를 무너뜨리려는
모든 자들의 음모를 꺾으소서.
풀무질하는 천사를 붙이셔서,
저들을 강풍에 날리는 재처럼 흩으소서.
미행하는 천사를 붙이셔서,
저들의 길이 칠흑처럼 어둡고 질척거리게 하소서.
저들은 억지를 부려 가며 나를 잡으려 덫을 놓고,
나를 막으려고 까닭 없이 도랑을 팠습니다.
몰래 숨었다가 저들을 치소서.
저들이 놓은 덫에 저들이 걸리게 하시고
저들이 꾸민 참사에 저들이 당하게 하소서.

9-10 그러나 나는 거침없이 다니며,
하나님의 위대하신 일들 마음껏 알리게 하소서.
내 몸의 모든 **뼈**가 기쁨으로 들썩이며 노래하게 하소서.
"**하나님**, 주님과 같은 분 없습니다.
주께서는 주저앉은 자들을 일으키시고
기댈 데 없는 이들을 불한당에게서 보호해 주십니다!"

11-12 악의를 품은 고소인들이 느닷없이 나타나,
나를 괴롭히려고 달려듭니다.
나는 자비를 베풀었으나 그들이 고통으로 되갚으니,
내 영혼이 텅 빈 듯 허탈합니다.

13-14 저들이 아플 때 내가 검은 옷을 입고,
금식하며 기도했습니다.
납덩이처럼 무거운 마음으로 저들을 위해 기도하면서
가장 친한 벗, 나의 형제를 잃은 듯 안타까워했습니다.
침통한 마음에 어깨를 축 늘어뜨리고,

the back,
    make them look foolish.
Frustrate all those
    who are plotting my downfall.
Make them like cinders in a high wind,
    with GOD's angel working the bellows.
Make their road lightless and mud-slick,
    with GOD's angel on their tails.
Out of sheer cussedness they set a trap to catch me;
    for no good reason they dug a ditch to stop me.
Surprise them with your ambush—
    catch them in the very trap they set,
    the disaster they planned for me.

9-10 But let me run loose and free,
    celebrating GOD's great work,
Every bone in my body laughing, singing,
"GOD,
    there's no one like you.
You put the down-and-out on their feet
    and protect the unprotected from bullies!"

11-12 Hostile accusers appear out of nowhere,
    they stand up and badger me.
They pay me back misery for mercy,
    leaving my soul empty.

13-14 When they were sick, I dressed in black;
    instead of eating, I prayed.
My prayers were like lead in my gut,
    like I'd lost my best friend, my brother.
I paced, distraught as a motherless child,
    hunched and heavyhearted.

어머니 없는 아이처럼 넋 놓고 이리저리 서성였습니다.

15-16 그러나 정작 내가 쓰러졌을 때,
저들은 잔치를 벌였습니다!
동네의 이름 없는 어중이떠중이들이 몰려와
나를 모욕했습니다.
성소를 더럽히는 야만인들처럼
내 이름을 더럽혔습니다.

17-18 하나님, 언제까지 내버려 두시렵니까?
내 모든 것이 사자 밥으로 던져지고 있으니,
저들의 야만 행위에서 나를 구하소서.
모두가 모여 예배드릴 때
내가 주님의 신실하심을 찬양하겠습니다.
수많은 사람들이 모여들 때
할렐루야를 외치겠습니다.

19-21 저 거짓말쟁이들, 저 원수들이
나를 제물 삼아 잔치를 열지 못하게 하소서.
까닭 없이 나를 미워하는 자들이
서로 눈짓하거나 곁눈질로 바라보지 못하게
하소서.
저 패거리에게는 선한 것이 없고,
남의 일에 간섭 없이 자기 일에 몰두하는 이
들을
어떻게 헐뜯을까 궁리하며 시간을 허비합니다.
저들은 입을 벌려 이죽거리며 조롱합니다.
"하하, 무사히 넘어갈 줄 알았지?
넌 우리에게 딱 걸렸어!"

22 하나님, 저들의 소행이 보이지 않습니까?
저들이 무사히 빠져나가게 내버려 두지는 않
으시겠지요?
아무 조치 없이, 그냥 넘어가실 생각은 아
니시겠지요?

15-16 But when I was down
     they threw a party!
All the nameless riffraff of the town came
     chanting insults about me.
Like barbarians desecrating a shrine,
     they destroyed my reputation.

17-18 GOD, how long are you going
     to stand there doing nothing?
Save me from their brutalities;
     everything I've got is being thrown to the
     lions.
I will give you full credit
     when everyone gathers for worship;
When the people turn out in force
     I will say my Hallelujahs.

19-21 Don't let these liars, my enemies,
     have a party at my expense,
Those who hate me for no reason,
     winking and rolling their eyes.
No good is going to come
     from that crowd;
They spend all their time cooking up
gossip
     against those who mind their own
     business.
They open their mouths
     in ugly grins,
Mocking, "Ha-ha, ha-ha, thought you'd get
away with it?
     We've caught you hands down!"

22 Don't you see what they're doing, GOD?
     You're not going to let them
Get by with it, are you? Not going to walk off
     without doing something, are you?

23-26 제발 일어나소서, 깨어나소서! 내 사
정을 살펴 주소서.
나의 하나님, 나의 주님, 내 목숨이 걸려
있습니다.
하나님 나의 하나님, 주님 뜻대로 하시되,
저들이 나를 제물 삼아 즐거워하는 일만은
막아 주소서.
"하하, 우리가 바라던 대로 됐어."
"우리가 그를 씹어서 뱉어 버렸지."
저들이 마음속으로 이렇게 말하지 못하게
하소서.
나를 제물 삼아 즐기려는 저들,
오히려 웃음거리가 되게 하소서.
거들먹거리며 힘을 과시하는
저들에게 당나귀 귀를 다시고,
당나귀 꼬리를 붙이소서!

27-28 그러나 내가 잘되기를 바라는 이들,
결국에는 그들이 기뻐 환호하며
이렇게 외치게 하소서. 끊임없이 외치게 하
소서!
"**하나님**은 위대하시다. 그분의 종에게는
모든 것이 협력하여 선을 이루리라."
나도 주님의 위대하심과 선하심을 세상에
알리고,
날마다, 종일토록 할렐루야를 외치겠습니다.

다윗의 시

36 1-4 하나님께 반역하는 자, 선동
에 귀 기울이며
온통 죄 지을 건수 찾아 귀를 바짝 세운다.
하나님을 두려워하지 않고
그분 앞에서 거드럭거릴 뿐,
스스로에게 발림소리 하며
자신의 악을
아무도 모를 거라 믿는다.
그의 입에서 나오는 말은
더러운 개숫물.

23-26 Please get up—wake up! Tend to my
case.
My God, my Lord—my life is on the line.
Do what you think is right, GOD, my God,
but don't make me pay for their good
time.
Don't let them say to themselves,
"Ha-ha, we got what we wanted."
Don't let them say,
"We've chewed him up and spit him out."
Let those who are being hilarious
at my expense
Be made to look ridiculous.
Make them wear donkey's ears;
Pin them with the donkey's tail,
who made themselves so high and
mighty!

27-28 But those who want
the best for me,
Let them have the last word—a glad shout!—
and say, over and over and over,
"GOD is great—everything works
together for good for his servant."
I'll tell the world how great and good you
are,
I'll shout Hallelujah all day, every day.

A David Psalm

36 1-4 The God-rebel tunes in to
sedition—
all ears, eager to sin.
He has no regard for God,
he stands insolent before him.
He has smooth-talked himself
into believing
That his evil
will never be noticed.

그가 온당한 일을
한 적이 있던가.
잠자리에 들 때마다
또 다른 흉계를 꾸민다.
그가 길거리에서 제멋대로 설치면,
누구도 안심할 수 없다.
그는 불장난을 하면서도
누가 화상을 입든 개의치 않는다.

5-6 하나님의 사랑 드높고,
그분의 성실하심 끝이 없다.
그분의 목적 원대하고,
그분의 평결 드넓다.
광대하시되
작은 것 하나 놓치지 않으시니,
사람도, 생쥐 한 마리조차도
그분께는 소외되는 법 없다.

7-9 오 하나님, 주님의 사랑이 어찌 그리
보배로운지요!
우리가 주님 날개 아래로 피하여
손수 베푸신 잔치음식을 배불리 먹느라 정
신이 없건만,
주께서는 우리 잔에 에덴의 광천수를 가
득 부어 주십니다.
주님은 폭포수 같은 빛의 원천,
우리 눈을 뜨게 하여 빛을 보게 하시는 분.

10-12 주님의 벗들을 끊임없이 사랑하시고
주님을 기뻐하는 이들 안에서 주님의 일
을 행하소서.
불한당들이 나를 괴롭히지 못하게 하시고
소인배들이 나를 비난하지 못하게 하소서.
졸부처럼 거만한 자들이 쓰러져
진흙탕에 완전히 고꾸라지게 하소서.

Words gutter from his mouth,
   dishwater dirty.
Can't remember when he
   did anything decent.
Every time he goes to bed,
   he fathers another evil plot.
When he's loose on the streets,
   nobody's safe.
He plays with fire
   and doesn't care who gets burned.

5-6 God's love is meteoric,
   his loyalty astronomic,
His purpose titanic,
   his verdicts oceanic.
Yet in his largeness
   nothing gets lost;
Not a man, not a mouse,
   slips through the cracks.

7-9 How exquisite your love, O God!
   How eager we are to run under your
      wings,
To eat our fill at the banquet you spread
   as you fill our tankards with Eden spring
      water.
You're a fountain of cascading light,
   and you open our eyes to light.

10-12 Keep on loving your friends;
   do your work in welcoming hearts.
Don't let the bullies kick me around,
   the moral midgets slap me down.
Send the upstarts sprawling
   flat on their faces in the mud.

다윗의 시

37

1-2 출세를 자랑하는 자들에 신경 쓰지 말고

악인의 성공을 부러워하지 마라.
머지않아 저들은 베인 풀처럼 오그라들고
잘린 꽃처럼 시들어 버릴 것이다.

3-4 **하나님**께 보험을 들고 선한 일을 하며,
마음을 가라앉히고 네 본분을 지켜라.
하나님과 사귐을 지속하여
가장 복된 것을 누려라.

5-6 **하나님**께 모두 털어놓고, 아무것도 숨기지 마라.
꼭 필요한 일이면 그분께서 이루어 주시리라.
네가 올바르게 살아왔음을 대낮에 증언해 주시고,
정오에 확인도장을 찍어 주시리라.

7 **하나님** 앞에 고요히 머물고
그분 앞에서 기도하여라.
출세의 사다리를 오르는 자들,
남을 밀치며 정상에 오르는 자들 때문에
괴로워하지 마라.

8-9 노여움을 제어하고, 분노를 버려라.
진정하여라. 화내 봤자 사태를 악화시킬 뿐.
얼마 못 가 사기꾼들은 파산하고,
하나님께 투자한 이들이 곧 그 가게를 차지하리라.

10-11 악인은 눈 깜짝할 사이에 결딴나리니,
한때 이름 날리던 사업장에는 아무것도 남지 않으리라!
겸손한 이들이 그리로 들어가 넘겨받고,
엄청난 횡재를 만끽하리라.

37

1-2 Don't bother your head with brag-garts

or wish you could succeed like the wicked.
In no time they'll shrivel like grass clippings
and wilt like cut flowers in the sun.

3-4 Get insurance with GOD and do a good deed,

settle down and stick to your last.
Keep company with GOD,
get in on the best.

5-6 Open up before GOD, keep nothing back;
he'll do whatever needs to be done:
He'll validate your life in the clear light of day
and stamp you with approval at high noon.

7 Quiet down before GOD,
be prayerful before him.
Don't bother with those who climb the ladder,
who elbow their way to the top.

8-9 Bridle your anger, trash your wrath,
cool your pipes—it only makes things worse.
Before long the crooks will be bankrupt;
GOD-investors will soon own the store.

10-11 Before you know it, the wicked will have had it;
you'll stare at his once famous place and— nothing!
Down-to-earth people will move in and take over,
relishing a huge bonanza.

12-13 나쁜 자들은 착한 이들이 싫어
그들을 해코지하는 데 골몰하지만,
하나님은 조금도 신경 쓰지 않으신다.
그분께 그들은 싱거운 농담거리에 불과하다.

14-15 불량배들이 칼을 휘두르고
허세 부리며 활을 당기는구나.
순진한 이들을 괴롭히고,
개와 산책하는 선량한 사람을 강탈하려 드는구나.
저들, 바나나 껍질에 미끄러져 그대로 거꾸러지니
연극 속의 우스꽝스런 악역 꼴이다.

16-17 때로는 많은 것이 적고, 적은 것이 많은 법.
의인 한 사람이 악인 쉰 명보다 낫다.
악인은 도덕적으로 구제불능이지만,
의인은 **하나님**께서 붙드시기 때문이다.

18-19 **하나님**은 선량한 이들을 기억하시니,
그들이 하는 일을 쉬 잊지 않으신다.
그들은 불경기에도 고개 숙이지 않고
냉장고가 텅 비어도 배부르리라.

20 하나님을 얕보는 자들은 결딴나리라.
하나님의 원수들은 끝장나리라.
수확철의 포도원처럼 털리고
연기처럼 아무도 모르게 사라지리라.

21-22 악인은 꾸기만 하고 갚지 않으나,
의인은 베풀고 또 베푼다.
후히 베푸는 이는 마지막에 모든 것을 얻고,
인색한 자는 도중에 다 빼앗긴다.

23-24 신실한 사람은 **하나님**과 보조를 맞추며 걷는다.
하나님께서 그 길을 환히 비추시니, 그는 행복하다.
그는 넘어져도 오래 주저앉지 않으니,

12-13 Bad guys have it in for the good guys,
obsessed with doing them in.
But GOD isn't losing any sleep; to him
they're a joke with no punch line.

14-15 Bullies brandish their swords,
pull back on their bows with a flourish.
They're out to beat up on the harmless,
or mug that nice man out walking his dog.
A banana peel lands them flat on their faces—
slapstick figures in a moral circus.

16-17 Less is more and more is less.
One righteous will outclass fifty wicked,
For the wicked are moral weaklings
but the righteous are GOD-strong.

18-19 GOD keeps track of the decent folk;
what they do won't soon be forgotten.
In hard times, they'll hold their heads high;
when the shelves are bare, they'll be full.

20 God-despisers have had it;
GOD's enemies are finished—
Stripped bare like vineyards at harvest time,
vanished like smoke in thin air.

21-22 Wicked borrows and never returns;
Righteous gives and gives.
Generous gets it all in the end;
Stingy is cut off at the pass.

23-24 Stalwart walks in step with GOD;
his path blazed by GOD, he's happy.
If he stumbles, he's not down for long;

하나님께서 그의 손을 잡아 주시기 때문이다.

25-26 한때 젊었다가 이제 백발이 되었지만,
나는 여태까지 신자가 버림받거나
그 자녀가 길거리를 떠도는 것을 보지 못했다.
그는 날마다 베풀고 꾸어 주며
자손들은 그의 자랑이 된다.

27-28 악을 버리고
선한 일에 힘쓰되, 꾸준히 그리하여라.
하나님은 선한 일을 사랑하시고
자기 벗들을 외면하지 않으신다.

28-29 이와 같이 살아라. 그러면 성공할 것
이다.
그러나 악한 자들은 버림을 받으리라.
선한 이들은 좋은 땅에 심기고
튼튼히 뿌리를 내린다.

30-31 개가 뼈다귀를 핥고 또 핥듯, 의인은
지혜를 곱씹고
아름다운 덕을 음미한다.
피를 돌리듯, 그의 심장은 하나님 말씀을 온
몸에 돌게 하고
그의 발걸음은 고양이처럼 흔들림이 없다.

32-33 악인은 의인을 엿보며
그를 죽이려 하지만,
하나님께서 경계를 늦추지 않고 의인을 지
켜보시니,
악인은 의인의 머리카락 한 올 해치지 못하
리라.

34 하나님을 간절히 기다려라.
그 길을 떠나지 마라.
그분께서 뭇사람이 보는 앞에서 네게 자리
를 주시리니,
악인이 자리를 잃는 것을, 너는 보게 되리라.

GOD has a grip on his hand.

25-26 I once was young, now I'm a
graybeard—
   not once have I seen an abandoned
   believer,
   or his kids out roaming the streets.
Every day he's out giving and lending,
   his children making him proud.

27-28 Turn your back on evil,
   work for the good and don't quit.
GOD loves this kind of thing,
   never turns away from his friends.

28-29 Live this way and you've got it made,
   but bad eggs will be tossed out.
The good get planted on good land
   and put down healthy roots.

30-31 Righteous chews on wisdom like a
dog on a bone,
   rolls virtue around on his tongue.
His heart pumps God's Word like blood
through his veins;
   his feet are as sure as a cat's.

32-33 Wicked sets a watch for Righteous,
   he's out for the kill.
GOD, alert, is also on watch—
   Wicked won't hurt a hair of his head.

34 Wait passionately for GOD,
   don't leave the path.
He'll give you your place in the sun
   while you watch the wicked lose it.

35-36 나는 악인들이 두꺼비처럼 거만하게 **뽐내며**
허튼소리 하는 것을 보았다.
그러나 다음 순간, 그들의 모습은 온데간데없었다.
구멍 난 풍선, 바람 **빠져** 늘어진 거죽만 보일 뿐
이다.

37-38 온전한 사람을 잘 들여다보고
올곧은 삶을 눈여겨보아라.
힘써 온전함을 이루는 것에
장래가 있다.
고집쟁이는 조만간 버림을 받고
거만한 자들은 막다른 길에 이르리라.

39-40 드넓고 자유로운 삶은 **하나님**이 주시는 것
하나님께서 그 삶을 보호하시고 안전히 지키신다.
하나님의 도우심으로 우리가 악에서 해방되었
으니,
그분께 피하면, 친히 우리를 구원하신다.

다윗의 시
38 1-2 **하나님**, 숨 한번 크게 쉬시고, 마음 가라앉히소서.
주님, 회초리를 성급히 들지 마소서.
화살처럼 날카로운 주님의 질책이 내 마음 할
퀴고,
주께 얻어맞은 엉덩이가 몹시도 쓰라립니다.

3-4 지난 몇 달 사이 주님의 책망으로
내 얼굴 반쪽이 되었습니다.
내 죄 때문에
뼈는 바싹 마른 잔가지처럼 부스러지기 직전
이고,
내 악행이 나를 뒤덮어
무거운 죄책감이 쌀포대처럼 어깨를 짓누릅니다.

5-8 내가 잘못 살았으므로
몸의 상처에서 악취가 나고 구더기까지 우글거
립니다.

35-36 I saw Wicked bloated like a toad,
  croaking pretentious nonsense.
The next time I looked there was
nothing—
  a punctured bladder, vapid and limp.

37-38 Keep your eye on the healthy soul,
  scrutinize the straight life;
There's a future
  in strenuous wholeness.
But the willful will soon be discarded;
  insolent souls are on a dead-end street.

39-40 The spacious, free life is from GOD,
  it's also protected and safe.
GOD-strengthened, we're delivered from
evil—
  when we run to him, he saves us.

A David Psalm
38 1-2 Take a deep breath, GOD;
  calm down—
  don't be so hasty with your punishing
  rod.
Your sharp-pointed arrows of rebuke
draw blood;
  my backside smarts from your caning.

3-4 I've lost twenty pounds in two
months
  because of your accusation.
My bones are brittle as dry sticks
  because of my sin.
I'm swamped by my bad behavior,
  collapsed under gunnysacks of guilt.

5-8 The cuts in my flesh stink and grow
maggots

나, 꼴사납게 엎드려져
아침부터 밤까지 나로 인해 슬퍼합니다.
내 속에 있는 모든 장기가 불타는 듯하고
몸은 만신창이가 되었습니다.
기진하여 결딴난 신세,
내 삶은 신음만 토해 냅니다.

9-16 주님, 내 간절한 바람은 속이 훤히 보이고,
나의 신음은 주께서 다 아는 흔한 이야기입니다.
나는 완전히 지쳐서
금방이라도 심장이 멎을 것만 같습니다.
백내장으로 하나님과 선한 이들을 알아보지 못하니,
오랜 벗들이 나를 전염병 대하듯 피합니다.
내 친척들은 나를 찾지 않고
이웃들은 뒤에서 나를 헐뜯습니다.
경쟁자들이 내게 누명을 씌우고
나의 파멸을 간절히 바랍니다.
그러나 나는 귀머거리, 벙어리 신세,
귀도 닫히고 입마저 닫혔습니다.
그들의 말 한 마디 듣지 못하고
대꾸도 못합니다.
하나님, 내가 하는 일이라고는 그저 주님을 기다리는 것,
나의 주, 나의 하나님을 기다리는 것뿐이니,
응답해 주소서!
간절히 기도합니다. 저들이 나를 비웃지 못하게 하소서.
내가 비틀거릴 때 저들이 으스대며 활보하지 못하게 하소서.

17-20 내가 미칠 지경이 되고,
타는 듯한 고통이 내 속에서 나를 짓누릅니다.
내 잘못을 털어놓을 각오가 되어 있으니,
죄짓고도 의기양양해하는 일은 더 이상 없을 것입니다.
원수들은 기세등등하게 팔을 걷어붙였고,
폭력배들은 내 목을 노립니다.

because I've lived so badly.
And now I'm flat on my face
    feeling sorry for myself morning to
    night.
All my insides are on fire,
    my body is a wreck.
I'm on my last legs; I've had it—
    my life is a vomit of groans.

9-16 Lord, my longings are sitting in plain
sight,
    my groans an old story to you.
My heart's about to break;
    I'm a burned-out case.
Cataracts blind me to God and good;
    old friends avoid me like the plague.
My cousins never visit,
    my neighbors stab me in the back.
My competitors blacken my name,
    devoutly they pray for my ruin.
But I'm deaf and mute to it all,
    ears shut, mouth shut.
I don't hear a word they say,
    don't speak a word in response.
What I do, GOD, is wait for you,
    wait for my Lord, my God—you will
    answer!
I wait and pray so they won't laugh me
off,
    won't smugly strut off when I stumble.

17-20 I'm on the edge of losing it—
    the pain in my gut keeps burning.
I'm ready to tell my story of failure,
    I'm no longer smug in my sin.
My enemies are alive and in action,
    a lynch mob after my neck.
I give out good and get back evil

내가 선을 베풀어도, 하나님을 싫어하는 자
들은 악으로 되갚습니다.
저들은 하나님을 사랑하는 사람을 보면 참
지 못합니다.

21-22 **하나님**, 나를 버리지 마소서.
하나님, 나를 하염없이 기다리게 하지 마소서.
내 인생에 넓고 탁 트인 공간이 필요하니,
어서 나를 도우소서.

다윗의 시

39 1-3 나, 굳게 다짐했다. 발걸음 조
심하고 혀를 조심하여,
곤경에 처하는 일이 없게 하리라.
악인과 한 방에 있을 때는
입을 다물리라.
"아무 말 하지 말자" 다짐하며 잠자코 있었다.
그러나 침묵이 길어질수록
심사가 뒤틀리고,
속에서 화가 치밀었다.
생각하면 할수록 울화가 치밀어 올라
기어이 털어놓고야 말았다.

4-6 **하나님**, 무슨 일인지 알려 주소서.
나의 살 날이 얼마나 남았는지 알려 주소서.
죽을 날이 언제인지 알려 주소서!
주께서 내 수명을 짧게 하셨으니,
내 목숨 줄, 건질 것 없을 만큼 짧습니다.
아! 우리는 한낱 입김.
아! 우리는 모닥불 속 그림자.
아! 우리는 허공으로 내뱉는 침.
기껏 모아 놓고는 그대로 두고 갈 뿐입니다.

7-11 주님, 이제 내가 사는 날 동안 할 일이
무엇이겠습니까?
내가 할 일은 그저 희망을 품는 것뿐입니다.
내게 씌워진 반역자의 굴레를 주께서 벗기시고
바보들의 경멸에서 나를 건져 주소서.

from God-haters who can't stand a
God-lover.

21-22 Don't dump me, GOD;
   my God, don't stand me up.
Hurry and help me;
   I want some wide-open space in my
   life!

A David Psalm

39 1-3 I'm determined to watch steps
   and tongue
   so they won't land me in trouble.
I decided to hold my tongue
   as long as Wicked is in the room.
"Mum's the word," I said, and kept quiet.
   But the longer I kept silence
The worse it got—
   my insides got hotter and hotter.
My thoughts boiled over;
   I spilled my guts.

4-6 "Tell me, what's going on, GOD?
   How long do I have to live?
   Give me the bad news!
You've kept me on pretty short rations;
   my life is string too short to be saved.
Oh! we're all puffs of air.
   Oh! we're all shadows in a campfire.
Oh! we're just spit in the wind.
   We make our pile, and then we leave it.

7-11 "What am I doing in the meantime,
Lord?
   Hoping, that's what I'm doing–hoping
You'll save me from a rebel life,
   save me from the contempt of dunces.
I'll say no more, I'll shut my mouth,

주님, 이 모든 일의 배후에 주님이 계시니
나는 더 이상 말하지 않고 입을 다물겠습니다.
그러나 얼마나 오래 버틸 수 있을지 모르겠습니다.
주께서 우리 죄를 씻기시려고
우리를 불 가운데 세우실 때,
우리가 애지중지하던 우상들이 연기처럼 사라집니다.
우리 역시 한낱 연기가 아니고 무엇이겠습니까?

12-13 아, **하나님**, 내 기도를 들으소서.
내 울부짖음에 귀를 열어 주소서.
흐르는 내 눈물 보시고
싸늘히 대하지 마소서.
나는 한낱 나그네일 뿐, 내 길을 알지 못합니다.
온 가족과 함께 그저 떠돌 뿐입니다.
너무 늦기 전에, 내가 이 세상 떠나기 전에
숨 돌릴 틈 주시고, 내 사정을 살펴 주소서."

다윗의 시

40

1-3 나, **하나님**을 기다리고 또 기다렸더니.
마침내 굽어보시고, 내 부르짖음 들어주셨다.
나를 시궁창에서 들어 올리시고
진흙탕에서 끌어내셨다.
단단한 반석 위에 나를 세우시고
미끄러지지 않게 하셨다.
주께서 새로운 노래,
우리 하나님께 드릴 찬양을 가르쳐 주셨다.
이를 보고 점점 더 많은 사람들이
그 신비 속으로 들어가,
하나님께 자신을 맡긴다.

4-5 **하나님**께 자기를 내어 드리는 그대,
세상 사람들의 "확실한 것"을 등지고
세상 사람들이 숭배하는 것을 무시하는 그대는
복이 있다.
세상은 **하나님**의 기적과
하나님의 생각으로 가득 쌓인 곳.

since you, Lord, are behind all this.
But I can't take it much longer.
When you put us through the fire
    to purge us from our sin,
        our dearest idols go up in smoke.
Are we also nothing but smoke?

12-13 "Ah, GOD, listen to my prayer, my
    cry—open your ears.
Don't be callous;
    just look at these tears of mine.
I'm a stranger here. I don't know my
way—
    a migrant like my whole family.
Give me a break, cut me some slack
        before it's too late and I'm out of
        here."

A David Psalm

40

1-3 I waited and waited and
    waited for GOD.
    At last he looked; finally he listened.
He lifted me out of the ditch,
    pulled me from deep mud.
He stood me up on a solid rock
    to make sure I wouldn't slip.
He taught me how to sing the latest
God-song,
    a praise-song to our God.
More and more people are seeing this:
    they enter the mystery,
        abandoning themselves to GOD.

4-5 Blessed are you who give yourselves
over to GOD,
    turn your backs on the world's "sure
    thing,"
        ignore what the world worships;

그 무엇도, 그 누구도
주께 견줄 수 없습니다!
주님에 대해 내가 아는 것을 말하려 해도
금세 말문이 막히고 마니,
지극히 크신 주님을
숫자나 말로는 다 담아낼 수 없습니다.

6 주님을 위해 일하고 주께 그 무엇을 드
리려 해도
주께서는 그런 것 바라지 않으십니다.
종교적인 모습, 경건한 모양새,
주께서는 그런 것도 요구하지 않으십
니다.
다만, 내가 들을 수 있도록
내 귀를 열어 주셨습니다.

7-8 그래서 내가 대답했습니다. "내가 왔
습니다.
주께서 나에 대해 쓰신 기록을 읽고서,
나를 위해 베푸신
잔치에 왔습니다."
그때, 하나님의 말씀이 내 인생에 들어와
내 존재의 일부가 되었습니다.

9-10 **하나님**, 나는 온 회중에게 주님을 선
포하고
아무것도 숨기지 않았습니다. 주께서도
아시는 일입니다.
주님의 길을 비밀로 하지 않았고
나 혼자 간직하지도 않았습니다.
주께서 얼마나 믿을 만한 분이신지,
얼마나 철두철미한 분이신지 다 말했습니다.
주님의 사랑과 진리를 나 혼자만 알고 있
지 않았습니다.
모든 내용을 다 말하여
온 회중이 알게 했습니다.

The world's a huge stockpile
　　of GOD-wonders and God-thoughts.
Nothing and no one
　　comes close to you!
I start talking about you, telling what I know,
　　and quickly run out of words.
Neither numbers nor words
　　account for you.

6 Doing something for you, bringing
something to you—
　　that's not what you're after.
Being religious, acting pious—
　　that's not what you're asking for.
You've opened my ears
　　so I can listen.

7-8 So I answered, "I'm coming.
　　I read in your letter what you wrote about
　　me,
And I'm coming to the party
　　you're throwing for me."
That's when God's Word entered my life,
　　became part of my very being.

9-10 I've preached you to the whole congre-
gation,
　　I've kept back nothing, GOD—you know
　　that.
I didn't keep the news of your ways
　　a secret, didn't keep it to myself.
I told it all, how dependable you are, how
thorough.
　　I didn't hold back pieces of love and truth
For myself alone. I told it all,
　　let the congregation know the whole
　　story.

11-12 그러니 **하나님**, 내게 숨기지 마시고
주님의 뜨거운 마음을 감추지 마소서.
나를 온전케 하는 것은
주님의 사랑과 진리뿐입니다.
시련이 한꺼번에 덮치고
무수한 죄악이 몰려와 나를 습격하니,
내가 죄책에 사로잡혀
내 길을 제대로 볼 수 없습니다.
내 마음속 죄악이 내 머리카락보다 많고
그 죄가 어찌나 무거운지, 내 마음이 지치고
말았습니다.

13-15 **하나님**, 너그럽게 보시고 몸소 나서 주소서.
어서 나를 도우소서.
그러면 내 영혼을 낚아채려는 자들이
당황하여, 고개를 떨구게 될 것입니다.
재미 삼아 나를 괴롭히는 자들이
조롱과 창피를 당하고,
내가 망하기를 바라는 자들이
가차 없이 야유와 조소를 받을 것입니다.

16-17 그러나 주님을 찾아 헤매는 이들,
오, 그들은 노래하며 기뻐하게 하소서.
주님의 진면목을 아는 이들이
주님의 위대하심을 쉬지 않고 세상에 알리
게 하소서.
나는 엉망진창입니다. 보잘것없고 가진
것도 없습니다.
나를 의미 있는 존재로 만들어 주소서.
주께서는 그리하실 수 있고, 그만한 능력도
가지고 계십니다.
하나님, 지체하지 마소서.

다윗의 시
41
1-3 불행한 이들의 존엄을 지켜
주어라.
기분이 좋아지리라. 그것이 바로 **하나님**의 일.
하나님께서 우리 모두를 보살피시고

11-12 Now GOD, don't hold out on me,
  don't hold back your passion.
Your love and truth
  are all that keeps me together.
When troubles ganged up on me,
  a mob of sins past counting,
I was so swamped by guilt
  I couldn't see my way clear.
More guilt in my heart than hair on my head,
  so heavy the guilt that my heart gave out.

13-15 Soften up, GOD, and intervene;
  hurry and get me some help,
So those who are trying to kidnap my soul
  will be embarrassed and lose face,
So anyone who gets a kick out of making
me miserable
  will be heckled and disgraced,
So those who pray for my ruin
  will be booed and jeered without mercy.

16-17 But all who are hunting for you—
  oh, let them sing and be happy.
Let those who know what you're all about
  tell the world you're great and not
  quitting.
And me? I'm a mess. I'm nothing and have
nothing:
  make something of me.
You can do it; you've got what it takes—
  but God, don't put it off.

A David Psalm
41
1-3 Dignify those who are down on
  their luck;
you'll feel good—*that's* what GOD does.
GOD looks after us all,
  makes us robust with life—

튼튼하고 생기 있게 하신다.
원수 걱정 안 해도 되니,
이 땅에 사는 것이 복되다.
병들어 자리에 누워 있을 때에도
하나님이 우리의 간호사 되셔서,
건강을 회복하도록 돌보신다.

4-7 내가 아뢰었습니다. "**하나님**, 은혜를 베푸
소서!
나를 다시 온전케 하소서.
내 죄가 나를 갈기갈기 찢었습니다."
원수들은 내가 고꾸라지기를 바라며,
내 죽을 날을 놓고 내기를 합니다.
누군가 나를 만나러 오면
내용 없는 뻔한 말만 늘어놓습니다.
나에 관한 험담거리를 모아서
길모퉁이 군중을 즐겁게 하는 저들입니다.
나를 미워하는 이 "친구들"이
동네방네 다니며 나를 비방하고,
위원회를 꾸려 나를 괴롭힐 계획을 꾸밉니다.

8-9 마침내 소문이 나돕니다. "저 자 좀 봐. 몹
쓸 병에 걸려
다 죽어 간다지?
의사들도 포기했다지 뭐야."
허물없이 지내던 가장 가까운 벗마저,
집에서 늘 함께 식탁을 나누던 벗마저,
내 손을 물어뜯었습니다.

10 **하나님**, 은혜를 베푸소서. 나를 일으켜
저들에게 본때를 보이게 하소서.

11-12 원수 진영에서 승리의 함성 아직 들리지
않으니,
분명 주께서는 내 편이십니다!
주님은 나를 속속들이 아시고 나를 붙드시는 분.
나를 주님 앞에 우뚝 세우셔서
주님의 얼굴을 바라보게 하십니다.

Lucky to be in the land,
  we're free from enemy worries.
Whenever we're sick and in bed,
  GOD becomes our nurse,
  nurses us back to health.

4-7 I said, "GOD, be gracious!
  Put me together again—
  my sins have torn me to pieces."
My enemies are wishing the worst for me;
  they make bets on what day I will die.
If someone comes to see me,
  he mouths empty platitudes,
All the while gathering gossip about me
  to entertain the street-corner crowd.
These "friends" who hate me
  whisper slanders all over town.
They form committees
  to plan misery for me.

8-9 The rumor goes out, "He's got some dirty,
  deadly disease. The doctors
  have given up on him."
Even my best friend, the one I always told
everything
  —he ate meals at my house all the time!—
  has bitten my hand.

10 GOD, give grace, get me up on my feet.
  I'll show them a thing or two.

11-12 Meanwhile, I'm sure you're on my side—
  no victory shouts yet from the enemy camp!
You know me inside and out, you hold me
together,
  you never fail to stand me tall in your
  presence
  so I can look you in the eye.

13 **하나님**, 이스라엘의 하나님은 찬양받으실 분.
언제까지나 영원히.
그렇습니다. 정말 그렇습니다.

고라 자손의 시
42
1-3 흰 꼬리 사슴이
시냇물을 마시듯,
나, 하나님을
깊이 들이켜고 싶습니다.
내가 살아 계신 하나님을 목말라합니다.
"언제나 그런 날이 올까?
하나님 앞에 나아가 마음껏 그분을 누리게
될 그날!"
아침에도 눈물, 저녁에도 눈물,
눈물이 나의 음식이 되었습니다.
종일토록
사람들이 내 집 문을 두드리며
"네 하나님이 어디 계시냐?" 하고 비방합니다.

4 나, 인생의 호주머니를 비워 가며
거듭 되새겨 봅니다.
내가 늘 예배하러 가는 무리
맨 앞에 서 있던 일.
어서 가서 예배드리고 싶어
그들 모두를 이끌던 일.
목청껏 찬양하고 감사의 노래를 부르던 일.
너나없이 모두가 하나 되어 하나님의 축제에
참여하던 일!

5 내 영혼아, 네가 어찌하여 낙심하느냐?
어찌하여 슬퍼하느냐?
너는 하나님을 바라보아라.
나, 이제 다시 찬송하게 되리라.
나를 웃음 짓게 하시는 분,
그분은 나의 하나님.

6-8 내 영혼이 낙심될 때,
나는 요단 강 밑바닥에서 헤르몬 산지와 미살

13 Blessed is GOD, Israel's God,
always, always, always.
Yes. Yes. Yes.

A psalm of the sons of Korah
42
1-3 A white-tailed deer drinks
from the creek;
I want to drink God,
deep draughts of God.
I'm thirsty for God-alive.
I wonder, "Will I ever make it—
arrive and drink in God's presence?"
I'm on a diet of tears—
tears for breakfast, tears for supper.
All day long
people knock at my door,
Pestering,
"Where is this God of yours?"

4 These are the things I go over and over,
emptying out the pockets of my life.
I was always at the head of the worshiping
crowd,
right out in front,
Leading them all,
eager to arrive and worship,
Shouting praises, singing thanksgiving—
celebrating, all of us, God's feast!

5 Why are you down in the dumps, dear soul?
Why are you crying the blues?
Fix my eyes on God—
soon I'll be praising again.
He puts a smile on my face.
He's my God.

6-8 When my soul is in the dumps, I
rehearse

산에 이르기까지
주님에 대해 아는 것을 하나하나 되짚어 봅니다.
포말을 일으키는 급류를 따라
혼돈이 혼돈을 부르며 이어지고,
부서지는 파도, 주님의 거센 파도가 우레처럼
밀려와
나를 휩쓸고 지나갑니다.
그제야 **하나님**께서
"너를 종일토록 사랑하리라,
밤새도록 노래 불러 주리라" 약속해 주십니다!
나의 삶은 하나님께 드리는 기도입니다.

⁹⁻¹⁰ 나, 이따금씩 하나님께, 바위처럼 든든한
하나님께 여쭤 봅니다.
"어찌하여 나를 못 본 체하십니까?
이 몸, 원수들에게 시달리고
눈물 마를 날 없으니, 어찌 된 일입니까?"
살기등등한 저들,
나를 괴롭히는 저들이 날마다 역겨운 말투로,
"네 하나님이 어디 있느냐?" 하고 빈정댑니다.

¹¹ 내 영혼아, 네가 어찌하여 낙심하느냐?
어찌하여 슬퍼하느냐?
너는 하나님을 바라보아라.
나, 이제 다시 찬송하게 되리라.
나를 웃음 짓게 하시는 분,
그분은 나의 하나님.

43 ¹⁻² 하나님, 내 무고함을 밝혀 주소서.
무정하고 부도덕한 자들에 맞서 나를 변호해
주소서.
이곳에서, 이 타락한 거짓말쟁이의 손에서
나를 건져 내소서.
하나님, 내가 주님을 의지했건만
어찌하여 나를 떠나셨습니까?
어찌하여 저 포악한 자들 때문에 이 몸

everything I know of you,
From Jordan depths to Hermon heights,
    including Mount Mizar.
Chaos calls to chaos,
    to the tune of whitewater rapids.
Your breaking surf, your thundering
breakers
    crash and crush me.
Then GOD promises to love me all day,
    sing songs all through the night!
    My life is God's prayer.

⁹⁻¹⁰ Sometimes I ask God, my rock-solid God,
    "Why did you let me down?
Why am I walking around in tears,
    harassed by enemies?"
They're out for the kill, these
    tormentors with their obscenities,
Taunting day after day,
    "Where is this God of yours?"

¹¹ Why are you down in the dumps, dear soul?
    Why are you crying the blues?
Fix my eyes on God—
    soon I'll be praising again.
He puts a smile on my face.
    He's my God.

43 ¹⁻² Clear my name, God; stick up for me
against these loveless, immoral people.
Get me out of here, away
    from these lying degenerates.
I counted on you, God.
    Why did you walk out on me?
Why am I pacing the floor, wringing my
hands

두 손 쥐어짠 채, 방 안을 서성거려야 합니까?

3-4 주님의 손전등과 나침반을 내게 주소서.
지도책도 주소서.
내가 거룩한 산,
주님 계신 그곳 이르는 길 찾을 수 있게 하소서.
예배당에 들어가,
나의 기쁨이신 하나님을 뵙게 하소서.
위대하신 하나님, 나의 하나님,
내가 하프를 뜯으며 감사의 노래를 부르게
하소서.

5 내 영혼아, 네가 어찌하여 낙심하느냐?
어찌하여 슬퍼하느냐?
너는 하나님을 바라보아라.
나, 이제 다시 찬송하게 되리라.
나를 웃음 짓게 하시는 분,
그분은 나의 하나님.

고라 자손의 시

44 1-3 하나님, 우리가
평생토록 들었습니다.
우리 조상들이 조상들에게서 들은 이야기를
우리에게도 들려주었습니다.
주께서 사악한 자들을
밭에서 손수 뽑으시고 그 자리에 우리를 심
으신 이야기.
주께서 그들을 쫓아내시고
우리에게 새 출발을 허락하신 이야기.
이 땅은 우리가 싸워서 얻었거나
노력해서 얻은 것이 아니라, 주님의 선물입니다!
주께서 주셨습니다. 환한 얼굴로
즐거워하시며 주셨습니다.

4-8 오 하나님, 주님은 나의 왕이시니
야곱의 승리를 명하소서!
주님의 도우심으로 우리가 적들을 쓸어버리고
주님의 이름으로 저들을 산산이 짓밟아 버리

over these outrageous people?

3-4 Give me your lantern and compass,
    give me a map,
So I can find my way to the sacred
mountain,
    to the place of your presence,
To enter the place of worship,
    meet my exuberant God,
Sing my thanks with a harp,
    magnificent God, my God.

5 Why are you down in the dumps, dear
soul?
    Why are you crying the blues?
Fix my eyes on God—
    soon I'll be praising again.
He puts a smile on my face.
    He's my God.

A Psalm of the Sons of Korah

44 1-3 We've been hearing about
this, God,
all our lives.
Our fathers told us the stories
    their fathers told them,
How single-handedly you weeded out the
godless
    from the fields and planted us,
How you sent those people packing
    but gave us a fresh start.
We didn't fight for this land;
    we didn't work for it—it was a gift!
You gave it, smiling as you gave it,
    delighting as you gave it.

4-8 You're my King, O God—
    command victories for Jacob!

겠습니다.
내가 의지하는 것은 무기가 아닙니다.
내 칼이 나를 구원하는 것도 아닙니다.
적의 손에서 우리를 구하시고,
우리를 미워하는 자들이 망신당하게 하신 분
은 주님이십니다.
우리가 종일토록 활보하며 하나님을 찬양하고,
끊임없이 주님의 이름을 불러 감사를 드립니다.

9-12 그러나 지금, 주께서는 우리를 버리고 떠
나셨습니다.
우리가 치욕을 당하게 하시고, 우리를 위해 싸
우지도 않으셨습니다.
우리가 꽁무니를 빼고 달아나게 하시니,
우리를 미워하는 자들이 우리를 쓸어 냈습니다.
주께서 우리를 양처럼 도살업자에게 넘겨주시고
사방으로 흩으셨습니다.
주님의 백성을 이익도 남기지 않고
헐값에 팔아넘기셨습니다.

13-16 주께서는 거리의 사람들,
부랑자들이 우리를 놀리고 욕하게 하셨습니다.
사악한 자들에게 웃음거리가 되게 하시고,
어중이떠중이에게 값싼 놀림감이 되게 하셨
습니다.
나는 날마다 곤경에 처하고,
수치스럽게 놀림을 당합니다.
비방과 비웃음이 사방에서 들려오고,
나를 괴롭히러 나온 자들이 거리에 가득합니다.

17-19 이 모든 일이 우리를 덮쳤습니다.
그러나 우리는 이런 대접 받을 짓을 하지 않
았습니다.
우리는 주님과의 언약을 저버리지 않았고
우리 마음이 거짓되지 않았으며,
우리 발이 주님의 길에서 벗어난 적도 없습니다.
정녕 우리가 악인들의 소굴에서 고문당하고
캄캄한 어둠 속에 갇혀야겠습니까?

With your help we'll wipe out our
enemies,
    in your name we'll stomp them to dust.
I don't trust in weapons;
    my sword won't save me—
But it's you, you who saved us from the
enemy;
    you made those who hate us lose face.
All day we parade God's praise—
    we thank you by name over and over.

9-12 But now you've walked off and left us,
    you've disgraced us and won't fight for us.
You made us turn tail and run;
    those who hate us have cleaned us out.
You delivered us as sheep to the butcher,
    you scattered us to the four winds.
You sold your people at a discount—
    you made nothing on the sale.

13-16 You made people on the street,
    urchins, poke fun and call us names.
You made us a joke among the godless,
    a cheap joke among the rabble.
Every day I'm up against it,
    my nose rubbed in my shame—
Gossip and ridicule fill the air,
    people out to get me crowd the street.

17-19 All this came down on us,
    and we've done nothing to deserve it.
We never betrayed your Covenant: our
hearts
    were never false, our feet never left
    your path.
Do we deserve torture in a den of jackals?
    or lockup in a black hole?

20-22 우리가 하나님께 기도하기를 잊었거나 돈을 주고 산 신들과 어리석게 놀아나기라도 했다면,
하나님께서 모르실 리 있겠습니까?
하나님께는 아무것도 숨길 수 없습니다.
그런데도 주님은 우리를 순교자로 만들고,
날마다 제물로 바쳐지는 양이 되게 할 작정이십니다.

23-26 일어나소서, **하나님**! 온종일 주무실 작정이십니까?
깨어나소서! 우리에게 닥친 일을 모른 체하시렵니까?
어찌하여 베개에 얼굴을 묻고 계십니까?
어찌하여 우리를 아무 문제 없는 것처럼 여기십니까?
지금 우리는 땅바닥에 고꾸라진 채
적에게 목이 밟혀 꼼짝도 못합니다.
일어나셔서 우리를 구하러 오소서.
우리를 정말 사랑하신다면, 우리를 도와주소서!

고라 자손의 결혼 축가

45 ¹ 내 마음의 강둑 터뜨려
아름다움과 선함을 흘려보냅니다.
그 강물 글로 바꾸고,
시로 담아내어 왕께 바칩니다.

❧

2-4 "왕께서는 세상 그 누구보다 멋지신 분,
입술에서 나오는 말은 은혜 그 자체입니다.
하나님께서 왕에게 복을 내리셨습니다. 아주 큰 복을.
용사시여, 허리에 칼을 꽂으소서.
찬양받으소서! 합당한 영예를 받으소서!
위엄 있게 전차에 오르소서! 의기양양하게 달리소서!
진리를 옆에 태우고 달리소서!
정의롭고 온순한 이들을 위해 달리소서!

20-22 If we had forgotten to pray to our God
    or made fools of ourselves with store-bought gods,
Wouldn't God have figured this out?
    We can't hide things from him.
No, you decided to make us martyrs,
    lambs assigned for sacrifice each day.

23-26 Get up, GOD! Are you going to sleep all day?
    Wake up! Don't you care what happens to us?
Why do you bury your face in the pillow?
    Why pretend things are just fine with us?
And here we are—flat on our faces in the dirt,
    held down with a boot on our necks.
Get up and come to our rescue.
    If you love us so much, *Help us*!

A Wedding Song of the Sons of Korah

45 ¹ My heart bursts its banks,
    spilling beauty and goodness.
I pour it out in a poem to the king,
    shaping the river into words:

❧

2-4 "You're the handsomest of men;
    every word from your lips is sheer grace,
    and God has blessed you, blessed you so much.
Strap your sword to your side, warrior!
    Accept praise! Accept due honor!
    Ride majestically! Ride triumphantly!
Ride on the side of truth!
    Ride for the righteous meek!

4-5 왕의 가르침은 어둠 속의 환한 빛.
왕의 날카로운 화살
원수의 심장 꿰뚫으니,
왕의 적들이 먼지 속에 맥없이 널브러집니다.

6-7 왕의 보좌는 영원무궁한
하나님의 보좌.
왕권의 홀은
올바른 삶의 척도.
왕께서 올바른 것을 사랑하시고
그릇된 것을 미워하시니,
하나님, 왕의 하나님께서
향기로운 기름을 왕의 머리에 부어 주셨습니다.
벗들을 제치고
당신을 왕으로 세워 주셨습니다.

8-9 왕의 의복은 맑은 공기 흠뻑 머금어
산바람의 향기 발하고,
편전에서 흘러나오는 실내악은
왕의 어깨를 들썩이게 만듭니다.
제왕의 딸들 왕의 궁전에서 시중들고
왕의 신부 황금빛 보석으로 단장하여 빛이 납니다.

❧

10-12 왕후시여, 잘 들으소서. 한 마디도 놓치지 마소서.
이제 조국은 잊으시고, 고향에 연연하지 마소서.
이곳에 계십시오. 왕께서 왕후님을 간절히 원하십니다.
왕께서 그대의 주인이시니, 그분을 받드소서.
결혼 선물이 두로에서 밀려들고,
부유한 내빈들이 선물을 두 손 가득 들고 그대에게 옵니다."

13-15 (금실로 수놓아 눈부신
왕후의 웨딩드레스.
금실로 짠

4-5 "Your instructions are glow-in-the-dark;
    you shoot sharp arrows
Into enemy hearts; the king's
    foes lie down in the dust, beaten.

6-7 "Your throne is God's throne,
    ever and always;
The scepter of your royal rule
    measures right living.
You love the right
    and hate the wrong.
And that is why God, your very own God,
    poured fragrant oil on your head,
Marking you out as king
    from among your dear companions.

8-9 "Your ozone-drenched garments
    are fragrant with mountain breeze.
Chamber music—from the throne room—
    makes you want to dance.
Kings' daughters are maids in your court,
    the Bride glittering with golden jewelry.

❧

10-12 "Now listen, daughter, don't miss a word:
    forget your country, put your home
    behind you.
Be *here*—the king is wild for you.
    Since he's your lord, adore him.
Wedding gifts pour in from Tyre;
    rich guests shower you with presents."

13-15 (Her wedding dress is dazzling,
    lined with gold by the weavers;
All her dresses and robes
    are woven with gold.

왕후의 예복과 정장.
왕후가 왕 앞에 나아가고 들러리 처녀들이 그
뒤를 따른다.
기쁨과 웃음의 행렬!
성대한 입궁식이 거행된다!)

16-17 "왕이시여, 이제는 아드님들을 생각하소서.
부친과 조부에 연연하지 마소서.
왕께서는 아드님들을
온 땅의 제후로 삼게 될 것입니다.
나는 왕의 이름이 세세토록 전해지게 하겠습니다.
뭇 백성이 오래도록
왕을 이야기할 것입니다."

고라 자손의 노래

46 1-3 하나님은 안전한 피난처,
우리가 어려울 때 즉시 도우시는 분.
죽음의 절벽 끝에서도 두려움 없고
폭풍과 지진 속에서도 용기 잃지 않으며,
포효하며 달려드는 대양 앞에서도
산이 흔들리는 진동 속에서도, 굳건히 맞선다.

야곱과 씨름하신 하나님이 우리를 위해 싸우
시고
만군의 **하나님**께서 우리를 보호하신다.

4-6 강의 원천들이 기쁨의 물보라 일으키며, 하
나님의 도성,
지극히 높으신 분의 성소를 시원케 한다.
하나님께서 이곳에 거하시니, 거리가 안전하다.
하나님께서 동틀 녘부터 우리를 도우시니,
사악한 민족들이 날뛰며 아우성치고, 왕들과 나
라들이 으르대지만,
땅은 무엇이든 그분 말씀에 순종한다.

7 야곱과 씨름하신 하나님이 우리를 위해 싸
우시고
만군의 **하나님**께서 우리를 보호하신다.

She is led to the king,
followed by her virgin companions.
A procession of joy and laughter!
a grand entrance to the king's
palace!)

16-17 "Set your mind now on sons—
don't dote on father and grandfather.
You'll set your sons up as princes
all over the earth.
I'll make you famous for generations;
you'll be the talk of the town
for a long, long time."

A Song of the Sons of Korah

46 1-3 God is a safe place to hide,
ready to help when we need
him.
We stand fearless at the cliff-edge of doom,
courageous in seastorm and earth-
quake,
Before the rush and roar of oceans,
the tremors that shift mountains.

Jacob-wrestling God fights for us,
GOD-of-Angel-Armies protects us.

4-6 River fountains splash joy, cooling
God's city,
this sacred haunt of the Most High.
God lives here, the streets are safe,
God at your service from crack of dawn.
Godless nations rant and rave, kings
and kingdoms threaten,
but Earth does anything he says.

7 Jacob-wrestling God fights for us,
GOD-of-Angel-Armies protects us.

8-10 모두 주목하여라! 보아라, **하나님**의 놀라
우신 능력을!
그분께서 온 땅에 꽃과 나무를 심으시고,
세상 이 끝에서 저 끝까지 전쟁을 금하시며,
모든 무기를 무릎에 대고 꺾으신다.
"복잡한 일상에서 한 발 물러나라!
지극히 높은 너희 하나님을 사랑의 눈길로
바라보아라.
나는 정치보다 중요하고
세상 모든 것보다 귀하다."

11 야곱과 씨름하신 하나님이 우리를 위해
싸우시고
만군의 **하나님**께서 우리를 보호하신다.

고라 자손의 시

47 1-9 모두 박수 치며 환호성을 올려라!
하나님을 목청껏 찬양하여라!
지극히 높으신 **하나님**, 땅과 바다 아우르시는
놀랍기 그지없으신 분.
적들을 진압하고
민족들을 우리 발아래 굴복시키신다.
우리를 대열 맨 앞에 세우시니,
우리는 상 받는 야곱, 그분의 사랑을 받는 자들.
하나님이 산에 오르실 때 환호소리 들리고
산꼭대기에서 숫양의 뿔나팔 소리 울려 퍼진다.
하나님께 노래하여라. 크게 노래하여라!
우리 왕이신 분께 노래하여라. 찬양을 불러라!
그분은 온 땅의 주인,
하나님께 최고의 노래를 불러 드려라.
그분은 뭇 민족의 주인,
산들의 왕이시며 군주이신 분.
온 세상에서 모이는 제후들,
모두가 아브라함의 하나님의 백성들.
땅의 권력자들도 하나님의 것,
주님은 만유 위에 우뚝 솟으신 분.

8-10 Attention, all! See the marvels of
GOD!
　He plants flowers and trees all over
　　the earth,
　Bans war from pole to pole,
　　breaks all the weapons across his
　　knee.
"Step out of the traffic! Take a long,
　　loving look at me, your High God,
　　above politics, above everything."

11 Jacob-wrestling God fights for us,
GOD-of-Angel-Armies protects us.

A Psalm of the Sons of Korah

47 1-9 Applause, everyone. Bravo,
bravissimo!
Shout God-songs at the top of your
lungs!
GOD Most High is stunning,
　astride land and ocean.
He crushes hostile people,
　puts nations at our feet.
He set us at the head of the line,
　prize-winning Jacob, his favorite.
Loud cheers as God climbs the
mountain,
　a ram's horn blast at the summit.
Sing songs to God, sing out!
　Sing to our King, sing praise!
He's Lord over earth,
　so sing your best songs to God.
God is Lord of godless nations—
　sovereign, he's King of the mountain.
Princes from all over are gathered,
　people of Abraham's God.
The powers of earth are God's—
　he soars over all.

고라 자손의 시

48 ¹⁻³ 하나님은 위대하신 분.
그분의 도성에 찬양이 가득하다!
그분의 거룩한 산,
숨 막히도록 놀라우니, 대지의 기쁨이어라.
시온 산, 북녘에 우뚝 솟아오르니,
온 세상 왕이신 분의 도성이어라.
하나님께서 그 성채 안에 계시니
넘볼 자 없도다.

⁴⁻⁶ 왕들이 도모하여
무리 지어 몰려왔으나,
보자마자 머리 가로젓고
뿔뿔이 도망쳤다.
해산하는 여인처럼
고통으로 몸을 바싹 구부렸구나.

⁷⁻⁸ 주께서 거센 동풍으로
다시스의 배들을 박살내셨습니다.
우리가 그 소식 들었고, 이제 두 눈으로
똑똑히 보았습니다.
만군의 **하나님**이 계신 도성,
그 도성, 우리 하나님이
기초를 든든히 세우시고,
영원토록 흔들리지 않게 하셨다.

⁹⁻¹⁰ 하나님, 우리가 주님의 성전에서
주님의 행동하는 사랑을 깊이 새기며 기다렸습니다.
하나님, 원근각처
주님의 이름이 불리는 곳마다
할렐루야가 연달아 터져 나옵니다.
주님 두 팔에 행동하는 선하심이 가득합니다.

¹¹ 시온 산아, 기뻐하여라.
유다의 딸들아, 기뻐 춤춰라!
그분께서 친히 말씀하신 대로 이루신다!

A Psalm of the Sons of Korah

48 ¹⁻³ GOD majestic,
      praise abounds in our God
-city!
His sacred mountain,
    breathtaking in its heights—earth's joy.
Zion Mountain looms in the North,
    city of the world-King.
God in his citadel peaks
    impregnable.

⁴⁻⁶ The kings got together,
    they united and came.
They took one look and shook their heads,
    they scattered and ran away.
They doubled up in pain
    like a woman having a baby.

⁷⁻⁸ You smashed the ships of Tarshish
    with a storm out of the East.
We heard about it, then we saw it
    with our eyes—
In GOD's city of Angel Armies,
    in the city our God
Set on firm foundations,
    firm forever.

⁹⁻¹⁰ We pondered your love-in-action, God,
    waiting in your temple:
Your name, God, evokes a train
    of Hallelujahs wherever
It is spoken, near and far;
    your arms are heaped with goodness-in-
action.

¹¹ Be glad, Zion Mountain;
    Dance, Judah's daughters!
    He does what he said he'd do!

12-14 시온을 돌며 그 크기를 재어 보고
그 망대들을 세어 보아라.
그 성벽 오래도록 눈여겨보며
그 성채 끝에 올라 보아라.
그러면 다음 세대에게 하나님의 이야기
낱낱이 들려줄 수 있으리라.
마지막 때까지 영원토록 이끄시는
우리 하나님의 이야기를.

고라 자손의 시

49

1-2 새겨들어라. 다들 귀 기울여라.
땅에 사는 자들아, 이것을 놓치
지 마라.
가진 자도
못 가진 자도
다 함께 들어라.

3-4 지혜를 너희 앞에 있는 그대로 펼치니
내 안에서 무르익은 삶의 깨달음이다.
내가 현자들의 말씀을 귀 기울여 들었으니
하프를 뜯으며 인생의 수수께끼를 풀어 주
리라.

5-6 적의가 나를 에워싸고
불한당들이 나를 괴롭히며,
거만한 부자들이 나를 푸대접하는
어려운 상황이라 해도, 내가 어찌 두려워하랴?

7-9 참으로 인생은 스스로를 구할 수 없고,
혼자 힘으로는 곤경에서 벗어날 수 없다.
우리의 능력으로는 구원의 삶을 감당할 수
없고,
감당한다 해도 영원한 생명을 보장할 수
없다.
우리 힘으로는
블랙홀 속에 떨어질 운명에 대비할 수 없다.

12-14 Circle Zion, take her measure,
   count her fortress peaks,
Gaze long at her sloping bulwark,
   climb her citadel heights—
Then you can tell the next generation
   detail by detail the story of God,
Our God forever,
   who guides us till the end of time.

A Psalm of the Sons of Korah

49

1-2 Listen, everyone, listen—
   earth-dwellers, don't miss this.
All you haves
   and have-nots,
All together now: listen.

3-4 I set plainspoken wisdom before you,
   my heart-seasoned understandings of
   life.
I fine-tuned my ear to the sayings of the
wise,
   I solve life's riddle with the help of a
   harp.

5-6 So why should I fear in bad times,
   hemmed in by enemy malice,
Shoved around by bullies,
   demeaned by the arrogant rich?

7-9 Really! There's no such thing as self-res-
cue,
   pulling yourself up by your bootstraps.
The cost of rescue is beyond our means,
   and even then it doesn't guarantee
Life forever, or insurance
   against the Black Hole.

¹⁰⁻¹¹ 누구나 볼 수 있으리라. 제아무리 똑똑
하고 유능한 사람이라도
죽은 후에는 어리석고 멍청한 사람들과 똑
같은 신세인 것을.
자기 이름을 따서 동네 이름을 지은 자들이
라도,
결국에는 모든 재주를 뒤로 하고
그들의 새집, 관 속에 들어갈 뿐이다.
오직 그들의 영원한 주소는 공동묘지다.

¹² 우리는 불멸의 존재가 아니며, 오래 살
지도 못한다.
개처럼 나이 들고 약해지면 죽을 뿐.

¹³⁻¹⁵ 이것은 순간을 위해 사는 자들,
제 몸만 돌보는 자들에게 닥칠 운명이다.
죽음이 저들을 양 떼처럼 몰아 저승으로 보
내 버리니,
그들은 무덤의 목구멍에 떨어져 사라지리라.
쇠약해지다 끝내 아무것도 남기지 못하고
묘지의 묘비로 남을 뿐이다.
그러나 나는, 하나님께서 죽음의 마수에서
구해 내시고
아래로 팔을 뻗어 잡아채신다.

¹⁶⁻¹⁹ 그러니 누가 부자가 되어
명성과 부를 쌓아 올려도 감동하지 마라.
저들은 명성과 부를 고스란히 남겨 둘 뿐 가
져가지 못한다.
마침내 정상에 이르렀다고 생각하는 순간,
사람들이 저들의 성공에 찬사를 보낼 바로
그 순간에,
저들은 가족 묘지에 들어가
다시는 햇빛을 보지 못하리라.

²⁰ 우리는 불멸의 존재가 아니며, 오래 살
지도 못한다.
개처럼 나이 들고 약해지면 죽을 뿐.

¹⁰⁻¹¹ Anyone can see that the brightest and
best die,
    wiped out right along with fools and
    dunces.
They leave all their prowess behind,
    move into their new home, The Coffin,
The cemetery their permanent address.
    And to think they named counties after
    themselves!

¹² We aren't immortal. We don't last long.
Like our dogs, we age and weaken. And die.

¹³⁻¹⁵ This is what happens to those who live
for the moment,
    who only look out for themselves:
Death herds them like sheep straight to hell;
    they disappear down the gullet of the
    grave;
They waste away to nothing—
    nothing left but a marker in a cemetery.
But me? God snatches me from the clutch
of death,
    he reaches down and grabs me.

¹⁶⁻¹⁹ So don't be impressed with those who
get rich
    and pile up fame and fortune.
They can't take it with them;
    fame and fortune all get left behind.
Just when they think they've arrived
    and folks praise them because they've
    made good,
They enter the family burial plot
    where they'll never see sunshine again.

²⁰ We aren't immortal. We don't last long.
Like our dogs, we age and weaken. And die.

아삽의 시

50 ¹⁻³ 신들의 신 **하나님**께서 큰
소리로 "땅아!" 외치며
동쪽 해를 맞이하시고,
사라지는 서쪽 해를 배웅하신다.
눈부신 시온에서
광염에 휩싸여 나타나신다.
우리 하나님께서 등장하신다.
주저하지 않고 거침없이 오신다.
번쩍이는 불꽃을 앞세우고 오신다.

⁴⁻⁵ 그분께서 하늘과 땅을 배심원으로 부
르시고
자기 백성을 법정으로 데려오신다.
"성경에 손을 얹고 나에게 충성을 맹세한
나의 성도들을 불러 모아라."

⁶ 온 우주가 이 법정의 공평함을 증언한다.
하나님께서 이곳의 재판장이심을.

⁷⁻¹⁵ "내 백성아, 들리느냐? 내가 말한다.
이스라엘아, 내가 너를 재판에 부친다.
하나님, 너희 하나님이
너희에게 말한다.
너희가 드리는 예배,
너희가 자주 바치는 번제를 나무라려는
게 아니다.
내 어찌 너희의 최우등 황소를 바라겠으며
너희 가축 가운데 더 많은 염소를 바라겠느냐?
숲 속의 피조물이 다 내 것이며,
모든 산의 들짐승도 다 내 것이다.
나는 멧새들의 이름을 모두 알고
날쌔게 움직이는 들쥐들도 내 친구다.
내가 배고프다 한들 너희에게 말하겠느냐?
온 우주와 거기 가득한 것이 다 내 것이다.
내가 사슴고기를 즐기고
염소의 피를 마실 것 같으냐?
나를 위해 찬양 잔치를 벌이고

An Asaph Psalm

50 ¹⁻³ The God of gods—it's GOD!—
speaks out, shouts, "Earth!"
welcomes the sun in the east,
farewells the disappearing sun in the west.
From the dazzle of Zion,
God blazes into view.
Our God makes his entrance,
he's not shy in his coming.
Starbursts of fireworks precede him.

⁴⁻⁵ He summons heaven and earth as a jury,
he's taking his people to court:
"Round up my saints who swore
on the Bible their loyalty to me."

⁶ The whole cosmos attests to the fairness of
this court,
that here *God* is judge.

⁷⁻¹⁵ "Are you listening, dear people? I'm
getting ready to speak;
Israel, I'm about ready to bring you to trial.
This is God, your God,
speaking to you.
I don't find fault with your acts of worship,
the frequent burnt sacrifices you offer.
But why should I want your blue-ribbon bull,
or more and more goats from your herds?
Every creature in the forest is mine,
the wild animals on all the mountains.
I know every mountain bird by name;
the scampering field mice are my friends.
If I get hungry, do you think I'd tell you?
All creation and its bounty are mine.
Do you think I feast on venison?
or drink draughts of goats' blood?
Spread for me a banquet of praise,

지극히 높은 나 하나님에게 너희 서원 잔칫
상을 내오너라.
그리고 곤경에 처했을 때 도움을 구하여라.
내가 너희를 도와줄 것이고 너희는 나를 공
경하리라."

16-21 그러고는 악인들을 불러내어 말씀하신다.

"너희가 무슨 짓을 꾸미고 있느냐? 어찌하
여 내 율법을 인용하며
우리가 좋은 친구라도 되는 것처럼 말하느냐?
내가 찾아가면 너희는 문도 열어 주지 않고
내 말을 쓰레기 취급한다.
너희는 도둑을 보면 동료로 삼고
간음하는 자들을 만나면 친구 중의 친구로
여긴다.
너희 입은 오물을 흘려보내고
거짓말을 진지한 예술인 듯 지어낸다.
친형제의 뒤통수를 치고
어린 여동생을 갈취한다.
너희의 이 같은 짓거리를 말없이 참아 주었더니
내가 너희와 한통속인 줄로 여기는구나.
내가 이제 너희를 꾸짖으며,
너희 악행을 훤히 보이는 곳에 드러내리라.

22-23 나를 농락하던 시간은
이제 끝났다.
내 판결이 코앞인데
너희를 도울 자 아무도 보이지 않는구나!
찬양하는 삶이 나를 영화롭게 한다.
너희가 그 길에 발을 들여놓으면,
내가 즉시 나의 구원을 보여주리라."

다윗의 시. 다윗이 밧세바와 정을 통하고 예언자
나단에게 잘못을 지적당한 뒤

51 1-3 사랑이 많으신 하나님, 은혜를
베푸소서!
자비가 크신 하나님, 나의 전과를 지워 주소서.

serve High God a feast of kept promises,
And call for help when you're in trouble—
    I'll help you, and you'll honor me."

16-21 Next, God calls up the wicked:

"What are you up to, quoting my laws,
    talking like we are good friends?
You never answer the door when I call;
    you treat my words like garbage.
If you find a thief, you make him your
buddy;
    adulterers are your friends of choice.
Your mouth drools filth;
    lying is a serious art form with you.
You stab your own brother in the back,
    rip off your little sister.
I kept a quiet patience while you did these
things;
    you thought I went along with your
    game.
I'm calling you on the carpet, *now*,
    laying your wickedness out in plain sight.

22-23 "Time's up for playing fast and
    loose with me.
I'm ready to pass sentence,
    and there's no help in sight!
It's the praising life that honors me.
    As soon as you set your foot on the Way,
I'll show you my salvation."

A David Psalm, After He Was Confronted by
Nathan About the Affair with Bathsheba

51 1-3 Generous in love—God, give
grace!
    Huge in mercy—wipe out my bad
record.

북북 문질러 내 죄 씻어 주시고
주님의 세탁기로 내 죄악을 말끔히 제거해
주소서.
내 죄악이 나를 노려보고 있으니,
내가 얼마나 악한지 잘 압니다.

4-6 내가 주님을 모독했으며, 주께서는 내 지
은 모든 죄를
속속들이 보셨습니다.
주께서 모든 사실을 훤히 알고 계시니,
나를 두고 어떤 결정을 내리시든 정당합니다.
내가 오랫동안 주님의 길에서 벗어났고
어머니 뱃속에서부터 죄 가운데 있었습니다.
주께서 구하시는 것은 마음속의 진실입니다.
내 안에 들어오셔서, 새롭고 참된 삶을 잉태
해 주소서.

7-15 주님의 세탁기에 나를 담그소서. 이 몸
이 깨끗해져 나오리다.
나를 비벼 빠소서. 내가 눈같이 희게 살아가
리다.
흥겨운 노래에 맞추어 발을 구르게 하시고
부러졌던 뼈들이 다시 춤추게 하소서.
너무 꼼꼼히 흠을 찾지 마시고
내게 깨끗하다는 진단을 내려 주소서.
하나님, 내 안에서 새롭게 시작하시고
혼돈스러운 내 삶, 다시 창조하여 주소서.
나를 쓰레기와 함께 버리지 마시고
거룩함을 불어넣어 주소서.
이 쓸쓸한 유배생활 거두어 주시고
내 항해 길에 상쾌한 바람을 보내 주소서!
반역자들에게 주님의 길 가르치는 일을 내게
맡기셔서
길 잃은 자들이 집으로 돌아갈 수 있게 하소서.
하나님, 내 구원의 하나님, 내게 내리신 사형
을 감형해 주소서.
그러면 생명 주시는 주님의 길을 찬양하겠습
니다.

Scrub away my guilt,
    soak out my sins in your laundry.
I know how bad I've been;
    my sins are staring me down.

4-6 You're the One I've violated, and you've seen
    it all, seen the full extent of my evil.
You have all the facts before you;
    whatever you decide about me is fair.
I've been out of step with you for a long time,
    in the wrong since before I was born.
What you're after is truth from the inside out.
    Enter me, then; conceive a new, true life.

7-15 Soak me in your laundry and I'll come out clean,
    scrub me and I'll have a snow-white life.
Tune me in to foot-tapping songs,
    set these once-broken bones to dancing.
Don't look too close for blemishes,
    give me a clean bill of health.
God, make a fresh start in me,
    shape a Genesis week from the chaos of my life.
Don't throw me out with the trash,
    or fail to breathe holiness in me.
Bring me back from gray exile,
    put a fresh wind in my sails!
Give me a job teaching rebels your ways
    so the lost can find their way home.
Commute my death sentence, God, my salvation God,
    and I'll sing anthems to your life-giving ways.

사랑하는 하나님, 내 입술을 열어 주소서.
내가 주님을 마음껏 찬양하겠습니다.

16-17 주께서는 시늉만 하는 것을 기뻐하지 않
으시고
완벽한 연기라도 달가워하지 않으십니다.
내 자만심이 산산이 부서진 순간,
내가 하나님 경배하기를 배웠습니다.
깨어진 마음으로 사랑할 각오가 된 사람은
잠시라도 하나님 관심 밖으로 밀려나지 않습
니다.

18-19 시온이 주님의 기쁨 되게 하시고
무너진 예루살렘 성벽을 보수하여 주소서.
그때에 주께서 우리의 참 경배와
크고 작은 예배를 받으시리니,
사람들이 수송아지를 잡아
주님의 제단 위에 바칠 것입니다.

다윗의 시. 에돔 사람 도엑이 사울에게 다윗이 아히멜
렉의 집에 있다고 알렸을 때

52
1-4 하나님의 인자하심이 결국 승리
하건만,
거물아, 네가 어찌 악을 자랑하느냐?
너는 재앙을 꾸미는구나.
면도칼처럼 날카로운 혀를 가진 너,
거짓말의 달인이로다.
너는 선보다 악을 좋아하고
검은 것을 희다고 말한다.
험담을 즐기는 너,
입정 사나운 자로구나.

5 하나님께서 네 팔다리를 찢으시고
조각 하나 남지 않게 말끔히 쓸어 내시리라.
생명의 땅에서 너를
뿌리째 뽑아 버리시리라.

Unbutton my lips, dear God;
    I'll let loose with your praise.

16-17 Going through the motions
doesn't please you,
    a flawless performance is nothing to you.
I learned God-worship
    when my pride was shattered.
Heart-shattered lives ready for love
    don't for a moment escape God's
    notice.

18-19 Make Zion the place you delight in,
    repair Jerusalem's broken-down
    walls.
Then you'll get real worship from us,
    acts of worship small and large,
Including all the bulls
    they can heave onto your altar!

A David Psalm, When Doeg the Edomite
Reported to Saul, "David's at Ahimelech's
House"

52
1-4 Why do you brag of evil,
    "Big Man"?
    God's mercy carries the day.
You scheme catastrophe;
    your tongue cuts razor-sharp,
    artisan in lies.
You love evil more than good,
    you call black white.
You love malicious gossip,
    you foul-mouth.

5 God will tear you limb from limb,
    sweep you up and throw you out,
Pull you up by the roots
    from the land of life.

6-7 선한 이들이 이를 눈여겨보고
하나님을 경배하리라. 안도하며 그를 비웃
으리라.
"거물이 잘못 짚어
큰돈만 믿다,
파멸을 자초했구나."

8 그러나 나는 하나님의 집에서 자라는
푸르른 올리브나무.
그때나 지금이나
하나님의 한없는 자비를 의지할 뿐.

9 내가 늘 주께 감사드리니
주께서 행동으로 보여주신 까닭입니다.
주님의 선하신 이름은 나의 희망,
내가 주님의 신실한 벗들과 함께
주님 곁에 머물겠습니다.

다윗의 시

53 1-2 비루하고 거만한 인간들,
"하나님은 없다"고 허튼소리 하
는구나.
저들의 말은 독가스,
자신을 오염시키고
강과 하늘을 더럽힌다.
그저 엉겅퀴나 키워 낼 뿐.
하나님께서 하늘에서 고개를 내미시고
아래를 둘러보신다.
혹 우둔하지 않은 자가 있나 찾아보신다.
누구 하나 하나님을 바라는 사람,
하나님을 위해 준비된 사람이 있나 하고.

3 그러나 허탕만 치실 뿐,
단 한 사람도 찾지 못하신다.
다들 쓸모없는 자, 어중이떠중이들뿐.
돌아가며 양의 탈을 쓰고 목자 행세나 하니
열이면 열, 백이면 백
모두 제멋대로 가는구나.

6-7 Good people will watch and
    worship. They'll laugh in relief:
"Big Man bet on the wrong horse,
    trusted in big money,
    made his living from catastrophe."

8 And I'm an olive tree,
    growing green in God's house.
I trusted in the generous mercy
    of God then and now.

9 I thank you always
    that you went into action.
And I'll stay right here,
    your good name my hope,
    in company with your faithful friends.

A David Psalm

53 1-2 Bilious and bloated, they gas,
    "God is gone."
It's poison gas—
    they foul themselves, they poison
Rivers and skies;
    thistles are their cash crop.
God sticks his head out of heaven.
    He looks around.
He's looking for someone not stupid—
    one man, even, God-expectant,
    just one God-ready woman.

3 He comes up empty. A string
    of zeros. Useless, unshepherded
Sheep, taking turns pretending
    to be Shepherd.
The ninety and nine
    follow the one.

4 저 사기꾼들,
정말 머리가 빈 것이냐?
패스트푸드 먹어 치우듯 내 백성을 집어삼키고도
너무 바빠서 기도하지 못한다니,
그리고도 무사하리라
생각한단 말이냐?

5 밤이 오고 있다. 악몽이 그들에게 닥치리라.
절대로 깨어나지 못할 악몽이.
하나님께서 저들을 요절내어
영원히 쫓아내시리라.

6 이스라엘을 구원할 이 누구인가?
하나님은 우리 삶을 반전시키는 분.
신세가 역전된 야곱이 기뻐 뛰놀고,
신세가 역전된 이스라엘이 웃으며 노래하는구나.

다윗의 시. 십 사람이 사울에게 다윗이 자기들 있는
곳에 숨어 있다고 알렸을 때

54

1-2 하나님, 주님의 이름을 위하여
나를 도우소서!
주님의 힘으로 나의 결백을 밝혀 주소서.
하나님, 귀를 기울이소서. 너무 절박합니다.
아무리 바쁘셔도 나를 외면하지 마소서.

3 무법자들이 내게 무작정 시비를 걸고
청부 살인자들이 나를 죽이려 합니다.
무엇도 저들을 제지하지 못하니,
저들은 하나님마저 대수롭게 여기지 않습니다.

4-5 오, 보아라! 하나님께서 지금 여기서 나를
도우신다!
하나님께서 내 편이 되어 주시니,
불행이 원수들에게 되돌아갑니다.
눈감아 주지 마소서! 저들을 깨끗이 없애 버리
소서!

4 Don't they know anything,
    all these impostors?
Don't they know
    they can't get away with this,
Treating people like a fast-food meal
    over which they're too busy to pray?

5 Night is coming for them, and night-
mare—
    a nightmare they'll never wake up
    from.
God will make hash of these squatters,
    send them packing for good.

6 Is there anyone around to save Israel?
    God turns life around.
Turned-around Jacob skips rope,
    turned-around Israel sings laughter.

A David Psalm, When the Ziphites Reported to
Saul, "David Is Hiding Out with Us"

54

1-2 God, for your sake, help
me!
    Use your influence to clear me.
Listen, God—I'm desperate.
    Don't be too busy to hear me.

3 Outlaws are out to get me,
    hit men are trying to kill me.
Nothing will stop them;
    God means nothing to them.

4-5 Oh, look! God's right here helping!
    GOD's on my side,
Evil is looping back on my enemies.
    Don't let up! Finish them off!

6-7 마음을 다해, 내가 주님을 경배합니다.
주께 감사드리니, 주님은 참으로 선하신 하
나님이십니다.
주님은 온갖 곤경에서 나를 건지시고
원수들이 무너지는 것을 보게 하셨습니다.

다윗의 시

55 1-3 하나님, 귀를 열어 내 기도를 들어주소서.

내가 문 두드리는 소리, 못 들은 체 마소서.
가까이 오셔서 속삭이듯 응답해 주소서.
주님이 몹시도 필요합니다.
저들이 죄에 죄를 쌓고
원색적인 비방을 늘어놓으면,
비열한 목소리에 내 온몸이 떨리고
사악한 눈초리에 기가 죽습니다.

4-8 뱃속이 온통 뒤틀리고
죽음의 망령이 나를 짓누릅니다.
두려워 덜덜 떨며
머리부터 발끝까지 진저리를 칩니다.
스스로 묻습니다. "누가 내게 날개를 달아 줄까?
비둘기 같은 날개를."
비둘기 날개 퍼덕여 이곳을 벗어나게 하소서.
평화와 고요를 맛보게 하소서.
시골길을 걸으며
숲 속 오두막에서 쉬게 하소서.
광풍이 난무하는 이 험악한 곳에서
벗어나게 해주소서.

9-11 주님, 호되게 꾸짖으소서. 저들의 혀를
베어 버리소서.
소름이 끼칩니다. 저들은 도성을
폭력배의 각축장으로 만들고,
뒷골목을 배회하며
낮이고 밤이고 싸움질을 해댑니다.
거리에는 쓰레기가 흘러넘치고
상인들이 환한 대낮에

6-7 I'm ready now to worship, so ready.
   I thank you, GOD—you're so good.
You got me out of every scrape,
   and I saw my enemies get it.

55 1-3 Open your ears, God, to my prayer;

   don't pretend you don't hear me knock-
   ing.
Come close and whisper your answer.
   I really need you.
I shudder at the mean voice,
   quail before the evil eye,
As they pile on the guilt,
   stockpile angry slander.

4-8 My insides are turned inside out;
   specters of death have me down.
I shake with fear,
   I shudder from head to foot.
"Who will give me wings," I ask—
   "wings like a dove?"
Get me out of here on dove wings;
   I want some peace and quiet.
I want a walk in the country,
   I want a cabin in the woods.
I'm desperate for a change
   from rage and stormy weather.

9-11 Come down hard, Lord—slit their tongues.
   I'm appalled how they've split the city
Into rival gangs
   prowling the alleys
Day and night spoiling for a fight,
   trash piled in the streets,
Even shopkeepers gouging and cheating

바가지를 씌우며 사기 칩니다.

12-14 나를 모욕한 자가 동네 불량배였다면
차라리 내가 달게 받았을 것을.
욕설을 내뱉은 자가 낯모르는 악인이었다면
내가 신경 쓰지도 않았을 것을.
그러나 그자가 바로 너!
나와 함께 자란, 나의 가장 친한 벗이라니!
우리가 팔짱 끼고 함께 걷던 그 기나긴 시간,
하나님 이야기에 시간 가는 줄 몰랐지.

15 저 배신자들을 잡아 산 채로 지옥에 보
내소서.
저들이 극심한 공포를 맛보게 하시고
저주받은 삶의 황폐함을 낱낱이 느끼게 하소서.

16-19 내가 하나님을 소리쳐 부르면
하나님께서 나를 도우시리라.
내가 깊은 한숨 내쉬면
해질 녘이나 동틀 녘에도,
한낮이라도 그분께서 들으시고 구해 주시
리라.
수천 명이 늘어서 나를 대적하는
위험 속에서도
내 생명 안전하고, 아무 이상 없구나.
하나님께서 내 탄식 들으시고 판결을 내리
시니
저들의 코를 납작하게 하시리라.
그러나 죄의 습관이 굳어진 저들,
하나님을 무시하는 저들, 결코 변하지 않으리.

20-21 내 가장 친한 벗이 친구들을 배신하니,
자기 말을 스스로 뒤집고 말았다.
평생 그의 말에 매료되었던 나,
그가 나를 공격할 줄은 꿈에도 몰랐다네.
음악처럼 아름답던 그의 말이
비수로 변해 내 마음을 찌르다니.

in broad daylight.

12-14 This isn't the neighborhood bully
    mocking me—I could take that.
This isn't a foreign devil spitting
    invective—I could tune that out.
It's you! We grew up together!
    You! My best friend!
Those long hours of leisure as we walked
    arm in arm, God a third party to our
    conversation.

15 Haul my betrayers off alive to hell—let
them
    experience the horror, let them
    feel every desolate detail of a damned life.

16-19 I call to God;
    GOD will help me.
At dusk, dawn, and noon I sigh
    deep sighs—he hears, he rescues.
My life is well and whole, secure
    in the middle of danger
Even while thousands
    are lined up against me.
God hears it all, and from his judge's bench
    puts them in their place.
But, set in their ways, they won't change;
    they pay him no mind.

20-21 And this, my best friend, betrayed his
best friends;
    his life betrayed his word.
All my life I've been charmed by his speech,
    never dreaming he'd turn on me.
His words, which were music to my ears,
    turned to daggers in my heart.

22-23 네 근심 **하나님**의 어깨 위에 올려놓아라.
그분께서 네 짐 지고 너를 도우시리라.
선한 이들이 쓰러져 파멸하는 것을,
그분 결코 그대로 두지 않으시리라.
하나님, 저들을
진흙탕 속에 던져 버리소서.
살인과 배신을 일삼는 저들의 수명을 절반
으로 줄이소서.

나는 주님만 믿습니다.

다윗의 시. 다윗이 가드에서 블레셋 사람들에게 붙
잡혔을 때

56 ¹⁻⁴ 하나님, 내 편이 되어 주소서.
사람들에게 이리저리 차이고
날마다 짓밟히는 이 몸입니다.
하루가 멀다 하고
누군가 나를 두들겨 팹니다.
저들이 그것을
의무로 여기는 듯합니다.
두려움이 온통 나를 엄습할 때
믿음으로 주께 나아갑니다.
내가 자랑스럽게 하나님을 찬양하니,
이제는 두려움 없이 하나님만 신뢰합니다.
한낱 죽을 수밖에 없는 자들이 나를 어찌할
수 있겠습니까?

5-6 저들은 그칠 줄 모릅니다.
내 명예를 더럽히고
함께 모여 나의 파멸을 꾀합니다.
그들이 떼를 지어
뒷골목을 몰래 드나들면서,
불시에 덮쳐
나를 없앨 기회를 엿봅니다.

7 이 악행을 저들에게 그대로 갚아 주소서!
하나님, 분노하셔서
저 민족들을 쓰러뜨리소서!

22-23 Pile your troubles on GOD's shoulders—
   he'll carry your load, he'll help you out.
He'll never let good people
   topple into ruin.
But you, God, will throw the others
   into a muddy bog,
Cut the lifespan of assassins
   and traitors in half.

And I trust in you.

A David Psalm, When He Was Captured by the
Philistines in Gath

56 ¹⁻⁴ Take my side, God—I'm getting kicked around,
   stomped on every day.
Not a day goes by
   but somebody beats me up;
They make it their duty
   to beat me up.
When I get really afraid
   I come to you in trust.
I'm proud to praise God;
   fearless now, I trust in God.
   What can mere mortals do?

5-6 They don't let up—
   they smear my reputation
   and huddle to plot my collapse.
They gang up,
   sneak together through the alleys
To take me by surprise,
   wait their chance to get me.

7 Pay them back in evil!
   Get angry, God!
   Down with these people!

8 주께서는 아십니다.
내가 잠 못 이루고 뒤척였던 숱한 밤을.
내 모든 눈물이 주님의 장부에,
내 모든 아픔이 주님의 책에 기록되었습니다.

9 내가 고함치자
원수들이 꽁무니를 빼고 달아나는 날에,
나는 알 것입니다.
하나님께서 내 편이 되어 주신 것을.

10-11 내가 자랑스럽게 하나님을 찬양하고
자랑스럽게 **하나님**을 찬양하니,
이제는 두려움 없이 하나님만 신뢰합니다.
한낱 죽을 수밖에 없는 자들이 나를 어찌할
수 있겠습니까?

12-13 하나님, 주께서 약속하신 것 다 지키셨
으니
내가 마음을 다해 감사드립니다.
주께서 나를 죽음의 벼랑에서 끌어내시고
내 발을 파멸의 낭떠러지에서 끌어내셨으니,
나 이제 볕 드는 생명의 들판을
하나님과 함께 즐거이 거닙니다.

다윗의 시. 다윗이 사울을 피해 동굴에 숨었을 때

57 1-3 하나님, 나를 다정히 맞아 주소서. 바로 지금!
죽을힘 다해 주께 달려갑니다.
이 폭풍이 다 지나기까지
주님의 날개 아래로 내가 피합니다.
내가 지극히 높으신 하나님을 큰소리로 부르네.
나를 붙들어 주시는 하나님을.
주께서 하늘에서 명령을 내려 나를 구원하시고
내게 발길질하는 자들을 굴복시키시네.
내게 한없는 사랑을 베푸시고
말씀하신 그대로 인도하시네.

8 You've kept track of my every toss and turn
    through the sleepless nights,
Each tear entered in your ledger,
    each ache written in your book.

9 If my enemies run away,
    turn tail when I yell at them,
Then I'll know
    that God is on my side.

10-11 I'm proud to praise God,
    proud to praise GOD.
Fearless now, I trust in God;
    what can mere mortals do to me?

12-13 God, you did everything you promised,
    and I'm thanking you with all my heart.
You pulled me from the brink of death,
    my feet from the cliff-edge of doom.
Now I stroll at leisure with God
    in the sunlit fields of life.

A David Psalm, When He Hid in a Cave from Saul

57 1-3 Be good to me, God—and now!
    I've run to you for dear life.
I'm hiding out under your wings
    until the hurricane blows over.
I call out to High God,
    the God who holds me together.
He sends orders from heaven and saves me,
    he humiliates those who kick me
    around.
God delivers generous love,
    he makes good on his word.

4 내가 사자 떼 한가운데 있습니다.
놈들이 사람의 살을 맛보려고 기를 씁니다.
놈들의 이빨은 창과 화살,
놈들의 혀는 날카로운 단도.

5 오 하나님, 하늘 높이 날아오르소서!
주님의 영광으로 온 땅을 덮으소서!

6 그들이 내 길에 위장 폭탄을 설치해 놓으니
나는 꼼짝없이 죽고, 결딴나는 줄 알았습니다.
나를 잡으려고 그들이 함정을 팠으나
거꾸로 그들 자신이 그 속에 빠졌습니다.

7-8 하나님, 준비가 끝났습니다.
머리부터 발끝까지 단단히 준비했습니다.
이제 선율에 맞춰 노래하렵니다.
"깨어나라, 내 영혼아!
깨어나라, 하프야, 거문고야!
깨어나라, 너 잠꾸러기 태양아!"

9-10 **하나님**, 내가 거리에서 소리 높여 주께
감사드리고
도시에서, 시골에서 주님을 찬양합니다.
주님의 사랑, 깊을수록 더 높이 이르고
모든 구름, 주님의 성실 드러내며 나부낍니다.

11 오 하나님, 하늘 높이 날아오르소서!
주님의 영광으로 온 땅을 덮으소서!

다윗의 시
58 1-2 어찌하여 나라를 이처럼 경영
하느냐?
국회에 정직한 정치인이 있더냐?
너희는 막후에서 떠들썩하게 악을 꾸미고
닫힌 문 뒤에서는 악마와 거래하는구나.

3-5 악인들은 태어나자마자 잘못된 길로 간다.
모태에서 나면서부터 거짓말을 내뱉으니,

4 I find myself in a pride of lions
  who are wild for a taste of human flesh;
Their teeth are lances and arrows,
  their tongues are sharp daggers.

5 Soar high in the skies, O God!
  Cover the whole earth with your glory!

6 They booby-trapped my path;
  I thought I was dead and done for.
They dug a mantrap to catch me,
  and fell in headlong themselves.

7-8 I'm ready, God, so ready,
  ready from head to toe,
Ready to sing, ready to raise a tune:
  "Wake up, soul!
Wake up, harp! wake up, lute!
  Wake up, you sleepyhead sun!"

9-10 I'm thanking you, GOD, out loud in
the streets,
  singing your praises in town and country.
The deeper your love, the higher it goes;
  every cloud is a flag to your faithfulness.

11 Soar high in the skies, O God!
  Cover the whole earth with your glory!

A David Psalm
58 1-2 Is this any way to run a country?
    Is there an honest politician in
  the house?
Behind the scenes you brew cauldrons of evil,
  behind closed doors you make deals with
  demons.

3-5 The wicked crawl from the wrong side

그들의 갈라진 혀에서 떨어지는 것은
독, 치명적인 방울뱀 독.
그들은 위협도 홀리는 소리도 듣지 못하니,
수십 년치 귀지가 귓속에 켜켜이 쌓인 탓
이다.

6-9 하나님, 저들의 이를 박살내셔서
이빨 없는 호랑이 신세가 되게 하소서.
저들의 인생이 엎질러진 물이 되게 하시고
모래밭의 축축한 얼룩으로 남게 하소서.
저들이 짓밟힌 풀이 되게 하셔서
오가는 사람의 발길에 닳아 빠지게 하소서.
저들이 달팽이 진액처럼 녹아내리게 하
시고
유산된 태아가 되어 햇빛을 보지 못하게
하소서.
하나님, 저들의 음모가 모양을 잡기 전에
쓰레기와 함께 내던져 버리소서!

10-11 의인은 악인이 벌 받는 것을 보고
친구들을 불러 모으리라.
악인의 피를 잔에 담아내어
함께 건배하리라.
다들 환호하며 말하리라. "규례를 지킬
만하구나!
상을 주시는 하나님, 세상을 지켜보시는
하나님이 과연 계시는구나!"

다윗의 시. 사울이 다윗을 죽이려고 그의 집에
감시를 붙였을 때

59

1-2 나의 하나님! 내 원수들에
게서 나를 구하시고
폭도들에게서 나를 지켜 주소서.
저들의 더러운 술수에서 나를 건지시고
저들이 보낸 청부 살인자들에게서 나를
구원하소서.

3-4 무법자들이 똘똘 뭉쳐 나를 대적하고

of the cradle;
    their first words out of the womb are lies.
Poison, lethal rattlesnake poison,
    drips from their forked tongues—
Deaf to threats, deaf to charm,
    decades of wax built up in their ears.

6-9 God, smash their teeth to bits,
    leave them toothless tigers.
Let their lives be buckets of water spilled,
    all that's left, a damp stain in the sand.
Let them be trampled grass
    worn smooth by the traffic.
Let them dissolve into snail slime,
    be a miscarried fetus that never sees
    sunlight.
Before what they cook up is half-done, God,
    throw it out with the garbage!

10-11 The righteous will call up their friends
    when they see the wicked get their reward,
Serve up their blood in goblets
    as they toast one another,
Everyone cheering, "It's worth it to play by the
rules!
    God's handing out trophies and tending the
    earth!"

A David Psalm, When Saul Set a Watch on David's
House in Order to Kill Him

59

1-2 My God! Rescue me from my
enemies,
    defend me from these mutineers.
Rescue me from their dirty tricks,
    save me from their hit men.

3-4 Desperadoes have ganged up on me,
    they're hiding in ambush for me.

매복까지 하며 나를 노립니다.
하나님, 나는 이런 일에 휩싸일 짓을 하지 않
았고
누구를 속이거나 학대한 일도 없습니다.
그런데 저들은 나를 가만두지 않기로 작정
한 듯,
나를 뒤쫓습니다.

4-5 깨어나셔서 직접 보소서! 주께서는 하나
님이십니다.
만군의 **하나님**, 이스라엘의 하나님이십니다!
주님의 일을 행하셔서 저 악한 자들을 제거하
소서.
잔학무도한 자들이오니 봐주지 마소서.

6-7 저들은 해만 지면 돌아와서
늑대처럼 짖어 대며 성 주위를 어슬렁거립
니다.
그러다 갑자기 성문 앞에 모두 모여
욕설을 내지르며 단도를 뽑아 듭니다.
자신들은 절대 잡히지 않으리라 여깁니다.

8-10 그러나 **하나님**, 주께서는 저들을 비웃으
십니다.
사악한 민족들을 웃음거리로 여기십니다.
강하신 하나님, 내가 주님 그 모습 바라보며
늘 주님만 의지합니다.
하나님은 한결같은 사랑으로 때맞춰 나타나
셔서
내 원수들이 파멸하는 꼴을 내게 보여주십니다.

11-13 **하나님**, 내 백성이 잊지 않도록
저들을 단번에 해치우지 마소서.
저들을 천천히 쓰러뜨리시고
아주 서서히 해체하소서.
비열하고 거만하게 내뱉은 저들의 온갖 말에
스스로 걸려들게 하소서.
중얼중얼 내뱉은 온갖 저주와

I did nothing to deserve this, GOD,
    crossed no one, wronged no one.
All the same, they're after me,
    determined to get me.

4-5 Wake up and see for yourself! You're
GOD,
    GOD-of-Angel-Armies, Israel's God!
Get on the job and take care of these
pagans,
    don't be soft on these hard cases.

6-7 They return when the sun goes
down,
    They howl like coyotes, ringing the city.
Then suddenly they're all at the gate,
    Snarling invective, drawn daggers in
    their teeth.
They think they'll never get caught.

8-10 But you, GOD, break out laughing;
    you treat the godless nations like jokes.
Strong God, I'm watching you do it,
    I can always count on you.
God in dependable love shows up on
time,
    shows me my enemies in ruin.

11-13 Don't make quick work of them,
GOD,
    lest my people forget.
Bring them down in slow motion,
    take them apart piece by piece.
Let all their mean-mouthed arrogance
    catch up with them,
Catch them out and bring them down
    —every muttered curse
    —every barefaced lie.

뻔뻔스런 거짓말에
스스로 걸려 넘어지게 하소서.
저들을 말끔히 해치우소서!
영원히 끝장내소서!
하나님께서 야곱을 확실히 통치하심을,
하나님께서 세상 모든 곳을 다스리심을,
온 세상이 알게 될 것입니다.

14-15 저들은 해만 지면 돌아와서
늑대처럼 짖어 대며 성 주위를 어슬렁거립니다.
뼈다귀를 찾아 헤매다
먹을 것을 주는 손까지 물어뜯습니다.

16-17 그러나 나는 주님의 용맹을 노래하고
새벽에 주님의 과분한 선물을 큰소리로 이야기
하렵니다.
주님은 나에게 더없이 안전한 장소,
좋은 피난처가 되어 주셨습니다.
강하신 하나님, 내가 주님 그 모습 바라보며
늘 주님만 의지합니다.
내 든든한 사랑이신 하나님!

다윗의 시. 다윗이 아람 나하라임과 아람 소바와 싸
울 당시 요압이 소금 골짜기에서 에돔 사람 일만이천
명을 죽였을 때

60

1-2 하나님! 주께서 우리를 버리고 떠
나가시고
우리의 방어 시설을 걷어차 부수시고
노를 발하며 사라지셨지만,
이제 돌아오소서. 제발, 돌아오소서!

주께서 땅의 기초를 뒤흔드시니
거대한 틈이 생겼습니다.
이제 갈라진 틈을 메우소서! 그 틈으로
모든 것이 무너져 내립니다.

3-5 주께서는 주님의 백성이 파멸을 목도하게
하시고

Finish them off in fine style!
    Finish them off for good!
Then all the world will see
    that God rules well in Jacob,
    everywhere that God's in charge.

14-15 They return when the sun goes
down,
    They howl like coyotes, ringing the
city.
    They scavenge for bones,
    And bite the hand that feeds them.

16-17 And me? I'm singing your
prowess,
    shouting at cockcrow your largesse,
For you've been a safe place for me,
    a good place to hide.
Strong God, I'm watching you do it,
    I can always count on you–
    God, my dependable love.

A David Psalm, When He Fought Against
Aram-naharaim and Aram-zobah and Joab
Killed Twelve Thousand Edomites at the Valley
of Salt

60

1-2 God! you walked off and left
us,
    kicked our defenses to bits
And stalked off angry.
    Come back. Oh please, come back!

You shook earth to the foundations,
    ripped open huge crevasses.
Heal the breaks! Everything's
    coming apart at the seams.

3-5 You made your people look doom in
the face,

싸구려 포도주로 괴로움을 달래게 하셨습니다.
그러고는 주님의 백성을 독려할 깃발을 꽂으시고
용기를 줄 그 깃발이 휘날리게 하셨습니다.
어서 조치를 취하소서. 지금 바로 응답하소서.
주께서 끔찍이 사랑하시는 백성이 구원을
얻게 하소서.

6-8 그때 하나님께서 거룩한 광채 속에서
말씀하셨습니다.
"내가 기쁨에 겨워
세겜을 선사하고
숙곳 골짜기를 선물로 주리라.
길르앗이 내 호주머니 속에 있고
므낫세도 그러하다.
에브라임은 나의 헬멧,
유다는 나의 망치.
모압은 세탁용 양동이,
내가 모압을 쓰러뜨려 바닥 걸레로 삼으리라.
에돔에게 침을 뱉고
블레셋 전역에 불벼락을 퍼부으리라."

9-10 누가 나를 치열한 싸움터로 데려가며,
누가 에돔에 이르는 길을 알려 주겠습니까?
하나님, 주께서 우리를 버리신 것은 아니겠지요?
우리 군대와 함께 나아가기를 거절하신 것은 아니겠지요?

11-12 우리를 도우셔서 이 힘든 임무 완수하게 하소서.
사람의 도움은 아무 쓸데가 없습니다.
하나님을 힘입어 우리가 최선을 다하리니,
주께서 적군을 완전히 때려눕히실 것이다.

다윗의 시

61
1-2 하나님, 나의 부르짖음을 들으소서.

then gave us cheap wine to drown our
troubles.
Then you planted a flag to rally your
people,
    an unfurled flag to look to for courage.
Now do something quickly, answer right
now,
    so the one you love best is saved.

6-8 That's when God spoke in holy splendor,
    "Bursting with joy,
I make a present of Shechem,
    I hand out Succoth Valley as a gift.
Gilead's in my pocket,
    to say nothing of Manasseh.
Ephraim's my hard hat,
    Judah my hammer;
Moab's a scrub bucket,
    I mop the floor with Moab,
Spit on Edom,
    rain fireworks all over Philistia."

9-10 Who will take me to the thick of the
fight?
    Who'll show me the road to Edom?
You aren't giving up on us, are you, God?
    refusing to go out with our troops?

11-12 Give us help for the hard task;
    human help is worthless.
In God we'll do our very best;
    he'll flatten the opposition for good.

A David Psalm

61
1-2 God, listen to me shout,
    bend an ear to my prayer.
When I'm far from anywhere,
    down to my last gasp,

나의 기도에 귀 기울여 주소서.
멀리 있는 이 몸,
숨이 멎도록 헐떡이며
큰소리로 외칩니다. "저 높은 바위산 위로
나를 이끄소서!"

3-5 주께서는 내게 숨 쉴 공간을 주시고
모든 상황에서 벗어나 쉬게 하시며,
주님의 은신처 평생이용권을 주십니다.
주님의 손님으로 흔쾌히 초대해 주십니다.
하나님, 주님은 언제나 나를 진심으로 대하시며
주님을 알고 사랑하는 이들에게 환영받게 하
십니다.

6-8 왕의 날들을 더하시고
선한 통치 기간이 오래도록 이어지게 하소서.
왕좌를 하나님의 충만한 빛 가운데 두시고
한결같은 사랑과 신실로 경계병을 삼아 주소서.
그러면 내가 시인이 되어 주님의 영광을 노래
하고,
노래한 대로 날마다 살아가겠습니다.

다윗의 시

62

1-2 하나님은 오직 한분이시니,
그분 말씀하실 때까지 기다리리라.
내게 필요한 모든 것 그분에게서 오니,
어찌 기다리지 않으랴?
그분은 내 발밑의 견고한 바위
내 영혼이 숨 쉴 공간
난공불락의 성채이시니,
내가 평생토록 든든하다.

3-4 너희는 언제까지 나에게 달려들려느냐?
언제까지 불량배들과 어울려 배회하려느냐?
너희에게 아무것도 아니요,
썩은 마루청이, 벌레 먹은 서까래 같은 나를.
산을 무너뜨리겠다는
허망한 계획을 도모하나 개미둑에 불과한 너희,

I call out, "Guide me
    up High Rock Mountain!"

3-5 You've always given me breathing
room,
    a place to get away from it all,
A lifetime pass to your safe-house,
    an open invitation as your guest.
You've always taken me seriously, God,
    made me welcome among those who
    know and love you.

6-8 Let the days of the king add up
    to years and years of good rule.
Set his throne in the full light of God;
    post Steady Love and Good Faith as
    lookouts,
And I'll be the poet who sings your glory—
    and live what I sing every day.

A David Psalm

62

1-2 God, the one and only—
    I'll wait as long as he says.
Everything I need comes from him,
    so why not?
He's solid rock under my feet,
    breathing room for my soul,
An impregnable castle:
    I'm set for life.

3-4 How long will you gang up on me?
    How long will you run with the bullies?
There's nothing to you, any of you—
    rotten floorboards, worm-eaten rafters,
Anthills plotting to bring down
mountains,
    far gone in make-believe.
You talk a good line,

멋진 말을 늘어놓아도
축복마다 저주의 악취가 풍기는구나.

5-6 하나님은 오직 한분이시니,
그분 말씀하실 때까지 기다리리라.
내게 필요한 모든 것 그분에게서 오니,
어찌 기다리지 않으랴?
그분은 내 발밑의 견고한 바위
내 영혼이 숨 쉴 공간
난공불락의 성채이시니,
내가 평생토록 든든하다.

7-8 나의 도움과 영광 하나님 안에 있으니
하나님은 굳센 바위, 안전한 항구!
백성들아, 온전히 그분을 신뢰하여라.
그분께 너희 목숨을 걸어라.
하나님만이 너희 피난처이시다.

9 남자는 한낱 연기
여자는 한낱 신기루일 뿐.
그 둘을 합해도 아무것도 아니니
이 곱하기 영은 결국 영일 뿐.

10 뜻밖의 횡재를 하더라도
거기에 너무 마음 쓰지 마라.

11 하나님께서 딱 잘라 하신 이 말씀,
내가 얼마나 자주 들었던가?
"능력은 오직
하나님께로부터 온다."

12 주 하나님, 주께는 자애가 가득합니다!
날마다 우리가 수고한 것에 합당한 대가를
지불해 주십니다!

다윗의 시. 다윗이 유다 광야에 있을 때

63 1 하나님, 주님은 나의 하나님!
보고 또 보아도 보고 싶은 분!

but every "blessing" breathes a curse.

5-6 God, the one and only—
I'll wait as long as he says.
Everything I hope for comes from him,
so why not?
He's solid rock under my feet,
breathing room for my soul,
An impregnable castle:
I'm set for life.

7-8 My help and glory are in God
—granite-strength and safe-harbor-God—
So trust him absolutely, people;
lay your lives on the line for him.
God is a safe place to be.

9 Man as such is smoke,
woman as such, a mirage.
Put them together, they're nothing;
two times nothing is nothing.

10 And a windfall, if it comes—
don't make too much of it.

11 God said this once and for all;
how many times
Have I heard it repeated?
"Strength comes
Straight from God."

12 Love to you, Lord God!
You pay a fair wage for a good day's work!

A David Psalm, When He Was out in the Judean Wilderness

63 1 God—you're my God!
I can't get enough of you!

하나님을 향한 허기와 목마름에 이끌려
메마르고 삭막한 사막을 가로지릅니다.

2-4 주님의 권능과 영광을 보려고
두 눈 활짝 뜨고 예배처소에 있습니다.
마침내 주님의 너그러운 사랑 안에 살게 된
이 몸!
내 입술에 샘처럼 찬양이 넘쳐흐릅니다.
나, 숨 쉴 때마다 주님을 찬양하고
찬양의 깃발인 듯 두 팔을 주께 흔듭니다.

5-8 최상품 갈비를 마음껏 먹고 입맛을 다
시니,
지금은 소리 높여 찬송할 때입니다!
한밤중에 잠 못 들 때면
지난날을 회상하며 감사의 시간을 보냅니다.
주께서 줄곧 내 편이 되어 주셨으니
나, 마음껏 뛰며 춤춥니다.
내가 주께 온 힘을 다해 매달리니,
주님은 나를 굳게 붙드시고 말뚝처럼 흔들
림 없게 하십니다.

9-11 나를 잡으려 기를 쓰는 저들,
망하여 죽고 지옥에 떨어지리라.
비명횡사하여
승냥이 무리에게 사지를 찢기리라.
그러나 왕은 하나님 안에서 기뻐하고
그의 진실한 벗들은 그 기쁨 전파할 것이요,
야비한 뒷공론 일삼는 자들은
영원히 입에 재갈을 물리리라.

다윗의 시
64 ¹ 오 하나님, 귀 기울여 들으시고
도와주소서.
운명의 날이 다가왔다는 생각에
이렇게 탄식하며 흐느낍니다.

I've worked up such hunger and thirst for God,
　traveling across dry and weary deserts.

2-4 So here I am in the place of worship, eyes open,
　drinking in your strength and glory.
In your generous love I am really living at last!
　My lips brim praises like fountains.
I bless you every time I take a breath;
　My arms wave like banners of praise to you.

5-8 I eat my fill of prime rib and gravy;
　I smack my lips. It's time to shout praises!
If I'm sleepless at midnight,
　I spend the hours in grateful reflection.
Because you've always stood up for me,
　I'm free to run and play.
I hold on to you for dear life,
　and you hold me steady as a post.

9-11 Those who are out to get me are marked for doom,
　marked for death, bound for hell.
They'll die violent deaths;
　jackals will tear them limb from limb.
But the king is glad in God;
　his true friends spread the joy,
While small-minded gossips
　are gagged for good.

A David Psalm
64 ¹ Listen and help, O God.
　I'm reduced to a whine
And a whimper, obsessed
　with feelings of doomsday.

2-6 저들이 나를 찾아내지 못하게 하소서.
나를 잡으려는 공모자들이
자신들의 혀를 무기 삼아
독설을 내뱉고,
독화살 같은 말을 쏘아 댑니다.
매복하여 있다가
누가 맞든 아랑곳하지 않고,
느닷없이 쏘아 댑니다.
저들은 운동 삼아 사악한 일을 벌여 건강을
유지하면서,
남몰래 놓은 덫의 목록을 품고 다니며
서로 말합니다.
"누구도 우리를 잡지 못할 거야.
이렇게 감쪽같은데 누가 눈치채겠어."
그러나 주님은 명탐정,
지하실처럼 캄캄한 마음속 비밀까지도 알아
채십니다.

7-8 하나님께서 화살을 쏘시니
저들이 고통에 겨워 몸을 구부리는구나.
쓴웃음 짓는 군중들 앞에서
꼴사납게 고꾸라지는구나.

9-10 모든 사람이 보는구나.
하나님이 행하신 일이 장안의 화제가 되는
구나.
선한 이들아, 기뻐하여라! 하나님께로 피하
여라!
마음씨 고운 이들아, 찬양이 곧 삶이 되게 하
여라.

다윗의 시

65
1-2 시온에 계신 하나님,
침묵이 주께 찬양하고
순종도 그리합니다.
주께서는 그 모든 것에 담긴 기도를 들으십니다.

2-8 우리 모두 죄를 짊어지고

2-6 Don't let them find me—
   the conspirators out to get me,
Using their tongues as weapons,
   flinging poison words,
   poison-tipped arrow-words.
They shoot from ambush,
   shoot without warning,
   not caring who they hit.
They keep fit doing calisthenics
   of evil purpose,
They keep lists of the traps
   they've secretly set.
They say to each other,
   "No one can catch us,
   no one can detect our perfect crime."
The Detective detects the mystery
   in the dark of the cellar heart.

7-8 The God of the Arrow shoots!
   They double up in pain,
Fall flat on their faces
   in full view of the grinning crowd.

9-10 Everyone sees it. God's
   work is the talk of the town.
Be glad, good people! Fly to GOD!
   Good-hearted people, make praise your
   habit.

A David Psalm

65
1-2 Silence is praise to you,
   Zion-dwelling God,
And also obedience.
   You hear the prayer in it all.

2-8 We all arrive at your doorstep sooner
   or later, loaded with guilt,
Our sins too much for us—

머지않아 주님의 집에 이릅니다.
지은 죄 너무 무거워 감당할 수 없지만
주께서는 그것을 단번에 씻어 주십니다.
주께서 친히 택하신 이들은 복이 있습니다!
주님 거하시는 곳에 초대받은 이들은 복이 있습니다.
우리가 주님의 집, 주님 하늘 저택에 있는
좋은 것들을 한껏 기대합니다.
주님의 놀라운 구원의 일들이
주님 트로피 보관실에 전시되어 있습니다.
주께서는 땅을 길들이시고 대양에 물을 채우시며,
산을 조성하시고 언덕을 아름답게 꾸미시는 분.
폭풍과 파도의 노호와
군중의 시끄러운 소요를 가라앉히시는 분.
도처에서 사람들이 걸음을 멈추고,
두려움과 놀라움으로 바라봅니다.
새벽과 땅거미가 번갈아 소리칩니다.
"와서 예배하여라."

9-13 오, 땅에 찾아오셔서
땅에게 기쁨의 춤을 추게 하소서!
봄비로 땅을 장식하시고
생수로 하나님의 강을 채우소서.
밀밭을 황금빛으로 물들이소서.
주께서는 이 일을 위해 세상을 지으셨습니다!
비를 내려 갈아엎은 밭을 적셔 주시고
흙이 물을 넉넉히 품게 하소서.
써레질과 고무래질에
땅이 꽃을 피우고 열매 맺게 하소서.
산봉우리에 눈 왕관을 씌워 빛나게 하시고
주님의 길에 장미 꽃잎을 흩뿌리소서.
거친 풀밭 곳곳에도 뿌려 주소서.
언덕들이 춤추게 하시고
협곡진 비탈에 양 떼를 두어
골짜기와 골짜기, 아마포를 드리운 듯 꾸며 주소서.
오, 저들에게서 기쁨의 함성 터져 나오고
즐거운 노랫소리 그치지 않게 하소서!

but you get rid of them once and for all.
Blessed are the chosen! Blessed the guest at home in your place!
We expect our fill of good things in your house, your heavenly manse.
All your salvation wonders are on display in your trophy room.
Earth-Tamer, Ocean-Pourer, Mountain-Maker, Hill-Dresser,
Muzzler of sea storm and wave crash, of mobs in noisy riot—
Far and wide they'll come to a stop, they'll stare in awe, in wonder.
Dawn and dusk take turns calling, "Come and worship."

9-13 Oh, visit the earth, ask her to join the dance!
Deck her out in spring showers, fill the God-River with living water.
Paint the wheat fields golden. Creation was made for this!
Drench the plowed fields, soak the dirt clods
With rainfall as harrow and rake bring her to blossom and fruit.
Snow-crown the peaks with splendor, scatter rose petals down your paths,
All through the wild meadows, rose petals.
Set the hills to dancing, Dress the canyon walls with live sheep, a drape of flax across the valleys.
Let them shout, and shout, and shout! Oh, oh, let them sing!

66 ¹⁻⁴ 다 함께 모여 하나님께 갈채를!

그분의 영광에 합당한 노래 부르고
그분께 영화로운 찬송 드려라.
하나님께 아뢰어라. "주님 같은 분, 그 어디에
도 없습니다!"
원수들이 주께서 행하신 일을 보고
야단맞은 개처럼 슬그머니 도망칩니다.
온 땅이 무릎 꿇고
주님을 경배하며 노래합니다.
주님의 이름과 명성을 끊임없이 즐거워합니다.

⁵⁻⁶ 하나님이 행하신 놀라운 일들을 잘 보아라.
너희 숨이 멎으리라.
그분께서 바다를 마른 땅으로 바꾸시고
사람들이 걸어서 그 길을 건너게 하셨으니,
어찌 찬양하지 않으랴?

⁷ 주께서 지극히 높은 곳에서 영원히 다스리
시며
모든 나라들을 굽어보신다.
반역자들, 그분께
감히 대들지 못하는구나.

⁸⁻¹² 오 백성들아, 우리 하나님을 찬양하여라!
온 땅에 울려 퍼지는 노래로 그분을 맞이하
여라!
그분께서 우리를 생명 길에 두시지 않았느냐?
우리를 수렁에서 건져 내시지 않았느냐?
그분께서 우리를 먼저 단련하시고
은을 정련하듯 뜨거운 용광로 속을 통과하게
하셨다.
우리를 척박한 지역에 들여보내시고
극한까지 밀어붙이셨다.
길에서 우리를 안팎으로 시험하시고
생지옥을 데리고 다니셨으며,
마침내 물 댄 이곳으로
우리를 이끄셨다.

66 ¹⁻⁴ All together now—applause for God!

Sing songs to the tune of his glory,
set glory to the rhythms of his praise.
Say of God, "We've never seen anything like him!"
When your enemies see you in action,
they slink off like scolded dogs.
The whole earth falls to its knees—
it worships you, sings to you,
can't stop enjoying your name and fame.

⁵⁻⁶ Take a good look at God's wonders—
they'll take your breath away.
He converted sea to dry land;
travelers crossed the river on foot.
Now isn't that cause for a song?

⁷ Ever sovereign in his high tower, he keeps
his eye on the godless nations.
Rebels don't dare
raise a finger against him.

⁸⁻¹² Bless our God, O peoples!
Give him a thunderous welcome!
Didn't he set us on the road to life?
Didn't he keep us out of the ditch?
He trained us first,
passed us like silver through refining fires,
Brought us into hardscrabble country,
pushed us to our very limit,
Road-tested us inside and out,
took us to hell and back;
Finally he brought us
to this well-watered place.

13-15 내가 소중히 여기는 것과 선물을 가지고 주님의 집에 왔습니다.
이제 주께 약속한 대로 행하겠습니다.
내가 큰 곤경에 처하던 날,
엄숙히 맹세한 대로 행하겠습니다.
엄선한 고기를 제물로 바치고
구운 양고기의 향기도 올려 드립니다!
염소 고기를 곁들인
수소도 바칩니다!

16-20 모든 믿는 이들아, 이리로 와서 귀를 기울여라.
하나님이 내게 행하신 일들을 너희에게 들려주리라.
내 입이 그분께 큰소리로 부르짖고
내 혀에서 찬양의 노래가 흘러나왔다.
내가 죄악과 놀아났다면
주께서 듣지 않으셨으리라.
그러나 하나님은 너무도 분명히 들어주셨다.
내 기도소리 들으시고 한걸음에 달려오셨다.
찬양받으실 하나님, 주께서는 귀를 막지 않으시고,
한결같은 사랑으로 나와 함께 계셨습니다.

67 1-7 하나님, 우리에게 은혜와 복을 내리소서! 환한 얼굴 빛 비추소서!
주께서 어찌 일하시는지 온 나라가 보게 하시고,
주께서 어찌 구원하시는지 모든 민족이 알게 하소서.
하나님! 사람들이 주께 감사하고 주님을 기뻐하게 하소서.
모든 민족이 주께 감사하고 주님을 기뻐하게 하소서.
주께서는 흩어져 있는 모든 자를 공명정대하게 심판하고
보살피는 분이시니,

13-15 I'm bringing my prizes and presents
to your house.
   I'm doing what I said I'd do,
What I solemnly swore I'd do
   that day when I was in so much
   trouble:
The choicest cuts of meat
   for the sacrificial meal;
Even the fragrance
   of roasted lamb is like a meal!
Or make it an ox
   garnished with goat meat!

16-20 All believers, come here and listen,
   let me tell you what God did for me.
I called out to him with my mouth,
   my tongue shaped the sounds of music.
If I had been cozy with evil,
   the Lord would never have listened.
But he most surely *did* listen,
   he came on the double when he heard
   my prayer.
Blessed be God: he didn't turn a deaf ear,
   he stayed with me, loyal in his love.

67 1-7 God, mark us with grace
   and blessing! Smile!
The whole country will see how you work,
   all the godless nations see how you save.
God! Let people thank and enjoy you.
   Let all people thank and enjoy you.
Let all far-flung people become happy
   and shout their happiness because
You judge them fair and square,
   you tend the far-flung peoples.
God! Let people thank and enjoy you.

그들이 행복해지고
그 행복 큰소리로 이야기하게 하소서.
하나님! 사람들이 주께 감사하고 주님을 기뻐
하게 하소서.
모든 민족이 주께 감사하고 주님을 기뻐하게 하
소서.
땅아, 네 풍요로움을 드러내어라!
오 하나님, 우리 하나님, 우리에게 복을 내리소서.
오 하나님, 우리에게 복을 내리소서.
온 땅아, 주께 영광을 돌려 드려라!

다윗의 시

68 $^{1-4}$ 하나님과 함께 일어나라!
그분의 원수들을 해치워라!
적들아, 언덕으로 달음질쳐 보아라!
한 모금 담배연기처럼,
불 속의 한 방울 촛농처럼 사라지리라.
악인들은 하나님을 한번 보기만 해도 자취를 감
추는구나.
그러나 의인들은 하나님의 일하심을 보고
웃으며 노래하리라.
기쁨에 겨워 노래하리라.
하나님께 찬송가를 불러 드려라.
온 하늘아, 큰소리로 외쳐라.
구름 타고 오시는 분을 위해 길을 깨끗게 하여라.
하나님을 기뻐하여라.
그분을 뵐 때 환호성을 올려라!

$^{5-6}$ 고아들의 아버지,
과부들의 보호자,
그분은 거룩한 집에 계시는 하나님.
집 없는 이들에게 집을 마련해 주시고
갇힌 이들을 자유의 문으로 인도하신다.
그러나 반역자들은 지옥에서 썩게 하시리라.

$^{7-10}$ 하나님, 주께서 주님의 백성을 이끌고 가
실 때,
주께서 광야를 행진하실 때,

Let all people thank and enjoy you.
Earth, display your exuberance!
You mark us with blessing, O God, our
God.
You mark us with blessing, O God.
Earth's four corners—honor him!

A David Psalm

68 $^{1-4}$ Up with God!
Down with his enemies!
Adversaries, run for the hills!
Gone like a puff of smoke,
like a blob of wax in the fire—
one look at God and the wicked
vanish.
When the righteous see God in action
they'll laugh, they'll sing,
they'll laugh and sing for joy.
Sing hymns to God;
all heaven, sing out;
clear the way for the coming of
Cloud-Rider.
Enjoy GOD,
cheer when you see him!

$^{5-6}$ Father of orphans,
champion of widows,
is God in his holy house.
God makes homes for the homeless,
leads prisoners to freedom,
but leaves rebels to rot in hell.

$^{7-10}$ God, when you took the lead with
your people,
when you marched out into the wild,
Earth shook, sky broke out in a sweat;
God was on the march.
Even Sinai trembled at the sight of God

땅이 흔들리고 하늘이 식은땀을 흘렸습니다.
하나님께서 행진 중이시기 때문입니다.
행진하시는 하나님, 이스라엘의 하나님 앞에서
시내 산도 바들바들 떨었습니다.
오 하나님, 주께서 양동이로 쏟아붓듯 비를 내
리시자
가시나무와 선인장 있던 곳이 오아시스로 변하고,
주님의 백성이 거기서 천막을 치고 즐거워합니다.
주께서 그들의 형편을 낫게 하시니
가난뱅이이던 그들이 부자가 되었습니다.

11-14 주께서 명령하시자
수천의 사람들이 기쁜 소식 외치네.
"왕들이 달아났다!
거느린 군대와 함께 도망치는구나!"
아낙네들 무사히 집에 돌아와
전리품을 나누네.
가나안의 은과 금을 나누네.
전능하신 분이 왕들을 쫓아내시던 날,
검은 산에 눈이 내렸다네.

15-16 너 거대한 산맥, 바산이여,
위대한 산맥, 용의 산맥이여!
너희가 선택받지 못해 토라져 한탄하는구나.
하나님이 한 산을 택해 그곳에서 지내기로 하
셨으니,
주께서 그 산에서 영원히 다스리시리라.

17-18 하나님의 전차는 수천수만 대.
선두에 계신 주께서 전차 타시고 시내 산,
바로 그 거룩한 곳에 내려오셨다!
주께서 포로들을 거느리고 지극히 높은 곳에 오
르셔서
반역자들에게서 전리품을 한아름 받으셨습니다.
이제, 주께서 그곳에 당당히 좌정하고 계십니다.
하나님, 주권자이신 하나님!

on the move,
    at the sight of Israel's God.
You pour out rain in buckets, O God;
    thorn and cactus become an oasis
For your people to camp in and enjoy.
    You set them up in business;
    they went from rags to riches.

11-14 The Lord gave the word;
    thousands called out the good news:
"Kings of the armies
    are on the run, on the run!"
While housewives, safe and sound back
home,
    divide up the plunder,
    the plunder of Canaanite silver and gold.
On that day that Shaddai scattered the kings,
    snow fell on Black Mountain.

15-16 You huge mountains, Bashan
mountains,
    mighty mountains, dragon mountains.
All you mountains not chosen,
    sulk now, and feel sorry for yourselves,
For this is the mountain God has chosen to
live on;
    he'll rule from this mountain forever.

17-18 The chariots of God, twice ten
thousand,
    and thousands more besides,
The Lord in the lead, riding down Sinai–
    straight to the Holy Place!
You climbed to the High Place, captives
in tow,
    your arms full of booty from rebels,
And now you sit there in state,
    GOD, sovereign GOD!

19-23 주님을 찬양하여라.
주께서 날마다 우리를 이끄시니,
그분은 우리의 구원자, 우리의 하나님.
우리를 도우시는 하나님, 우리를 구원하시는
하나님.
주 하나님은
죽음을 속속들이 아시는 분.
주께서 원수들을 해산시키시고
그들의 두개골을 쪼개셨다.
하늘에서 행진해 나오시며 말씀하셨다.
"내가 용을 동아줄로 묶고
깊고 푸른 바다에도 재갈을 물렸다.
너는 네 원수들의 피로 발을 적시고
네 집 개들도 네 장화에 묻은 원수들의 피를 핥
으리라."

24-31 보아라, 행진하시는 하나님을.
나의 하나님, 나의 왕께서
성소로 행진하신다!
맨 앞에는 가수들, 맨 뒤에는 악대가 뒤따르고
대열 중간에서 소녀들이 캐스터네츠를 연주한다.
온 찬양대가 하나님을 찬양한다.
찬양의 샘이 흐르듯, 이스라엘이 하나님을 찬
양한다.
보아라. 어린 베냐민이
앞에 나와 대열을 이끌고,
귀족 복장을 한 유다 고관들,
스불론과 납달리 고관들이 그 뒤를 따른다.
오 하나님, 주님의 힘을 펼쳐 보이소서.
오 하나님, 지금의 우리를 있게 하신 주님의
능력을 뽐내소서.
지극히 높으신 하나님, 주님의 성전은 예루살렘,
왕들이 주께 예물을 가져옵니다.
꾸짖으소서, 저 늙은 악어 이집트와
들소 무리와 송아지들을.
탐욕스럽게 은을 바라며
다른 민족들을 짓밟고 싸우지 못해 안달하는
저들을.

19-23 Blessed be the Lord—
day after day he carries us along.
He's our Savior, our God, oh yes!
He's God-for-us, he's God-who-saves-us.
Lord GOD knows all
death's ins and outs.
What's more, he made heads roll,
split the skulls of the enemy
As he marched out of heaven,
saying, "I tied up the Dragon in knots,
put a muzzle on the Deep Blue Sea."
You can wade through your enemies' blood,
and your dogs taste of your enemies
from your boots.

24-31 See God on parade
to the sanctuary, my God,
my King on the march!
Singers out front, the band behind,
maidens in the middle with castanets.
The whole choir blesses God.
Like a fountain of praise, Israel blesses
GOD.
Look—little Benjamin's out
front and leading
Princes of Judah in their royal robes,
princes of Zebulon, princes of Naphtali.
Parade your power, O God,
the power, O God, that made us what
we are.
Your temple, High God, is Jerusalem;
kings bring gifts to you.
Rebuke that old crocodile, Egypt,
with her herd of wild bulls and calves,
Rapacious in her lust for silver,
crushing peoples, spoiling for a fight.
Let Egyptian traders bring blue cloth
and Cush come running to God, her

이집트 무역상들이 주께 푸른색 옷감을 바치
게 하시고
구스 사람들이 두 팔 벌려 하나님께 달려오게
하소서.

32-34 노래하여라, 오 세상의 왕들아!
주님을 찬양하여라!
저기, 하늘을 거니시는,
태곳적 하늘을 활보하시는 그분이 계신다.
귀 기울여 들어라. 그분께서 우레 속에서 외치신다.
우르르 쾅쾅 울리는 천둥 속에서 고함치신다.
하나님께, 이스라엘의 높으신 하나님께 "만
세!"를 외쳐라.
그분의 광휘와 권능이
소나기구름처럼 거대하게 솟아오른다.

35 오 하나님, 위엄에 찬 아름다움
주님의 성소에서 흘러나옵니다.
이스라엘의 강하신 하나님!
그분께서 백성에게 힘과 능력을 주신다!
오, 주님의 백성들아, 하나님을 찬양하여라!

다윗의 시

69

1 하나님, 하나님, 나를 구원하소서!
이제는 도저히 버틸 수 없습니다.

2 아래로 내 발이 빠져들고, 위로는 거센 물결
이 나를 덮칩니다.
익사하기 직전입니다.

3 도움을 구하느라 목이 쉬고
하늘 보며 하나님을 찾다가 눈까지 흐려졌습니다.

4 원수들이 내 머리카락보다 많습니다.
밀고자들과 거짓말쟁이들이 나를 해하려 듭니다.

내가 훔치지도 않았는데
물어내야 하다니요?

hands outstretched.

32-34 Sing, O kings of the earth!
    Sing praises to the Lord!
There he is: Sky-Rider,
    striding the ancient skies.
Listen—he's calling in thunder,
    rumbling, rolling thunder.
Call out "Bravo!" to God,
    the High God of Israel.
His splendor and strength
    rise huge as thunderheads.

35 A terrible beauty, O God,
    streams from your sanctuary.
It's Israel's strong God! He gives
    power and might to his people!
O you, his people—bless God!

A David Psalm

69

1 God, God, save me!
    I'm in over my head,

2 Quicksand under me, swamp water
over me;
I'm going down for the third time.

3 I'm hoarse from calling for help,
Bleary-eyed from searching the sky for
God.

4 I've got more enemies than hairs on my
head;
Sneaks and liars are out to knife me in
the back.

What I never stole
Must I now give back?

⁵ 하나님, 주께서는 나의 죄를 낱낱이 아십
니다.
내 인생은 주님 앞에 활짝 펼쳐진 책입니다.

⁶ 사랑하는 주님! 만군의 **하나님**!
희망을 품고 주님을 바라보는 이들이
내게 일어난 일로 낙담하지 않게 하소서.

이스라엘의 하나님! 간구합니다.
주님을 찾는 이들이
나를 따르다가 막다른 곳에 이르지 않게 하
소서.

⁷ 주님 때문에 바보가 된 이 몸,
얼굴 보이기 부끄러워 숨어 다닙니다.

⁸ 형제들은 나를 길거리의 부랑자 대하듯 하고
가족들은 나를 불청객 취급합니다.

⁹ 내가 말로 다할 수 없을 만큼 주님을 사랑
합니다.
내가 주님을 미친 듯이 사랑하기에,
저들이 주님을 싫어하는 모든 이유를 들어
나를 비난합니다.

¹⁰ 내가 기도와 금식에 힘쓸 때
더 많은 경멸이 나에게 쏟아집니다.

¹¹ 내가 슬픈 표정이라도 지으면
저들은 나를 광대 취급합니다.

¹² 주정뱅이와 식충이들이
나를 조롱하며 축배의 노래를 부릅니다.

¹³ 그러나 나는 그저 기도할 뿐입니다.
하나님, 내게 숨 돌릴 틈을 주소서!

하나님, 사랑으로 응답하시고

⁵ God, you know every sin I've committed;
My life's a wide-open book before you.

⁶ Don't let those who look to you in hope
Be discouraged by what happens to me,
Dear Lord! GOD of the armies!

Don't let those out looking for you
Come to a dead end by following me–
Please, dear God of Israel!

⁷ Because of you I look like an idiot,
I walk around ashamed to show my face.

⁸ My brothers shun me like a bum off the
street;
My family treats me like an unwanted
guest.

⁹ I love you more than I can say.
Because I'm madly in love with you,
They blame me for everything they dislike
about you.

¹⁰ When I poured myself out in prayer
and fasting,
All it got me was more contempt.

¹¹ When I put on a sad face,
They treated me like a clown.

¹² Now drunks and gluttons
Make up drinking songs about me.

¹³ And me? I pray.
GOD, it's time for a break!

God, answer in love!

주님의 확실한 구원으로 응답하소서!

Answer with your sure salvation!

14 이 수렁에서 나를 건져 주셔서
영원히 가라앉지 않게 하소서.
원수의 손아귀에서 나를 빼내소서.
이 소용돌이가 나를 빨아들입니다.

14 Rescue me from the swamp,
Don't let me go under for good,
Pull me out of the clutch of the enemy;
This whirlpool is sucking me down.

15 늪이 내 무덤이 되게 하지 마시고, 블랙홀이
나를 물어 삼키지 못하게 하소서.

15 Don't let the swamp be my grave, the Black Hole
Swallow me, its jaws clenched around me.

16 하나님, 나를 사랑하시니, 지금 응답하소서.
주님의 크신 긍휼을 내가 똑똑히 보게 하소서.

16 Now answer me, GOD, because you love me;
Let me see your great mercy full-face.

17 외면하지 마소서. 주님의 종이 견딜 수 없습니다.
내가 곤경에 처했으니, 당장 응답하소서!

17 Don't look the other way; your servant can't take it.
I'm in trouble. Answer right now!

18 하나님, 가까이 오셔서, 나를 여기서 꺼내 주소서.
이 죽음의 덫에서 나를 건져 주소서.

18 Come close, God; get me out of here.
Rescue me from this deathtrap.

19 저들이 나를 함부로 대하고
바보 취급하며 모욕하는 것을, 주께서 알고 계십니다.

19 You know how they kick me around—
Pin on me the donkey's ears, the dunce's cap.

20 내가 저들의 모욕에 기가 꺾이고
꼴사납게 엎드려져, 만신창이가 되고 말았습니다.

20 I'm broken by their taunts,
Flat on my face, reduced to a nothing.

인자한 얼굴을 찾았지만 헛수고였고
기대어 올 어깨도 찾지 못했습니다.

I looked in vain for one friendly face. Not one.
I couldn't find one shoulder to cry on.

21 저들은 내 수프에 독을 타고
내가 마시는 물에 식초를 끼얹었습니다.

21 They put poison in my soup,
Vinegar in my drink.

22 저들의 만찬이 덫의 미끼가 되게 하시고,
친한 친구들이 놓은 덫에 저들이 호되게 당하게 하소서.

22 Let their supper be bait in a trap that snaps shut;
May their best friends be trappers who'll skin them alive.

23 저들의 눈을 어둡게 하시고
아침부터 저녁까지 두려워 떨게 하소서.

24 주님의 불같은 분노로 저들을 치셔서
주께서 저들을 어찌 여기시는지 알게 하소서.

25 저들의 집을 다 태워 버리시고
홀로 쓸쓸히 지내게 하소서.

26 저들은 주께서 징계하신 이를 헐뜯고
하나님께 상처 입은 사람의 이야기를 지어
냅니다.

27 저들의 죄에 죄를 더하여 주셔서
저들이 빠져나가지 못하게 하소서.

28 살아남은 자들의 명부에서 저들의 이름
을 지우시고
바위에 새긴 의인의 명단에 저들이 끼지 못
하게 하소서.

29 내가 다쳐서 고통 중에 있으니,
몸을 추스를 공간과 맑은 공기를 허락해 주
소서.

30 내가 찬양 노래로 하나님의 이름을 외치고
감사의 기도로 주님의 위대하심을 알리게 하
소서.

31 하나님은 이 일을 제단 위에 놓인 수소보
다 기뻐하시고
엄선된 황소보다 더 좋아하신다.

32 마음이 가난한 이들이 보고 기뻐하네.
오, 하나님을 찾는 이들아, 용기를 내라!

33 하나님은 가난한 이들의 소리에 귀 기울
이시고

23 Make them become blind as bats,
Give them the shakes from morning to night.

24 Let them know what you think of them,
Blast them with your red-hot anger.

25 Burn down their houses,
Leave them desolate with nobody at home.

26 They gossiped about the one you disciplined,
Made up stories about anyone wounded by
God.

27 Pile on the guilt,
Don't let them off the hook.

28 Strike their names from the list of the
living;
No rock-carved honor for them among the
righteous.

29 I'm hurt and in pain;
Give me space for healing, and mountain air.

30 Let me shout God's name with a praising
song,
Let me tell his greatness in a prayer of
thanks.

31 For GOD, this is better than oxen on the
altar,
Far better than blue-ribbon bulls.

32 The poor in spirit see and are glad—
Oh, you God-seekers, take heart!

33 For GOD listens to the poor,

가엾은 이들을 저버리지 않으신다.

34 너 하늘아, 주님을 찬양하여라. 땅아, 주님
을 찬양하여라.
바다와 그 속에서 헤엄치는 모든 것들아, 주님
을 찬양하여라.

35 하나님께서 시온을 도우러 오시며
유다의 파괴된 성읍들을 다시 세우신다.

생각해 보아라, 누가 그곳에 살게 될지,
누가 그 땅의 당당한 주인이 될지.

36 주님의 종들의 자손이 그 땅을 차지하고
주님의 이름을 사랑하는 이들이 그곳에서 살
아가리라.

다윗의 기도

70 1-3 하나님! 서둘러 나를 구하소서!
하나님, 속히 내게 오소서!
나를 해치려고 혈안이 된 자들이
제풀에 엎드러지게 하소서.
나의 몰락을 즐기는 자들이
막다른 골목에 몰리게 하소서.
저들이 부린 술수가 고스란히 되돌아가게 하시고
혀를 차며 내뱉던 험담을 저들이 도로 듣게 하
소서.

4 주님을 찾아 헤매는 이들은
노래하고 기뻐하게 하소서.
주님의 구원의 도를 사랑하는 모든 이들이
"하나님은 위대하시다!" 하고 거듭거듭 말하게
하소서.

5 그러나 나의 마음은 꺾이고, 쇠약해졌습니다.
하나님, 속히 오소서!
어서 내게 오셔서, 나를 구하소서!
잠시도 지체하지 마소서, 하나님.

He doesn't walk out on the wretched.

34 You heavens, praise him; praise him,
earth;
Also ocean and all things that swim in it.

35 For God is out to help Zion,
Rebuilding the wrecked towns of Judah.

Guess who will live there—
The proud owners of the land?

36 No, the children of his servants will
get it,
The lovers of his name will live in it.

A David Prayer

70 1-3 God! Please hurry to my
rescue!
GOD, come quickly to my side!
Those who are out to get me—
let them fall all over themselves.
Those who relish my downfall—
send them down a blind alley.
Give them a taste of their own medicine,
those gossips off clucking their
tongues.

4 Let those on the hunt for you
sing and celebrate.
Let all who love your saving way
say over and over, "God is mighty!"

5 But I've lost it. I'm wasted.
God—quickly, quickly!
Quick to my side, quick to my rescue!
GOD, don't lose a minute.

71

1-3 내가 죽을힘 다해 **하나님**께로 달
려갑니다.
결코 후회하지 않겠습니다.
주님의 특별한 능력을 보여주소서.
나를 이 궁지에서 구하시고 우뚝 서게 하소서.
내 말에 귀 기울여 주소서.
나에게 구원을 베푸소서.
주님의 문은 언제나 열려 있다고 하셨으니,
내게 쉴 처소가 되어 주소서!
주님은 나의 구원, 나의 견고한 성채이십니다.

4-7 나의 하나님, 악인의 손아귀에서 나를 건지
시고
악당과 불량배의 손에서 나를 구하소서.
고달픈 시절에도 나를 붙들어 주신 **하나님**,
주님은 어려서부터 나의 반석이 되어 주셨습
니다.
내가 태어나던 날,
주께서 나를 요람에서 안으시던 날부터 내가
주님을 의지하였으니,
이 몸, 찬양을 그치지 않으렵니다.
많은 사람들이 나를 색안경 끼고 바라보지만
주님은 나를 의연하게 받아 주십니다.

8-11 주님의 아름다움이 날마다 차고 넘치듯
내 입에도 찬양이 차고 넘칩니다.
내가 늙어 연약해져도 쫓아내지 마시고
제 역할 못하게 되어도 퇴물 취급하지 마소서.
원수들이 내 뒤에서 수군대며
나를 칠 기회를 호시탐탐 노립니다.
"하나님도 저 자를 버리셨다.
도와줄 자 없으니, 당장 잡아 족치자" 하고 떠
들어 댑니다.

12-16 하나님, 멀찍이서 구경만 하지 마소서.
어서 오소서! 내 옆으로 달려오소서!
나를 비난하는 자들이 부끄러움을 당하고,
나를 잡으려는 자들이 바보 천치로 보이게 하

71

1-3 I run for dear life to GOD,
    I'll never live to regret it.
Do what you do so well:
    get me out of this mess and up on my
    feet.
Put your ear to the ground and listen,
    give me space for salvation.
Be a guest room where I can retreat;
    you said your door was always open!
You're my salvation—my vast, granite
fortress.

4-7 My God, free me from the grip of
Wicked,
    from the clutch of Bad and Bully.
You keep me going when times are
tough—
    my bedrock, GOD, since my childhood.
I've hung on you from the day of my birth,
    the day you took me from the cradle;
    I'll never run out of praise.
Many gasp in alarm when they see me,
    but you take me in stride.

8-11 Just as each day brims with your
beauty,
    my mouth brims with praise.
But don't turn me out to pasture when I'm old
    or put me on the shelf when I can't pull
    my weight.
My enemies are talking behind my back,
    watching for their chance to knife me.
The gossip is: "God has abandoned him.
    Pounce on him now; no one will help
    him."

12-16 God, don't just watch from the
sidelines.

소서.
내가 주님을 붙들려고 손을 뻗습니다.
날마다 찬양에 찬양을 더하겠습니다.
주님의 의로우심을 책에 기록하고
주님의 구원을 종일토록 큰소리로 전하겠습니다.
쓸거리나 말할거리가 결코 떨어지지 않을 것입니다.
내가 주 **하나님**의 권능으로 나아가
주님의 의로우신 일을 널리 알리겠습니다.

17-24 하나님, 주께서는 미숙한 어린 시절부터 나를 붙드시고
내가 알아야 할 모든 것을 가르치셨습니다.
이제 내가 주님의 놀라운 일들을 세상에 알리고
늙어 백발이 될 때까지 그 일을 계속하겠습니다.
하나님, 나를 버려두고 떠나지 마소서.
오 하나님, 내가
주님의 강한 오른팔을 세상에 알리고,
주님의 권능과
주님의 그 유명한 의의 길을
다음 세대에 알리겠습니다.
하나님, 주께서 이 모든 일을 행하셨으니
주님 같은 분, 또 어디에 있겠습니까?
나로 하여금 고난을 보게 하신 주님,
나를 회복시키셔서,
이제는 생명을 보게 하소서.
바닥까지 떨어진 나를 끌어올리시고
명예를 회복시켜 주소서.
나를 돌아보시고, 너그럽게 대해 주소서.
그러면 내가 거문고를 집어 들고
주님의 성실하심에 감사하는 노래를 연주하겠습니다.
하프로 주께 바치는 음악을 연주하겠습니다.
이스라엘의 거룩한 분이시여!
내가 입을 열어 주님을 노래하고
목청껏 찬양합니다.

Come on! Run to my side!
My accusers—make them lose face.
    Those out to get me—make them look
Like idiots, while I stretch out, reaching
for you,
    and daily add praise to praise.
I'll write the book on your righteousness,
    talk up your salvation the livelong day,
    never run out of good things to write or say.
I come in the power of the Lord GOD,
    I post signs marking his right-of-way.

17-24 You got me when I was an unformed
youth,
    God, and taught me everything I know.
Now I'm telling the world your wonders;
    I'll keep at it until I'm old and gray.
God, don't walk off and leave me
    until I get out the news
Of your strong right arm to this world,
    news of your power to the world yet to
    come,
Your famous and righteous
    ways, O God.
God, you've done it all!
    Who is quite like you?
You, who made me stare trouble in the face,
    Turn me around;
Now let me look life in the face.
    I've been to the bottom;
Bring me up, streaming with honors;
    turn to me, be tender to me,
And I'll take up the lute and thank you
    to the tune of your faithfulness, God.
I'll make music for you on a harp,
    Holy One of Israel.
When I open up in song to you,
    I let out lungsful of praise,

나를 죽이려던 자들이
부끄러움에 사로잡혀 슬그머니 달아나는
동안,
나를 살려 주신 주님을 찬양할 것입니다.
온종일 주님의 의로운 길을 흥얼거릴 것입
니다.

솔로몬의 시

72 ¹⁻⁸ 오 하나님, 지혜롭게 다스리
는 능력을 왕에게,
공정하게 다스리는 능력을 왕세자에게 주
소서.
그가 주님의 백성을 공정하게 재판하여,
온순하고 불쌍한 이들에게 존경받는 왕이
되게 하소서.
산들이 왕의 통치를 생생하게 증언하고
언덕들이 바른 삶의 윤곽을 보이게 하소서.
가난한 이들을 지키시고
어려운 이들의 자녀를 도우시며
무자비한 폭군들을 엄히 꾸짖으소서.
해보다 오래 살고, 달보다 장수하여
대대로 다스리게 하소서.
베어진 풀에 내리는 비가 되시고
땅의 기운을 돋우는 소나기가 되소서.
저 달이 스러질 때까지 정의가 꽃피게 하시고
평화가 넘치게 하소서.
바다에서 바다까지
강에서 하구까지 다스리소서.

⁹⁻¹⁴ 적들이 하나님 앞에 무릎 꿇고
왕의 원수들이 먼지를 핥게 될 것입니다.
멀리 있는 전설적 왕들이 경의를 표하고
부유하고 멋진 왕들이 재산을 넘길 것입니다.
모든 왕이 엎드려 절하고
모든 민족이 왕을 섬기기로 맹세할 것입니다.
그가 어려운 때에 가난한 이들을 구하고
운이 다한 빈민을 구제하기 때문입니다.
그는 빈털터리가 된 자들을 위해 마음을

my rescued life a song.
All day long I'm chanting
about you and your righteous ways,
While those who tried to do me in
slink off looking ashamed.

A Solomon Psalm

72 ¹⁻⁸ Give the gift of wise rule to the
king, O God,
the gift of just rule to the crown prince.
May he judge your people rightly,
be honorable to your meek and lowly.
Let the mountains give exuberant witness;
shape the hills with the contours of right
living.
Please stand up for the poor,
help the children of the needy,
come down hard on the cruel tyrants.
Outlast the sun, outlive the moon—
age after age after age.
Be rainfall on cut grass,
earth-refreshing rain showers.
Let righteousness burst into blossom
and peace abound until the moon fades to
nothing.
Rule from sea to sea,
from the River to the Rim.

⁹⁻¹⁴ Foes will fall on their knees before God,
his enemies lick the dust.
Kings remote and legendary will pay homage,
kings rich and resplendent will turn over
their wealth.
All kings will fall down and worship,
and godless nations sign up to serve him,
Because he rescues the poor at the first sign
of need,
the destitute who have run out of luck.

쓰고
이 땅의 가련한 이들을 돕습니다.
그는 압제와 고문을 당하는 이들을 구해 냅
니다.
그들이 피 흘리면, 그도 피 흘리고
그들이 죽으면, 그도 죽습니다.

15-17 오, 그가 오래오래 살게 하소서!
스바의 황금으로 꾸며 주소서.
그를 위해 드리는 기도, 끊이지 않게 하시고
아침부터 늦은 밤까지 그에게 복을 내리소서.
금빛으로 물든 곡식밭이
산봉우리까지 이르러 무성하게 하시고,
찬양, 넘쳐나는 찬양이
땅의 풀처럼 도성에서 돋아나게 하소서.
왕의 이름이 잊히지 않게 하시고
그의 명성이 햇빛처럼 빛나게 하소서.
모든 민족이 그의 복된 다스림을 받게 하시고
그들에게 복 주신 하나님을 찬양하게 하소서.

18-20 하나님 이스라엘의 하나님,
홀로 기적을 일으키시는 그분을 찬양하
여라!
그분의 찬란한 영광을 영원토록 찬양하
여라!
그분의 영광 온 땅에 가득하리라.
그렇습니다. 참으로 그렇습니다.

아삽의 시
73 1-5 의심할 것 없네! 하나님은 선
하신 분.
착한 이들을 선대하시고, 마음씨 고운 사람
도 그리하시네.
그러나 하마터면 놓치고,
그분의 선하심 보지 못할 뻔했네.
내가 엉뚱한 데 눈을 돌려
꼭대기에 있는 자들을
우러러보고

He opens a place in his heart for the
down-and-out,
    he restores the wretched of the earth.
He frees them from tyranny and torture—
    when they bleed, he bleeds;
    when they die, he dies.

15-17 And live! Oh, let him live!
    Deck him out in Sheba gold.
Offer prayers unceasing to him,
    bless him from morning to night.
Fields of golden grain in the land,
    cresting the mountains in wild exuberance,
Cornucopias of praise, praises
    springing from the city like grass from
    the earth.
May he never be forgotten,
    his fame shine on like sunshine.
May all godless people enter his circle of
blessing
    and bless the One who blessed them.

18-20 Blessed GOD, Israel's God,
    the one and only wonder-working God!
Blessed always his blazing glory!
    All earth brims with his glory.
Yes and Yes and Yes.

An Asaph Psalm
73 1-5 No doubt about it! God is
good—
    good to good people, good to the
    good-hearted.
But I nearly missed it,
    missed seeing his goodness.
I was looking the other way,
    looking up to the people
At the top,

성공한 악인들을 부러워했으니.
걱정거리 전혀 없는 자들,
세상 근심거리 하나 없는 자들을.

6-10 거만하게 우쭐거리는 저들,
교묘하게 폭력을 휘두르고
제멋대로 하면서, 먹기는 원 없이 먹고
바보같이 비단 나비넥타이로 멋을 냈구나.
상처 주는 말로 조롱하고
거만하게 굴며 제멋대로 지껄이네.
큰소리 탕탕 치며
거친 말로 분위기를 어지럽히는 자들.
사람들이 저들의 말을 귀담아듣는다니, 기
막힌 일 아닌가?
저들의 말을 목마른 강아지처럼 핥아 먹는
다니.

11-14 대체 어떻게 된 일이야? 하나님이 점
심 드시러 가셨나?
가게를 아무도 지키지 않는군.
악인들이 와서 물건을 싹쓸이하고
재산을 축적하며 성공 가도를 달리는구나.
미련하게 규칙을 지켰건만,
내가 얻은 것은 무엇이었나?
오랜 불운과
문 밖을 나설 때마다 당하는 모욕뿐.

15-20 내가 이런 생각을 받아들이고 입 밖에
냈다면,
주님의 귀한 자녀들을 배신하게 되었을지도
모릅니다.
어떻게 된 일인지 알아내려고 했으나
내가 얻은 것은 극심한 두통뿐이었습니다.
하나님의 성소에 들어가서야
비로소 전모를 파악했습니다.
주께서 저들을 미끄러운 길에 두셨고
저들은 끝내 미혹의 수렁에 처박히고 말 것임을.
눈 깜빡할 사이에 닥치는 파멸!

envying the wicked who have it made,
Who have nothing to worry about,
    not a care in the whole wide world.

6-10 Pretentious with arrogance,
    they wear the latest fashions in violence,
Pampered and overfed,
    decked out in silk bows of silliness.
They jeer, using words to kill;
    they bully their way with words.
They're full of hot air,
    loudmouths disturbing the peace.
People actually listen to them—can you
believe it?
    Like thirsty puppies, they lap up their
    words.

11-14 What's going on here? Is God out to
lunch?
    Nobody's tending the store.
The wicked get by with everything;
    they have it made, piling up riches.
I've been stupid to play by the rules;
    what has it gotten me?
A long run of bad luck, that's what—
    a slap in the face every time I walk out the door.

15-20 If I'd have given in and talked like this,
    I would have betrayed your dear children.
Still, when I tried to figure it out,
    all I got was a splitting headache...
Until I entered the sanctuary of God.
    Then I saw the whole picture:
The slippery road you've put them on,
    with a final crash in a ditch of delusions.
In the blink of an eye, disaster!
    A blind curve in the dark, and—night-
    mare!

어둠 속의 급한 굽잇길, 그리고 악몽!
꿈에서 깨어나 눈을 비비고 둘러보면 아무
것도 없듯,
저들도 그렇습니다. 아무것도 아닙니다.

21-24 질투로 제정신을 잃고
속이 타고 쓰릴 때,
나는 아무것도 몰랐습니다.
그저 주님 앞에서 한마리 우둔한 황소였습니다.
그 상태로 여전히 주님 앞에 있지만,
주께서 내 손을 잡아 주셨습니다.
주께서 나를 지혜롭고 부드럽게 이끄시고
나에게 복을 내려 주십니다.

25-28 주님은 내가 하늘에서도 원하는 전부,
땅에서도 원하는 전부이십니다!
내 피부는 처지고 내 뼈는 약해져도,
하나님은 바위처럼 든든하고 성실하십니다.
보소서! 주님을 떠난 자들이 망합니다!
주님을 버린 자들의 소식, 다시는 들리지
않을 것입니다.
그러나 나는 하나님 바로 앞에 있으니,
오, 얼마나 상쾌한지요!
주 **하나님**은 나의 안식처,
내가 주님의 일들을 세상에 알리겠습니다!

아삽의 시
74
1 하나님, 우리를 버리고 떠나시
더니
단 한 번도 돌아보지 않으시는군요.
어찌 그러실 수 있습니까?
우리는 주님 소유의 양 떼인데,
어찌 이토록 노를 발하며 떠나 계실 수 있
습니까?

2-3 주께서 오래전에 우리를 사신 것을 기
억하소서.
우리는 주께서 비싼 값을 치르고 사신, 주

We wake up and rub our eyes...Nothing.
There's nothing to them. And there never
was.

21-24 When I was beleaguered and bitter,
totally consumed by envy,
I was totally ignorant, a dumb ox
in your very presence.
I'm still in your presence,
but you've taken my hand.
You wisely and tenderly lead me,
and then you bless me.

25-28 You're all I want in heaven!
You're all I want on earth!
When my skin sags and my bones get
brittle,
GOD is rock-firm and faithful.
Look! Those who left you are falling apart!
Deserters, they'll never be heard from
again.
But I'm in the very presence of GOD—
oh, how refreshing it is!
I've made Lord GOD my home.
GOD, I'm telling the world what you do!

An Asaph Psalm
74
1 You walked off and left us, and
never looked back.
God, how could you do that?
We're your very own sheep;
how can you stomp off in anger?

2-3 Refresh your memory of us—you bought
us a long time ago.
Your most precious tribe—you paid a good
price for us!
Your very own Mount Zion—you actually

님의 가장 소중한 지파입니다!
우리는 주께서 한때 거하시던, 주님 소유의
시온 산입니다!
어서 오셔서 이 참혹한 현장을 둘러보소서.
저들이 성소를 어떻게 파괴했는지 보소서.

4-8 주님의 백성이 예배드릴 때, 주님의 원
수들이 난입하여
고래고래 소리 지르고 낙서를 휘갈겨 썼습
니다.
저들이 현관에 불을 지르고
도끼를 휘둘러 성소의 성물들을 찍었습니다.
쇠망치로 문을 부수고
불쏘시개감으로 산산이 쪼갰습니다.
주님의 성소를 완전히 불태우고
예배처소를 더럽혔습니다.
"싹 다 쓸어버리자" 말하고는
모두 불태웠습니다.

9-17 하나님의 징표도 보이지 않고
주님의 이름으로 말하는 자도 없으며,
앞으로 어찌 될지 아는 이도 없습니다.
하나님, 언제까지 신성모독을 일삼는 저 야
만족을 그대로 두시렵니까?
언제까지 원수들이 저주를 퍼붓고도 아무
탈 없이 살게 내버려 두시렵니까?
어찌하여 조치를 취하지 않으십니까?
언제까지 팔짱을 끼고 가만히 앉아만 계시
렵니까?
하나님은 처음부터 나의 왕,
세상 한복판에서 구원을 이루시는 분이십
니다.
주께서는 일거에 바다를 두 동강 내시고
탄닌이라는 용을 묵사발로 만드셨습니다.
리워야단의 머리를 베시고
고깃국을 만들어 짐승들에게 주셨습니다.
주님의 손가락으로 샘과 시내를 여시고
사나운 홍수 물을 말라붙게 하셨습니다.

lived here once!
Come and visit the site of disaster,
    see how they've wrecked the sanctuary.

4-8 While your people were at worship,
your enemies barged in,
    brawling and scrawling graffiti.
They set fire to the porch;
    axes swinging, they chopped up the
    woodwork,
Beat down the doors with sledgehammers,
    then split them into kindling.
They burned your holy place to the ground,
    violated the place of worship.
They said to themselves, "We'll wipe them
all out,"
    and burned down all the places of worship.

9-17 There's not a sign or symbol of God in
sight,
    nor anyone to speak in his name,
    no one who knows what's going on.
How long, God, will barbarians blaspheme,
    enemies curse and get by with it?
Why don't you do something? How long
are you going
    to sit there with your hands folded in
    your lap?
God is my King from the very start;
    he works salvation in the womb of the earth.
With one blow you split the sea in two,
    you made mincemeat of the dragon
    Tannin.
You lopped off the heads of Leviathan,
    then served them up in a stew for the
    animals.
With your finger you opened up springs
and creeks,

낮도 주님의 것, 밤도 주님의 것,
주께서 해와 별들을 제자리에 두셨습니다.
땅을 사방으로 펼치시고
여름과 겨울도 만드셨습니다.

18-21 **하나님**, 주목하시고 기억해 주소서.
원수들이 주님을 조롱하고, 천치들이 주님을 모독합니다.
주님의 어린양들을 늑대에게 내동댕이치지 마소서.
우리가 참으로 많은 일을 겪었으니, 잊지 마소서.
주님의 약속을 기억하소서.
도시는 어둠 속에 잠겼고, 시골은 폭력의 도가니로 변했습니다.
희생자들을 거리에서 썩게 버려두지 마시고,
그들을 살리셔서 주님을 찬송하는 찬양대로 세우소서.

22-23 오 하나님, 일어나소서.
하나님을 위해 일어나소서!
들리십니까, 저들이 주님을 두고 쏟아내는 온갖 역겨운 말들이?
간과하지 마소서, 저들의 악의에 찬 언사를.
그칠 줄 모르는 저 요란한 독설을.

아삽의 시

75

1 하나님, 감사합니다. 주께 감사드립니다.
주님의 이름이 우리 입에서 떠나지 않습니다.
주께서 행하신 놀라운 일들을 이야기하고 또 이야기합니다.

2-4 주께서 말씀하십니다. "내가 회의를 열어 사태를 수습하리라.
세상이 혼란에 빠지고
어떤 최후가 닥칠지 아무도 모를 때,
내가 상황을 확실히 정리하고

and dried up the wild floodwaters.
You own the day, you own the night;
    you put stars and sun in place.
You laid out the four corners of earth,
    shaped the seasons of summer and
    winter.

18-21 Mark and remember, GOD, all the enemy
    taunts, each idiot desecration.
Don't throw your lambs to the wolves;
    after all we've been through, don't forget
    us.
Remember your promises;
    the city is in darkness, the countryside
    violent.
Don't leave the victims to rot in the street;
    make them a choir that sings your praises.

22-23 On your feet, O God—
    stand up for yourself!
Do you hear what they're saying about you,
    all the vile obscenities?
Don't tune out their malicious filth,
    the brawling invective that never lets up.

An Asaph Psalm

75

1 We thank you, God, we thank you—
    your Name is our favorite word;
    your mighty works are all we talk about.

2-4 You say, "I'm calling this meeting to order,
    I'm ready to set things right.
When the earth goes topsy-turvy
    And nobody knows which end is up,
I nail it all down,

모든 것이 제자리를 잡게 하리라.
잘난 체하는 자들에게는 '그만하여라' 하고
불량배들에게는 '설치지 마라' 할 것이다."

5-6 지극히 높으신 하나님께 주먹을 쳐들지 마라.
만세 반석이신 분께 목소리를 높이지 마라.
그분은 동쪽에서부터 서쪽에 이르기까지,
사막에서부터 산맥에 이르기까지, 오직 한분
이신 하나님.

7-8 그분께서 다스리신다. 어떤 사람은 무릎
꿇게 하시고
어떤 사람은 일으켜 세우신다.
하나님의 손에 잔이 들려 있으니
포도주가 찰랑찰랑 넘친다.
잔을 기울여
한 방울도 남기지 않고 다 따르신다.
세상의 악인들이 그것을 모두 받아 마시고
쓰디쓴 마지막 한 방울까지 핥아야 한다!

9-10 그러나 나는 영원하신 하나님 이야기를
전하며
야곱의 하나님을 찬양하리라.
악인들의 주먹은
피투성이 나무토막,
의인들의 팔은
힘차게 뻗은 푸르른 가지 같다.

아삽의 시
76 1-3 하나님은 유다에서 유명하신 분.
이스라엘에서 그분의 이름 모르는
자 없구나.
그분께서 살렘에 집을 마련하시고
시온에 방 여러 칸짜리 거처를 정하셨네.
거기서 화살을 불쏘시개로 쓰시고
전쟁 무기들을 불사르셨네.

4-6 오, 주님은 얼마나 찬란하신지요!

I put everything in place again.
I say to the smart alecks, 'That's enough,'
to the bullies, 'Not so fast.'"

5-6 Don't raise your fist against High God.
Don't raise your voice against Rock of
Ages.
He's the One from east to west;
from desert to mountains, he's the One.

7-8 God rules: he brings this one down to
his knees,
pulls that one up on her feet.
GOD has a cup in his hand,
a bowl of wine, full to the brim.
He draws from it and pours;
it's drained to the dregs.
Earth's wicked ones drink it all,
drink it down to the last bitter drop!

9-10 And I'm telling the story of God
Eternal,
singing the praises of Jacob's God.
The fists of the wicked
are bloody stumps,
The arms of the righteous
are lofty green branches.

An Asaph Psalm
76 1-3 God is well-known in Judah;
in Israel, he's a household name.
He keeps a house in Salem,
his own suite of rooms in Zion.
That's where, using arrows for kindling,
he made a bonfire of weapons of war.

4-6 Oh, how bright you shine!
Outshining their huge piles of loot!

저 거대한 전리품 더미보다 더욱 빛나십니다!
용사들이 약탈을 당해
무기력하게 널브러졌습니다.
이제 그들에게는 아무것도 없습니다.
으스댈 것도 으르댈 만한 것도 없습니다.
야곱의 하나님, 주님의 갑작스런 포효에
말도 기병도 숨통이 끊어졌습니다.

7-10 주님은 두렵고 무서우신 분!
그 누가 주님의 진노에 맞설 수 있겠습니까?
주께서 하늘에서 천둥소리로 심판을 알리시니
땅이 무릎 꿇고 숨을 죽입니다.
하나님이 우뚝 서서 모든 일을 바로잡으시니
이 세상의 가련한 이들이 모두 구원을 받습니다.
부글부글 끓던 분노 대신, 찬양소리 울려 퍼
진다!
씩씩대던 온갖 분노 대신, 모두 나와 하나님
께 화환을 바친다!

11-12 하나님께 약속한 대로 행하여라.
그분은 너희 하나님이시다.
우리의 모든 행위를 지켜보시는 분께
주변 사람들 모두 예물을 드리게 하여라.
잘못을 저지른 자 누구도 빠져나갈 수 없고
그분을 함부로 대할 자 아무도 없도다.

아삽의 시

77
1 내가 하나님께 외칩니다. 온 힘
다해 부르짖습니다.
목청껏 외치니, 그분께서 내게 귀를 기울여
주십니다.

2-6 내가 고난을 당해 주님을 찾아 나섰습니다.
내 삶은 벌어져 아물지 않는 상처.
친구들은 "모든 게 잘될 거야"라고 말하지만,
그들의 말 도무지 믿기지 않습니다.
내가 하나님을 떠올리고는, 고개를 가로젓습
니다.

The warriors were plundered
and left there impotent.
And now there's nothing to them,
nothing to show for their swagger and
threats.
Your sudden roar, God of Jacob,
knocked the wind out of horse and
rider.

7-10 Fierce you are, and fearsome!
Who can stand up to your rising anger?
From heaven you thunder judgment;
earth falls to her knees and holds her
breath.
God stands tall and makes things right,
he saves all the wretched on earth.
Instead of smoldering rage—God-praise!
All that sputtering rage—now a garland
for God!

11-12 Do for GOD what you said you'd do—
he is, after all, your God.
Let everyone in town bring offerings
to the One Who Watches our every move.
Nobody gets by with anything,
no one plays fast and loose with him.

An Asaph Psalm

77
1 I yell out to my God, I yell with
all my might,
I yell at the top of my lungs. He listens.

2-6 I found myself in trouble and went
looking for my Lord;
my life was an open wound that
wouldn't heal.
When friends said, "Everything will turn
out all right,"

고개를 떨구고 맞잡은 두 손을 쥐어짭니다.
근심거리 이루 말할 수 없어
뜬눈으로 밤 지새고 한숨도 자지 못했습니다.
지난날을 돌아보고
흘러간 세월을 되새겨 봅니다.
어떻게 해야 내 삶을 추스를 수 있을지
밤새도록 거문고 타며 생각에 잠깁니다.

7-10 주께서 우리를 버리고 영원히 떠나셨는가?
다시는 환한 얼굴빛 비추지 않으시려는가?
그분의 사랑, 오래되어 누더기가 되었나?
그분의 구원 약속, 더 이상 유효하지 않은가?
하나님께서 자비 베푸시는 것을 잊으셨나?
노여움으로 우리를 버리고 떠나가셨나?
내가 말했습니다. "운도 없지. 지극히 높으신 하나님은
내가 필요로 할 때면 어김없이 일을 쉬시는구나."

11-12 내가 **하나님**께서 행하신 일들을 한 번 더 새기고
옛적 기적들을 돌이켜 봅니다.
주께서 이루신 모든 일들을 곰곰이 묵상하고
주님의 행적들을 오랫동안 그리며 바라봅니다.

13-15 오 하나님! 주님의 길은 거룩합니다!
어떤 신도 하나님만큼 위대하지 않습니다!
주님은 모든 일을 주관하시는 하나님,
주님의 크신 능력을 모든 이에게 보여주셨습니다.
주님의 백성을 극심한 곤경에서 끌어내시고
야곱과 요셉의 자손들을 구하셨습니다.

16-19 하나님, 대양이 주께서 행하신 일을 보았습니다.
주님을 보고 두려워 떨었습니다.
깊은 바다도 무서워 죽을 지경이 되었습

니다.

구름이 양동이로 퍼붓듯 비를 내리고

하늘이 천둥소리를 터뜨리며,

주님의 화살들이 이리저리 번뜩였습니다.

회오리바람에서 주님의 천둥소리 울리고

번개가 온 세상을 번쩍 밝히니,

땅이 동요하며 흔들렸습니다.

주께서 대양을 활보하시고

으르대는 대양을 질러 가셨지만

아무도 주님의 오고 가심을 보지 못했습니다.

20 주께서는 모세와 아론의 손에 몸을 숨기신 채

주님의 백성을 양 떼처럼 이끄셨습니다.

아삽의 시

78

1-4 사랑하는 친구들이여, 하나님의 진리를 들으며

내 말에 귀를 기울여라.

격언 한 조각 곱씹어

너희에게 알려 주리라, 감미로운 옛 진리를.

이것은 우리 조상들에게서 전해 들은 이야기,

어머니 슬하에서 받은 훈계.

우리만 간직하지 않고

다음 세대에게도 전하련다.

하나님의 명성과 부,

그분께서 행하신 놀라운 일들을.

5-8 하나님께서 야곱 안에 증거를 심으시고

그분의 말씀을 이스라엘에 확고히 두셨다.

그리고 우리 조상들에게 명령하시기를,

그것을 자손들에게 가르쳐

다음 세대와 앞으로 올 모든 세대가

알게 하라고 하셨다.

그들이 진리를 배우고 이야기를 전하여

그 자손들도 하나님을 믿고,

하나님께서 행하신 일들을 잊지 않으며

그분의 계명을 지키게 하라고 명령하셨다.

Deep Ocean was scared to death.

Clouds belched buckets of rain,

Sky exploded with thunder,

your arrows flashing this way and that.

From Whirlwind came your thundering voice,

Lightning exposed the world,

Earth reeled and rocked.

You strode right through Ocean,

walked straight through roaring Ocean,

but nobody saw you come or go.

20 Hidden in the hands of Moses and Aaron,

You led your people like a flock of sheep.

An Asaph Psalm

78

1-4 Listen, dear friends, to God's truth,

bend your ears to what I tell you.

I'm chewing on the morsel of a proverb;

I'll let you in on the sweet old truths,

Stories we heard from our fathers,

counsel we learned at our mother's knee.

We're not keeping this to ourselves,

we're passing it along to the next generation—

GOD's fame and fortune,

the marvelous things he has done.

5-8 He planted a witness in Jacob,

set his Word firmly in Israel,

Then commanded our parents

to teach it to their children

So the next generation would know,

and all the generations to come—

Know the truth and tell the stories

so their children can trust in God,

완고하고 악한 그들의 조상들처럼
변덕스럽고 믿음 없는 세대,
하나님께 신실하지 못한 세대가
되지 말 것을 명하셨다.

9-16 에브라임 자손들은 빈틈없이 무장하고도
정작 전투가 시작되자 도망치고 말았다.
그들은 겁쟁이여서 하나님의 언약을
지키지 않았고
그분의 말씀 따르기를 거절했다.
그분께서 행하신 일을,
그들에게 똑똑히 보여주신 이적들을 잊어
버렸다.
하나님께서는 이집트 소안 들판에서
그들의 조상들 눈앞에서 기적을 일으키셨다.
바다를 갈라 좌우에 바닷물을 쌓으시고,
그들이 걸어서 그 사이를 통과하게 하셨다.
낮에는 구름으로,
밤에는 활활 타는 횃불로 그들을 인도하
셨다.
광야에서 바위를 조개시고
모두가 지하 샘물을 마시게 하셨다.
반석에서 시냇물 흐르게 하시고
그 물줄기 강처럼 쏟아져 나오게 하셨다.

17-20 그러나 그들은 계속해서 죄를 더 짓고
그 사막에서 지극히 높으신 하나님을 거역
했다.
하나님을 제 뜻대로 움직이려 했고
특별한 사랑과 관심을 가져 달라고 떼를
썼다.
막돼먹은 아이처럼 보채며 투덜거렸다.
"어째서 하나님은 이 사막에서는 괜찮은
음식을 못 주시는 거야?
그분이 바위를 치시니 물이 흐르고
반석에서 시냇물이 폭포처럼 떨어졌지.
그런데 갓 구운 빵은 어째서 안 주시는 거지?

Never forget the works of God
    but keep his commands to the letter.
Heaven forbid they should be like their
parents,
    bullheaded and bad,
A fickle and faithless bunch
    who never stayed true to God.

9-16 The Ephraimites, armed to the teeth,
    ran off when the battle began.
They were cowards to God's Covenant,
    refused to walk by his Word.
They forgot what he had done—
    marvels he'd done right before their eyes.
He performed miracles in plain sight of
their parents
    in Egypt, out on the fields of Zoan.
He split the Sea and they walked right
through it;
    he piled the waters to the right and the
    left.
He led them by day with a cloud,
    led them all the night long with a fiery
    torch.
He split rocks in the wilderness,
    gave them all they could drink from
    underground springs;
He made creeks flow out from sheer rock,
    and water pour out like a river.

17-20 All they did was sin even more,
    rebel in the desert against the High God.
They tried to get their own way with God,
    clamored for favors, for special attention.
They whined like spoiled children,
    "Why can't God give us a decent meal in
    this desert?
Sure, he struck the rock and the water

맛있는 고기 한 덩어리는 왜 안되는 거야?"

21-31 **하나님께서 들으시고 노하셨다.**
그분의 진노가 야곱을 향해 타올랐고
그 진노가 이스라엘에게 미쳤다.
그들이 하나님을 믿지 않았고
그분의 도우심을 신뢰할 마음이 없었다.
그러나 하나님께서는 구름에게 명령해
하늘 문을 여시고 그들을 도우셨다.
만나를 빗발치듯 내리셔서 그들을 먹이시고
하늘의 **빵**을 내리셨다.
그들은 힘센 천사들의 **빵**을 먹었고
그분은 그들이 배부르게 먹을 만큼 충분한
양을 보내 주셨다.
하늘에서 동풍을 풀어 놓으시고
남풍을 힘껏 보내시니,
이번에는 새들이 비처럼 떨어졌다.
육즙이 풍부한 새가 수없이 쏟아져 내렸다.
하나님께서 그것들을 진영 한가운데로 곧
장 던지시니,
그들의 천막 주위로 새들이 쌓였다.
그들이 마음껏 먹고 배를 두드렸다.
하나님께서는 그들이 간절히 원하는 모든
것을 선뜻 내주셨다.
그러나 그들의 욕심은 끝이 없었고,
그들은 점점 더 많은 것을 입에 욱여넣었다.
하나님께서 더 이상 참지 못하시고 진노를
터뜨리셨다.
그들 가운데 가장 총명하고 뛰어난 자들을
베시고
이스라엘에서 가장 멋진 젊은이들을 쓰러
뜨리셨다.

32-37 그러나 놀랍게도, 그들은 여전히 죄를
지었다.
그 모든 기적을 경험하고도 여전히 믿지 않
았다!
그들의 삶은 아무 가치 없이 스러졌다.

flowed,
    creeks cascaded from the rock.
But how about some fresh-baked bread?
    How about a nice cut of meat?"

21-31 When GOD heard that, he was furious—
    his anger flared against Jacob,
    he lost his temper with Israel.
It was clear they didn't believe God,
    had no intention of trusting in his help.
But God helped them anyway, commanded
the clouds
    and gave orders that opened the gates of
    heaven.
He rained down showers of manna to eat,
    he gave them the Bread of Heaven.
They ate the bread of the mighty angels;
    he sent them all the food they could eat.
He let East Wind break loose from the skies,
    gave a strong push to South Wind.
This time it was birds that rained down—
    succulent birds, an abundance of birds.
He aimed them right for the center of their
    camp;
    all round their tents there were birds.
They ate and had their fill;
    he handed them everything they craved on
    a platter.
But their greed knew no bounds;
    they stuffed their mouths with more and
    more.
Finally, God was fed up, his anger erupted—
    he cut down their brightest and best,
    he laid low Israel's finest young men.

32-37 And—can you believe it?—they kept
right on sinning;
    all those wonders and they still wouldn't

그들이 살았던 흔적은 온데간데없고 유령
도시만 남았다.
하나님께서 그들을 베어 죽이실 때에야
그들은 하나님께 달려와 도움을 구하고,
돌이켜 긍휼을 간구했다.
하나님께서 그들의 반석이심을,
지극히 높으신 하나님께서 그들의 구원자
이심을 증언했다.
그러나 거기에는 한마디의 진심도 담겨
있지 않았다.
그들은 내내 거짓말만 늘어놓았다.
하나님을 조금도 개의치 않았고
그분의 언약 따위는 신경도 쓰지 않았다.

38-55 그럼에도 하나님께서는 자비로우
셨다!
저들을 멸하는 대신, 그 죄를 용서하셨다!
노를 참고 또 참으시며
그 진노를 억누르셨다.
하나님께서는 그들이 한낱 흙으로 지어
진 존재임을,
대수로울 것 없는 자들임을 기억하셨다.
사막에서 그들은 얼마나 자주 그분을 퇴
짜 놓았던가?
광야 시절에 얼마나 자주 그분의 인내심
을 시험했던가?
그들은 거듭 그분을 거역했고
이스라엘의 거룩하신 하나님을 노엽게
했다.
그들은 얼마나 빨리 그분이 행하신 일을
잊었던가?
대적의 손아귀에서 그들을 구하시던 날을.
이집트에서 여러 기적을 일으키시고
소안 평원에서 이적을 행하시던 일을.
그분께서는 강과 그 지류를 피로 바꾸셔서,
이집트에 마실 물이 한 방울도 없게 하셨다.
파리 떼를 보내어 저들을 산 채로 먹게 하
시고

believe!
So their lives dribbled off to nothing—
    nothing to show for their lives but a ghost
    town.
When he cut them down, they came running
for help;
    they turned and pled for mercy.
They gave witness that God was their rock,
    that High God was their redeemer,
But they didn't mean a word of it;
    they lied through their teeth the whole
    time.
They could not have cared less about him,
    wanted nothing to do with his Covenant.

38-55 And God? Compassionate!
    Forgave the sin! Didn't destroy!
Over and over he reined in his anger,
    restrained his considerable wrath.
He knew what they were made of;
    he knew there wasn't much to them,
How often in the desert they had spurned him,
    tried his patience in those wilderness years.
Time and again they pushed him to the limit,
    provoked Israel's Holy God.
How quickly they forgot what he'd done,
    forgot their day of rescue from the enemy,
When he did miracles in Egypt,
    wonders on the plain of Zoan.
He turned the River and its streams to
blood—
    not a drop of water fit to drink.
He sent flies, which ate them alive,
    and frogs, which bedeviled them.
He turned their harvest over to caterpillars,
    everything they had worked for to the
    locusts.
He flattened their grapevines with hail;

개구리 떼를 보내어 저들을 괴롭히게 하셨다.
저들의 수확물을 벌레 떼에게 내주시고,
저들이 애써서 거둔 모든 것을 메뚜기 떼에
게 넘기셨다.
우박으로 저들의 포도나무를 쓰러뜨리시고
서리로 저들의 과수원을 망가뜨리셨다.
우박으로 저들의 가축을 사정없이 때리시고
벼락으로 저들의 소 떼를 치셨다.
이글거리는 진노와
사나운 파괴의 불 바람,
질병을 옮기는 천사 전위부대를 보내셔서
그 땅을 말끔히 청소하고 주님의 길을 예비
하게 하셨다.
저들의 목숨을 살려 두지 않으시고
전염병이 저들 가운데 창궐하게 하셨다.
이집트의 모든 맏아들을 쓰러뜨리시고,
함이 낳은 건강한 유아들을 죽이셨다.
그러고는 자기 백성들을 양 떼처럼 이끌어
내셨다.
광야에서 그들 무리를 안전하게 인도하셨다.
주께서 돌보시니 그들은 두려울 것 없었다.
그들의 원수들은 바다가 영원히 삼켜 버렸다.
하나님께서는 야곱을 그분의 거룩한 땅으로,
그분의 소유로 삼으신 이 산으로 데려오셨다.
그들을 가로막는 자는 누구든 쫓아 버리시고
그 땅에 말뚝을 박아 유산으로 주시니,
이스라엘 온 지파가 자기 땅을 갖게 되었다.

56-64 그러나 그들은 계속해서 그분의 심기
를 언짢게 하고
지극히 높으신 하나님을 거역했다.
그분께서 말씀하신 것을 하나도 이행하지 않
았다.
믿기지 않지만, 그들은 조상들보다 더 악했다.
용수철처럼 배배 꼬인 배신자가 되었다.
이방인들의 난잡한 잔치를 벌여 하나님의 진
노를 사고
추잡한 우상숭배로 그분의 마음을 아프게

a killing frost ruined their orchards.
He pounded their cattle with hail,
  let thunderbolts loose on their herds.
His anger flared,
  a wild firestorm of havoc,
An advance guard of disease-carrying angels
  to clear the ground, preparing the way
  before him.
He didn't spare those people,
  he let the plague rage through their
  lives.
He killed all the Egyptian firstborns,
  lusty infants, offspring of Ham's virility.
Then he led his people out like sheep,
  took his flock safely through the wilderness.
He took good care of them; they had
nothing to fear.
  The Sea took care of their enemies for
  good.
He brought them into his holy land,
  this mountain he claimed for his own.
He scattered everyone who got in their way;
  he staked out an inheritance for them—
  the tribes of Israel all had their own
  places.

56-64 But they kept on giving him a hard time,
  rebelled against God, the High God,
  refused to do anything he told them.
They were worse, if that's possible, than
their parents:
  traitors—crooked as a corkscrew.
Their pagan orgies provoked God's anger,
  their obscene idolatries broke his heart.

했다.
하나님께서 그 어리석은 짓거리를 보고 노하셔서
이스라엘에 '절연'을 선언하셨다.
하나님이 떠나심으로 실로는 텅 비었고
그분께서 이스라엘과 만나시던 성소도 버려졌다.
하나님의 긍지와 기쁨이던 것을 위험에 내어주셨고
그분의 기쁨이던 백성에게 등을 돌리셨다.
노하신 하나님은 그들을 전쟁터에 내보내시고
혼자 힘으로 감당하게 하셨다.
젊은이들이 전쟁에 나가 돌아오지 않았고
젊은 아낙들의 기다림은 헛되이 끝났다.
제사장들은 몰살당하고
과부가 된 그들의 아내들은 눈물 한 방울 흘리지 못했다.

⁶⁵⁻⁷² 그때 주께서
깊은 잠에서 깨어난 사람처럼 갑자기 일어나셔서
술로 달아오른 전사처럼 고함치셨다.
원수들을 내리쳐 쫓아내시고
뒤돌아볼 엄두도 못 내게 고함치셨다.
그러고는 요셉의 지도자 자격을 박탈하셨다.
에브라임도 자격이 없다고 말씀하셨다.
대신 하나님께서 몹시 아끼시던 시온 산,
유다 지파를 선택하셨다.
그 안에 성소를 세우셔서 영광스럽게 하시고
땅처럼 견고하고 영원하게 하셨다.
그 다음, 자기 종 다윗을 택하시되
양 우리에서 일하던 그를 친히 뽑으셨다.
어미 양과 새끼 양을 치던 그였으나
하나님께서는 그에게 야곱을 맡기셨다.
그분의 백성 이스라엘, 가장 아끼시는 소유를 돌보게 하셨다.
마음이 착한 다윗은 선한 목자가 되었고,
백성을 슬기롭게 잘 인도했다.

When God heard their carryings-on, he was furious;
    he posted a huge No over Israel.
He walked off and left Shiloh empty,
    abandoned the shrine where he had met with Israel.
He let his pride and joy go to the dogs,
    turned his back on the pride of his life.
He turned them loose on fields of battle;
    angry, he let them fend for themselves.
Their young men went to war and never came back;
    their young women waited in vain.
Their priests were massacred,
    and their widows never shed a tear.

⁶⁵⁻⁷² Suddenly the Lord was up on his feet
    like someone roused from deep sleep,
    shouting like a drunken warrior.
He hit his enemies hard, sent them running,
    yelping, not daring to look back.
He disqualified Joseph as leader,
    told Ephraim he didn't have what it takes,
And chose the Tribe of Judah instead,
    Mount Zion, which he loves so much.
He built his sanctuary there, resplendent,
    solid and lasting as the earth itself.
Then he chose David, his servant,
    handpicked him from his work in the sheep pens.
One day he was caring for the ewes and their lambs,
    the next day God had him shepherding Jacob,
    his people Israel, his prize possession.
His good heart made him a good shepherd;
    he guided the people wisely and well.

아삽의 시

79 ¹⁻⁴ 하나님! 야만족이 주님의 집에 침입하여

주님의 거룩한 성전을 더럽히고,
예루살렘을 돌무더기로 만들었습니다!
저들이 주님의 종들의 주검을
새들의 먹이로 내주고,
주님의 거룩한 백성의 뼈를
들짐승들에게 내주어 물어뜯게 했습니다.
저들이 그들의 피를
양동이의 물처럼 쏟아 버렸습니다.
그들의 주검이 예루살렘 주위에 흩어져 썩
고 있건만
묻어 줄 사람 아무도 없습니다.
우리는 이웃 민족들에게 한낱 농담거리요,
성벽에 휘갈겨 쓴 낙서가 되고 말았습니다.

⁵⁻⁷ **하나님**, 이런 상황을 언제까지 참아야
합니까?
우리를 영영 외면하시렵니까?
들끓는 주님의 진노는 영영 식지 않으십
니까?
노를 쏟으시려거든
주님을 전혀 개의치 않는 이방인들에게,
주님과 경쟁하며 주님을 무시하는 나라들
에 쏟으소서.
야곱을 파괴하고
그가 살던 곳을 부수며 약탈한 저들에게
말입니다.

⁸⁻¹⁰ 우리 조상들의 죄를 우리에게 돌리지
마소서.
어서 오셔서 우리를 도우소서. 우리는 옴
짝달싹할 수 없습니다.
주께서는 구원의 하나님으로 명성 높으시
니, 우리를 도우소서.
주님의 이름이 걸린 일입니다.
이 곤경에서 우리를 끌어내시고, 우리 죄

An Asaph Psalm

79 ¹⁻⁴ God! Barbarians have broken into your home,

violated your holy temple,

left Jerusalem a pile of rubble!

They've served up the corpses of your
servants

as carrion food for birds of prey,

Threw the bones of your holy people

out to the wild animals to gnaw on.

They dumped out their blood

like buckets of water.

All around Jerusalem, their bodies

were left to rot, unburied.

We're nothing but a joke to our neighbors,

graffiti scrawled on the city walls.

⁵⁻⁷ How long do we have to put up with this,
GOD?

Do you have it in for us for good?

Will your smoldering rage never cool
down?

If you're going to be angry, be angry

with the pagans who care nothing about
you,

or your rival kingdoms who ignore you.

They're the ones who ruined Jacob,

who wrecked and looted the place where
he lived.

⁸⁻¹⁰ Don't blame us for the sins of our
parents.

Hurry up and help us; we're at the end of
our rope.

You're famous for helping; God, give us a
break.

Your reputation is on the line.

Pull us out of this mess, forgive us our sins—

를 용서해 주소서.
주님의 명성대로 행하여 주소서!
믿지 않는 자들이 "너희 하나님은 어디 있느냐?
점심 드시러 가셨느냐?" 하고 비웃지 못하게 하소서.
주님의 능력을 드러내셔서, 하나님을 모르는 자들이
주님의 종들을 죽이고 무사히 넘어가지 못하게
하소서.

11-13 포로들의 신음소리를 들으시고
사형수 감방에 있는 이들을 죽음에서 구하소서.
주님은 능히 하실 수 있습니다!
우리를 비웃는 이웃들에게 그 소행대로 갚으시고
저들이 주께 안겨 드린 모욕이 되돌아가, 저들을 쓰러뜨리게 하소서.
주님의 백성, 주께서 아끼고 돌보시는 우리는
주께 거듭 감사하며,
만나는 모든 사람들에게 알리겠습니다.
주님은 참으로 놀라운 분, 참으로 찬양받으시기에 합당한 분이심을!

아삽의 시

80 1-2 이스라엘의 목자시여, 귀를 기울이소서.
주님의 양 떼 요셉 자손을 모두 모으소서.
주님의 눈부신 보좌에서
광채를 비추셔서,
에브라임과 베냐민과 므낫세로 하여금
그들이 어디로 가고 있는지 보게 하소서.
침대에서 일어나소서. 충분히 주무셨습니다!
늦기 전에 서둘러 오소서.

3 하나님, 돌아오소서!
주님의 복되고 환한 얼굴빛 비춰 주소서.
그러면 우리가 구원을 받겠나이다.

do what you're famous for doing!
Don't let the heathen get by with their sneers:
    "Where's your God? Is he out to lunch?"
Go public and show the godless world
    that they can't kill your servants and get by with it.

11-13 Give groaning prisoners a hearing;
    pardon those on death row from their doom—you can do it!
Give our jeering neighbors what they've got coming to them;
    let their God-taunts boomerang and knock them flat.
Then we, your people, the ones you love and care for,
    will thank you over and over and over.
We'll tell everyone we meet
    how wonderful you are, how praise-worthy you are!

An Asaph Psalm

80 1-2 Listen, Shepherd, Israel's Shepherd—
    get all your Joseph sheep together.
Throw beams of light
    from your dazzling throne
So Ephraim, Benjamin, and Manasseh
    can see where they're going.
Get out of bed—you've slept long enough!
    Come on the run before it's too late.

3 God, come back!
Smile your blessing smile:
    That will be our salvation.

4-6 **하나님**, 만군의 하나님,
주님의 백성이 불과 유황을 구하는데도
언제까지 휴화산처럼 연기만 뿜으시렵니까?
주께서는 눈물이 우리의 밥이 되게 하시고,
짭짤한 눈물을 양동이로 연거푸 들이켜게 하
셨습니다.
주께서 우리를 친구들에게 놀림거리로 만드
시니,
원수들이 날마다 조롱합니다.

7 만군의 하나님, 돌아오소서!
주님의 복되고 환한 얼굴빛 비춰 주소서.
그러면 우리가 구원을 받겠나이다.

8-18 주께서 어린 포도나무 한 그루 이집트에
서 가지고 나오셔서
가시나무와 찔레나무를 뽑아 없애고
주님 소유의 포도원에 심으셨음을 기억하소서.
주께서 좋은 땅을 마련하시고
그 뿌리를 깊이 내리게 하시니,
포도나무가 땅을 가득 채웠습니다.
주님의 포도나무 우뚝 솟아 산들을 덮으니
거대한 백향목도 그 앞에서 난쟁이가 되었습
니다.
주님의 포도나무가 서쪽으로는 바다까지
동쪽으로는 강까지 뻗어 나갔습니다.
그런데 어찌하여 주님의 포도나무를 더 이상
돌보지 않으십니까?
사람들이 제멋대로 들어와 포도를 따고
멧돼지들이 울타리를 뚫고 들어와 짓밟으며,
남은 것을 생쥐들이 야금야금 갉아 먹습니다.
만군의 하나님, 우리에게 돌아오소서!
무슨 일인지 잘 살펴보시고
이 포도나무를 돌보아 주소서.
주께서 정성껏 심으시고
어린 모종 때부터 기르신 포도나무를 보
살펴 주소서.
감히 그것을 불태운 저들을 노려보고

4-6 GOD, God-of-the-Angel-Armies,
how long will you smolder like a sleep-
ing volcano
while your people call for fire and
brimstone?
You put us on a diet of tears,
bucket after bucket of salty tears to
drink.
You make us look ridiculous to our
friends;
our enemies poke fun day after day.

7 God-of-the-Angel-Armies, come back!
Smile your blessing smile:
That will be our salvation.

8-18 Remember how you brought a young
vine from Egypt,
cleared out the brambles and briers
and planted your very own vineyard?
You prepared the good earth,
you planted her roots deep;
the vineyard filled the land.
Your vine soared high and shaded the
mountains,
even dwarfing the giant cedars.
Your vine ranged west to the Sea,
east to the River.
So why do you no longer protect your vine?
Trespassers pick its grapes at will;
Wild pigs crash through and crush it,
and the mice nibble away at what's left.
God-of-the-Angel-Armies, turn our way!
Take a good look at what's happened
and attend to this vine.
Care for what you once tenderly planted–
the vine you raised from a shoot.
And those who dared to set it on fire–

죽음을 안기소서!
주께서 가장 아끼시던 아이의 손을 잡아 주
소서.
다 자랄 때까지 친히 키우신 아이입니다.
우리가 주님을 버리지 않겠으니
우리 폐에 생기를 불어넣어, 큰소리로 주님
의 이름 부르게 하소서!

¹⁹ **하나님**, 만군의 하나님, 돌아오소서!
주님의 복되고 환한 얼굴빛 비춰 주소서.
그러면 우리가 구원을 받겠나이다.

아삽의 시

81 ¹⁻⁵ 우리의 강하신 하나님께 노래
를!
야곱의 하나님께 환호성을!
찬양대의 찬양과 악대의 음악으로
거문고와 하프, 트럼펫, 트롬본, 호른으로
감미로운 소리 올려 드려라.
이날은 축제의 날, 하나님의 잔칫날!
하나님께서 명하신 날,
야곱의 하나님이 엄숙하게 정하신 날.
이집트에서 행하신 일들을 잊지 않게 하시
려고
요셉에게 명하여 지키게 하셨다.

가장 부드러운 속삭임 내가 들었네,
내게 말씀하시리라 상상도 못했던 분에
게서.

⁶⁻⁷ "내가 너희 어깨에서 세상 짐을 내려 주고
중노동에 시달리던 삶에서 벗어나게 해주
었다.
너희가 고통 속에서 내게 부르짖자,
그 험한 곳에서 너희를 구해 냈다.
천둥의 은신처에서 너희에게 응답하고
므리바 샘에서 너희를 시험했다.

give them a look that will kill!
Then take the hand of your once-favorite
child,
the child you raised to adulthood.
We will never turn our back on you;
breathe life into our lungs so we can shout
your name!

¹⁹ GOD, God-of-the-Angel-Armies, come
back!
Smile your blessing smile:
That will be our salvation.

An Asaph Psalm

81 ¹⁻⁵ A song to our strong God!
a shout to the God of Jacob!
Anthems from the choir, music from the
band,
sweet sounds from lute and harp,
Trumpets and trombones and horns:
it's festival day, a feast to God!
A day decreed by God,
solemnly ordered by the God of Jacob.
He commanded Joseph to keep this day
so we'd never forget what he did in Egypt.

I hear this most gentle whisper from One
I never guessed would speak to me:

⁶⁻⁷ "I took the world off your shoulders,
freed you from a life of hard labor.
You called to me in your pain;
I got you out of a bad place.
I answered you from where the thunder
hides,
I proved you at Meribah Fountain.

8-10 귀담아들어라, 사랑스런 이들아. 똑똑히
알아 두어라.
오 이스라엘아, 가벼이 듣지 마라.
낯선 신들과 놀아나지 말고
최신 신들을 경배하지 마라.
나는 **하나님**, 너희 하나님이다.
죽음의 땅 이집트에서 너희를 구해 내고,
온갖 먹을거리로
너희 굶주린 배를 채워 준 참 하나님이다.

11-12 그러나 내 백성은 나의 말을 듣지 않았고
이스라엘은 주의하지 않았다.
그래서 내가 고삐를 풀어 주며 말했다. 가거라!
어디, 네 멋대로 해보아라!'

13-16 오 사랑스런 백성아, 이제 내 말을 들으
려느냐?
이스라엘아, 내가 그려 준 지도를 따라가려
느냐?
그러면 내가 너희 원수들을 순식간에 해치우고
너희 적들에게 모욕을 주리라.
하나님을 미워하는 자들이 개처럼 꽁무니를
빼니
그 소식 다시는 들리지 않게 하리라.
너희는 내가 갓 구워 낸 빵에
버터와 천연 꿀을 발라 마음껏 먹으리라."

아삽의 시

82
1 하나님께서 재판관들을 불러
들여
법정 피고석에 앉히신다.

2-4 "이제 더 이상은 안된다! 너희는 너무 오
랫동안 정의를 훼손했고
살인죄를 지은 악인을 놓아주었다.
이제는 의지할 곳 없는 이들을 변호하고
약자들에게 공정한 기회를 보장하여라.
너희가 할 일은 힘없는 이들을 변호하고

8-10 "Listen, dear ones—get this straight;
    O Israel, don't take this lightly.
Don't take up with strange gods,
    don't worship the latest in gods.
I'm GOD, your God, the very God
    who rescued you from doom in Egypt,
Then fed you all you could eat,
    filled your hungry stomachs.

11-12 "But my people didn't listen,
    Israel paid no attention;
So I let go of the reins and told them,
    'Run!
    Do it your own way!'

13-16 "Oh, dear people, will you listen to
me now?
    Israel, will you follow my map?
I'll make short work of your enemies,
    give your foes the back of my hand.
I'll send the GOD-haters cringing like
dogs,
    never to be heard from again.
You'll feast on my fresh-baked bread
    spread with butter and rock-pure
    honey."

An Asaph Psalm

82
1 God calls the judges into his
courtroom,
    he puts all the judges in the dock.

2-4 "Enough! You've corrupted justice
long enough,
    you've let the wicked get away with
    murder.
You're here to defend the defenseless,
    to make sure that underdogs get a fair

그들을 착취하는 자들을 기소하는 것이다."

5 멋모르는 법관들! 진실을 외면하는 재판관들!
저들은 무슨 일이 벌어지는지 전혀 모른다.
그래서 모든 것이 흔들리고
세상이 휘청대는 것이다.

6-7 "지극히 높은 나 하나님이 너희 재판관 하나하나를
나의 대리자로 임명했다.
그러나 너희는 맡은 임무를 저버리더니
이제 지위를 빼앗기고 체포되기까지 하는 구나."

8 오 하나님, 저들에게 응분의 벌을 내리소서!
온 세상이 주님의 손안에 있습니다!

아삽의 시

83

1-5 **하나님**, 나를 외면하지 마소서.
오 하나님, 내 말을 묵살하지 마소서.
주님의 원수들이 왁자지껄 떠들어 대고
하나님을 미워하는 자들이 흥청거립니다.
주님의 백성을 죽이려 모의하고
주님의 소중한 이들을 그 손에서 빼앗으려 음모를 꾸밉니다.
저들은 말합니다. "이 민족을 땅에서 쓸어 버리고
이스라엘의 이름을 책에서 지워 버리자."
급기야 저들은 머리를 맞대고
주님을 제거할 흉계까지 꾸밉니다.

6-8 에돔과 이스마엘 사람들
모압과 하갈 사람들
그발과 암몬과 아말렉
블레셋과 두로 사람들,

break;
Your job is to stand up for the powerless,
    and prosecute all those who exploit them."

5 Ignorant judges! Head-in-the-sand judges!
    They haven't a clue to what's going on.
And now everything's falling apart,
    the world's coming unglued.

6-7 "I commissioned you judges, each one of you,
    deputies of the High God,
But you've betrayed your commission
    and now you're stripped of your rank, busted."

8 O God, give them their just deserts!
    You've got the whole world in your hands!

An Asaph Psalm

83

1-5 GOD, don't shut me out;
        don't give me the silent treatment, O God.
Your enemies are out there whooping it up,
    the God-haters are living it up;
They're plotting to do your people in,
    conspiring to rob you of your precious ones.
"Let's wipe this nation from the face of the earth,"
    they say; "scratch Israel's name off the books."
And now they're putting their heads together,
    making plans to get rid of you.

6-8 Edom and the Ishmaelites,
    Moab and the Hagrites,
    Gebal and Ammon and Amalek,

거기다 앗시리아까지 합세하여
롯 일당에게 힘을 보탭니다.

9-12 주께서 미디안에게 하신 것처럼
기손 시내에서 시스라와 야빈에게 하신 것
처럼, 저들을 치소서.
그들은 엔돌에서 최후를 맞이하고
정원의 거름이 되고 말았습니다.
오렙과 스엡에게 하신 것처럼 저들의
대장들을 베시고,
세바와 살문나에게 하신 것처럼 저들의 제
후들을 멸하소서.
저들은 허풍을 칩니다. "다 가로채겠다.
하나님의 정원을 빼앗을 테다."

13-18 나의 하나님, 저들이라면 지긋지긋합
니다!
저들을 날려 버리소서!
저들은 황무지에서 구르는 풀 뭉치,
불타 버린 땅에 남은 숯 토막일 뿐입니다.
저들을 두려워 떨게 만드시고
가쁜 숨을 내쉬며 **하나님**을 애타게 부르게
하소서.
저들을 진퇴유곡에 빠뜨리셔서
꼼짝없이 갇혀 있게 하소서.
그제야 저들이 알 것입니다. 주님의 이름이
하나님,
세상에 한분뿐인 지극히 높으신 하나님이심을.

고라의 시

84
1-2 만군의 **하나님**, 주님의 집이
어찌 그리 아름다운지요!
내가 전부터 이런 곳에 살고 싶었고,
주님의 집에 방 한 칸 마련하여
살아 계신 하나님께 기쁨의 노래 불러 드릴
날을 꿈꿔 왔습니다.

3-4 주님의 집에는 새들도 숨을 곳과 피난

Philistia and the Tyrians,
And now Assyria has joined up,
Giving muscle to the gang of Lot.

9-12 Do to them what you did to Midian,
to Sisera and Jabin at Kishon Brook;
They came to a bad end at Endor,
nothing but dung for the garden.
Cut down their leaders as you did Oreb
and Zeeb,
their princes to nothings like Zebah and
Zalmunna,
With their empty brags, "We're grabbing it
all,
grabbing God's gardens for ourselves."

13-18 My God! I've had it with them!
Blow them away!
Tumbleweeds in the desert waste,
charred sticks in the burned-over
ground.
Knock the breath right out of them, so
they're gasping
for breath, gasping, "GOD."
Bring them to the end of their rope,
and leave them there dangling, helpless.
Then they'll learn your name: "GOD,"
the one and only High God on earth.

A Korah Psalm

84
1-2 What a beautiful home,
GOD-of-the-Angel-Armies!
I've always longed to live in a place like
this,
Always dreamed of a room in your house,
where I could sing for joy to God-alive!

3-4 Birds find nooks and crannies in your

처를 얻습니다.
참새와 제비가 그곳에 둥지를 틀고
알을 낳아 새끼를 치며,
우리가 예배드리는 곳에서 지저귑니다.
만군의 **하나님**! 우리의 왕이신 하나님!
그곳에 살며 노래하는 이들은 얼마나 행복
한지요!

5-7 주께서 거처로 삼으신 모든 이들은 참
으로 행복합니다.
그들의 삶은 주께서 거니시는 길이 됩니다.
그들은 외딴 골짜기를 걸어도 시내를 만나고,
시원한 샘물과 빗물 가득한 물웅덩이를 발
견합니다!
하나님께서 거니시는 이 길은 산을 휘돌아
오르고
마지막 모퉁이를 돌아 마침내 시온에 이릅
니다!
하나님이 훤히 보이는 그곳!

8-9 만군의 **하나님**, 귀를 기울이소서.
오 야곱의 하나님, 귀를 열어 내 기도를 들
어주소서!
우리의 방패를 보소서. 햇빛을 받아 반짝입
니다.
우리의 얼굴을 보소서. 은혜로이 기름부으
셔서 빛이 납니다.

10-12 주님의 집, 이 아름다운 예배처소에서
보내는 하루가
그리스 해변에서 보내는 천 날보다 낫습니다.
내가 죄의 궁궐에 손님으로 초대받느니,
차라리 내 하나님의 집 바닥을 닦겠습니다.
하나님은 햇빛으로 가득하신 주권자,
은사와 영광을 후히 베푸시는 분,
자기 길동무에게 인색하지 않은 분이십니다.
만군의 **하나님**이 함께하시니, 가는 길 내
내 순탄합니다.

house,
  sparrows and swallows make nests there.
They lay their eggs and raise their young,
  singing their songs in the place where we
  worship.
GOD-of-the-Angel-Armies! King! God!
  How blessed they are to live and sing
  there!

5-7 And how blessed all those in whom you live,
  whose lives become roads you travel;
They wind through lonesome valleys, come
upon brooks,
  discover cool springs and pools brimming
  with rain!
God-traveled, these roads curve up the
mountain, and
  at the last turn—Zion! God in full view!

8-9 GOD-of-the-Angel-Armies, listen:
  O God of Jacob, open your ears—I'm
  praying!
Look at our shields, glistening in the sun,
  our faces, shining with your gracious
  anointing.

10-12 One day spent in your house, this
beautiful place of worship,
  beats thousands spent on Greek island
  beaches.
I'd rather scrub floors in the house of my God
  than be honored as a guest in the palace of sin.
All sunshine and sovereign is GOD,
  generous in gifts and glory.
He doesn't scrimp with his traveling
companions.
  It's smooth sailing all the way with
  GOD-of-the-Angel-Armies.

고라의 시

85 ¹⁻³
하나님, 주께서 주님의 선한 땅에 환한 얼굴빛 비추셨습니다!
야곱에게 좋은 시절을 되돌려 주셨습니다!
주님의 백성에게서 죄의 구름 걷어 내시고
그 죄 보이지 않게 멀리 치우셨습니다.
죄로 인한 노여움 철회하시고
맹렬한 진노를 가라앉히셨습니다.

⁴⁻⁷ 우리 구원의 하나님, 전과 같이 우리를 도우소서.
우리에게 품으신 원한을 이제 거두어 주소서.
영원토록 그러지는 않으시겠지요?
언제까지 찌푸린 얼굴로 노여워하시겠습니까?
우리를 새롭게 출발하게 하시고, 부활의 생명으로 살게 하소서.
그러면 주님의 백성이 웃으며 노래할 것입니다!
하나님, 주께서 우리를 얼마나 사랑하시는지 보여주소서!
우리에게 절실한 구원을 베풀어 주소서!

⁸⁻⁹ 주께서 뭐라고 말씀하실지 어서 듣고 싶습니다.
하나님께서 자기 백성에게
몹시 아끼시는 거룩한 백성에게
다시는 바보처럼 살지 않게 하시려고, 행복을 선언하실 것입니다.
보이는가, 주님을 경외하는 이들에게 그분의 구원이 얼마나 가까운지?
우리 거하는 이 땅은 주님의 영광이 깃드는 곳!

¹⁰⁻¹³ 사랑과 진실이 거리에서 만나고
정의로운 삶과 온전한 삶이 얼싸안고 입 맞추네!
진실이 땅에서 파릇파릇 싹트고
정의가 하늘에서 쏟아지네!
그렇다! **하나님**께서 선함과 아름다움을 내리시니,

A Korah Psalm

85 ¹⁻³ GOD, you smiled on your good earth!
You brought good times back to Jacob!
You lifted the cloud of guilt from your people,
    you put their sins far out of sight.
You took back your sin-provoked threats,
    you cooled your hot, righteous anger.

⁴⁻⁷ Help us again, God of our help;
    don't hold a grudge against us forever.
You aren't going to keep this up, are you?
    scowling and angry, year after year?
Why not help us make a fresh start—a resurrection life?
Then your people will laugh and sing!
Show us how much you love us, GOD!
    Give us the salvation we need!

⁸⁻⁹ I can't wait to hear what he'll say.
    GOD's about to pronounce his people well,
The holy people he loves so much,
    so they'll never again live like fools.
See how close his salvation is to those who fear him?
    Our country is home base for Glory!

¹⁰⁻¹³ Love and Truth meet in the street,
    Right Living and Whole Living embrace and kiss!
Truth sprouts green from the ground,
    Right Living pours down from the skies!
Oh yes! GOD gives Goodness and Beauty;
    our land responds with Bounty and Blessing.

우리 땅이 넉넉함과 축복으로 응답하네.
정의로운 삶이 주님 앞을 걸어 나가며
그분 가시는 길을 깨끗게 하리라.

다윗의 시

86 ¹⁻⁷ **하나님**, 내게 귀를 기울이시고
응답하소서.
불쌍하고 딱한 인생입니다!
나를 지켜 주소서. 이 정도면 잘 살아오지 않
았는지요?
주님의 종을 도우소서. 내가 주님만을 의지합
니다!
주님은 나의 하나님이시니, 내게 긍휼을 베푸소서.
내가 아침부터 밤까지 주님을 의지합니다.
주님의 종에게 복된 삶을 주소서.
주님의 손에 이 몸을 맡겨 드립니다!
주님은 선하시며 기꺼이 용서하시는 분,
도움을 구하는 모든 이들에게 관대하기로 이
름 높으신 분.
하나님, 내 기도에 주의를 기울이소서.
고개를 돌리셔서, 도움을 구하는 나의 부르짖
음을 들어주소서.
주께서 응답해 주실 줄 확신하기에
내가 고난에 처할 때마다 주께 부르짖습니다.

⁸⁻¹⁰ 오 주님, 신들 가운데 주님과 같은 신이
없고
주님의 행하신 일들과 견줄 만한 것도 없습니다.
오 주님, 주께서 지으신 모든 민족이 와서
주께 경배합니다.
주님의 아름다우심을 드러내고,
주님의 위대하심과
주께서 행하신 놀라운 일들을 자랑합니다.
하나님, 주님은 오직 한분, 주님과 같은 분 없
습니다!

¹¹⁻¹⁷ **하나님**, 나를 가르쳐 똑바로 걷게 하소서.
내가 주님의 참된 길을 따르겠습니다.

Right Living strides out before him,
    and clears a path for his passage.

A David Psalm

86 ¹⁻⁷ Bend an ear, GOD; answer
me.
    I'm one miserable wretch!
Keep me safe—haven't I lived a good life?
    Help your servant—I'm depending on
    you!
You're my God; have mercy on me.
    I count on you from morning to night.
Give your servant a happy life;
    I put myself in your hands!
You're well-known as good and forgiving,
    bighearted to all who ask for help.
Pay attention, GOD, to my prayer;
    bend down and listen to my cry for
    help.
Every time I'm in trouble I call on you,
    confident that you'll answer.

⁸⁻¹⁰ There's no one quite like you among
the gods, O Lord,
    and nothing to compare with your
    works.
All the nations you made are on their
way,
    ready to give honor to you, O Lord,
Ready to put your beauty on display,
    parading your greatness,
And the great things you do—
    God, you're the one, there's no one but
    you!

¹¹⁻¹⁷ Train me, GOD, to walk straight;
    then I'll follow your true path.
Put me together, one heart and mind;

내 마음과 정신을 하나로 모아 주소서.
온전한 마음으로 즐거이 경외하며 예배하겠
습니다.
사랑하는 주님, 진심으로 주께 감사드리니
주께서 행하신 일들을 내가 결코 숨긴 적이
없습니다.
주님은 언제나 나를 선대하신 분. 놀라워라,
그 사랑!
큰 어려움에서 나를 구해 내셨습니다!
하나님, 불량배들이 고개를 쳐듭니다!
불한당 무리가 나를 노립니다.
저들은 주님을 조금도 개의치 않는 자들입니
다.
오 하나님, 주님은 친절하시고 다정하신 분,
좀처럼 노하지 않으시고 사랑이 무한하시며
절대 포기하지 않으시는 분.
나를 눈여겨보셔서 친절을 베푸시고
주님의 종에게 살아갈 힘을 주소서.
주님의 사랑하는 자녀를 구원해 주소서!
나를 얼마나 사랑하시는지 나타내 보여주소서.
그러면 나를 미워하는 불량배들이
멈춰 서서 벌린 입을 다물지 못할 것입니다.
주 **하나님**께서, 부드럽고 강하게
나를 다시 일으켜 세우시기 때문입니다.

고라의 시

87 ¹⁻³ 거룩한 산 위에 시온을 세우셨으니

오, **하나님**은 참으로 그분의 집을 사랑하신
다네!
야곱의 집들을 모두 합한 것보다
더욱 사랑하신다네!
오, 하나님의 도성이여!
모두가 네 이야기를 하는구나!

⁴ 나를 잘 아는 저들의 이름을 하나하나 불
러 본다.
이집트와 바빌론,

then, undivided, I'll worship in joyful
fear.
From the bottom of my heart I thank you,
dear Lord;
I've never kept secret what you're up to.
You've always been great toward me—
what love!
You snatched me from the brink of
disaster!
God, these bullies have reared their
heads!
A gang of thugs is after me—
and they don't care a thing about you.
But you, O God, are both tender and kind,
not easily angered, immense in love,
and you never, never quit.
So look me in the eye and show kindness,
give your servant the strength to go on,
save your dear, dear child!
Make a show of how much you love me
so the bullies who hate me will stand
there slack-jawed,
As you, GOD, gently and powerfully
put me back on my feet.

A Korah Psalm

87 ¹⁻³ He founded Zion on the Holy Mountain—

and oh, how GOD loves his home!
Loves it far better than all
the homes of Jacob put together!
God's hometown—oh!
everyone there is talking about you!

⁴ I name them off, those among whom I'm
famous:
Egypt and Babylon,
also Philistia,

블레셋,
두로와 구스도 함께.
저들을 두고 이런 말이 떠돈다.
"이 사람은 여기서 다시 태어났다!"

5 시온을 두고는 이런 말이 나돈다.
"남자와 여자, 이 사람 저 사람 모두
그 품에서 다시 태어났다!"

6 **하나님**께서 저들의 이름을 명부에 기록하신다.
"이 사람, 이 사람, 그리고 이 사람이
바로 여기서 다시 태어났다."

7 노래하는 사람과 춤추는 자들도 시온을 두
고 이렇게 말한다.
"나의 모든 근원이 시온 안에 있다!"

고라 자손 헤만의 기도

88 1-9 하나님, 내가 기대할 것은 주님
뿐입니다.
내가 주님 앞에 무릎 꿇고 밤을 지새웁니다.
주님의 구원 계획에 나를 넣어 주시고,
내가 처한 곤경에 주목하소서.
어려움이라면 당할 만큼 당했고,
나 이제 저승의 문턱에 이르렀습니다.
사람들은 나를 실패자로 여기고
흔해 빠진 사고 희생자, 가망 없는 자로 분류합
니다.
이미 죽은 자처럼 버림받아
주검 더미에 던져진 또 하나의 시체요,
묘비도 없이
흔적도 없이 사라질 존재일 뿐입니다.
주께서 나를 나락에 떨어뜨리시고
칠흑 같은 심연으로 밀어 넣으셨습니다.
내가 주님의 격노에 정신을 잃고,
파도처럼 밀려오는 주님의 분노에 사정없이
부서졌습니다.
친구들이 나를 미워하게 하시고

even Tyre, along with Cush.
Word's getting around; they point them
out:
　"This one was born again here!"

5 The word's getting out on Zion:
　"Men and women, right and left,
　get born again in her!"

6 GOD registers their names in his book:
　"This one, this one, and this one—
　born again, right here."

7 Singers and dancers give credit to Zion:
　"All my springs are in you!"

A Korah Prayer of Heman

88 1-9 GOD, you're my last chance
of the day.
　I spend the night on my knees before
　you.
Put me on your salvation agenda;
　take notes on the trouble I'm in.
I've had my fill of trouble;
　I'm camped on the edge of hell.
I'm written off as a lost cause,
　one more statistic, a hopeless case.
Abandoned as already dead,
　one more body in a stack of corpses,
And not so much as a gravestone—
　I'm a black hole in oblivion.
You've dropped me into a bottomless pit,
　sunk me in a pitch-black abyss.
I'm battered senseless by your rage,
　relentlessly pounded by your waves of
　anger.
You turned my friends against me,
　made me horrible to them.

나를 끔찍한 존재로 여기게 만드셨습니다.
미로에 갇힌 이 몸 탈출구를 찾지 못한 채
고통과 좌절의 눈물로 눈까지 멀고 말았습
니다.

9-12 **하나님**, 종일토록 주께 부르짖고, 또 부
르짖습니다.
이렇게 두 손 모아 쥐고 도움을 구합니다.
죽은 자들이 살아서 주님의 기적을 보겠습
니까?
유령들이 찬양대에 끼어 주님을 찬양하겠습
니까?
주님의 사랑이 임한다 한들 무덤에서 무엇이
달라지겠습니까?
주님의 신실한 임재를 지옥의 통로에서 누가
알아보겠습니까?
주님의 놀라운 이적들을 어둠 속에서 누가
보겠습니까?
주님의 의로운 길을 망각의 땅에서 누가 주
목하겠습니까?

13-18 **하나님**, 물러서지 않고 목청껏 도움을
구합니다.
내가 아침마다 기도하고 새벽마다 무릎 꿇습
니다.
하나님, 어찌하여 못 들은 체하십니까?
어찌하여 그렇게 모습을 감추십니까?
어려서부터 고통을 겪고
주님 주시는 가장 심한 고통을 겪은 이 몸,
이제는 지쳤습니다.
들불 같은 주님의 노여움이 내 인생 내내 타
올라,
이 몸, 시퍼렇게 멍든 채 죽어 가고 있습니다.
주께서 나를 사방에서 맹렬히 치시고
거반 죽을 때까지 재난을 퍼부으셨습니다.
사랑하는 사람과 이웃이 똑같이 나를 버리
게 하셨으니,
내게 남은 벗은 오직 어둠뿐입니다.

I'm caught in a maze and can't find my
way out,
　blinded by tears of pain and frustration.

9-12 I call to you, GOD; all day I call.
　I wring my hands, I plead for help.
Are the dead a live audience for your
miracles?
　Do ghosts ever join the choirs that praise
　you?
Does your love make any difference in a
graveyard?
　Is your faithful presence noticed in the
　corridors of hell?
Are your marvelous wonders ever seen in
the dark,
　your righteous ways noticed in the Land
　of No Memory?

13-18 I'm standing my ground, GOD, shout-
ing for help,
　at my prayers every morning, on my
　knees each daybreak.
Why, GOD, do you turn a deaf ear?
　Why do you make yourself scarce?
For as long as I remember I've been
hurting;
　I've taken the worst you can hand out,
　and I've had it.
Your wildfire anger has blazed through my
life;
　I'm bleeding, black-and-blue.
You've attacked me fiercely from every
side,
　raining down blows till I'm nearly dead.
You made lover and neighbor alike dump
me;
　the only friend I have left is Darkness.

에단의 기도

89

¹⁻⁴ **하나님**, 주님의 사랑 내 노래
가 되니, 내가 노래하렵니다!
주님의 신실하심을 모든 이들에게 영원토
록 전하렵니다.
멈추지 않겠습니다, 주님의 사랑 이야기를.
주께서 우주를 어떻게 조성하시고
그 속의 모든 것을 어떻게 보증하셨는지를.
주님의 사랑은 언제나 우리 삶의 토대였고
주님의 성실하심은 세상을 덮는 지붕이었
습니다.
전에 주께서도 이렇게 말씀하셨습니다.
"나는 내가 택한 지도자와 언약을 맺고
나의 종 다윗에게 맹세했다.
'네 후손은 누구나 생명을 보장받을 것이다.
네 통치권이 바위처럼 견고하여 오래도록
지속되게 할 것이다.'"

⁵⁻¹⁸ **하나님**! 온 우주가 주님의 이적을 찬양
하게 하시고
거룩한 천사들의 찬양대가 주님의 성실을
찬송하게 하소서!
하늘과 땅, 여기저기 구석구석 살펴보소서.
하나님 같은 분이 없음이 명백히 드러납
니다.
거룩한 천사들이 주님 앞에서 심히 두려워
떱니다.
하나님께서 모든 이들 위에 큰 위엄 보이며
나타나십니다.
만군의 **하나님**, 그 무엇에도 능하고 성실하
시니
주님 같은 분, 또 어디에 있겠습니까?
주께서는 오만한 대양이 분수를 알게 하
시고
사납게 날뛰는 파도를 잠잠케 하십니다.
저 늙은 마녀 이집트를 모욕하시고
손사래로 주님의 원수들을 내쫓으셨습니다.
우주도 주님의 것, 그 안의 만물도 다 주님

An Ethan Prayer

89

¹⁻⁴ Your love, GOD, is my song,
and I'll sing it!
I'm forever telling everyone how faithful
you are.
I'll never quit telling the story of your love—
how you built the cosmos
and guaranteed everything in it.
Your love has always been our lives' founda-
tion,
your fidelity has been the roof over our
world.
You once said, "I joined forces with my
chosen leader,
I pledged my word to my servant, David,
saying,
'Everyone descending from you is guaran-
teed life;
I'll make your rule as solid and lasting as
rock.'"

⁵⁻¹⁸ GOD! Let the cosmos praise your
wonderful ways,
the choir of holy angels sing anthems to
your faithful ways!
Search high and low, scan skies and land,
you'll find nothing and no one quite like
GOD.
The holy angels are in awe before him;
he looms immense and august over every-
one around him.
GOD-of-the-Angel-Armies, who is like you,
powerful and faithful from every angle?
You put the arrogant ocean in its place
and calm its waves when they turn unruly.
You gave that old hag Egypt the back of your
hand,
you brushed off your enemies with a flick

의 것,
원자부터 대천사에 이르기까지 모두가
주님의 것입니다.
주께서 북극과 남극을 배치하시니
다볼 산과 헤르몬 산이 주께 이중창을 부
릅니다.
우람찬 팔과 강철 같은 손을 지니셨으니
주님을 우습게 보는 자 하나 없습니다!
공평과 정의는 주님 통치권의 뿌리.
사랑과 진실은 그 열매.
찬양의 비밀을 알고
하나님의 찬란한 얼굴 앞에 나와 외치는
백성은 복이 있습니다.
기쁨에 겨워 온종일 춤을 추니,
주께서 누구신지, 무슨 일을 행하시는지
알고
그저 잠잠할 수 없는 까닭입니다!
주님의 그 아름다움, 우리 안에 사무칩니다.
주께서 우리를 너무나 잘 대해 주셨습니다!
마치 구름 위를 걷는 것만 같습니다!
우리의 전 존재, 우리가 가진 모든 것이
하나님의 것입니다.
우리의 왕이시며, 이스라엘의 거룩하신
하나님!

19-37 오래전 주께서 환상 가운데 나타나셔서,
주님이 사랑하시는 충성스러운 이들에게
말씀하셨습니다.
"내가 한 영웅에게 왕관을 씌웠다.
고르고 고른 최고의 사람,
나의 종 다윗을 찾아내어
그의 머리에 거룩한 기름을 부어 주었다.
내 손이 항상 그를 붙들고
힘들 때나 좋을 때나, 변함없이 그와 함께
할 것이다.
어떤 원수도 그를 이기지 못하고
어떤 악당도 그를 해치지 못할 것이다.
그를 대적하는 자, 내가 제거하고

of your wrist.
You own the cosmos—you made everything
in it,
everything from atom to archangel.
You positioned the North and South Poles;
the mountains Tabor and Hermon sing
duets to you.
With your well-muscled arm and your grip of
steel—
nobody trifles with you!
The Right and Justice are the roots of your rule;
Love and Truth are its fruits.
Blessed are the people who know the
passwords of praise,
who shout on parade in the bright presence
of GOD.
Delighted, they dance all day long; they know
who you are, what you do—they can't keep
it quiet!
Your vibrant beauty has gotten inside us—
you've been so good to us! We're walking
on air!
All we are and have we owe to GOD,
Holy God of Israel, our King!

19-37 A long time ago you spoke in a vision,
you spoke to your faithful beloved:
"I've crowned a hero,
I chose the best I could find;
I found David, my servant,
poured holy oil on his head,
And I'll keep my hand steadily on him,
yes, I'll stick with him through thick and
thin.
No enemy will get the best of him,
no scoundrel will do him in.
I'll weed out all who oppose him,
I'll clean out all who hate him.

그를 미워하는 자, 내가 쫓아낼 것이다.
내가 영원토록 그와 함께하며, 길이길이
사랑할 것이다.
내가 그를 높이리니, 그가 만방에 우뚝 솟
을 것이다.
내가 그의 한 손에 대양을, 다른 한 손에
강을 맡겼으니
그가 '오 나의 아버지, 나의 하나님, 내 구
원의 반석이시여!' 하고 외칠 것이다.
내가 그를 구별하여 왕조를 열게 했으니
세상 그 어떤 왕보다 뛰어난 왕이 되게 할
것이다.
나의 사랑으로 영원히 그를 보호하고
엄숙히 약속한 대로 모든 것을 성실히 이
행할 것이다.
그의 자손들이 이어지게 하고
그의 통치를 승인할 것이다.
그러나 그의 자손이 내 말을 따르지 않거나
내가 제시하는 길을 걷지 않으면,
나의 규례에 침을 뱉고
내가 정해 준 규정을 찢어 버리면,
내가 반역의 오물을 그들의 얼굴에 문지르며
죗값을 물을 것이다.
그러나 그들을 내치고 버리거나
그들과 의절하지는 않을 것이다.
내가 내 거룩한 약속을 철회할 것 같으냐?
한번 내뱉은 말을 무를 것 같으냐?
나는 이미 약속을 했다. 이것은 온전하고
거룩한 약속이다.
내가 다윗에게 거짓말을 하겠느냐?
그의 자손이 영원토록 이어지고
그의 통치권이 태양같이 분명할 것이니,
달의 주기처럼 믿음직하며
날씨만큼 분명하게 설 것이다."

38-51 그러나 **하나님**, 주께서는
친히 기름부으신 자에게 진노하셔서
우리를 두고 떠나셨습니다.

I'm with him for good and I'll love him
forever;
    I've set him on high—he's riding high!
I've put Ocean in his one hand, River in the
other;
    he'll call out, 'Oh, my Father—my God, my
    Rock of Salvation!'
Yes, I'm setting him apart as the First of the
royal line,
    High King over all of earth's kings.
I'll preserve him eternally in my love,
    I'll faithfully do all I so solemnly
    promised.
I'll guarantee his family tree
    and underwrite his rule.
If his children refuse to do what I tell them,
    if they refuse to walk in the way I show
    them,
If they spit on the directions I give them
    and tear up the rules I post for them—
I'll rub their faces in the dirt of their rebel-
lion
    and make them face the music.
But I'll never throw them out,
    never abandon or disown them.
Do you think I'd withdraw my holy promise?
    or take back words I'd already spoken?
I've given my word, my whole and holy
word;
    do you think I would lie to David?
His family tree is here for good,
    his sovereignty as sure as the sun,
Dependable as the phases of the moon,
    inescapable as weather."

38-51 But GOD, you did walk off and leave us,
    you lost your temper with the one you
    anointed.

주님의 종에게 하신 약속을 파기하시고
그의 왕관을 진흙 속에 처박아 짓밟으셨습니다.
그의 나라를 철저히 파괴하시고
그의 도성을 돌무더기로 만드셨습니다.
도성은 지나가는 낯선 자들의 약탈로 텅 비었고
모든 이웃의 조롱거리가 되었습니다.
주께서 그의 원수들에게 축제를 선언하시니
그들이 있는 힘을 다해 즐깁니다.
노하신 주께서 전투중에 그를 대적하셨고
그의 편이 되어 싸우기를 거부하셨습니다.
그에게서 광채를 앗아 가시고 용사인 그를 욕
보이셨습니다.
왕의 명예가 땅바닥에 처박히게 하셨습니다.
그의 생애에서 최고의 시절을 빼앗으시고
그를 무능하고 몰락한 허깨비로 남게 하셨습
니다.
하나님, 언제까지 우리를 버려두시렵니까?
영원히 떠나셨습니까? 두고두고 진노를 발하
시렵니까?
내 슬픔을 기억하소서. 인생이 얼마나 짧은지
를 기억하소서.
고작 이렇게 하시려고 사람을 지으셨습니까?
우리는 조만간 죽음을 볼 것입니다. 모두가
그러합니다.
저승에는 빠져나갈 뒷문이 없습니다.
사랑 많기로 유명하신 주님,
그 사랑 지금 어디에 있습니까?
다윗에게 하신 약속은 어찌 되었습니까?
사랑하는 주님, 주님의 종을 살펴보소서.
하나님, 나는 모든 민족의 놀림거리가 되었
습니다.
주님의 원수들이 주께서 친히 기름부으신 자
를 따라다니며
조롱합니다.

하나님, 영원히 찬양을 받으소서!
그렇습니다. 참으로 그렇습니다.

You tore up the promise you made to
your servant,
    you stomped his crown in the mud.
You blasted his home to kingdom come,
    reduced his city to a pile of rubble
Picked clean by wayfaring strangers,
    a joke to all the neighbors.
You declared a holiday for all his enemies,
    and they're celebrating for all they're
    worth.
Angry, you opposed him in battle,
    refused to fight on his side;
You robbed him of his splendor, humili-
ated this warrior,
    ground his kingly honor in the dirt.
You took the best years of his life
    and left him an impotent, ruined husk.
How long do we put up with this, GOD?
    Are you gone for good? Will you hold
    this grudge forever?
Remember my sorrow and how short life is.
    Did you create men and women for
    nothing but this?
We'll see death soon enough. Everyone does.
    And there's no back door out of hell.
So where is the love you're so famous for,
Lord?
    What happened to your promise to
    David?
Take a good look at your servant, dear Lord;
    I'm the butt of the jokes of all nations,
The taunting jokes of your enemies, GOD,
    as they dog the steps of your dear
    anointed.

Blessed be GOD forever and always!
    Yes. Oh, yes.

하나님의 사람 모세의 기도

90 1-2 하나님, 주님은 대대로 우리의 안식처이셨습니다.
오래전 산들이 생겨나기 전부터,
주께서 땅을 지으시기 전부터.
"아주 오랜 옛적"부터 "주님의 나라가 임할" 때까지, 주님은 하나님이십니다.

3-11 우리를 흙으로 돌려보내지 마소서.
"네 근원으로 돌아가라" 말씀하지 마소서.
참으소서! 주께서는 세상의 모든 시간을 쥐고 계십니다.
천 년이나 하루나 주께는 매한가지입니다.
주께는 우리가 아련한 한순간의 꿈에 불과한지요?
해 뜰 때 멋들어지게 돋아났다가
속절없이 베이고 마는 풀잎에 불과한지요?
감당할 수 없는 주님의 진노에
우리는 옴짝달싹할 수 없습니다.
주께서는 우리의 모든 죄를 놓치지 않으시고 어릴 적부터 저지른 악행을 주님의 책에 낱낱이 기록하셨습니다.
우리가 기억하는 것은 잔뜩 찌푸린 주님의 얼굴뿐입니다.
우리가 받을 대가가 그것이 전부인지요?
우리 수명은 칠십 남짓
(운이 좋으면 팔십입니다).
그렇게 살아서 내놓을 것이 무엇이겠습니까? 고통뿐입니다.
수고와 고통과 묘비 하나가 전부입니다.
누가 그러한 진노를, 주님을 두려워하는 자들에게 터뜨리시는
그 노여움을 이해할 수 있겠습니까?

12-17 오! 우리에게 제대로 사는 법을 일러 주소서!
지혜롭게 잘사는 법을 가르쳐 주소서!
하나님, 돌아오소서. 언제까지 기다려야

A Prayer of Moses, Man of God

90 1-2 God, it seems you've been our home forever;
long before the mountains were born,
Long before you brought earth itself to birth,
from "once upon a time" to "kingdom come"–you are God.

3-11 So don't return us to mud, saying,
"Back to where you came from!"
Patience! You've got all the time in the world–whether
a thousand years or a day, it's all the same to you.
Are we no more to you than a wispy dream,
no more than a blade of grass
That springs up gloriously with the rising sun
and is cut down without a second thought?
Your anger is far and away too much for us;
we're at the end of our rope.
You keep track of all our sins; every misdeed since we were children is entered in your books.
All we can remember is that frown on your face.
Is that all we're ever going to get?
We live for seventy years or so
(with luck we might make it to eighty),
And what do we have to show for it? Trouble.
Toil and trouble and a marker in the graveyard.
Who can make sense of such rage,
such anger against the very ones who fear you?

12-17 Oh! Teach us to live well!
Teach us to live wisely and well!

합니까?

이제는 주님의 종들을 온유하게 대해 주소서.

새벽에 깨어 주님의 사랑에 놀라게 하소서.

그러면 우리가 종일토록 기뻐 뛰며 춤추겠습니다.

지금까지 힘든 나날을 주신 만큼, 이제 좋은 날도 주소서.

불행이라면 평생 동안 충분히 겪었습니다.

주님의 종들에게 드러내 주소서, 주님의 능하신 모습을.

주님의 자녀들을 다스리시고 그들에게 복 주시는 모습을.

주 우리 하나님, 은혜를 베푸셔서

우리가 하는 일이 잘되게 하소서.

오, 그렇게 해주소서. 우리가 하는 일이 틀림없게 해주소서!

91 ¹⁻¹³ 지극히 높으신 하나님 앞에 앉은 그대,

전능하신 분의 그늘 아래서 밤을 보내는 그대,

이렇게 아뢰어라. "**하나님**, 주님은 나의 피난처이십니다.

내가 주님을 신뢰하니 안전합니다!"

그렇다. 그분께서는 너를 함정에서 구하시고 치명적인 위험에서 지켜 주신다.

거대한 팔을 뻗어 너를 보호하신다.

그 팔 아래서 너는 더없이 안전하리라.

그분의 팔이 모든 불행을 막아 내신다.

아무것도 두려워하지 마라. 밤에 다니는 사나운 늑대,

낮에 날아드는 화살,

어둠 속을 배회하는 질병,

한낮에 일어나는 재난도.

많은 사람들이 도처에서 죽어 나가고

파리 떼처럼 우수수 떨어져도,

네게는 어떤 불행도 미치지 못하리라.

오히려 멀쩡한 상태로 먼발치에서 상황을

Come back, GOD—how long do we have to wait?—

and treat your servants with kindness for a change.

Surprise us with love at daybreak;

then we'll skip and dance all the day long.

Make up for the bad times with some good times;

we've seen enough evil to last a lifetime.

Let your servants see what you're best at—

the ways you rule and bless your children.

And let the loveliness of our Lord, our God, rest on us,

confirming the work that we do.

Oh, yes. Affirm the work that we do!

91 ¹⁻¹³ You who sit down in the High God's presence,

spend the night in Shaddai's shadow,

Say this: "GOD, you're my refuge.

I trust in you and I'm safe!"

That's right—he rescues you from hidden traps,

shields you from deadly hazards.

His huge outstretched arms protect you—

under them you're perfectly safe;

his arms fend off all harm.

Fear nothing—not wild wolves in the night,

not flying arrows in the day,

Not disease that prowls through the darkness,

not disaster that erupts at high noon.

Even though others succumb all around,

drop like flies right and left,

no harm will even graze you.

You'll stand untouched, watch it all from a

지켜보고
악인들이 주검으로 변해 가는 것을 바라볼 것
이다.
하나님께서 너의 피난처가 되어 주시고
지극히 높으신 하나님께서 너의 안식처가 되
어 주시니,
불행이 네 가까이 가지 못하고
재해가 네 집에 들이닥치지 못할 것이다.
그분이 천사들에게 명령하여
네가 어디로 가든지 지키게 하실 것이다.
네가 넘어지려고 할 때마다 그들이 잡아 줄 것
이다.
그들의 임무는 너를 보호하는 것.
너는 아무 해도 입지 않고 사자와 뱀 사이를
누비며,
젊은 사자와 뱀을 걷어차 내쫓을 것이다.

14-16 **하나님**께서 말씀하신다. "네가 필사적으
로 내게 매달리면
내가 온갖 곤경에서 너를 구해 주리라.
네가 오직 나만 알고 신뢰하면
내가 너를 지극한 사랑으로 보살피리라.
나를 불러라. 내가 응답하겠고, 네가 고난당할
때 너와 함께하며
너를 구해 내어 잔치를 베풀어 주리라.
네가 장수하여
오래도록 구원의 생수를 마시게 하리라!"

안식일에 부르는 노래

92 1-3 **하나님**, 주께 감사드리며 지극
히 높으신 하나님을
찬송하는 일, 얼마나 아름다운지요!
새벽마다 주님의 사랑을 선포하고
거문고와 하프,
장엄한 현악기 소리에 맞춰
주님의 성실하심을 밤새 노래합니다.

distance,
   watch the wicked turn into corpses.
Yes, because GOD's your refuge,
   the High God your very own home,
Evil can't get close to you,
   harm can't get through the door.
He ordered his angels
   to guard you wherever you go.
If you stumble, they'll catch you;
   their job is to keep you from falling.
You'll walk unharmed among lions and
snakes,
   and kick young lions and serpents from
   the path.

14-16 "If you'll hold on to me for dear life,"
says GOD,
   "I'll get you out of any trouble.
I'll give you the best of care
   if you'll only get to know and trust me.
Call me and I'll answer, be at your side in
bad times;
   I'll rescue you, then throw you a party.
I'll give you a long life,
   give you a long drink of salvation!"

A Sabbath Song

92 1-3 What a beautiful thing, GOD,
   to give thanks,
   to sing an anthem to you, the High
   God!
To announce your love each daybreak,
   sing your faithful presence all through
   the night,
Accompanied by dulcimer and harp,
   the full-bodied music of strings.

4-9 **하나님**, 주께서 나를 복되게 하셨으니
주께서 행하신 일을 보고 내가 기뻐 소리칩
니다.
하나님, 주께서 행하신 일, 참으로 놀랍습니다!
주님의 생각은 참으로 깊습니다!
우둔한 자들은 주님의 일을 알지 못합니다.
어리석은 자들은 결코 그것을 깨닫지 못합
니다.
악인들이 잡초처럼 일어나고
악한 남녀가 세상을 차지해도,
주께서 그들을 베어 넘어뜨리시고
단번에 끝장내십니다.
하나님, 주님은 지극히 높고 영원하신 분이
십니다.
하나님, 주님의 원수들을 보소서!
주님의 원수들을 보소서. 모두 망했습니다!
악의 하수인들이 바람결에 모두 흩어졌습
니다!

10-14 그러나 주께서는 나를 돌진하는 들소처
럼 강하게 하시고
축제 행렬로 영예롭게 해주셨습니다.
나를 책잡는 자들이 쓰러지던 모습,
나를 비방하는 자들이 도망치던 모습, 지금
도 눈에 선합니다.
주께서 하신 약속의 음성, 내 귀에 가득합
니다.
"선한 이들은 종려나무처럼 번성하고
레바논의 백향목처럼 우뚝 솟으리라.
내가 그들을 **하나님**의 안뜰에 옮겨 심었으니
하나님 앞에서 크게 자라리라.
늙어서도 늘 푸르며 진액이 넘치리라."

15 이것은 **하나님**의 정직하심을 보여주는 확
실한 증거!
그분은 나의 산, 크고 거룩한 산!

4-9 You made me so happy, GOD
  I saw your work and I shouted for joy.
How magnificent your work, GOD!
  How profound your thoughts!
Dullards never notice what you do;
  fools never do get it.
When the wicked popped up like weeds
  and all the evil men and women took
  over,
You mowed them down,
  finished them off once and for all.
You, GOD, are High and Eternal.
  Look at your enemies, GOD!
Look at your enemies—ruined!
  Scattered to the winds, all those
  hirelings of evil!

10-14 But you've made me strong as a
charging bison,
  you've honored me with a festive
  parade.
The sight of my critics going down is still
fresh,
  the rout of my malicious detractors.
My ears are filled with the sounds of
promise:
  "Good people will prosper like palm
  trees,
Grow tall like Lebanon cedars;
  transplanted to GOD's courtyard,
They'll grow tall in the presence of God,
  lithe and green, virile still in old age."

15 Such witnesses to upright GOD!
  My Mountain, my huge, holy Moun-
  tain!

93

1-2 하나님은 위엄을 두르시고 다스리시는 왕.
하나님은 위엄을 두르시고 능력을 떨치시는 분.

세계는 굳건히 서서 흔들림이 없고
주님의 보좌는 한결같이 견고하니, 주님은
영원하신 분!

3-4 하나님, 바다에 폭풍이 일어납니다.
폭풍이 사납게 으르댑니다.
폭풍에 우레 같은 파도가 일렁입니다.

사나운 폭풍보다 강하시고
폭풍이 일으킨 파도보다 강력하신 하나님,
엄위로우신 **하나님**이 높은 하늘에서 다스
리십니다.

5 주님의 말씀은 그대로 이루어집니다. 늘 그
러했습니다.
하나님, 아름다움과 거룩함이 주님의 궁전에
법도로 자리 잡으니,
마지막 때까지 그러할 것입니다.

94

1-2 하나님, 악을 끝장내소서.
복수하시는 하나님, 주님의 진면목
을 드러내소서!
세상의 심판자이신 하나님, 일어나소서.
거만한 자들을 엄벌에 처하소서.

3-4 하나님, 악인이 사람을 죽이고도 무사하다니
언제까지 이런 상황을 허락하시렵니까?
저들이 거드름 피우고 으스대며
자신들의 범행을 자랑스레 떠벌립니다!

5-7 하나님, 저들이 주님의 백성을 짓밟고
주님의 소중한 백성을 착취하고 학대합니다.
누구든지 거치적거리면 제거하고

93

1-2 GOD is King, robed and ruling,
GOD is robed and surging with strength.

And yes, the world is firm, immovable,
Your throne ever firm—you're Eternal!

3-4 Sea storms are up, GOD,
Sea storms wild and roaring,
Sea storms with thunderous breakers.

Stronger than wild sea storms,
Mightier than sea-storm breakers,
Mighty GOD rules from High Heaven.

5 What you say goes—it always has.
"Beauty" and "Holy" mark your palace rule,
GOD, to the very end of time.

94

1-2 GOD, put an end to evil;
avenging God, show your colors!
Judge of the earth, take your stand;
throw the book at the arrogant.

3-4 GOD, the wicked get away with murder—
how long will you let this go on?
They brag and boast
and crow about their crimes!

5-7 They walk all over your people, GOD,

쓸모가 없어지면 살해합니다.
저들은 말합니다. "하나님은 보지 않아.
야곱의 하나님은 점심 드시러 가셨어."

8-11 바보 천치들아, 다시 생각해 보아라.
너희는 언제 철이 들려느냐?
귀를 지으신 분께서 듣지 못하시겠느냐?
눈을 만드신 분께서 보지 못하시겠느냐?
민족들을 훈련시키는 분께서 벌하지 않으시
겠느냐?
아담의 스승께서 모르실 것 같으냐?
하나님은 다 알고 계신다.
너희 어리석음을 아시고
너희 천박함도 알고 계신다.

12-15 하나님, 주께서 가르치시는 남자,
주께서 말씀으로 지도하시는 여자는 참으
로 복됩니다.
악인을 수용할 감옥이 지어지는 동안 악이
소란을 떨어도,
저들을 평온으로 감싸 주시기 때문입니다.
하나님께서는 주님의 백성을 떠나지 않으
시고
소중한 백성을 버리지 않으실 것입니다.
안심하여라. 정의가 제 길을 가고
마음 착한 이들 모두가 그 길을 따르리니.

16-19 누가 나를 위해 악인들에게 맞섰으며,
누가 내 편이 되어 악당에게 맞섰는가?
하나님이 아니셨으면
나는 살아남지 못했으리라.
"내가 미끄러져 넘어집니다" 말하는 순간,
주 하나님의 사랑이 나를 든든히 붙들었습
니다.
내가 마음이 상하여 어쩔 줄 몰라 할 때,
주께서 나를 달래시고 위로해 주셨습니다.

exploit and abuse your precious people.
They take out anyone who gets in their
way;
   if they can't use them, they kill them.
They think, "GOD isn't looking,
   Jacob's God is out to lunch."

8-11 Well, think again, you idiots,
   fools—how long before you get smart?
Do you think Ear-Maker doesn't hear,
   Eye-Shaper doesn't see?
Do you think the trainer of nations doesn't
correct,
   the teacher of Adam doesn't know?
GOD knows, all right—
   knows your stupidity,
   sees your shallowness.

12-15 How blessed the man you train, GOD,
   the woman you instruct in your Word,
Providing a circle of quiet within the
clamor of evil,
   while a jail is being built for the wicked.
GOD will never walk away from his people,
   never desert his precious people.
Rest assured that justice is on its way
   and every good heart put right.

16-19 Who stood up for me against the
wicked?
   Who took my side against evil workers?
If GOD hadn't been there for me,
   I never would have made it.
The minute I said, "I'm slipping, I'm
falling,"
   your love, GOD, took hold and held me fast.
When I was upset and beside myself,
   you calmed me down and cheered me up.

20-23 악한이 주님과 어울릴 수 있겠으며,
말썽꾼이 주님의 편이 되려고 하겠습니까?
저들이 몰려가 선한 이들을 습격하고
무죄한 이들의 등 뒤에서 흉계를 꾸몄지만
하나님은 나의 은신처,
나의 숲 속 산장이 되어 주셨다.
저들의 악행을 저들에게 되돌리시고
저들을 쓸어버리셨다.
우리 **하나님**께서 저들을 영원히 쫓아내
셨다.

95 1-2 다 와서, **하나님**께 큰소리로 노래 부르자.
우리를 구원하신 반석을 향해 환호성을 올
려 드리자!
찬송을 부르며 그분 앞에 나아가자.
서까래가 들썩이도록 소리 높여 외치자!

3-5 **하나님**은 가장 높으신 분,
모든 신들보다 높으신 왕.
한 손으로는 깊은 굴과 동굴을,
다른 한 손으로는 높은 산들을 붙들고 계
신 분.
그분께서 대양을 지으시고 그분의 소유 삼
으셨다!
땅도 친히 조각하셨다!

6-7 다 와서, 경배드리자. 그분께 절하고
우리를 지으신 **하나님** 앞에 무릎 꿇자!
그분은 우리 하나님,
우리는 그분이 기르시는 백성, 그분이 먹이
시는 양 떼.

7-11 모든 것 내려놓고 그분 말씀에 귀를 기
울여라.
"쓰디쓴 반역의 때처럼,
광야 시험의 그날처럼 못 들은 체하지 마라.

20-23 Can Misrule have anything in common
with you?
   Can Troublemaker pretend to be on
   your side?
They ganged up on good people,
   plotted behind the backs of the innocent.
But GOD became my hideout,
   God was my high mountain retreat,
Then boomeranged their evil back on them:
   for their evil ways he wiped them out,
   our GOD cleaned them out for good.

95 1-2 Come, let's shout praises to GOD,
   raise the roof for the Rock who saved us!
Let's march into his presence singing praises,
   lifting the rafters with our hymns!

3-5 And why? Because GOD is the best,
   High King over all the gods.
In one hand he holds deep caves and
caverns,
   in the other hand grasps the high
   mountains.
He made Ocean—he owns it!
   His hands sculpted Earth!

6-7 So come, let us worship: bow before him,
   on your knees before GOD, who made us!
Oh yes, he's our God,
   and we're the people he pastures, the
   flock he feeds.

7-11 Drop everything and listen, listen as he
speaks:
   "Don't turn a deaf ear as in the Bitter
   Uprising,

그때에 너희 조상은 나를 시험했다.
사십 년 동안 그들 가운데서 일한 나를
보고도
거듭거듭 내 인내심을 시험했다.
나는 진노했다. 더 이상 참을 수 없었다!
'저들은 단 오 분도 하나님인 나에게 마
음을 둘 수 없단 말인가?
저들은 내 길로 가지 않기로 작정한 것
인가?'
내가 노하여, 폭탄선언을 했다.
'저들은 목적지에 이르지 못할 것이다.
정착하여 안식하지 못할 것이다.'"

96 ¹⁻² 새 노래로 **하나님**께 노래하
여라!
땅과 거기 사는 모든 이들아, 노래하여라!
하나님께 노래하며 예배하여라!

²⁻³ 바다 이 끝에서 저 끝까지 그분의 승
리를 큰소리로 외쳐라.
패배자들에게 전하여라, 그분의 영광을!
모든 이들에게 전하여라, 그분의 기적을!

⁴⁻⁵ **하나님**은 위대하시니, 수천 번 찬양
을 받아 마땅하신 분.
지극히 아름다운 그분 앞에서 신들은
싸구려 모조품,
이방인의 신들은 너덜거리는 누더기일 뿐.

⁵⁻⁶ **하나님**께서 하늘을 지으셨으니
그분에게서 왕의 광채가 뻗어 나오고,
그 권능의 아름다움, 비할 데 없도다.

⁷ **하나님**께 환호성을 올려라!
모두 큰소리로 외쳐라!
그 아름다움, 그 권능 앞에 두려워 떨어라.

As on the day of the Wilderness Test,
    when your ancestors turned and put *me* to
    the test.
For forty years they watched me at work
among them,
    as over and over they tried my patience.
And I was provoked—oh, was I provoked!
    'Can't they keep their minds on God for five
    minutes?
    Do they simply refuse to walk down my
    road?'
Exasperated, I exploded,
    'They'll never get where they're headed,
    never be able to sit down and rest.'"

96 ¹⁻² Sing GOD a brand-new song!
Earth and everyone in it, sing!
Sing to GOD—*worship* GOD!

²⁻³ Shout the news of his victory from sea to
sea,
Take the news of his glory to the lost,
News of his wonders to one and all!

⁴⁻⁵ For GOD is great, and worth a thousand
Hallelujahs.
His terrible beauty makes the gods look cheap;
Pagan gods are mere tatters and rags.

⁵⁻⁶ GOD made the heavens—
Royal splendor radiates from him,
A powerful beauty sets him apart.

⁷ Bravo, GOD, Bravo!
Everyone join in the great shout: Encore!
In awe before the beauty, in awe before the
might.

8-9 예물을 드리며 찬양하여라.
아름다우신 **하나님**께 몸을 굽혀라.
무릎 꿇고 모두 다 경배하여라!

10 이 소식 널리 알려라. "**하나님**께서 다스
리신다!
세상을 든든한 기초 위에 놓으시고
모든 이들을 공명정대하게 대하신다."

11 들어라, 하늘이 전하는 이 소식을.
함께하는 땅의 소리와
연이어 들리는 바다의 열광적인 박수소리를.

12 광야야, 기뻐 뛰어라.
동물들아, 와서 춤추어라.
숲의 모든 나무를 찬양대로 세워라.

13 **하나님**이 오실 때 그분 앞에서 화려한
공연을 펼쳐라.
그분께서 오시면 세상 모든 일을 바로잡으시
리라.
모든 것 바로잡으시고, 모든 이들을 공정히
대하시리라.

97

1 **하나님**께서 다스리신다. 큰소
리로 외쳐라!
대륙들아, 섬들아, 어서 찬양하여라!

2 흰 구름과 먹구름이 그분을 둘러싸고,
공평과 정의 위에서 그분의 통치가 이루어
진다.

3 불이 주님 앞에서 환히 빛나니
험준한 바위산 꼭대기에서 타오른다.

4 그분의 번개가 번쩍 세상을 비추니,
깜짝 놀란 땅이 두려워 떤다.

8-9 Bring gifts and celebrate,
Bow before the beauty of GOD,
Then to your knees—everyone worship!

10 Get out the message—GOD Rules!
He put the world on a firm foundation;
He treats everyone fair and square.

11 Let's hear it from Sky,
With Earth joining in,
And a huge round of applause from Sea.

12 Let Wilderness turn cartwheels,
Animals, come dance,
Put every tree of the forest in the choir—

13 An extravaganza before GOD as he comes,
As he comes to set everything right on earth,
Set everything right, treat everyone fair.

97

1 GOD rules: *there's* something to shout over!
On the double, mainlands and islands—celebrate!

2 Bright clouds and storm clouds circle 'round him;
Right and justice anchor his rule.

3 Fire blazes out before him,
Flaming high up the craggy mountains.

4 His lightnings light up the world;
Earth, wide-eyed, trembles in fear.

5 산들이 **하나님**을 보고는
땅의 주님 앞에서 밀초처럼 녹아내린다.

6 하늘이 선포한다, **하나님**께서 모든 일을 바로잡으실 것임을.
그대로 되는 것을 모두가 보니, 참으로 영광스럽구나!

7-8 깎아 만든 신을 섬기는 모든 자들, 후회하리라.
누더기 신들을 자랑으로 여긴 것을!

너희 모든 신들아, 무릎 꿇고 주님께 경배하여라!
시온아, 귀 기울여 듣고 마음을 다잡아라!

시온의 딸들아, 열창하여라.
하나님께서 모두 이루셨다. 모든 일을 바로잡으셨다.

9 **하나님**, 주께서는 온 우주의 하나님,
그 어떤 신들보다도 지극히 높으신 분이십니다.

10 **하나님**께서 악을 미워하는 모든 이들을 사랑하시고
그분을 사랑하는 이들을 보호하시며,
악인의 손아귀에서 그들을 빼내 주신다.

11 하나님 백성의 영혼에는 빛의 씨앗이,
착한 마음 밭에는 기쁨의 씨앗이 뿌려진다.

12 하나님의 백성들아, **하나님**을 소리 높여 찬양하여라.
우리 거룩하신 하나님께 감사드려라!

5 The mountains take one look at GOD
And melt, melt like wax before earth's Lord.

6 The heavens announce that he'll set everything right,
And everyone will see it happen—glorious!

7-8 All who serve handcrafted gods will be sorry—
And they were so proud of their ragamuffin gods!

On your knees, all you gods—worship him!
And Zion, you listen and take heart!

Daughters of Zion, sing your hearts out:
GOD has done it all, has set everything right.

9 You, GOD, are High God of the cosmos,
Far, far higher than any of the gods.

10 GOD loves all who hate evil,
And those who love him he keeps safe,
Snatches them from the grip of the wicked.

11 Light-seeds are planted in the souls of God's people,
Joy-seeds are planted in good heart-soil.

12 So, God's people, shout praise to GOD,
Give thanks to our Holy God!

98

¹ 새 노래로 **하나님**께 노래하여라.
그분께서 수많은 기적들로 세상을
만드셨다.

소매를 걷어붙이시고
모든 일을 바로잡으셨다.

² **하나님**께서 역사에 길이 남을 구원을 베푸
시고
그분의 권능을 온 세상에 나타내셨다.

³ 그분께서 잊지 않으시고 우리를 사랑해 주셨다.
그분이 아끼시는 이스라엘에게, 지치지 않는
사랑을 베푸셨다.

온 세상이 주목한다.
보아라, 하나님의 구원 역사를!

⁴ 모두 다, **하나님**을 소리 높여 찬양하여라!
마음껏 노래하여라! 연주에 맞춰 노래하여라!

⁵ 관현악단을 이루어 **하나님**께 연주하여라.
일백 명의 합창단도 함께하여라.

⁶ 트럼펫과 큰 트롬본도 연주하여라.
세상을 가득 채우도록, 왕이신 **하나님**께 찬양
하여라.

⁷ 바다와 그 속에 사는 물고기야, 박수갈채를
보내어라.
땅에 사는 모든 생물들도 참여하여라.

⁸ 대양의 파도야, 환호성을 올려라.
산들아, 화음으로 대미를 장식하여라.

⁹ **하나님**께 찬사를 드려라. 그분께서 오신다.
세상을 바로잡으러 오신다.

98

¹ Sing to GOD a brand-new song.
He's made a world of wonders!

He rolled up his sleeves,
He set things right.

² GOD made history with salvation,
He showed the world what he could
do.

³ He remembered to love us, a bonus
To his dear family, Israel—indefatigable
love.

The whole earth comes to attention.
Look—God's work of salvation!

⁴ Shout your praises to GOD, everybody!
Let loose and sing! Strike up the band!

⁵ Round up an orchestra to play for GOD,
Add on a hundred-voice choir.

⁶ Feature trumpets and big trombones,
Fill the air with praises to King GOD.

⁷ Let the sea and its fish give a round of
applause,
With everything living on earth joining in.

⁸ Let ocean breakers call out, "Encore!"
And mountains harmonize the finale—

⁹ A tribute to GOD when he comes,
When he comes to set the earth right.

그분께서 온 세상을 올곧게 하시고
땅과 거기 사는 모든 이들을 바르게 하시리라.

99 ¹⁻³ 하나님께서 다스리신다. 모두 깨어 있어라!

천사들 사이의 보좌에서 다스리시니, 주목하여라!
하나님이 시온에 위엄차게 나타나신다.
온갖 유명인사들 위로 영광스럽게 우뚝 서신다.
주님의 아름다우심, 놀랍고 놀랍습니다. 모든
이들이 주님을 찬양하게 하소서!
거룩하시다. 참으로 거룩하시다.

⁴⁻⁵ 강하신 왕, 정의를 사랑하시는 분,
주께서 세상을 공명정대하게 밝히시고
야곱 안에 기초를 놓으시니,
정의와 공의의 주춧돌을 놓으셨습니다.
하나님 우리 하나님께 경의를 표하여라.
그분의 통치에 머리를 숙여라!
거룩하시다. 참으로 거룩하시다.

⁶⁻⁹ 모세와 아론은 그분의 제사장,
사무엘은 그분께 기도하는 이들 가운데 한 사람.
그들이 **하나님**께 기도하니 그분께서 응답하셨다.
구름기둥에서 말씀하셨다.
그들이 그분의 말씀을 따르고, 그분의 법도를
모두 지켰다.
그러자 **하나님** 우리 하나님께서 그들에게 응답
하셨다.
(그러나 주님, 저들의 죄는 너그럽게 넘기지 않으셨
습니다.)
지극히 높으신 **하나님**, 우리 하나님을 높여 드려라.
그분의 거룩한 산에서 경배하여라.
거룩하시다. **하나님** 우리 하나님은 참으로 거룩
하시다.

He'll straighten out the whole world,
He'll put the world right, and everyone
in it.

99 ¹⁻³ GOD rules. On your toes, everybody!

He rules from his angel throne—take
notice!
GOD looms majestic in Zion,
He towers in splendor over all the big
names.
Great and terrible your beauty: let every-
one praise you!
    Holy. Yes, holy.

⁴⁻⁵ Strong King, lover of justice,
You laid things out fair and square;
You set down the foundations in Jacob,
Foundation stones of just and right ways.
Honor GOD, our God; worship his rule!
    Holy. Yes, holy.

⁶⁻⁹ Moses and Aaron were his priests,
Samuel among those who prayed to him.
They prayed to GOD and he answered
them;
He spoke from the pillar of cloud.
And they did what he said; they kept the
law he gave them.
And then GOD, our God, answered them
(But you were never soft on their sins).
Lift high GOD, our God; worship at his
holy mountain.
    Holy. Yes, holy is GOD our God.

감사의 시

100

¹⁻² 모두 일어나 **하나님께** 박수갈채를!
웃음을 한 아름 안고
노래하며 그분 앞으로 나아가라.

³ 너희는 알아 두어라, 주께서 **하나님**이심을.
우리가 그분을 만든 것이 아니요, 그분께서
우리를 지으셨다.
우리는 그분의 백성, 그분이 보살피시는 양 떼.

⁴ 그분의 성문에 들어갈 때 잊어서는 안될
말, "감사합니다!"
마음을 편히 하고, 찬양을 드려라.
그분께 감사드려라. 그분께 경배하여라.

⁵ **하나님**은 한없이 아름다우신 분,
넘치도록 사랑을 베푸시는 분,
언제나, 영원토록 성실하신 분.

다윗의 시

101

¹⁻⁸ 나의 주제가는 하나님의
사랑과 정의.
하나님, 내가 주님을 위해 그 노래를 부릅니다.
올바르게 사는 길을 따라갑니다.
주님, 얼마나 더 있어야 나타나시렵니까?
내가 최선을 다해 올바른 길을 추구하고
집에서도 그러하니, 그것이 참으로 중요하
기 때문입니다.
타락한 자들과 저급한 일,
거들떠보지 않습니다.
가나안산 신들을 물리치고
더러운 것을 멀리합니다.
마음이 비뚤어진 자들과 거리를 두고,
흉계를 꾸미는 자들과 손잡지 않습니다.
이웃을 헐뜯는 험담꾼에게
재갈을 물리고,
거만한 자를

A Thanksgiving Psalm

100

¹⁻² On your feet now—
applaud GOD!
Bring a gift of laughter,
sing yourselves into his presence.

³ Know this: GOD is God, and God, GOD.
He made us; we didn't make him.
We're his people, his well-tended sheep.

⁴ Enter with the password: "Thank you!"
Make yourselves at home, talking praise.
Thank him. Worship him.

⁵ For GOD is sheer beauty,
all-generous in love,
loyal always and ever.

A David Psalm

101

¹⁻⁸ My theme song is God's
love and justice,
and I'm singing it right to you, GOD.
I'm finding my way down the road of right
living,
but how long before you show up?
I'm doing the very best I can,
and I'm doing it at home, where it
counts.
I refuse to take a second look
at corrupting people and degrading
things.
I reject made-in-Canaan gods,
stay clear of contamination.
The crooked in heart keep their distance;
I refuse to shake hands with those who
plan evil.
I put a gag on the gossip
who bad-mouths his neighbor;

두고 보지 않습니다.
세상의 소금 같은 이들을 눈여겨보리니,
그들이야말로 내가 함께 일하고 싶은 사람
들입니다.
좁지만 바른 길을 걷는 사람,
내가 가까이하고 싶은 이들입니다.
거짓말을 일삼는 자는 나와 함께하지 못하
리니,
거짓말쟁이들을 내가 참지 못하기 때문입
니다.
내가 모든 악인들을 가축처럼 몰아
나라 밖으로 쫓아냈습니다.
악행을 업으로 삼는 자들을
하나님의 도성에서 모조리 추방했습니다.

삶이 산산조각 난 사람이 하나님께 어려운 형편
을 토로하는 기도

102 ¹⁻² **하나님**, 들으소서! 내 기
도를 들어주소서.
괴로워 부르짖는 소리에 귀 기울여 주소서.
주님을 간절히 필요로 할 때
나를 못 본 체하지 마소서.
귀 기울이소서! 이렇게 부르짖으니, 도와
주소서!
서두르소서. 한시가 급합니다!

3-11 야월 대로 야윈 이 몸,
온몸이 불덩이 같습니다.
건강할 때의 모습은 찾아볼 수 없고
불치병으로 거반 죽은 목숨이 되었습니다.
이를 악물어 턱이 아프고
뼈와 가죽만 남았습니다.
나는 사막의 말똥가리처럼
폐허의 까마귀처럼 되었습니다.
도랑에 빠진 참새처럼
잠 못 이루고 처량하게 주절거립니다.
온종일 내 원수들이 나를 비웃고
주변 사람들은 저주를 쏟아 냅니다.

I can't stand
  arrogance.
But I have my eye on salt-of-the-earth
people—
  they're the ones I want working with me;
Men and women on the straight and
narrow—
  these are the ones I want at my side.
But no one who traffics in lies
  gets a job with me; I have no patience
  with liars.
I've rounded up all the wicked like cattle
  and herded them right out of the country.
I purged GOD's city
  of all who make a business of evil.

A Prayer of One Whose Life Is Falling to Pieces,
and Who Lets God Know Just How Bad It Is

102 ¹⁻² GOD, listen! Listen to my
prayer,
listen to the pain in my cries.
Don't turn your back on me
  just when I need you so desperately.
Pay attention! This is a cry for help!
  And hurry—this can't wait!

3-11 I'm wasting away to nothing,
  I'm burning up with fever.
I'm a ghost of my former self,
  half-consumed already by terminal illness.
My jaws ache from gritting my teeth;
  I'm nothing but skin and bones.
I'm like a buzzard in the desert,
  a crow perched on the rubble.
Insomniac, I twitter away,
  mournful as a sparrow in the gutter.
All day long my enemies taunt me,
  while others just curse.

저들이 가져오는 음식은 재를 섞은 볶음밥!
내가 마시는 물은 내 눈물샘에서 길어 올린
것입니다.
이 모든 것이 주님의 진노 때문이며,
주께서 나를 쓸어 담아 내던지신 까닭입니다.
나에게는 아무것도 남아 있지 않습니다.
나는 길바닥에서 쓸려 없어질 마른 잡초일 뿐.

12-17 그러나 **하나님**, 주께서는 여전히 통치
하시고
언제나, 영원토록 다스리십니다.
주께서 보좌에서 일어나 시온을 도우시리니
긍휼히 여기실 때가 되었기 때문입니다.
오, 주님의 종들이 이 도성에 쌓인 돌무더
기를 애지중지하고
그 먼지를 보며 가슴 아파 웁니다!
이방 민족들이 자세를 바로 하고
주님의 영광을 보며 주님의 이름을 경배할
것입니다.
하나님께서 시온을 다시 세우시고
모든 영광 가운데 나타나셔서
불쌍한 이들의 기도를 들어주실 때에,
주께서는 그들의 기도를 내치지 않으실 것
입니다.

18-22 다음 세대를 위해 이 일을 기록하여
아직 태어나지 않은 백성이 하나님을 찬양
하게 하여라.
"**하나님**께서 드높은 성소에서 굽어보시고,
하늘에서 땅을 살펴보셨다.
사형수들의 신음소리를 들으시고
감방 문을 열어 주셨다."
이 이야기가 시온에 전해질 수 있게 기록하여
하나님을 찬양하는 소리가 예루살렘 거리
에 울려 퍼지게 하여라.
백성과 통치자들이 그분을 섬기러 모이는
곳이면
어디서나 울려 퍼지게 하여라.

They bring in meals—casseroles of ashes!
  I draw drink from a barrel of my tears.
And all because of your furious anger;
  you swept me up and threw me out.
There's nothing left of me—
  a withered weed, swept clean from the
  path.

12-17 Yet you, GOD, are sovereign still,
  always and ever sovereign.
You'll get up from your throne and help
Zion—
  it's time for compassionate help.
Oh, how your servants love this city's rubble
  and weep with compassion over its dust!
The godless nations will sit up and take
notice
  —see your glory, worship your name—
When GOD rebuilds Zion,
  when he shows up in all his glory,
When he attends to the prayer of the
wretched.
  He won't dismiss their prayer.

18-22 Write this down for the next gener-
ation
  so people not yet born will praise GOD:
"GOD looked out from his high holy place;
  from heaven he surveyed the earth.
He listened to the groans of the doomed,
  he opened the doors of their death cells."
Write it so the story can be told in Zion,
  so GOD's praise will be sung in Jerusalem's
  streets
And wherever people gather together
  along with their rulers to worship him.

23-28 **하나님**께서 강한 능력으로 나를 무릎 꿇게 하시고
한창때의 나를 꺾으셨으므로,
내가 기도드렸다. "오, 부디 나를 죽이지 마소서.
주님의 햇수는 대대로 무궁합니다!
주께서는 오래전에 땅의 기초를 놓으시고
친히 하늘을 지으셨습니다.
그것들이 다 사라지고 한 벌의 낡은 옷처럼 닳아 없어진다고 해도
주님은 변함없이 계실 것입니다.
그것들은 해어진 외투처럼 버려지겠지만
주님은 세월이 흘러도 늘 새로우십니다.
주님의 종들의 자녀는 살기 좋은 곳을 얻고
그들의 자손도 주님과 함께 편안히 살게 될 것입니다."

다윗의 시

103

1-2 내 영혼아, **하나님**을 찬양하여라.
머리부터 발끝까지, 그분의 거룩하신 이름을 찬양하여라!
오 내 영혼아, **하나님**을 찬양하고
그분께서 주신 복을 하나도 잊지 마라!

3-5 주께서 네 모든 죄 용서하시고
네 모든 병 고쳐 주신다.
너를 파멸에서 건지시고, 네 생명 구원하신다!
사랑과 긍휼로 네게 관을 씌워 주신다, 낙원의 화관을.
너를 친절과 영원한 아름다움으로 감싸시고
네 젊음을 새롭게 하시니, 언제나 그분 앞에서 청춘이리라.

6-18 **하나님**은 모든 일을 공의롭게 행하시고
피해자들을 다시 일으켜 세우신다.

23-28 GOD sovereignly brought me to my knees,
he cut me down in my prime.
"Oh, don't," I prayed, "please don't let me die.
You have more years than you know what to do with!
You laid earth's foundations a long time ago,
and handcrafted the very heavens;
You'll still be around when they're long gone,
threadbare and discarded like an old suit of clothes.
You'll throw them away like a worn-out coat,
but year after year you're as good as new.
Your servants' children will have a good place to live
and their children will be at home with you."

A David Psalm

103

1-2 O my soul, bless GOD.
From head to toe, I'll bless his holy name!
O my soul, bless GOD,
don't forget a single blessing!

3-5 He forgives your sins—every one.
He heals your diseases—every one.
He redeems you from hell—saves your life!
He crowns you with love and mercy—a paradise crown.
He wraps you in goodness—beauty eternal.
He renews your youth—you're always young in his presence.

6-18 GOD makes everything come out right;
he puts victims back on their feet.

그분께서 어떻게 일하시는지 모세에게 보여주시고
그분의 계획을 온 이스라엘에 알리셨다.
하나님은 한없이 자비롭고 은혜로우시며
쉽사리 노하지 않으시고 사랑이 풍성하시다.
두고두고 꾸짖지 아니하시며
노를 오래 품지 않으신다.
우리 죄를 그대로 묻지 않으시고
우리가 잘못한 대로 다 갚지 않으신다.
하늘이 땅에서 드높은 것처럼
하나님의 사랑은 그분을 경외하는 이들에게 확고하다.
해 뜨는 곳이 해 지는 곳에서 아주 먼 것처럼
우리를 우리 죄에서 멀리 떼어 놓으셨다.
부모가 자식을 가엾게 여기듯
하나님께서도 그분을 경외하는 이들을 가엾게 여기신다.
우리를 속속들이 아시고
우리가 진흙으로 지어졌음을 기억하시는 분.
인생의 날수가 그리 길지 않으니,
들꽃처럼 싹터 꽃을 피워도
폭풍에 순식간에 꺾여
우리의 존재를 알릴 흔적조차 남지 않는다.
그러나 **하나님**의 사랑은 한결같고
그분을 경외하는 모든 이들 곁에 영원히 머무른다.
그들과 그 자손들이 하나님과 맺은 언약을 지키고
그분의 말씀 잊지 않고 따를 때
하나님께서 모든 일을 바로잡아 주신다.

19-22 **하나님**은 하늘에 보좌를 두시고,
우리 모두를 다스리신다. 그분은 왕이시다!
너희 천사들아, **하나님**을 찬양하여라.
그분께서 부르시면 언제든지 달려가
그 말씀 듣고 신속히 실행에 옮겨라.
너희 천사 부대야, **하나님**을 찬양하여라.
정신 바짝 차리고 그분의 뜻에 복종하여라.
모든 피조물들아, 어디에 있든지 **하나님**을 찬

He showed Moses how he went about his work,
　　opened up his plans to all Israel.
GOD is sheer mercy and grace;
　　not easily angered, he's rich in love.
He doesn't endlessly nag and scold,
　　nor hold grudges forever.
He doesn't treat us as our sins deserve,
　　nor pay us back in full for our wrongs.
As high as heaven is over the earth,
　　so strong is his love to those who fear him.
And as far as sunrise is from sunset,
　　he has separated us from our sins.
As parents feel for their children,
　　GOD feels for those who fear him.
He knows us inside and out,
　　keeps in mind that we're made of mud.
Men and women don't live very long;
　　like wildflowers they spring up and blossom,
But a storm snuffs them out just as quickly,
　　leaving nothing to show they were here.
GOD's love, though, is ever and always,
　　eternally present to all who fear him,
Making everything right for them and their children
　　as they follow his Covenant ways
　　and remember to do whatever he said.

19-22 GOD has set his throne in heaven;
　　he rules over us all. He's the King!
So bless GOD, you angels,
　　ready and able to fly at his bidding,
　　quick to hear and do what he says.

양하여라.
하나님께 지음받은 만물들과 모든 이들아,
그분을 찬양하여라.

오 내 영혼아, **하나님**을 찬양하여라!

104 ¹⁻¹⁴ 내 영혼아, **하나님**을 찬양하여라!

하나님 나의 하나님, 주님은 참으로 위대하십니다!
아름답고 멋지게 차려입으시고
햇빛을 두르시니,
온 하늘을 펼쳐 주님의 천막이 되게 하셨습니다.
깊은 바다 위에 주님의 궁궐 세우시고
구름으로 병거를 만드시며 바람 날개를 타고 다니셨습니다.
바람을 심부름꾼으로 삼으시고
불과 화염을 대사로 임명하셨습니다.
확고한 기초 위에 땅을 놓으셔서
영원토록 흔들리지 않게 하셨습니다.
땅을 대양으로 덮으시고
산들을 깊은 물로 덮으셨습니다.
주께서 호령하시니 물이 달아나고
주님의 천둥소리에 줄행랑을 쳤습니다.
주께서 지정하신 자리로
산들이 솟아오르고, 골짜기들이 벌어졌습니다.
땅과 바다 사이에 경계를 정하여
다시는 땅이 잠기지 않게 하셨습니다.
샘이 솟고 강을 이루게 하셔서
언덕과 언덕 사이로 흐르게 하셨습니다.
이제 모든 들짐승이 마음껏 마시고
야생나귀들도 갈증을 풉니다.
강기슭을 따라 새들이 둥지를 틀고
까마귀들이 우짖습니다.

Bless GOD, all you armies of angels,
　alert to respond to whatever he wills.
Bless GOD, all creatures, wherever you are—
　everything and everyone made by GOD.

And you, O my soul, bless GOD!

104 ¹⁻¹⁴ O my soul, bless GOD!

GOD, my God, how great you are!
　beautifully, gloriously robed,
Dressed up in sunshine,
　and all heaven stretched out for your tent.
You built your palace on the ocean deeps,
　made a chariot out of clouds and took off
　on wind-wings.
You commandeered winds as messengers,
　appointed fire and flame as ambassadors.
You set earth on a firm foundation
　so that nothing can shake it, ever.
You blanketed earth with ocean,
　covered the mountains with deep waters;
Then you roared and the water ran away—
　your thunder crash put it to flight.
Mountains pushed up, valleys spread out
　in the places you assigned them.
You set boundaries between earth and sea,
　never again will earth be flooded.
You started the springs and rivers,
　sent them flowing among the hills.
All the wild animals now drink their fill,
　wild donkeys quench their thirst.
Along the riverbanks the birds build nests,
　ravens make their voices heard.
You water the mountains from your
heavenly cisterns;
　earth is supplied with plenty of water.

주께서 하늘 수조에서 물을 끌어와 산에 대
시니,
땅이 풍부한 물을 공급받습니다.
주께서 가축들을 위해 풀이 나게 하시고
밭 가는 짐승들을 위해 건초용 풀이 자라게
하십니다.

14-23 참으로 그렇습니다. 주께서는 땅에서
알곡을 내시고
포도주로 사람들을 행복하게 하십니다.
그들의 얼굴에 건강이 넘치게 하시고
풍족히 먹여 배부르게 하십니다.
하나님의 나무들이 물을 충분히 공급받으니
친히 심으신 레바논 백향목입니다.
거기에 새들이 깃듭니다.
나무 꼭대기에 둥지 튼 황새를 보십시오.
산양들이 절벽을 타고
오소리들은 바위 사이에 은신합니다.
달은 계절의 진로를 기억하고
해는 낮을 지배합니다.
어두워져 밤이 되면
숲의 온갖 생물들이 나옵니다.
젊은 사자들이 먹잇감을 찾아 으르렁대며
하나님께 저녁거리 구하다가,
해가 뜨면 제 굴로 물러가서
늘어지게 눕습니다.
그 사이 사람들은 일하러 가고
저녁까지 분주하게 몸을 움직입니다.

24-30 하나님, 참으로 멋진 세상입니다!
주님 곁에 두신 지혜로 그 모든 것을 만드시고
주님의 아름다운 것들로 땅이 가득 차게 하
셨습니다.
오, 보소서. 깊고 넓은 바다에
정어리와 상어와 연어,
셀 수 없이 많은 물고기들이 헤엄쳐 다닙니다.
배들이 바다를 가르며 달리고
주께서 아끼시는 용 리워야단이 그 속에서

You make grass grow for the livestock,
    hay for the animals that plow the
    ground.

14-23 Oh yes, God brings grain from the
land,
    wine to make people happy,
Their faces glowing with health,
    a people well-fed and hearty.
GOD's trees are well-watered—
    the Lebanon cedars he planted.
Birds build their nests in those trees;
    look—the stork at home in the treetop.
Mountain goats climb about the cliffs;
    badgers burrow among the rocks.
The moon keeps track of the seasons,
    the sun is in charge of each day.
When it's dark and night takes over,
    all the forest creatures come out.
The young lions roar for their prey,
    clamoring to God for their supper.
When the sun comes up, they vanish,
    lazily stretched out in their dens.
Meanwhile, men and women go out to
work,
    busy at their jobs until evening.

24-30 What a wildly wonderful world,
GOD!
    You made it all, with Wisdom at your
    side,
    made earth overflow with your wonder-
    ful creations.
Oh, look—the deep, wide sea,
    brimming with fish past counting,
    sardines and sharks and salmon.
Ships plow those waters,
    and Leviathan, your pet dragon, romps

뛰어놉니다.
모든 생물들이 제때 먹이 주시기를 바라며
주님을 바라봅니다.
주께서 오시면 그들이 모여들고
주께서 손을 펴시면 그들이 받아먹습니다.
그러다가 주께서 등을 돌리시면
그들은 금세 죽고 맙니다.
주님의 영을 거두시면 그들은 죽어
본래의 진흙 상태로 돌아갑니다.
주께서 영을 보내시면 그들의 생명이 활짝
피어납니다.
온 땅이 만개한 생명으로 가득해집니다.

31-32 **하나님**의 영광, 영원히 이어지게 하
소서!
친히 만드신 것, **하나님**의 기쁨 되소서!
주께서 땅을 한 번 굽어보시니 지진이 일
어나고
손가락으로 산을 가리키시니 화산이 분출
한다.

33-35 오, 내 평생 **하나님**께 노래하리라.
나 사는 동안 나의 하나님을 찬양하리라!
오, 내 노래 주께서 기뻐하시기를.
하나님께 노래하는 것, 얼마나 기쁜 일인가.
그러나 죄인들은 이 땅에서 없애 주소서.
사악한 자들이 더 이상 붙어 있지 못하게
하소서.

오 내 영혼아, **하나님**을 찬양하여라!

105 ¹⁻⁶ 할렐루야!

하나님께 감사드려라! 그 이름 부르며 기
도하여라!
만나는 모든 이들에게 그분이 행하신 일
을 알려라!

in them.
All the creatures look expectantly to you
to give them their meals on time.
You come, and they gather around;
you open your hand and they eat from it.
If you turned your back,
they'd die in a minute—
Take back your Spirit and they die,
revert to original mud;
Send out your Spirit and they spring to life—
the whole countryside in bloom and
blossom.

31-32 The glory of GOD—let it last forever!
Let GOD enjoy his creation!
He takes one look at earth and triggers an
earthquake,
points a finger at the mountains, and
volcanoes erupt.

33-35 Oh, let me sing to GOD all my life long,
sing hymns to my God as long as I live!
Oh, let my song please him;
I'm so pleased to be singing to GOD.
But clear the ground of sinners—
no more godless men and women!

O my soul, bless GOD!

105 ¹⁻⁶ Hallelujah!

Thank GOD! Pray to him by name!
Tell everyone you meet what he has done!
Sing him songs, belt out hymns,
translate his wonders into music!
Honor his holy name with Hallelujahs,
you who seek GOD. Live a happy life!

그분 위해 노래하여라. 힘차게 찬양하여라.
그분의 기적들을 음악에 실어라!
하나님을 찾는 너희들아, 그 거룩하신 이름에
할렐루야로 경의를 표하여라. 행복하게 살
아라!
눈을 열어 **하나님**을 찾고, 주님의 일을 주
목하여라.
그분 임재의 징후들을 주시하여라.
그분께서 행하신 세상의 놀라운 일들,
많은 기적과 친히 내리신 판결들을 기억하여라.
그분의 종 아브라함의 자손들아,
오, 그분께서 택하신 야곱의 자녀들아.

7-15 그분은 바로 **하나님** 우리 하나님,
온 세상을 다스리시는 분.
친히 맺으신 언약을 잊지 않고 기억하시니,
천 대에 이르도록 한결같이 그 약속 지키신다.
그것은 아브라함과 맺으신 언약,
이삭에게 하신 맹세,
야곱에게 세우신 법도,
이스라엘과 맺으신 영원한 언약.
그 내용은 이러하다. "내가 너희에게 가나
안 땅을 주겠다.
이 산지는 내가 너희에게 물려주는 유산이다."
그들이 보잘것없는 무리
한 줌에 불과한 나그네로
이 나라에서 저 나라로 떠돌며
정처 없이 헤맬 때,
주께서 아무도 그들을 학대하지 못하게 하
시고
그들에게 손대지 말라, 왕들에게 말씀하셨다.
"내가 기름부은 이들을 건드리지 말고
내 예언자들의 머리카락 한 올도 다치게 하
지 마라."

16-22 이후 그분께서 땅에 기근을 불러들이
시고
마지막 밀 이삭까지 꺾으셨다.

Keep your eyes open for GOD, watch for
his works;
 be alert for signs of his presence.
Remember the world of wonders he has
made,
  his miracles, and the verdicts he's
  rendered—
   O seed of Abraham, his servant,
   O child of Jacob, his chosen.

7-15 He's GOD, our God,
 in charge of the whole earth.
And he remembers, remembers his
Covenant—
 for a thousand generations he's been as
 good as his word.
It's the Covenant he made with Abraham,
 the same oath he swore to Isaac,
The very statute he established with Jacob,
 the eternal Covenant with Israel,
Namely, "I give you the land.
 Canaan is your hill-country inheritance."
When they didn't count for much,
 a mere handful, and strangers at that,
Wandering from country to country,
 drifting from pillar to post,
He permitted no one to abuse them.
 He told kings to keep their hands off:
"Don't you dare lay a hand on my anointed,
 don't hurt a hair on the heads of my
 prophets."

16-22 Then he called down a famine on the
country,
 he broke every last blade of wheat.
But he sent a man on ahead:
 Joseph, sold as a slave.
They put cruel chains on his ankles,

그러나 한 사람을 앞서 보내셨으니,
종으로 팔려 간 요셉이었다.
사람들이 무자비한 족쇄를 그의 발목에 채우고
쇠틀을 그의 목에 채웠다.
그러다 하나님의 말씀이 마침내 바로에게 임하고
하나님께서 약속을 확증해 주었다.
왕을 보내어 그를 석방시키시니,
바로가 요셉을 자유의 몸이 되게 하였다.
바로는 요셉을 왕궁의 책임자로 임명하고
모든 국무를 맡겼다.
신하들을 직접 가르치게 하고
왕의 고문들을 훈련시켜 지혜를 얻게 했다.

23-42 그때에 이스라엘이 이집트로 들어가고
야곱이 함의 땅으로 이주했다.
하나님께서 그분의 백성에게 많은 아기들을 허락하시니,
이내 그들의 수가 불어나 그 대적들을 불안하게 했다.
주께서 이집트 사람들이 그분의 백성을 미워하게 하시니
그들이 하나님의 종들을 학대하고 기만했다.
그때에 주께서 자기 종 모세와
친히 택하신 아론을 보내시니,
두 사람은 저 영적 황무지에서 이적들을,
함의 땅에서 기적들을 일으켰다.
하나님께서 "어둠!" 하고 말씀하시자 세상이
어두워졌고,
이집트 사람들은 아무것도 볼 수 없었다.
그분께서 그들의 물을 모두 피로 바꾸시니
그들의 물고기가 다 죽었다.
개구리 떼가 온 땅에 들끓게 하시고
왕의 침실에까지 뛰어들게 하셨다.
주께서 말씀하시자 파리 떼가 모여들었고
이가 온 땅을 덮쳤다.
비 대신 우박을 내리시고
번개로 저들의 땅을 치시니,
그들의 포도나무와 무화과나무가 모두 상하고

an iron collar around his neck,
Until God's word came to the Pharaoh,
    and GOD confirmed his promise.
God sent the king to release him.
    The Pharaoh set Joseph free;
He appointed him master of his palace,
    put him in charge of all his business
To personally instruct his princes
    and train his advisors in wisdom.

23-42 Then Israel entered Egypt,
    Jacob immigrated to the Land of
    Ham.
God gave his people lots of babies;
    soon their numbers alarmed their
    foes.
He turned the Egyptians against his
people;
    they abused and cheated God's
    servants.
Then he sent his servant Moses,
    and Aaron, whom he also chose.
They worked marvels in that spiritual
wasteland,
    miracles in the Land of Ham.
He spoke, "Darkness!" and it turned
dark—
    they couldn't see what they were
    doing.
He turned all their water to blood
    so that all their fish died;
He made frogs swarm through the land,
    even into the king's bedroom;
He gave the word and flies swarmed,
    gnats filled the air.
He substituted hail for rain,
    he stabbed their land with lightning;
He wasted their vines and fig trees,

그들의 숲에 있는 나무들이 산산조각 났다.
말씀 한 마디로 메뚜기 떼를 불러들이시니,
수백만 마리 메뚜기 군대가 몰려와
온 나라의 풀이란 풀은 모조리 먹어 치우고
땅의 산물을 말끔히 해치웠다.
주께서 그 땅의 모든 맏아들,
그들의 첫 소생들을 치셨다.
이스라엘은 전리품을 가득 안고 그 땅을 나왔다.
주님의 지파 가운데 어느 누구도 비틀거리지 않았다.
이집트 사람들은 그들을 죽을 만치 두려워한 나머지,
그들이 떠나는 것을 기뻐했다.
하나님께서 낮에는 구름을 펼쳐 그들을 시원하게 해주셨고
밤에는 불로 그들의 길을 밝혀 주셨다.
그들이 기도하자 메추라기를 몰아다 주시고
하늘의 빵으로 그들을 배부르게 먹이셨다.
반석을 열어서 물을 흘려보내시니,
사막에 강물이 흐르듯 생수가 쏟아졌다.
이 모두가 주께서 자신의 언약,
그분의 종 아브라함에게 하신 약속을 기억하셨기 때문이다.

43-45 이것을 기억하여라!
주께서 그분의 백성을 이끌어 내시고 기뻐
노래하게 하셨다.
친히 택하신 백성이 심장이 터지도록 노래하며 행진했다!
그들이 들어간 땅을 선물로 주시고
민족들의 부를 그들이 거머쥐게 하셨으니,
주께서 말씀하신 모든 것을 그들이 행하고
직접 주신 그분의 법도를 따르게 하시려는 것이었다.

할렐루야!

smashed their groves of trees to splinters;
With a word he brought in locusts,
     millions of locusts, armies of locusts;
They consumed every blade of grass in the country
     and picked the ground clean of produce;
He struck down every firstborn in the land,
     the first fruits of their virile powers.
He led Israel out, their arms filled with loot,
     and not one among his tribes even stumbled.
Egypt was glad to have them go—
     they were scared to death of them.
God spread a cloud to keep them cool through the day
     and a fire to light their way through the night;
They prayed and he brought quail,
     filled them with the bread of heaven;
He opened the rock and water poured out;
     it flowed like a river through that desert—
All because he remembered his Covenant,
     his promise to Abraham, his servant.

43-45 Remember this! He led his people out singing for joy;
     his chosen people marched, singing their hearts out!
He made them a gift of the country they entered,
     helped them seize the wealth of the nations
So they could do everything he told them—
     could follow his instructions to the letter.

Hallelujah!

106

¹⁻³ 할렐루야!
하나님께 감사하여라!

그분은 선하시고, 그분의 사랑 영원하다.
하나님께서 능력으로 행하신 일을 누가 다
알릴 수 있으며,
그분을 찬양하는 소리 누가 다 옮길 수 있으랴?
옳은 일을 행하는 그대는 복된 남자,
정의가 몸에 밴 그대는 복된 여자.

⁴⁻⁵ **하나님**, 주님의 백성을 기뻐하실 때 나를
기억하시고
그들을 구원하실 때 나도 구원해 주소서.
주께서 택하신 이들이 잘되는 것을 보며
나도 주님 나라의 기쁨을 함께 기뻐하기 원
합니다.
주님의 자랑과 기쁨이 되는 이들의 찬양에
동참하고 싶습니다!

⁶⁻¹² 조상들처럼 우리도 많은 죄를 지었고
빗나갔으며, 많은 이들에게 해를 끼쳤습니다.
우리 조상들이 이집트를 떠난 후에
주님의 이적들을 당연하게 여기고
주님의 크고 놀라우신 사랑을 잊고 말았습니다.
지극히 높으신 하나님께 거역하다가
홍해를 건너지 못할 뻔했습니다.
그러나 주께서 그곳에서 그들을 구원하셨습
니다.
주께서 놀라운 권능을 나타내셨다!
홍해를 꾸짖어 물이 그 자리에서 마르게 하
시니,
그들이 바다를 거침없이 행진했다!
아무도 발이 젖지 않았다!
주께서 고된 노예살이에서 그들을 구원하
시고
원수의 손아귀에서 그들을 풀어 주셨다.
물이 그들을 뒤쫓던 압제자들을 휩쓸어
한 사람도 살아남지 못했다.
그제야 그들은 하나님의 말씀이 참됨을 믿고

106

¹⁻³ Hallelujah!
Thank GOD! And why?

Because he's good, because his love lasts.
But who on earth can do it—
    declaim GOD's mighty acts, broadcast all
    his praises?
You're one happy man when you do what's
right,
    one happy woman when you form the
    habit of justice.

⁴⁻⁵ Remember me, GOD, when you enjoy
your people;
    include me when you save them;
I want to see your chosen succeed,
    celebrate with your celebrating nation,
    join the Hallelujahs of your pride and joy!

⁶⁻¹² We've sinned a lot, both we and our
parents;
    We've fallen short, hurt a lot of people.
After our parents left Egypt,
    they took your wonders for granted,
    forgot your great and wonderful love.
They were barely beyond the Red Sea
    when they defied the High God
    —the very place he saved them!
    —the place he revealed his amazing
    power!
He rebuked the Red Sea so that it dried up
on the spot
    —he paraded them right through!
    —no one so much as got wet feet!
He saved them from a life of oppression,
    pried them loose from the grip of the
    enemy.
Then the waters flowed back on their oppres-
sors;

찬양의 노래를 크게 불렀다.

13-18 그러나 그들은 금세 모든 것을 잊었고 주께서 할 일을 말씀하실 때까지 기다리지 않았다.
사막에서 자기만족을 얻는 데만 마음 쓰고
줄기차게 요구하면서, 주님을 노엽게 했다.
주님은 그들이 요구하는 대로 다 주셨지만,
그들의 마음 또한 무기력하게 하셨다.
진영에서 몇 사람이 모세를 시기하고
하나님의 거룩한 제사장 아론까지 시기하던 어느 날,
땅이 입을 벌려 다단을 삼키고
아비람 일당을 묻어 버렸다.
또 거기서 불이 타올라 그 반역자 무리를
모두 살라 버렸다.

19-22 그들은 호렙에서 금속으로 송아지 형상을 부어 만들고
자기들이 만든 그 상에 경배했다.
하나님의 영광을 싸구려 조각품, 풀이나 뜯는 황소상과 바꿔 버렸다!
그들은 자신들을 구원하신 하나님을 잊어버렸다.
이집트에서 모든 일을 역전시키신 분,
함의 땅에서 연출하신 그분의 수많은 기적들,
홍해에서 펼치신 멋진 역사를.

23-27 하나님은 더 이상 참지 못하시고
그들을 제거하기로 마음먹으셨다.
친히 택하신 모세만 아니었다면 그리하셨으리라.
그러나 모세가 몸을 던져 하나님의 진노를 돌리고
그들의 전멸을 막았다.
그들은 복 받은 그 땅을 계속 거절하면서
하나님의 약속을 믿지 않았다.

there wasn't a single survivor.
Then they believed his words were true
and broke out in songs of praise.

13-18 But it wasn't long before they forgot the whole thing,
wouldn't wait to be told what to do.
They only cared about pleasing themselves in that desert,
provoked God with their insistent demands.
He gave them exactly what they asked for—
but along with it they got an empty heart.
One day in camp some grew jealous of Moses,
also of Aaron, holy priest of GOD.
The ground opened and swallowed Dathan,
then buried Abiram's gang.
Fire flared against that rebel crew
and torched them to a cinder.

19-22 They cast in metal a bull calf at Horeb
and worshiped the statue they'd made.
They traded the Glory
for a cheap piece of sculpture—a grass-chew-ing bull!
They forgot God, their very own Savior,
who turned things around in Egypt,
Who created a world of wonders in the Land of Ham,
who gave that stunning performance at the Red Sea.

23-27 Fed up, God decided to get rid of them—
and except for Moses, his chosen, he would have.
But Moses stood in the gap and deflected God's anger,
prevented it from destroying them utterly.

자신들의 생활수준에 대해 불평하면서
하나님의 음성을 들으려 하지 않았다.
이에 크게 노하신 하나님께서 맹세하셨다.
그들을 사막에서 거꾸러지게 하고
그들의 자손을 여기저기에 흩어지게 하며,
온 땅 사방으로 쫓겨 다니게 하시겠다고.

28-31 또 그들은 바알브올과 죽이 맞아
장례 잔치에 참석하여 우상에게 바친 음식
을 먹었다.
그 행위로 하나님을 진노케 하여
그들의 진영 가운데 전염병이 퍼졌다.
그때 비느하스가 일어나 그들을 행동으로
변호하자,
전염병이 그쳤다.
이 일은 비느하스의 의로 인정되었으니,
그의 후손들이 결코 잊지 않을 것이다.

32-33 그들은 므리바 샘에서 다시 하나님을
진노케 했고,
이번에는 모세까지 그들의 악행에 말려들
었다.
그들이 또다시 **하나님**께 거역하자
모세가 자제력을 잃고 폭발하고 만 것이다.

34-39 그들은 **하나님**의 명령대로
이방 문화를 없애기는커녕,
오히려 이방인들과 혼인하고
이내 그들과 똑같이 되고 말았다.
그들의 우상에 경배하다가
그 우상의 덫에 걸리고 말았다.
아들과 딸들을
악신의 제단에 제물로 바치느라,
젖먹이의 목을 따고
여자아이와 남자아이를 살해했다.
그들의 젖먹이를 가나안 신들에게 바치니
그 젖먹이의 피가 그 땅을 더럽혔다.
어찌나 고약하게 살았던지, 높은 하늘에까

They went on to reject the Blessed Land,
    didn't believe a word of what God
    promised.
They found fault with the life they had
    and turned a deaf ear to GOD's voice.
Exasperated, God swore
    that he'd lay them low in the desert,
Scattering their children hither and yon,
    strewing them all over the earth.

28-31 Then they linked up with Baal Peor,
    attending funeral banquets and eating idol
    food.
That made God so angry
    that a plague spread through their ranks;
Phinehas stood up and pled their case
    and the plague was stopped.
This was counted to his credit;
    his descendants will never forget it.

32-33 They angered God again at Meribah
Springs;
    this time Moses got mixed up in their evil;
Because they defied GOD yet again,
    Moses exploded and lost his temper.

34-39 They didn't wipe out those godless
cultures
    as ordered by GOD;
Instead they intermarried with the heathen,
    and in time became just like them.
They worshiped their idols,
    were caught in the trap of idols.
They sacrificed their sons and daughters
    at the altars of demon gods.
They slit the throats of their babies,
    murdered their infant girls and boys.
They offered their babies to Canaan's gods;

지 악취가 진동했다.
그들은 창녀처럼 살았다.

⁴⁰⁻⁴³ **하나님**께서 노하시니 그 노가 들불처
럼 타올라
그 백성을 그저 보고 있을 수가 없으셨다.
그들을 이방인들에게 넘기시고
그들을 미워하는 자들에게 지배받게 하셨다.
원수들은 그들의 삶을 고통스럽게 했고,
그들은 학대에 시달렸다.
하나님께서 몇 번이고 그들을 구해 주셨지
만, 교훈을 얻지 못한 채
결국 자신들의 죄악 때문에 무너지고 말았다.

⁴⁴⁻⁴⁶ 그러나 하나님께서 그들의 곤경을 보
시고
도움을 구하는 그들의 부르짖음을 들으셨다.
그들과 맺으신 언약을 기억하시고
한없는 사랑으로 그들의 손을 잡아 주셨다.
그들을 사로잡아 간 자들이 보고 깜짝 놀랄
정도로
그들에게 긍휼을 베푸셨다.

⁴⁷ **하나님** 우리 하나님, 우리를 구원하소서!
포로로 잡혀간 우리들을 모아 다시 돌아가
게 하소서.
주님의 거룩한 이름에 감사하고
주님을 찬양하는 기쁨에 참여하게 하소서!

하나님, 이스라엘의 하나님을 찬양하여라!
지금, 그리고 영원토록 찬양하여라!
오, 모든 백성은 아멘으로 화답하여라!
할렐루야!

107 ¹⁻³ 오, **하나님**께 감사하여라.
그분은 참으로 선하신 분!
그분의 사랑 끝이 없다.

the blood of their babies stained the land.
Their way of life stank to high heaven;
    they lived like whores.

⁴⁰⁻⁴³ And GOD was furious—a wildfire anger;
    he couldn't stand even to look at his people.
He turned them over to the heathen
    so that the people who hated them ruled
    them.
Their enemies made life hard for them;
    they were tyrannized under that rule.
Over and over God rescued them, but they
never learned—
    until finally their sins destroyed them.

⁴⁴⁻⁴⁶ Still, when God saw the trouble they
were in
    and heard their cries for help,
He remembered his Covenant with them,
    and, immense with love, took them by the
    hand.
He poured out his mercy on them
    while their captors looked on, amazed.

⁴⁷ Save us, GOD, our God!
    Gather us back out of exile
So we can give thanks to your holy name
    and join in the glory when you are praised!

Blessed be GOD, Israel's God!
Bless now, bless always!
Oh! Let everyone say Amen!
Hallelujah!

107 ¹⁻³ Oh, thank GOD—he's so
good!
His love never runs out.

하나님께 자유를 얻은 모든 이들아, 세상에
전하여라!
주께서 너희를 어떻게 압제에서 구해 내셨
는지,
세계 곳곳에서, 사방에서, 오대양에서
너희를 어떻게 모아들이셨는지 알려라.

4-9 너희 중 일부가 여러 해 동안 사막에서
헤맸으나
살기 좋은 곳을 찾지 못했다.
굶주림에 거반 죽고 갈증에 목이 타
비틀대며 쓰러지기 직전이었다.
그때에 절박한 상태에서 하나님께 부르짖자,
그분께서 때맞춰 너희를 구해 주셨다.
너희의 발을 멋진 길에 들여놓으시고
살기 좋은 곳에 곧장 이르게 하셨다.
하나님께 감사하여라. 놀라운 사랑 베푸시고
사랑하는 자녀에게 기적 같은 자비를 베푸
셨다.
바싹 마른 목구멍에 물을 흠뻑 부어 주시고,
굶주려 허기진 이들에게 먹을 것을 넉넉히
주셨다.

10-16 너희 중 일부가 어두운 감방에 갇히고
사정없이 감금된 것은,
너희가 하나님 말씀을 거역하고
지극히 높으신 하나님의 훈계를 저버린 탓
이었다.
가혹한 판결에 너희 마음은 무거워지고
도와줄 사람 하나 보이지 않았다.
그때에 절박한 상태에서 하나님께 부르짖자,
그분께서 때맞춰 너희를 구해 주셨다.
어둡고 캄캄한 감방에서 너희를 끌어내셨다.
감옥문을 부수어 여시고 너희를 이끌어 내
셨다.
하나님께 감사하여라. 놀라운 사랑 베푸시고
사랑하는 자녀에게 기적 같은 자비를 베푸
셨다.

All of you set free by GOD, tell the world!
    Tell how he freed you from oppression,
Then rounded you up from all over the
place,
    from the four winds, from the seven seas.

4-9 Some of you wandered for years in the
desert,
    looking but not finding a good place to live.
Half-starved and parched with thirst,
    staggering and stumbling, on the brink of
    exhaustion.
Then, in your desperate condition, you
called out to GOD.
    He got you out in the nick of time;
He put your feet on a wonderful road
    that took you straight to a good place to live.
So thank GOD for his marvelous love,
    for his miracle mercy to the children he
    loves.
He poured great draughts of water down
parched throats;
    the starved and hungry got plenty to eat.

10-16 Some of you were locked in a dark cell,
    cruelly confined behind bars,
Punished for defying God's Word,
    for turning your back on the High God's
    counsel—
A hard sentence, and your hearts so heavy,
    and not a soul in sight to help.
Then you called out to GOD in your desper-
ate condition;
    he got you out in the nick of time.
He led you out of your dark, dark cell,
    broke open the jail and led you out.
So thank GOD for his marvelous love,
    for his miracle mercy to the children he loves;

육중한 감옥문을 박살내시고
쇠창살을 성냥개비처럼 부러뜨리셨다!

¹⁷⁻²² 너희 중 일부가 병에 걸린 것은 너희
가 잘못 살고
너희 몸이 너희 죄의 영향을 받았기 때문
이다.
너희는 음식을 보는 것마저 싫어하여
차라리 죽는 게 낫다고 여길 만큼 비참했다.
그때에 절박한 상태에서 **하나님**께 부르
짖자,
그분께서 때맞춰 너희를 구해 주셨다.
말씀으로 너희를 고치시고
죽음의 절벽에서 너희를 구해 내셨다.
하나님께 감사하여라. 놀라운 사랑 베푸시고
사랑하는 자녀에게 기적 같은 자비를 베
푸셨다.
감사의 제물 드리고 그분이 행하신 일을
세상에 전하여라. 그것을 크게 노래하여라!

²³⁻³² 너희 중 일부는 큰 배를 타고 출항
했다.
머나먼 항구에서 장사하려고 바다로 나갔다.
바다에서 너희는 보았다. **하나님**께서 일
하시는 광경을,
그분께서 얼마나 놀랍게 대양을 다루시는
지를.
말씀 한 마디로 바람을 일으키시니
바다 폭풍이 일어나고 산더미 같은 파도
가 치솟았다!
너희는 하늘 높이 솟아올랐다가 바다 밑
바닥까지 떨어졌다.
심장이 내려앉아 말문이 막혔다.
너희는 팽이처럼 빙글빙글 돌고 술 취한
사람처럼 비틀거렸다.
정신이 하나도 없었다.
그때에 절박한 상태에서 **하나님**께 부르짖자,
그분께서 때맞춰 너희를 구해 주셨다.

He shattered the heavy jailhouse doors,
  he snapped the prison bars like match-
  sticks!

¹⁷⁻²² Some of you were sick because you'd
lived a bad life,
  your bodies feeling the effects of your sin;
You couldn't stand the sight of food,
  so miserable you thought you'd be better
  off dead.
Then you called out to GOD in your desperate
condition;
  he got you out in the nick of time.
He spoke the word that healed you,
  that pulled you back from the brink of
  death.
So thank GOD for his marvelous love,
  for his miracle mercy to the children he
  loves;
Offer thanksgiving sacrifices,
  tell the world what he's done—sing it out!

²³⁻³² Some of you set sail in big ships;
  you put to sea to do business in faraway
  ports.
Out at sea you saw GOD in action,
  saw his breathtaking ways with the ocean:
With a word he called up the wind—
  an ocean storm, towering waves!
You shot high in the sky, then the bottom
dropped out;
  your hearts were stuck in your throats.
You were spun like a top, you reeled like a
drunk,
  you didn't know which end was up.
Then you called out to GOD in your desperate
condition;
  he got you out in the nick of time.

바람을 진정시켜 작은 속삭임이 되게 하시고
큰 파도에 재갈을 물리셨다.
폭풍이 잠잠해지자 너희는 크게 기뻐했고
그분께서 너희를 항구로 안전하게 인도하
셨다.
하나님께 감사하여라. 놀라운 사랑 베푸시고
사랑하는 자녀에게 기적 같은 자비를 베푸
셨다.
백성이 모일 때 소리 높여 찬양하고
장로들이 모일 때 할렐루야를 외쳐라!

33-41 **하나님**께서 강을 황무지로
샘을 햇볕에 바짝 마른 흙밭으로 바꾸셨다.
향기로운 과수원을 소금 습지로 바꾸셨으니,
그것은 거기 사는 사람들의 악함 때문이었다.
그러다 그분께서 황무지를 맑은 저수지로,
건조한 땅을 물이 솟는 샘으로 바꾸셨다.
굶주린 이들을 데려오셔서 자리 잡게 하시니,
그들이 그곳으로 이사했다. 참으로 살기 좋
은 곳이었다!
그들이 밭에 씨를 뿌리고 포도원을 일구어
풍작을 이루었다.
하나님이 복을 내리시니 그들이 크게 번성
하고,
그들의 가축 떼도 주는 법이 없었다.
하나님이 제후들을 경멸하시며 내쫓으시니
학대와 악행과 고난이 줄어들었다.
그분께서 가난한 이들에게 안심하고 살 곳을
마련해 주시고
그 가족들을 양 떼처럼 살뜰히 보살펴 주셨다.

42-43 선한 이들이 이것을 보고 기뻐하고
악한 자들은 말문이 막혀 하던 일을 멈추었다.
너희가 참으로 지혜로우면 이 일을 되새기고
하나님의 깊은 사랑에 감사하게 되리라.

He quieted the wind down to a whisper,
    put a muzzle on all the big waves.
And you were so glad when the storm died
down,
    and he led you safely back to harbor.
So thank GOD for his marvelous love,
    for his miracle mercy to the children he loves.
Lift high your praises when the people
assemble,
    shout Hallelujah when the elders meet!

33-41 GOD turned rivers into wasteland,
    springs of water into sunbaked mud;
Luscious orchards became alkali flats
    because of the evil of the people who lived
    there.
Then he changed wasteland into fresh pools
of water,
    arid earth into springs of water,
Brought in the hungry and settled them there;
    they moved in—what a great place to live!
They sowed the fields, they planted
vineyards,
    they reaped a bountiful harvest.
He blessed them and they prospered greatly;
    their herds of cattle never decreased.
But abuse and evil and trouble declined
    as he heaped scorn on princes and sent
    them away.
He gave the poor a safe place to live,
    treated their clans like well-cared-for
    sheep.

42-43 Good people see this and are glad;
    bad people are speechless, stopped in
    their tracks.
If you are really wise, you'll think this over—
    it's time you appreciated GOD's deep love.

다윗의 기도

108
¹⁻² 하나님, 준비가 끝났습니다.

머리부터 발끝까지 단단히 준비했습니다.
이제 선율에 맞춰 주님을 노래하렵니다.
"깨어나라, 내 영혼아!
깨어나라, 하프야, 거문고야!
깨어나라, 너 잠꾸러기 태양아!"

³⁻⁶ **하나님**, 내가 거리에서 소리 높여 주께
감사드리고
도시에서, 시골에서 주님을 찬양합니다.
주님의 사랑, 깊을수록 더 높이 이르고
모든 구름, 주님의 성실 드러내며 나부낍니다.
오 하나님, 하늘 높이 날아오르소서!
주님의 영광으로 온 땅을 덮으소서!
주께서 지극히 사랑하시는 백성을 위하여
손을 뻗어 나를 도우소서. 지금 바로 응답
하소서!

⁷⁻⁹ 그때 하나님께서 거룩한 광채 속에서
말씀하셨습니다.
"내가 기쁨에 겨워
세겜을 선사하고
숙곳 골짜기를 선물로 주리라.
길르앗이 내 호주머니 속에 있고
므낫세도 그러하다.
에브라임은 나의 헬멧,
유다는 나의 망치.
모압은 세탁용 양동이,
내가 모압을 쓰러뜨려 바닥 걸레로 삼으리라.
에돔에게 침을 뱉고
블레셋 전역에 불벼락을 퍼부으리라."

¹⁰⁻¹¹ 누가 나를 치열한 싸움터로 데려가며,
누가 에돔에 이르는 길을 알려 주겠습니까?
하나님, 주께서 우리를 버리신 것은 아니겠
지요?

A David Prayer

108
¹⁻² I'm ready, God, so ready, ready from head to toe.

Ready to sing,
    ready to raise a God-song:
"Wake, soul! Wake, lute!
    Wake up, you sleepyhead sun!"

³⁻⁶ I'm thanking you, GOD, out in the streets,
    singing your praises in town and country.
The deeper your love, the higher it goes;
    every cloud's a flag to your faithfulness.
Soar high in the skies, O God!
    Cover the whole earth with your glory!
And for the sake of the one you love so much,
    reach down and help me—answer me!

⁷⁻⁹ That's when God spoke in holy splendor:
    "Brimming over with joy,
I make a present of Shechem,
    I hand out Succoth Valley as a gift.
Gilead's in my pocket,
    to say nothing of Manasseh.
Ephraim's my hard hat,
    Judah my hammer.
Moab's a scrub bucket—
    I mop the floor with Moab,
Spit on Edom,
    rain fireworks all over Philistia."

¹⁰⁻¹¹ Who will take me to the thick of the fight?
    Who'll show me the road to Edom?
You aren't giving up on us, are you, God?

우리 군대와 함께 나아가기를 거절하신 것은
아니겠지요?

12-13 우리를 도우셔서 이 힘든 임무 완수하게
하소서.
사람의 도움은 아무 쓸데가 없습니다.
하나님을 힘입어 우리가 최선을 다하리니,
주께서 적군을 완전히 때려눕히실 것이다.

다윗의 기도

109 1-5 나의 하나님, 내 찬양의 기도를
못 들은 체 마소서.
거짓말쟁이들이 나에게 욕설을 퍼붓고
거짓된 혀로 나를 개 떼처럼 잡으려 합니다.
크게 짖어 대며 적의를 드러내고
까닭 없이 내 뒤꿈치를 뭅니다!
내가 그들을 사랑했건만 그들은 나를 비방하고
내 기도를 죄악으로 취급합니다.
그들은 나의 선을 악으로 갚고
나의 사랑을 미움으로 갚습니다.

6-20 악인을 보내셔서, 나를 고소한 법관을 고
소하게 하소서.
사탄을 급파하셔서 그를 기소하게 하소서.
그가 유죄 판결을 받게 하시고
그가 드리는 기도는 모두 죄가 되게 하소서.
그의 수명을 줄이시고
그의 일자리를 다른 사람에게 주소서.
그의 자식은 고아가 되게 하시고
그의 아내는 미망인의 상복을 입게 하소서.
그 자식들이 거리에서 구걸하는 신세가 되고
제 집에서 내쫓겨 노숙하게 하소서.
은행이 재산을 차압하여 다 털어가고
모르는 자들이 독수리처럼 덮쳐 남은 것 하나
없게 하소서.
주위에 그를 도와줄 자 없게 하시고
고아가 된 자식들의 처지를 살피는 자도 없게

refusing to go out with our troops?

12-13 Give us help for the hard task;
  human help is worthless.
In God we'll do our very best;
  he'll flatten the opposition for good.

109 1-5 My God, don't turn a deaf ear to my hallelujah prayer.
  Liars are pouring out invective on me;
Their lying tongues are like a pack of dogs
out to get me,
  barking their hate, nipping my heels—
  and for no reason!
I loved them and now they slander me—
yes, me!—
  and treat my prayer like a crime;
They return my good with evil,
  they return my love with hate.

6-20 Send the Evil One to accuse my
accusing judge;
  dispatch Satan to prosecute him.
When he's judged, let the verdict be
"Guilty,"
  and when he prays, let his prayer turn
  to sin.
Give him a short life,
  and give his job to somebody else.
Make orphans of his children,
  dress his wife in widow's weeds;
Turn his children into begging street
urchins,
  evicted from their homes—homeless.
May the bank foreclose and wipe him out,
  and strangers, like vultures, pick him

하소서.

그의 족보가 끊어져
아무도 그의 이름을 기억하지 못하게 하
소서.
그 아비의 죄악 기념비를 세우시고
그 어미의 이름도 거기에 기록되게 하소서.
그들의 죄는 **하나님** 앞에 영구히 기록되
지만
그들은 완전히 잊히게 하소서.
그런 대접을 받아 마땅합니다. 그가 친절
을 베풀기는커녕
고통받는 이들과 상심한 이들을 죽도록 괴
롭힌 까닭입니다.
그가 저주하기를 몹시 좋아했으니
그 저주가 그에게 빗발치듯 내리게 하시고,
축복하기를 싫어했으니
축복이 그를 피해 멀리 달아나게 하소서.
그는 저주를 근사한 옷처럼 갖춰 입고,
저주를 마시고 저주에 흠뻑 젖었습니다.
그에게 저주의 옷을 선물하셔서
한 주 내내 그 옷만 걸치게 하소서!
나를 잡으려는 자들이 받을 것은 바로 이것,
하나님이 산사태처럼 쏟으시는 응분의 대가.

²¹⁻²⁵ 오 **하나님**, 나의 주님, 직접 나서 주
소서.
주께서 능히 할 수 있으니, 나를 위해 기적
을 일으키소서!
주님의 사랑 지극히 크시니 나를 여기서 건
져 주소서!
나는 속수무책이요, 내 삶은 황폐합니다.
나는 스러져 소멸해 가고,
내 청춘도 가버려 겉늙었습니다.
굶주림으로 쇠약해져 일어설 힘도 없습니다.
내 몸은 **뼈**와 가죽만 남았습니다.
사람들이 내게 저속한 농담을 던집니다.
그들은 나를 보고 고개를 절레절레 흔듭
니다.

clean.

May there be no one around to help him out,
    no one willing to give his orphans a break.
Chop down his family tree
    so that nobody even remembers his name.
But erect a memorial to the sin of his father,
    and make sure his mother's name is there,
    too—
Their sins recorded forever before GOD,
    but they themselves sunk in oblivion.
That's all he deserves since he was never
once kind,
    hounded the afflicted and heartbroken to
    their graves.
Since he loved cursing so much,
    let curses rain down;
Since he had no taste for blessing,
    let blessings flee far from him.
He dressed up in curses like a fine suit of
clothes;
    he drank curses, took his baths in curses.
So give him a gift—a costume of curses;
    he can wear curses every day of the week!
That's what they'll get, those out to get me—
    an avalanche of just deserts from GOD.

²¹⁻²⁵ Oh, GOD, my Lord, step in;
    work a miracle for me—you can do it!
Get me out of here—your love is so great!—
    I'm at the end of my rope, my life in ruins.
I'm fading away to nothing, passing away,
    my youth gone, old before my time.
I'm weak from hunger and can hardly stand
up,
    my body a rack of skin and bones.
I'm a joke in poor taste to those who see me;
    they take one look and shake their heads.

²⁶⁻²⁹ **하나님** 나의 하나님, 나를 도우소서.
부디 나를 도우소서.
주님의 놀라우신 사랑으로 나를 구원하소서.
그들이 알게 하소서. 주님의 손이 이곳에 계심을,
주 **하나님**께서 일하고 계심을.
그들이 제멋대로 저주하게 내버려 두시고
주님은 내게 복을 내려 주소서.
그들이 일어설 때 군중의 야유를 받게 하시고
주님의 종인 나에게는 갈채가 따르게 하소서.
나를 고발하는 자들에게 수치로 더러워진 옷을 입히소서.
낡아서 내다 버린 굴욕적인 누더기를 입히소서.

³⁰⁻³¹ 내 입에 **하나님**께 드리는 멋진 찬양 가득하고
내가 군중에 둘러싸여 그분께 할렐루야 노래하리라.
주께서는 늘 가련한 이들의 편이 되시고
불의한 법관에게서 목숨을 구해 주신다.

다윗의 기도

110

¹⁻³ 내 주께 내리신 **하나님** 말씀.

"내가 네 원수들을 네 발판으로 삼을 때까지
너는 여기 내 보좌 곁에 앉아 있어라."
시온의 **하나님**께서 주께 강력한 왕권을 만들어 주셨으니,
원수들이 에워싸도 이제 다스리소서, 주님!
주님의 위대한 승전 날에,
거룩한 갑옷 입고 찬란히 빛나는 주께로
주님의 백성이 기쁘게 모여들 것입니다,
상쾌한 새벽녘에 생기 가득한 청년처럼
주께 나아갈 것입니다.

⁴⁻⁷ **하나님**께서 말씀하셨으니 돌이키지 않으실 것입니다.
왕께서는 영원한 제사장, 멜기세덱 제사장.

²⁶⁻²⁹ Help me, oh help me, GOD, my God,
   save me through your wonderful love;
Then they'll know that your hand is in this,
   that you, GOD, have been at work.
Let them curse all they want;
   you do the blessing.
Let them be jeered by the crowd when they stand up,
   followed by cheers for me, your servant.
Dress my accusers in clothes dirty with shame,
   discarded and humiliating old ragbag clothes.

³⁰⁻³¹ My mouth's full of great praise for GOD,
   I'm singing his hallelujahs surrounded by crowds,
For he's always at hand to take the side of the needy,
   to rescue a life from the unjust judge.

A David Prayer

110

¹⁻³ The word of GOD to my Lord:

   "Sit alongside me here on my throne
   until I make your enemies a stool for your feet."
You were forged a strong scepter by GOD of Zion;
   now rule, though surrounded by enemies!
Your people will freely join you, resplendent in holy armor
   on the great day of your conquest,
Join you at the fresh break of day,
   join you with all the vigor of youth.

⁴⁻⁷ GOD gave his word and he won't take it back:

주께서 왕의 곁에 서서
무시무시한 진노로 왕들을 짓밟으시고,
뭇 나라들을 재판하여
대대적으로 유죄 판결을 내리시며,
드넓은 땅을 가로지르며 반대 세력을 짓
밟으실 것입니다.
왕을 세우시는 분께서 왕을 즉위시키시니,
참되신 왕께서 머리를 높이 들고 다스
리실 것입니다.

111 ¹⁻¹⁰ 할렐루야!
내 모든 것으로 **하나님**께
감사하리라.
선한 이들이 모이는 곳마다, 그 회중 가
운데서.
하나님이 행하신 일, 참으로 위대하니
평생토록 연구하고 끝없이 즐거워하리라!
장엄하고 아름다운 그분의 솜씨,
그분의 관대하심 다함이 없다.
하나님의 기적은 그분의 기념비.
그분은 은혜의 **하나님**, 사랑의 **하나님**.
그분을 경외하는 이들에게 양식을 주시고
오래전 하신 약속 잊지 않고 지키셨다.
말씀대로 하실 수 있음을 자기 백성에게
입증하시고,
뭇 민족들을 큰 접시에 담아 선물로 주셨다!
진실과 정의는 그분의 작품.
그 모든 것 영원토록 존속하니,
시대에 뒤지거나 쇠퇴하지 않으며, 결코
녹스는 법이 없다.
그분께서 지으시고 행하시는 것, 모두
진실하고 참되다.
자기 백성을 위하여 몸값을 지불하시고
친히 맺으신 언약을 영원히 지키셨다.
참으로 인격적이고 거룩하신 주님, 우리
의 흠모받으시기에 합당하신 분.
선한 삶의 시작은 **하나님**을 경외하는 것,

you're the permanent priest, the Melchize-
dek priest.
The Lord stands true at your side,
    crushing kings in his terrible wrath,
Bringing judgment on the nations,
    handing out convictions wholesale,
    crushing opposition across the wide earth.
The King-Maker put his King on the throne;
    the True King rules with head held high!

111 ¹⁻¹⁰ Hallelujah!
I give thanks to GOD with every-
thing I've got—
Wherever good people gather, and in the
congregation.
GOD's works are so great, worth
A lifetime of study—endless enjoyment!
Splendor and beauty mark his craft;
His generosity never gives out.
His miracles are his memorial—
This GOD of Grace, this GOD of Love.
He gave food to those who fear him,
He remembered to keep his ancient
promise.
He proved to his people that he could do what
he said:
Hand them the nations on a platter—a gift!
He manufactures truth and justice;
All his products are guaranteed to last—
Never out-of-date, never obsolete, rust-proof.
All that he makes and does is honest and true:
He paid the ransom for his people,
He ordered his Covenant kept forever.
He's so personal and holy, worthy of our
respect.
The good life begins in the fear of GOD—
Do that and you'll know the blessing of GOD.

그리하면 **하나님**의 복을 알게 되리라.
주께 드리는 할렐루야, 영원하리라!

His Hallelujah lasts forever!

112

¹⁻¹⁰ 할렐루야!
하나님을 경외하고,
그분의 계명을 기뻐하며 소중히 여기는 이
들은 복이 있다.
그 자녀들은 땅에서 강건하고,
올곧은 이들의 가정도 그러하니, 참으로
복이 있다!
그들의 집에는 재물이 넘쳐
아무리 베풀어도 축나지 않는다.
선한 이들에게는 어둠 뚫고 해가 떠올라
하나님의 은혜와 긍휼과 정의를 비춘다!
선한 이들은 아낌없이 베풀고 넉넉히 꾸어
주니,
넘어지거나 비틀대는 일 없고
좋은 평판이 확고하여 사라지지 않는다.
소문과 험담에도 흔들리지 않고
순종의 마음으로 **하나님**을 신뢰한다.
마음이 굳세어 흐트러짐 없으며
늘 즐거워하며 원수들 사이에 있어도 편안
하다.
그들은 불쌍한 이들에게 아낌없이 베풀고
너그러운 나눔은 길이길이 이어진다.
그 삶이여, 영예롭고 아름답구나!
악인은 이것을 보고 노발대발하며
엄포를 늘어놓지만, 결국 말문이 막히고 만다.
악인들의 꿈은 무위로 돌아가고 헛되이 사
라질 뿐이다.

112

¹⁻¹⁰ Hallelujah!
Blessed man, blessed woman,
who fear GOD,
Who cherish and relish his commandments,
Their children robust on the earth,
And the homes of the upright—how blessed!
Their houses brim with wealth
And a generosity that never runs dry.
Sunrise breaks through the darkness for
good people—
God's grace and mercy and justice!
The good person is generous and lends
lavishly;
No shuffling or stumbling around for this
one,
But a sterling and solid and lasting reputa-
tion.
Unfazed by rumor and gossip,
Heart ready, trusting in GOD,
Spirit firm, unperturbed,
Ever blessed, relaxed among enemies,
They lavish gifts on the poor—
A generosity that goes on, and on, and on.
An honored life! A beautiful life!
Someone wicked takes one look and rages,
Blusters away but ends up speechless.
There's nothing to the dreams of the wicked.
Nothing.

113

¹⁻³ 할렐루야!
하나님을 섬기는 너희들아,
하나님을 찬양하여라!
그분의 이름을 선포하여라, 그것이 바로
찬양이다!

113

¹⁻³ Hallelujah!
You who serve GOD, praise
GOD!
Just to speak his name is praise!
Just to remember GOD is a blessing—

하나님을 기억하여라, 그것이 바로 복이다.
오늘도 내일도 언제까지나 기억하여라.
동에서 서까지, 새벽부터 해 질 때까지,
너희 모두 찬양을 **하나님**께 올려 드려라!

4-9 **하나님**은 그 무엇이나 그 누구보다 높
으시고,
하늘에 보이는 그 어떤 것보다 밝게 빛나
신다.
누가 **하나님**, 우리 하나님과 견줄 수 있으랴?
더없이 위엄 있게 좌정하시고
드넓은 하늘과 땅을 굽어보신다.
가련한 이를 오물 더미에서 건져 내시고
버림받아 불쌍한 이를 쓰레기 더미에서 구
해 내신다.
귀빈들 사이에 그들을 앉히시고
가장 똑똑하고 뛰어난 자들 가운데 영예의
자리를 마련해 주신다.
아이 없는 부부가 부모가 되게 하시고
여러 자녀를 기르는 기쁨을 주신다.
할렐루야!

114

1-8 이스라엘이 이집트를 떠날 때,
야곱의 집안이 저 야만족을 두고 떠나올 때,
유다는 하나님께 거룩한 땅이 되고
이스라엘은 그분께서 거룩하게 다스리시
는 영토가 되었다.
바다는 그들을 보고 반대쪽으로 달아나고
요단 강은 몸을 돌려 도망쳤으며,
장난기가 동한 산들이 숫양처럼 뛰놀고
언덕들도 어린양처럼 들떠 뛰었다.
바다야, 네가 달아나다니, 무슨 일이냐?
요단 강아, 네가 몸을 돌려 도망치다니, 어
찌 된 일이냐?
산들아, 너희는 어찌하여 숫양처럼 뛰놀았
느냐?

now and tomorrow and always.
From east to west, from dawn to dusk,
    keep lifting all your praises to GOD!

4-9 GOD is higher than anything and
anyone,
    outshining everything you can see in the
    skies.
Who can compare with GOD, our God,
    so majestically enthroned,
Surveying his magnificent
    heavens and earth?
He picks up the poor from out of the dirt,
    rescues the wretched who've been thrown
    out with the trash,
Seats them among the honored guests,
    a place of honor among the brightest and
    best.
He gives childless couples a family,
    gives them joy as the parents of children.
Hallelujah!

114

1-8 After Israel left Egypt,
    the clan of Jacob left those
barbarians behind;
Judah became holy land for him,
    Israel the place of holy rule.
Sea took one look and ran the other way;
    River Jordan turned around and ran off.
The mountains turned playful and skipped
like rams,
    the hills frolicked like spring lambs.
What's wrong with you, Sea, that you ran
away?
    and you, River Jordan, that you turned
    and ran off?
And mountains, why did you skip like rams?

언덕들아, 너희는 어찌하여 어린양처럼 들
떠 뛰었느냐?
땅이여, 두려워 떨어라! 네 주님 앞,
야곱의 하나님 앞에서!
주께서 반석을 시원한 못으로,
바위를 맑은 샘물로 바꾸셨다.

115 ¹⁻² **하나님**, 우리를 위해서가 아니라,

주님의 이름을 위해 주님의 영광 드러내소서.
주님의 자비로우신 사랑을 위해 그리하소서.
주님의 성실하심으로 인하여 그렇게 하소서.
이방 민족들이 "저들의 하나님이 어디에 있
느냐?" 하고
말하지 못하게 하소서.

³⁻⁸ 우리 하나님은 하늘에 계셔서
원하시는 일이면 무엇이든 이루신다.
저들의 우상은 금속과 나무,
지하 작업장에서 손으로 만든 것.
새긴 입이라 말하지 못하고
그린 눈이라 보지 못한다.
주석 입힌 귀라 듣지 못하고
부어 만든 코라 냄새 맡지 못한다.
손은 움켜쥐지 못하고, 발은 걷거나 달리지
못하며
목구멍은 소리 내지 못한다.
이런 것을 만든 자들, 그와 똑같이 되고
그들이 의지하는 우상들과 똑같은 처지가 되
었다.

⁹⁻¹¹ 그러나 너 이스라엘아, **하나님**을 신뢰
하여라!
그분은 너를 도우시는 분, 너를 다스리시는 분!
아론의 집안이여, **하나님**을 신뢰하여라!
그분은 너희를 도우시는 분, 너희를 다스리
시는 분!

and you, hills, frolic like spring lambs?
Tremble, Earth! You're in the Lord's
presence!
in the presence of Jacob's God.
He turned the rock into a pool of cool
water,
turned flint into fresh spring water.

115 ¹⁻² Not for our sake, GOD, no, not for our sake,

but for your name's sake, show your
glory.
Do it on account of your merciful love,
do it on account of your faithful ways.
Do it so none of the nations can say,
"Where now, oh where is their God?"

³⁻⁸ Our God is in heaven
doing whatever he wants to do.
Their gods are metal and wood,
handmade in a basement shop:
Carved mouths that can't talk,
painted eyes that can't see,
Tin ears that can't hear,
molded noses that can't smell,
Hands that can't grasp, feet that can't walk
or run,
throats that never utter a sound.
Those who make them have become just
like them,
have become just like the gods they
trust.

⁹⁻¹¹ But you, Israel: put your trust in GOD!
—trust your Helper! trust your Ruler!
Clan of Aaron, trust in GOD!
—trust your Helper! trust your Ruler!

하나님을 경외하는 너희여, **하나님**을 신뢰하
여라!
그분은 너희를 도우시는 분, 너희를 다스리시
는 분!

12-16 오 **하나님**, 우리를 기억하셔서 복을 내려
주소서.
이스라엘 집안과 아론 집안에 복을 내려 주
소서.
하나님을 경외하는 모든 이들에게 복을 내리
시고
못난 자나 잘난 자 모두에게 복을 내려 주소서.
오, **하나님**께서 너희 집안을 일으키시고
너희를 번성시키시며, 너희 자손의 수를 늘려
주시기를.
너희는 **하나님**께 복을 받으리라,
하늘과 땅을 지으신 **하나님**께.
하늘의 하늘은 **하나님**의 것,
그분께서 맡기신 땅은 우리의 것.

17-18 죽은 사람은 **하나님**을 찬양할 수 없고
땅에 묻힌 자는 한 마디도 말할 수 없다.
그러나 우리는 **하나님**을 찬양하리라.
지금도 찬양하고, 늘 찬양하리라!
할렐루야!

116 1-6 **하나님**께서 내 말을 들으시
고
자비를 구하는 내 간구를 들어주셨으니,
내가 그분을 사랑하는도다.
주님 앞에 나아와 내 사정 털어놓을 때,
귀를 기울여 들어주셨다.
죽음이 나를 정면으로 노려보고
저승이 내 뒤를 바싹 쫓을 때,
막다른 길에 이른 나, 어디로 갈지 몰라
하나님을 부르며 도움을 구했다.
"**하나님**, 간구합니다!

You who fear GOD, trust in GOD!
  –trust your Helper! trust your Ruler!

12-16 O GOD, remember us and bless us,
  bless the families of Israel and Aaron.
And let GOD bless all who fear GOD—
  bless the small, bless the great.
Oh, let GOD enlarge your families—
  giving growth to you, growth to your
  children.
May you be blessed by GOD,
  by GOD, who made heaven and earth.
The heaven of heavens is for GOD,
  but he put us in charge of the earth.

17-18 Dead people can't praise GOD—
  not a word to be heard from those
  buried in the ground.
But we bless GOD, oh yes—
  we bless him now, we bless him
  always!
Hallelujah!

116 1-6 I love GOD because he
listened to me,
  listened as I begged for mercy.
He listened so intently
  as I laid out my case before him.
Death stared me in the face,
  hell was hard on my heels.
Up against it, I didn't know which way to
turn;
  then I called out to GOD for help:
"Please, GOD!" I cried out.
  "Save my life!"
GOD is gracious—it is he who makes
things right,

이 목숨을 구해 주소서!"
하나님은 은혜로우신 분, 모든 일을 바로잡아
주시는 분,
긍휼이 많으신 분.
의지할 데 없는 이들을 편들어 주시고
어찌할 바 모르는 나를 구원해 주셨다.

7-8 내가 속으로 말했다. "이제 마음 편히 쉬
어라.
하나님께서 네게 복을 쏟아부으셨으니.
내 영혼아, 하나님이 너를 죽음에서 구하셨다.
내 눈아, 하나님이 너를 눈물에서 건지셨다.
내 발아, 하나님이 너를 넘어지지 않게 하셨다."

9-11 내가 하나님 앞에서 힘껏 걸으며
산 자들의 땅에서 살아가리라!
괴로움을 당하고
견디기 힘든 불행을 겪으면서,
인간에 대한 기대마저 무너져
"사람들은 다 거짓말쟁이에 사기꾼이다" 하면
서도
나, 믿음을 굳게 지켰다.

12-19 하나님께서 내게 부어 주신 복을
무엇으로 갚을 수 있으랴?
내가 구원의 잔을 높이 들리라. 하나님을 위하
여 건배!
내가 하나님의 이름으로 기도하리라.
하나님께 약속한 대로,
그분의 백성과 함께 모두 이행하리라.
그들이 죽음의 문턱에 이를 때
하나님께서 자기를 사랑하는 이들을 맞아 주
신다.
오 하나님, 주님의 충직한 종이 여기 있습니다.
주께서 일하셔서
이 몸, 자유케 되었습니다!
내가 주께 감사제를 드리며
하나님의 이름으로 기도합니다.

our most compassionate God.
GOD takes the side of the helpless;
    when I was at the end of my rope, he
    saved me.

7-8 I said to myself, "Relax and rest.
GOD has showered you with bless-
ings.
Soul, you've been rescued from death;
Eye, you've been rescued from tears;
And you, Foot, were kept from
stumbling."

9-11 I'm striding in the presence of GOD,
    alive in the land of the living!
I stayed faithful, though bedeviled,
    and despite a ton of bad luck,
Despite giving up on the human race,
    saying, "They're all liars and cheats."

12-19 What can I give back to GOD
    for the blessings he's poured out on
    me?
I'll lift high the cup of salvation—a toast
to GOD!
    I'll pray in the name of GOD;
I'll complete what I promised GOD I'd
do,
    and I'll do it together with his people.
When they arrive at the gates of death,
    GOD welcomes those who love him.
Oh, GOD, here I am, your servant,
    your faithful servant: set me free for
    your service!
I'm ready to offer the thanksgiving
sacrifice
    and pray in the name of GOD.
I'll complete what I promised GOD I'd do,

하나님께 약속한 대로,
그분의 백성과 함께 모두 이행하리라.
예배하는 자리에서, **하나님**의 집에서,
하나님의 도성, 예루살렘에서.
할렐루야!

117 ¹⁻² 모두 **하나님**을 찬양하여라!
모든 백성들아, 박수 치며 하
나님을 찬송하여라!
그분의 사랑 우리 삶을 사로잡았으니,
하나님의 신실하심 영원하도다.
할렐루야!

118 ¹⁻⁴ **하나님**께 감사하여라. 그
분은 선하시고
그분의 사랑 끝이 없다.
이스라엘아, 세상을 향해 말하여라.
"그분의 사랑 끝이 없다."
너 아론 집안아, 세상을 향해 말하여라.
"그분의 사랑 끝이 없다."
하나님을 경외하는 너희도 함께 말하여라.
"그분의 사랑 끝이 없다."

⁵⁻¹⁶ 내가 고난을 당해 **하나님**을 불렀더니
탁 트인 곳에 계신 그분께서 응답하셨다.
하나님께서 내 편이시니 나는 두렵지 않다.
누가 감히 나를 건드리랴?
하나님께서 철통같이 보호하시니,
내가 원수들을 파리처럼 털어 버린다.
하나님께 몸을 피하는 것이
사람을 신뢰하는 것보다 훨씬 낫고,
하나님께 몸을 피하는 것이
유명인들을 신뢰하는 것보다 훨씬 낫다.
야만족이 나를 에워쌌으나
내가 **하나님**의 이름으로 그들의 얼굴을 땅
바닥에 처박았다.

and I'll do it in company with his people,
In the place of worship, in GOD's house,
    in Jerusalem, GOD's city.
Hallelujah!

117 ¹⁻² Praise GOD, everybody!
Applaud GOD, all people!
His love has taken over our lives;
GOD's faithful ways are eternal.
    Hallelujah!

118 ¹⁻⁴ Thank GOD because he's good,
    because his love never quits.
Tell the world, Israel,
    "His love never quits."
And you, clan of Aaron, tell the world,
    "His love never quits."
And you who fear GOD, join in,
    "His love never quits."

⁵⁻¹⁶ Pushed to the wall, I called to GOD;
    from the wide open spaces, he answered.
GOD's now at my side and I'm not afraid;
    who would dare lay a hand on me?
GOD's my strong champion;
    I flick off my enemies like flies.
Far better to take refuge in GOD
    than trust in people;
Far better to take refuge in GOD
    than trust in celebrities.
Hemmed in by barbarians,
    in GOD's name I rubbed their faces in the dirt;
Hemmed in and with no way out,
    in GOD's name I rubbed their faces in the

빠져나갈 길 없이 나를 둘러쌌지만
내가 **하나님**의 이름으로 그들의 얼굴을 땅바
닥에 처박았다.
벌 떼처럼, 대초원의 들불처럼 나를 에워쌌지만
내가 **하나님**의 이름으로 그들의 얼굴을 땅바
닥에 처박았다.
나, 낭떠러지 끝에서 떨어질 뻔했으나
하나님께서 손을 뻗어 나를 붙들어 주셨다.
하나님은 나의 힘, 나의 노래,
나의 구원이시라.
구원받은 이들의 진영에서 울려 퍼지는
환호소리 들어라, 승리의 노래 들어라.
"**하나님**의 손이 전세를 역전시켰다!
승리를 거둔 **하나님**의 손이 공중에 번쩍 들렸다!
하나님의 손이 전세를 역전시켰다!"

17-20 나는 죽지 않았다. 나는 살았다!
이제 **하나님**께서 행하신 일을 세상에 알리리라.
하나님께서 나를 시험하시고 거세게 몰아세
우셨지만,
죽음에 넘기지는 않으셨다.
성문을 활짝 열어라, 정의의 문을!
내가 그 문으로 곧장 걸어 들어가 **하나님**께
감사하리라!
이 성전 문은 **하나님**의 것이니,
승리자들이 들어가 찬양을 드린다.

21-25 나에게 응답하신 주님, 감사합니다.
주님은 참으로 나의 구원이 되셨습니다!
석공들이 흠 있는 것으로 여겨 내버린 돌이
이제 머릿돌이 되었다!
이것은 **하나님**께서 행하신 일,
눈을 씻고 보아도 신기할 따름이다!
이날은 **하나님**께서 행하신 날,
함께 기념하고 축제를 벌이세!
지금 구원하소서. **하나님**, 지금 구원하소서!
오 **하나님**, 자유롭고 충만한 삶을 주소서!

dirt;
Like swarming bees, like wild prairie fire,
they hemmed me in;
 in GOD's name I rubbed their faces in
 the dirt.
I was right on the cliff-edge, ready to fall,
 when GOD grabbed and held me.
GOD's my strength, he's also my song,
 and now he's my salvation.
Hear the shouts, hear the triumph songs
 in the camp of the saved?
 "The hand of GOD has turned the tide!
 The hand of GOD is raised in victory!
 The hand of GOD has turned the tide!"

17-20 I didn't die. I *lived*!
 And now I'm telling the world what GOD
 did.
GOD tested me, he pushed me hard,
 but he didn't hand me over to Death.
Swing wide the city gates—the *righteous*
gates!
 I'll walk right through and thank GOD!
This Temple Gate belongs to GOD,
 so the victors can enter and praise.

21-25 Thank you for responding to me;
 you've truly become my salvation!
The stone the masons discarded as flawed
 is now the capstone!
This is GOD's work.
 We rub our eyes—we can hardly believe it!
This is the very day GOD acted—
 let's celebrate and be festive!
Salvation now, GOD. Salvation now!
 Oh yes, GOD—a free and full life!

26-29 **하나님** 이름으로 들어오는 너희는 복이
있다.
우리가 **하나님**의 집에서 너희를 축복하노라!
하나님은 주님이시니,
우리를 빛 속에 잠기게 하셨다.
성소를 화환으로 꾸미고
형형색색의 깃발을 제단 위에 걸어라!
주님은 나의 하나님이시니, 주께 감사드립니다.
오 나의 하나님, 주님을 소리 높여 찬양합니다.
하나님께 감사하여라. 그분은 참으로 선하
시고
그분의 사랑 끝이 없다!

119

1-8 정도를 벗어나지 않고
하나님이 알려 주신 길을 한결
같이 걷는 사람은 복이 있다.
하나님의 지시를 따르고
최선을 다해 그분을 찾는 사람은 복이 있다.
그렇다. 이런 사람은 곁길로 새지 않고
주께서 내신 길을 똑바로 걸어간다.
하나님, 주께서는 바른 삶의 길을 정하시고
우리가 그 길을 따라 살기를 원하십니다.
오, 주께서 정해 주신 길을 따라
흔들림 없이 걸어갔더라면,
주님의 교훈에 미치지 못하여
내 삶을 후회할 일은 없었을 것을.
진심으로 따끔하게 말씀해 주시고
주님의 의로운 길을 본받게 하시니 감사드립
니다.
주께서 말씀하신 대로 행하겠으니
나를 버리고 떠나지 마소서.

❧

9-16 어떻게 해야 젊은이가 깨끗하게 살 수 있
습니까?
주님의 말씀의 지도를 꼼꼼히 살피고 따라가
는 것입니다.

26-29 Blessed are you who enter in GOD's
name—
from GOD's house we bless you!
GOD is God,
he has bathed us in light.
Festoon the shrine with garlands,
hang colored banners above the altar!
You're my God, and I thank you.
O my God, I lift high your praise.
Thank GOD—he's so good.
His love never quits!

119

1-8 You're blessed when you
stay on course,
walking steadily on the road revealed by
GOD.
You're blessed when you follow his directions,
doing your best to find him.
That's right—you don't go off on your own;
you walk straight along the road he set.
You, GOD, prescribed the right way to live;
now you expect us to live it.
Oh, that my steps might be steady,
keeping to the course you set;
Then I'd never have any regrets
in comparing my life with your counsel.
I thank you for speaking straight from
your heart;
I learn the pattern of your righteous ways.
I'm going to do what you tell me to do;
don't ever walk off and leave me.

❧

9-16 How can a young person live a clean
life?
By carefully reading the map of your
Word.

내가 일편단심 주님만 따라가리니,
주께서 세우신 길 위의 표지판을 놓치지 않
게 하소서.
내 마음의 금고에 주님의 약속들을 예치해
놓았으니
내가 죄를 지어 파산하지 않기 위해서입니다.
하나님, 찬양을 받으소서.
지혜롭게 사는 길을 가르쳐 주소서.
주님의 입에서 나오는 모든 교훈을
내 입술로 되풀이하겠습니다.
내가 막대한 부를 축적하는 것보다
주께서 일러 주시는 삶의 교훈을 훨씬 더 즐
거워합니다.
주께서 주신 지혜를 작은 조각까지 곱씹고
주께서 행하신 일을 주의 깊게 살핍니다.
주께서 인생에 대해 하신 말씀, 빠짐없이 음
미하고
한 마디도 잊지 않겠습니다.

✤

17-24 나를 너그럽게 대해 주소서. 내가 충실
한 삶을 살며
주님의 길에서 잠시도 눈을 떼지 않겠습니다.
내 눈을 열어 주셔서
주님의 놀라운 기적을 보게 하소서.
나는 이 땅에서 나그네에 불과하니
분명한 지침을 내려 주소서.
내 영혼은 허기지고 굶주렸습니다!
영양가 높은 주님의 계명들을 갈망합니다.
자기의 지식을 자랑하면서도
주님의 말씀을 무시하는 자들을 꾸짖으소서!
그들이 나를 놀리거나 욕보이지 못하게 하
소서.
내가 주님의 말씀만 주의 깊게 실천합니다.
못된 이웃들이 나를 몹시 헐뜯어도
나는 주님의 지혜로운 훈계를 가슴 깊이 되
새깁니다.
그렇습니다. 주님의 인생 교훈이 내게 기쁨

I'm single-minded in pursuit of you;
    don't let me miss the road signs you've
    posted.
I've banked your promises in the vault of
my heart
    so I won't sin myself bankrupt.
Be blessed, GOD;
    train me in your ways of wise living.
I'll transfer to my lips
    all the counsel that comes from your mouth;
I delight far more in what you tell me about
living
    than in gathering a pile of riches.
I ponder every morsel of wisdom from you,
    I attentively watch how you've done it.
I relish everything you've told me of life,
    I won't forget a word of it.

✤

17-24 Be generous with me and I'll live a full
life;
    not for a minute will I take my eyes off
    your road.
Open my eyes so I can see
    what you show me of your miracle-wonders.
I'm a stranger in these parts;
    give me clear directions.
My soul is starved and hungry, ravenous!—
    insatiable for your nourishing com-
    mands.
And those who think they know so much,
    ignoring everything you tell them—let
    them have it!
Don't let them mock and humiliate me;
    I've been careful to do just what you said.
While bad neighbors maliciously gossip
about me,
    I'm absorbed in pondering your wise

이 되니

내가 좋은 이웃의 말처럼 귀담아듣습니다!

❧

²⁵⁻³² 끔찍합니다. 이보다 더 비참할 수 있

겠습니까?

나를 다시 일으켜 주소서. 주께서 약속하신

것, 기억하시는지요?

내 사정을 말씀드리자 주께서 응답해 주셨

으니,

주님의 깊은 지혜로 나를 가르쳐 주소서.

그 내용을 속속들이 이해하게 도우셔서

주님의 놀라운 기적을 묵상하게 하소서.

이 서글픈 인생은 무너져 가는 헛간에 불과

하니,

주님의 말씀으로 나를 다시 지어 주소서.

길 아닌 길은 막으시고,

주님의 분명한 계시로 은혜를 베풀어 주소서.

내가 목적지가 분명한 참된 길을 택하고

굽이마다, 모퉁이마다 주님의 도로 표지판

을 세웁니다.

주께서 하신 모든 말씀 붙들고 하나도 놓

지 않으니,

하나님, 나를 버리지 마소서!

나에게 방법을 알려 주시면

주께서 나를 위해 펼쳐 놓으신 길로 달려가

겠습니다.

❧

³³⁻⁴⁰ **하나님**, 내게 인생의 교훈을 가르치셔서

내가 그 길을 끝까지 따라가게 하소서.

내게 통찰력을 주셔서 주님의 말씀대로 행

하게 하시고,

내 모든 삶이 오랜 순종의 길이 되게 하소서.

주님의 계명의 길로 나를 인도하소서.

쭉 뻗은 그 길을 가는 것이 참으로 좋습니다!

탐욕 가득한 보화가 아니라

지혜로운 주님의 말씀을 사랑하게 하소서.

counsel.

Yes, your sayings on life are what give me

delight;

I listen to them as to good neighbors!

❧

²⁵⁻³² I'm feeling terrible—I couldn't feel

worse!

Get me on my feet again. You promised,

remember?

When I told my story, you responded;

train me well in your deep wisdom.

Help me understand these things inside and

out

so I can ponder your miracle-wonders.

My sad life's dilapidated, a falling-down

barn;

build me up again by your Word.

Barricade the road that goes Nowhere;

grace me with your clear revelation.

I choose the true road to Somewhere,

I post your road signs at every curve and

corner.

I grasp and cling to whatever you tell me;

GOD, don't let me down!

I'll run the course you lay out for me

if you'll just show me how.

❧

³³⁻⁴⁰ GOD, teach me lessons for living

so I can stay the course.

Give me insight so I can do what you tell

me—

my whole life one long, obedient response.

Guide me down the road of your command-

ments;

I love traveling this freeway!

Give me a bent for your words of wisdom,

헛된 것들에서 눈길을 돌리게 하시고
먼 순례 길을 가는 내게 힘을 주소서.
주님을 경외하는 모든 사람에게 하신 약속,
그 약속의 말씀 내게도 이루어 주소서.
나를 비난하는 자들의 거친 말들을 면하게 하
소서.
그러나 주께서 하시는 말씀은 언제나 좋습니다.
내가 주님의 교훈을 얼마나 사모하는지 보소서.
주님의 의로운 길을 따라가는 내 삶을 지켜 주
소서!

❦

41-48 **하나님**, 주께서 약속하신 대로
주님의 사랑과 구원으로 내 삶을 빚으소서.
그러면 내가 주님의 말씀을 신뢰함으로
비웃음을 견딜 수 있겠습니다.
내가 주님의 계명들을 의지하니
내게서 결단코 진리를 거두지 마소서.
오, 주께서 내게 알려 주신 것, 목숨을 다해
지키겠습니다.
이제도 지키고, 앞으로도 길이길이 지키겠습
니다.
탁 트인 곳을 성큼성큼 걸으며
주님의 진리와 주님의 지혜를 찾겠습니다.
그래서 내가 발견한 것을 세상에 전하며
사람들 앞에서 부끄러워하지 않고 담대히 외
치겠습니다.
내가 주님의 계명을 소중히 간직합니다.
얼마나 사랑하는지, 주님의 계명에 흠뻑 빠져
듭니다.

❦

49-56 주님의 종인 내게 하신 말씀을 기억하
소서.
그 말씀을 내가 죽기 살기로 붙듭니다!
고난당할 때 그 말씀이 나를 붙들고
주님의 약속이 내 원기를 회복시켜 줍니다.
거만한 자들이 나를 무참히 조롱하여도

and not for piling up loot.
Divert my eyes from toys and trinkets,
    invigorate me on the pilgrim way.
Affirm your promises to me—
    promises made to all who fear you.
Deflect the harsh words of my critics—
    but what you say is always so good.
See how hungry I am for your counsel;
    preserve my life through your righteous
    ways!

❦

41-48 Let your love, GOD, shape my life
    with salvation, exactly as you promised;
Then I'll be able to stand up to mockery
    because I trusted your Word.
Don't ever deprive me of truth, not ever—
    your commandments are what I
    depend on.
Oh, I'll guard with my life what you've
revealed to me,
    guard it now, guard it ever;
And I'll stride freely through wide open
spaces
    as I look for your truth and your wisdom;
Then I'll tell the world what I find,
    speak out boldly in public, unembar-
    rassed.
I cherish your commandments—oh, how I
love them!—
    relishing every fragment of your counsel.

❦

49-56 Remember what you said to me,
your servant—
    I hang on to these words for dear life!
These words hold me up in bad times;
    yes, your promises rejuvenate me.

주님의 계시에서 조금도 벗어나지 않습니다.
오래전에 경계표로 주신 주님의 말씀을 확인하니,
내가 제대로 가고 있음을 알겠습니다.
그러나 주님의 지시를 무시하는 악인들을 보면
주체할 수 없이 분노가 끓어오릅니다.
주님의 가르침에 곡조를 붙이고
이 순례 길을 걸으며 노래합니다.
오 하나님, 밤새도록 주님의 이름을 묵상하며
주님의 계시를 보화인 듯 마음에 새깁니다.
여전히 내 가는 길에 비웃음이 빗발치니
내가 주님의 말씀과 교훈대로 살기 때문입니다.

❧

57-64 **하나님**, 주께서 나를 만족케 하셨으니
주님의 말씀대로 다 행하겠습니다.
진심으로 간구하니, 환한 얼굴빛 비추시고
약속하신 대로 내게 은혜를 베풀어 주소서.
주님의 길을 오랫동안 유심히 살펴보고
주께서 표시해 주신 방향으로 발길을 돌렸습니다.
내가 지체하지 않고 일어나
서둘러 주님의 명령을 따랐습니다.
악인들이 나를 에워싸 빠져나갈 길이 없었으나
나를 위해 세우신 주님의 계획을 한시도 잊지 않았습니다.
내가 한밤중에 일어나 주께 감사드립니다!
주님의 판단이 너무나 옳고 참되어, 아침까지 기다릴 수 없습니다!
나는 주님을 경외하는 모든 이들의 벗,
주님의 규례대로 사는 이들의 길동무입니다.
하나님, 주님의 사랑이 땅에 가득합니다!
주님의 교훈대로 살도록 나를 가르치소서.

❧

The insolent ridicule me without mercy,
    but I don't budge from your revelation.
I watch for your ancient landmark words,
    and know I'm on the right track.
But when I see the wicked ignore your directions,
    I'm beside myself with anger.
I set your instructions to music
    and sing them as I walk this pilgrim way.
I meditate on your name all night, GOD,
    treasuring your revelation, O GOD.
Still, I walk through a rain of derision
    because I live by your Word and counsel.

❧

57-64 Because you have satisfied me, GOD, I promise
    to do everything you say.
I beg you from the bottom of my heart: smile,
    be gracious to me just as you promised.
When I took a long, careful look at your ways,
    I got my feet back on the trail you blazed.
I was up at once, didn't drag my feet,
    was quick to follow your orders.
The wicked hemmed me in—there was no way out—
    but not for a minute did I forget your plan for me.
I get up in the middle of the night to thank you;
    your decisions are so right, so true—I can't wait till morning!
I'm a friend and companion of all who fear you,
    of those committed to living by your rules.
Your love, GOD, fills the earth!
    Train me to live by your counsel.

❧

⁶⁵⁻⁷² **하나님**, 주님의 종을 선대해 주소서.
주님의 말씀대로 잘 보살펴 주소서.
주님의 방식을 좇아 살기로 단단히 마음
먹었으니,
건전한 상식으로 나를 가르치소서.
주님의 책망을 받아들이기 전, 나 이리저
리 방황했지만
이제는 주님의 말씀에 보조를 맞춥니다.
주님은 선하시며 선의 근원이시니,
그 선하심으로 나를 가르치소서.
악인들이 나를 두고 거짓말을 퍼뜨려도
나는 주님 말씀에 주의를 기울입니다.
저들의 말은 비곗덩어리처럼 역겹지만
주님의 계시는 나를 춤추게 합니다.
나의 고난이 변하여 최선의 결과를 냈으니
내가 주님의 고난 교과서로 배우게 되었
기 때문입니다.
나에게는 주님의 입에서 나오는 진리가
금광에서 찾은 금맥보다 더욱 귀합니다.

🌱

⁷³⁻⁸⁰ 주께서 두 손으로 나를 빚어 만드셨
으니,
주님의 말씀을 이해하도록 내게 지혜를
불어넣으소서.
내가 주님의 말씀을 기다리고 사모하는
모습을 보고
주님을 경외하는 이들이 용기를 얻고 기
뻐합니다.
하나님, 주님의 판단이 옳다는 것을 이제
알겠습니다.
무엇이 참되고 옳은지 주님의 시험을 통
해 내가 배웠습니다.
오, 주께서 약속하신 대로 나를 사랑해 주
소서.
바로 지금, 나를 꼭 붙들어 주소서!
나를 위로해 주소서. 그러면 내가 참으로
살겠습니다.

⁶⁵⁻⁷² Be good to your servant, GOD;
  be as good as your Word.
Train me in good common sense;
  I'm thoroughly committed to living your way.
Before I learned to answer you, I wandered
all over the place,
  but now I'm in step with your Word.
You are good, and the source of good;
  train me in your goodness.
The godless spread lies about me,
  but I focus my attention on what you are
  saying;
They're bland as a bucket of lard,
  while I dance to the tune of your revelation.
My troubles turned out all for the best—
  they forced me to learn from your textbook.
Truth from your mouth means more to me
  than striking it rich in a gold mine.

🌱

⁷³⁻⁸⁰ With your very own hands you formed me;
  now breathe your wisdom over me so I can
  understand you.
When they see me waiting, expecting your
Word,
  those who fear you will take heart and be
  glad.
I can see now, GOD, that your decisions are
right;
  your testing has taught me what's true and
  right.
Oh, love me—and right now!—hold me tight!
  just the way you promised.
Now comfort me so I can live, really live;
  your revelation is the tune I dance to.
Let the fast-talking tricksters be exposed as
frauds;
  they tried to sell me a bill of goods,

주님의 계시, 그 곡조에 맞춰 춤을 추겠습니다.
사기꾼의 달변이 거짓으로 드러나게 하소서.
저들이 나를 속이려 했으나
나는 주님의 교훈에 마음을 고정했습니다.
주님을 경외하는 이들이 내게로 와서
주님의 지혜로운 인도하심의 증거를 보게 하소서.
내 몸과 영혼이 온전하고 거룩하게 하셔서
내가 언제나 머리를 높이 들고 걸을 수 있게
하소서.

❧

81-88 내가 주님의 구원을 간절히 바라다 병이
들었습니다.
주님이 주시는 희망의 말씀을 기다립니다.
주님의 약속이 이루어질 징조를 찾느라 내 눈
이 피곤합니다.
주님의 위로를 언제까지 기다려야 합니까?
눈에 연기가 들어왔는지, 눈이 아른거리고 눈
물이 납니다.
나는 주님의 가르침에서 한시도 눈을 떼지 않
습니다.
이 상황을 얼마나 더 견뎌야 합니까?
얼마나 더 참아야 나를 괴롭히는 자들을 심판
하시겠습니까?
교만한 자들은 하나님과 그 길을 알지 못하면서
나를 끌어내리려고 합니다.
주께서 명령하시는 것은 무엇이나 틀림없지만,
저들은 거짓말로 나를 괴롭힙니다. 도와주소서!
저들은 그칠 줄 모르고 나를 몰아붙이지만
내가 변함없이 주님의 교훈을 굳게 붙듭니다.
주님의 모든 말씀에 즉각 순종할 수 있도록
주님의 크신 사랑으로 나를 회복시켜 주소서.

❧

89-96 **하나님**, 주님의 말씀은 하늘만큼 영원
하고
굳건하게 그 자리를 지킵니다.

but I kept my mind fixed on your
counsel.
Let those who fear you turn to me
for evidence of your wise guidance.
And let me live whole and holy, soul and
body,
so I can always walk with my head held
high.

❧

81-88 I'm homesick—longing for your
salvation;
I'm waiting for your word of hope.
My eyes grow heavy watching for some
sign of your promise;
how long must I wait for your comfort?
There's smoke in my eyes—they burn and
water,
but I keep a steady gaze on the instruc-
tions you post.
How long do I have to put up with all this?
How long till you haul my tormentors
into court?
The arrogant godless try to throw me off
track,
ignorant as they are of God and his
ways.
Everything you command is a sure thing,
but they harass me with lies. Help!
They've pushed and pushed—they never
let up—
but I haven't relaxed my grip on your
counsel.
In your great love revive me
so I can alertly obey your every word.

❧

89-96 What you say goes, GOD,

주님의 진리는 유행처럼 흘러가는 법이 없고,
해 뜰 때의 땅만큼이나 늘 새롭습니다.
주님의 말씀과 진리는 언제나 믿을 만하니
주께서 땅의 기초를 놓으신 것처럼, 그렇게
정하셨습니다.
주님의 계시가 내게 큰 기쁨이 되지 않았다면
고난이 닥쳤을 때 나는 포기하고 말았을 것
입니다.
주께서 슬기로운 말씀으로 내 생명을 구하
셨으니,
내가 주님의 교훈을 결코 잊지 않겠습니다.
나를 구원하소서! 나는 주님의 것입니다.
내가 두루 살피며 주님의 지혜로운 말씀을
찾습니다.
악인들이 매복한 채 나를 죽이려 하지만
내 마음은 온통 나를 위해 세우신 그 계획
을 향합니다.
인간에게 속한 모든 것에는 한계가 있지만
주님의 계명을 담기에는 저 깊고 깊은 바다
도 부족합니다!

97-104 오, 내가 주님의 모든 계시를 얼마나
사랑하는지요!
온종일 그것을 귀히 여겨 되새깁니다.
주님의 계명이 나를 원수들보다 돋보이게
하니,
주님의 계명은 시대에 뒤지는 법이 없습니다.
주님의 교훈을 숙고하고 내 것으로 삼았기에
내가 스승들보다 명석해졌습니다.
주님의 말씀대로 행했을 뿐인데,
내가 연로한 현자들보다 지혜롭게 되었습
니다.
내가 발밑을 조심하여 악의 도랑과 패인 곳
을 피하니
평생토록 주님의 말씀을 지키기 위함입니다.
주께서 정해 주신 길에서 내가 벗어나지 않
으니

and stays, as permanent as the heavens.
Your truth never goes out of fashion;
    it's as up-to-date as the earth when the
    sun comes up.
Your Word and truth are dependable as
ever;
    that's what you ordered—you set the earth
    going.
If your revelation hadn't delighted me so,
    I would have given up when the hard
    times came.
But I'll never forget the advice you gave me;
    you saved my life with those wise words.
Save me! I'm all yours.
    I look high and low for your words of
    wisdom.
The wicked lie in ambush to destroy me,
    but I'm only concerned with your plans
    for me.
I see the limits to everything human,
    but the horizons can't contain your
    commands!

97-104 Oh, how I love all you've revealed;
    I reverently ponder it all the day long.
Your commands give me an edge on my
enemies;
    they never become obsolete.
I've even become smarter than my teachers
    since I've pondered and absorbed your
    counsel.
I've become wiser than the wise old sages
    simply by doing what you tell me.
I watch my step, avoiding the ditches and
ruts of evil
    so I can spend all my time keeping your
    Word.

참으로 좋은 길을 내게 주셨기 때문입니다.
주님의 말씀이 어찌나 귀하고 맛있는지,
산해진미가 부럽지 않습니다.
주님의 가르침으로 인생을 이해하게 되었
으니,
내가 거짓선동을 미워합니다.

※

105-112 주님의 말씀, 나의 갈 바를 보여주고,
그 말씀, 내 어두운 길에 한 줄기 빛을 비춥
니다.
이제껏 내가 주님의 의로운 규례대로 성심
껏 살아왔고
앞으로도 그 삶에서 결코 돌이키지 않겠습
니다.
하나님, 내 모든 것이 산산조각 났으니,
주님의 말씀으로 나를 온전히 짜 맞추어 주
소서.
하나님, 주님의 순전한 말씀으로 나를 꾸미
시고,
내게 주님의 거룩한 법도를 가르쳐 주소서.
세상 떠날 날이 아주 가까이 다가왔으나
나는 주님의 계시를 잊지 않습니다.
악인들이 나를 끌어내리고 기를 쓰지만
나는 주님의 길에서 한 발자국도 벗어나지
않습니다.
주님의 인생 교과서를 물려받았으니, 그것
은 영원토록 내 것!
실로 멋진 선물입니다. 그것이 있어 나는
참으로 행복합니다!
주님 말씀대로 행하는 일에 내가 온 마음을
기울이니,
늘 그래 왔고 앞으로도 그러할 것입니다.

※

113-120 나는 겉 다르고 속 다른 자를 미워하
지만
주님의 명쾌한 계시는 사랑합니다.

I never make detours from the route you
laid out;
  you gave me such good directions.
Your words are so choice, so tasty;
  I prefer them to the best home cooking.
With your instruction, I understand life;
  that's why I hate false propaganda.

※

105-112 By your words I can see where I'm
going;
  they throw a beam of light on my dark
  path.
I've committed myself and I'll never turn
back
  from living by your righteous order.
Everything's falling apart on me, GOD;
  put me together again with your Word.
Festoon me with your finest sayings, GOD;
  teach me your holy rules.
My life is as close as my own hands,
  but I don't forget what you have
  revealed.
The wicked do their best to throw me off
track,
  but I don't swerve an inch from your
  course.
I inherited your book on living; it's mine
forever–
  what a gift! And how happy it makes me!
I concentrate on doing exactly what you
say–
  I always have and always will.

※

113-120 I hate the two-faced,
  but I love your clear-cut revelation.
You're my place of quiet retreat;

주님은 나의 은밀한 피난처이시니,
내가 바라는 것은, 주님의 말씀이 나를 새롭게
하는 것입니다.
악인들아, 내 인생에서 사라져라.
나는 내 하나님의 계명을 지킬 것이다.
약속하신 대로 내 편이 되어 주소서. 내가 확실
히 살 것입니다.
주님, 나의 원대한 소망을 저버리지 마소서.
주님이 내 곁에 계시면 나는 아무 문제 없습니다.
주께서 정해 주신 삶에 충실하겠습니다.
주님의 가르침에서 멀어진 자들의 가면을 모조
리 벗기소서.
예사로이 행하는 저들의 우상숭배가 극에 달했
습니다.
주께서 세상의 악인들을 쓰레기 더미처럼 버리시니,
나는 주님의 모든 말씀을 즐거이 받듭니다.
내가 주님 앞에서 두려워 떱니다.
주님의 놀라우신 판결 앞에서 나는 할 말을 잃
었습니다.

🌿

121-128 내가 정의와 공의를 지지하였으니,
나를 억압자들의 손에 넘기지 마소서.
선하신 하나님, 주님의 종을 편들어 주시고
오만한 자들이 괴롭히지 못하게 하소서.
모든 것 바로잡아 주신다는 주님 약속 기다리다
지쳐서
더 이상 눈조차 뜨지 못할 지경이 되었습니다.
주님의 인자하심에 따라 나를 대해 주시고,
주님의 인생 교과서로 나를 가르치소서.
나는 주님의 종입니다.
주님의 가르침을 알 수 있도록 나를 깨우쳐 주소서.
하나님, 저들이 주님의 계시를 어지럽혔으니,
이제 나서실 때가 되었습니다!
참된 것만 말씀하시는 하나님, 내가 주님의 계명
을 금보다도
보석보다도 사랑합니다.
참된 것만 말씀하시는 하나님, 내가 주님의 모든

I wait for your Word to renew me.
Get out of my life, evildoers,
    so I can keep my God's commands.
Take my side as you promised; I'll live
then for sure.
    Don't disappoint all my grand hopes.
Stick with me and I'll be all right;
    I'll give total allegiance to your
    definitions of life.
Expose all who drift away from your
sayings;
    their casual idolatry is lethal.
You reject earth's wicked as so much
rubbish;
    therefore I lovingly embrace every-
    thing you say.
I shiver in awe before you;
    your decisions leave me speechless
    with reverence.

🌿

121-128 I stood up for justice and the
right;
    don't leave me to the mercy of my
    oppressors.
Take the side of your servant, good God;
    don't let the godless take advantage
    of me.
I can't keep my eyes open any longer,
waiting for you
    to keep your promise to set every-
    thing right.
Let your love dictate how you deal
with me;
    teach me from your textbook on life.
I'm your servant—help me understand
what that means,
    the inner meaning of your instructions.

말씀 귀히 여기고
모든 거짓된 굽은 길을 미워합니다.

❦

129-136 내게 주시는 주님의 말씀은 모두 기
적의 말씀,
어찌 내가 따르지 않겠습니까?
주님의 말씀 활짝 펼쳐 빛을 내시고
평범한 사람들도 그 의미를 깨닫게 하소서.
무엇보다 주님의 계명을 원하기에,
내가 입을 벌리고 갈망합니다.
주님을 사모하는 이들에게 늘 하시는 것처럼
나에게 눈길을 돌리시고 그윽이 바라보소서.
주님 약속의 말씀으로 내 발걸음 굳게 세우
셔서
어떤 악도 나를 이기지 못하게 하소서.
악인들의 손아귀에서 나를 구하시고
주님의 길을 따라 살게 하소서.
환한 얼굴빛 종에게 비추시고,
내게 바르게 사는 길을 가르쳐 주소서.
주님의 책에 기록된 대로 사는 자 없으니
내 눈에서 눈물이 하염없이 흘러내립니다!

❦

137-144 하나님, 주님은 공의로우시고 옳은
일만 하십니다.
주님의 판단은 정곡을 찌릅니다.
주님 앞에서 언제나 신실하게 사는 법을
주님은 우리에게 제대로 가르쳐 주십니다.
내 원수들이 주님의 계명을 끊임없이 무시
하니
내가 그 모습에 무너질 뻔했습니다.
주님의 약속은 숱한 시험을 통과했기에
주님의 종인 이 몸, 그것을 지극히 사랑합
니다.
나는 어리고 별 볼 일 없는 사람이지만
주께서 하신 말씀만은 잊지 않습니다.
주님의 의는 영원토록 옳으며

It's time to act, GOD;
  they've made a shambles of your revelation!
Yea-Saying God, I love what you command,
  I love it better than gold and gemstones;
Yea-Saying God, I honor everything you tell me,
  I despise every deceitful detour.

❦

129-136 Every word you give me is a miracle word—
  how could I help but obey?
Break open your words, let the light shine out,
  let ordinary people see the meaning.
Mouth open and panting,
  I wanted your commands more than anything.
Turn my way, look kindly on me,
  as you always do to those who personally love you.
Steady my steps with your Word of promise
  so nothing malign gets the better of me.
Rescue me from the grip of bad men and women
  so I can live life your way.
Smile on me, your servant;
  teach me the right way to live.
I cry rivers of tears
  because nobody's living by your book!

❦

137-144 You are right and you do right, GOD;
  your decisions are right on target.
You rightly instruct us in how to live
  ever faithful to you.
My rivals nearly did me in,
  they persistently ignored your command-

주님의 계시는 오직 하나뿐인 진리입니다.
큰 고난이 나를 덮쳤으나
주님의 계명이 줄곧 나의 기쁨이 되었습
니다.
주께서 말씀해 주신 삶의 방식은 늘 옳
으니,
내가 그 길을 깨우쳐 충만하게 살도록
도우소서.

❧

145-152 내가 목청껏 부르짖습니다.
"하나님, 응답하소서! 주님의 말씀대로
다 행하겠습니다."
내가 주께 외쳤습니다. "나를 구원하소서.
내가 주님의 모든 규례를 지키겠습니다."
해 돋기 전에 일어나
도움을 구하며 부르짖고, 주께서 말씀해
주시기를 기다립니다.
밤새도록 잠 못 이루고 기도하면서,
주님의 약속을 곰곰이 되새깁니다.
주님의 사랑으로 내 간구를 들어주소서.
하나님, 주님의 정의로 나를 살려 주
소서.
나를 노리는 자들이 가까이 왔습니다.
주께서 계시하신 진리에서 멀리 벗어난
자들입니다.
그러나 하나님, 주께서는 누구보다 나와
가까이 계시며
주님의 판단은 모두 진실합니다.
주께서 영원히 지속될 말씀의 증거를 세
우셨으니
나는 그 증거를 전부터 알고 있었습니다.

❧

153-160 내 고난을 살피시고 나를 도우
소서.
내가 주님의 계시를 한시도 잊은 적이 없
습니다.

ments.
Your promise has been tested through and
through,
   and I, your servant, love it dearly.
I'm too young to be important,
   but I don't forget what you tell me.
Your righteousness is eternally right,
   your revelation is the only truth.
Even though troubles came down on me hard,
   your commands always gave me delight.
The way you tell me to live is always right;
   help me understand it so I can live to the fullest.

❧

145-152 I call out at the top of my lungs,
   "GOD! Answer! I'll do whatever you say."
I called to you, "Save me
   so I can carry out all your instructions."
I was up before sunrise,
   crying for help, hoping for a word from you.
I stayed awake all night,
   prayerfully pondering your promise.
In your love, listen to me;
   in your justice, GOD, keep me alive.
As those out to get me come closer and closer,
   they go farther and farther from the truth
   you reveal;
But you're the closest of all to me, GOD,
   and all your judgments true.
I've known all along from the evidence of your
words
   that you meant them to last forever.

❧

153-160 Take a good look at my trouble, and help
me—
   I haven't forgotten your revelation.
Take my side and get me out of this;

내 편이 되셔서 나를 곤경에서 건져 주소서.

주께서 약속하신 대로, 내 삶을 회복시켜 주소서.

'구원'은 악인들에게 정체 모를 단어에 불과하니

주님의 사전에서 찾아본 적이 없기 때문입니다.

하나님, 주님의 자비는 수십억 명을 품을 만큼 무궁하니,

주님의 규례에 따라 나를 살려 주소서.

나를 대적하는 자들이 셀 수 없이 많으나

나는 주님의 가르침에서 조금도 벗어나지 않습니다.

나는 도중에 포기하는 자들을 보고 진저리 쳤습니다.

그들은 아무렇지도 않게 주님의 약속을 저버립니다!

내가 주님의 말씀을 얼마나 사랑하는지 눈여겨보시고,

주님의 사랑으로 나의 남은 날을 늘려 주소서.

주님의 말씀은 모두 진리이며,

주님의 의로운 판결은 영원합니다.

161-168 정치인들이 나를 사정없이 비방해도

내가 두려워하는 것은 주님의 말씀뿐, 흔들리지 않습니다.

돈벼락을 맞은 사람처럼

나는 주님의 말씀으로 황홀합니다.

내가 거짓말은 견딜 수 없이 미워하지만

주님의 계시는 너무나 사랑합니다.

하루에도 일곱 번씩, 하던 일을 멈추고 소리 높여 찬양하니,

주께서 모든 일을 바로잡으시기 때문입니다.

주님의 계시를 사랑하는 이들에게는 모든 것이 안성맞춤,

어둠 속에서도 넘어지는 법이 없습니다.

하나님, 내가 주님의 구원을 간절히 기다리며

주께서 말씀하신 대로 살아갑니다.

give me back my life, just as you
promised.

"Salvation" is only gibberish to the
wicked
because they've never looked it up in
your dictionary.

Your mercies, GOD, run into the billions;
following your guidelines, revive me.

My antagonists are too many to count,
but I don't swerve from the directions
you gave.

I took one look at the quitters and was
filled with loathing;
they walked away from your promises
so casually!

Take note of how I love what you tell me;
out of your life of love, prolong my life.

Your words all add up to the sum total:
Truth.
Your righteous decisions are eternal.

161-168 I've been slandered unmercifully
by the politicians,
but my awe at your words keeps me
stable.

I'm ecstatic over what you say,
like one who strikes it rich.

I hate lies—can't stand them!—
but I love what you have revealed.

Seven times each day I stop and shout
praises
for the way you keep everything
running right.

For those who love what you reveal,
everything fits—
no stumbling around in the dark for
them.

내 영혼이 주님의 가르침을 잘 간수하여 빠짐없이 지킵니다.
오, 내가 그것을 얼마나 사랑하는지요!
내가 주님의 규례를 따르고 주님의 교훈을 지키니,
내 인생은 주님 앞에 펼쳐진 한 권의 책입니다.

❧

169-176 **하나님**, 나의 부르짖음이 곧장 주님 앞에 이르게 하소서.
오직 주님의 말씀에서 나오는 통찰력을 내게 주소서.
제발 나의 간구에 주목하시고
주께서 약속하신 말씀대로 나를 구해 주소서.
주께서 내게 인생의 진리를 가르치시니,
내 입술에서 찬양이 폭포처럼 흘러나옵니다!
주님의 약속이 내 목청에서 울려 나오는 것은,
주께서 주신 모든 명령이 옳기 때문입니다.
내가 주님의 교훈에 따라 살기로 했으니
손을 내미셔서 나를 굳건히 붙잡아 주소서.
하나님, 내가 주님의 구원을 애타게 기다립니다.
주님의 모습을 드러내실 때가 얼마나 좋은지요!
내 영혼 생기 있게 하셔서 주님을 찬양하게 하시고
주님의 규례로 내 영혼 강건하게 하소서.
내가 길 잃은 양처럼 헤맬 때, 나를 찾으소서!
내가 주님의 그 음성을 알아들을 것입니다.

순례자의 노래

120 1-2 곤경에 처한 이 몸, 하나님께 부르짖네.
간절히 응답을 구하네.
"**하나님**, 구해 주소서!
만면에 미소를 띠고 입술에 침도 바르지 않은 채 거짓말을 해대는

I wait expectantly for your salvation;
    GOD, I do what you tell me.
My soul guards and keeps all your instructions—
    oh, how much I love them!
I follow your directions, abide by your counsel;
    my life's an open book before you.

❧

169-176 Let my cry come right into your presence, GOD;
    provide me with the insight that comes only from your Word.
Give my request your personal attention,
    rescue me on the terms of your promise.
Let praise cascade off my lips;
    after all, you've taught me the truth about life!
And let your promises ring from my tongue;
    every order you've given is right.
Put your hand out and steady me
    since I've chosen to live by your counsel.
I'm homesick, GOD, for your salvation;
    I love it when you show yourself!
Invigorate my soul so I can praise you well,
    use your decrees to put iron in my soul.
And should I wander off like a lost sheep—seek me!
    I'll recognize the sound of your voice.

A Pilgrim Song

120 1-2 I'm in trouble. I cry to GOD,
    desperate for an answer:
"Deliver me from the liars, GOD!
    They smile so sweetly but lie through their teeth."

저들에게서 나를 구하소서!"

3-4 너희, 얼굴에 철판을 깐 사기꾼들아,
앞으로 무슨 일이 닥칠지 알기나 하느냐?
날카로운 화살촉과 뜨거운 숯덩이가
너희가 받을 상이다.

5-7 메섹에 사는 내 신세
게달에 눌러앉은 지긋지긋한 내 신세,
쌈박질 좋아하는 이웃 사이에서 평생을
이리저리 부대끼며 사는구나.
나는 평화를 바라건만, 악수를 청하면
무턱대고 싸움을 걸어 오는 저들!

순례자의 노래
121 1-2 눈을 들어 산을 보네.
산이 내게 힘이 되어 줄까?
아니, 내 힘은 오직 **하나님**,
하늘과 땅과 산을 만드신 그분.

3-4 그분께서 너를 붙드신다.
너의 보호자인 하나님은 잠드시는 법이
없다.
결코 없다! 이스라엘의 보호자는
졸거나 주무시는 법이 없다.

5-6 **하나님**은 너의 보호자,
네 오른편에서 너를 지키시니,
햇빛을 막아 주시고
달빛을 가려 주신다.

7-8 **하나님**께서 모든 악에서 너를 지키
시고
네 생명을 지키신다.
너의 떠나는 길과 돌아오는 길을 지켜 주
신다.
지금도 지키시며 앞으로도 영원히 지켜
주신다.

3-4 Do you know what's next, can you see what's coming,
all you barefaced liars?
Pointed arrows and burning coals
will be your reward.

5-7 I'm doomed to live in Meshech,
cursed with a home in Kedar,
My whole life lived camping
among quarreling neighbors.
I'm all for peace, but the minute
I tell them so, they go to war!

A Pilgrim Song
121 1-2 I look up to the mountains;
does my strength come from mountains?
No, my strength comes from GOD,
who made heaven, and earth, and mountains.

3-4 He won't let you stumble,
your Guardian God won't fall asleep.
Not on your life! Israel's
Guardian will never doze or sleep.

5-6 GOD's your Guardian,
right at your side to protect you—
Shielding you from sunstroke,
sheltering you from moonstroke.

7-8 GOD guards you from every evil,
he guards your very life.
He guards you when you leave and when you return,
he guards you now, he guards you always.

다윗이 지은 순례자의 노래

122 ¹⁻² 사람들이 "하나님의 집으로 가세!" 할 때,

내 마음 기뻐 뛰었네.
마침내 당도했네. 아, 예루살렘,
예루살렘 성 안에 들어왔도다!

³⁻⁵ 예루살렘, 견고한 성,
예배를 위해 지어진 도성!
모든 지파들이 올라오는 도시,
하나님의 지파들이 모두 올라와 예배하며
하나님의 이름에 감사드리는 곳.
이스라엘의 진면목이 나타나는 바로 이
곳에
의로운 판결을 내리는 보좌가 놓였네.
저 유명한 다윗의 보좌가.

⁶⁻⁹ 예루살렘의 평화를 위해 기도하여라!
예루살렘을 사랑하는 이들이여, 모두 흥
하여라!
이 안의 벗들이여, 가까이들 지내라!
바깥의 적들이여, 저만치 물렀거라!
내 가족과 친구들을 거듭 축복하며 말하노니,
평화를 누리기를!
내 너희를 위해 최선을 다하리라.
우리 하나님의 이 집을 위하여.

순례자의 노래

123 ¹⁻⁴ 하늘에 계시는 하나님, 주님을 바라봅니다.

도움을 바라며 주님을 앙망합니다.
주인의 명령을 기다리는 종처럼,
마님의 시중을 드는 하녀처럼,
우리, 한시도 눈을 떼지 않고 숨죽여 기
다립니다.
주님의 자비의 말씀을 기다립니다.
하나님, 자비를 베풀어 주소서!
오랜 세월을 우리가

A Pilgrim Song of David

122 ¹⁻² When they said, "Let's go to the house of GOD,"

my heart leaped for joy.
And now we're here, O Jerusalem,
    inside Jerusalem's walls!

³⁻⁵ Jerusalem, well-built city,
    built as a place for worship!
The city to which the tribes ascend,
    all GOD's tribes go up to worship,
To give thanks to the name of GOD—
    this is what it means to be Israel.
Thrones for righteous judgment
    are set there, famous David-thrones.

⁶⁻⁹ Pray for Jerusalem's peace!
    Prosperity to all you Jerusalem-lovers!
Friendly insiders, get along!
    Hostile outsiders, keep your distance!
For the sake of my family and friends,
    I say it again: live in peace!
For the sake of the house of our God, GOD,
    I'll do my very best for you.

A Pilgrim Song

123 ¹⁻⁴ I look to you, heaven-dwelling God,

look up to you for help.
Like servants, alert to their master's
commands,
    like a maiden attending her lady,
We're watching and waiting, holding our
breath,
    awaiting your word of mercy.
Mercy, GOD, mercy!
    We've been kicked around long enough,
Kicked in the teeth by complacent rich men,

배부른 자들에게 죽도록 걷어차이고
잔인한 자들의 악독한 발길질을 견뎠습니다.

kicked when we're down by arrogant
brutes.

다윗이 지은 순례자의 노래

124 1-5 이스라엘아, 한목소리로
크게 노래하자!
하나님께서 우리 편이 되어 주시지 않았다면,
하나님께서 우리 편이 되어 주시지 않았다면,
모두가 우리를 대적하던 그때,
격분한 그들에게
산 채로 먹혔으리라.
성난 홍수에 휩쓸리고
격류에 휘말렸으리라.
그 사나운 물결에
목숨을 잃고 말았으리라.

A Pilgrim Song of David

124 1-5 If GOD hadn't been for us
—all together now, Israel,
sing out!—
If GOD hadn't been for us
when everyone went against us,
We would have been swallowed alive
by their violent anger,
Swept away by the flood of rage,
drowned in the torrent;
We would have lost our lives
in the wild, raging water.

6 오, **하나님**을 찬양하여라!
우리를 버리고 떠나지 않으시고,
으르렁거리는 개 떼 속의 무력한 토끼 신세로
내버려 두지 않으셨다.

6 Oh, blessed be GOD!
He didn't go off and leave us.
He didn't abandon us defenseless,
helpless as a rabbit in a pack of snarling dogs.

7 우리, 그들의 송곳니를 피하고
그들의 올가미에서 벗어났다. 새처럼 자유
를 얻었다.
그들의 손아귀에서 벗어난 우리,
비상하는 새처럼 자유롭다.

7 We've flown free from their fangs,
free of their traps, free as a bird.
Their grip is broken;
we're free as a bird in flight.

8 **하나님**의 강력한 이름은 우리의 도움,
하늘과 땅을 지으신 **하나님**이라네.

8 GOD's strong name is our help,
the same GOD who made heaven and earth.

순례자의 노래

125 1-5 **하나님**을 신뢰하는 이들,
시온 산과 같다네.
결코 흔들리지 않고
언제든 기댈 수 있는 견고한 바위산.
산들이 예루살렘을 둘러싸듯,
하나님께서 자기 백성을 둘러싸시네.
지금껏, 또 언제까지나.

A Pilgrim Song

125 1-5 Those who trust in GOD
are like Zion Mountain:
Nothing can move it, a rock-solid mountain
you can always depend on.
Mountains encircle Jerusalem,
and GOD encircles his people—
always has and always will.
The fist of the wicked

악인의 주먹질에
의인이 제 몫을 빼앗기거나
폭력으로 내몰리는 일
결코 없으리라.
하나님, 주님의 선한 백성,
마음이 올곧은 이들을 선대해 주소서!
타락한 자들은 하나님께서 잡아들이시리라.
구제불능인 자들과 한곳에 몰아넣으시리라.
이스라엘에게 평화가 있기를!

순례자의 노래

126
1-3 꿈인가 생시인가 했지. 붙
잡혀 갔던 이들을
하나님께서 다시 시온으로 데려오셨을 때.
우리, 웃음을 터뜨렸네. 노래를 불렀네.
너무 좋아 믿을 수 없어 했지.
우리는 뭇 민족들의 화젯거리였네.
"저들의 하나님, 참으로 놀랍군!"
그렇고말고, 우리 하나님은 정말 놀라우
신 분.
우리는 그분의 행복한 백성.

4-6 하나님, 다시금 그렇게 해주소서!
가뭄에 찌든 우리 삶에 단비를 내려 주소서.
절망 가운데 곡식을 심은 이들,
환호성을 올리며 추수하게 하소서.
무거운 마음을 지고 떠났던 이들,
한 아름 복을 안고 웃으며 돌아오게 하소서.

솔로몬이 지은 순례자의 노래

127
1-2 하나님이 지어 올리시지
않으면
집 짓는 자들이야 기껏 판잣집이나 지을 뿐.
하나님이 성을 지켜 주시지 않으면
파수꾼이야 밤에 있으나 없으나 매한가지.
아침 일찍 일어나 밤늦게 잠자리에 들며
노심초사 뼈 빠지게 일해 봐야 모두 헛수고.
알아 두어라. 그분께서는 사랑하는 이들에게

will never violate
What is due the righteous,
    provoking wrongful violence.
Be good to your good people, GOD,
    to those whose hearts are right!
GOD will round up the backsliders,
    corral them with the incorrigibles.
Peace over Israel!

A Pilgrim Song

126
1-3 It seemed like a dream,
too good to be true,
when GOD returned Zion's exiles.
We laughed, we sang,
    we couldn't believe our good fortune.
We were the talk of the nations—
    "GOD was wonderful to them!"
GOD *was* wonderful to us;
    we are one happy people.

4-6 And now, GOD, do it again—
    bring rains to our drought-stricken lives
So those who planted their crops in despair
    will shout hurrahs at the harvest,
So those who went off with heavy hearts
    will come home laughing, with armloads
    of blessing.

A Pilgrim Song of Solomon

127
1-2 If GOD doesn't build the
house,
    the builders only build shacks.
If GOD doesn't guard the city,
    the night watchman might as well nap.
It's useless to rise early and go to bed late,
    and work your worried fingers to the
    bone.
Don't you know he enjoys

쉼 주시길 좋아하는 분이시다.

3-5 알아 두어라. 자녀는 **하나님**이 주시는
최상의 선물,
태의 열매는 그분이 후히 내리시는 유산
이다.
젊고 건강한 시절에 낳은 자녀는
전사의 손에 들린 화살과 같다.
오, 화살통에 자녀들이 가득한 부모는
얼마나 복된지!
원수들은 너희 상대가 되지 못하고,
너희에게 초전 박살나리라.

순례자의 노래

128 ¹⁻² **하나님**을 경외하는 모든
이여, 얼마나 복된가!
쭉 뻗은 그분의 대로를 걸으며 얼마나 행복
한가!
수고를 다했으니 모든 것은 당연히 네 몫
이다.
복을 한껏 누려라! 행복을 마음껏 즐겨라!

3-4 포도나무가 포도 열매를 맺듯 네 아내
가 자녀를 낳을 것이요,
네 가정은 우거진 포도밭 같을 것이다.
식탁에 둘러앉은 네 자녀들은
올리브나무 가지 새싹처럼 푸르고 싱싱하
리라.
두렵고 떨리는 마음으로 선하신 하나님 앞
에 서라.
오, 복되도다, **하나님**을 경외하는 이여!

5-6 예루살렘에서 행복을 누려라,
평생토록.
손자손녀를 보며 행복을 누려라.
이스라엘에게 평화가 있기를!

giving rest to those he loves?

3-5 Don't you see that children are GOD's
best gift?
  the fruit of the womb his generous legacy?
Like a warrior's fistful of arrows
  are the children of a vigorous youth.
Oh, how blessed are you parents,
  with your quivers full of children!
Your enemies don't stand a chance against
you;
  you'll sweep them right off your doorstep.

A Pilgrim Song

128 ¹⁻² All you who fear GOD, how
blessed you are!
  how happily you walk on his smooth
  straight road!
You worked hard and deserve all you've got
coming.
  Enjoy the blessing! Revel in the goodness!

3-4 Your wife will bear children as a vine
bears grapes,
  your household lush as a vineyard,
The children around your table
  as fresh and promising as young olive
  shoots.
Stand in awe of God's Yes.
  Oh, how he blesses the one who fears
  GOD!

5-6 Enjoy the good life in Jerusalem
  every day of your life.
And enjoy your grandchildren.
  Peace to Israel!

순례자의 노래

129

¹⁻⁴ "저들은 어렸을 적부터 날 괴롭혀 왔지."

이스라엘의 말이다.

"저들은 어렸을 적부터 날 괴롭혀 왔지만,
　　결코 날 쓰러뜨리지는 못했지.
저들의 농부들이 내 등을 쟁기질해
　　긴 고랑을 파 놓았지만,
하나님께서 좌시하지 않으셨고
　　우리 편이 되어 주셨지.
하나님께서 저 악한 농부들의 쟁기를
산산조각내 버리셨지."

⁵⁻⁸ 오, 시온을 미워하는 자들이 모두
　　바닥에 고꾸라져 설설 기게 되기를.
얄팍한 땅 위에 돋은 풀처럼
　　추수 전에 시들어 버리기를.
일꾼들이 수확하기 전에,
　　추수하는 이들이 거두어들이기 전에.
이웃들이 "엄청난 수확이군, 축하하네!
하나님의 이름으로 축복하네!"
하며 떠들 일 없게.

순례자의 노래

130

¹⁻² **하나님**, 도와주소서. 이 몸, 바닥 모를 수렁에 빠져들고 있습니다!
주님, 도움을 구하며 부르짖으니 들어주소서!
귀를 기울이소서! 귀를 열어 들어주소서!
자비를 구하며 부르짖사오니 들어주소서.

³⁻⁴ **하나님**, 사람의 과오를 주께서 일일이 책망하시면
살아남을 자 누구이겠습니까?
그러나 주님은 용서가 몸에 밴 분이시니,
주께서 경배받으시는 까닭입니다.

A Pilgrim Song

129

¹⁻⁴ "They've kicked me around ever since I was young"

–this is how Israel tells it–

"They've kicked me around ever since I was young,
　　but they never could keep me down.
Their plowmen plowed long furrows
　　up and down my back;
But God wouldn't put up with it,
　　he sticks with us.
Then GOD ripped the harnesses
of the evil plowmen to shreds."

⁵⁻⁸ Oh, let all those who hate Zion
　　grovel in humiliation;
Let them be like grass in shallow ground
　　that withers before the harvest,
Before the farmhands can gather it in,
　　the harvesters get in the crop,
Before the neighbors have a chance to call out,
　　"Congratulations on your wonderful crop!
　　We bless you in GOD's name!"

A Pilgrim Song

130

¹⁻² Help, GOD—the bottom has fallen out of my life!
　　Master, hear my cry for help!
Listen hard! Open your ears!
　　Listen to my cries for mercy.

³⁻⁴ If you, GOD, kept records on wrongdoings,
　　who would stand a chance?
As it turns out, forgiveness is your habit,
　　and that's why you're worshiped.

5-6 기도로 살아온 인생, 내가 **하나님께** 기도
드리며
그분의 말씀과 그분이 행하실 일을 기다린다네.
나의 주 하나님께만 의지한 이 몸,
아침이 올 때까지 기다리고, 앙망하네.
아침이 올 때까지 기다리고, 앙망하네.

7-8 오 이스라엘아, **하나님을** 기다리고 앙망하
여라.
하나님이 오시면, 사랑이 오고,
하나님이 오시면, 풍성한 구원이 임한다.
참으로 그렇다. 그분께서 이스라엘을 구속하실
것이요,
죄에 팔려 포로 되었던 이스라엘을 다시 찾으
시리라.

순례자의 노래

131 ¹ **하나님**, 나는 대장이 되려고 애쓰지 않습니다.
으뜸이 되고 싶지도 않습니다.
남의 일에 참견하지 않았고
거창하고 허황된 꿈을 꾸지도 않았습니다.

² 나는 발을 땅에 디디고
마음을 고요히 다잡으며 살았습니다.
엄마 품에 안긴 아기가 만족하듯
내 영혼 만족합니다.

³ 이스라엘아, **하나님을** 기다려라. 희망을 품
고 기다려라.
희망을 가져라! 언제나 희망을 품어라!

순례자의 노래

132 1-5 오 **하나님**, 다윗을 기억하소서,
그의 노고를 기억하소서!
그가 **하나님께** 약속한 일을 기억하소서.
야곱의 강하신 하나님께 그가 맹세했습니다.

5-6 I pray to GOD—my life a prayer—
   and wait for what he'll say and do.
My life's on the line before God, my Lord,
   waiting and watching till morning,
   waiting and watching till morning.

7-8 O Israel, wait and watch for GOD—
   with GOD's arrival comes love,
   with GOD's arrival comes generous redemption.
No doubt about it—he'll redeem Israel,
   buy back Israel from captivity to sin.

A Pilgrim Song

131 ¹ GOD, I'm not trying to rule the roost,
I don't want to be king of the mountain.
I haven't meddled where I have no business
   or fantasized grandiose plans.

² I've kept my feet on the ground,
   I've cultivated a quiet heart.
Like a baby content in its mother's arms,
   my soul is a baby content.

³ Wait, Israel, for GOD. Wait with hope.
   Hope now; hope always!

A Pilgrim Song

132 1-5 O GOD, remember David,
   remember all his troubles!
And remember how he promised GOD,
   made a vow to the Strong God of Jacob,
"I'm not going home,

"나, 집에 가지 않겠습니다.
잠자리에 들지 않겠습니다.
잠도 자지 않고
쉬지도 않겠습니다.
야곱의 강하신 **하나님**께
집을 마련해 드리기 전까지는."

6-7 기억하소서, 우리가 그 소식을 에브라다
에서 처음 접하고
야알 초원에서 자세히 듣던 날을.
우리는 소리쳤습니다. "헌당식에 참석하자!
하나님께서 그분의 발판 삼으신 곳으로 가 그
분께 경배드리자!"

8-10 일어나소서, **하나님**, 주님의 새 안식처
에 드소서.
주님의 강력한 언약궤와 함께 드소서.
주님의 제사장들로 정의를 갖추어 입게 하시고
주님을 경배하는 이들로 이 기도를 읊게 하
소서.
"주님의 종 다윗을 높여 주소서.
주께서 기름 부어 세우신 이를 외면하지 마
소서."

11-18 **하나님**께서 다윗에게 이렇게 약속하셨다.
결코 취소하지 않으실 약속이다.
"네 아들들 가운데 하나를
네 왕좌에 앉게 해주겠다.
네 자손이 내 언약에 충실하고
내 가르침을 따르는 한,
대가 끊이지 않으리라.
네 왕좌에 앉을 아들이 언제나 있으리라.
그렇다. 나 **하나님**이 시온을 택했다.
내 제단을 둘 곳으로 이곳을 택했다.
언제나 여기가 내 집이 될 것이다.
내가 이곳을 택했고, 영원토록 여기 있을 것
이다.
이곳을 찾는 순례자들에게 복을 소나비처럼

and I'm not going to bed,
I'm not going to sleep,
    not even take time to rest,
Until I find a home for GOD,
    a house for the Strong God of Jacob."

6-7 Remember how we got the news in
Ephrathah,
    learned all about it at Jaar Meadows?
We shouted, "Let's go to the shrine dedica-
tion!
    Let's worship at God's own footstool!"

8-10 Up, GOD, enjoy your new place of
quiet repose,
    you and your mighty covenant ark;
Get your priests all dressed up in justice;
    prompt your worshipers to sing this
    prayer:
"Honor your servant David;
    don't disdain your anointed one."

11-18 GOD gave David his word,
    he won't back out on this promise:
"One of your sons
    I will set on your throne;
If your sons stay true to my Covenant
    and learn to live the way I teach them,
Their sons will continue the line—
    always a son to sit on your throne.
Yes—I, GOD, chose Zion,
    the place I wanted for my shrine;
This will always be my home;
    this is what I want, and I'm here for
    good.
I'll shower blessings on the pilgrims who
come here,
    and give supper to those who arrive

쏟아부어 줄 것이며
허기져 도착하는 이들에게 밥상을 차려 줄 것이다.
내 제사장들에게 구원의 옷을 입혀 줄 것이며
거룩한 백성들로 가슴 벅차 노래 부르게 할 것이다!
오, 내가 다윗을 위해 이곳을 빛나는 곳으로 만들리라!
내 기름부음 받은 자를 위해 이곳을 빛으로 가득 채우리라!
그의 원수들에게는 더러운 넝마를 입히고
그의 왕관은 찬란히 빛을 발하게 하리라."

다윗이 지은 순례자의 노래

133 ¹⁻³ 얼마나 멋진가, 얼마나 아름다운가,

형제자매들이 어울려 지내는 모습!
아론의 머리에 부은 값진 기름이
머리와 수염을 타고,
그의 수염을 타고,
그의 제사장 예복 깃을 타고 흘러내리는 모습 같구나.
헤르몬 산의 이슬이
시온의 비탈길을 따라 흘러내리는 모습 같구나.
그렇다. 그곳이 **하나님**께서 복을 내리시고
영생을 베푸시는 현장이다.

순례자의 노래

134 ¹⁻³ 와서 **하나님**을 찬양하여라,

너희 모든 **하나님**의 종들아!
하나님의 집에서 밤새도록 일하는 너희 **하나님**의 제사장들아,
성소를 향해 손을 들고 찬양하여라.
하나님을 찬양하여라.
그리하여 하늘과 땅을 지으신 **하나님**,
시온의 **하나님**께서 너희에게 복을 주시기를!

hungry;
I'll dress my priests in salvation clothes;
    the holy people will sing their hearts
    out!
Oh, I'll make the place radiant for David!
    I'll fill it with light for my anointed!
I'll dress his enemies in dirty rags,
    but I'll make his crown sparkle with
    splendor."

A Pilgrim Song of David

133 ¹⁻³ How wonderful, how beautiful,

when brothers and sisters get along!
It's like costly anointing oil
    flowing down head and beard,
Flowing down Aaron's beard,
    flowing down the collar of his priestly
    robes.
It's like the dew on Mount Hermon
    flowing down the slopes of Zion.
Yes, that's where GOD commands the
blessing,
    ordains eternal life.

A Pilgrim Song

134 ¹⁻³ Come, bless GOD, all you servants of GOD!

You priests of GOD, posted to the night-
watch
    in GOD's shrine,
Lift your praising hands to the Holy
Place,
    and bless GOD.
In turn, may GOD of Zion bless you—
    GOD who made heaven and earth!

135
1-4 할렐루야!
하나님의 이름을 찬양하여라.
하나님께서 행하신 일을 찬양하여라.
하나님의 성전에서 일하고
우리 하나님의 거룩한 뜰에서 섬기는 너희
모든 제사장들아,
하나님은 참으로 선하시니 "할렐루야!"를
외쳐라.
그분의 아름다운 이름을 찬송하여라.
하나님께서 야곱을 택하시고
이스라엘을 그분의 소중한 보물로 삼으셨다.

5-12 다른 모든 신들보다 높으신
우리 주 하나님의 위대하심을 내가 증언하
노라.
그분은 언제 어디서, 어떤 방식으로든
마음에 원하시는 대로 행하신다.
날씨를 만드시고 구름과 우레를,
번개와 비, 북풍을 만들어 내신다.
그분께서 사람에서 짐승에 이르기까지
이집트의 맏아들을 모두 치셨다.
이집트가 자세를 고쳐 주목하게 하시고
바로와 그 신하들에게 이적을 나타내 보이
셨다.
그렇다. 주께서 큰 민족들을 쓰러뜨리시고
강한 왕들을 죽이셨다.
아모리 왕 시혼과 바산 왕 옥을 죽이시고
가나안의 왕들을 모조리 죽이셨다!
그런 다음 그들의 땅을 이스라엘에게 넘기
셔서
그분의 백성이 좋은 땅을 선물로 받게 하셨다.

13-18 하나님, 주님의 이름은 영원하고
주께서는 결코 쇠하지 않으십니다.
하나님은 그분의 백성을 편드시고
그들의 손을 잡아 주신다.
이방 나라들의 신들은 시시한 모조품,
시장에 급히 팔려고 만든 가짜 신들.

135
1-4 Hallelujah!
Praise the name of GOD,
praise the works of GOD.
All you priests on duty in GOD's temple,
serving in the sacred halls of our God,
Shout "Hallelujah!" because GOD's so
good,
sing anthems to his beautiful name.
And why? Because GOD chose Jacob,
embraced Israel as a prize possession.

5-12 I, too, give witness to the greatness of
GOD,
our Lord, high above all other gods.
He does just as he pleases—
however, wherever, whenever.
He makes the weather—clouds and
thunder,
lightning and rain, wind pouring out of
the north.
He struck down the Egyptian firstborn,
both human and animal firstborn.
He made Egypt sit up and take notice,
confronted Pharaoh and his servants
with miracles.
Yes, he struck down great nations,
he slew mighty kings—
Sihon king of the Amorites, also Og of
Bashan—
every last one of the Canaanite kings!
Then he turned their land over to Israel,
a gift of good land to his people.

13-18 GOD, your name is eternal,
GOD, you'll never be out-of-date.
GOD stands up for his people,
GOD holds the hands of his people.
The gods of the godless nations are mere

조각한 입이어서 말하지 못하고
그린 눈이어서 보지 못하며
새긴 귀여서 듣지 못하니,
죽은 나무때기, 차디찬 금속일 뿐!
그런 신을 만들고 의지하는 자들은
그것들과 똑같이 되고 말리라.

¹⁹⁻²¹ 이스라엘 가문아, **하나님**을 찬양하
여라!
아론 가문아, **하나님**을 찬양하여라!
레위 가문아, **하나님**을 찬양하여라!
하나님을 경외하는 너희들아, **하나님**을 찬
양하여라!
오, 예루살렘에 처음부터 거하신
시온의 **하나님**, 찬양을 받으소서!
할렐루야!

136 ¹⁻³ **하나님**께 감사하여라! 마
땅히 감사드려야 할 분.
그분의 사랑 끝이 없다.
모든 신들의 하나님께 감사하여라.
그분의 사랑 끝이 없다.
모든 주인들의 주께 감사하여라.
그분의 사랑 끝이 없다.

⁴⁻²² 기적을 일으키시는 하나님께 감사하여라.
그분의 사랑 끝이 없다.
능숙한 솜씨로 우주를 만드신 하나님이시니
그분의 사랑 끝이 없다.
대양의 기초 위에 땅을 펼쳐 놓으신 하나님
이시니
그분의 사랑 끝이 없다.
하늘을 빛으로 채우신 하나님이시니
그분의 사랑 끝이 없다.
해를 만드셔서 낮을 보살피게 하셨으니
그분의 사랑 끝이 없다.
달과 별들을 밤의 수호자로 삼으셨으니

trinkets,
    made for quick sale in the markets:
Chiseled mouths that can't talk,
    painted eyes that can't see,
Carved ears that can't hear—
    dead wood! cold metal!
Those who make and trust them
    become like them.

¹⁹⁻²¹ Family of Israel, bless GOD!
    Family of Aaron, bless GOD!
Family of Levi, bless GOD!
    You who fear GOD, bless GOD!
Oh, blessed be GOD of Zion,
    First Citizen of Jerusalem!
Hallelujah!

136 ¹⁻³ Thank GOD! He deser-
ves your thanks.
His love never quits.
Thank the God of all gods,
His love never quits.
Thank the Lord of all lords.
His love never quits.

⁴⁻²² Thank the miracle-working God,
His love never quits.
The God whose skill formed the cosmos,
His love never quits.
The God who laid out earth on ocean
foundations,
His love never quits.
The God who filled the skies with light,
His love never quits.
The sun to watch over the day,
His love never quits.
Moon and stars as guardians of the

그분의 사랑 끝이 없다.
이집트의 맏이들을 치신 하나님이시니
그분의 사랑 끝이 없다.
이집트의 압제에서 이스라엘을 구해 내셨으니
그분의 사랑 끝이 없다.
강한 손으로 이스라엘을 돌보셨으니
그분의 사랑 끝이 없다.
홍해를 두 쪽으로 가르셨으니
그분의 사랑 끝이 없다.
이스라엘을 이끌어 홍해 한가운데를 지나
게 하셨으니
그분의 사랑 끝이 없다.
바로와 그의 군대를 바다에 처넣으셨으니
그분의 사랑 끝이 없다.
그분의 백성이 광야를 지나게 하신 하나님
이시니
그분의 사랑 끝이 없다.
좌우의 큰 왕국들을 꺾으셨으니
그분의 사랑 끝이 없다.
이름난 왕들을 치셨으니
그분의 사랑 끝이 없다.
아모리 왕 시혼을 치셨으니
그분의 사랑 끝이 없다.
바산 왕 옥을 치셨으니
그분의 사랑 끝이 없다.
그들의 땅을 전리품으로 나누어 주셨으니
그분의 사랑 끝이 없다.
그 땅을 이스라엘에게 넘겨주셨으니
그분의 사랑 끝이 없다.

23-26 우리가 비천할 때 우리를 기억하신
하나님이시니
그분의 사랑 끝이 없다.
우리가 짓밟힐 때 우리를 구해 내셨으니
그분의 사랑 끝이 없다.
궁핍한 모든 이들을 제때에 보살피시니
그분의 사랑 끝이 없다.
이 모든 일을 행하신 하나님께 감사하여라!

night,
His love never quits.
The God who struck down the Egyptian first-
born,
His love never quits.
And rescued Israel from Egypt's oppression,
His love never quits.
Took Israel in hand with his powerful hand,
His love never quits.
Split the Red Sea right in half,
His love never quits.
Led Israel right through the middle,
His love never quits.
Dumped Pharaoh and his army in the sea,
His love never quits.
The God who marched his people through
the desert,
His love never quits.
Smashed huge kingdoms right and left,
His love never quits.
Struck down the famous kings,
His love never quits.
Struck Sihon the Amorite king,
His love never quits.
Struck Og the Bashanite king,
His love never quits.
Then distributed their land as booty,
His love never quits.
Handed the land over to Israel.
His love never quits.

23-26 God remembered us when we were
down,
His love never quits.
Rescued us from the trampling boot,
His love never quits.
Takes care of everyone in time of need.
His love never quits.

그분의 사랑 끝이 없다!

137

1-3 우리, 바빌론 강변 곳곳
에 앉아
울고 또 울었네.
시온에서 행복하게 보낸 옛 시절을 떠올렸지.
사시나무 옆에 쌓아 두었네,
연주소리 들리지 않는 우리 하프들을.
우리를 포로로 잡은 자들이 빈정대고 조롱
하며
그곳에서 노래를 청했네.
"멋진 시온 노래 한 곡 뽑아 봐라!"

4-6 아, 우리가 어찌 **하나님**의 노래를
이 불모지에서 부를 수 있으랴?
예루살렘아, 내가 너를 잊는다면
내 손가락이 낙엽처럼 말라비틀어지리라.
오 사랑스러운 예루살렘아,
내가 너를 기억하지 않는다면
내 너를 가장 소중한 것으로 여기지 않는다면
내 혀가 부어오르고 새까맣게 타 버리리라.

7-9 **하나님**, 저 에돔 족속들을 기억하시고
폐허가 된 예루살렘을 기억하소서.
그날 저들은 큰소리로 말했습니다.
"부숴 버려, 가루가 되도록 박살내 버려!"
너희 바빌론 족속들아, 파괴자들아!
너희가 우리에게 한 그대로 너희에게 되갚
는 자는
누구든지 상을 받으리라.
그렇다, 너희 젖먹이들을 잡아다가
그 머리통을 바위에 메어치는 자는 상을 받
으리라!

다윗의 시
138

1-3 주께 감사합니다!

Thank God, who did it all!
His love never quits!

137

1-3 Alongside Babylon's rivers
we sat on the banks; we
cried and cried,
remembering the good old days in Zion.
Alongside the quaking aspens
we stacked our unplayed harps;
That's where our captors demanded songs,
sarcastic and mocking:
"Sing us a happy Zion song!"

4-6 Oh, how could we ever sing GOD's song
in this wasteland?
If I ever forget you, Jerusalem,
let my fingers wither and fall off like
leaves.
Let my tongue swell and turn black
if I fail to remember you,
If I fail, O dear Jerusalem,
to honor you as my greatest.

7-9 GOD, remember those Edomites,
and remember the ruin of Jerusalem,
That day they yelled out,
"Wreck it, smash it to bits!"
And you, Babylonians—ravagers!
A reward to whoever gets back at you
for all you've done to us;
Yes, a reward to the one who grabs your
babies
and smashes their heads on the rocks!

A David Psalm
138

1-3 Thank you! Everything in
me says "Thank you!"

내 안의 모든 것이 외칩니다. "감사합니다!"
내가 감사의 노래 부를 때 천사들이 귀 기울여
듣습니다.
주님의 거룩한 성전을 향해 무릎 꿇고 경배하며
다시 고백합니다. "감사합니다!"
주님의 사랑에 감사하고
주님의 성실하심에 감사합니다.
더없이 거룩합니다, 주님의 이름.
더없이 거룩합니다, 주님의 말씀.
내가 부르짖자 주께서 나서시고,
내 삶을 크고 힘차게 해주셨습니다.

4-6 **하나님**, 주께서 하시는 말씀을 듣고서
온 세상 왕들이 주께 고백할 것입니다. "감사
합니다."
그들이 주께서 행하신 일들을 노래할 것입니다.
"참으로 크시다, **하나님**의 영광!"
하나님은 높이 계셔도 이 낮은 아래를 굽어보
시고,
멀리 계셔도 우리의 모든 일을 아시기 때문입니다.

7-8 내가 극심한 고난의 길을 걸을 때
분노와 혼란 속에 있는 나를 살려 주소서.
한 손으로는
내 원수를 치시고,
다른 손으로는 나를 구원하소서.
하나님, 내 안에서 시작하신 일을 매듭지어 주
소서.
주님의 사랑 영원하니, 나를 포기하지 마소서.

다윗의 시

139 1-6 **하나님**, 내 삶을 샅샅이 살피시고
모든 사실을 직접 알아보소서.
나는 주님 앞에 활짝 펼쳐진 책이니,
멀리서도 주께서는 내 생각을 다 아십니다.
주께서는 내가 떠날 때와 돌아올 때를 아시니,
내가 주님의 시야를 벗어나지 않습니다.

Angels listen as I sing my thanks.
I kneel in worship facing your holy temple
and say it again: "Thank you!"
Thank you for your love,
thank you for your faithfulness;
Most holy is your name,
most holy is your Word.
The moment I called out, you stepped in;
you made my life large with strength.

4-6 When they hear what you have to say, GOD,
all earth's kings will say "Thank you."
They'll sing of what you've done:
"How great the glory of GOD!"
And here's why: GOD, high above, sees far below;
no matter the distance, he knows everything about us.

7-8 When I walk into the thick of trouble,
keep me alive in the angry turmoil.
With one hand
strike my foes,
With your other hand
save me.
Finish what you started in me, GOD.
Your love is eternal—don't quit on me now.

A David Psalm

139 1-6 GOD, investigate my life;
get all the facts firsthand.
I'm an open book to you;
even from a distance, you know what I'm thinking.
You know when I leave and when I get back;

내가 운을 떼기도 전에
주께서는 내가 하려는 말을 모두 아십니다.
내가 뒤돌아보아도 주님은 거기 계시고
앞을 내다보아도 주께서는 거기 계십니다.
어느 곳에 가든 주께서 함께하시니, 내 마음 든든합니다.
이 모든 것이 내게는 너무나 크고 놀라워
다 헤아릴 수가 없습니다!

7-12 내가 주님의 영을 피해 어디로 가며
주님의 눈을 피해 어디로 가겠습니까?
내가 하늘로 올라가면 거기에 계시고
지하에 숨어도 거기에 주님이 계십니다!
내가 새벽 날개를 타고
머나먼 서쪽 수평선으로 날아갈지라도
주께서 금세 나를 찾아내시니,
주님은 거기서도 기다리고 계십니다!
내가 속으로 "오, 그분은 어둠 속에서도 나를 알아보시는구나!
내가 밤중에도 빛 속에 잠겨 있구나!" 고백합니다.
참으로 그렇습니다. 주께는 어둠도 어둠이 아니니,
밤과 낮, 어둠과 빛이 매한가지입니다.

13-16 오 그렇습니다. 주께서 내 속과 겉을 빚으시고
모태에서 나를 지으셨습니다.
내 몸과 영혼을 경이롭게 지으신 높으신 하나님,
숨 막히도록 멋지신 주께 감사드립니다!
그 솜씨 너무 놀라워,
내가 주님을 마음 깊이 경배합니다!
주께서는 나를 속속들이 아시며
내 몸속의 뼈 마디마디까지 아십니다.
주께서는 정확히 아십니다.
내가 어떻게 지어졌는지,
아무것도 아니던 내가 어떻게 이처럼 근사

I'm never out of your sight.
You know everything I'm going to say
    before I start the first sentence.
I look behind me and you're there,
    then up ahead and you're there, too–
    your reassuring presence, coming and
    going.
This is too much, too wonderful–
    I can't take it all in!

7-12 Is there anyplace I can go to avoid your Spirit?
    to be out of your sight?
If I climb to the sky, you're there!
    If I go underground, you're there!
If I flew on morning's wings
    to the far western horizon,
You'd find me in a minute–
    you're already there waiting!
Then I said to myself, "Oh, he even sees me in the dark!
    At night I'm immersed in the light!"
It's a fact: darkness isn't dark to you;
    night and day, darkness and light, they're
    all the same to you.

13-16 Oh yes, you shaped me first inside, then out;
    you formed me in my mother's womb.
I thank you, High God–you're breathtaking!
    Body and soul, I am marvelously made!
    I worship in adoration–what a creation!
You know me inside and out,
    you know every bone in my body;
You know exactly how I was made, bit by bit,
    how I was sculpted from nothing into
    something.
Like an open book, you watched me grow

한 형상으로 빚어졌는지를.
책을 펼쳐 보시듯, 주께서는 내가 잉태되고 태어나기까지
내 자라는 모습을 지켜보셨습니다.
내 생의 모든 시기가 주님 앞에 펼쳐졌습니다.
태어나 하루를 살기도 전에,
이미 내 삶의 모든 날들이 예비되어 있었습니다.

17-22 주님의 생각들, 너무나 귀하고, 너무나 뛰어납니다!
하나님, 나는 도무지 이해하지 못하겠습니다!
그 수가 바다의 모래알보다 많아서
헤아릴 엄두가 나지 않습니다.
오, 아침에 나를 일으켜 주시고, 내내 주님과 함께 살게 하소서!
하나님, 죄악을 영원히 없애 주소서!
꺼져라, 너희 살인자들아!
하나님, 주님을 얕잡아 보는 자들이
싸구려 가짜 신들에게 홀딱 반했습니다.
보소서, **하나님**. 주님을 미워하는 자들을 내가 얼마나 미워하는지.
보소서, 저 사악한 교만을 내가 얼마나 역겨워하는지.
극심하게 그것을 미워합니다.
주님의 원수들이 곧 나의 원수들입니다!

23-24 오 하나님, 내 삶을 샅샅이 살피시고
나에 대해 모든 것을 캐 보소서.
나를 심문하고 시험하셔서
내가 어떤 사람인지 분명히 파악하소서.
내가 잘못한 일이 있는지 직접 살피시고
나를 영원한 생명의 길로 인도하소서.

다윗의 시
140
1-5 **하나님**, 악이 득세하는 이 곳에서 나를 구하소서.
사악한 자들에게서 나를 보호하소서.
저들은 죄로 이어지는 길만 끊임없이 생각해

from conception to birth;
all the stages of my life were spread out before you,
The days of my life all prepared
before I'd even lived one day.

17-22 Your thoughts—how rare, how beautiful!
God, I'll never comprehend them!
I couldn't even begin to count them—
any more than I could count the sand of the sea.
Oh, let me rise in the morning and live always with you!
And please, God, do away with wickedness for good!
And you murderers—out of here!—
all the men and women who belittle you, God,
infatuated with cheap god-imitations.
See how I hate those who hate you, GOD,
see how I loathe all this godless arrogance;
I hate it with pure, unadulterated hatred.
Your enemies are my enemies!

23-24 Investigate my life, O God,
find out everything about me;
Cross-examine and test me,
get a clear picture of what I'm about;
See for yourself whether I've done anything wrong—
then guide me on the road to eternal life.

A David Psalm
140
1-5 GOD, get me out of here, away from this evil;
protect me from these vicious people.

내고,

전쟁놀이만 도모하며 세월을 보냅니다.

신랄한 말로 남을 미워하고 상처 입히며,

사람을 불구로 만들고 죽이는 독설을 쏟아

냅니다.

하나님, 이 악인들의 손아귀에서 나를 지키

소서.

사악한 자들에게서 나를 보호하소서.

제 잘난 맛에 도취된 자들,

나를 쓰러뜨리기로 작정하고 방법을 모의

합니다.

악한들이 나를 잡으려 덫을 만들고

내게 죄를 씌우려 안간힘을 씁니다.

6-8 내가 주께 기도했습니다. "**하나님**, 주는

나의 하나님이십니다!

하나님, 귀를 기울이소서! 자비를 베푸소서!

강한 구원자이신 나의 주 **하나님**,

싸움이 벌어질 때 나를 보호하소서!

하나님, 악인들이 멋대로 하지 못하게 막으

소서.

저들에게 한 치의 틈도 주지 마소서!"

9-11 나를 에워싼 말썽꾼들,

저들의 독설이 저들을 삼키게 하소서.

저들 위에 지옥 불을 쌓아 올리시고

저들을 빙하의 갈라진 틈에 산 채로 묻으

소서!

저 떠버리들의 말이

홀대받게 하시고,

저 무뢰한들을 악마가 쫓아가

넘어뜨리게 하소서!

12-13 나는 압니다. 주 **하나님**이 피해자의

편에 서시고

불쌍한 이들의 권리에 관심을 두고 계심을,

의인들이 주께 마음 깊이 감사하고

선인들이 주님 앞에서 안전하리라는 것을.

All they do is think up new ways to be bad;

   they spend their days plotting war games.

They practice the sharp rhetoric of hate and hurt,

   speak venomous words that maim and kill.

GOD, keep me out of the clutch of these wicked ones,

   protect me from these vicious people;

Stuffed with self-importance, they plot ways to trip me up,

   determined to bring me down.

These crooks invent traps to catch me

   and do their best to incriminate me.

6-8 I prayed, "GOD, you're my God!

   Listen, GOD! Mercy!

GOD, my Lord, Strong Savior,

   protect me when the fighting breaks out!

Don't let the wicked have their way, GOD,

   don't give them an inch!"

9-11 These troublemakers all around me—

   let them drown in their own verbal poison.

Let God pile hellfire on them,

   let him bury them alive in crevasses!

These loudmouths—

   don't let them be taken seriously;

These savages—

   let the Devil hunt them down!

12-13 I know that you, GOD, are on the side of victims,

   that you care for the rights of the poor.

And I know that the righteous personally thank you,

   that good people are secure in your presence.

다윗의 시

141

¹⁻² **하나님**, 가까이 오소서.
어서 오소서!
주님의 귀 활짝 여셔서, 내 소리를 들어주소서!
내 기도를 주께 피어오르는 향으로 여겨 주소서.
들어 올린 두 손은 나의 저녁기도입니다.

³⁻⁷ **하나님**, 내 입에 파수꾼을 세우시고
내 입술 문에 보초를 세우소서.
악은 꿈도 꾸지 않게 하시고
생각 없이 악한 무리와 어울리지 않게 하소서.
못된 짓만 골라서 하는 저들이
감언이설로 나를 꾀지 못하게 하소서!
의로운 이가 나를 바로잡게 하시고
친절한 사람이 나를 꾸짖게 하소서.
죄가 내 머리에 기름붓지 못하게 하소서.
내가 저들의 악행을 고발하며 주께 힘껏 기도합니다!
오, 저들의 우두머리들이 높은 암벽에서 떠밀려
죄값을 치르게 하소서.
큰 망치에 맞아 가루가 되어 버린 바위처럼
저들의 뼈가 지옥 입구에 흩어지게 하소서.

⁸⁻¹⁰ 그러나 사랑하는 주 **하나님**,
나는 오직 주님만을 바라봅니다.
죽기 살기로 주께 달려왔으니,
나를 보살펴 주소서.
저들의 흉계에서 나를 지키소서.
저들의 악한 속임수에서 나를 보호하소서.
악인들은 고꾸라지게 하시고
나는 상처 하나 없이 지나가게 하소서.

다윗이 굴에 있을 때 드린 기도

142

¹⁻² 내가 소리 높여 **하나님**께
부르짖네.

A David Psalm

141

¹⁻² GOD, come close. Come quickly!
    Open your ears—it's my voice you're hearing!
Treat my prayer as sweet incense rising;
    my raised hands are my evening prayers.

³⁻⁷ Post a guard at my mouth, GOD,
    set a watch at the door of my lips.
Don't let me so much as dream of evil
    or thoughtlessly fall into bad company.
And these people who only do wrong—
    don't let them lure me with their sweet talk!
May the Just One set me straight,
    may the Kind One correct me,
Don't let sin anoint my head.
    I'm praying hard against their evil ways!
Oh, let their leaders be pushed off a high rock cliff;
    make them face the music.
Like a rock pulverized by a maul,
    let their bones be scattered at the gates of hell.

⁸⁻¹⁰ But GOD, dear Lord,
    I only have eyes for you.
Since I've run for dear life to you,
    take good care of me.
Protect me from their evil scheming,
    from all their demonic subterfuge.
Let the wicked fall flat on their faces,
    while I walk off without a scratch.

A David Prayer—When He Was in the Cave

142

¹⁻² I cry out loudly to GOD,
    loudly I plead with GOD for

큰소리로 **하나님**께 자비를 구하네.
그분 앞에 내 모든 억울함을 털어놓고
내 고통을 낱낱이 아뢰네.

3-7 "내가 절망에 **빠져** 낙심할 때
주께서는 내 심정을 아십니다.
내가 처한 위험,
내가 다니는 길에 숨겨 놓은 저들의 덫을
아십니다.
오른쪽을 살피시고 왼쪽도 살펴보소서.
무슨 일이 벌어지는지 아무도 관심이 없습
니다!
곤경에 처했는데 출구도 없고,
홀로 남겨져 희망마저 잃어버렸습니다.
하나님, 내가 이렇게 부르짖습니다.
'주님은 나의 마지막 기회, 내 삶의 유일한
희망!'
오 제발, 귀를 기울이소서.
이렇게 바닥까지 떨어진 적은 없습니다.
나를 뒤쫓는 자들에게서 나를 구하소서.
나는 저들의 상대가 되지 않습니다.
이 지하 감옥에서 나를 **빼내** 주시고
사람들 앞에서 내가 주께 감사하게 하소서.
주님의 백성이 나를 빙 둘러쌀 때
주께서 내게 복을 소낙비처럼 쏟아부으실
것입니다!"

다윗의 시

143 1-2 **하나님**, 나의 기도를 들어주소서.

나의 간구에 주의를 기울이소서.
주님은 응답을 잘하시기로 이름난 분이시
니, 내게 응답하소서!
내게 꼭 필요한 일을 해주소서.
그러나 주님의 법정으로 끌고 가지는 마소서.
산 자는 누구도 거기서 무죄 판결을 받을
수 없습니다.

mercy.
I spill out all my complaints before him,
    and spell out my troubles in detail:

3-7 "As I sink in despair, my spirit ebbing
away,
    you know how I'm feeling,
Know the danger I'm in,
    the traps hidden in my path.
Look right, look left—
    there's not a soul who cares what
    happens!
I'm up against it, with no exit—
    bereft, left alone.
I cry out, GOD, call out:
    'You're my last chance, my only hope for
    life!'
Oh listen, please listen;
    I've never been this low.
Rescue me from those who are hunting me
down;
    I'm no match for them.
Get me out of this dungeon
    so I can thank you in public.
Your people will form a circle around me
    and you'll bring me showers of blessing!"

A David Psalm

143 1-2 Listen to this prayer of mine, GOD;

    pay attention to what I'm asking.
Answer me—you're famous for your
answers!
    Do what's right for me.
But don't, please don't, haul me into court;
    not a person alive would be acquitted
    there.

3-6 원수가 뒤쫓아 와서,
나를 걷어차고 짓밟아 거반 죽게 되었습니다.
나를 어두운 구덩이에 던지고
시체처럼 지하 감옥에 처넣었습니다.
이 몸, 그곳에 앉아 절망할 때
내 기운이 쇠하고 내 마음은 납덩이처럼 무거웠습니다.
옛 시절을 떠올리며
주께서 행하신 모든 일을 곰곰이 되새겨 보았습니다.
사막이 비를 갈망하듯이 내가 주님을 갈망하며
주님 향해 두 손을 높이 들었습니다.

7-10 **하나님**, 속히 응답하소서!
어찌할 바를 모르겠습니다.
외면하지 마소서. 모른 체하지 마소서!
주께 버림받으면 나는 완전히 죽습니다.
아침마다 주님의 사랑스러운 음성으로 나를 깨워 주시면
내가 밤마다 주님을 신뢰하며 잠자리에 들겠습니다.
어느 길로 가야 할지 알려 주소서.
내가 귀를 세우고 모든 시선 주께 돌리니
하나님, 원수들로부터 나를 구원하소서.
주님만이 나의 희망이십니다!
주님은 나의 하나님이시니
주님이 기뻐하시는 삶 살도록 가르쳐 주소서.
주님의 복된 영으로 나를 이끄시고
탁 트이고 평탄한 초원으로 데려가 주소서.

11-12 하나님, 주님의 명성을 위해서라도, 나를 살려 주소서!
주님의 정의로 나를 이 고난에서 건지소서!
주님의 크신 사랑으로 내 원수들을 쳐부수소서.
나를 괴롭히는 자들을 깨끗이 쓸어버리소서.
이 몸, 주님의 종인 까닭입니다.

3-6 The enemy hunted me down;
he kicked me and stomped me within an inch of my life.
He put me in a black hole,
buried me like a corpse in that dungeon.
I sat there in despair, my spirit draining away,
my heart heavy, like lead.
I remembered the old days,
went over all you've done, pondered the ways you've worked,
Stretched out my hands to you,
as thirsty for you as a desert thirsty for rain.

7-10 Hurry with your answer, GOD!
I'm nearly at the end of my rope.
Don't turn away; don't ignore me!
That would be certain death.
If you wake me each morning with the sound of your loving voice,
I'll go to sleep each night trusting in you.
Point out the road I must travel;
I'm all ears, all eyes before you.
Save me from my enemies, GOD—
you're my only hope!
Teach me how to live to please you,
because you're my God.
Lead me by your blessed Spirit
into cleared and level pastureland.

11-12 Keep up your reputation, God—give me life!
In your justice, get me out of this trouble!
In your great love, vanquish my enemies;
make a clean sweep of those who harass me.
And why? Because I'm your servant.

다윗의 시

144 ¹⁻² 나의 산이신 **하나님**을 찬양하여라.

주님은 당당히 잘 싸우도록 나를 훈련시키시는 분.
내가 딛고 선 반석,
내가 거하는 성채,
나를 구해 주시는 기사,
내가 필사적으로 피할 높은 바위산,
내 원수들을 쓰러뜨리시는 분.

³⁻⁴ **하나님**, 어찌하여 우리를 보살펴 주십니까?
어찌하여 우리에게 그토록 마음을 쓰십니까?
우리는 한낱 입김에 불과하고,
모닥불 속 그림자와 같습니다.

⁵⁻⁸ **하나님**, 하늘에서 내려오셔서
산 한가운데 있는 분화구에 불을 붙이소서.
주님의 번개를 사방으로 집어던지시고,
주님의 화살을 이리저리 쏘소서.
하늘에서 바다까지 손을 뻗으셔서,
증오의 바다,
저 야만족의 손아귀에서 나를 끌어내소서.
새빨간 거짓말을 내뱉는 저들,
앞에서 악수하면서도
뒤돌아서면 등을 찌릅니다.

⁹⁻¹⁰ 오 하나님, 내가 새 노래를 주께 불러 드립니다.
열두 줄 기타로 연주하겠습니다.
왕을 구원하신 하나님,
주님의 종 다윗을 구해 내신 하나님께 바치는 노래입니다.

¹¹ 원수의 칼에서 나를 구하소서.
저 야만인들의 손아귀에서 나를 꺼내 주소서.
새빨간 거짓말을 내뱉는 저들,
앞에서 악수하면서도
뒤돌아서면 등을 찌릅니다.

A David Psalm

144 ¹⁻² Blessed be GOD, my mountain,

who trains me to fight fair and well.
He's the bedrock on which I stand,
the castle in which I live,
my rescuing knight,
The high crag where I run for dear life,
while he lays my enemies low.

³⁻⁴ I wonder why you care, GOD—
why do you bother with us at all?
All we are is a puff of air;
we're like shadows in a campfire.

⁵⁻⁸ Step down out of heaven, GOD;
ignite volcanoes in the hearts of the mountains.
Hurl your lightnings in every direction;
shoot your arrows this way and that.
Reach all the way from sky to sea:
pull me out of the ocean of hate,
out of the grip of those barbarians
Who lie through their teeth,
who shake your hand
then knife you in the back.

⁹⁻¹⁰ O God, let me sing a new song to you,
let me play it on a twelve-string guitar—
A song to the God who saved the king,
the God who rescued David, his servant.

¹¹ Rescue me from the enemy sword,
release me from the grip of those barbarians
Who lie through their teeth,
who shake your hand
then knife you in the back.

12-14 한창때인 우리 아들들을
무성한 상수리나무 같게 하시고,
우리 딸들은 들판에 핀 들꽃처럼
맵시 좋고 생기 있게 하소서.
창고에는 수확물이 가득 차게 하시고
들판에는 거대한 양 떼로 차게 하소서.
침략을 당하거나 포로로 끌려가는 일 없게
하시고
거리에서 범죄가 사라지게 하소서.

15 이 모든 것을 누리는 백성은 복이 있다.
하나님을 자기 하나님으로 모시는 백성은
복이 있다.

다윗의 찬양

145
1 오, 왕이신 나의 하나님,
찬양으로 주님을 높여 드립
니다!
영원토록 주님의 이름을 찬송합니다.

2 날마다 주님을 찬양하고
지금부터 영원까지 찬송합니다.

3 **하나님**은 위대하시니, 찬양을 아무리 드
려도 부족하신 분.
그분의 위대하심 끝이 없다.

4 대를 이어 주께서 행하신 일을 경외하고
세대마다 주님의 위업을 전합니다.

5 모두가 주님의 아름다움과 위엄을 이야기
하고
나는 주님의 기적들에 곡을 붙입니다.

6 주께서 행하신 놀라운 일들 대서특필되고
나는 주님의 위대하심 낱낱이 책에 기록합
니다.

12-14 Make our sons in their prime
like sturdy oak trees,
Our daughters as shapely and bright
as fields of wildflowers.
Fill our barns with great harvest,
fill our fields with huge flocks;
Protect us from invasion and exile—
eliminate the crime in our streets.

15 How blessed the people who have all
this!
How blessed the people who have GOD for
God!

David's Praise

145
1 I lift you high in praise, my
God, O my King!
and I'll bless your name into eternity.

2 I'll bless you every day,
and keep it up from now to eternity.

3 GOD is magnificent; he can never be
praised enough.
There are no boundaries to his greatness.

4 Generation after generation stands in awe
of your work;
each one tells stories of your mighty acts.

5 Your beauty and splendor have everyone
talking;
I compose songs on your wonders.

6 Your marvelous doings are headline news;
I could write a book full of the details of
your greatness.

⁷ 주님의 선하심, 그 명성이 온 나라에 자
자하고
주님의 의로우심, 모든 사람 입에 오르내립
니다.

⁸ 하나님은 자비로우시고 은혜로우신 분,
노하기를 더디 하시고 사랑이 충만하신 분.

⁹ 하나님은 누구에게나 좋으신 분,
행하시는 일마다 은혜가 넘친다.

¹⁰⁻¹¹ 하나님, 온 우주와 피조물들이 주께
박수갈채를 보내고
주님의 거룩한 백성이 주님을 찬양합니다.

그들이 주님 통치의 영광을 이야기하고
주님의 위엄을 선포합니다.

¹² 주님의 권능을 영원토록 세상에 알리고
주님의 나라의 찬란한 영광을 알립니다.

¹³ 주님의 나라는 영원한 나라,
주님의 통치는 중단되는 일이 없습니다.

하나님은 언제나 말씀하신 대로 행하시고
모든 일을 은혜롭게 하신다.

¹⁴ 하나님은 불행한 이들을 도우시고
삶을 포기하려는 이들에게 새 출발을 허락
하신다.

¹⁵ 모든 눈이 앙망하며 주님을 바라볼 때
주님은 그들에게 때맞춰 먹을 것을 주십
니다.

¹⁶ 주님은 지극히 너그러우셔서
모든 피조물에게 아낌없이 은혜를 베푸십
니다.

⁷ The fame of your goodness spreads across
the country;
  your righteousness is on everyone's lips.

⁸ GOD is all mercy and grace—
  not quick to anger, is rich in love.

⁹ GOD is good to one and all;
  everything he does is suffused with
  grace.

¹⁰⁻¹¹ Creation and creatures applaud you,
GOD;
  your holy people bless you.

They talk about the glories of your rule,
  they exclaim over your splendor,

¹² Letting the world know of your power for
good,
  the lavish splendor of your kingdom.

¹³ Your kingdom is a kingdom eternal;
  you never get voted out of office.

GOD always does what he says,
  and is gracious in everything he does.

¹⁴ GOD gives a hand to those down on their
luck,
  gives a fresh start to those ready to quit.

¹⁵ All eyes are on you, expectant;
  you give them their meals on time.

¹⁶ Generous to a fault,
  you lavish your favor on all creatures.

17 **하나님**이 행하시는 일은 무엇이나 옳고
그분의 모든 일은 사랑으로 이루어진다.

18 **하나님**은 기도하는 모든 이들에게 귀 기울이
시고
기도하는 모든 이들과 진심으로 함께하신다.

19 그분을 경외하는 이들에게 가장 좋은 것 행
하시고
그들이 부르짖을 때 귀 기울여 듣고 구원해 주
신다.

20 **하나님**은 그분을 사랑하는 이들의 곁을 지키
시지만,
그분을 사랑하지 않는 자들은 모두 끝장내신다.

21 내 입이 끊임없이 **하나님**을 찬양하니,
살아 있는 모든 것은 그분을 찬양하고
그 거룩하신 이름을 찬양하여라. 지금부터 영원
까지!

146
1-2 할렐루야!
오 내 영혼아, **하나님**을 찬양하여라!
내 평생 **하나님**을 찬양하며
내 사는 동안 내 하나님께 노래 부르리라.

3-9 너희 삶을 전문가들의 손에 맡기지 마라.
저들은 삶도 구원도 전혀 모르는 자들이다.
한낱 인간에 불과하니 알 도리가 없다.
저들이 죽으면 저들의 계획들도 함께 사라진다.
대신, 야곱의 하나님에게서 도움을 받고
하나님께 너희 소망을 두어라. 참 행복을 알게
되리라!
하나님께서는 하늘과 땅
바다와 그 속의 모든 물고기를 지으신 분,
말씀하신 대로 어김없이 행하시고
학대받는 이들을 변호하시며

17 Everything GOD does is right—
   the trademark on all his works is love.

18 GOD's there, listening for all who
pray,
   for all who pray and mean it.

19 He does what's best for those who
fear him—
   hears them call out, and saves them.

20 GOD sticks by all who love him,
   but it's all over for those who don't.

21 My mouth is filled with GOD's praise.
   Let everything living bless him,
   bless his holy name from now to
   eternity!

146
1-2 Hallelujah!
   O my soul, praise GOD!
All my life long I'll praise GOD,
   singing songs to my God as long as I live.

3-9 Don't put your life in the hands of
experts
   who know nothing of life, of salvation life.
Mere humans don't have what it takes;
   when they die, their projects die with
   them.
Instead, get help from the God of Jacob,
   put your hope in GOD and know real
   blessing!
GOD made sky and soil,
   sea and all the fish in it.
He always does what he says—
   he defends the wronged,

굶주린 이들에게 먹을 것을 주시는 분,
하나님은 갇힌 이들을 풀어 주시고
눈먼 이들에게 시력을 주시며
넘어진 이들을 일으켜 세우시는 분,
하나님은 선한 이들을 사랑하시고 나그네들을
보호하시며,
고아와 과부들의 편이 되어 주시고
악인들을 간단히 처치하시는 분.

10 **하나님**께서 언제나 다스리신다.
시온의 하나님은 영원하신 하나님이시다!
할렐루야!

147 ¹ 할렐루야!

우리 하나님을 찬양하는 것이
얼마나 좋은가.
그분을 찬양하는 것이 얼마나 아름답고 합당한가!

2-6 **하나님**은 예루살렘을 다시 세우시는 분,
이스라엘의 흩어진 포로들을 다시 모으시는 분,
마음 상한 이들을 고치시고
그들의 상처를 싸매 주시는 분,
별들을 세시고
그 하나하나에 이름을 붙이시는 분.
우리 주님은 위대하시고 그 힘이 무한하시니,
그분의 지식과 행하신 일들, 결코 헤아리지 못
하리.
하나님은 넘어진 이들을 다시 일으키시고
악인들을 시궁창에 처박으신다.

7-11 **하나님**께 감사 찬양을 드려라.
네 악기로 그분 앞에서 연주하여라.
하늘을 구름으로 채우시고
땅을 위해 비를 마련하시며,
풀로 산을 푸르게 하시고
가축과 까마귀들에게 먹이를 주시는 분.
그분은 힘센 준마에 감동하지 않으시고

he feeds the hungry.
GOD frees prisoners—
  he gives sight to the blind,
  he lifts up the fallen.
GOD loves good people, protects strangers,
  takes the side of orphans and widows,
  but makes short work of the wicked.

10 GOD's in charge—*always*.
  Zion's God is God for good!
  Hallelujah!

147 ¹ Hallelujah!

  It's a good thing to sing
praise to our God;
  praise is beautiful, praise is fitting.

2-6 GOD's the one who rebuilds Jerusalem,
  who regathers Israel's scattered exiles.
He heals the heartbroken
  and bandages their wounds.
He counts the stars
  and assigns each a name.
Our Lord is great, with limitless
strength;
  we'll never comprehend what he
  knows and does.
GOD puts the fallen on their feet again
  and pushes the wicked into the ditch.

7-11 Sing to GOD a thanksgiving hymn,
  play music on your instruments to
  God,
Who fills the sky with clouds,
  preparing rain for the earth,
Then turning the mountains green with
grass,

근육질을 대수롭게 여기지 않으신다.
하나님을 경외하는 이들만이 **하나님**의 주목을 받고
그분의 권능에 의지할 수 있다.

12-18 예루살렘아, **하나님**께 경배하여라!
시온아, 네 하나님을 찬양하여라!
주께서 네 성을 안전하게 지키시고
그 안에 있는 네 자녀들에게 복을 내리셨다.
네가 사는 땅에 평화를 허락하시고
네 식탁에 가장 좋은 빵을 차려 주신다.
온 땅에 약속의 말씀을 주시니
그 말씀 빠르고 확실하게 전해지는구나!
눈을 양털처럼 뿌리시고
서리를 재처럼 흩으시며
우박을 모이처럼 흩뿌리시니
그 추위를 견딜 자 누구랴?
다시 명령을 내리시니 모든 것이 녹고,
추위를 향해 입김을 내뿜으시니, 갑자기 봄이로구나!

19-20 그분은 야곱에게 같은 방식으로 말씀하시고
이스라엘에게도 합당한 말씀을 주신다.
다른 민족에게는 이같이 하신 적 없으니,
그들은 그 같은 계명들을 들어 본 적도 없다.
할렐루야!

148
1-5 할렐루야!
하늘에서 **하나님**을 찬양하여라.
산꼭대기에서 그분을 찬양하여라.
그분의 모든 천사들아, 주님을 찬양하여라.
그분의 모든 전사들아, 주님을 찬양하여라.
해와 달아, 주님을 찬양하여라.
새벽별들아, 주님을 찬양하여라.
드높은 하늘아, 주님을 찬양하여라.

feeding both cattle and crows.
He's not impressed with horsepower;
the size of our muscles means little to him.
Those who fear GOD get GOD's attention;
they can depend on his strength.

12-18 Jerusalem, worship GOD!
Zion, praise your God!
He made your city secure,
he blessed your children among you.
He keeps the peace at your borders,
he puts the best bread on your tables.
He launches his promises earthward—
how swift and sure they come!
He spreads snow like a white fleece,
he scatters frost like ashes,
He broadcasts hail like birdseed—
who can survive his winter?
Then he gives the command and it all melts;
he breathes on winter—suddenly it's spring!

19-20 He speaks the same way to Jacob,
speaks words that work to Israel.
He never did this to the other nations;
they never heard such commands.
Hallelujah!

148
1-5 Hallelujah!
Praise GOD from heaven,
praise him from the mountaintops;
Praise him, all you his angels,
praise him, all you his warriors,
Praise him, sun and moon,
praise him, you morning stars;
Praise him, high heaven,
praise him, heavenly rain clouds;

하늘의 비구름아, 주님을 찬양하여라.
찬양하여라. 오, **하나님**의 이름을 찬양하여라.
주께서 말씀하시자, 그들이 생겨났다!

6 그분께서 그들을 알맞은 자리에
영원토록 있게 하시고,
명령을 내리시자
그대로 되었다!

7-12 땅에서 **하나님**을 찬양하여라.
너희 바다의 용들아, 헤아릴 수 없이 깊은 대양아,
불과 우박, 눈과 얼음아,
그분의 명령에 복종하는 폭풍들아,
산과 언덕들아,
사과 과수원들과 백향목 숲들아,
들짐승과 가축 떼들아,
뱀과 날짐승들아,
세상의 왕들과 모든 인종들아,
지도자들과 유력자들아,
청춘남녀들아,
너희 노인과 아이들아.

13-14 **하나님**의 이름을 찬양하여라.
찬양 받기에 합당한 유일한 이름이시다.
그분의 광채, 하늘과 땅에 있는 그 무엇보다
빛나고,
그분께서 세우신 기념비, 곧 하나님의 백성
이로다!

하나님을 사랑하는 모든 이들아, 찬양하여라!
이스라엘의 자녀들, **하나님**의 가까운 친구들아!
할렐루야!

149
1-4 할렐루야!
새 노래로 **하나님**께 노래하
여라.
그분을 사랑하는 모든 이들과 함께 그분을 찬

Praise, oh let them praise the name of GOD—
he spoke the word, and there they were!

6 He set them in place
from all time to eternity;
He gave his orders,
and that's it!

7-12 Praise GOD from earth,
you sea dragons, you fathomless ocean
deeps;
Fire and hail, snow and ice,
hurricanes obeying his orders;
Mountains and all hills,
apple orchards and cedar forests;
Wild beasts and herds of cattle,
snakes, and birds in flight;
Earth's kings and all races,
leaders and important people,
Robust men and women in their prime,
and yes, graybeards and little children.

13-14 Let them praise the name of GOD—
it's the only Name worth praising.
His radiance exceeds anything in earth
and sky;
he's built a monument—his very own
people!

Praise from all who love GOD!
Israel's children, intimate friends of GOD.
Hallelujah!

149
1-4 Hallelujah!
Sing to GOD a brand-new song,
praise him in the company of all who
love him.

양하여라.

이스라엘 모든 백성들아, 너희의 주권자이
신 창조주를 찬양하여라.

시온의 아들딸들아, 너희 왕으로 인해 기뻐
뛰어라.

춤추며 그분의 이름을 찬양하고
밴드를 울려 음악을 연주하여라!

하나님은 자기 백성을 기뻐하시고
평범한 이들을 구원의 화환으로 꾸며 주신다!

5-9 주님을 참으로 사랑하는 이들아, 소리치
며 찬양하여라.

어디에 있든지 노래 불러라.

소리 높여 하나님을 찬양하여라.

칼을 휘둘러 열정적으로 칼춤을 추어라.

이것은 하나님께 거역하는 민족들을 향한 복
수의 경고,

임박한 징벌의 신호다.

저들의 왕들은 사슬에 묶여 감옥으로 끌
려가고

지도자들은 영원히 감옥에 갇히며,

저들에 대한 엄정한 심판이 시행될 것이다.

그러나 하나님을 사랑하는 이들은 모두 영
광의 자리에 앉으리라!

할렐루야!

150
1-6 할렐루야!
하나님의 거룩한 예배처소에
서 그분을 찬양하여라.

탁 트인 하늘 아래서 그분을 찬양하여라.

권능을 떨치신 그분을 찬양하여라.

크고 위대하신 그분을 찬양하여라.

힘찬 트럼펫 소리로 그분을 찬양하여라.

부드러운 현악기로 그분을 찬양하여라.

캐스터네츠와 춤으로 그분을 찬양하여라.

작은북과 플루트로 그분을 찬양하여라.

심벌즈와 큰북으로 그분을 찬양하여라.

Let all Israel celebrate their Sovereign
Creator,

Zion's children exult in their King.

Let them praise his name in dance;

strike up the band and make great music!

And why? Because GOD delights in his people,

festoons plain folk with salvation
garlands!

5-9 Let true lovers break out in praise,

sing out from wherever they're sitting,

Shout the high praises of God,

brandish their swords in the wild sword-
dance—

A portent of vengeance on the God-defying
nations,

a signal that punishment's coming,

Their kings chained and hauled off to jail,

their leaders behind bars for good,

The judgment on them carried out to the
letter

—and all who love God in the seat of
honor!

Hallelujah!

150
1-6 Hallelujah!
Praise God in his holy house
of worship,

praise him under the open skies;

Praise him for his acts of power,

praise him for his magnificent greatness;

Praise with a blast on the trumpet,

praise by strumming soft strings;

Praise him with castanets and dance,

praise him with banjo and flute;

Praise him with cymbals and a big bass
drum,

바이올린과 기타로 그분을 찬양하여라.
살아 숨 쉬는 모든 것들아, **하나님**을 찬양하
여라!
할렐루야!

praise him with fiddles and mandolin.
Let every living, breathing creature praise
GOD!

Hallelujah!

많은 사람들은 성경에 주로 천국 가는 방법, 즉 하나님과 올바른 관계를 맺고 영혼의 구원을 받는 법이 적혀 있는 줄 안다. 물론 그런 내용도 있지만 그것이 전부는 아니다. 성경은 이 세상에서의 삶, 곧 올바르고 건전하게 사는 일에도 똑같이 관심을 갖는다. 성경의 일차적 관심사가 천국이고 이 세상은 거기 딸린 군더더기인 것이 아니다. 예수께서는 "하늘에서처럼 땅에서도 가장 선한 것을 행하소서"라고 기도할 것을 명하셨다.

"지혜"는 "하늘에서처럼 땅에서도 가장 선한 일을 행하는" 일상의 삶을 가리키는 성경적 용어다. 지혜는 우리가 어떤 상황에 처하든지 그 안에서 잘 살아가는 삶의 기술이다. 지혜는 정보나 지식과는 사실상 아무 관련이 없고, 학위도 지혜를 보증하지 못한다. 지혜가 우리에게 도덕적으로 큰 영향을 끼치는 것은 사실이지만, 우리가 도덕적 진흙탕에 빠지지 않도록 막아 주는 것이 지혜의 일차적 관심사는 아니다. 잠언 4:18-19은 "올곧게 사는 이들의 길은 환히 빛나서 그들이 오래 살수록 더 밝게 빛나지만, 못된 자들의 길은 점점 더 어두워져서 지나가다가 아무것도 보지 못해 바닥에 고꾸라진다"고 말한다.

지혜에 힘입을 때 우리는 부모를 공경하고, 자녀를 양육하고, 재정을 관리하고, 성생활을 영위하고, 일터에 나가고, 리더십을 발휘하고, 바른 말을 쓰고, 친구들을 친절하게 대하고, 건강하게 먹고 마시고, 마음을 다스려 내적 평안을 누리고, 타인들과 사이

Many people think that what's written in the Bible has mostly to do with getting people into heaven—getting right with God, saving their eternal souls. It does have to do with that, of course, but not mostly. It is equally concerned with living on this earth—living well, living in robust sanity. In our Scriptures, heaven is not the primary concern, to which earth is a tagalong afterthought. "On earth as it is in heaven" is Jesus' prayer.

"Wisdom" is the biblical term for this on-earth-as-it-is-in-heaven everyday living. Wisdom is the art of living skillfully in whatever actual conditions we find ourselves. It has virtually nothing to do with information as such, with knowledge as such. A college degree is no certification of wisdom—nor is it primarily concerned with keeping us out of moral mud puddles, although it does have a profound moral effect upon us. According to Proverbs 4:18-19, "The ways of right-living people glow with light; the longer they live, the brighter they shine. But the road of wrongdoing gets darker and darker—travelers can't see a thing; they fall flat on their faces."

Wisdom has to do with becoming skillful in honoring our parents and raising our children, handling our money and conducting our sexual lives, going to work and exercising leadership, using words well and treating friends kindly, eating and drinking healthily,

좋게 지내 평화에 보탬이 되는 일을 잘 감당할 수 있게 된다. 성경에는 이 모든 일 가운데 하나님을 어떻게 생각하고 하나님께 어떻게 반응하는가, 이것이 가장 중요하다는 주장이 담겨 있다.

> 온 마음으로 하나님을 신뢰하고
> 무슨 일이든 네 멋대로 이해하려 들지 마라.
> 무슨 일을 하든, 어디로 가든, 하나님의 음성에 귀 기울여라.
> 그분께서 네 길을 바르게 인도하실 것이다.
> 다 아는 체하지 마라.
> 하나님께로 달려가라! 악을 피해 도망쳐라!
> 그러면 네 몸에 건강미가 넘칠 것이고
> 네 뼈마디마디가 생명력으로 약동할 것이다!
> 네 모든 소유로 하나님께 영광을 돌리고
> 첫 열매와 가장 좋은 것을 그분께 드려라.
> 그러면 네 창고가 가득 차고
> 통에 포도주가 넘쳐흐를 것이다.
> 친구여, 하나님의 징계를 억울하게 여기지 말고
> 그분의 자애로운 꾸지람을 언짢게 여기지 마라.
> 하나님은 사랑하는 자녀를 꾸짖으신다.
> 자식이 잘되기를 바라는 아버지의 마음이다(잠 3:5-12).

일상생활 속 그 어떤 문제도 하나님보다 우선할 수 없다.

잠언은 성경의 다른 어떤 책보다 이 부분에 집중하고 있다. '지금 여기'에 대한 성경의 관심은 수천 쪽에 이르는 성경 곳곳에 실린 이야기와 율법, 기도, 설교에 드러나 있다. 그 가운데 잠언은 우리가 일상에서 끊임없이 하나님께 순종할 수 있도록 도와주는 매혹적인 이미지와 경구들의 정수를 뽑아 놓은 책이다.

cultivating emotions within ourselves and attitudes toward others that make for peace. Threaded through all these items is the insistence that the way we think of and respond to God is the most practical thing we do.

> Trust GOD from the bottom of your heart;
> don't try to figure out everything on your own.
> Listen for GOD's voice in everything you do, everywhere you go;
> he's the one who will keep you on track.
> Don't assume that you know it all.
> Run to GOD! Run from evil!
> Your body will glow with health,
> your very bones will vibrate with life!
> Honor GOD with everything you own;
> give him the first and the best.
> Your barns will burst,
> your wine vats will brim over.
> But don't, dear friend, resent GOD's discipline;
> don't sulk under his loving correction.
> It's the child he loves that GOD corrects;
> a father's delight is behind all this.
> (Proverbs 3:5-12)

In matters of everyday practicality, nothing, absolutely nothing, takes precedence over God.

Proverbs concentrates on these concerns more than any other book in the Bible. Attention to the here and now is everywhere present in the stories and legislation, the prayers and the sermons, that are spread over the thousands of pages of the Bible. Proverbs distills it all into riveting images and aphorisms that keep us connected in holy obedience to the ordinary.

잠언

솔로몬의 잠언
삶의 지침서

1 ¹⁻⁶ 이것은 이스라엘의 왕이요 다윗의 아들인
솔로몬의 지혜로운 말이다.
어떻게 해야 바르게 잘살 수 있는지 가르치고
인생의 의미가 무엇이며 어디로 흘러가는지 알리려고 기록한 말이다.
이것은 옳고 정의롭고 공평한 것이 무엇인지 알고
세상의 이치를 모르는 이들을 가르치고
젊은이들이 현실을 파악하게 해줄
삶의 지침서다.
경험 많은 이들도 얻을 것이 있고
노련한 이들도 한두 가지 배울 것이 있을 것이다.
깊이 음미할 만한 새로운 지혜와
현인들의 슬기가 이 안에 있다.

하나님으로 시작하여라

⁷ **하나님**으로 시작하여라. 지식의 첫걸음은 하나님께 엎드리는 것이다.
어리석은 자들만이 지혜와 지식을 업신여긴다.

Wise Sayings of Solomon
A Manual for Living

1 ¹⁻⁶ These are the wise sayings of
Solomon,
David's son, Israel's king—
Written down so we'll know how to live well and right,
to understand what life means and where it's going;
A manual for living,
for learning what's right and just and fair;
To teach the inexperienced the ropes
and give our young people a grasp on reality.
There's something here also for seasoned men and women,
still a thing or two for the experienced to learn—
Fresh wisdom to probe and penetrate,
the rhymes and reasons of wise men and women.

Start with God

⁷ Start with GOD—the first step in learning is bowing down to GOD;
only fools thumb their noses at such wisdom and learning.

8-19 친구여, 아버지의 말씀에 귀를 기울여라.

어머니의 무릎에서 배운 것을 잊지 마라.

부모의 훈계를 머리에 쓴 화관처럼
손가락에 낀 반지처럼 간직하여라.

친구여, 나쁜 무리가 꾀더라도
따라가지 마라.

그들은 말하리라. "나가서 소란을 일으키자.

누구든 닥치는 대로 두들겨 패고 가진 것을 빼앗자.

그들을 빈털터리로 만들어
죽을 날만 기다리게 하자.

빼앗은 귀중품들을 차에 한가득 싣고
집으로 가져가게 될 거다.

같이 가자. 다시없는 기회가 될 거야!
물건은 모두 똑같이 나누게 될 거다!"

친구여, 그들을 두 번 돌아보지도 말고
한순간이라도 그들의 말을 귀담아듣지 마라.

그들은 비참한 최후를 향해 질주하고
손에 넣은 모든 것을 망치려고 내달린다.

사람들이 빤히 쳐다보는 곳에서
은행을 터는 사람이 없건만,
그들이 하는 짓이 꼭 그 꼴이다.

제 무덤을 파는 격이다.

손에 잡히는 대로 다 움켜쥘 때, 바로 이런 일이 벌어진다.

가진 것이 많아질수록, 점점 더 초라한 사람이 된다.

지혜의 외침

20-21 지혜가 거리로 나가 외친다.
시내 한복판에서 연설을 한다.
도로 한가운데 자리를 잡고
혼잡한 모퉁이에서 소리친다.

22-24 "얼간이들아! 언제까지 무지의 진창에서 뒹굴려느냐?

8-19 Pay close attention, friend, to what your father tells you;

never forget what you learned at your mother's knee.

Wear their counsel like flowers in your hair,

like rings on your fingers.

Dear friend, if bad companions tempt you,

don't go along with them.

If they say—"Let's go out and raise some hell.

Let's beat up some old man, mug some old woman.

Let's pick them clean

and get them ready for their funerals.

We'll load up on top-quality loot.

We'll haul it home by the truckload.

Join us for the time of your life!

With us, it's share and share alike!"—

Oh, friend, don't give them a second look;

don't listen to them for a minute.

They're racing to a very bad end,

hurrying to ruin everything they lay hands on.

Nobody robs a bank

with everyone watching,

Yet that's what these people are doing—

they're doing themselves in.

When you grab all you can get, that's what happens:

the more you get, the less you are.

Lady Wisdom

20-21 Lady Wisdom goes out in the street and shouts.

At the town center she makes her speech.

In the middle of the traffic she takes her stand.

At the busiest corner she calls out:

22-24 "Simpletons! How long will you wallow

빈정대는 자들아! 언제까지 빈정거림만
늘어놓으려느냐?
천치들아! 언제까지 배움을 거부하려느냐?
돌아서라! 내가 너희 삶을 바로잡아 주
겠다.
보아라! 내 영을 너희에게 쏟아부을 준
비가 되었다.
내가 아는 것을 다 알려 줄 준비가 되었다.
너희는 내가 불렀는데도 귀를 막았고
손을 내밀었는데도 본체만체했다.

25-28 너희가 내 충고를 비웃고
내 훈계를 우습게 여기니
내가 어떻게 너희 말을 진지하게 들을
수 있겠느냐?
내가 너희에게 당한 대로 갚아 주어 너희
곤경을 농담거리로 삼으리라!
재난이 일어나
너희 삶이 산산조각나 버리면 어찌하려
느냐?
재앙이 닥쳐
돌무더기에 잿더미만 남으면 어찌하려
느냐?
그때 너희는 내가 필요하여 큰소리로 나
를 부를 것이다.
그러나 나는 대답하지 않을 것이다.
너희가 아무리 애타게 나를 찾아도 나를
만나지 못할 것이다.

29-33 너희가 지식을 싫어하고
하나님 경외할 줄을 모르고
내 충고를 받아들이지 않고
가르침을 주겠다는 내 제안을 모두 무시
하더니
네 스스로 무덤을 팠구나. 이제 거기 누
워라.
네 뜻대로 하더니, 이제 만족하느냐?
이 얼간이, 천치들아, 무슨 일이 벌어졌

in ignorance?
    Cynics! How long will you feed your
    cynicism?
Idiots! How long will you refuse to learn?
    About face! I can revise your life.
Look, I'm ready to pour out my spirit on
you;
    I'm ready to tell you all I know.
As it is, I've called, but you've turned a deaf
ear;
    I've reached out to you, but you've ignored
    me.

25-28 "Since you laugh at my counsel
    and make a joke of my advice,
How can I take you seriously?
    I'll turn the tables and joke about *your*
    troubles!
What if the roof falls in,
    and your whole life goes to pieces?
What if catastrophe strikes and there's
nothing
    to show for your life but rubble and ashes?
You'll need me then. You'll call for me, but
don't expect an answer.
    No matter how hard you look, you won't
    find me.

29-33 "Because you hated Knowledge
    and had nothing to do with the Fear-of-
    GOD,
Because you wouldn't take my advice
    and brushed aside all my offers to train
    you,
Well, you've made your bed—now lie in it;
    you wanted your own way—now, how do
    you like it?
Don't you see what happens, you simpletons,

는지 모르겠느냐?
내 말을 무시하는 것은 죽는 길이고, 자기
도취는 자살행위다.
먼저 내 말에 귀를 기울여라. 그리고 긴장
을 풀어라.
그리고 나서 마음을 놓아도 좋다. 그때부
터는 내가 너희를 지켜 줄 것이니."

지혜가 주는 유익

2 ¹⁻⁵ 친구여, 내가 하는 말을 마
음에 새겨라.
내 훈계를 받아들여 목숨 걸고 지켜라.
지혜의 세계에 귀를 쫑긋 세우고
분별 있게 살기로 결심하여라.
그렇다. 무엇보다 통찰력을 추구하고
그것을 얻기까지 결코 만족하지 않는다면,
금을 캐는 채굴업자와
보물찾기에 나선 탐험가처럼 그것을 찾
는다면,
어느새 하나님을 경외하고
하나님 아는 지식을 얻게 될 것이다.

⁶⁻⁸ **하나님**은 지혜를 값없이 주시고
지식과 명철을 숨기시지 않는 분이시기
에 그렇다.
그분은 제대로 사는 이들에게 상식의 보
고가 되시고
꾸밈없고 성실한 이들의 보호자가 되어
주신다.
정직하게 사는 모든 이들을 주시하시고
그분께 충성하고 헌신하는 자들을 특별
히 보살피신다.

⁹⁻¹⁵ 그러면 너는 참되고 공평한 것을 가
려내고
모든 좋은 길을 찾아낼 수 있을 것이다!
지혜가 네 절친한 벗이 되고
지식은 유쾌한 동행자가 될 것이다.

you idiots?
    Carelessness kills; complacency is murder.
First pay attention to me, and then relax.
    Now you can take it easy—you're in good
hands."

Make Insight Your Priority

2 ¹⁻⁵ Good friend, take to heart what I'm
    telling you;
    collect my counsels and guard them with
    your life.
Tune your ears to the world of Wisdom;
    set your heart on a life of Understanding.
That's right—if you make Insight your priority,
    and won't take no for an answer,
Searching for it like a prospector panning for
gold,
    like an adventurer on a treasure hunt,
Believe me, before you know it Fear-of-GOD
will be yours;
    you'll have come upon the Knowledge of God.

⁶⁻⁸ And here's why: GOD gives out Wisdom free,
    is plainspoken in Knowledge and Under-
standing.
He's a rich mine of Common Sense for those
who live well,
    a personal bodyguard to the candid and
    sincere.
He keeps his eye on all who live honestly,
    and pays special attention to his loyally
    committed ones.

⁹⁻¹⁵ So now you can pick out what's true and
fair,
    find all the good trails!
Lady Wisdom will be your close friend,
    and Brother Knowledge your pleasant

건전한 상식이 앞서 나가 위험을 찾아내고
통찰력이 너를 빈틈없이 지켜 줄 것이다.
네가 잘못된 길로 접어들지 않도록,
길을 잃어
어디가 어딘지 모르는 자들의
엉터리 길안내를 따르지 않게
지켜 줄 것이다.
저들은 놀이하듯 악을 저지르고
못된 짓을 기념해 잔치를 연다.
그들이 다니는 길은 죄다 막다른 골목,
여기저기 둘러봐야 출구 없는 미로일 뿐
이다.

16-19 지혜로운 벗들이,
번드르르한 말로 유혹하는 여자에게서
너를 구해 줄 것이다.
그 여자는 여러 해 전에 결혼한 남편에 대
한 신의를 저버리고
하나님 앞에서 맺은 혼인서약을 까마득
히 잊은 자다.
그런 생활의 결말은 뻔하다.
걸음을 뗄 때마다 지옥에 가까워질 뿐이다.
그 여자와 어울리는 사람은 돌이키지 못
하고
참된 삶으로 이어지는 길에 발을 들여놓
지 못한다.

20-22 그러니 선한 이들과 어울리고
신뢰할 만한 길을 걸어라.
올곧게 행하는 사람, 정직한 이들은
이 땅에 자리 잡고 오래오래 살겠지만,
부도덕한 자들, 부정직한 자들은
목숨을 잃고 영원히 사라질 것이다.

다 아는 체하지 마라

3 1-2 친구여, 내 모든 가르침을 잊
지 말고
내 계명을 마음에 새겨라.

companion.
Good Sense will scout ahead for danger,
    Insight will keep an eye out for you.
They'll keep you from making wrong turns,
    or following the bad directions
Of those who are lost themselves
    and can't tell a trail from a tumbleweed,
These losers who make a game of evil
    and throw parties to celebrate perversity,
Traveling paths that go nowhere,
    wandering in a maze of detours and dead ends.

16-19 Wise friends will rescue you from the
Temptress—
    that smooth-talking Seductress
Who's faithless to the husband she married
years ago,
    never gave a second thought to her promis-
    es before God.
Her whole way of life is doomed;
    every step she takes brings her closer to hell.
No one who joins her company ever comes
back,
    ever sets foot on the path to real living.

20-22 So—join the company of good men and
women,
    keep your feet on the tried-and-true paths.
It's the men who walk straight who will settle
this land,
    the women with integrity who will last here.
The corrupt will lose their lives;
    the dishonest will be gone for good.

Don't Assume You Know It All

3 1-2 Good friend, don't forget all I've
taught you;
    take to heart my commands.

그러면 네가 오래오래 살고
부족함 없이 잘살게 될 것이다.

3-4 사랑과 성실을 굳게 붙잡고,
그것을 네 목에 걸어라. 그 머리글자를 마
음에 새겨라.
그러면 하나님과 사람에게서
잘산다는 평판을 얻게 될 것이다.

5-12 온 마음으로 **하나님**을 신뢰하고
무슨 일이든 네 멋대로 이해하려 들지 마라.
무슨 일을 하든, 어디로 가든, **하나님**의 음
성에 귀 기울여라.
그분께서 네 길을 바르게 인도하실 것이다.
다 아는 체하지 마라.
하나님께로 달려가라! 악을 피해 도망쳐라!
그러면 네 몸에 건강미가 넘칠 것이고
네 **뼈** 마디마디가 생명력으로 약동할 것이다!
네 모든 소유로 **하나님**께 영광을 돌리고
첫 열매와 가장 좋은 것을 그분께 드려라.
그러면 네 창고가 가득 차고
통에 포도주가 넘쳐흐를 것이다.
친구여, **하나님**의 징계를 억울하게 여기지
말고
그분의 자애로운 꾸지람을 언짢게 여기지
마라.
하나님은 사랑하는 자녀를 꾸짖으신다.
자식이 잘되기를 바라는 아버지의 마음이다.

지혜의 가치

13-18 지혜를 만나고
통찰력과 친구가 되는 사람은 복이 있다.
지혜는 은행에 저축한 돈보다 훨씬 값지고
지혜와 맺은 우정은 고액연봉보다 낫다.
지혜의 가치는 온갖 화려한 장신구보다 낫고
네가 바라는 그 어떤 것보다 귀하다.
지혜는 한 손으로 장수를 베풀고
다른 손으로 상을 준다.

They'll help you live a long, long time,
a long life lived full and well.

3-4 Don't lose your grip on Love and Loyalty.
Tie them around your neck; carve their
initials on your heart.
Earn a reputation for living well
in God's eyes and the eyes of the people.

5-12 Trust GOD from the bottom of your
heart;
don't try to figure out everything on your
own.
Listen for GOD's voice in everything you do,
everywhere you go;
he's the one who will keep you on track.
Don't assume that you know it all.
Run to GOD! Run from evil!
Your body will glow with health,
your very bones will vibrate with life!
Honor GOD with everything you own;
give him the first and the best.
Your barns will burst,
your wine vats will brim over.
But don't, dear friend, resent GOD's disci-
pline;
don't sulk under his loving correction.
It's the child he loves that GOD corrects;
a father's delight is behind all this.

The Very Tree of Life

13-18 You're blessed when you meet Lady
Wisdom,
when you make friends with Madame
Insight.
She's worth far more than money in the
bank;
her friendship is better than a big salary.

지혜의 방식은 훌륭하고
지혜의 세상살이는 놀라우리만치 완전
하다.
지혜는 그것을 붙잡는 이들에게 참으
로 생명의 나무가 된다.
지혜를 단단히 붙들어라. 그러면 복을
받을 것이다.

19-20 **하나님**은 지혜로 땅을 만드셨고
통찰력을 발휘해 하늘을 들어 올리셨다.
지혜와 통찰력은 강과 샘을 언제 솟게
하고 밤하늘의 이슬을
언제 내리게 할지 적절한 때를 안다.

외면하지 마라
21-26 친구여, 명료한 사고와 건전한 상
식을 목숨 걸고 지켜
잠시라도 놓치지 마라.
그러면 네 영혼이 생기를 띨 것이다.
너는 건강과 매력을 유지할 것이다.
안전하게 다닐 것이며,
지치지 않고 발이 걸려 넘어지지도 않
을 것이다.
오후에 염려 없이 낮잠을 자고
밤에도 단잠을 자게 될 것이다.
경고가 날아들고 놀랄 일이 생기고
세상 멸망이 임박했다는 예언이 있어
도, 두려워할 필요가 없다.
하나님께서 네 곁에 함께하시며
너를 안전하게 지켜 주실 것이기 때문
이다.

27-29 도움이 필요한 사람이 있거든 그
를 외면하지 마라.
그에게는 네 손이 하나님의 손이다.
지갑에 돈이 있는데도
이웃에게 "다음에 오게" 하고 말하지
마라.

Her value exceeds all the trappings of wealth;
　nothing you could wish for holds a candle to her.
With one hand she gives long life,
　with the other she confers recognition.
Her manner is beautiful,
　her life wonderfully complete.
She's the very Tree of Life to those who embrace her.
　Hold her tight—and be blessed!

19-20 With Lady Wisdom, GOD formed Earth;
　with Madame Insight, he raised Heaven.
They knew when to signal rivers and springs to the surface,
　and dew to descend from the night skies.

Never Walk Away
21-26 Dear friend, guard Clear Thinking and Common Sense with your life;
　don't for a minute lose sight of them.
They'll keep your soul alive and well,
　they'll keep you fit and attractive.
You'll travel safely,
　you'll neither tire nor trip.
You'll take afternoon naps without a worry,
　you'll enjoy a good night's sleep.
No need to panic over alarms or surprises,
　or predictions that doomsday's just around the corner,
Because GOD will be right there with you;
　he'll keep you safe and sound.

27-29 Never walk away from someone who deserves help;
　your hand is *God's* hand for that person.
Don't tell your neighbor "Maybe some other time"
　or "Try me tomorrow"
　when the money's right there in your pocket.
Don't figure ways of taking advantage of your

"내일 주겠네" 하고 말하지도 마라.
너를 믿고 마음 놓고 사는 이웃에게
해 끼칠 궁리를 하지 마라.

30-32 사사건건 시비조로
싸울 거리를 찾아다니지 마라.
힘으로 밀어붙이며 사는 사람이 되지
마라.
왜 불량배 노릇을 하려느냐?
너는 "왜 안되는데?" 하고 말하지만,
하나님은 심사가 뒤틀린 자들을 참지
못하신다.
그분은 올곧은 이들을 존중하신다.

33-35 **하나님**은 악한 자들의 집에는 저
주를 내리시지만
의로운 이들의 집에는 복을 내려 주신다.
그분은 시건방진 회의론자들을 냉대하
시고
형편이 어려운 사람을 곁에서 도우신다.
지혜롭게 살면 명예를 상으로 받고
어리석게 살면 수치를 상으로 받는다.

지혜와 명철을 구하여라

4 1-2 친구여, 아버지의 훈계를
잘 들어라.
자세를 바로 하고 주의해서 들어라.
그러면 살아갈 방도를 알게 될 것이다.
너희에게 유익한 교훈을
한 귀로 듣고 한 귀로 흘려버리지 마라.

3-9 내가 아버지 무릎에서 자라는 아이
였을 때
어머니의 자랑거리이자 기쁨이었을 때,
아버지는 나를 앉혀 놓고 반복해서 말
씀하셨다.
"이 가르침을 마음에 새기고 내 말대로
행하여라. 그리하면 네가 살 것이다!

neighbor
    when he's sitting there trusting and unsus-
    pecting.

30-32 Don't walk around with a chip on your
shoulder,
    always spoiling for a fight.
Don't try to be like those who shoulder their
way through life.
    Why be a bully?
"Why not?" you say. Because GOD can't stand
twisted souls.
    It's the straightforward who get his respect.

33-35 GOD's curse blights the house of the
wicked,
    but he blesses the home of the righteous.
He gives proud skeptics a cold shoulder,
    but if you're down on your luck, he's right
    there to help.
Wise living gets rewarded with honor;
    stupid living gets the booby prize.

Your Life Is at Stake

4 1-2 Listen, friends, to some fatherly
advice;
    sit up and take notice so you'll know how to
    live.
I'm giving you good counsel;
    don't let it go in one ear and out the other.

3-9 When I was a boy at my father's knee,
    the pride and joy of my mother,
He would sit me down and drill me:
    "Take this to heart. Do what I tell you—live!
Sell everything and buy Wisdom! Forage for
Understanding!
    Don't forget one word! Don't deviate an

모든 것을 팔아 지혜를 사거라. 명철을 찾아
나서라.
내 말을 한 마디도 잊지 말고, 거기서 한 치
도 벗어나지 마라.
지혜를 외면하지 마라. 그것이 네 목숨을 지
켜 줄 것이다.
지혜를 사랑하여라. 그것이 너를 돌봐줄 것이다.
무엇보다 먼저 지혜를 얻어라!
명철을 무엇보다 귀하게 여기고 그것을 구하
여라!
지혜를 껴안으라. 분명히 말하지만, 절대 후
회하지 않을 것이다.
지혜를 절대 놓아 보내지 마라. 지혜 덕분에
네가 영광스럽게 살게 될 것이다.
지혜가 네 삶에 우아한 관을 씌우고
너의 하루하루를 아름답게 장식해 줄 것이다."

악한 길로 접어들지 마라
10-15 친구여, 내 훈계를 받아들여라.
그러면 네가 오래 살 것이다.
나는 지혜로 가는 길을 정확히 안내하고
올바른 길로 가는 지도를 그린다.
나는 네가 막다른 골목에 이르거나
길을 잘못 들어 시간을 허비하기를 바라지
않는다.
유익한 교훈을 놓치지 말고 꼭 붙들어라.
그대로 잘 행하여라. 네 목숨이 거기에 달렸다!
악한 길로 접어들지 말고
아예 발도 들여놓지 마라.
그 길에서 멀찍이 떨어져
비켜 가거라.

16-17 악인들은 문제를 일으키지 않으면
마음이 편치 않고,
남을 못살게 굴지 않으면
밤에 잠을 못 잔다.
사악함은 그들의 음식이고
폭력은 그들이 고르고 고른 약이다.

inch!
Never walk away from Wisdom—she
guards your life;
love her—she keeps her eye on you.
Above all and before all, do this: Get
Wisdom!
Write this at the top of your list: Get
Understanding!
Throw your arms around her—believe me,
you won't regret it;
never let her go—she'll make your life
glorious.
She'll garland your life with grace,
she'll festoon your days with beauty."

10-15 Dear friend, take my advice;
it will add years to your life.
I'm writing out clear directions to Wisdom
Way,
I'm drawing a map to Righteous Road.
I don't want you ending up in blind alleys,
or wasting time making wrong turns.
Hold tight to good advice; don't relax your
grip.
Guard it well—your life is at stake!
Don't take Wicked Bypass;
don't so much as set foot on that road.
Stay clear of it; give it a wide berth.
Make a detour and be on your way.

16-17 Evil people are restless
unless they're making trouble;
They can't get a good night's sleep
unless they've made life miserable for
somebody.
Perversity is their food and drink,
violence their drug of choice.

18-19 올곧게 사는 이들의 길은 환히 빛나서
그들이 오래 살수록 더 밝게 빛나지만,
못된 자들의 길은 점점 더 어두워져서
지나가다가 아무것도 보지 못해 바닥에 고꾸라진다.

내 메시지를 외워라

20-22 친구여, 내 말을 잘 듣고
내 목소리에 귀를 기울여라.
내 메시지를 항상 잘 보이는 곳에 두고
거기에 집중하여라! 힘써 외워라!
이 말을 깨닫는 사람은 참으로 제대로 살고
몸과 영혼이 건강해질 것이다.

23-27 두 눈을 부릅뜨고 네 마음을 지켜라.
마음은 생명의 근원이다.
한 입으로 두말하지 말고
경솔한 농담, 악의 없는 거짓말, 잡담을 피하여라.
똑바로 앞만 쳐다보고
온갖 엉뚱한 것들에는 눈길도 주지 마라.
조심조심 걸어라.
그러면 네 앞길이 평탄하게 펼쳐질 것이다.
오른쪽으로나 왼쪽으로나 한눈팔지 말고
악으로부터 멀리 떨어져라.

네 아내를 즐거워하여라

5 1-2 친구여, 내 지혜에 주목하고
내 생각을 명심해서 들어라.
그러면 네가 건전한 판단력을 얻고
곤경에 빠지지 않게 될 것이다.

3-6 유혹하는 여자의 입술은 너무나 달콤하고
그 나긋나긋한 말은 너무나 감미롭다.

18-19 The ways of right-living people glow with light;
  the longer they live, the brighter they shine.
But the road of wrongdoing gets darker and darker—
  travelers can't see a thing; they fall flat on their faces.

Learn It by Heart

20-22 Dear friend, listen well to my words;
  tune your ears to my voice.
Keep my message in plain view at all times.
  Concentrate! Learn it by heart!
Those who discover these words live, really live;
  body and soul, they're bursting with health.

23-27 Keep vigilant watch over your heart;
  that's where life starts.
Don't talk out of both sides of your mouth;
  avoid careless banter, white lies, and gossip.
Keep your eyes straight ahead;
  ignore all sideshow distractions.
Watch your step,
  and the road will stretch out smooth before you.
Look neither right nor left;
  leave evil in the dust.

Nothing but Sin and Bones

5 1-2 Dear friend, pay close attention to this, my wisdom;
  listen very closely to the way I see it.
Then you'll acquire a taste for good sense;
  what I tell you will keep you out of trouble.

3-6 The lips of a seductive woman are oh so sweet,

그러나 머지않아 그 여자는 네 입속의 자
갈이 될 것이다.
네 창자를 아프게 하고, 네 심장에 상처
를 입힐 것이다.
그 여자는 환락의 꽃길을 따라 춤추며 죽
음으로 내려가고
지옥으로 가는 그 길을 너와 함께할 것
이다.
그 여자는 참된 삶을 전혀 알지 못하니
자기가 누구인지, 어디로 가는지도 모
른다.

7-14 그러니 친구여, 내 말을 잘 듣고
가벼이 여기지 마라.
그런 여자를 멀리하고
그 근처에 얼씬도 하지 마라.
네 멋진 인생을 허비하지 마라.
냉혹한 자들 사이에서 귀중한 인생을 낭
비하지 마라.
어찌 낯선 자들에게 속아 넘어가려 하느냐?
네 인생에 관심도 없는 자들에게 이용당
하려 하느냐?
너는 후회 가득한 인생을 마감하며
죄와 뼈만 남긴 채
이렇게 말하고 싶지 않을 것이다.
"아, 어쩌자고 내가 그분들의 말을 따르
지 않았던가?
어쩌자고 절제된 삶을 거절했던가?
어쩌자고 스승의 가르침을 귀담아듣지
않고
가볍게 여겼던가?
내 인생이 망가지고 말았구나!
내놓을 만한 복된 것이 하나도 없구나!"

15-16 이런 격언을 아느냐? "네 빗물통
의 물을 마시고
네 샘에서 솟아난 우물물을 길어 올려
라."

her soft words are oh so smooth.
But it won't be long before she's gravel in your mouth,
  a pain in your gut, a wound in your heart.
She's dancing down the primrose path to Death;
  she's headed straight for Hell and taking you with her.
She hasn't a clue about Real Life,
  about who she is or where she's going.

7-14 So, my friend, listen closely;
  don't treat my words casually.
Keep your distance from such a woman;
  absolutely stay out of her neighborhood.
You don't want to squander your wonderful life,
  to waste your precious life among the hardhearted.
Why should you allow strangers to take advantage of you?
  Why be exploited by those who care nothing for you?
You don't want to end your life full of regrets,
  nothing but sin and bones,
Saying, "Oh, why didn't I do what they told me?
  Why did I reject a disciplined life?
Why didn't I listen to my mentors,
  or take my teachers seriously?
My life is ruined!
  I haven't one blessed thing to show for my life!"

Never Take Love for Granted
15-16 Do you know the saying, "Drink from your own rain barrel,
  draw water from your own spring-fed well"?
It's true. Otherwise, you may one day come

맞는 말이다. 그렇지 않으면 어느 날 집에 돌아와
빈 물통과 오염된 우물을 보게 될 것이다.

17-20 네 샘물은 너 혼자만의 것이니,
  낯선 자들과 나누지 마라.
맑은 물이 흐르는 네 샘을 복되게 하여라!
  젊은 시절에 너와 결혼한 아내를 즐거워하여라!
천사처럼 사랑스럽고 장미처럼 아리따운 여인이니
  언제까지고 아내의 육체에서 기쁨을 얻어라.
  아내의 사랑을 결코 당연하게 여기지 마라!
어찌하여 아내와의 깊은 친밀함을 버리고
  난잡하고 낯선 창녀에게서 싸구려 쾌락을 얻으려 하느냐?

21-23 명심하여라. 하나님은 네가 하는 일을 하나도 놓치지 않으시고
  네 모든 발걸음을 아신다.
죄를 지으면 그 그림자가 너를 덮칠 것이고
  너는 어둠 속에서 고꾸라질 것이다.
무절제하게 살면 죽음을 상으로 받고,
  어리석은 결정을 내리면 막다른 길에 빠져 옴짝달싹 못하게 될 것이다.

사냥꾼에게서 벗어난 사슴처럼

6 1-5 친구여, 네가 이웃의 보증을 서거나
낯선 자와의 거래에 꼼짝없이 말려들었다면,
겉옷이라도 벗어 주겠다고 충동적으로 약속했다가
이제 바깥 추운 데서 와들와들 떠는 신세가 되었다면,
친구여, 한시도 허비하지 말고 궁지에서 벗어나라.
너는 그 사람의 손아귀에 사로잡혔다!

home
  and find your barrel empty and your well polluted.

17-20 Your spring water is for you and you only,
  not to be passed around among strangers.
Bless your fresh-flowing fountain!
  Enjoy the wife you married as a young man!
Lovely as an angel, beautiful as a rose—
  don't ever quit taking delight in her body.
  Never take her love for granted!
Why would you trade enduring intimacies for cheap thrills with a whore?
  for dalliance with a promiscuous stranger?

21-23 Mark well that GOD doesn't miss a move you make;
  he's aware of every step you take.
The shadow of your sin will overtake you;
  you'll find yourself stumbling all over yourself in the dark.
Death is the reward of an undisciplined life;
  your foolish decisions trap you in a dead end.

Like a Deer from the Hunter

6 1-5 Dear friend, if you've gone into hock with your neighbor
or locked yourself into a deal with a stranger,
If you've impulsively promised the shirt off your back
  and now find yourself shivering out in the cold,
Friend, don't waste a minute, get yourself out of that mess.

침통한 얼굴로 찾아가 절박한 사정을 호
소하여라.
허비할 시간이 없으니
지체하지 마라.
사슴이 사냥꾼의 손에서 벗어나듯 달아
나라.
새가 덫을 놓는 자의 손에서 벗어나듯 날
아가라!

개미에게서 배워라

6-11 게으르고 어리석은 자여, 개미를 보
아라.
개미를 자세히 지켜보고 한 수 배워라.
아무도 할 일을 일러 주지 않지만,
개미는 여름내 먹이를 마련하고
추수철에 양식을 비축한다.
너는 언제까지 하는 일 없이 빈둥거리려
느냐?
언제 잠자리에서 일어나려느냐?
"여기서도 자고, 저기서도 자자. 여기서
도 하루 쉬고, 저기서도 하루 쉬자.
편히 앉아 느긋하게 쉬자" 하면 무슨 일이
닥치는지 아느냐?
바랄 것은 단 하나, 찢어지게 가난한 생
활뿐이다.
가난이 네 영원한 식객이 된다!

12-15 쓰레기 같은 인간과 악당들은
한 입으로 두말한다.
서로 눈짓을 교환하며 발을 질질 끌면서
지킬 마음도 없는 거짓 약속을 일삼는다.
그들의 사악한 마음은 끊임없이 고약한
일을 꾸미고
언제나 말썽을 일으킨다.
머지않아 그들에게 재앙이 닥치면
완전히 파멸하고 망해서 회복되지 못하
리라.

You're in that man's clutches!
　Go, put on a long face; act desperate.
Don't procrastinate—
　there's no time to lose.
Run like a deer from the hunter,
　fly like a bird from the trapper!

A Lesson from the Ant

6-11 You lazy fool, look at an ant.
　Watch it closely; let it teach you a thing or
　two.
Nobody has to tell it what to do.
　All summer it stores up food;
　at harvest it stockpiles provisions.
So how long are you going to laze around
doing nothing?
　How long before you get out of bed?
A nap here, a nap there, a day off here, a day
off there,
　sit back, take it easy—do you know what
　comes next?
Just this: You can look forward to a dirt-poor
life,
　poverty your permanent houseguest!

Always Cooking Up Something Nasty

12-15 Riffraff and rascals
　talk out of both sides of their mouths.
They wink at each other, they shuffle their feet,
　they cross their fingers behind their backs.
Their perverse minds are always cooking up
something nasty,
　always stirring up trouble.
Catastrophe is just around the corner for them,
　a total smashup, their lives ruined beyond
　repair.

하나님이 미워하시는 일곱 가지

16-19 여기 **하나님**이 미워하시는 여섯 가지
가 있고,
그분이 몹시 싫어하시는 한 가지가 더 있다.

거만한 눈
거짓말하는 혀
죄 없는 사람을 살해하는 손
흉계를 꾸미는 마음
악한 길로 급히 달려가는 발
거짓 증언하는 증인의 입
집안에서 분쟁을 일으키는 자.

부도덕에 대한 경고

20-23 착한 친구여, 아버지의 유익한 훈계
를 따르고
어머니의 가르침에서 벗어나지 마라.
그것을 머리에서 발끝까지 휘감고
스카프처럼 목에 둘러라.
네가 어디로 가든지 그것이 너를 안내하고
어디서 자든지 너를 지켜 주며,
잠에서 깨면 다음에 할 일을 알려 줄 것이다.
건전한 훈계는 횃불이고
유익한 가르침은 빛이다.
도덕적 훈계는 생명의 길이다.

24-35 그것이 네가 방탕한 여인들에게 빠지
지 않고
유혹하는 여자의 호리는 말에 넘어가지 않
게 지켜 줄 것이다.
그런 여자의 아름다움을 탐내지 말고
욕정 어린 눈길에 홀리지 마라.
빵 한 덩이로 매춘부와 한 시간을 보낼 수
있지만
방탕한 여자는 너를 산 채로 삼킬 수 있다.
무릎 위에서 불을 지피는데
바지가 타지 않을 도리가 있느냐?
활활 타는 숯불 위를 맨발로 걷는데

Seven Things GOD Hates

16-19 Here are six things GOD hates,
   and one more that he loathes with a
   passion:

eyes that are arrogant,
a tongue that lies,
hands that murder the innocent,
a heart that hatches evil plots,
feet that race down a wicked track,
a mouth that lies under oath,
a troublemaker in the family.

Warning on Adultery

20-23 Good friend, follow your father's good
advice;
   don't wander off from your mother's
   teachings.
Wrap yourself in them from head to foot;
   wear them like a scarf around your neck.
Wherever you walk, they'll guide you;
   whenever you rest, they'll guard you;
   when you wake up, they'll tell you what's
   next.
For sound advice is a beacon,
   good teaching is a light,
   moral discipline is a life path.

24-35 They'll protect you from wanton
women,
   from the seductive talk of some tempt-
   ress.
Don't lustfully fantasize on her beauty,
   nor be taken in by her bedroom eyes.
You can buy an hour with a whore for a loaf
of bread,
   but a wanton woman may well eat *you*
   alive.

물집이 생기지 않을 재간이 있겠느냐?
이웃의 아내와 잠자리를 같이하는 사람의 처지가 이와 같다.
그는 대가를 치르게 될 것이다. 어떤 핑계도 통하지 않을 것이다.
배고픔은
도둑질의 구실이 될 수 없다.
훔치다 걸리면 전 재산이 들더라도
훔친 것을 갚아야 한다.
간통은 정신 나간 짓이다.
영혼을 파괴하고 자기를 망가뜨리는 짓이다.
코피가 나고 눈은 멍들고
체면이 땅에 떨어진 네 모습을 생각해 보아라.
배신당한 남편은 질투에 사로잡혀 분노를 터뜨릴 것이다.
복수하겠다고 날뛰면서 조금도 사정을 봐주지 않을 것이다.
무슨 말을 해도, 어떤 보상을 해도 소용이 없다.
뇌물도 설득도 통하지 않을 것이다.

유혹하는 여자에게서 벗어나라

7 ¹⁻⁵ 친구여, 내 말을 따르고
내 신중한 가르침을 간직하여라.
내 말대로 행하면 잘살게 될 것이다.
내 가르침은 네 시력만큼 귀하니 잘 지켜라!
그것을 네 손바닥에 적고
심장의 두 심실에 새겨라.
누이를 대하듯 지혜에게 말을 걸고
동무를 대하듯 통찰력을 대하여라.
그것이 유혹하는 여자를 막아 주고
달콤한 말로 나긋나긋 호리는 여자에게서 벗어나게 할 것이다.

⁶⁻¹² 나는 우리 집 창가에서
덧문 사이로 내다보았다.

Can you build a fire in your lap
  and not burn your pants?
Can you walk barefoot on hot coals
  and not get blisters?
It's the same when you have sex with your neighbor's wife:
  Touch her and you'll pay for it. No excuses.
Hunger is no excuse
  for a thief to steal;
When he's caught he has to pay it back,
  even if he has to put his whole house in hock.
Adultery is a brainless act,
  soul-destroying, self-destructive;
Expect a bloody nose, a black eye,
  and a reputation ruined for good.
For jealousy detonates rage in a cheated husband;
  wild for revenge, he won't make allowances.
Nothing you say or pay will make it all right;
  neither bribes nor reason will satisfy him.

Dressed to Seduce

7 ¹⁻⁵ Dear friend, do what I tell you;
  treasure my careful instructions.
Do what I say and you'll live well.
  My teaching is as precious as your eyesight—
  guard it!
Write it out on the back of your hands;
  etch it on the chambers of your heart.
Talk to Wisdom as to a sister.
  Treat Insight as your companion.
They'll be with you to fend off the Temptress—
  that smooth-talking, honey-tongued Seductress.

⁶⁻¹² As I stood at the window of my house
  looking out through the shutters,

무심한 군중 사이로
정신 나간 젊은이 하나가 보였다.
그는 그 여자가 사는 거리 모퉁이에 이르더니
그 집으로 가는 길로 접어들었다.
저녁이 깊어 땅거미가 내리고
어둠이 짙어져 밤이 되었다.
바로 그때, 한 여자가 그에게 다가왔다.
그 여자는 유혹하는 옷차림을 하고서 그를
기다리고 있었다.
뻔뻔하고 자신만만한 그 여자는
차분하게 집에 붙어 있지 못하고 늘 돌아다
녔다.
거리를 다니고 시장을 다니고
시내의 골목이란 골목을 모두 누볐다.

13-20 그 여자는 그를 부둥켜안고 입 맞추
더니
대담하게 그의 팔을 붙잡고 말했다.
"잔치에 필요한 물건을 다 마련해 놓았어요.
오늘 나는 제물을 바쳤고 서원한 것을 모두
이행했어요.
그래서 당신 얼굴이라도 볼 수 있을까 싶어
나왔는데, 여기 계셨군요!
내 침대에는 새로 산 깔끔한 요와
외국에서 들여온 화려한 이불을 깔아 놓았
어요.
향수를 뿌려 놓아
좋은 향기가 가득해요.
자, 어서 가서 밤새 사랑을 나누어요.
황홀한 밤이 될 거예요!
남편은 집에 없어요. 출장을 갔거든요.
한 달 뒤에나 돌아올 거예요."

21-23 젊은이는 그 여자의 달콤한 말에 홀려
버렸다.
어느새 여자 꽁무니를 뒤쫓는데,
그 모습이 도살장으로 끌려가는 송아지 같
았다.

숨어 있던 사냥꾼의 유인에 걸려들어 화살
을 맞은 수사슴이요,
하늘과 작별인사도 못한 채
무작정 그물로 날아드는 새 같았다.

24-27 친구여, 내 말을 명심하고
단단히 새겨들어라.
그런 여자와 놀아나지 마라.
그 집 근처에는 얼씬도 마라.
그 여자에게 홀려 희생된 사람이 셀 수 없
이 많다.
그 여자는 가엾은 남자들을 수없이 죽였다.
그 여자는 지옥으로 가는 길 중간에 살면서,
네 몫의 수의와 관을 마련한다.

지혜가 큰소리로 외친다

8

1-11 지혜가 부르는 소리가 들리
느냐?
통찰력의 외침이 들리느냐?
가장 번화한 교차로
중심가에 자리 잡고 서 있구나.
교통량이 가장 많은
도시의 광장에서 외치는구나!
"거리에 나온 너희에게,
너희 모두에게 말한다!
잘 들어라, 미련한 자들아. 건전한 상식을
배워라!
어리석은 자들아, 처신을 똑바로 하여라!
제대로 사는 법, 최상의 모습으로 사는 법
을 일러 줄 테니
한 마디도 놓치지 마라.
내 입은 진실만 씹고 맛보고 즐긴다.
악의 맛은 참을 수가 없다!
내 입에는 참되고 바른 말만 있다.
왜곡되거나 비뚤어진 말은 한 마디도 없다.
마음을 열고 들으면 내 말이 참되다는 것을
알게 될 것이다.
진실을 받아들일 준비가 된 사람은 단번에

like a calf led to the butcher shop,
Like a stag lured into ambush
    and then shot with an arrow,
Like a bird flying into a net
    not knowing that its flying life is over.

24-27 So, friends, listen to me,
    take these words of mine most seriously.
Don't fool around with a woman like that;
    don't even stroll through her neighborhood.
Countless victims come under her spell;
    she's the death of many a poor man.
She runs a halfway house to hell,
    fits you out with a shroud and a coffin.

Lady Wisdom Calls Out

8

1-11 Do you hear Lady Wisdom calling?
    Can you hear Madame Insight
raising her voice?
She's taken her stand at First and Main,
    at the busiest intersection.
Right in the city square
    where the traffic is thickest, she shouts,
"You—I'm talking to all of you,
    everyone out here on the streets!
Listen, you idiots—learn good sense!
    You blockheads—shape up!
Don't miss a word of this—I'm telling you
how to live well,
    I'm telling you how to live at your best.
My mouth chews and savors and relishes
truth—
    I can't stand the taste of evil!
You'll only hear true and right words from
my mouth;
    not one syllable will be twisted or skewed.
You'll recognize this as true—you with open
minds;

알아볼 것이다.
돈보다 나의 생생한 훈계를 택하고
벌이가 좋은 직업보다 하나님을 아는 지
식을 택하여라.
지혜는 온갖 화려한 장신구보다 낫고
너희가 바라는 그 어떤 것보다 귀하다.

12-21 나는 지혜다. 분별이 나의 옆집에
살고
지식과 신중함이 같은 동네에 산다.
하나님을 경외하는 것은 악을 미워하는
것이다.
나는 악이 드러나는 여러 방식, 곧 교만
과 오만과 거짓된 말을
지독히 싫어한다.
유익한 조언과 건전한 상식은 나의 주
특기.
나는 통찰력인 동시에 그것을 실천할 수
있는 힘이다.
내 도움으로 지도자들이 다스리고
입법자들이 공정한 법을 제정한다.
내 도움으로 통치자들이 통치하고
적법한 권한을 행사한다.
나는 나를 사랑하는 자들을 사랑하며
나를 찾는 이를 만나 준다.
부와 영광이 나와 함께하고
명예와 명성이 나와 동행한다.
내가 주는 이득은 고액연봉보다 더 값
지다.
내게서 얻을 수 있는 수익은 상상을 초
월한다.
너희는 의의 길에서 나를 만날 수 있다.
내가 다니는 길이다.
나는 정의의 대로 한복판에서
나를 사랑하는 이들에게 생명을 나누어
준다.
두 팔에 한가득 생명을 안겨 준다!

truth-ready minds will see it at once.
Prefer my life-disciplines over chasing after
money,
    and God-knowledge over a lucrative career.
For Wisdom is better than all the trappings of
wealth;
    nothing you could wish for holds a candle to
    her.

12-21 "I am Lady Wisdom, and I live next to
Sanity;
    Knowledge and Discretion live just down
    the street.
The Fear-of-GOD means hating Evil,
    whose ways I hate with a passion—
    pride and arrogance and crooked talk.
Good counsel and common sense are my
characteristics;
    I am both Insight and the Virtue to live it out.
With my help, leaders rule,
    and lawmakers legislate fairly;
With my help, governors govern,
    along with all in legitimate authority.
I love those who love me;
    those who look for me find me.
Wealth and Glory accompany me—
    also substantial Honor and a Good Name.
My benefits are worth more than a big salary,
even a *very* big salary;
    the returns on me exceed any imaginable
    bonus.
You can find me on Righteous Road—that's
where I walk—
    at the intersection of Justice Avenue,
Handing out life to those who love me,
    filling their arms with life—armloads of life!

²²⁻³¹ **하나님**은 모든 일에 앞서 주권적으로 나를 만드셨다. 나는 하나님의 첫 작품, 근본 작품이다.
나는 오래전,
땅이 시작되기도 전에 생겨났다.
바다가 생겨나기 전, 샘과 강과 호수가 생겨나기 전에
세상에 등장했다.
산들이 조각되고 언덕들이 모양을 갖추기 전에
나는 이미 태어나 존재하고 있었다.
하나님께서 지평선을 활짝 펼치시고
토양과 날씨의 세세한 부분까지 챙기시며,
하늘을 든든히 제자리에 두시기 오래전에
내가 거기 있었다.
그분이 바다 둘레에 경계를 정하시고
광대한 하늘을 조성하시며
바다의 샘들을 만드셨을 때,
그분이 바다에 경계선을 그으시고
'진입금지' 푯말을 세우신 다음
땅의 기초를 놓으셨을 때,
나는 그분과 함께 있으면서 모든 것이 제자리를 잡게 했다.
나는 날마다 거기 있으면서 기쁨의 손뼉을 치고
그분과 함께 있는 것을 즐거워했다.
사물들, 생물들과 함께
인간 가족의 탄생을 기쁨으로 축하했다.

³²⁻³⁶ 그러니 친구들이여, 잘 들어라.
내 길을 따르는 이들은 가장 복된 자들이다.
절제된 생활에 주목하고 지혜롭게 살아라.
네 소중한 인생을 허비하지 마라.
내 말을 듣는 이,

²²⁻³¹ "GOD sovereignly made me—the first, the basic—
  before he did anything else.
I was brought into being a long time ago,
  well before Earth got its start.
I arrived on the scene before Ocean,
  yes, even before Springs and Rivers and Lakes.
Before Mountains were sculpted and Hills took shape,
  I was already there, newborn;
Long before GOD stretched out Earth's Horizons,
  and tended to the minute details of Soil and Weather,
And set Sky firmly in place,
  I was there.
When he mapped and gave borders to wild Ocean,
  built the vast vault of Heaven,
  and installed the fountains that fed Ocean,
When he drew a boundary for Sea,
  posted a sign that said NO TRESPASSING,
And then staked out Earth's Foundations,
  I was right there with him, making sure everything fit.
Day after day I was there, with my joyful applause,
  always enjoying his company,
Delighted with the world of things and creatures,
  happily celebrating the human family.

³²⁻³⁶ "So, my dear friends, listen carefully;
  those who embrace these my ways are most blessed.
Mark a life of discipline and live wisely;
  don't squander your precious life.

아침마다 깨어나 나를 맞이하는 이,
하루 일과를 시작하는 내게 정신을 바
짝 차리고 반응하는 이는 복이 있다.
나를 만나는 이는 참 생명을 얻고
하나님의 기뻐하심을 얻는다.
그러나 나를 무시하는 자는 자기 영혼
을 해친다.
나를 거절하면 죽음과 불장난을 하게
된다."

지혜가 잔치를 연다

9 ¹⁻⁶ 지혜가 일곱 기둥을 깎아
세워
집을 짓고 가구를 들였다.
잔치 음식을 준비했다. 양고기를 굽고
포도주를 따르고 은식기와 꽃으로 식탁
을 차렸다.
여종들은 물러가게 한 다음
직접 시내로 가 눈에 잘 띄는 곳에 서서
그의 목소리를 듣는 모든 사람을 초대
한다.
"사는 게 혼란스럽냐? 뭐가 어떻게 돌
아가는지 모르겠느냐?
나와 함께 가자. 함께 만찬을 들자!
갓 구운 빵, 구운 양고기, 고르고 고른
포도주로
근사한 식탁을 차려 놓았다.
무기력한 혼란을 떨치고 생명의 길,
의미 있는 삶의 길을 걸어가라."

❧

⁷⁻¹² 오만하게 빈정대는 자를 타이르면
뺨을 맞고
못된 행동을 지적하면 정강이를 걷
어차일 것이다.
그러니 비웃는 자에게 시간을 낭비하
지 마라.
수고의 대가로 욕만 먹게 될 것이다.

Blessed the man, blessed the woman, who listens to me,
awake and ready for me each morning,
alert and responsive as I start my day's work.
When you find me, you find life, real life,
to say nothing of GOD's good pleasure.
But if you wrong me, you damage your very soul;
when you reject me, you're flirting with death."

Lady Wisdom Gives a Dinner Party

9 ¹⁻⁶ Lady Wisdom has built and furnished
her home;
it's supported by seven hewn timbers.
The banquet meal is ready to be served: lamb roasted,
wine poured out, table set with silver and flowers.
Having dismissed her serving maids,
Lady Wisdom goes to town, stands in a prominent place,
and invites everyone within sound of her voice:
"Are you confused about life, don't know what's going on?
Come with me, oh come, have dinner with me!
I've prepared a wonderful spread—fresh-baked bread,
roast lamb, carefully selected wines.
Leave your impoverished confusion and *live*!
Walk up the street to a life with meaning."

❧

⁷⁻¹² If you reason with an arrogant cynic, you'll
get slapped in the face;
confront bad behavior and get a kick in the shins.
So don't waste your time on a scoffer;
all you'll get for your pains is abuse.
But if you correct those who care about life,

그러나 인생을 귀하게 여기는 사람을 꾸짖는
것은 다르다.
그들은 그 보답으로 너를 사랑할 것이다.
지혜로운 사람들에게만 훈계를 해라. 그들이
더 지혜로워질 것이다.
네가 아는 바를 선한 사람들에게 말해 주어라.
그들이 유익을 얻을 것이다.
삶의 진수는 **하나님**을 경외하는 것에서 시작된다.
인생에 대한 통찰력은 거룩하신 하나님을 아는
데서 나온다.
지혜를 통해 인생에 깊이가 더해지고
성숙한 나날이 펼쳐진다.
지혜롭게 살면 지혜가 네 삶에 스며들 것이다.
삶을 무시하면 삶 또한 너를 무시할 것이다.

매춘부도 큰소리로 외친다

13-18 이번에는 뻔뻔하고 머리가 텅 빈 경박한
여자,
매춘부가 등장하는구나.
그 여자는 시내 중심가에 있는
자기 집 문 앞에 앉아
제 길 가는 사람들에게
큰소리로 외친다.
"사는 게 혼란스러운가요? 뭐가 어떻게 돌아
가는지 모르겠어요?
나와 함께 달아나요. 좋은 시간 보내게 해줄게요!
아무도 모를 거예요. 최고의 시간을 안겨 줄
게요."
그러나 사람들은 모른다. 그 여자의 벽장에 해
골이 가득한 것을.
그 여자를 찾아간 자들이 모두 지옥에 떨어졌
다는 것을.

솔로몬의 잠언
정직한 삶은 영원히 남는다

10 ¹ 지혜로운 아들은 아버지를 흐뭇
하게 하지만
어리석은 아들은 어머니를 슬프게 한다.

that's different—they'll love you for it!
Save your breath for the wise—they'll be
wiser for it;
  tell good people what you know—they'll
  profit from it.
Skilled living gets its start in the Fear-of-
GOD,
  insight into life from knowing a Holy
  God.
It's through me, Lady Wisdom, that your
life deepens,
  and the years of your life ripen.
Live wisely and wisdom will permeate
your life;
  mock life and life will mock you.

Madame Whore Calls Out, Too

13-18 Then there's this other woman,
Madame Whore—
  brazen, empty-headed, frivolous.
She sits on the front porch
  of her house on Main Street,
And as people walk by minding
  their own business, calls out,
"Are you confused about life, don't know
what's going on?
  Steal off with me, I'll show you a good
  time!
  No one will ever know—I'll give you the
  time of your life."
But they don't know about all the skele-
tons in her closet,
  that all her guests end up in hell.

The Wise Sayings of Solomon
An Honest Life Is Immortal

10 ¹ Wise son, glad father;
  stupid son, sad mother.

2 부정하게 모은 재산은 쓸모가 없지만
정직한 삶은 영원히 남는다.

3 **하나님**은 정직한 사람을 굶기지 않으시고
악인의 탐욕을 물리치신다.

4 게으르면 가난해지고
부지런하면 부유해진다.

5 해가 떠 있을 때 건초를 말리는 것은 영
리한 일이지만
추수철에 낚시하러 가는 것은 어리석은
일이다.

6 선하고 정직하게 사는 자는 복을 부르
지만
악인의 입은 독설이 가득한 어두운 동굴이다.

7 선하고 정직하게 살면 칭찬을 받고 기
억되지만
사악하게 살면 썩은 내만 남는다.

8 마음이 지혜로운 이는 명령을 따르지만
머리가 텅 빈 자는 어려움을 겪는다.

9 정직하면 당당하고 근심 없이 살지만
구린 짓은 언젠가 드러나기 마련이다.

10 시선을 피하는 것은 문제가 생길 조짐이다.
마음을 열고 얼굴을 마주 보아야 평화가
찾아온다.

11 선한 사람의 입은 생명을 주는 깊은 우
물이지만
악한 사람의 입은 독설이 가득한 어두
운 동굴이다.

2 Ill-gotten gain gets you nowhere;
an honest life is immortal.

3 GOD won't starve an honest soul,
but he frustrates the appetites of the
wicked.

4 Sloth makes you poor;
diligence brings wealth.

5 Make hay while the sun shines—that's
smart;
go fishing during harvest—that's stupid.

6 Blessings accrue on a good and honest life,
but the mouth of the wicked is a dark cave of
abuse.

7 A good and honest life is a blessed memori-
al;
a wicked life leaves a rotten stench.

8 A wise heart takes orders;
an empty head will come unglued.

9 Honesty lives confident and carefree,
but Shifty is sure to be exposed.

10 An evasive eye is a sign of trouble ahead,
but an open, face-to-face meeting results in
peace.

11 The mouth of a good person is a deep,
life-giving well,
but the mouth of the wicked is a dark cave of
abuse.

12 미움은 싸움을 일으키지만
사랑은 다툼을 덮어 준다.

13 통찰력 있는 사람의 입술에는 지혜가 있
지만
시야가 좁은 사람은 따귀를 맞아야 정신을
차린다.

14 지혜로운 사람이 쌓은 지식은 참된 보물
이지만
다 아는 체하는 사람의 말은 쓰레기일 뿐이다.

절제된 삶은 생명에 이르는 길이다
15 부자의 재산은 그의 견고한 성이지만
궁핍한 자의 가난은 그를 망하게 한다.

16 선한 사람은 활기 넘치는 삶을 보상으로
받지만
악한 사람에게 남는 것은 죄뿐이다.

17 절제된 삶은 생명에 이르는 길이고
책망을 무시하면 영원히 길을 잃게 된다.

18 거짓말쟁이들은 미움을 쌓고
미련한 자들은 대놓고 험담을 퍼뜨린다.

19 말이 많을수록 진실은 적어진다.
지혜로운 사람은 말을 가려서 한다.

20 선한 사람의 말은 기다려서 들어 볼 만
하지만
악한 사람의 지껄임은 아무 쓸모가 없다.

21 선한 사람의 말은 많은 이들에게 진수성
찬이 되지만
말만 많은 사람은 허전한 마음을 주체하지
못하고 죽는다.

12 Hatred starts fights,
but love pulls a quilt over the bickering.

13 You'll find wisdom on the lips of a person
of insight,
but the shortsighted needs a slap in the
face.

14 The wise accumulate knowledge—a true
treasure;
know-it-alls talk too much—a sheer waste.

The Road to Life Is a Disciplined Life
15 The wealth of the rich is their bastion;
the poverty of the indigent is their ruin.

16 The wage of a good person is exuberant life;
an evil person ends up with nothing but
sin.

17 The road to life is a disciplined life;
ignore correction and you're lost for good.

18 Liars secretly hoard hatred;
fools openly spread slander.

19 The more talk, the less truth;
the wise measure their words.

20 The speech of a good person is worth
waiting for;
the blabber of the wicked is worthless.

21 The talk of a good person is rich fare for
many,
but chatterboxes die of an empty heart.

하나님을 경외하면 오래 산다

22 사람은 **하나님**의 복으로 부자가 되지만
사람이 하는 일은 하나님께 보탬이 될 수 없다.

23 머리가 빈 사람은 못된 짓이 재미있다고
생각하지만
생각이 있는 사람은 지혜를 소중히 여긴다.

24 악한 사람의 악몽은 현실이 되고
선한 사람은 바라는 것을 얻는다.

25 폭풍이 지나가면 악한 사람에게는 남는
것이 없지만
선한 사람은 반석 같은 기초 위에 굳건히 서
서 꿈쩍도 하지 않는다.

26 게으른 직원은 고용주에게 골칫거리니
이에 식초 같고, 눈에 연기 같다.

27 **하나님**을 경외하면 오래 살지만
악하게 살면 얼마 살지 못한다.

28 선한 사람의 희망은 이루어지지만
악한 사람의 야망은 무너진다.

29 **하나님**은 올바로 사는 이에게 든든한 버
팀목이 되시지만
비열한 행위는 두고 보지 않으신다.

30 선한 사람은 오래 살고 흔들리지 않지만
악한 사람은 오늘 살아 있어도 내일이면 사
라지고 없다.

31 선한 사람의 입은 지혜가 솟아나는 맑은
샘이지만
악한 사람의 더러운 입은 고인 늪이다.

Fear-of-God Expands Your Life

22 GOD's blessing makes life rich;
  nothing we do can improve on God.

23 An empty-head thinks mischief is fun,
  but a mindful person relishes wisdom.

24 The nightmares of the wicked come true;
  what the good people desire, they get.

25 When the storm is over, there's nothing
left of the wicked;
  good people, firm on their rock founda-
  tion, aren't even fazed.

26 A lazy employee will give you nothing
but trouble;
  it's vinegar in the mouth, smoke in the eyes.

27 The Fear-of-GOD expands your life;
  a wicked life is a puny life.

28 The aspirations of good people end in
celebration;
  the ambitions of bad people crash.

29 GOD is solid backing to a well-lived life,
  but he calls into question a shabby
  performance.

30 Good people *last*—they can't be moved;
  the wicked are here today, gone tomorrow.

31 A good person's mouth is a clear
fountain of wisdom;
  a foul mouth is a stagnant swamp.

32 선한 사람의 말은 공기를 맑게 하지만
악한 사람의 말은 공기를 오염시킨다.

11 ¹ 하나님은 시장에서 속이는
짓을 미워하시고
공정한 거래를 좋아하신다.

² 거만한 사람은 꼴사납게 고꾸라지지만
겸손한 사람은 굳건히 선다.

³ 정직하고 청렴한 사람은 길을 잃지 않
지만
사기꾼은 속임수를 쓰다가 망한다.

⁴ 죽을 상황 앞에서는 두툼한 지폐다발도
아무 소용 없지만
원칙을 지키고 살면 최악의 상황이라도
감당할 수 있다.

⁵ 바르게 살면 앞길이 평탄하지만
악하게 살면 인생이 고단하다.

⁶ 훌륭한 인격은 최고의 보험이지만
사기꾼은 자기의 악한 탐욕에 걸려 넘어진다.

⁷ 악인이 죽으면 그것으로 끝이다.
희망도 사라지고 더 이상 아무것도 없다.

⁸ 착한 사람은 큰 어려움에서 건짐을 받
지만
나쁜 사람은 그리로 곧장 달려간다.

⁹ 하나님을 저버린 사람은 함부로 혀를 놀
려 이웃을 해치지만
하나님을 경외하는 사람은 상식을 발휘해
자신을 보호한다.

32 The speech of a good person clears the air;
the words of the wicked pollute it.

Without Good Direction, People Lose Their Way

11 ¹ GOD hates cheating in the market-
place;
he loves it when business is aboveboard.

² The stuck-up fall flat on their faces,
but down-to-earth people stand firm.

³ The integrity of the honest keeps them on
track;
the deviousness of crooks brings them to ruin.

⁴ A thick bankroll is no help when life falls
apart,
but a principled life can stand up to the
worst.

⁵ Moral character makes for smooth travel-
ing;
an evil life is a hard life.

⁶ Good character is the best insurance;
crooks get trapped in their sinful lust.

⁷ When the wicked die, that's it—
the story's over, end of hope.

⁸ A good person is saved from much trouble;
a bad person runs straight into it.

⁹ The loose tongue of the godless spreads de-
struction;
the common sense of the godly preserves
them.

10 착한 사람이 잘되면 온 마을이 환호하고
나쁜 사람이 잘못되면 온 마을이 축하한다.

11 바르게 사는 사람이 축복하는 도시는 번성하지만
악담은 그곳을 금세 유령도시로 만든다.

12 냉혹한 사람은 비열한 비방을 일삼지만
분별력 있는 사람은 신중하게 입을 다문다.

13 험담하며 돌아다니는 사람에게는 비밀을 털어놓을 수 없지만
진실한 사람은 비밀을 누설하지 않는다.

14 제대로 이끌어 주지 않으면 사람들이 길을 잃지만
지혜로운 충고를 따를수록 성공할 확률은 높아진다.

15 모르는 사람들과 거래하면 속기 마련이지만
냉철함을 잃지 않으면 경솔한 거래를 피한다.

16 너그럽고 품위 있는 여자는 존경을 받지만
거칠고 난폭한 남자가 얻는 것은 약탈품뿐이다.

17 남을 친절히 대하면 자기도 잘되지만
남을 모질게 대하면 자기도 다친다.

18 악행의 대가는 부도수표지만
선행에는 확실한 보상이 따른다.

10 When it goes well for good people, the whole town cheers;
  when it goes badly for bad people, the town celebrates.

11 When right-living people bless the city, it flourishes;
  evil talk turns it into a ghost town in no time.

12 Mean-spirited slander is heartless;
  quiet discretion accompanies good sense.

13 A gadabout gossip can't be trusted with a secret,
  but someone of integrity won't violate a confidence.

14 Without good direction, people lose their way;
  the more wise counsel you follow, the better your chances.

15 Whoever makes deals with strangers is sure to get burned;
  if you keep a cool head, you'll avoid rash bargains.

16 A woman of gentle grace gets respect,
  but men of rough violence grab for loot.

A God-Shaped Life

17 When you're kind to others, you help yourself;
  when you're cruel to others, you hurt yourself.

18 Bad work gets paid with a bad check;
  good work gets solid pay.

¹⁹ 하나님께 충성하는 공동체와 한편이 되어 살든지
사악한 망상을 좇다가 죽든지, 하나를 택하여라.

²⁰ **하나님**은 사기꾼들을 참지 못하시지만
진실한 이들은 너무나 좋아하신다.

²¹ 악인들은 벌을 면치 못하고
하나님께 충성하는 사람들은 승리를 거둔다.

²² 머리가 빈 여자의 아름다운 얼굴은
돼지코에 금고리 격이다.

²³ 선한 사람의 소원은 가장 좋은 방식으로 이루어지지만
악한 사람의 야망은 분노와 좌절로 끝난다.

²⁴ 관대한 사람의 세상은 점점 넓어지지만
인색한 사람의 세상은 갈수록 좁아진다.

²⁵ 남을 축복하는 이는 자기도 풍성히 복을 받고
남을 돕는 이는 자기도 도움을 받는다.

²⁶ 남에게 불공정한 거래를 강요하는 자에게 저주를!
공정하고 정직하게 거래하는 모든 이에게 축복을!

²⁷ 선을 추구하는 이는 기쁨을 얻지만
악을 배우는 자는 불행해진다.

²⁸ 재산에 목매는 삶은 죽은 나뭇등걸과 같고
하나님 닮은 삶은 무성한 나무와 같다.

¹⁹ Take your stand with God's loyal community and live,
  or chase after phantoms of evil and die.

²⁰ GOD can't stand deceivers,
  but oh how he relishes integrity.

²¹ Count on this: The wicked won't get off scot-free,
  and God's loyal people will triumph.

²² Like a gold ring in a pig's snout
  is a beautiful face on an empty head.

²³ The desires of good people lead straight to the best,
  but wicked ambition ends in angry frustration.

²⁴ The world of the generous gets larger and larger;
  the world of the stingy gets smaller and smaller.

²⁵ The one who blesses others is abundantly blessed;
  those who help others are helped.

²⁶ Curses on those who drive a hard bargain!
  Blessings on all who play fair and square!

²⁷ The one who seeks good finds delight;
  the student of evil becomes evil.

²⁸ A life devoted to things is a dead life, a stump;
  a God-shaped life is a flourishing tree.

29 자기 가족을 착취하거나 학대하는 자의 손에 남는 것은 한 줌 바람뿐.
상식의 소리를 들어 보아라. 그런 삶이 얼마나 어리석은지.

30 착한 삶은 열매 맺는 나무이지만
난폭한 삶은 영혼을 파괴한다.

31 착한 사람도 간신히 관문을 통과한다면
나쁜 사람에게는 무엇이 기다리겠느냐!

배움을 사랑하면

12 ¹ 배움을 사랑하면 그에 따라오는 훈계도 사랑할 것이다.
책망을 거부하는 것은 어리석은 일이다!

2 선한 사람은 **하나님**의 기뻐하심을 누리고
흉계를 꾸미는 자들과 어울리지 않는다.

3 늪에는 단단히 발 디딜 데가 없지만
하나님께 뿌리내리면 굳건히 선다.

4 마음이 따뜻한 아내는 남편을 기운 나게 하지만
마음이 차가운 여자는 뼛속의 암과 같다.

5 원칙에 충실한 이들의 생각은 정의에 보탬이 되지만
타락한 자들의 음모는 결국 와해된다.

6 사악한 자들의 말은 사람을 죽이지만
올바른 이들의 말은 사람을 살린다.

7 악한 사람들은 뿔뿔이 흩어져 흔적도 없게 되지만
선한 사람들은 함께 뭉친다.

29 Exploit or abuse your family, and end up with a fistful of air;
    common sense tells you it's a stupid way to live.

30 A good life is a fruit-bearing tree;
    a violent life destroys souls.

31 If good people barely make it,
    what's in store for the bad!

If You Love Learning

12 ¹ If you love learning, you love the discipline that goes with it—
how shortsighted to refuse correction!

2 A good person basks in the delight of GOD,
    and he wants nothing to do with devious schemers.

3 You can't find firm footing in a swamp,
    but life rooted in God stands firm.

4 A hearty wife invigorates her husband,
    but a frigid woman is cancer in the bones.

5 The thinking of principled people makes for justice;
    the plots of degenerates corrupt.

6 The words of the wicked kill;
    the speech of the upright saves.

7 Wicked people fall to pieces—there's nothing to them;
    the homes of good people hold together.

8 이치에 닿게 말하는 사람은 존경을 받지만
멍청이들은 멸시를 받는다.

9 평범하게 생계를 꾸리며 사는 것이
대단한 인물 행세를 하다가 굶어 죽는 것
보다 낫다.

10 착한 사람들은 기르는 짐승을 잘 돌보
지만
나쁜 사람들은 "잘 대해 준다"며 집짐승
을 발로 차고 학대한다.

11 일터에 계속 남아 있으면 양식이 끊어
지지 않지만
어리석은 자는 일시적 기분과 몽상을 좇는다.

12 악인들이 세운 것은 끝내 폐허가 되지만
의인들의 뿌리는 많은 생명의 열매를 맺
는다.

지혜로운 사람은 충고를 받아들인다
13 나쁜 사람들은 험담으로 곤경에 처하
지만
착한 사람들은 대화를 나눔으로 곤경에
서 벗어난다.

14 말을 잘하면 만족을 얻고
일을 잘하면 보상이 따른다.

15 미련한 사람은 고집을 부리며 제멋대
로 행동하지만
지혜로운 사람은 충고를 받아들인다.

16 어리석은 사람은 참을 줄 모르고 금세
울화통을 터뜨리지만
신중한 사람은 모욕을 당해도 가만히 떨
쳐 버린다.

8 A person who talks sense is honored;
   airheads are held in contempt.

9 Better to be ordinary and work for a living
   than act important and starve in the
   process.

10 Good people are good to their animals;
   the "good-hearted" bad people kick and
   abuse them.

11 The one who stays on the job has food on
the table;
   the witless chase whims and fancies.

12 What the wicked construct finally falls into
ruin,
   while the roots of the righteous give life,
   and more life.

Wise People Take Advice
13 The gossip of bad people gets them in
trouble;
   the conversation of good people keeps them
   out of it.

14 Well-spoken words bring satisfaction;
   well-done work has its own reward.

15 Fools are headstrong and do what they
like;
   wise people take advice.

16 Fools have short fuses and explode all too
quickly;
   the prudent quietly shrug off insults.

17 선한 사람은 진실한 증언으로 의혹을 일
소하지만
거짓말쟁이는 속임수로 연막을 친다.

18 무분별한 말은 난도질로 상처를 주지만
지혜로운 사람의 말은 상처를 아물게 한다.

19 진실은 길이 남고
거짓은 오늘 있다가도 내일이면 사라진다.

20 흉계를 꾸미는 자는 흉계 때문에 비뚤어
지고
평화를 도모하는 이는 그로 인해 기쁨을 얻
는다.

21 선한 사람은 해를 입지 않지만
악한 사람에게는 재앙이 끊이지 않는다.

22 하나님은 거짓말쟁이를 용납하지 않으시고
자기 말을 지키는 이는 사랑하신다.

23 신중한 사람들은 지식을 과시하지 않지만
말 많은 바보들은 제 어리석음을 광고하고
다닌다.

24 부지런한 이들은 일을 하며 자유를 만끽
하지만
게으른 자들은 일의 압박을 받는다.

25 걱정은 우리를 짓누르지만
격려의 말은 기운을 돋우어 준다.

26 선한 사람은 불행을 당해도 일어서지만
악하게 살면 재앙을 자초한다.

27 게으른 사람은 되는 일이 없지만
일찍 일어나는 사람은 일을 끝낸다.

17 Truthful witness by a good person
clears the air,
   but liars lay down a smoke screen of
   deceit.

18 Rash language cuts and maims,
   but there is healing in the words of the wise.

19 Truth lasts;
   lies are here today, gone tomorrow.

20 Evil scheming distorts the schemer;
   peace-planning brings joy to the
   planner.

21 No evil can overwhelm a good person,
   but the wicked have their hands full of it.

22 God can't stomach liars;
   he loves the company of those who keep
   their word.

23 Prudent people don't flaunt their
knowledge;
   talkative fools broadcast their silliness.

24 The diligent find freedom in their work;
   the lazy are oppressed by work.

25 Worry weighs us down;
   a cheerful word picks us up.

26 A good person survives misfortune,
   but a wicked life invites disaster.

27 A lazy life is an empty life,
   but "early to rise" gets the job done.

28 선한 사람은 생명으로 직행하지만
죄의 길을 따라가는 사람은 지옥으로 직
행한다.

지혜로운 이와 동행하여라
13 ¹ 똑똑한 아이는 부모의 말에
귀 기울이지만
어리석은 아이는 제멋대로 한다.

² 선한 사람은 유익한 대화를 좋아하지만
불량배들은 평생 우격다짐으로 밀어붙이
고 살아간다.

³ 신중한 말은 신중한 생활에 도움이 되
지만
경솔한 말은 모든 것을 망가뜨릴 수 있다.

⁴ 게으른 사람은 바라는 것이 많아도 이
루는 것은 없고
역동적인 사람은 목표를 이룬다.

⁵ 착한 사람은 거짓말을 싫어하지만
나쁜 사람은 아무 소리나 토해 낸다.

⁶ 하나님께 충성하면 가는 길이 순조롭지만
죄는 악인을 궁지에 빠뜨린다.

⁷ 허식과 허세의 삶은 공허하지만
소박하고 담백한 삶은 충만하다.

⁸ 부자는 재산 때문에 고소를 당할 수 있
지만
가난한 사람은 그럴 염려가 없다.

⁹ 선한 사람의 삶은 불이 환히 켜진 거리
지만
악한 사람의 삶은 어두운 뒷골목이다.

28 Good men and women travel right into life;
  sin's detours take you straight to hell.

Walk with the Wise
13 ¹ Intelligent children listen to their parents;
  foolish children do their own thing.

² The good acquire a taste for helpful conversation;
  bullies push and shove their way through life.

³ Careful words make for a careful life;
  careless talk may ruin everything.

⁴ Indolence wants it all and gets nothing;
  the energetic have something to show for their lives.

⁵ A good person hates false talk;
  a bad person wallows in gibberish.

⁶ A God-loyal life keeps you on track;
  sin dumps the wicked in the ditch.

⁷ A pretentious, showy life is an empty life;
  a plain and simple life is a full life.

⁸ The rich can be sued for everything they have,
  but the poor are free of such threats.

⁹ The lives of good people are brightly lit streets;
  the lives of the wicked are dark alleys.

10 무엇이든 아는 체하는 거만한 사람은 불화를 일으키지만
지혜로운 사람은 친구의 충고에 귀를 기울인다.

11 쉽게 얻은 것은 쉽게 잃지만
꾸준히 근면하게 살면 좋은 결실을 맺는다.

12 실망스러운 일이 이어지면 상심하게 되지만
갑자기 좋은 기회가 찾아와 인생이 역전될 수도 있다.

13 하나님 말씀을 무시하면 고통을 겪게 되고
하나님의 계명을 귀히 여기면 부유하게 될 것이다.

14 지혜로운 이의 가르침이 생명의 샘이니
죽음에 오염된 우물물은 더 이상 마시지 마라.

15 바르게 생각하면 품위 있게 살게 되지만
거짓말쟁이의 인생길은 험난하다.

16 양식 있는 사람은 건전한 판단을 내리지만
바보들은 방방곡곡에 어리석음을 뿌리고 다닌다.

17 무책임한 보도는 상황을 혼란스럽게 만들지만
믿을 만한 기자는 치유를 가져다주는 존재다.

18 훈계를 거절하면 거리에 나앉는 신세가 되고
책망을 받아들이면 존경받으며 살게 될 것이다.

19 마음의 길을 따라가는 영혼은 잘되지만
악에 몰두하는 미련한 자는 영혼이 어떻게 되든 상관하지 않는다.

10 Arrogant know-it-alls stir up discord,
   but wise men and women listen to each other's counsel.

11 Easy come, easy go,
   but steady diligence pays off.

12 Unrelenting disappointment leaves you heartsick,
   but a sudden good break can turn life around.

13 Ignore the Word and suffer;
   honor God's commands and grow rich.

14 The teaching of the wise is a fountain of life,
   so, no more drinking from death-tainted wells!

15 Sound thinking makes for gracious living,
   but liars walk a rough road.

16 A commonsense person *lives* good sense;
   fools litter the country with silliness.

17 Irresponsible talk makes a real mess of things,
   but a reliable reporter is a healing presence.

18 Refuse discipline and end up homeless;
   embrace correction and live an honored life.

19 Souls who follow their hearts thrive;
   fools bent on evil despise matters of soul.

20 지혜로운 이와 동행하면 지혜롭게 되고
미련한 자와 어울리면 인생을 망친다.

21 죄인은 재앙에 걸려 넘어지지만
하나님의 충성스러운 이들은 행복하게
산다.

22 선한 삶은 자손 대대로 이어지지만
부정하게 얻은 재산은 결국 선한 이들의
몫이 된다.

23 가난한 사람은 은행에 농장을 빼앗기고
고약한 변호사에게 입던 옷까지 털린다.

24 아이를 꾸짖지 않는 것은 사랑하지 않
는 것이니
사랑하거든 자녀를 훈육하여라.

25 선을 바라면 큰 만족이 찾아오지만
악인의 배는 채워질 줄 모른다.

지혜가 주는 유익

14 1 지혜는 아름다운 집을 세우
지만
미련함이 와서 그 집을 철저히 무너뜨린다.

2 정직한 삶은 **하나님**께 영광이 되고
타락한 삶은 **하나님**을 모욕한다.

3 경솔한 말은 비웃음을 사고
지혜로운 말은 존경을 부른다.

4 소가 없으면 소출도 없으니
힘센 황소가 쟁기를 끌어야 풍성한 수확
이 있다.

5 진실한 증인은 거짓말을 하지 않지만
거짓 증인은 거짓말로 먹고산다.

20 Become wise by walking with the wise;
　hang out with fools and watch your life fall
　to pieces.

21 Disaster entraps sinners,
　but God-loyal people get a good life.

22 A good life gets passed on to the grandchil-
　dren;
　ill-gotten wealth ends up with good people.

23 Banks foreclose on the farms of the poor,
　or else the poor lose their shirts to crooked
　lawyers.

24 A refusal to correct is a refusal to love;
　love your children by disciplining them.

25 An appetite for good brings much satisfaction,
　but the belly of the wicked always wants more.

A Way That Leads to Hell

14 1 Lady Wisdom builds a lovely home;
　　Sir Fool comes along and tears it
down brick by brick.

2 An honest life shows respect for GOD;
　a degenerate life is a slap in his face.

3 Frivolous talk provokes a derisive smile;
　wise speech evokes nothing but respect.

4 No cattle, no crops;
　a good harvest requires a strong ox for the plow.

5 A true witness never lies;
　a false witness makes a business of it.

6 빈정거리는 자들은 여기저기 샅샅이 뒤
져도 지혜를 찾지 못하지만
마음이 열린 이들은 문 앞에서 지혜를 발견
한다.

7 미련한 자들의 무리에서 빨리 빠져나와라.
공연히 시간을 허비하고 입만 아프다.

8 지혜로운 이는 지혜 덕분에 인생이 순조
롭지만
미련한 자는 미련함 때문에 궁지에 빠진다.

9 어리석은 자는 옳고 그름을 따지는 것을
우습게 여기지만
도덕적인 삶이야말로 은혜를 입은 삶이다.

10 어려움을 당한 친구들을 못 본 체하는 자는
그들의 좋은 일을 축하하는 자리에서 따돌
림을 당할 것이다.

11 악한 짓을 일삼는 삶은 허물어져 가는
오두막이지만
거룩한 삶은 하늘로 우뚝 솟은 대성당을 쌓
아 올린다.

12-13 괜찮아 보이는 생활방식이라도
다시 들여다보면 지옥으로 직행하는 길이다.
잘 지내는 것처럼 보여도
그들의 모든 웃음은 결국 비탄으로 바뀐다.

14 비열한 자는 비열함을 돌려받고
은혜를 베푸는 자는 은혜를 돌려받는다.

15 어수룩한 사람은 듣는 말을 다 믿지만
신중한 사람은 무슨 말이든 면밀히 살피
고 따져 본다.

6 Cynics look high and low for wisdom—and
never find it;
the open-minded find it right on their
doorstep!

7 Escape quickly from the company of fools;
they're a waste of your time, a waste of
your words.

8 The wisdom of the wise keeps life on track;
the foolishness of fools lands them in the
ditch.

9 The stupid ridicule right and wrong,
but a moral life is a favored life.

10 The person who shuns the bitter
moments of friends
will be an outsider at their celebrations.

11 Lives of careless wrongdoing are tumble-
down shacks;
holy living builds soaring cathedrals.

12-13 There's a way of life that looks
harmless enough;
look again—it leads straight to hell.
Sure, those people appear to be having a
good time,
but all that laughter will end in heart-
break.

Sift and Weigh Every Word

14 A mean person gets paid back in meanness,
a gracious person in grace.

15 The gullible believe anything they're told;
the prudent sift and weigh every word.

16 지혜로운 사람은 행동을 조심하고 악을 피하지만
어리석은 사람은 고집불통에 무모하기까지 하다.

17 성미 급한 자들은 나중에 후회할 일을 하고
냉담한 자들은 나중에 냉대를 받는다.

18 어리석은 몽상가는 망상의 세계에서 살고
지혜로운 현실주의자는 발을 땅에 붙이고 산다.

19 결국에는 악이 선에게 공물을 바치고
악인이 하나님의 충성스러운 이들을 떠받들 것이다.

20 불운한 패자는 모두가 피하지만
승자는 모두가 좋아한다.

21 어려움에 처한 이웃을 모른 체하는 것은 범죄행위다.
가난한 사람들을 돕는 것은 실로 복된 일이다!

22 음모를 꾸미는 사람은 실패하고
사려 깊은 사람은 사랑과 신뢰를 얻는 것이 당연하지 않으냐?

23 수고한 다음에야 이득이 생기는 법,
말만 해서는 식탁에 올릴 음식이 생기지 않는다.

24 지혜로운 이는 지혜를 쌓지만
어리석은 자는 날이 갈수록 미련해진다.

25 진실한 증인은 여러 사람을 구하지만
거짓말을 퍼뜨리는 자는 여러 사람을 해친다.

26 **하나님**을 경외하면 자신감이 쌓이고

16 The wise watch their steps and avoid evil;
    fools are headstrong and reckless.

17 The hotheaded do things they'll later regret;
    the coldhearted get the cold shoulder.

18 Foolish dreamers live in a world of illusion;
    wise realists plant their feet on the ground.

19 Eventually, evil will pay tribute to good;
    the wicked will respect God-loyal people.

20 An unlucky loser is shunned by all,
    but everyone loves a winner.

21 It's criminal to ignore a neighbor in need,
    but compassion for the poor—what a blessing!

22 Isn't it obvious that conspirators lose out,
    while the thoughtful win love and trust?

23 Hard work always pays off;
    mere talk puts no bread on the table.

24 The wise accumulate wisdom;
    fools get stupider by the day.

25 Souls are saved by truthful witness
    and betrayed by the spread of lies.

26 The Fear-of-GOD builds up confidence,

자녀들도 안전한 세상에서 살게 된다.

27 **하나님**을 경외함은 생수의 샘이며
독이 든 우물물을 마시는 일을 막아 준다.

28 훌륭한 지도자에게는 충성스럽게 따
르는 이들이 있지만
따르는 이 없이는 지도력도 부질없다.

29 좀처럼 성을 내지 않는 사람은 지혜가
깊어지지만
성미가 급한 사람은 어리석음이 쌓인다.

30 정신이 건강하면 몸도 튼튼하지만
감정을 주체하지 못하면 뼈가 썩는다.

31 힘없는 이를 착취하는 것은 너를 만드
신 분을 모욕하는 일이고
가난한 이를 친절히 대하는 것은 하나님
을 공경하는 일이다.

32 나쁜 사람은 제 악함 때문에 버림을 받
지만
착한 사람은 선행으로 인해 안심하고 살
만한 곳을 얻는다.

33 지혜는 슬기로운 마음에 머물지만
어리석은 자에게는 인사도 받지 못한다.

34 하나님을 찾으면 나라가 강해지지만
하나님을 피하면 백성이 약해진다.

35 부지런히 일하면 열렬한 칭찬을 받지만
하는 둥 마는 둥 일하면 호된 질책을 받
는다.

and makes a world safe for your children.

27 The Fear-of-GOD is a spring of living water
so you won't go off drinking from poisoned
wells.

28 The mark of a good leader is loyal followers;
leadership is nothing without a following.

29 Slowness to anger makes for deep under-
standing;
a quick-tempered person stockpiles stupidity.

30 A sound mind makes for a robust body,
but runaway emotions corrode the bones.

31 You insult your Maker when you exploit
the powerless;
when you're kind to the poor, you honor
God.

32 The evil of bad people leaves them out in
the cold;
the integrity of good people creates a safe
place for living.

33 Lady Wisdom is at home in an under-
standing heart—
fools never even get to say hello.

34 God-devotion makes a country strong;
God-avoidance leaves people weak.

35 Diligent work gets a warm commendation;
shiftless work earns an angry rebuke.

하나님은 단 하나도 놓치지 않으신다

15 ¹ 부드러운 대답은 화를 가라앉히지만
가시 돋친 혀는 분노의 불을 지핀다.

² 지혜로운 이에게서는 지식이 샘물처럼 흘러나오지만
어리석은 자는 당찮은 소리가 줄줄 새는 수도꼭지와 같다.

³ **하나님**은 단 하나도 놓치시는 법이 없어
선인과 악인을 똑같이 살피신다.

⁴ 친절한 말은 상처를 낫게 하고 회복을 돕지만
잔인한 말은 마음을 난도질하고 상하게 한다.

⁵ 도덕에 무지한 자는 어른의 말을 듣지 않지만
건전한 판단력을 갖춘 사람은 책망을 기꺼이 받아들인다.

⁶ 하나님께 충성하는 삶은 번성하지만
헛되이 보내는 인생은 이내 파산한다.

⁷ 통찰력 있는 말은 지식을 전파하지만
어리석은 자는 속 빈 깡통이다.

⁸ **하나님**은 허울뿐인 종교행위를 참지 못하시지만
진실한 기도는 기뻐하신다.

⁹ **하나님**은 인생을 헛되이 보내는 자를 싫어하시고
결승선을 향해 힘껏 달려가는 이들을 사랑하신다.

¹⁰ 하나님의 길을 떠나는 자들은 곤경에 처하고
하나님의 법규를 싫어하는 자들은 막다른 길에 이른다.

God Doesn't Miss a Thing

15 ¹ A gentle response defuses anger,
  but a sharp tongue kindles a temper-fire.

² Knowledge flows like spring water from the wise;
  fools are leaky faucets, dripping nonsense.

³ GOD doesn't miss a thing—
  he's alert to good and evil alike.

⁴ Kind words heal and help;
  cutting words wound and maim.

⁵ Moral dropouts won't listen to their elders;
  welcoming correction is a mark of good sense.

⁶ The lives of God-loyal people flourish;
  a misspent life is soon bankrupt.

⁷ Perceptive words spread knowledge;
  fools are hollow—there's nothing to them.

⁸ GOD can't stand pious poses,
  but he delights in genuine prayers.

⁹ A life frittered away disgusts GOD;
  he loves those who run straight for the finish line.

¹⁰ It's a school of hard knocks for those who leave God's path,
  a dead-end street for those who hate God's rules.

11 지옥도 속속들이 살피시는 **하나님**께서
사람의 마음을 읽지 못하시겠느냐?

12 똑똑한 체하는 사람은 남의 말 듣기
를 싫어하고
지혜로운 사람들과 어울리지 않는다.

13 마음이 즐거우면 미소가 피어나지만
마음이 슬프면 하루를 버티기도 힘들다.

14 현명한 사람은 늘 더 많은 진리를 이해
하고 싶어 하지만
미련한 사람은 일시적인 유행과 욕망
에 만족한다.

15 마음이 괴로우면 삶이 괴롭지만
마음이 즐거우면 하루 종일 노래가 떠나
지 않는다.

16 **하나님**을 경외하며 소박하게 사는 것이
골칫거리 가득한 부자로 사는 것보다 낫다.

17 사랑하며 **빵**조각을 나눠 먹는 것이
미워하며 최상급 소갈비를 뜯는 것보다
낫다.

18 불같은 성미는 싸움을 일으키지만
차분하고 침착한 성품은 싸움을 막아
준다.

19 게으른 사람의 길은 가시덤불로 뒤덮
이지만
부지런한 사람의 길은 평탄하다.

20 똑똑한 아이는 부모의 자랑이지만
게으른 학생은 부모의 망신거리다.

11 Even hell holds no secrets from GOD—
do you think he can't read human hearts?

Life Ascends to the Heights

12 Know-it-alls don't like being told what to do;
they avoid the company of wise men and
women.

13 A cheerful heart brings a smile to your
face;
a sad heart makes it hard to get through
the day.

14 An intelligent person is always eager to
take in more truth;
fools feed on fast-food fads and fancies.

15 A miserable heart means a miserable life;
a cheerful heart fills the day with song.

16 A simple life in the Fear-of-GOD
is better than a rich life with a ton of
headaches.

17 Better a bread crust shared in love
than a slab of prime rib served in hate.

18 Hot tempers start fights;
a calm, cool spirit keeps the peace.

19 The path of lazy people is overgrown with
briers;
the diligent walk down a smooth road.

20 Intelligent children make their parents
proud;
lazy students embarrass their parents.

²¹ 머리가 빈 사람은 인생을 장난으로 여기지만
지각 있는 사람은 인생의 의미를 알고 잘 살아간다.

²² 유익한 충고를 거부하면 계획이 실패할 것이고
유익한 조언을 받아들이면 계획이 성공할 것이다.

²³ 마음에 맞는 대화는 참으로 즐겁다!
제때 나온 알맞은 말은 더없이 아름답다!

²⁴ 바른 생각을 하는 이의 인생은 하늘로 가는 오르막길이다.
지옥으로 가는 내리막길과는 정반대 방향이다.

²⁵ **하나님**은 오만한 자의 허세를 깨뜨리시고
설 자리가 없는 이들과 함께하신다.

²⁶ **하나님**은 악한 계략을 참지 못하시지만
품위 있고 아름다운 말은 돋보이게 하신다.

²⁷ 탐욕스럽게 움켜쥐는 사람은 공동체를 파괴하지만
착취하지 않는 사람은 자기도 살고 남도 살린다.

²⁸ 하나님께 충성하는 이들은 기도하고 답변을 내놓지만
악인의 입은 욕설을 쏟아내는 하수구다.

²⁹ **하나님**은 악인을 멀리하시지만
하나님께 충성하는 자들의 기도에 귀 기울이신다.

²¹ The empty-headed treat life as a plaything;
the perceptive grasp its meaning and make a go of it.

²² Refuse good advice and watch your plans fail;
take good counsel and watch them succeed.

²³ Congenial conversation—what a pleasure!
The right word at the right time—beautiful!

²⁴ Life ascends to the heights for the thoughtful—
it's a clean about-face from descent into hell.

²⁵ GOD smashes the pretensions of the arrogant;
he stands with those who have no standing.

²⁶ GOD can't stand evil scheming,
but he puts words of grace and beauty on display.

²⁷ A greedy and grasping person destroys community;
those who refuse to exploit live and let live.

²⁸ Prayerful answers come from God-loyal people;
the wicked are sewers of abuse.

²⁹ GOD keeps his distance from the wicked;
he closely attends to the prayers of God-loyal people.

³⁰ 마음이 즐거우면 눈이 반짝이고
좋은 소식을 들으면 몸에 힘이 넘친다.

³¹ 잘살고 싶으면 유익한 훈계를 귀담아들
어라.
지혜로운 이들에게 귀빈 대접을 받을 것이다.

³² 제멋대로, 제 뜻대로 행하는 삶은 보잘
것없지만
하나님의 뜻에 순종하는 삶은 드넓게 펼쳐
진다.

³³ **하나님**을 경외함은 삶의 진수를 가르치
는 학교이니
먼저 겸손을 배우고 나중에 영광을 경
험하게 된다.

성패는 하나님께 달렸다
16
¹ 사람이 정교한 계획을 세우
지만
그 성패는 **하나님**께 달렸다.

² 사람은 겉모습만으로 만족하지만
하나님은 진실로 선한 것을 찾으신다.

³ **하나님**을 네 일의 책임자로 모셔라.
그러면 계획한 일이 이루어질 것이다.

⁴ **하나님**은 모든 것을 나름의 자리와 목적
에 맞게 만드셨으니
악인은 바로 심판을 위해 지으셨다.

⁵ **하나님**은 오만과 허세를 참지 못하시니
건방진 자들이 제 분수를 알게 하실 것이다.

⁶ 사랑과 진실은 죄를 몰아내고
하나님을 경외함은 악을 멀리하게 해준다.

³⁰ A twinkle in the eye means joy in the heart,

and good news makes you feel fit as a fiddle.

³¹ Listen to good advice if you want to live well,

an honored guest among wise men and women.

³² An undisciplined, self-willed life is puny;

an obedient, God-willed life is spacious.

³³ Fear-of-GOD is a school in skilled living—

first you learn humility, then you experi-ence glory.

Everything with a Place and a Purpose
16
¹ Mortals make elaborate plans,
but GOD has the last word.

² Humans are satisfied with whatever looks good;

GOD probes for what *is* good.

³ Put GOD in charge of your work,

then what you've planned will take place.

⁴ GOD made everything with a place and purpose;

even the wicked are included—but for *judgment.*

⁵ GOD can't stomach arrogance or pretense;

believe me, he'll put those upstarts in their place.

⁶ Guilt is banished through love and truth;

Fear-of-GOD deflects evil.

7 하나님께서 네 삶을 인정해 주시면
원수들도 너와 악수하게 될 것이다.

8 바르게 살며 가난한 것이
부정하게 살며 부유한 것보다 훨씬 낫다.

9 우리는 원하는 삶의 길을 계획하지만
그 계획대로 살 수 있게 하시는 분은 오직
하나님뿐이다.

10 훌륭한 지도자는 사람들의 마음을 움직
이며
그릇된 방향으로 이끌거나 착취하지 않는다.

11 **하나님**은 일터에서의 정직함을 중요하
게 여기시니
네 일이 바로 **하나님**의 일이다.

12 훌륭한 지도자는 모든 악행을 싫어한다.
건강한 지도력은 도덕적 토대에서 나온다.

13 훌륭한 지도자는 정직한 말을 권장하고
진실을 말하는 조언자를 아낀다.

14 난폭한 지도자는 사람들을 상하게 하니
그를 가까이하지 않는 것이 현명하다.

15 온화한 지도자는 사람들에게 활기를 주니
그와 같은 사람은 봄비 같고 봄볕 같다.

16 지혜가 돈보다 값지니 지혜를 얻어라.
소득을 얻는 것보다 통찰력을 얻는 것이
낫다.

17 바르게 사는 길은 악과 만나지 않으니
조심해서 걸어가면 목숨을 건진다.

7 When GOD approves of your life,
   even your enemies will end up shaking
   your hand.

8 Far better to be right and poor
   than to be wrong and rich.

9 We plan the way we want to live,
   but only GOD makes us able to live it.

It Pays to Take Life Seriously

10 A good leader motivates,
   doesn't mislead, doesn't exploit.

11 GOD cares about honesty in the work-
place;
   your business is his business.

12 Good leaders abhor wrongdoing of all
kinds;
   sound leadership has a moral foundation.

13 Good leaders cultivate honest speech;
   they love advisors who tell them the truth.

14 An intemperate leader wreaks havoc in lives;
   you're smart to stay clear of someone like
   that.

15 Good-tempered leaders invigorate lives;
   they're like spring rain and sunshine.

16 Get wisdom—it's worth more than money;
   choose insight over income every time.

17 The road of right living bypasses evil;
   watch your step and save your life.

18 교만하면 파멸하고
자만심이 클수록 호되게 추락한다.

19 부자와 유명인들 사이에서 기분 내며 사
는 것보다
가난한 이들 사이에서 겸손하게 사는 것이
낫다.

20 인생을 진지하게 생각하면 손해를 보지
않고
하나님을 신뢰하면 일이 잘 풀린다.

21 지혜로운 사람은 통찰력으로 유명해지고
품위 있는 말은 평판을 높인다.

22 참된 지성은 맑은 샘이다.
미련한 자는 진땀을 흘리며 생고생을 한다.

23 지혜로운 이들은 사리에 밝아서
말을 할 때마다 명성이 높아진다.

24 부드러운 말은 꿀송이 같아서
영혼에 달고 몸도 금세 활력을 얻는다.

25 문제가 없어 보이는 일이라도 다시 들여
다보아라.
지옥으로 인도하는 길일 수도 있다.

26 식욕은 사람이 열심히 일하게 만들고
허기는 고된 일도 마다하지 않게 한다.

27 비열한 사람들은 비열한 험담을 퍼뜨리니
그들의 말은 쓰라리고 아프다.

28 말썽꾼들이 싸움을 일으키고
헐뜯는 말이 친구 사이를 갈라놓는다.

18 First pride, then the crash—
the bigger the ego, the harder the fall.

19 It's better to live humbly among the poor
than to live it up among the rich and
famous.

20 It pays to take life seriously;
things work out when you trust in GOD.

21 A wise person gets known for insight;
gracious words add to one's reputation.

22 True intelligence is a spring of fresh
water,
while fools sweat it out the hard way.

23 They make a lot of sense, these wise folks;
whenever they speak, their reputation
increases.

24 Gracious speech is like clover honey—
good taste to the soul, quick energy for
the body.

25 There's a way that looks harmless
enough;
look again—it leads straight to hell.

26 Appetite is an incentive to work;
hunger makes you work all the harder.

27 Mean people spread mean gossip;
their words smart and burn.

28 Troublemakers start fights;
gossips break up friendships.

29 냉혹한 출세주의자는 친구를 배반하고
필요하면 친할머니라도 배신한다.

30 교활한 눈빛은 악한 의도를 드러내고
앙다문 입은 말썽을 일으킬 신호다.

31 백발은 하나님께 충성한 인생이 받는
상이요 훈장이다.

32 온화함이 완력보다 낫고
자제력이 정치권력보다 낫다.

33 의견도 내고 투표도 하여라.
그러나 결정은 **하나님**께서 하신다.

하나님은 우리 삶에서 귀한 것을 가려내신다

17

1 빵과 물로 만족하고 평화롭
게 사는 것이
잔칫상을 차려 놓고 다투는 것보다 낫다.

2 지혜로운 종은 주인의 버릇없는 아이
를 맡고
가문의 일원으로 존중을 받는다.

3 도가니가 은을, 선광용 냄비가 사금을
가려내듯
하나님은 우리 삶에서 귀한 것을 가려내
신다.

4 악인들은 악의적인 대화를 즐기고
거짓말쟁이는 추잡한 험담에 귀를 기울
인다.

5 가난한 사람을 조롱하는 것은 그를 창
조하신 분을 모욕하는 일이고
남의 불행을 고소해하는 것은 처벌받아
야 할 죄다.

29 Calloused climbers betray their very own
friends;
  they'd stab their own grandmothers in the
  back.

30 A shifty eye betrays an evil intention;
  a clenched jaw signals trouble ahead.

31 Gray hair is a mark of distinction,
  the award for a God-loyal life.

32 Moderation is better than muscle,
  self-control better than political power.

33 Make your motions and cast your votes,
  but GOD has the final say.

A Whack on the Head of a Fool

17

1 A meal of bread and water in
contented peace
is better than a banquet spiced with quarrels.

2 A wise servant takes charge of an unruly
child
  and is honored as one of the family.

3 As silver in a crucible and gold in a pan,
  so our lives are assayed by GOD.

4 Evil people relish malicious conversation;
  the ears of liars itch for dirty gossip.

5 Whoever mocks poor people insults their
Creator;
  gloating over misfortune is a punishable
  crime.

6 노인은 손주 덕에 고개를 들고
자식은 부모로 인해 자랑스럽게 된다.

7 사람들은 어리석은 자의 입에서 달변을
기대하지 않고
지도자의 입에서 거짓말을 기대하지도 않
는다.

8 선물은 귀한 보석과도 같아서
어느 방향에서 보아도 아름다움이 빛을
발한다.

9 불쾌한 일을 눈감아 주면 우정이 돈독해
지지만
모욕에 집착하면 친구를 잃는다.

10 미련한 사람의 머리를 쥐어박는 것보다
분별 있는 사람을 조용히 꾸짖는 것
이 더 효과가 있다.

11 말썽거리만 찾아다니는 범죄자들은
머지않아 궁지에 몰리게 될 것이다!

12 어리석은 일에 골몰하는 미련한 사람
을 만나느니
새끼 잃은 암곰을 만나는 것이 낫다.

13 선을 악으로 갚는 자들은
그 악을 되돌려 받게 될 것이다.

14 다툼의 시작은 댐에 물이 새는 것과 같
으니
싸움이 일어나기 전에 그만두어라.

15 나쁜 사람을 두둔하는 것과 착한 사람
을 헐뜯는 것 모두
하나님께서 몹시 싫어하시는 일이다.

6 Old people are distinguished by grand-
children;
children take pride in their parents.

7 We don't expect eloquence from fools,
nor do we expect lies from our leaders.

8 Receiving a gift is like getting a rare
gemstone;
any way you look at it, you see beauty
refracted.

9 Overlook an offense and bond a friendship;
fasten   on to a slight and–good-bye,
friend!

10 A quiet rebuke to a person of good sense
does more than a whack on the head of a fool.

11 Criminals out looking for nothing but
trouble
won't have to wait long–they'll meet it
coming and going!

12 Better to meet a grizzly robbed of her cubs
than a fool hellbent on folly.

13 Those who return evil for good
will meet their own evil returning.

14 The start of a quarrel is like a leak in a
dam,
so stop it before it bursts.

15 Whitewashing bad people and throwing
mud on good people
are equally abhorrent to GOD.

16 어찌된 일인가? 미련한 자들이 지혜를 사러 다니는구나!
지혜를 보아도 알아보지 못할 텐데!

16 What's this? Fools out shopping for wisdom!
They wouldn't recognize it if they saw it!

One Who Knows Much Says Little

17 친구는 비가 오나 눈이 오나 서로를 한결같이 아끼고
가족은 어떤 어려움이 닥쳐도 똘똘 뭉친다.

17 Friends love through all kinds of weather,
and families stick together in all kinds of trouble.

18 공짜로 무엇을 얻으려 하거나
갚지도 못할 거액의 청구서를 늘리는 것은 어리석은 일이다.

18 It's stupid to try to get something for nothing,
or run up huge bills you can never pay.

19 죄를 사랑하면 곤경과 결혼하고
담을 쌓아 올리면 도둑이 찾아온다.

19 The person who courts sin marries trouble;
build a wall, invite a burglar.

20 동기가 악하면 끝이 좋을 수 없고
겉 다르고 속 다른 말은 큰 곤경을 부른다.

20 A bad motive can't achieve a good end;
double-talk brings you double trouble.

21 미련한 자식을 둔 부모는 불행하고
멍청이의 부모는 낙이 없다.

21 Having a fool for a child is misery;
it's no fun being the parent of a dolt.

22 활달한 기질은 건강에 좋지만
우울한 생각은 사람을 녹초로 만든다.

22 A cheerful disposition is good for your health;
gloom and doom leave you bone-tired.

23 악인은 몰래 뇌물을 받고
정의를 경멸한다.

23 The wicked take bribes under the table;
they show nothing but contempt for justice.

24 통찰력 있는 이는 제 앞뜰에서 지혜를 얻고
미련한 자는 지혜가 곁에 있는데도 사방팔방 기웃거린다.

24 The perceptive find wisdom in their own front yard;
fools look for it everywhere but right here.

25 어리석고 못돼 먹은 자식은 아버지의 큰 근심이고
어머니의 쓰라린 고통이다.

25 A surly, stupid child is sheer pain to a father,
a bitter pill for a mother to swallow.

26 선행을 처벌하거나

26 It's wrong to penalize good behavior,

선량한 시민에게 죄를 뒤집어씌우는 일
은 옳지 않다.

27 많이 아는 자는 말수가 적고
슬기로운 이는 침묵을 지킨다.

28 바보라도 침묵하면 지혜롭게 보인다.
입만 다물고 있어도 똑똑해 보인다.

말은 사람을 죽이기도 하고 살리기도 한다

18
1 자신만 챙기는 이기주의자
들은
공공의 유익에 침을 뱉는다.

2 미련한 자는 사려 깊은 대화에 관심이
없고
입에서 나오는 대로 마구 지껄인다.

3 악에는 수치가 뒤따르고
생명을 멸시하는 일에는 치욕이 뒤따른다.

4 많은 말은 범람하는 강물처럼 세차게
흘러가지만
깊은 지혜는 용천수처럼 위로 솟구친다.

5 범죄자를 너그럽게 봐주는 일이나
무고한 사람을 벌하는 일은 옳지 않다.

6 미련한 자의 말은 싸움을 일으키니
그 입에 재갈을 물리는 것이 은혜를 베
푸는 일이다

7 미련한 자는 허풍을 떨다 망하고
자기가 뱉은 말이 자기 영혼을 짓누른다.

8 험담에 귀 기울이는 것은 싸구려 사탕
을 먹는 것과 같다.
그런 쓰레기를 정녕 뱃속에 넣고 싶으냐?

or make good citizens pay for the crimes of
others.

27 The one who knows much says little;
an understanding person remains calm.

28 Even dunces who keep quiet are thought to
be wise;
as long as they keep their mouths shut,
they're smart.

Words Kill, Words Give Life

18
1 Loners who care only for themselves
spit on the common good.

2 Fools care nothing for thoughtful discourse;
all they do is run off at the mouth.

3 When wickedness arrives, shame's not far
behind;
contempt for life is contemptible.

4 Many words rush along like rivers in flood,
but deep wisdom flows up from artesian
springs.

5 It's not right to go easy on the guilty,
or come down hard on the innocent.

6 The words of a fool start fights;
do him a favor and gag him.

7 Fools are undone by their big mouths;
their souls are crushed by their words.

8 Listening to gossip is like eating cheap candy;
do you really want junk like that in your
belly?

⁹ 부주의한 습관과 엉성한 일처리는
파괴행위만큼이나 나쁘다.

¹⁰ **하나님**의 이름은 대피소이니
선한 사람이 그리로 달려가면 안전하다.

¹¹ 부자들은 재산이 자기를 지켜 준다고
생각하고서
그 뒤에 숨으면 안전할 줄 안다.

¹² 교만하면 추락하지만
겸손하면 명예가 뒤따른다.

¹³ 다 듣기도 전에 대답하는 것은
어리석고 무례한 일이다.

¹⁴ 정신이 건강해야 역경을 이겨 내는데,
정신이 꺾이면 무슨 일을 할 수 있겠는가?

¹⁵ 지혜로운 이들은 늘 배우고
신선한 통찰에 귀를 기울인다.

¹⁶ 선물은 사람의 관심을 끌어
높은 사람의 주목을 얻게 한다.

¹⁷ 법정에 선 증인의 말이 옳은 듯해도
반대신문이 시작되면 사정이 달라진다!

¹⁸ 결정하기 어려운 사안을 만나면
제비라도 뽑아야 한다.

¹⁹ 부탁을 들어주면 영원한 친구를 얻게
된다.
그 결속을 끊을 만한 것은 없다.

²⁰ 과일이 배를 채워 주듯 말은 마음을 만
족케 하고
좋은 말은 풍성한 수확 같은 만족을 준다.

⁹ Slack habits and sloppy work
    are as bad as vandalism.

¹⁰ GOD's name is a place of protection—
    good people can run there and be safe.

¹¹ The rich think their wealth protects them;
    they imagine themselves safe behind it.

¹² Pride first, then the crash,
    but humility is precursor to honor.

¹³ Answering before listening
    is both stupid and rude.

¹⁴ A healthy spirit conquers adversity,
    but what can you do when the spirit is
    crushed?

¹⁵ Wise men and women are always learning,
    always listening for fresh insights.

¹⁶ A gift gets attention;
    it buys the attention of eminent people.

¹⁷ The first speech in a court case is always
convincing—
    until the cross-examination starts!

¹⁸ You may have to draw straws
    when faced with a tough decision.

¹⁹ Do a favor and win a friend forever;
    nothing can untie that bond.

²⁰ Words satisfy the mind as much as fruit
does the stomach;
    good talk is as gratifying as a good harvest.

²¹ 말은 사람을 죽이기도 하고 살리기도 하니,
독으로 쓸지 열매로 삼을지 선택하여라.

²² 좋은 배우자를 찾은 자는 복된 삶을 찾은
자요
하나님의 은혜를 입은 자다!

²³ 가난한 이는 간곡한 말로 청하고
부유한 자는 호통치며 대답한다.

²⁴ 친구는 있다가도 없고 없다가도 있지만
진실한 벗은 가족처럼 곁을 지킨다.

훈계를 귀담아듣지 않으면

19

¹ 가난해도 정직하게 사는 것이
믿어 주는 사람 없는 부자가 되
는 것보다 낫다.

² 지식 없는 열심은 무가치하고
서두르면 무리가 따른다.

³ 자기가 어리석어 제 삶을 망쳐 놓고는
어째서 하나님을 탓하는가?

⁴ 부유한 사람에게는 파리가 꿀에 꼬이듯
친구가 모이지만
가난한 사람은 역병처럼 기피대상이 된다.

⁵ 위증은 처벌을 면치 못한다.
거짓말쟁이를 그냥 놓아 보내겠느냐?

⁶ 너그럽게 베푸는 이 주위에는 사람이 많고
자선가에게는 모두가 친구다.

⁷ 주머니 사정이 나빠지면 가족도 피하고
절친한 친구도 외면한다.
네가 오는 것을 보고 눈길을 돌린다.
눈이 멀어짐은 마음이 멀어졌다는 뜻이다.

²¹ Words kill, words give life;
they're either poison or fruit—you choose.

²² Find a good spouse, you find a good life—
and even more: the favor of GOD!

²³ The poor speak in soft supplications;
the rich bark out answers.

²⁴ Friends come and friends go,
but a true friend sticks by you like family.

If You Quit Listening

19

¹ Better to be poor and honest
than a rich person no one can trust.

² Ignorant zeal is worthless;
haste makes waste.

³ People ruin their lives by their own stupidity,
so why does GOD always get blamed?

⁴ Wealth attracts friends as honey draws
flies,
but poor people are avoided like a plague.

⁵ Perjury won't go unpunished.
Would you let a liar go free?

⁶ Lots of people flock around a generous
person;
everyone's a friend to the philanthropist.

⁷ When you're down on your luck, even your
family avoids you—
yes, even your best friends wish you'd get lost.
If they see you coming, they look the other way—
out of sight, out of mind.

8 지혜로운 마음을 키우면 자신을 사랑하
게 되고
냉철한 사고를 유지하면 훌륭한 삶을 얻을
것이다.

9 거짓말을 하는 자는 붙잡히고
헛소문을 퍼뜨리는 자는 파멸한다.

10 미련한 자가 호강하며 사는 것도 마땅
하지 않은데
하물며 종업원이 사장에게 명령하는 것
이랴?

11 똑똑한 사람은 입을 다물 줄 알고
통이 커서 용서하고 잊는다.

12 성질 나쁜 지도자는 미친개와 같고
인품 좋은 지도자는 상쾌한 아침이슬 같다.

13 어리석은 자식은 부모의 피를 말리고
바가지 긁는 배우자는 물이 새는 수도꼭
지와 같다.

14 집과 토지는 부모에게서 물려받지만
마음이 맞는 배우자는 하나님께서 주신다.

15 빈둥거리는 자의 삶은 무너지고
게으름뱅이는 배를 곯는다.

16 계명을 지켜 목숨을 부지하여라.
경솔함은 사람을 죽인다.

17 가난한 이에게 자비를 베푸는 것은 하
나님께 꾸어 드리는 일이니
하나님께서 넘치도록 갚아 주신다.

18 기회가 있을 때 자녀를 훈계하여라.
제멋대로 하게 내버려 두는 것은 그들을

8 Grow a wise heart—you'll do yourself a favor;
  keep a clear head—you'll find a good life.

9 The person who tells lies gets caught;
  the person who spreads rumors is ruined.

10 Blockheads shouldn't live on easy street
  any more than workers should give orders
  to their boss.

11 Smart people know how to hold their tongue;
  their grandeur is to forgive and forget.

12 Mean-tempered leaders are like mad dogs;
  the good-natured are like fresh morning dew.

13 A parent is worn to a frazzle by a stupid child;
  a nagging spouse is a leaky faucet.

14 House and land are handed down from parents,
  but a congenial spouse comes straight from GOD.

15 Life collapses on loafers;
  lazybones go hungry.

16 Keep the rules and keep your life;
  careless living kills.

17 Mercy to the needy is a loan to GOD,
  and GOD pays back those loans in full.

18 Discipline your children while you still have the chance;
  indulging them destroys them.

망하게 하는 일이다.

19 성난 사람은 제 스스로 뒷감당을 하게 하
여라.
괜히 끼어들었다가는 상황만 악화시킨다.

20 유익한 훈계에 귀를 기울이고 질책을 받아
들여라.
그것이 지혜롭게 잘사는 길이다.

21 사람들은 계속 머리를 짜내 계획하고 선택
하지만
오직 **하나님**의 뜻만이 이루어질 것이다.

22 돈을 벌고 싶은 마음은 인지상정이지만
거짓말쟁이가 되는 것보다는 가난뱅이로 사
는 것이 낫다.

23 **하나님**을 경외하는 것은 생명 그 자체이
며, 온전하고 평온한 삶이다.
이런 사람에게는 뜻밖의 불미스러운 사태가
닥치지 않는다.

24 어떤 자들은 포크로 파이를 찍고도
너무나 게을러 입으로 가져갈 생각을 안 한다.

25 거만한 자에게 벌을 주어 본보기로 삼아라.
혹시 아느냐? 누군가 교훈을 얻게 될지.

26 부모에게 폭언을 퍼붓는 자식은
집안의 수치다.

27 아이야, 훈계를 무시하고 네 멋대로 탈선
하면
어찌할 수 없는 상황에 처하게 될 것이다.

28 원칙 없는 증인은 정의를 훼손하고
악인의 입은 악의를 토해 낸다.

19 Let angry people endure the backlash of
their own anger;
if you try to make it better, you'll only
make it worse.

20 Take good counsel and accept correc-
tion—
that's the way to live wisely and well.

21 We humans keep brainstorming options
and plans,
but GOD's purpose prevails.

22 It's only human to want to make a buck,
but it's better to be poor than a liar.

23 Fear-of-GOD is life itself,
a full life, and serene—no nasty surprises.

24 Some people dig a fork into the pie
but are too lazy to raise it to their mouth.

25 Punish the insolent—make an example
of them.
Who knows? Somebody might learn a
good lesson.

26 Kids who lash out against their parents
are an embarrassment and disgrace.

27 If you quit listening, dear child, and
strike off on your own,
you'll soon be out of your depth.

28 An unprincipled witness desecrates
justice;
the mouths of the wicked spew malice.

29 불경한자는 고생을 해야 경외심을 배우고
미련한 자는 따귀를 맞아야 주의를 집중
한다.

20 ¹ 포도주를 마시면 비열해지고,
맥주를 마시면 싸움질을 한다.
술에 취해 비틀대는 모습은 그다지 유쾌한
광경이 아니다.

2 성미 급한 지도자는 미친개와 같아서
그를 거스르면 불같이 화를 낸다.

3 훌륭한 인품을 지닌 사람은 싸움을 피하
지만
바보는 틈만 나면 싸움을 건다.

4 봄에 씨를 뿌리지 않는 게으른 농부는
가을에 수확할 것이 없다.

5 무엇이 옳은지 아는 것은 마음속 깊은 물
과 같고
지혜로운 사람은 내면에서 그 샘물을 길어
올린다.

6 충실하고 다정한 사람이 많다는데,
대체 어디를 가야 그런 사람을 찾을 수 있
을까?

7 하나님께 충성하여 정직하게 살면
후손의 삶이 훨씬 수월해진다.

8-9 자기 일을 잘 알고 성심껏 행하는 지도
자는
허울뿐인 천박한 자와
늘 부지런하고 정직하여
신뢰할 만한 사람이 누구인지 날카롭게 살
핀다.

29 The irreverent have to learn reverence
the hard way;
  only a slap in the face brings fools to
  attention.

Deep Water in the Heart
20 ¹ Wine makes you mean, beer
  makes you quarrelsome—
  a staggering drunk is not much fun.

2 Quick-tempered leaders are like mad
dogs—
  cross them and they bite your head off.

3 It's a mark of good character to avert
quarrels,
  but fools love to pick fights.

4 A farmer too lazy to plant in the spring
  has nothing to harvest in the fall.

5 Knowing what is right is like deep water in
the heart;
  a wise person draws from the well within.

6 Lots of people claim to be loyal and loving,
  but where on earth can you find one?

7 God-loyal people, living honest lives,
  make it much easier for their children.

8-9 Leaders who know their business and
care
  keep a sharp eye out for the shoddy and
  cheap,
For who among us can be trusted
  to be always diligent and honest?

10 가격표 바꿔치기와 비용 부풀리기,
이것은 모두 **하나님**이 미워하시는 짓
이다.

11 젊은이의 동기가 정직한지는
그 행위로 드러난다.

12 듣는 귀와 보는 눈은
우리가 **하나님**께 받은 기본 장비다!

13 잠을 너무 좋아하면 가난하게 살
지만
깨어 있으면 먹을거리가 생긴다.

14 물건을 살 때는 트집을 잡고 선심
쓰는 체하지만
산 다음에는 좋은 물건 싸게 샀다고 자
랑한다.

15 아름다운 지식의 잔을 드는 것이
금과 보석으로 치장하는 것보다 낫다.

16 낯선 자에게 꾸어 줄 때는 반드시 담
보물을 잡아라.
떠돌이의 물품을 담보로 잡을 때는 경
계를 늦추지 마라.

17 훔친 빵은 달지만
그 입에는 조만간 자갈이 가득 찰 것
이다.

18 조언을 듣고 계획을 세우고
최대한 도움을 받아 실행에 옮겨라.

19 험담꾼은 비밀을 지키지 않으니
입이 가벼운 사람 앞에서 속내를 털어
놓지 마라.

10 Switching price tags and padding the expense
account
   are two things GOD hates.

11 Young people eventually reveal by their
actions
   if their motives are on the up and up.

12 Ears that hear and eyes that see—
   we get our basic equipment from GOD!

13 Don't be too fond of sleep; you'll end up in
the poorhouse.
   Wake up and get up; then there'll be food on
   the table.

14 The shopper says, "That's junk—I'll take it off
your hands,"
   then goes off boasting of the bargain.

15 Drinking from the beautiful chalice of knowledge
   is better than adorning oneself with gold and
   rare gems.

16 Hold tight to collateral on any loan to a
stranger;
   beware of accepting what a transient has
   pawned.

17 Stolen bread tastes sweet,
   but soon your mouth is full of gravel.

18 Form your purpose by asking for counsel,
   then carry it out using all the help you can get.

19 Gossips can't keep secrets,
   so never confide in blabbermouths.

20 부모를 저주하는 자식은
빛이 사라진 어둠 속에서 살게 된다.

사람의 발걸음은 하나님께 달렸다
21 처음에 크게 성공한다고 해서
끝까지 잘된다는 보장은 없다.

22 "가만두지 않겠다!"고 말하지 마라.
하나님을 기다려라. 그분이 갚아 주실 것
이다.

23 **하나님**은 시장에서 속이는 일을 미워하
시고
조작된 저울에 격노하신다.

24 사람의 발걸음은 **하나님**께 달렸으니
우리가 어디로 갈지 어찌 알겠느냐?

25 충동적인 서원은 덫과 같아서
나중에 가면 벗어나기를 바라게 된다.

26 지혜로운 지도자는 찬찬히 살핀 뒤
반역자들과 멍청이들을 말끔히 쓸어버린다.

27 **하나님**은 사람의 주인이시니
사람의 겉과 속을 다 들여다보고 살피신다.

28 사랑과 진실은 훌륭한 지도자의 덕목이고
정직과 자비는 튼튼한 지도력의 바탕이다.

29 젊음은 힘으로 칭찬받지만
노년은 백발로 영예를 얻는다.

30 체벌을 하려면 제대로 해야 악이 없어
진다.
처벌은 사람의 깊은 곳까지 파고들기 때문
이다.

20 Anyone who curses father and mother
   extinguishes light and exists benighted.

The Very Steps We Take

21 A bonanza at the beginning
   is no guarantee of blessing at the end.

22 Don't ever say, "I'll get you for that!"
   Wait for GOD; he'll settle the score.

23 GOD hates cheating in the marketplace;
   rigged scales are an outrage.

24 The very steps we take come from GOD;
   otherwise how would we know where
   we're going?

25 An impulsive vow is a trap;
   later you'll wish you could get out of it.

26 After careful scrutiny, a wise leader
   makes a clean sweep of rebels and dolts.

27 GOD is in charge of human life,
   watching and examining us inside and
   out.

28 Love and truth form a good leader;
   sound leadership is founded on loving
   integrity.

29 Youth may be admired for vigor,
   but gray hair gives prestige to old age.

30 A good thrashing purges evil;
   punishment goes deep within us.

하나님은 우리의 동기를 살피신다

21 ¹ 훌륭한 지도력은 **하나님**이 조절하시는 수로와 같다.
그분의 목적에 따라 물길을 돌리신다.

² 우리는 겉만 살펴서 자신의 행동을 정당화하지만
하나님은 그 안의 동기를 살피신다.

³ 하나님 앞에서 깨끗하게 살고 이웃에게 정의롭게 행하는 것,
하나님은 이 두 가지를 종교의식보다 훨씬 중요하게 보신다.

⁴ 오만과 교만은 악인의 두드러진 특징이며 명백한 죄악이다.

⁵ 주도면밀하게 계획하면 결국 앞서 나가지만
서두르고 조급하면 멀찍이 뒤처진다.

⁶ 거짓과 속임수로 정상에 오른 자는
부질없는 높은 자리 하나 얻고 죽음으로 내몰린다!

⁷ 악인은 가진 것으로 남을 도울 줄 모르니
약탈한 재산에 깔려 생매장을 당한다.

⁸ 동기가 불순하면 인생이 꼬이고
동기가 순수하면 곧은 길이 펼쳐진다.

최선을 다하고 최악의 상황에 대비하여라

⁹ 대저택에서 바가지 긁는 배우자와 함께 사는 것보다
다 쓰러져 가는 오두막에서 홀로 사는 것이 낫다.

God Examines Our Motives

21 ¹ Good leadership is a channel of water controlled by GOD;
he directs it to whatever ends he chooses.

² We justify our actions by appearances;
GOD examines our motives.

³ Clean living before God and justice with our neighbors
mean far more to GOD than religious performance.

⁴ Arrogance and pride—distinguishing marks in the wicked—
are just plain sin.

⁵ Careful planning puts you ahead in the long run;
hurry and scurry puts you further behind.

⁶ Make it to the top by lying and cheating;
get paid with smoke and a promotion—to death!

⁷ The wicked get buried alive by their loot
because they refuse to use it to help others.

⁸ Mixed motives twist life into tangles;
pure motives take you straight down the road.

Do Your Best, Prepare for the Worst

⁹ Better to live alone in a tumbledown shack
than share a mansion with a nagging spouse.

¹⁰ 악인은 늘 범죄를 생각하고
친구와 이웃의 아픔을 헤아리지 못한다.

¹¹ 어리석은 자는 갖은 고생을 통해 배우고
지혜로운 이는 훈계를 경청하며 배운다.

¹² 하나님께 충성하는 사람은 악인을 꿰뚫어 보고
그들의 악한 계획을 무너뜨린다.

¹³ 가난한 사람의 부르짖음에 귀를 막으면
네가 부르짖을 때 아무도 듣지 않고 대답하지도 않을 것이다.

¹⁴ 조용히 건넨 선물은 화난 사람을 진정시키고
진심어린 선물은 거센 분노를 가라앉힌다.

¹⁵ 정의가 승리할 때 착한 사람들은 기뻐하지만
악을 도모하는 사람들은 두려워 떤다.

¹⁶ 곧고 좁은 길에서 떠난 사람은
죽은 자들과 함께 머물게 될 것이다.

¹⁷ 스릴을 맛보는 데 중독되었는가? 얼마나 공허한 인생인지!
쾌락을 좇아 살면 만족을 모르게 된다.

¹⁸ 나쁜 사람이 착한 사람을 해치려고 꾸민 음모는
결국 부메랑이 되어 음모를 꾸민 자를 쓰러뜨린다.

¹⁹ 화 잘 내고 성질 급한 배우자와 사느니
광야에서 천막 치고 혼자 사는 것이 낫다.

¹⁰ Wicked souls love to make trouble;
they feel nothing for friends and neighbors.

¹¹ Simpletons only learn the hard way,
but the wise learn by listening.

¹² A God-loyal person will see right through the wicked
and undo the evil they've planned.

¹³ If you stop your ears to the cries of the poor,
your cries will go unheard, unanswered.

¹⁴ A quietly given gift soothes an irritable person;
a heartfelt present cools a hot temper.

¹⁵ Good people celebrate when justice triumphs,
but for the workers of evil it's a bad day.

¹⁶ Whoever wanders off the straight and narrow
ends up in a congregation of ghosts.

¹⁷ You're addicted to thrills? What an empty life!
The pursuit of pleasure is never satisfied.

¹⁸ What a bad person plots against the good, boomerangs;
the plotter gets it in the end.

¹⁹ Better to live in a tent in the wild
than with a cross and petulant spouse.

20 지혜로운 사람은 집에 보물을 두고 안전하게 지키지만
어리석은 사람은 뒤뜰에 벼룩시장을 열고 보물을 다 팔아 버린다.

21 의와 자비를 추구하는 사람은
생명 자체, 영광스러운 생명을 얻는다!

22 무장 군인들이 지키는 도성에 현인 하나가 들어가자
그들이 믿었던 방어시설이 허물어졌다!

23 말을 조심하고 입을 다물라.
많은 재난을 면하게 될 것이다.

24 경솔한 자, 건방진 자, 불경한 자,
모두 자제할 줄 모르는 성급한 사람들이다.

25 게으른 사람은 집에만 가만히 있다가
끝내 굶어 죽는다.

26 죄인들은 못 가진 것을 갖기를 원하지만
하나님께 신실한 사람은 가진 것을 내어 준다.

27 악인의 종교의식은 추악하다.
성공을 위해 그것을 이용하면 더 추해진다.

28 거짓말하는 증인은 신뢰를 받지 못하지만
진실을 말하는 사람은 존경을 받는다.

29 부도덕한 사람들은 툭하면 허세를 부리지만
정직한 사람들은 발걸음이 당당하다.

20 Valuables are safe in a wise person's home;
fools put it all out for yard sales.

21 Whoever goes hunting for what is right and kind
finds life itself–*glorious* life!

22 One sage entered a whole city of armed soldiers–
their trusted defenses fell to pieces!

23 Watch your words and hold your tongue;
you'll save yourself a lot of grief.

24 You know their names–Brash, Impudent, Blasphemer–
intemperate hotheads, every one.

25 Lazy people finally die of hunger
because they won't get up and go to work.

26 Sinners are always wanting what they don't have;
the God-loyal are always giving what they do have.

27 Religious performance by the wicked stinks;
it's even worse when they use it to get ahead.

28 A lying witness is unconvincing;
a person who speaks truth is respected.

29 Unscrupulous people fake it a lot;
honest people are sure of their steps.

30 제아무리 영리하고 기발한 구상으로 온
갖 꾀를 내어도
하나님을 이기지는 못한다.

31 최선을 다하고 최악의 상황에 대비하여라.
그리고 승리를 안겨 주실 **하나님**을 신뢰
하여라.

22 ¹ 좋은 평판이 벼락부자가 되
는 것보다 낫고
넓은 도량이 은행에 쌓인 돈보다 낫다.

2 부유한 사람과 가난한 사람은 동등한 존
재다.
하나님께서 그들 모두를 지으셨다!

3 신중한 자는 문제를 미리 알고 피하지만
어리석은 자는 되는 대로 살다가 호되게
당한다.

4 온유하고 **하나님**을 경외하는 사람은
재산과 영예와 만족스러운 삶을 보상으로
받는다.

5 마음이 비뚤어진 자는 곳곳이 파인 진창
투성이 위험한 도로를 다닌다.
그 길로는 얼씬도 하지 않는 것이 좋다.

6 자녀에게 올바른 길을 알려 주어라.
나이가 들어서도 길을 잃지 않을 것이다.

7 가난한 사람은 부유한 자의 지배를 받으니
돈을 꾸어 그들의 종이 되지 마라.

8 죄를 뿌리는 자는 잡초를 거둬들이고
분노에 차서 식식대며 위협해도 얻는 것
이 없다.

30 Nothing clever, nothing conceived, nothing
contrived,
    can get the better of GOD.

31 Do your best, prepare for the worst—
    then trust GOD to bring victory.

The Cure Comes Through Discipline

22 ¹ A sterling reputation is better than
striking it rich;
a gracious spirit is better than money in the
bank.

2 The rich and the poor shake hands as
equals—
    GOD made them both!

3 A prudent person sees trouble coming and
ducks;
    a simpleton walks in blindly and is
    clobbered.

4 The payoff for meekness and Fear-of-GOD
    is plenty and honor and a satisfying life.

5 The perverse travel a dangerous road,
potholed and mud-slick;
    if you know what's good for you, stay clear of it.

6 Point your kids in the right direction—
    when they're old they won't be lost.

7 The poor are always ruled over by the rich,
    so don't borrow and put yourself under
    their power.

8 Whoever sows sin reaps weeds,
    and bullying anger sputters into nothing.

⁹ 너그럽게 베푸는 손은 복을 받을 것이니
가난한 이에게 빵을 나누어 주기 때문이다.

¹⁰ 말썽꾼을 쫓아내야 사태가 진정되고
다툼과 불평에서 벗어날 수 있다.

¹¹ 하나님은 마음이 깨끗하고 말씨가 좋
은 사람을 사랑하신다.
훌륭한 지도자 또한 그와의 사귐을 기뻐
한다.

¹² 하나님은 지식을 열렬히 지키시지만
속임수에는 전혀 관여하지 않으신다.

¹³ 게으름뱅이는 이렇게 말한다. "바깥
에 사자가 있다!
지금 나가면 산 채로 먹힐 것이다!"

¹⁴ 창녀의 입은 바닥 모를 구덩이다.
하나님과 사이가 틀어지면 그 구덩이에
떨어지게 된다.

¹⁵ 젊은이는 어리석은 일과 일시적 유행
에 빠지기 쉽다.
강인한 훈련을 통해서만 거기서 벗어날
수 있다.

¹⁶ 가난한 사람을 착취하거나 부자에게
아양을 떠는 자는
결국 그로 인해 가난해질 뿐이다.

현인들의 서른 가지 교훈

17-21 내 지혜를 귀담아듣고
내가 가르치는 교훈을 마음에 새겨라.
그 내용을 달게 여겨 깊이 간직하면,
네 입으로도 그것을 거침없이 말하게 될
것이다.
하나님을 신뢰하는 것을 네 기초로 삼게

⁹ Generous hands are blessed hands
   because they give bread to the poor.

¹⁰ Kick out the troublemakers and things will
quiet down;
   you need a break from bickering and griping!

¹¹ GOD loves the pure-hearted and well-spoken;
   good leaders also delight in their friendship.

¹² GOD guards knowledge with a passion,
   but he'll have nothing to do with deception.

¹³ The loafer says, "There's a lion on the
loose!
   If I go out I'll be eaten alive!"

¹⁴ The mouth of a whore is a bottomless pit;
   you'll fall in that pit if you're on the outs
   with GOD.

¹⁵ Young people are prone to foolishness and
fads;
   the cure comes through tough-minded
   discipline.

¹⁶ Exploit the poor or glad-hand the rich—
whichever,
   you'll end up the poorer for it.

The Thirty Precepts of the Sages
Don't Move Back the Boundary Lines

17-21 Listen carefully to my wisdom;
   take to heart what I can teach you.
You'll treasure its sweetness deep within;
   you'll give it bold expression in your speech.
To make sure your foundation is trust in GOD,
   I'm laying it all out right now just for you.

하고자
바로 여기 그 내용을 펼쳐 보인다.
내가 검증된 삶의 지침,
훌륭한 원칙 서른 가지를 알려 주겠다.
내 말을 믿어라. 이 유효한 진리들이
너를 보낸 사람들에게
대답할 수 있게 해줄 것이다.

1

22-23 가난을 이유로 가난한 이들을 짓밟
지 말고
지위를 이용해 약자를 억압하지 마라.
하나님께서 그들을 지키러 오시리니,
네가 빼앗은 목숨을 네게서 **빼앗아**, 그들
에게 돌려주실 것이다.

2

24-25 화내는 사람들과 어울리지 말고
성미 급한 자들과 함께 다니지 마라.
고약한 성미는 전염성이 강하니
영향을 받지 않도록 조심하여라.

3

26-27 무지개 끝에서 금단지 찾는 요행수
를 바라지 말고
행운을 잡겠다고 집을 담보로 잡히지 마라.
빚을 청산해야 할 때가 오면
몸에 걸친 옷 하나 간신히 건질 것이다.

4

28 오래전 선조들이 세워 놓은
토지 경계표를 몰래 옮기지 마라.

5

29 일을 잘하는 사람들을 눈여겨보아라.
노련한 일꾼들은 찾는 사람이 많고 칭찬
을 받는다.
그들은 누구에게도 밀리지 않는다.

I'm giving you thirty sterling principles—
    tested guidelines to live by.
Believe me—these are truths that work,
    and will keep you accountable
    to those who sent you.

1

22-23 Don't walk on the poor just because
they're poor,
    and don't use your position to crush the weak,
Because GOD will come to their defense;
    the life you took, he'll take from you and give
    back to them.

2

24-25 Don't hang out with angry people;
    don't keep company with hotheads.
Bad temper is contagious—
    don't get infected.

3

26-27 Don't gamble on the pot of gold at the end
of the rainbow,
    hocking your house against a lucky chance.
The time will come when you have to pay up;
    you'll be left with nothing but the shirt on
    your back.

4

28 Don't stealthily move back the boundary lines
    staked out long ago by your ancestors.

5

29 Observe people who are good at their work—
    skilled workers are always in demand and
    admired;
    they don't take a backseat to anyone.

6

23 ¹⁻³ 유력 인사와 바깥에서 저

녁식사를 하게 되거든
예의 바르게 처신하여라.
게걸스럽게 먹거나
음식을 입에 넣은 채 말하지 마라.
과식하지 말고
식욕을 다스려라.

7

4-5 부자가 되겠다고 자신을 혹사하지 마라.
자제하여라!
돈은 눈 깜짝할 사이에 사라지고,
재산은 날개를 퍼덕여
저 멀리 황야로 달아나 버린다.

8

6-8 구두쇠에게 식사 대접을 받지 말고
특별한 대접을 기대하지도 마라.
그는 자기에게는 물론 너에게도 인색할
테니,
말로는 "먹게! 마시게!" 하여도 마음은
그렇지 않다.
그 인색한 접대에 그의 가식을 깨닫고 나면
네 속이 뒤집어질 것이다.

9

9 미련한 자들에게 조리 있게 말하려고
애쓰지 마라.
그들은 네 말을 놀림감으로 삼을 뿐이다.

10

10-11 토지 경계표를 몰래 옮기지 말고
고아들을 속여 재산을 빼앗지 마라.
그들에게는 강력한 구원자가 계셔서
그들을 도와주실 것이기 때문이다.

Restrain Yourself

6

23 ¹⁻³ When you go out to dinner with

an influential person,
  mind your manners:
Don't gobble your food,
  don't talk with your mouth full.
And don't stuff yourself;
  bridle your appetite.

7

4-5 Don't wear yourself out trying to get rich;
  restrain yourself!
Riches disappear in the blink of an eye;
  wealth sprouts wings
  and flies off into the wild blue yonder.

8

6-8 Don't accept a meal from a tightwad;
  don't expect anything special.
He'll be as stingy with you as he is with
himself;
  he'll say, "Eat! Drink!" but won't mean a
  word of it.
His miserly serving will turn your stomach
  when you realize the meal's a sham.

9

9 Don't bother talking sense to fools;
  they'll only poke fun at your words.

10

10-11 Don't stealthily move back the boundary
lines
  or cheat orphans out of their property,
For they have a powerful Advocate
  who will go to bat for them.

11

¹² 엄정한 교훈을 받아들이고
검증된 지식에 귀를 기울여라.

12

¹³⁻¹⁴ 아이를 꾸짖기를 두려워 마라.
매질한다고 죽지 않는다.
매를 제대로 대면 죽음보다도 못한 상태
에서
아이를 구해 낼 수 있다.

13

¹⁵⁻¹⁶ 아이야, 네가 지혜로워지면
부모인 내가 얼마나 기쁘겠느냐.
네 입에서 흘러나오는 아름다운 진리 가
락에 맞춰
내가 노래하고 춤을 출 것이다.

14

¹⁷⁻¹⁸ 하나님께 반역하는 경솔한 자들을
조금도 부러워 말고
하나님을 경외하는 일에 전심을 다하여라.
그 일에 네 미래가 있다.
하나님을 경외하면 네 삶 가득 가치 있는
것들로 채워질 것이다.

15

¹⁹⁻²¹ 아이야, 잘 듣고 지혜를 얻어라.
인생의 방향을 잘 잡아라.
술을 많이 마셔 취하는 일이 없게 하고
음식을 많이 먹어 뚱뚱해지는 일이 없
게 하여라.
술꾼과 대식가는 빈민굴로 떨어지고
인사불성이 되어 누더기를 걸치게 된다.

16

²²⁻²⁵ 너를 길러 준 아버지의 말씀을 경청

11

¹² Give yourselves to disciplined instruction;
open your ears to tested knowledge.

12

¹³⁻¹⁴ Don't be afraid to correct your young
ones;
a spanking won't kill them.
A good spanking, in fact, might save them
from something worse than death.

13

¹⁵⁻¹⁶ Dear child, if you become wise,
I'll be one happy parent.
My heart will dance and sing
to the tuneful truth you'll speak.

14

¹⁷⁻¹⁸ Don't for a minute envy careless rebels;
soak yourself in the Fear-of-GOD—
That's where your future lies.
Then you won't be left with an armload of
nothing.

15

¹⁹⁻²¹ Oh listen, dear child—become wise;
point your life in the right direction.
Don't drink too much wine and get drunk;
don't eat too much food and get fat.
Drunks and gluttons will end up on skid row,
in a stupor and dressed in rags.

Buy Wisdom, Education, Insight

16

²²⁻²⁵ Listen with respect to the father who
raised you,

하고

어머니가 나이 들어도 무시하지 마라.

진리를 사되 사랑이나 돈과 바꾸지 마라.

지혜와 교육과 통찰력을 사라.

부모는 자식이 잘되면 기뻐하고

지혜로운 자녀가 자랑스러운 부모가 된다.

그러니 아버지를 행복하게 해드리고

어머니를 뿌듯하게 해드려라!

17

²⁶ 아이야, 각별히 유의해서 들어라.

제발 내가 가르치는 대로 하여라.

²⁷⁻²⁸ 창녀는 바닥 모를 구덩이다.

문란한 여자에게 끌려가면 심각한 곤경에

빠져 꼼짝달싹 못할 수 있다.

그런 여자는 네 전 재산을 노리고 너를 받아들이니,

도둑 떼보다 더 악랄하다.

18

²⁹⁻³⁵ 늘 우울해하는 자가 누구냐?

청승맞게 구는 자가 누구냐?

까닭 없이 폭행을 당하는 자가 누구냐?

눈이 흐릿하고 핏발이 선 자가 누구냐?

술병을 쥐고 밤을 보내는 자들,

음주가 본업인 자들이다.

술을 생각할 때는 상표나

향이나 깊은 맛이 아니라

마신 후에 남는 숙취, 곧 극심한 두통과

느글거리는 뱃속을 생각하여라.

사물이 둘로 보이고

혀가 꼬부라지고

비틀거리며 속이 메슥거리는 것이 정말 좋으냐?

"놈들이 때렸지만 하나도 안 아팠지.

날 쳤지만, 아무 느낌도 없었어.

술이 깨고 나면

and when your mother grows old, don't neglect her.

Buy truth—don't sell it for love or money;

buy wisdom, buy education, buy insight.

Parents rejoice when their children turn out well;

wise children become proud parents.

So make your father happy!

Make your mother proud!

17

²⁶ Dear child, I want your full attention;

please do what I show you.

²⁷⁻²⁸ A whore is a bottomless pit;

a loose woman can get you in deep trouble fast.

She'll take you for all you've got;

she's worse than a pack of thieves.

18

²⁹⁻³⁵ Who are the people who are always crying the blues?

Who do you know who reeks of self-pity?

Who keeps getting beat up for no reason at all?

Whose eyes are bleary and bloodshot?

It's those who spend the night with a bottle,

for whom drinking is serious business.

Don't judge wine by its label,

or its bouquet, or its full-bodied flavor.

Judge it rather by the hangover it leaves you with—

the splitting headache, the queasy stomach.

Do you really prefer seeing double,

with your speech all slurred,

Reeling and seasick,

drunk as a sailor?

"They hit me," you'll say, "but it didn't hurt;

they beat on me, but I didn't feel a thing.

또 한 잔 들이켜야지!" 하고 말하게 될
것이다.

When I'm sober enough to manage it,
    bring me another drink!"

Intelligence Outranks Muscle

19

24 ¹⁻² 나쁜 사람을 부러워 말
고
그 근처에는 얼씬도 하지 마라.
그는 소란을 일으킬 생각만 하고
말썽을 일으킬 이야기만 한다.

19

24 ¹⁻² Don't envy bad people;
    don't even want to be around them.
All they think about is causing a disturbance;
    all they talk about is making trouble.

20

³⁻⁴ 지혜가 있어야 집을 짓고
명철이 있어야 집을 튼튼한 기초 위에
세운다.
지식이 있어야 고급가구와 멋진 휘장
으로
방을 꾸밀 수 있다.

20

³⁻⁴ It takes wisdom to build a house,
    and understanding to set it on a firm founda-
tion;
It takes knowledge to furnish its rooms
    with fine furniture and beautiful draperies.

21

⁵⁻⁶ 지혜로운 것이 힘센 것보다 낫고
지성이 언제나 완력보다 낫다.
전쟁의 핵심은 전략이니
승리하려면 유익한 조언이 많이 필요
하다.

21

⁵⁻⁶ It's better to be wise than strong;
    intelligence outranks muscle any day.
Strategic planning is the key to warfare;
    to win, you need a lot of good counsel.

22

⁷ 어리석은 자는 지혜로운 대화를 전혀
이해하지 못하고
진지한 토론 자리에서 어찌할 바를 모
른다.

22

⁷ Wise conversation is way over the head of
fools;
    in a serious discussion they haven't a clue.

23

⁸⁻⁹ 악행만 꾸미는 자는
조만간 깡패두목이라는 평판을 얻는다.
미련한 자는 죄를 꾀하고
빈정거리는 자는 아름다운 것까지 모
독한다.

23

⁸⁻⁹ The person who's always cooking up some
evil
    soon gets a reputation as prince of rogues.
Fools incubate sin;
    cynics desecrate beauty.

24

10 위기에 처했다고 낙담한다면
처음부터 별 볼 일 없는 사람이었다는 뜻이다.

25

11-12 죽어 가는 이들을 구하여라.
주저 말고 뛰어들어 도우라.
"이봐, 내가 상관할 일이 아니네" 하고 말하면
그것으로 책임을 면할 줄 아느냐?
너를 면밀히 지켜보시는 분이 계시다.
그분께는 섣부른 변명이 통하지 않는다.

26

13-14 아이야, 꿀은 네 몸에 좋은 것이니 먹어라.
네 입에서 녹는 단것도 먹어라.
지식과 지혜도
네 영혼에 그와 같이 좋으니 섭취하여라.
그것을 얻으면 네 미래가 보장되고
네 희망이 견고한 반석 위에 놓이리라.

27

15-16 선한 사람의 삶을 방해하지 말고
그를 이기려 들지 마라.
아무리 쓰러뜨려도
하나님께 충성하는 사람은 오래 넘어져 있지 않고
다시 일어나며,
악한 사람은 넘어져 영영 일어나지 못하기 때문이다.

28

17-18 네 원수가 넘어질 때 웃지 말고
그가 쓰러질 때 기뻐하지 마라.
하나님께서 크게 불쾌하게 여겨
그의 곤경을 불쌍히 보실 것이다.

24

10 If you fall to pieces in a crisis,
there wasn't much to you in the first place.

25

11-12 Rescue the perishing;
don't hesitate to step in and help.
If you say, "Hey, that's none of my business,"
will that get you off the hook?
Someone is watching you closely, you know—
Someone not impressed with weak excuses.

26

13-14 Eat honey, dear child—it's good for you—
and delicacies that melt in your mouth.
Likewise knowledge,
and wisdom for your soul—
Get that and your future's secured,
your hope is on solid rock.

27

15-16 Don't interfere with good people's lives;
don't try to get the best of them.
No matter how many times you trip them up,
God-loyal people don't stay down long;
Soon they're up on their feet,
while the wicked end up flat on their faces.

28

17-18 Don't laugh when your enemy falls;
don't crow over his collapse.
GOD might see, and become very provoked,
and then take pity on his plight.

29

¹⁹⁻²⁰ 자랑꾼들 때문에 괴로워하지 말고
악인들처럼 성공하기를 바라지 마라.
그들에게는 미래가 없으며
막다른 길로 내달리고 있다.

29

¹⁹⁻²⁰ Don't bother your head with braggarts
or wish you could succeed like the wicked.
Those people have no future at all;
they're headed down a dead-end street.

30

²¹⁻²² 아이야, **하나님**을 경외하고 지도자들
을 존경하여라.
저항하거나 반항하지 마라.
반항하는 자의 인생은 느닷없이 뒤죽박죽
이 될 수 있고
그런 일이 언제 어떻게 벌어질지 아무도 모
른다.

30

²¹⁻²² Fear GOD, dear child—respect your
leaders;
don't be defiant or mutinous.
Without warning your life can turn upside
down,
and who knows how or when it might
happen?

현인들의 또 다른 교훈
²³ 불의에 동의하는 것은
잘못된 일, 대단히 잘못된 일이다.

More Sayings of the Wise
An Honest Answer
²³ It's wrong, very wrong,
to go along with injustice.

²⁴⁻²⁵ 악인의 죄를 덮어 주는 자는
역사책에서 냉정한 평가를 받지만,
악인의 죄를 폭로하는 이는
감사의 인사와 보상을 받는다.

²⁴⁻²⁵ Whoever whitewashes the wicked
gets a black mark in the history books,
But whoever exposes the wicked
will be thanked and rewarded.

²⁶ 정직한 답변은
따스한 포옹 같다.

²⁶ An honest answer
is like a warm hug.

²⁷ 먼저 밭에 씨를 뿌리고
그 다음에 곡간을 지어라.

²⁷ First plant your fields;
then build your barn.

²⁸⁻²⁹ 이웃의 등 뒤에서 그 사람 이야기
를 하지 마라.
부디 비방과 험담을 그쳐라.
"네가 내게 한 대로 갚아 주마.
네놈이 한 일에 대가를 치르게 해주마!" 하
고 말하지 마라.

²⁸⁻²⁹ Don't talk about your neighbors behind
their backs—
no slander or gossip, please.
Don't say to anyone, "I'll get back at you for
what you did to me.
I'll make you pay for what you did!"

30-34 어느 날 늙은 게으름뱅이의 밭과
어느 얼간이의 포도밭을 지나치며 보니,
잡초는 웃자랐고
엉겅퀴가 무성하며 울타리는 모조리 부
서져 있었다.
나는 그 모습을 오랫동안 쳐다보면서, 내
가 본 것에 대해 생각했다.
밭이 내게 설교를 하고 있었고 나는 귀를
기울였다.
"여기서도 자고, 저기서도 자자. 여기서
도 하루 쉬고, 저기서도 하루 쉬자.
편히 앉아 느긋하게 쉬자 하면 무슨 일이
닥치는지 아느냐?
바랄 것은 단 하나, 찢어지게 가난한 생
활뿐이다.
가난이 네 영원한 식객이 되고 말 것이
다!"

추가된 솔로몬의 잠언

25

1 이것도 솔로몬의 잠언으로,
유다 왕 히스기야의 율법학자
들이 수집한 것이다.

2 하나님은 일을 숨기는 것을 기뻐하시
지만
과학자들은 일을 밝혀내는 것을 기뻐
한다.

3 훌륭한 지도자의 이해력은
수평선과 대양처럼 넓고도 깊다.

4-5 은에서 불순물을 제거해야
은세공사가 품질 좋은 잔을 만들 수 있다.
악인을 지도부에서 제거해야
지도부의 권위가 신뢰를 얻고 하나님께
영광이 된다.

30-34 One day I walked by the field of an old
lazybones,
    and then passed the vineyard of a lout;
They were overgrown with weeds,
    thick with thistles, all the fences broken
    down.
I took a long look and pondered what I saw;
    the fields preached me a sermon and I
    listened:
"A nap here, a nap there, a day off here, a day
off there,
    sit back, take it easy—do you know what
    comes next?
Just this: You can look forward to a dirt-poor life,
    with poverty as your permanent house-
    guest!"

Further Wise Sayings of Solomon
The Right Word at the Right Time

25

1 There are also these proverbs of
Solomon,
    collected by scribes of Hezekiah, king of
    Judah.

2 God delights in concealing things;
    scientists delight in discovering things.

3 Like the horizons for breadth and the ocean
for depth,
    the understanding of a good leader is broad
    and deep.

4-5 Remove impurities from the silver
    and the silversmith can craft a fine chalice;
Remove the wicked from leadership
    and authority will be credible and God-hon-
    oring.

6-7 무리해서 세간의 주목을 끌지 말고
우격다짐으로 높은 자리에 올라가지 마라.
높은 자리에서 강등되는 모욕을 당하느니
낮은 자리에서 높은 자리로 승진하는 것
이 낫다.

8 성급히 결론짓지 마라. 네가 방금 본 것
에는
반드시 무슨 곡절이 있을 것이다.

9-10 말다툼을 하다 홧김에
남의 비밀을 들추어내지 마라.
말은 돌고 돌기 마련인지라
아무도 너를 믿지 않게 될 것이다.

11-12 제때 나온 알맞은 말은
맞춤 제작한 보석 같고,
지혜로운 친구의 때맞춘 책망은
네 손가락에 낀 금반지 같다.

13 말한 대로 행하는 믿음직한 친구는
찌는 듯한 더위에 마시는 냉수처럼 상쾌
하기 그지없다!

14 말만 거창하게 하고 아무것도 내놓지
않는 사람은
뭉게뭉게 피어오를 뿐 비를 내리지 않는
구름과 같다.

15 끈기 있는 설득은 무관심을 깨뜨리고
부드러운 말은 견고한 요새를 무너뜨린다.

16-17 사탕 한 상자를 받더라도 한 번에 다
먹지 마라.
초콜릿을 너무 많이 먹으면 탈이 나는 법
이다.
친구가 생기거든 너무 자주 찾아가서 밉
보이지 마라.

6-7 Don't work yourself into the spotlight;
   don't push your way into the place of promi-
   nence.
It's better to be promoted to a place of honor
   than face humiliation by being demoted.

8 Don't jump to conclusions—there may be
   a perfectly good explanation for what you
   just saw.

9-10 In the heat of an argument,
   don't betray confidences;
Word is sure to get around,
   and no one will trust you.

11-12 The right word at the right time
   is like a custom-made piece of jewelry,
And a wise friend's timely reprimand
   is like a gold ring slipped on your finger.

13 Reliable friends who do what they say
   are like cool drinks in sweltering heat—
   refreshing!

14 Like billowing clouds that bring no rain
   is the person who talks big but never
   produces.

15 Patient persistence pierces through indif-
ference;
   gentle speech breaks down rigid defenses.

A Person Without Self-Control
16-17 When you're given a box of candy, don't
gulp it all down;
   eat too much chocolate and you'll make
   yourself sick;
And when you find a friend, don't outwear

시도 때도 없이 찾아가면 친구가 네게 진
저리를 칠 것이다.

18 법정이나 거리에서 이웃에게 불리한
거짓말을 하는 사람은 요주의 인물이다.

19 곤경에 처했을 때 배신자를 믿는 것은
치주염이 있는 상태로 이를 악무는 것과
같다.

20 마음이 무거운 자 앞에서 밝은 노래를
부르는 것은
상처에 소금을 뿌리는 것과 같다.

21-22 네 원수가 굶주리고 있는 것을 보면
가서 점심을 사 주고
그가 목말라하면 음료수를 가져다주어라.
그는 네 관대함에 깜짝 놀랄 테고
하나님께서 너를 돌봐 주실 것이다.

23 북풍이 험악한 날씨를 몰고 오듯
헐뜯는 혀는 험악한 얼굴을 부른다.

24 대저택에서 바가지 긁는 배우자와 함께
사는 것보다
다 쓰러져 가는 오두막에서 홀로 사는 것
이 낫다.

25 오랫동안 연락이 끊어졌던 친구가 보내
온 편지는
지치고 목마를 때 마시는 냉수와 같다.

26 나쁜 사람에게 굴복하는 착한 사람은
흐려진 샘과 같고, 오염된 우물과 같다.

27 단것을 배부르게 먹는 것은 지혜롭지
못하고
영예를 지나치게 쌓는 것은 본인에게 좋

your welcome;
show up at all hours and he'll soon get fed up.

18 Anyone who tells lies against the neighbors
in court or on the street is a loose cannon.

19 Trusting a double-crosser when you're in
trouble
is like biting down on an abscessed tooth.

20 Singing light songs to the heavyhearted
is like pouring salt in their wounds.

21-22 If you see your enemy hungry, go buy him
lunch;
if he's thirsty, bring him a drink.
Your generosity will surprise him with
goodness,
and GOD will look after you.

23 A north wind brings stormy weather,
and a gossipy tongue stormy looks.

24 Better to live alone in a tumbledown shack
than share a mansion with a nagging
spouse.

25 Like a cool drink of water when you're
worn out and weary
is a letter from a long-lost friend.

26 A good person who gives in to a bad
person
is a muddied spring, a polluted well.

27 It's not smart to stuff yourself with sweets,
nor is glory piled on glory good for you.

지 않다.

28 자제력이 없는 사람은
문과 창이 다 떨어져 나간 집과 같다.

미련한 자는 어리석은 짓을 되풀이한다

26
1 미련한 자를 존경하는 것은
여름철에 눈을, 수확기에 비를
달라고 비는 것과 같다.

2 까닭 없는 저주는 겁낼 것 없으니
참새가 날아가는 것, 제비가 날아드는 것에
불과하다.

3 경주마에게는 채찍이, 요트에는 키 손잡이가,
미련한 자의 등에는 매가 필요하다!

4 미련한 자의 어리석은 말에 응대하지 마라.
너도 똑같은 사람으로 보일 따름이다.

5 미련한 자에게는 간결한 말로 대꾸해 주어라.
그래야 그가 자만하지 않는다.

6 미련한 자를 시켜 소식을 전하면
낭패를 당한다.

7 미련한 자가 읊어 대는 잠언은
불어 터진 면발처럼 축 늘어진다.

8 미련한 자를 명예로운 자리에 앉히는 것은
대리석 기둥에 흙벽돌을 올리는 것과 같다.

9 얼간이에게 잠언을 읊으라고 청하는 것은
주정뱅이의 손에 외과용 수술 칼을 들려 주는 것과 같다.

28 A person without self-control
is like a house with its doors and windows
knocked out.

Fools Recycle Silliness

26
1 We no more give honors to fools
than pray for snow in summer or
rain during harvest.

2 You have as little to fear from an unde-
served curse
as from the dart of a wren or the swoop
of a swallow.

3 A whip for the racehorse, a tiller for the sail-
boat—
and a stick for the back of fools!

4 Don't respond to the stupidity of a fool;
you'll only look foolish yourself.

5 Answer a fool in simple terms
so he doesn't get a swelled head.

6 You're only asking for trouble
when you send a message by a fool.

7 A proverb quoted by fools
is limp as a wet noodle.

8 Putting a fool in a place of honor
is like setting a mud brick on a marble
column.

9 To ask a moron to quote a proverb
is like putting a scalpel in the hands of a
drunk.

10 미련한 자나 주정뱅이를 고용하면
제 발등을 찍게 된다.

11 개가 토한 것을 도로 먹듯
미련한 자는 어리석은 짓을 되풀이한다.

12 자기가 똑똑한 줄 아는 사람이 보이느냐?
그런 사람보다는 차라리 미련한 자에게 희
망이 있다.

13 게으름뱅이는 "바깥은 위험해!
거리에 호랑이가 어슬렁거려!"라고 말하고
이불을 뒤집어쓴다.

14 게으름뱅이는 문짝이 돌쩌귀를 따라 돌듯
잠자리에 누워 뒹굴기만 한다.

15 의욕이 없는 게으름뱅이는 포크로 파이
를 찍고도
너무나 게을러 입 속에 넣지 않는다.

16 몽상가는 자기가 최고인 줄 안다.
자기가 대학의 교수진보다 더 똑똑하다고
생각한다.

17 나와 상관없는 싸움에 참견하는 것은
미친개의 두 귀를 움켜잡는 일과 같다.

18-19 남을 의도적으로 속이고도 아무렇지
도 않은 듯
"일부러 그런 거 아니야. 장난 삼아 그런 거
지" 하고 말하는 사람은,
연기 나는 모닥불을 내버려 두고 떠나는
부주의한 야영자보다도 못하다.

20 장작이 떨어지면 불이 꺼지고
험담이 그치면 싸움도 잦아든다.

10 Hire a fool or a drunk
and you shoot yourself in the foot.

11 As a dog eats its own vomit,
so fools recycle silliness.

12 See that man who thinks he's so smart?
You can expect far more from a fool than
from him.

13 Loafers say, "It's dangerous out there!
Tigers are prowling the streets!"
and then pull the covers back over their heads.

14 Just as a door turns on its hinges,
so a lazybones turns back over in bed.

15 A shiftless sluggard puts his fork in the pie,
but is too lazy to lift it to his mouth.

Like Glaze on Cracked Pottery
16 Dreamers fantasize their self-importance;
they think they are smarter
than a whole college faculty.

17 You grab a mad dog by the ears
when you butt into a quarrel that's none of
your business.

18-19 People who shrug off deliberate decep-
tions,
saying, "I didn't mean it, I was only joking,"
Are worse than careless campers
who walk away from smoldering campfires.

20 When you run out of wood, the fire goes out;
when the gossip ends, the quarrel dies
down.

21 논쟁에서 다투기 좋아하는 사람은
불에 끼얹은 등유와 같다.

22 험담을 귀담아듣는 것은 싸구려 사탕
을 먹는 일과 같다.
그런 쓰레기를 뱃속에 넣고 싶으냐?

23 악한 마음에서 나오는 듣기 좋은 말은
갈라진 질그릇 위에 바른 유약과 같다.

24-26 네 원수가 절친한 벗처럼 너와 악수
하고 인사를 하지만
속으로는 너를 해칠 음모를 꾸민다.
그가 듣기 좋은 말을 하더라도 믿지 마라.
그는 네 것을 빼앗을 기회만 노리고 있다.
그가 제아무리 교묘하게 악의를 감추어도
결국 공공연히 드러나게 될 것이다.

27 악의는 역효과만 내고
앙심은 부메랑이 되어 돌아온다.

28 거짓말쟁이는 상대를 미워하고
아첨꾼은 신뢰를 파괴한다.

너는 내일 일을 모른다

27 1 내일 할 일을 성급하게 알리
지 마라.
내일 무슨 일이 있을지 전혀 모르지 않느냐.

2 남이 너를 칭찬하게는 하여도
네 입으로 너를 칭찬하지는 마라.

3 미련한 자를 참고 견디는 일에 비하면,
통나무를 어깨에 진 채
바위를 들어 올리는 것쯤은
아무것도 아니다.

21 A quarrelsome person in a dispute
    is like kerosene thrown on a fire.

22 Listening to gossip is like eating cheap candy;
    do you want junk like that in your belly?

23 Smooth talk from an evil heart
    is like glaze on cracked pottery.

24-26 Your enemy shakes hands and greets you
like an old friend,
    all the while conniving against you.
When he speaks warmly to you, don't believe
him for a minute;
    he's just waiting for the chance to rip you off.
No matter how cunningly he conceals his
malice,
    eventually his evil will be exposed in public.

27 Malice backfires;
    spite boomerangs.

28 Liars hate their victims;
    flatterers sabotage trust.

You Don't Know Tomorrow

27 1 Don't brashly announce what
    you're going to do tomorrow;
    you don't know the first thing about tomorrow.

2 Don't call attention to yourself;
    let others do that for you.

3 Carrying a log across your shoulders
    while you're hefting a boulder with your
    arms
Is nothing compared to the burden
    of putting up with a fool.

4 분노가 사람을 폭발하게 하고 격분이
우리를 삼킨다지만
질투 앞에서 살아남을 자가 누구인가?

5 표현하지 않는 칭찬보다는
말로 하는 책망이 낫다.

6 사랑하는 사람에게 받은 상처는 그만
한 가치가 있지만
원수의 입맞춤은 사람을 다치게 한다.

7 배부르게 먹은 뒤에는 후식을 거절하
지만
굶주리면 말 한 마리라도 먹어 치울 수
있다.

8 정착하지 않고 여기저기 떠돌아다니는
사람은
둥지 없이 떠도는 새와 같다.

9 로션과 향수가 감각에 기쁨을 주듯
끈끈한 우정은 영혼을 상쾌하게 한다.

10 네 친구나 부모의 친구를 저버리고
힘들 때 친척 집으로 달려가지 마라.
가까운 친구가
먼 친척보다 낫다.

11 아이야, 지혜를 깨우쳐 나를 행복하게
해다오.
그러면 앞으로 무슨 일이 닥치더라도 나
는 동요하지 않을 것이다.

12 신중한 자는 문제를 미리 알고 피하지만
어리석은 자는 되는 대로 행하다가 호되
게 당한다.

4 We're blasted by anger and swamped by
rage,
  but who can survive jealousy?

5 A spoken reprimand is better
  than approval that's never expressed.

6 The wounds from a lover are worth it;
  kisses from an enemy do you in.

7 When you've stuffed yourself, you refuse
dessert;
  when you're starved, you could eat a horse.

8 People who won't settle down, wandering
hither and yon,
  are like restless birds, flitting to and fro.

9 Just as lotions and fragrance give sensual
delight,
  a sweet friendship refreshes the soul.

10 Don't leave your friends or your parents'
friends
  and run home to your family when things
  get rough;
Better a nearby friend
  than a distant family.

11 Become wise, dear child, and make me
happy;
  then nothing the world throws my way will
  upset me.

12 A prudent person sees trouble coming and
ducks;
  a simpleton walks in blindly and is
  clobbered.

13 낯선 자에게 꾸어 줄 때는 반드시 담
보물을 잡아라.
떠돌이의 물품을 담보로 잡을 때는 경계
를 늦추지 마라.

13 Hold tight to collateral on any loan to a
stranger;
    be wary of accepting what a transient has
    pawned.

14 이른 아침에 친구를 깨우며
"정신 차리고 일어나!" 하고 소리치면
축복이 아니라 듣기 싫은
저주로 들릴 것이다.

14 If you wake your friend in the early morning
    by shouting "Rise and shine!"
It will sound to him
    more like a curse than a blessing.

15-16 바가지 긁는 배우자는
똑똑똑 물이 새는 수도꼭지와 같다.
잠글 수도 없고
거기서 벗어날 수도 없다.

15-16 A nagging spouse is like
    the drip, drip, drip of a leaky faucet;
You can't turn it off,
    and you can't get away from it.

얼굴은 마음을 비춘다

17 철이 철을 날카롭게 하듯
친구가 친구를 날카롭게 한다.

Your Face Mirrors Your Heart

17 You use steel to sharpen steel,
    and one friend sharpens another.

18 과수원을 돌보면 열매를 얻고
고용주를 존중하면 네가 존중을 받는다.

18 If you care for your orchard, you'll enjoy its fruit;
    if you honor your boss, you'll be honored.

19 물이 얼굴을 비추듯
얼굴은 마음을 비춘다.

19 Just as water mirrors your face,
    so your face mirrors your heart.

20 지옥의 식욕은 채워지지 않고
탐욕은 그칠 줄 모른다.

20 Hell has a voracious appetite,
    and lust just never quits.

21 은금의 순도는
불에 넣어 보면 알 수 있고,
사람의 순수함은
조금만 이름이 나면 알 수 있다.

21 The purity of silver and gold is tested
    by putting them in the fire;
The purity of human hearts is tested
    by giving them a little fame.

22 미련한 자는 아무리 찧어도
그 미련함이 벗겨지지 않는다.

22 Pound on a fool all you like–
    you can't pound out foolishness.

23-27 양을 세세히 살피고
가축 떼를 정성껏 보살펴라.

23-27 Know your sheep by name;
    carefully attend to your flocks;

(그것들을 당연하게 여기지 마라.
알다시피 재산은 늘 있는 것이 아니다.)
곡식이 무르익으면
수확물을 창고에 들여라.
양털로 스웨터를 짜고
염소를 내다 팔아 수입을 얻어라.
우유와 고기가 가득하니
너의 집 식구가 겨울을 날 수 있을 것이다.

하나님의 법을 사랑하면

28
¹ 악인은 쫓는 사람이 없어도
가책을 느끼고 불안해 달아날
준비를 하지만,
정직한 사람은 느긋하고 당당하며 사자처
럼 담대하다.

² 나라가 혼란에 빠지면
다들 나라를 안정시킬 계획을 내놓지만,
상황을 바로잡으려면
진정한 이해력을 갖춘 지도자가 있어야 한다.

³ 가난한 이를 압제하는 악인은
우박을 동반해 수확물을 쓰러뜨리는 폭풍
과 같다.

⁴ 하나님의 법을 저버리면 악행을 얼마든
지 받아들이게 되지만
하나님의 법을 사랑하면 그 법을 지키고자
필사적으로 싸운다.

⁵ 악인은 정의를 이해하지 못하지만
하나님을 찾는 사람은 정의를 속속들이 안다.

⁶ 가난해도 곧은 길을 걷는 것이
부유하면서 굽은 길을 걷는 것보다 낫다.

⁷ 하나님의 법을 실천하면 지혜롭다는 평
판을 얻고

(Don't take them for granted;
    possessions don't last forever, you know.)
And then, when the crops are in
    and the harvest is stored in the barns,
You can knit sweaters from lambs' wool,
    and sell your goats for a profit;
There will be plenty of milk and meat
    to last your family through the winter.

If You Desert God's Law

28
¹ The wicked are edgy with guilt,
    ready to run off
    even when no one's after them;
Honest people are relaxed and confident,
    bold as lions.

² When the country is in chaos,
    everybody has a plan to fix it—
But it takes a leader of real understanding
    to straighten things out.

³ The wicked who oppress the poor
    are like a hailstorm that beats down the
    harvest.

⁴ If you desert God's law, you're free to
embrace depravity;
    if you love God's law, you fight for it tooth
    and nail.

⁵ Justice makes no sense to the evilminded;
    those who seek GOD know it inside and out.

⁶ It's better to be poor and direct
    than rich and crooked.

⁷ Practice God's law—get a reputation for
wisdom;

제멋대로 된 무리와 어울리면 가문의 수치
가 된다.

8 속임수와 강탈로
원하는 만큼 부자가 된다 해도,
결국에는 가난한 이들의 친구가 와서
그 모두를 그들에게 되돌려 줄 것이다.

9 하나님은 그분의 말씀을 듣지 않는 자의
기도를 싫어하신다.

10 선한 사람을 그릇된 길로 이끄는 자는
끝이 좋지 못하나,
선을 행하면 보상을 받을 것이다.

11 부자는 자기가 모든 것을 안다고 생각
하지만
가난한 사람들은 그 속을 꿰뚫어 본다.

12 착한 사람이 승진하면 모든 면에서 좋
지만
나쁜 사람이 책임자가 되거든 조심하여라!

13 죄는 눈가림으로 넘어갈 수 없다.
죄를 인정하고 버려야 불쌍히 여김을 받
는다.

14 인정 많은 사람은 복을 받고 살지만
몰인정한 사람은 고달프게 산다.

15 사자가 으르렁대고 곰이 달려든다.
가난한 사람들 위에 군림하는 악인이 이와
같다.

16 통찰력 없는 지도자들 사이에는 권력
남용이 넘쳐나지만
부패를 미워하는 사람의 미래는 밝다.

hang out with a loose crowd—embarrass
your family.

8 Get as rich as you want
through cheating and extortion,
But eventually some friend of the poor
is going to give it all back to them.

9 God has no use for the prayers
of the people who won't listen to him.

10 Lead good people down a wrong path
and you'll come to a bad end;
do good and you'll be rewarded for it.

11 The rich think they know it all,
but the poor can see right through them.

12 When good people are promoted, every-
thing is great,
but when the bad are in charge, watch out!

13 You can't whitewash your sins and get by
with it;
you find mercy by admitting and leaving
them.

14 A tenderhearted person lives a blessed life;
a hardhearted person lives a hard life.

15 Lions roar and bears charge—
and the wicked lord it over the poor.

16 Among leaders who lack insight, abuse
abounds,
but for one who hates corruption, the
future is bright.

17 살인자는 죄책감에 시달리다
죽을 운명이다. 그를 도울 길이 없다.

18 바른 길을 걸으며 제대로 살면 구원을 받
지만
바른 길에서 벗어난 삶은 결국 죽음에 이른다.

19 과수원을 일구면 먹을 것이 넉넉해지지만
놀고 즐기면 빈 접시만 남는다.

20 마음을 다해 꾸준히 일하면 성과를 올리
지만
속히 부자가 되려고 하다가는 사기를 치게
된다.

21 한쪽만 편드는 것은 언제나 나쁜 일이다.
별것 아닌 것처럼 보이는 방식으로 큰 해를
끼칠 수 있다.

22 부자가 되는 데만 눈이 팔린 구두쇠는
자기가 결국 무일푼이 될 줄을 모른다.

23 알랑대며 아첨하는 사람보다 진지하게 꾸
짖는 사람이
나중에 고맙다는 말을 듣는다.

24 아버지와 어머니의 것을 훔치고도
"그게 뭐 어때서?"라고 말하는 자는
해적만도 못하다.

25 욕심 많은 사람은 하는 일마다 말썽이지만
하나님을 신뢰하면 행복이 찾아온다.

26 모든 것을 안다고 생각하는 자는 정말로
미련하다.
남에게 지혜를 배우는 사람이 끝까지 살아남
는다.

17 A murderer haunted by guilt
  is doomed—there's no helping him.

18 Walk straight—live well and be saved;
  a devious life is a doomed life.

Doing Great Harm in Seemingly Harmless Ways
19 Work your garden—you'll end up with
plenty of food;
  play and party—you'll end up with an
  empty plate.

20 Committed and persistent work pays off;
  get-rich-quick schemes are ripoffs.

21 Playing favorites is always a bad thing;
  you can do great harm in seemingly
  harmless ways.

22 A miser in a hurry to get rich
  doesn't know that he'll end up broke.

23 In the end, serious reprimand is
appreciated
  far more than bootlicking flattery.

24 Anyone who robs father and mother
  and says, "So, what's wrong with that?"
  is worse than a pirate.

25 A grasping person stirs up trouble,
  but trust in GOD brings a sense of
  well-being.

26 If you think you know it all, you're a fool
for sure;
  real survivors learn wisdom from others.

²⁷ 가난한 사람에게 너그럽게 베풀면 굶주리지 않지만
그들의 어려움을 못 본 체하면 저주의 세례가 쏟아질 것이다.

²⁸ 부패한 자들이 세력을 잡으면 선한 사람들은 지하로 숨지만
악인들이 쫓겨나면 안심하고 다시 나올 수 있다.

29 ¹ 훈계를 싫어하고
갈수록 고집을 부리는 자들에게는
인생이 무너지고 파멸하는 날이 닥칠 것이다.
하지만 그때는 이미 늦어 그들을 도울 길이 없다.

² 선한 사람이 다스리면 모두가 기뻐하지만
통치자가 악하면 모두가 신음한다.

³ 지혜를 사랑하면 부모를 기쁘게 하지만
창녀와 눈이 맞아 달아나면 부모의 신뢰를 저버리게 된다.

⁴ 건전한 판단력을 갖춘 지도자는 안정을 제공하지만
착취하는 지도자가 지나간 자리에는 폐허만 남는다.

⁵ 아첨하는 이웃은 못된 일을 꾀한다.
아마도 너를 이용할 계략을 꾸미고 있을 것이다.

⁶ 악한 사람은 자신이 파 놓은 함정에 빠지고
선한 사람은 다른 길로 달아나 위험에서 벗어난 것을 기뻐한다.

²⁷ Be generous to the poor—you'll never go hungry;
    shut your eyes to their needs, and run a gauntlet of curses.

²⁸ When corruption takes over, good people go underground,
    but when the crooks are thrown out, it's safe to come out.

If People Can't See What God Is Doing

29 ¹ For people who hate discipline
        and only get more stubborn,
There'll come a day when life tumbles in and they break,
    but by then it'll be too late to help them.

² When good people run things, everyone is glad,
    but when the ruler is bad, everyone groans.

³ If you love wisdom, you'll delight your parents,
    but you'll destroy their trust if you run with whores.

⁴ A leader of good judgment gives stability;
    an exploiting leader leaves a trail of waste.

⁵ A flattering neighbor is up to no good;
    he's probably planning to take advantage of you.

⁶ Evil people fall into their own traps;
    good people run the other way, glad to escape.

7 인정 많은 사람은 가난한 사람의 처지를
알지만
몰인정한 사람은 전혀 모른다.

8 빈정거리는 자들은 도시를 온통 들쑤셔 놓
지만
현인들은 모든 이들의 마음을 달랜다.

9 미련한 자와 꼬인 문제를 해결하려는 현인은
그 수고로 인해 조롱과 비아냥거림을 듣는다.

10 살인자는 정직한 사람을 미워하지만
양심적인 사람은 정직한 사람을 격려한다.

11 미련한 자는 제멋대로 지껄이지만
현인은 곰곰이 생각한다.

12 사장이 악의적인 험담에 귀를 기울이면
모든 직원이 악해진다.

13 가난한 사람과 그를 학대하는 자 사이에
도 공통점은 있다.
둘 다 앞을 볼 수 있다는 것. 그들의 시력은
하나님의 선물이다!

14 목소리를 내지 못하는 가난한 이들을 공
평하게 대할 때
지도력이 권위를 얻고 존경을 받는다.

15 현명한 훈계는 지혜를 주지만
버릇없이 자란 사춘기 청년은 부모를 난처하
게 만든다.

16 타락한 자들이 권력을 잡으면 범죄가 활
개를 치지만
결국에는 의인이 그들의 몰락을 지켜보게
된다.

7 The good-hearted understand what it's
like to be poor;
   the hardhearted haven't the faintest idea.

8 A gang of cynics can upset a whole city;
   a group of sages can calm everyone down.

9 A sage trying to work things out with a fool
   gets only scorn and sarcasm for his
   trouble.

10 Murderers hate honest people;
   moral folks encourage them.

11 A fool lets it all hang out;
   a sage quietly mulls it over.

12 When a leader listens to malicious
gossip,
   all the workers get infected with evil.

13 The poor and their abusers have at least
something in common:
   they can both *see*—their sight, GOD's gift!

14 Leadership gains authority and respect
   when the voiceless poor are treated fairly.

15 Wise discipline imparts wisdom;
   spoiled adolescents embarrass their
   parents.

16 When degenerates take charge, crime
runs wild,
   but the righteous will eventually observe
   their collapse.

¹⁷ 자녀들을 훈계하여라. 그들과 같이 사는 것이 기쁜 일이 될 것이기 때문이다.
훈계로 자녀를 키운 것을 흐뭇하게 여기게 될 것이다.

¹⁸ 하나님이 행하시는 일을 보지 못하는 백성은 서로 뒤엉켜 고꾸라지고 말지만,
하나님의 계시에 주목하는 백성은
큰 복을 받는다.

¹⁹ 일꾼들이 규칙을 지키게 하려면 말만으로는 안된다.
그들은 한 귀로 듣고 한 귀로 흘려버리기 때문이다.

²⁰ 생각 없이 말하는 자들을 보라.
바보라도 그들보다는 사정이 나을 것이다.

²¹ 사람들이 너를 하찮게 여기도록 하면
나중에는 아예 없는 사람 취급할 것이다.

²² 화를 잘 내는 자는 갖가지 불화를 일으키고
무절제한 자는 말썽을 일으킨다.

²³ 교만하면 꼴사납게 고꾸라지고
겸손하면 존경을 받는다.

²⁴ 무법자와 친구가 되는 것은
자기 자신과 원수가 되는 일이다.
법정에서 피해자들의 호소에 귀를 막는 겁쟁이가 된다면
그들이 울부짖으며 토해 내는 저주가
네게도 쏟아질 것이다.

²⁵ 사람의 평가를 두려워하면 옴짝달싹 못하게 되지만
하나님을 신뢰하면 그 길에서 벗어날 수 있다.

¹⁷ Discipline your children; you'll be glad you did—
  they'll turn out delightful to live with.

¹⁸ If people can't see what God is doing,
  they stumble all over themselves;
But when they attend to what he reveals,
  they are most blessed.

¹⁹ It takes more than talk to keep workers in line;
  mere words go in one ear and out the other.

²⁰ Observe the people who always talk before they think—
  even simpletons are better off than they are.

²¹ If you let people treat you like a doormat,
  you'll be quite forgotten in the end.

²² Angry people stir up a lot of discord;
  the intemperate stir up trouble.

²³ Pride lands you flat on your face;
  humility prepares you for honors.

²⁴ Befriend an outlaw
  and become an enemy to yourself.
When the victims cry out,
  you'll be included in their curses
  if you're a coward to their cause in court.

²⁵ The fear of human opinion disables;
  trusting in GOD protects you from that.

26 다들 지도자의 도움을 받으려 하지만
우리에게 정의를 베푸실 분은 **하나님**뿐이다.

27 선한 사람은 계획적인 악행을 참지 못하지만
악한 사람은 **빼어난** 선행을 견디지 못한다.

야게의 아들 아굴의 어록

30 1-2 회의론자가 선언했다. "하나님은 없어!

없다고! 내가 원하는 것이면 난 무엇이든
할 수 있어!
나는 사람보다는 짐승에 가깝지.
인간의 지성 따위와는 거리가 멀어.

3-4 나는 '지혜'에 낙제점을 받았다.
거룩한 신이 있다는 증거가 보이지 않는다.
누가 그의 모습을 본 적 있는가?
누군가 하늘로 올라가 세상을 장악하던가?
그가 바람을 제어하던가?
땅에 내릴 비를 양동이에 모으던가?
땅 끝까지 소유권 표시를 하던가?
그의 이름을 말해 다오. 그 아들들의 이름을 알려 다오.
자, 어서 말해 다오!"

5-6 믿는 자가 대답했다. "하나님의 약속은 모두 참되고
당신께로 달려가 도움을 구하는 모든 이들을 지켜 주신다.
그러니 그분의 생각을 어림짐작하지 마라.
그분이 너를 꾸짖으시고 네 거짓말을 드러내실 것이다."

7-9 그런 다음 그는 이렇게 기도했다. "하나님, 제가 죽기 전에
두 가지를 간구하오니, 물리치지 마십시오.
제 입술에서 거짓말을 쫓아내시고

---

26 Everyone tries to get help from the leader,
    but only GOD will give us justice.

27 Good people can't stand the sight of deliberate evil;
    the wicked can't stand the sight of
    well-chosen goodness.

The Words of Agur Ben Yakeh
God? Who Needs Him?

30 1-2 The skeptic swore, "There is no God!

No God!—I can do anything I want!
I'm more animal than human;
    so-called human intelligence escapes me.

3-4 "I flunked 'wisdom.'
    I see no evidence of a holy God.
Has anyone ever seen Anyone
    climb into Heaven and take charge?
    grab the winds and control them?
    gather the rains in his bucket?
    stake out the ends of the earth?
Just tell me his name, tell me the names of
his sons.
    Come on now—tell me!"

5-6 The believer replied, "Every promise of
God proves true;
    he protects everyone who runs to him for
    help.
So don't second-guess him;
    he might take you to task and show up
    your lies."

7-9 And then he prayed, "God, I'm asking for
two things
    before I die; don't refuse me—

제 앞에서 거짓말쟁이들을 쫓아내 주십시오.
더도 덜도 말고
생활에 필요한 만큼의 양식을 주십시오.
제가 너무 배부르면, 제 힘으로 그렇게 된 줄
알고서
'하나님? 누가 그분이 필요하대?' 하고 말할
것입니다.
또한 제가 가난하면, 도둑질을 하여
하나님의 이름을 욕되게 할까 두렵습니다."

❦

¹⁰ 직장 동료들을 뒤에서
헐뜯지 마라.
그들은 네가 음흉한 사람이라고 비난할
테고
그 말은 사실이 될 것이다!

¹¹ 아버지를 저주하지 말고
어머니를 축복하기를 게을리하지 마라.

¹² 몇 주 동안 목욕을 안 했다면
자기 모습이 봐줄 만할 것이라고 생각하지
마라.

¹³ 잘난 체하지 말고
남보다 낫다고 생각하지 마라.

¹⁴ 무자비하고 잔인한 늑대처럼
탐욕을 부리지 마라.
그들은 가난한 이들에게 달려들어 마음껏
뜯어먹고
빈곤한 이들을 갈가리 찢어서 내버린다.

¹⁵⁻¹⁶ 거머리에게 쌍둥이 딸이 있으니
그 이름은 "줘"와 "더 줘"이다.

Banish lies from my lips
    and liars from my presence.
Give me enough food to live on,
    neither too much nor too little.
If I'm too full, I might get independent,
    saying, 'God? Who needs him?'
If I'm poor, I might steal
    and dishonor the name of my God."

❦

¹⁰ Don't blow the whistle on your fellow workers
    behind their backs;
They'll accuse you of being underhanded,
    and then *you'll* be the guilty one!

¹¹ Don't curse your father
    or fail to bless your mother.

¹² Don't imagine yourself to be quite presentable
    when you haven't had a bath in weeks.

¹³ Don't be stuck-up
    and think you're better than everyone
    else.

¹⁴ Don't be greedy,
    merciless and cruel as wolves,
Tearing into the poor and feasting on them,
    shredding the needy to pieces only to discard them.

¹⁵⁻¹⁶ A leech has twin daughters
    named "Gimme" and "Gimme more."

배부른 줄 모르는 것 네 가지
세상에는 만족을 모르는 것이 셋,
아니, "충분합니다. 감사합니다!" 하고 말
하는 법이 없는 것이 넷 있다.

> 지옥
> 아기 못 낳는 태
> 바싹 마른 땅
> 산불.

❧

17 아버지를 멸시하고
어머니를 업신여기는 눈은,
야생 독수리가 뽑아내고
새끼 독수리가 먹어 버린다.

이상한 것 네 가지
18-19 놀라운 것이 셋,
아니, 내가 이해할 수 없는 것이 넷 있다.

> 독수리가 하늘 높이 나는 법
> 뱀이 바위 위를 기어 다니는 법
> 배가 바다를 항해하는 법
> 사춘기 청소년이 멋대로 구는 이유.

❧

20 매춘부가 일하는 방식도 이해할 수 없
기는 마찬가지다.
손님과 잠자리를 같이하고 나서
목욕을 하고는
이렇게 묻는다. "다음 차례는 누구?"

참을 수 없는 것 네 가지
21-23 세상이 도저히 감당할 수 없는 것이
셋,
세상의 기초를 뒤흔드는 것이 넷 있다.

> 수위가 사장이 되는 것

Four Insatiables

Three things are never satisfied,
  no, there are four that never say, "That's
  enough, thank you!"–

> hell,
> a barren womb,
> a parched land,
> a forest fire.

❧

17 An eye that disdains a father
  and despises a mother–
that eye will be plucked out by wild vultures
  and consumed by young eagles.

Four Mysteries

18-19 Three things amaze me,
  no, four things I'll never understand–

> how an eagle flies so high in the sky,
> how a snake glides over a rock,
> how a ship navigates the ocean,
> why adolescents act the way they do.

❧

20 Here's how a prostitute operates:
  she has sex with her client,
Takes a bath,
  then asks, "Who's next?"

Four Intolerables

21-23 Three things are too much for even the
earth to bear,
  yes, four things shake its foundations–

> when the janitor becomes the boss,
> when a fool gets rich,

미련한 자가 부자가 되는 것
창녀가 '올해의 여성'으로 뽑히는 것
애인이 정숙한 아내의 자리를 대신하는 것.

작으면서도 경이로운 것 네 가지

24-28 작으면서도
너무나 지혜로운 생물이 넷 있다.

연약하지만
겨울을 나기 위해 먹이를 모아들이는 개미
힘은 없지만
바위에 든든한 집을 마련하는 다람쥐
우두머리 없는 곤충이지만
군대처럼 들판을 쑥대밭으로 만드는 메뚜기
붙잡기 쉽지만
경비대의 삼엄한 경계를 뚫고 왕궁을 몰래 드나드는 도마뱀.

고귀한 것 네 가지

29-31 위엄 있고 고귀한 것이 셋,
행동거지가 인상 깊은 것이 넷 있다.

어떤 것 앞에서도 물러서지 않는 백수의 왕 사자
당당하고 의젓하게 걷는 수탉
숫염소
위풍당당한 행렬 속에 있는 국가원수.

❧

32-33 네가 모욕하는 말과 무례한 몸짓으로
남의 이목을 끄는 어리석은 짓을 했다면,
누군가가 네 코피를 터뜨려도 놀라지 마라.
우유를 저으면 버터가 되듯
화를 부추기면 주먹다짐을 하게 된다.

when a whore is voted "woman of the
  year,"
when a "girlfriend" replaces a faithful
  wife.

Four Small Wonders

24-28 There are four small creatures,
  wisest of the wise they are—

ants—frail as they are,
  get plenty of food in for the winter;
marmots—vulnerable as they are,
  manage to arrange for rock-solid homes;
locusts—leaderless insects,
  yet they strip the field like an army
  regiment;
lizards—easy enough to catch,
  but they sneak past vigilant palace
  guards.

Four Dignitaries

29-31 There are three solemn dignitaries,
  four that are impressive in their bearing—

a lion, king of the beasts, deferring to
  none;
a rooster, proud and strutting;
a billy goat;
a head of state in stately procession.

❧

32-33 If you're dumb enough to call attention
to yourself
  by offending people and making rude
  gestures,
Don't be surprised if someone bloodies your nose.
  Churned milk turns into butter;
  riled emotions turn into fist fights.

르무엘 왕의 어록

31

¹ 르무엘 왕의 어록
곧 그의 어머니가 그에게 남긴 훌륭한 교훈이다.

²⁻³ "내 아들아, 무엇을 생각하느냐!
내가 낳은 아이야! 내가 하나님께 바친 아들아!
재산을 노리는 여자들,
지도자를 파멸시키는 문란한 여자들에게 네 힘을 쏟지 마라.

⁴⁻⁷ 지도자에게는 포도주를 마시고 맥주를 들이키며
바보짓을 할 여유가 없다.
그랬다가는 곤드레만드레 취해 옳고 그름을 분간하지 못하게 되어,
지도자를 믿고 의지하는 백성이 다치게 된다.
포도주와 맥주는 산송장이나 다름없는 말기 환자의 고통을 가라앉히고
통증을 완화시키는
진정제로만 써라.

⁸⁻⁹ 자기 사정을 알릴 힘이 없는 사람들,
어렵고 힘든 이들의 권리를 대변하여라.
정의를 대변하여라!
가난한 이들과 궁핍한 이들을 대변하여라!"

훌륭한 아내에게 바치는 찬가

¹⁰⁻³¹ 훌륭한 아내는 찾기 어려울 뿐더러
다이아몬드보다 더 가치가 있다.
남편은 아내를 전폭적으로 신뢰하고
그 신뢰에 대해 후회할 일은 생기지 않는다.
아내는 남편에게 악의를 품지 않고
평생 그를 너그럽게 대한다.

Speak Out for Justice

31

¹ The words of King Lemuel,
the strong advice his mother gave him:

²⁻³ "Oh, son of mine, what can you be thinking of!
Child whom I bore! The son I dedicated to God!
Don't dissipate your virility on fortune-hunting women,
promiscuous women who shipwreck leaders.

⁴⁻⁷ "Leaders can't afford to make fools of themselves,
gulping wine and swilling beer,
Lest, hung over, they don't know right from wrong,
and the people who depend on them are hurt.
Use wine and beer only as sedatives,
to kill the pain and dull the ache
Of the terminally ill,
for whom life is a living death.

⁸⁻⁹ "Speak up for the people who have no voice,
for the rights of all the down-and-outers.
Speak out for justice!
Stand up for the poor and destitute!"

Hymn to a Good Wife

¹⁰⁻³¹ A good woman is hard to find,
and worth far more than diamonds.
Her husband trusts her without reserve,
and never has reason to regret it.
Never spiteful, she treats him generously
all her life long.
She shops around for the best yarns and cottons,
and enjoys knitting and sewing.

최상품 털실과 무명실을 찾아
시장을 누비고,
뜨개질과 바느질을 좋아한다.
아내의 모습은 먼 지역으로 항해하여
이국적이고 진기한 상품들을 가져오는
무역선을 연상시킨다.
동트기 전에 일어나 가족을 위해
아침식사를 준비하고, 하루 일과를 계획
한다.
밭을 잘 골라 구입한 뒤
아껴 둔 돈으로 정원을 일군다.
아침부터 일할 채비를 하고
소매를 걷어붙이고 열심히 움직인다.
자기 일의 가치를 알기에
서둘러 하루 일과를 마치는 법이 없다.
집안에 필요한 여러 일들을 능숙하게 해
내고
게으름을 피우지 않는다.
어려운 사람을 보면 재빨리 돕고
가엾은 이를 모르는 체하지 않는다.
가족의 겨울옷을 미리 수선해 놓아
눈이 와도 걱정이 없다.
자신의 옷은
화려한 아마포와 비단으로 손수 지어 입
는다.
남편은 시의 원로들과 함께 심의하며
크게 존경을 받는다.
아내는 겉옷을 만들어 팔고
손수 짠 스웨터를 옷가게에 가져간다.
아내의 옷은 질이 좋고 우아하다.
또한 아내는 언제나 미소를 머금고 내일
을 맞이한다.
말할 때는 귀담아들을 말만 하고
늘 친절한 어조를 유지한다.
집안 사람 모두를 늘 살펴
각자 부지런히 자기 일을 해내도록 돕
는다.
자녀들이 어머니를 존경하고 축복하니

She's like a trading ship that sails to faraway places
   and brings back exotic surprises.
She's up before dawn, preparing breakfast
   for her family and organizing her day.
She looks over a field and buys it,
   then, with money she's put aside, plants a garden.
First thing in the morning, she dresses for work,
   rolls up her sleeves, eager to get started.
She senses the worth of her work,
   is in no hurry to call it quits for the day.
She's skilled in the crafts of home and hearth,
   diligent in homemaking.
She's quick to assist anyone in need,
   reaches out to help the poor.
She doesn't worry about her family when it snows;
   their winter clothes are all mended and ready to wear.
She makes her own clothing,
   and dresses in colorful linens and silks.
Her husband is greatly respected
   when he deliberates with the city fathers.
She designs gowns and sells them,
   brings the sweaters she knits to the dress shops.
Her clothes are well-made and elegant,
   and she always faces tomorrow with a smile.
When she speaks she has something worthwhile to say,
   and she always says it kindly.
She keeps an eye on everyone in her household,
   and keeps them all busy and productive.

남편도 합세하여 이렇게 칭송한다.
"훌륭한 일을 한 여인들이 많지만
당신은 그 누구보다 뛰어나구려!"
매력이 사람을 현혹하고 아름다움은 금세
사라지지만,
하나님을 경외하며 사는 여인은
칭송과 칭찬을 받는다.
마땅히 받아야 할 찬사를 아내에게 돌려라!
아내의 인생을 칭찬으로 꾸며 주어라!

Her children respect and bless her;
    her husband joins in with words of praise:
"Many women have done wonderful things,
    but you've outclassed them all!"
Charm can mislead and beauty soon fades.
    The woman to be admired and praised
    is the woman who lives in the Fear-of-
    GOD.
Give her everything she deserves!
    Festoon her life with praises!

동물들은 생긴 대로 살면서도 만족해하는 것 같다. 그러나 인간들은 다르다. 지금 모습보다 나아지거나 달라질 방법을 끊임없이 모색한다. 신나는 일 없나 시골 구석구석을 다니기도 하고, 의미를 찾아 영혼을 살피기도 하며, 쾌락을 얻으려고 세상을 떠돌기도 한다. 이것도 해보고 저것도 해본다. 그런데 우리가 흔히 시도해 보는 것들은 정해져 있다. 돈, 섹스, 권력, 모험, 지식 등이다.

그 모두가 처음에는 하나같이 대단해 보인다! 그러나 지나고 보면 다 별것 없다. 우리는 더한층 노력하고 애써 보지만, 그럴수록 건지는 것은 오히려 적어질 뿐이다. 어떤 이들은 일찌감치 포기하고 단조로운 삶에 만족하며 살아간다. 또 어떤 이들은 아예 배울 생각도 없는 듯 평생 이 일 저 일을 전전하며 차츰 인간다움을 상실한 채, 죽을 무렵이 되어서는 인간이라 말하기 어려울 정도의 존재가 되어 버린다.

전도서는 이런 허무함의 경험을 증언하는, 어쩌면 세상에서 가장 유명한 책이 아닐까 싶다. 이 책의 신랄한 재치와 더없는 솔직함은 우리의 시선을 사로잡고 주목을 끈다. 사람들은 이 책의 이러한 특성에 주목한다. 정말 그럴 수밖에 없다! 종교인, 비종교인, 신자, 비신자 할 것 없이 다들 주목한다. 그들 중에는 성경에 이와 같은 내용이 들어 있음을 알고 놀라는 사람도 적지 않다.

그러나 전도서가 성경에 들어 있는 이유, 반드시 들어 있어야 하는 이유는 인생에서 자신의 힘으로 뭔가를 이루어 보려는 사람

Unlike the animals, who seem quite content to simply be themselves, we humans are always looking for ways to be more than or other than what we find ourselves to be. We explore the countryside for excitement, search our souls for meaning, shop the world for pleasure. We try this. Then we try that. The usual fields of endeavor are money, sex, power, adventure, and knowledge.

Everything we try is so promising at first! But nothing ever seems to amount to very much. We intensify our efforts—but the harder we work at it, the less we get out of it. Some people give up early and settle for a humdrum life. Others never seem to learn, and so they flail away through a lifetime, becoming less and less human by the year, until by the time they die there is hardly enough humanity left to compose a corpse.

Ecclesiastes is a famous—maybe the world's most famous—witness to this experience of futility. The acerbic wit catches our attention. The stark honesty compels notice. And people do notice—oh, how they notice! Nonreligious and religious alike notice. Unbelievers and believers notice. More than a few of them are surprised to find this kind of thing in the Bible.

But it is most emphatically and necessarily in the Bible in order to call a halt to our various and futile attempts to make

458

들의 갖가지 헛된 시도를 멈추게 하려는 데 있다. 그래야 우리가 하나님께 온전히 관심을 기울이고, 하나님이 누구신지, 그분이 우리를 어떤 값진 존재로 만들려고 하시는지에 집중할 수 있기 때문이다. 전도서는 하나님에 대해 그다지 많이 말하지 않는다. 전도자는 그 일을 성경의 나머지 65권에 맡긴다. 그리고 우리 스스로는 우리 삶의 의미를 찾고 그것을 완성할 능력이 전혀 없다는 사실을 드러낸다.

[탐구자가 말한다.] 연기다. 한낱 연기다!
모든 것이 연기일 뿐 아무것도 아니다.
한평생 일했건만,
한평생 뼈 빠지게 일했건만 무슨 성과가 있는가?
한 세대가 가고 다음 세대가 와도
변하는 것은 없다. 예부터 있던 지구는
여느 때와 다를 바 없이 돌아간다.
해는 떴다가 지고
다시 떴다가 지기를 되풀이한다.
바람은 남쪽으로 불다가 북쪽으로 불고
돌고 돌며 다시 돈다.
이리 불고 저리 불며 늘 변덕스럽다.
모든 강이 바다로 흘러들지만
바다는 가득 차지 않는다.
강물은 옛날부터 흐르던 곳으로 흐르고
처음으로 돌아와 모든 것을 다시 시작한다.
모든 것이 따분하다. 극도로 따분하다.
아무도 그 의미를 찾지 못한다.
눈에도 따분하고
귀에도 따분하다.
이미 있던 것이 다시 있을 것이고
이미 벌어진 일이 다시 벌어질 것이다.
이 세상에 새로운 것은 없다.
해마다 다시 보아도 전에 있던 것이 있을 뿐이다.
누군가 "이봐, 이거 새로운 거야" 하고 법석을 떨어도

something of our lives, so that we can give our full attention to God—who God is and what he does to make something of us. Ecclesiastes actually doesn't say that much about God; the author leaves that to the other sixty-five books of the Bible. His task is to expose our total incapacity to find the meaning and completion of our lives on our own.

Smoke, nothing but smoke. [That's what the Quester says.]
  There's nothing to anything—it's all smoke.
What's there to show for a lifetime of work,
  a lifetime of working your fingers to the bone?
One generation goes its way, the next one arrives,
  but nothing changes—it's business as usual for old planet earth.
The sun comes up and the sun goes down,
  then does it again, and again—the same old round.
The wind blows south, the wind blows north.
  Around and around and around it blows,
  blowing this way, then that—the whirling, erratic wind.
All the rivers flow into the sea,
  but the sea never fills up.
The rivers keep flowing to the same old place,
  and then start all over and do it again.
Everything's boring, utterly boring—
  no one can find any meaning in it.
Boring to the eye,
  boring to the ear.
What was will be again,
  what happened will happen again.
There's nothing new on this earth.
  Year after year it's the same old thing.

흥분하지 마라. 전부터 듣던 이야기일
뿐이다.
아무도 어제 있었던 일을 기억하지 않
는다.
그렇다면 내일 벌어질 일은 어떨까?
내일 일도 아무도 기억하지 않을 테니
기억되기를 바라지 마라(전1:2-11).

우리는 자신의 방법과 뜻에 따라 인간답
게 살아 보려고 아등바등 애쓴다. 그러하
기에 전도서를 반드시 읽어야 한다. 전도
서는 생활방식을 바꾸어 삶의 해답을 찾아
보려는 생각을 깨끗이 쓸어버리고, 예수
그리스도 안에서 자신을 계시하신 하나님
을 맞이하도록 준비하게 한다. 전도서는
세례 요한과 같다. 식사가 아니라 목욕에
해당하고, 영양공급이 아니라 청결이자
회개이며 씻음이다. 전도서는 망상과 감
상, 우상숭배적인 생각과 감정의 찌꺼기들
을 말끔히 벗겨 낸다. 또한 우리 힘으로 우
리 식대로 살 수 있을 것이라는 온갖 오만과
무지한 태도를 까발리고 버리게 만든다.

　지혜로운 이의 말은 우리에게 제대
로 살라고 촉구한다.
　그 말은 잘 박힌 못처럼 인생을 붙들
어 준다.
　그것은 한분 목자이신 하나님의 말
씀이기도 하다.

친구여, 이 밖의 것에 대해서는 너무 무
리해서 연구하지 마라. 책을 출판하는
일은 끝이 없고, 공부만 하다 보면 지쳐
서 공부밖에 못하는 사람이 된다. 나는
할 말을 다 했고 결론은 이것이다.

　하나님을 경외하여라.
　그분이 명하시는 대로 행하여라.

Does someone call out, "Hey, this is new"?
　Don't get excited—it's the same old story.
Nobody remembers what happened yesterday.
　And the things that will happen tomorrow?
Nobody'll remember them either.
　Don't count on being remembered.
　(Ecclesiastes 1:2-11)

It is our propensity to go off on our own, trying
to be human by our own devices and desires,
that makes Ecclesiastes necessary reading.
Ecclesiastes sweeps our souls clean of all
"lifestyle" spiritualities so that we can be ready
for God's visitation revealed in Jesus Christ.
Ecclesiastes is a John-the-Baptist kind of book.
It functions not as a meal but as a bath. It is not
nourishment; it is cleansing. It is repentance. It
is purging. We read Ecclesiastes to get scrubbed
clean from illusion and sentiment, from ideas
that are idolatrous and feelings that cloy. It is
an exposé and rejection of every arrogant and
ignorant expectation that we can live our lives by
ourselves on our own terms.

　The words of the wise prod us to live well.
　They're like nails hammered home, holding
life together.
　They are given by God, the one Shepherd.

But regarding anything beyond this, dear friend,
go easy. There's no end to the publishing of
books, and constant study wears you out so
you're no good for anything else. The last and
final word is this:

Fear God.
Do what he tells you.

이것이 전부다. 결국 하나님은 우리가 하는 모든 일을 환히 드러내시고, 감추어진 의도에 따라 그것의 선함과 악함을 판단하실 것이다(전12:11-14).

전도서는 마음에 드는 목표를 세우고 그것을 열심히 추구하면 멋진 삶을 열매로 거둘 수 있을 것이라는 순진한 낙관주의에 도전장을 내민다. 우리 주위를 맴돌면서 화려하게 유혹하는 온갖 제안들, 모든 것을 약속하지만 결코 그 약속을 지키지 않는 제안들이 저자의 냉철한 회의주의와 참신한 반박 앞에서 그 실체를 분명하게 드러낸다. 그렇게 정리가 되고 나면 비로소 우리는 참된 실재이신 하나님을 맞을 준비가 된다.

["에클레시아스테스"(Ecclesiastes)는 흔히 "설교자"나 "선생"으로 번역되는 그리스어다. 그러나 이 책의 저자는 역사를 통해 드러난 인간의 근본을 자신의 경험에 비추어 제시하는 글쓰기 방식을 사용하고 있기에, 나는 이 단어를 "탐구자"(the Quester)로 번역했다(「개역개정판」 성경은 "전도자"로 번역했다).]

And that's it. Eventually God will bring everything that we do out into the open and judge it according to its hidden intent, whether it's good or evil(Ecclesiastes 12:11-14).

Ecclesiastes challenges the naive optimism that sets a goal that appeals to us and then goes after it with gusto, expecting the result to be a good life. The author's cool skepticism, a refreshing negation to the lush and seductive suggestions swirling around us, promising everything but delivering nothing, clears the air. And once the air is cleared, we are ready for reality—for God.

["Ecclesiastes" is a Greek word that is usually translated "the Preacher" or "the Teacher." Because of the experiential stance of the writing in this book, giving voice to what is so basic among men and women throughout history, I have translated it "the Quester."]

전도서   ECCLESIASTES

모든 것이 헛되다

1 ¹ 다윗의 아들이자 예루살렘 탐구자의 말이다.

²⁻¹¹ [탐구자가 말한다.] 연기다. 한낱 연기다!
모든 것이 연기일 뿐 아무것도 아니다.
한평생 일했건만,
한평생 뼈 빠지게 일했건만 무슨 성과가 있는가?
한 세대가 가고 다음 세대가 와도
변하는 것은 없다. 예부터 있던 지구는 여느 때와 다를 바 없이 돌아간다.
해는 떴다가 지고
다시 떴다가 지기를 되풀이한다.
바람은 남쪽으로 불다가 북쪽으로 불고 돌고 돌며 다시 돈다.
이리 불고 저리 불며 늘 변덕스럽다.
모든 강이 바다로 흘러들지만
바다는 가득 차지 않는다.
강물은 옛날부터 흐르던 곳으로 흐르고 처음으로 돌아와 모든 것을 다시 시작한다.
모든 것이 따분하다. 극도로 따분하다.
아무도 그 의미를 찾지 못한다.
눈에도 따분하고
귀에도 따분하다.

The Quester

1 ¹ These are the words of the Quester, David's son and king in Jerusalem

²⁻¹¹ Smoke, nothing but smoke. [That's what the Quester says.]
  There's nothing to anything—it's all smoke.
What's there to show for a lifetime of work,
  a lifetime of working your fingers to the bone?
One generation goes its way, the next one arrives,
  but nothing changes—it's business as usual for old planet earth.
The sun comes up and the sun goes down,
  then does it again, and again—the same old round.
The wind blows south, the wind blows north.
  Around and around and around it blows,
  blowing this way, then that—the whirling, erratic wind.
All the rivers flow into the sea,
  but the sea never fills up.
The rivers keep flowing to the same old place,
  and then start all over and do it again.

이미 있던 것이 다시 있을 것이고
이미 벌어진 일이 다시 벌어질 것이다.
이 세상에 새로운 것은 없다.
　해마다 다시 보아도 전에 있던 것
이 있을 뿐이다.
　누군가 "이봐, 이거 새로운 거야" 하고
법석을 떨어도
흥분하지 마라. 전부터 듣던 이야기일
뿐이다.
　아무도 어제 있었던 일을 기억하지 않
는다.
　그렇다면 내일 벌어질 일은 어떨까?
내일 일도 아무도 기억하지 않을 테니
기억되기를 바라지 마라.

지혜도 헛되다

12-14 내 이름을 '탐구자'라고 해두자. 나
는 예루살렘에서 이스라엘을 다스리는
왕이었다. 나는 모든 일을 신중하게 살피
고, 이 땅에서 벌어지는 온갖 일을 샅샅이
조사했다. 그러나 분명히 말하지만, 쓸 만
한 내용은 많지 않았다. 하나님은 세상을
그렇게 만만하게 만들어 놓지 않으셨다.
내가 모든 것을 살펴보니, 다 연기에 불과
했다. 연기요, 허공에 침 뱉기였다.

　15 인생은 펴지지 않는 타래송곳,
　더할 수 없는 뺄셈이다.

16-17 나는 스스로에게 말했다. "나는 내
이전에 예루살렘에 살던 어느 누구보다
도 아는 것이 많고 지혜롭다. 나는 지혜와
지식을 쌓았다." 그러나 결국 내가 내린
결론은 지혜와 지식이 부질없고 어리석
은 일이라는 것, 허공에 침 뱉기에 불과하
다는 것이다.

Everything's boring, utterly boring—
　no one can find any meaning in it.
Boring to the eye,
　boring to the ear.
What was will be again,
　what happened will happen again.
There's nothing new on this earth.
　Year after year it's the same old thing.
Does someone call out, "Hey, this is new"?
　Don't get excited—it's the same old story.
Nobody remembers what happened
yesterday.
　And the things that will happen tomor-
　row?
Nobody'll remember them either.
　Don't count on being remembered.

I've Seen It All

12-14 Call me "the Quester." I've been king
over Israel in Jerusalem. I looked most
carefully into everything, searched out all
that is done on this earth. And let me tell
you, there's not much to write home about.
God hasn't made it easy for us. I've seen it
all and it's nothing but smoke—smoke, and
spitting into the wind.

　15 Life's a corkscrew that can't be straight-
　ened,
　A minus that won't add up.

16-17 I said to myself, "I know more and I'm
wiser than anyone before me in Jerusalem.
I've stockpiled wisdom and knowledge."
What I've finally concluded is that so-called
wisdom and knowledge are mindless and
witless—nothing but spitting into the wind.

¹⁸ 많이 배우면 걱정도 많고
많이 알수록 고통도 늘어난다.

즐거움도 한낱 연기다

2 ¹⁻³ 나는 스스로에게 말했다. "한번 해보자. 실험 삼아 쾌락을 누리고 즐거운 시간을 보내자!" 그러나 거기에 남은 것은 아무것도 없었다. 한낱 연기뿐이었다.

재미 넘치는 삶을 어떻게 생각하느냐고?
미친 짓이다! 어리석은 짓이다!
행복 추구는 어떠냐고? 그것이 누구에게
필요하단 말인가?
나는 술 한 병과
동원할 수 있는 모든 지혜의 도움을 받아
인생의 부조리를 꿰뚫어 보기 위해
내 수준에서 최선을 다했다.
나는 인간이 이 세상을 사는 동안 어떤
유용한 일을
할 수 있는지 알고 싶었다.

⁴⁻⁸ 나는 여러 큰일을 했다.
가옥을 여러 채 짓고
포도원을 일구고
정원과 공원을 설계하고
그 안에 온갖 과일나무를 심고
저수지를 만들어
나무들이 자라는 숲에 물을 댔다.
남녀 종들을 사들였고
그들이 자녀를 낳아 종의 수가 늘어났다.
나는 내 이전에 예루살렘에 살던
어느 누구보다도 많은 소 떼와 양 떼를
손에 넣었다.
은과 금
여러 나라의 왕들이 바친 보물을 모았고
노래를 즐기려고 가수들을 모았고
모든 즐거움 중에서도 가장 강렬한 즐거움을 얻고자

¹⁸ Much learning earns you much trouble.
The more you know, the more you hurt.

2 ¹⁻³ I said to myself, "Let's go for it—experiment with pleasure, have a good time!" But there was nothing to it, nothing but smoke.

What do I think of the fun-filled life?
Insane! Inane!
  My verdict on the pursuit of happiness?
  Who needs it?
With the help of a bottle of wine
  and all the wisdom I could muster,
I tried my level best
  to penetrate the absurdity of life.
I wanted to get a handle on anything useful
we mortals might do
  during the years we spend on this earth.

I Never Said No to Myself

⁴⁻⁸ Oh, I did great things:
built houses,
planted vineyards,
designed gardens and parks
  and planted a variety of fruit trees in them,
made pools of water
  to irrigate the groves of trees.
I bought slaves, male and female,
  who had children, giving me even more slaves;
then I acquired large herds and flocks,
  larger than any before me in Jerusalem.
I piled up silver and gold,
  loot from kings and kingdoms.
I gathered a chorus of singers to entertain me with song,

관능적인 여자들을 곁에 많이 두었다.

9-10 오, 얼마나 번창했던가! 나는 예루살렘에서 통치했던 그 어떤 선왕보다 압도적으로 우위에 있었다. 더욱이, 나는 명석한 두뇌를 갖고 있었다. 내가 원하는 것은 다 가졌고, 나 자신에게 어떤 것도 금하지 않았다. 모든 충동에 굴복했고 다 받아들였다. 내가 벌인 모든 일에서 그지없는 즐거움을 맛보았다. 그것은 고된 하루 일과 끝에 스스로에게 주는 보상이었다!

11 그 다음, 나는 내가 이룬 모든 일, 모든 땀방울과 노고를 찬찬히 들여다보았다. 그러나 연기밖에 보이지 않았다. 연기요, 허공에 침 뱉기였다. 그 모든 일에는 아무 의미도 없었다. 아무 의미도.

12-14 그 다음, 나는 똑똑한 것과 어리석은 것을 골똘히 살폈다. 왕이 된 다음에 무슨 할 일이 있겠냐고? 왕 노릇은 힘들다. 할 수 있는 일을 할 뿐이지만, 빛이 어둠보다 낫듯 어리석은 것보다는 똑똑한 것이 낫다. 똑똑한 사람은 자기가 어디로 가는지 알고 어리석은 자는 어둠 속을 더듬는다. 하지만 결국에는 둘 다 매한가지다. 모두가 같은 운명을 맞이한다. 그렇지 않은가.

15-16 내 운명이 미련한 자의 운명과 같다는 사실을 깨달았을 때, 나는 이렇게 물을 수밖에 없었다. "그럼 뭐하러 애써 지혜로워지려는 거지?" 모두 연기에 불과하다. 똑똑한 자와 어리석은 자가 모두 시야에서 사라진다. 하루 이틀 지나면 둘 다 잊히고 만다. 그렇다. 똑똑한 자든 어리석은 자든 모두 죽는다. 그것이 세상의 이치다.

17 나는 사는 것이 싫다. 내가 볼 때, 세상에서 하는 일은 하나같이 밑지는 장사다. 모두 연기요, 허공에 침 뱉기다.

and—most exquisite of all pleasures— voluptuous maidens for my bed.

9-10 Oh, how I prospered! I left all my predecessors in Jerusalem far behind, left them behind in the dust. What's more, I kept a clear head through it all. Everything I wanted I took—I never said no to myself. I gave in to every impulse, held back nothing. I sucked the marrow of pleasure out of every task—my reward to myself for a hard day's work!

I Hate Life

11 Then I took a good look at everything I'd done, looked at all the sweat and hard work. But when I looked, I saw nothing but smoke. Smoke and spitting into the wind. There was nothing to any of it. Nothing.

12-14 And then I took a hard look at what's smart and what's stupid. What's left to do after you've been king? That's a hard act to follow. You just do what you can, and that's it. But I did see that it's better to be smart than stupid, just as light is better than darkness. Even so, though the smart ones see where they're going and the stupid ones grope in the dark, they're all the same in the end. One fate for all—and that's it.

15-16 When I realized that my fate's the same as the fool's, I had to ask myself, "So why bother being wise?" It's all smoke, nothing but smoke. The smart and the stupid both disappear out of sight. In a day or two they're both forgotten. Yes, both the smart and the stupid die, and that's it.

17 I hate life. As far as I can see, what happens on earth is a bad business. It's smoke—and spitting into the wind.

수고도 한낱 연기다

18-19 내가 이 세상에서 성취하고 쌓아 올린 모든 것이 싫어졌다. 저세상에 갈 때 그것을 가져갈 수 없고, 내 뒤에 올 사람에게 물려주어야 한다. 내가 골똘하게 생각하고 수고하여 이 땅에서 이룬 결과물을, 자격이 있을지 없을지 모르는 누군가가 차지할 것이다. 이 또한 연기일 뿐이다.

20-23 그래서 나는 하던 일을 그만두었고, 이 세상에서 바랄 수 있는 모든 것에 대한 기대를 접었다. 수고해서 얻은 모든 것을 손가락 하나 까딱하지 않은 누군가에게 넘겨줘야 한다면, 뼈 빠지게 일하는 것이 무슨 소용이란 말인가? 한낱 연기일 뿐이다. 처음부터 끝까지 밑지는 장사다. 힘들게 일하는 인생에서 얻는 것이 무엇이겠는가? 동틀 녘부터 해질 녘까지 고통과 슬픔이 이어진다. 하룻밤도 편히 쉬지 못한다. 모든 것이 한낱 연기일 뿐이다.

24-26 즐거운 시간을 보내며 최대한 잘 지내는 것, 이것이 바로 우리가 인생에서 할 수 있는 최선이다. 내가 볼 때, 그것이 하나님이 인생에 정해 주신 운명이다. 잘 먹든지 못 먹든지, 하나님께 달렸다. 하나님이 아끼시는 이들은 지혜와 지식과 기쁨을 얻지만, 죄인들은 힘들게 일하는 인생을 살다가 결국에는 하나님이 아끼시는 이들에게 모은 것을 모두 넘겨준다. 모두가 한낱 연기요, 허공에 침 뱉기일 뿐이다.

모든 것에는 알맞은 때가 있다

3 ¹ 어떤 일이든 적절한 때가 있고, 세상 모든 것에 알맞은 때가 있다.

2-8 태어날 때가 있고 죽을 때가 있다.
심을 때가 있고 수확할 때가 있다.
죽일 때가 있고 치료할 때가 있다.
파괴할 때가 있고 건설할 때가 있다.

18-19 And I hated everything I'd accomplished and accumulated on this earth. I can't take it with me—no, I have to leave it to whoever comes after me. Whether they're worthy or worthless—and who's to tell?—they'll take over the earthly results of my intense thinking and hard work. Smoke.

20-23 That's when I called it quits, gave up on anything that could be hoped for on this earth. What's the point of working your fingers to the bone if you hand over what you worked for to someone who never lifted a finger for it? Smoke, that's what it is. A bad business from start to finish. So what do you get from a life of hard labor? Pain and grief from dawn to dusk. Never a decent night's rest. Nothing but smoke.

24-26 The best you can do with your life is have a good time and get by the best you can. The way I see it, that's it—divine fate. Whether we feast or fast, it's up to God. God may give wisdom and knowledge and joy to his favorites, but sinners are assigned a life of hard labor, and end up turning their wages over to God's favorites. Nothing but smoke—and spitting into the wind.

There's a Right Time for Everything

3 ¹ There's an opportune time to do things, a right time for everything on the earth:

2-8 A right time for birth and another for death,
A right time to plant and another to reap,
A right time to kill and another to heal,
A right time to destroy and another to construct,

울어야 할 때가 있고 웃어야 할 때가 있다.
탄식할 때가 있고 환호할 때가 있다.
사랑을 나눌 때가 있고 멀리할 때가 있다.
껴안을 때가 있고 떨어질 때가 있다.
찾을 때가 있고 포기할 때가 있다.
붙잡을 때가 있고 놓아 보낼 때가 있다.
찢을 때가 있고 꿰맬 때가 있다.
입을 다물 때가 있고 큰소리로 말할 때가
있다.
사랑할 때가 있고 미워할 때가 있다.
전쟁을 벌일 때가 있고 화친을 할 때가
있다.

9-13 하지만 누가 무슨 일을 한들 결국 달라질 게 있을까? 하나님이 우리에게 맡기신 일을 자세히 살펴보니, 대부분 바쁜 일로 수고하는 기색이 역력했다. 참으로 하나님은 모든 것을 제때에 그 자체로 아름답게 만드셨다. 하지만 그분은 우리를 무지 가운데 두셨고, 그래서 하나님이 무슨 일을 하시는지, 오시는지 가시는지 알 수 없다. 나는 살아가면서 좋은 시간을 보내고 여러 좋은 것들을 누리는 것보다 나은 것이 없다는 결론을 내리게 되었다. 그렇다. 먹고, 마시고, 자기 일에 최선을 다하여라. 그것이 하나님의 선물이다.

14 내가 내린 또 하나의 결론은, 하나님이 행하시는 모든 일은 항상 그대로 이루어진다는 것이다. 거기에 무엇을 보탤 수도, 뺄 수도 없다. 하나님이 그렇게 정하셨고 그것으로 끝이다. 이것은 질문을 그치고 거룩한 두려움으로 하나님을 예배하라는 뜻이다.

15 전에 있던 것이 지금 있고
지금 있는 것이 장차 있을 것이다.
하나님이 하시는 일은 늘 이와 같다.

A right time to cry and another to laugh,
A right time to lament and another to cheer,
A right time to make love and another to abstain,
A right time to embrace and another to part,
A right time to search and another to count your losses,
A right time to hold on and another to let go,
A right time to rip out and another to mend,
A right time to shut up and another to speak up,
A right time to love and another to hate,
A right time to wage war and another to make peace.

9-13 But in the end, does it really make a difference what anyone does? I've had a good look at what God has given us to do—busywork, mostly. True, God made everything beautiful in itself and in its time—but he's left us in the dark, so we can never know what God is up to, whether he's coming or going. I've decided that there's nothing better to do than go ahead and have a good time and get the most we can out of life. That's it—eat, drink, and make the most of your job. It's God's gift.

14 I've also concluded that whatever God does, that's the way it's going to be, always. No addition, no subtraction. God's done it and that's it. That's so we'll quit asking questions and simply worship in holy fear.

15 Whatever was, is.
Whatever will be, is.
That's how it always is with God.

16-18 나는 세상에서 일어나는 일들도 자세히 살펴보았다. 그랬더니 재판하는 곳, 의로움이 있어야 할 자리가 심히 부패해 있었다! 나는 이렇게 생각했다. "하나님이 친히 의인과 악인을 심판하실 것이다." 모든 일, 모든 행위에는 합당한 때가 있다. 그 무엇도 그 때를 피해 갈 수 없다. 나는 또 인간에 관해 이렇게 생각했다. "하나님은 우리를 시험하시고, 우리가 짐승에 불과함을 드러내신다."

19-22 인간과 짐승의 결국은 같다. 인간도 죽고, 짐승도 죽는다. 모두가 같은 공기를 호흡한다. 그러니 인간이라고 해서 나을 것이 전혀 없다. 모든 것이 연기다. 우리 모두 결국 같은 장소에 이른다. 모두 먼지로부터 와서 먼지로 끝난다. 인간의 영이 하늘로 올라가는지, 짐승의 영이 땅으로 내려가는지, 누구도 확실히 알지 못한다. 그래서 나는 우리가 하는 일을 즐겁게 감당하는 것이 최고라는 결론을 내렸다. 그것이 우리의 몫이다. 인생에 그 외의 다른 것이 있을까?

폭력, 수고, 친구

1-3 또 나는 이 세상에서 이루어지는 온갖 잔인무도한 폭력을 보았다. 피해자들이 눈물을 흘리는데 그들을 위로할 자가 없었다. 압제자들의 무지막지한 손아귀에서 그들을 구해 낼 자가 없었다. 지금 살아 있는 자들보다 이미 죽은 자들의 처지가 더 낫다는 생각이 들었다. 그러나 아직 세상에 태어나지 않아 이 땅에서 벌어지는 몹쓸 일을 본 적이 없는 사람이 가장 운이 좋다.

4 나는 온갖 노력과 야심이 시기심에서 나온다는 것도 알게 되었다. 얼마나 허무한 일인가! 이 역시 연기요, 허공에 침 뱉기일 뿐이다.

God's Testing Us

16-18 I took another good look at what's going on: The very place of judgment—corrupt! The place of righteousness—corrupt! I said to myself, "God will judge righteous and wicked." There's a right time for every thing, every deed—and there's no getting around it. I said to myself regarding the human race, "God's testing the lot of us, showing us up as nothing but animals."

19-22 Humans and animals come to the same end—humans die, animals die. We all breathe the same air. So there's really no advantage in being human. None. Everything's smoke. We all end up in the same place—we all came from dust, we all end up as dust. Nobody knows for sure that the human spirit rises to heaven or that the animal spirit sinks into the earth. So I made up my mind that there's nothing better for us men and women than to have a good time in whatever we do—that's our lot. Who knows if there's anything else to life?

Slow Suicide

1-3 Next I turned my attention to all the outrageous violence that takes place on this planet—the tears of the victims, no one to comfort them; the iron grip of oppressors, no one to rescue the victims from them. So I congratulated the dead who are already dead instead of the living who are still alive. But luckier than the dead or the living is the person who has never even been, who has never seen the bad business that takes place on this earth.

4 Then I observed all the work and ambition motivated by envy. What a waste! Smoke. And spitting into the wind.

5 어리석은 자는 편안히 앉아 느긋하게 쉬니
그의 게으름은 서서히 이루어지는 자살행
위다.

6 가진 것이 한 줌밖에 없어도 편히 쉴 수 있
는 사람이
두 손 가득 쥐고도 걱정에 찌들어 일하는 사
람보다 낫다.
그렇게 일해도 결국에는 허공에 침 뱉는 것
과 같기 때문이다.

7-8 나는 허무를 향해 가는 또 한 줄기의 연기
를 보았다. 자녀도 가족도 친구도 없이, 밤늦
도록 집요하게 일만 하는 외톨이다. 그는 더
많이 가지려는 탐욕에 사로잡혀 있을 뿐, 결코
이렇게 묻지 않는다. "왜 나는 즐기지도 못한
채 이렇게 열심히 일하는 걸까?" 그의 일은 연
기다. 결국에는 아무것도 남지 않는다.

9-10 혼자 일하는 것보다 파트너가 있는 편
이 낫다.
일도 나누고, 재산도 나누라.
한 사람이 쓰러지면 나머지 사람이 도울 수
있지만
도와줄 사람이 없으면 고달프기 짝이 없다!

11 둘이 한 침대에 누우면 따뜻하지만
혼자서는 밤새 떨어야 한다.

12 혼자서는 무방비 상태이지만
친구와 함께라면 그 어떤 것에도 맞설 수
있다.
친구를 하나 더 만들 수 있는가?
세 겹 줄은 쉽게 끊어지지 않는다.

❦

13-16 가난해도 지혜로운 젊은이가 나이가 많
으면서도 사리분별 못하는 어리석은 왕보다

5 The fool sits back and takes it easy,
His sloth is slow suicide.

6 One handful of peaceful repose
Is better than two fistfuls of worried
work—
More spitting into the wind.

Why Am I Working Like a Dog?

7-8 I turned my head and saw yet another
wisp of smoke on its way to nothingness:
a solitary person, completely alone—
no children, no family, no friends—
yet working obsessively late into the
night, compulsively greedy for more and
more, never bothering to ask, "Why am
I working like a dog, never having any
fun? And who cares?" More smoke. A
bad business.

9-10 It's better to have a partner than
go it alone.
Share the work, share the wealth.
And if one falls down, the other helps,
But if there's no one to help, tough!

11 Two in a bed warm each other.
Alone, you shiver all night.

12 By yourself you're unprotected.
With a friend you can face the worst.
Can you round up a third?
A three-stranded rope isn't easily
snapped.

❦

13-16 A poor youngster with some wisdom
is better off than an old but foolish king

낫다. 나는 이런 젊은이가 아무것도 없이 빈털터리로 시작했다가 부자가 되는 것을 보았다. 이 젊은이가 왕위를 잇자 모든 사람이 열렬히 그의 다스림에 따랐다. 그러나 열기는 금세 가라앉았고 백성의 무리는 곧 흥미를 잃었다. 이것 또한 연기에 불과하지 않은가? 허공에 침 뱉기가 아닌가?

하나님을 경외하여라

5 ¹ 하나님의 집에 들어갈 때는 발걸음을 조심하여라.
그분께 배우겠다는 겸손한 마음을 품어라. 그것이 생각 없이 제물을
바쳐서, 유익은커녕 해만 끼치는 것보다 훨씬 낫다.

² 함부로 입을 놀리거나 생각 없이 말하지 마라.
하나님이 듣고 싶어 하실 말을 어림짐작하여 성급하게 늘어놓지 마라.
네가 아니라 하나님께 주도권이 있으니, 너는 말을 적게 할수록 좋다.

³ 과로하면 숙면을 취하지 못하고
말이 많으면 바보처럼 보인다.

⁴⁻⁵ 무엇인가 하겠다고 하나님께 약속했으면 즉시 행하여라.
하나님은 함부로 말하는 어리석은 사람을 좋아하지 않으신다. 서원을 했으면 지켜라.
서원을 하고도 지키지 않으니 애초에 서원하지 않는 편이 훨씬 낫다.

⁶ 입을 잘못 놀려 영락없는 죄인이 되는 일이 없게 하여라.
나중에 가서 "죄송해요. 그런 뜻이 아

who doesn't know which end is up. I saw a youth just like this start with nothing and go from rags to riches, and I saw everyone rally to the rule of this young successor to the king. Even so, the excitement died quickly, the throngs of people soon lost interest. Can't you see it's only smoke? And spitting into the wind?

God's in Charge, Not You

5 ¹ Watch your step when you enter God's house.
Enter to learn. That's far better than mindlessly offering a sacrifice,
Doing more harm than good.

² Don't shoot off your mouth, or speak before you think.
Don't be too quick to tell God what you think he wants to hear.
God's in charge, not you—the less you speak, the better.

³ Overwork makes for restless sleep.
Overtalk shows you up as a fool.

⁴⁻⁵ When you tell God you'll do something, do it—now.
God takes no pleasure in foolish gabble.
Vow it, then do it.
Far better not to vow in the first place than to vow and not pay up.

⁶ Don't let your mouth make a total sinner of you.
When called to account, you won't get by with
"Sorry, I didn't mean it."

니었어요" 하고 말해 본들
그냥 넘어갈 수 없을 것이다.
어쩌자고 하나님의 진노를 사며 화를 자
초하는가?

7 그러나 온갖 망상과 환상과 공허한 말에
휘둘리지 않게 해줄
반석 같은 기초가 있다. 그것은 하나님을
경외하는 것이다!

재물 또한 연기일 뿐이다

8-9 가난한 이들이 학대를 당하고 정의와 공
의가 유린되는 광경을 도처에서 보더라도 너
무 안타까워하지 마라. 착취는 하급 관리들
사이에 널리 퍼져 있고, 한도 끝도 없어서 어
찌할 도리가 없다. 그러나 대지는 누구도 속
이지 않는다. 악한 왕도 밭에서 나는 곡식을
먹는다.

10 돈을 사랑하는 자는 돈으로 만족하는
법이 없고
재산을 사랑하는 자는 아무리 큰돈을 벌어
도 만족하지 못한다. 재물 또한 연기일 뿐
이다.

11 네가 부정이득을 얻을수록 그것을 노리
는 자도 많아진다.
환한 대낮에 가진 것을 털리는 일이 과연
재미가 있겠는가?

12 저녁식사로 콩을 먹든 불고기를 먹든
열심히 정직하게 일하면 밤잠이 달콤하다.
그러나 부자는 배가 불러 불면증에 시달린다.

13-17 나는 이런 불운한 일도 보았다.
어떤 사람이 분에 넘치도록 재산을 쌓다가
한 번의 잘못된 거래로 전 재산을 날렸다.
자식이 있었지만 한 푼도 남겨 주지 못했다.

Why risk provoking God to angry
retaliation?

7 But against all illusion and fantasy
and empty talk
There's always this rock foundation:
Fear God!

A Salary of Smoke

8-9 Don't be too upset when you see the
poor kicked around, and justice and right
violated all over the place. Exploitation
filters down from one petty official to
another. There's no end to it, and nothing
can be done about it. But the good earth
doesn't cheat anyone—even a bad king is
honestly served by a field.

10 The one who loves money is never
satisfied with money,
Nor the one who loves wealth with big
profits. More smoke.

11 The more loot you get, the more looters
show up.
And what fun is that—to be robbed in
broad daylight?

12 Hard and honest work earns a good
night's sleep,
Whether supper is beans or steak.
But a rich man's belly gives him insom-
nia.

13-17 Here's a piece of bad luck I've seen
happen:
A man hoards far more wealth than is
good for him

어머니의 태에서 맨몸으로 나왔는데,
올 때와 똑같이 맨몸으로 세상을 떠나
게 되었다.
맨몸으로 왔다가 맨몸으로 떠나다니,
참으로 안타까운 일이다.
얻는 것이 결국 연기뿐이라면 열심히
일할 이유가 무엇인가?
어둠 속에서 보내는 비참한 세월을 위
해 일하는가?

18-20 세상이 돌아가는 모양을 살핀 후에,
나는 가장 잘사는 방법이 무엇인지 결론
을 내렸다. 자기 몸 간수 잘하고, 즐거운
시간을 보내고, 하나님이 생명을 허락하
시는 동안 자신이 맡은 일을 최대한 잘
감당하는 것이다. 그것이 전부다. 그것이
사람이 받을 몫이다. 물론 우리는 하나님
이 주시는 바, 자신의 본분과 그것을 누
릴 능력을 최대한 활용하여 주어진 상황
을 받아들이고 즐거운 마음으로 일해야
한다. 이것이 하나님의 선물이다! 하나
님은 바로 지금, 우리에게 기쁨을 나누어
주신다. 우리가 얼마나 오래 살지 걱정하
는 것은 부질없는 일이다.

6 1-2 나는 이 세상에서 벌어지는
일을 오랫동안 열심히 살펴보았
다. 분명히 말하지만, 상황이 좋지 않다.
사람들도 그것을 느낀다. 하나님은 돈과
재물과 명예 등 어떤 사람들이 바라고 꿈
꾸는 모든 것을 그들에게 쏟아부어 주시
고는, 정작 그것을 누리지 못하게 하신
다. 엉뚱한 사람이 와서 그 모든 것을 즐
긴다. 재물을 얻는 것 역시 연기 같은 일
이다. 우리에게 남는 것이 없다.
3-5 자녀를 수십 명 낳고 오래오래 살다
가 성대한 장례식으로 마지막을 장식한

And then loses it all in a bad business deal.
He fathered a child but hasn't a cent left to
give him.
He arrived naked from the womb of his
mother;
He'll leave in the same condition—with
nothing.
This is bad luck, for sure—naked he came,
naked he went.
So what was the point of working for a salary
of smoke?
All for a miserable life spent in the dark?

Make the Most of What God Gives
18-20 After looking at the way things are on this
earth, here's what I've decided is the best way
to live: Take care of yourself, have a good time,
and make the most of whatever job you have
for as long as God gives you life. And that's
about it. That's the human lot. Yes, we should
make the most of what God gives, both the
bounty and the capacity to enjoy it, accepting
what's given and delighting in the work. It's
God's gift! God deals out joy in the present,
the *now*. It's useless to brood over how long
we might live.

Things Are Bad
6 1-2 I looked long and hard at what goes
on around here, and let me tell you,
things are bad. And people feel it. There are
people, for instance, on whom God showers
everything—money, property, reputation—
all they ever wanted or dreamed of. And then
God doesn't let them enjoy it. Some stranger
comes along and has all the fun. It's more of
what I'm calling *smoke*. A bad business.
3-5 Say a couple have scores of children

부부가 있다. 그러나 그들이 살아 있는 동안 인생을 즐기지 못했다면, 차라리 사산아의 처지가 더 낫다고 할 수 있다. 그 아이는 제 대로 모습을 갖추기도 전에 어둠 속으로 사라졌고, 이름을 얻지 못했다. 아무것도 보지 못했고 알지도 못했지만, 그 아이가 살아 있는 어떤 사람보다 형편이 낫다.

6 사람이 천 년을 산들, 아니 이천 년을 산다 한들, 삶의 즐거움도 누리지 못한다면 무슨 의미가 있겠는가? 마침내는 다들 같은 곳으로 가지 않는가?

7 우리는 식욕을 채우고자 일하지만,
우리 영혼은 그동안 굶주림에 허덕인다.

8-9 그러면 지혜로운 이가 어리석은 자보다 나은 것이 무엇이고, 근근이 살아가는 가난뱅이보다 나은 것이 무엇인가? 무엇이든 당장 손에 닿는 것을 붙들어라. 시간이 가면 더 좋은 것이 나올 것이라 생각하지 마라. 그 모두가 연기요, 허공에 침 뱉기일 뿐이다.

10 무슨 일이든 생길 일이 생기는 것이다.
그 일의 운명은 정해져 있다.
운명에 따질 수는 없다.

11-12 말이 많아질수록 공중에 연기만 늘어난다. 그렇게 해서 누군가의 형편이 조금이라도 나아졌는가? 연기와 그림자처럼 초라하게 사는 우리에게 무엇이 최선인지 누가 알겠는가? 우리 생애의 다음 장을 누가 알려 주겠는가?

지혜로운 이와 어리석은 자

7 ¹ 좋은 평판이 두둑한 은행계좌보다 낫고
태어난 날보다 죽는 날이 더 의미심장하다.

and live a long, long life but never enjoy themselves—even though they end up with a big funeral! I'd say that a stillborn baby gets the better deal. It gets its start in a mist and ends up in the dark—unnamed. It sees nothing and knows nothing, but is better off by far than anyone living.

6 Even if someone lived a thousand years—make it two thousand!—but didn't enjoy anything, what's the point? Doesn't everyone end up in the same place?

7 We work to feed our appetites;
Meanwhile our souls go hungry.

8-9 So what advantage has a sage over a fool, or over some poor wretch who barely gets by? Just grab whatever you can while you can; don't assume something better might turn up by and by. All it amounts to anyway is smoke. And spitting into the wind.

10 Whatever happens, happens. Its destiny is fixed.
You can't argue with fate.

11-12 The more words that are spoken, the more smoke there is in the air. And who is any better off? And who knows what's best for us as we live out our meager smoke-and-shadow lives? And who can tell any of us the next chapter of our lives?

Don't Take Anything for Granted

7 ¹ A good reputation is better than a fat bank account.
Your death date tells more than your birth date.

² 잔치보다 장례식에서 더 많은 것을 배운다.
결국에는 우리도 장례식으로 인생을 마무
리할 테니,
그곳에 가면 무엇인가 발견하게 될 것이다.

³ 우는 것이 웃는 것보다 낫다.
얼굴은 얼룩져도 마음은 깨끗이 씻어 준다.

⁴ 지혜로운 이는 아픔과 슬픔에 몰두하지만
어리석은 자는 즐거움과 놀이로 인생을 낭
비한다.

⁵ 어리석은 자들의 노래와 춤보다
지혜로운 이의 책망에서 얻는 것이 더 많다.

⁶ 어리석은 자들의 키득거림은 가마솥 밑
에서 타는 잔가지 소리 같고,
흩어져 없어질 연기 같다.

⁷ 잔인한 학대는 지혜로운 사람의 총기를
앗아 가고
아무리 용감한 사람이라도 무너뜨린다.

⁸ 시작보다 끝이 낫다.
돋보이는 것보다 끈질긴 것이 낫다.

⁹ 성급하게 화를 내지 마라.
분노는 부메랑이 되어 돌아온다. 머리에 난
혹으로 어리석은 자를 알아볼 수 있다.

¹⁰ "좋은 시절 어디 갔나?" 하고 자꾸만 묻
지 마라.
지혜로운 사람은 그런 질문을 하지 않는다.

¹¹⁻¹² 지혜도 좋지만 돈까지 있으면 더 좋다.
특히 살아 있는 동안에 둘 다 얻으면 더 좋다.
지혜와 부, 이 둘은 이중 보호장치와 같다!
게다가 지혜를 얻는 자는 활력까지 덤으로

² You learn more at a funeral than at a
feast—
After all, that's where we'll end up. We
might discover
something from it.

³ Crying is better than laughing.
It blotches the face but it scours the heart.

⁴ Sages invest themselves in hurt and
grieving.
Fools waste their lives in fun and games.

⁵ You'll get more from the rebuke of a sage
Than from the song and dance of fools.

⁶ The giggles of fools are like the crack-
ling of twigs
Under the cooking pot. And like smoke.

⁷ Brutality stupefies even the wise
And destroys the strongest heart.

⁸ Endings are better than beginnings.
Sticking to it is better than standing out.

⁹ Don't be quick to fly off the handle.
Anger boomerangs. You can spot a fool
by the lumps on his head.

¹⁰ Don't always be asking, "Where are
the good old days?"
Wise folks don't ask questions like that.

¹¹⁻¹² Wisdom is better when it's paired
with money,
Especially if you get both while you're
still living.

얻는다.

13 하나님께서 행하시는 일을 잘 들여다 보아라.
창조주가 구부려 놓으시고 비뚤비뚤하게 해놓으신 것을
누가 곧게 펼 수 있겠는가?

14 좋은 날에는 즐겁게 보내고
나쁜 날에는 양심을 살펴보아라.
하나님은 두 날을 다 마련해 놓으셨으니,
어떤 것도 당연하게 여기지 않게 하시려는 것이다.

15-17 짧고 헛된 인생을 살면서 나는 다 보았다. 착한 사람이 착한 일을 하다가 쓰러지기도 하고, 나쁜 사람이 그지없이 악한 일을 하면서 오래 살기도 한다. 그러니 착하게 살려고 너무 무리하지 말고, 너무 지혜롭게 되지도 마라. 그래 봤자 아무것도 얻지 못한다. 그러나 못되게 살아서 일부러 위험한 길을 택하지는 마라. 쓸데없이 명을 재촉할 까닭이 무엇인가?

18 이것도 잡고 저것도 놓치지 않는 것이 제일이다. 하나님을 경외하는 사람은 현실의 한 부분만 붙들지 않고, 모든 면을 책임감 있게 아우른다.

19 지혜는 지혜로운 한 사람에게
성을 지키는 열 명의 힘센 자보다 더 큰 힘을 준다.

20 이 세상에는 완전히 선한 사람,
완벽하게 순수하고 죄 없는 사람이 하나도 없다.

21-22 남의 대화를 엿듣지 마라.
너에 대한 듣고 싶지 않은 험담이라도

Double protection: wisdom and wealth!
Plus this bonus: Wisdom energizes its owner.

13 Take a good look at God's work.
Who could simplify and reduce Creation's curves and angles
To a plain straight line?

14 On a good day, enjoy yourself;
On a bad day, examine your conscience.
God arranges for both kinds of days
So that we won't take anything for granted.

Stay in Touch with Both Sides

15-17 I've seen it all in my brief and pointless life—here a good person cut down in the middle of doing good, there a bad person living a long life of sheer evil. So don't knock yourself out being good, and don't go overboard being wise. Believe me, you won't get anything out of it. But don't press your luck by being bad, either. And don't be reckless. Why die needlessly?

18 It's best to stay in touch with both sides of an issue. A person who fears God deals responsibly with all of reality, not just a piece of it.

19 Wisdom puts more strength in one wise person
Than ten strong men give to a city.

20 There's not one totally good person on earth,
Not one who is truly pure and sinless.

21-22 Don't eavesdrop on the conversation

나오면 어쩌려는가?

너도 몇 번 그래 본 적 있지 않은가?
면전에서 못 할 말을
당사자가 없는 자리에서는 하지 않았
는가?

23-25 나는 지혜를 구하고자 모든 것을 시
험해 보았다. 지혜롭게 되고자 했지만,
지혜는 내가 닿기에는 너무 멀었고 내가
헤아리기에는 너무 깊었다! 지혜를 온전
히 찾아낸 사람이 있을까? 나는 온 힘을
다해 집중하여 지혜, 곧 인생의 의미를
연구하고 살피고 구했다. 악과 우둔함,
어리석음과 광기가 무엇인지도 알고 싶
었다.

26-29 그리하여 한 가지를 발견했다. 남
자를 유혹해 마음대로 할 계략을 꾸미
는 여자는 감당 못할 존재라는 사실이
다. 운 좋은 사람은 그런 여자를 피하지
만, 우둔한 자는 붙잡히고 만다. 이것은
경험으로 알게 된 것이요, 인생의 의미
를 탐구하다 알게 된 바를 종합한 내용
이다. 그러나 내가 찾던 지혜는 발견하
지 못했다. 지혜롭다고 할 만한 사람은
천 명 중에서 한 명도 찾아내지 못했다.
하지만 답답함 속에서 나는 한 줄기 깨
달음을 얻었다. 하나님은 사람을 참되고
올바르게 만드셨지만, 우리가 상황을 엉
망진창으로 만들었다는 사실이다.

8 ¹ 지혜롭게 되어
인생의 의미를 해석할 줄 아는 것
만큼 좋은 일은 없다.
지혜는 사람의 눈을 빛나게 해주고
말과 행실을 부드럽게 해준다.

of others.

What if the gossip's about you and you'd
rather not hear it?

You've done that a few times, haven't you—
said things

Behind someone's back you wouldn't say to
his face?

How to Interpret the Meaning of Life

23-25 I tested everything in my search for
wisdom. I set out to be wise, but it was beyond
me, far beyond me, and deep—oh so deep!
Does anyone ever find it? I concentrated with
all my might, studying and exploring and
seeking wisdom—the meaning of life. I also
wanted to identify evil and stupidity, foolish-
ness and craziness.

26-29 One discovery: A woman can be a bitter
pill to swallow, full of seductive scheming
and grasping. The lucky escape her; the
undiscerning get caught. At least this is my
experience—what I, the Quester, have pieced
together as I've tried to make sense of life.
But the wisdom I've looked for I haven't
found. I didn't find one man or woman in
a thousand worth my while. Yet I did spot
one ray of light in this murk: God made men
and women true and upright; *we're* the ones
who've made a mess of things.

8 ¹ There's nothing better than being wise,
Knowing how to interpret the meaning
of life.
Wisdom puts light in the eyes,
And gives gentleness to words and manners.

누구도 바람을 제어할 수 없다

2-7 엄숙히 복종을 맹세했으니 너는 왕의 명령대로 행하여라. 네가 받은 명령에 대해 미리 염려하여 넘겨짚지 말고, 맡겨진 임무가 싫어하는 것이라는 이유로 발을 빼지 마라. 너는 네가 아니라 왕의 뜻을 섬기고 있다. 왕이 결정권을 갖고 있다. 누구도 감히 왕에게 "뭐하시는 겁니까?" 하고 말할 수 없다. 명령을 수행해서 손해 볼 일이 없고, 지혜로운 사람은 신속하고 정확하게 명령을 수행한다. 모든 일에는 알맞은 때와 알맞은 방법이 있는데, 불행히도 우리는 대부분 그것을 놓치고 만다. 무슨 일이 생길지, 언제 그런 일이 일어날지 아무도 모른다. 누가 우리에게 그것을 말해 주겠는가?

8 누구도 바람을 제어하거나 상자에 가둘 수 없다.
누구도 죽을 날을 정할 수 없다.
누구도 당장에 전투를 중단시킬 수 없다.
누구도 악을 통해 구원받을 수 없다.

9 이것은 내가 이 세상에서 벌어지는 모든 일을 이해하려고 노력하던 중에 목격한 것이다. 이것이 바로 서로에게 상처를 입힐 힘을 갖고 있는 세상이 돌아가는 방식이다.

착한 사람과 나쁜 사람

10 나는 악인들이 예를 갖추어 거룩한 땅에 묻히는 것을 보았다. 사람들은 장례식을 마치고 성내로 돌아와서 온갖 미사여구를 동원해 그들을 칭송했다. 악인들이 악행을 저지른 바로 그 현장에서! 이것 또한 연기다. 참으로 그렇다.
11 악행을 벌하는 판결이 나오기까지 참으로 오랜 시간이 걸리기 때문에, 일반 대중은 살인죄를 짓고도 벌을 면할 수 있다고 생각한다.
12-13 사람이 백 번이나 죄를 짓고 그때마다 처벌을 피해 빠져나간다 해서, 그의 삶이 훌륭하다고 말할 수 없다. 훌륭한 삶은 하나님을 경

No One Can Control the Wind

2-7 Do what your king commands; you gave a sacred oath of obedience. Don't worryingly second-guess your orders or try to back out when the task is unpleasant. You're serving his pleasure, not yours. The king has the last word. Who dares say to him, "What are you doing?" Carrying out orders won't hurt you a bit; the wise person obeys promptly and accurately. Yes, there's a right time and way for everything, even though, unfortunately, we miss it for the most part. It's true that no one knows what's going to happen, or when. Who's around to tell us?

8 No one can control the wind or lock it in a box.
No one has any say-so regarding the day of death.
No one can stop a battle in its tracks.
No one who does evil can be saved by evil.

9 All this I observed as I tried my best to understand all that's going on in this world. As long as men and women have the power to hurt each other, this is the way it is.

One Fate for Everybody

10 One time I saw wicked men given a solemn burial in holy ground. When the people returned to the city, they delivered flowery eulogies—and in the very place where wicked acts were done by those very men! More smoke. Indeed.
11 Because the sentence against evil deeds is so long in coming, people in general

외하여 그분 앞에서 경건하게 사는 사람의 몫이다. 악인은 "훌륭한" 삶을 경험하지 못한다고 나는 굳게 믿는다. 그가 아무리 많은 날을 살아도, 그 삶은 그림자처럼 맥없고 칙칙할 뿐이다. 그는 하나님을 경외하지 않기 때문이다.

14 늘 벌어지지만 이치에 맞지 않는 일이 있다. 착한 사람이 벌을 받고, 나쁜 사람이 상을 받는 것이다. 분명히 말하지만, 이것은 이치에 맞지 않는 일이다. 한낱 연기에 불과하다.

15 그래서 나는 적극적으로 나서서 최대한 즐거운 시간을 갖는 것에 대찬성이다. 사람들이 이 세상에서 기대할 수 있는 유일한 선은, 잘 먹고 잘 마시고 즐거운 시간을 갖는 것이다. 이것이 하나님이 지상에서 허락하신 짧은 세월 동안 우리가 벌이는 생존투쟁에 대한 보상이다.

16-17 이 세상에서 벌어지는 모든 일을 살펴 지혜를 얻기로 마음먹었을 때, 내가 깨달은 것이 또 있다. 눈 한 번 깜빡이지 않고 밤낮으로 눈을 부릅뜨고 지켜보아도, 하나님이 이 세상에서 행하시는 일의 의미를 알아낼 수 없다는 사실이다. 아무리 열심히 찾아도 이해할 수 없을 것이다. 제아무리 똑똑한 사람이라도 제대로 파악할 수 없을 것이다.

모든 일은 하나님의 손안에 있다

9 1-3 나는 이 모든 것을 눈여겨보고 하나하나 숙고했다. 그리고 선한 사람과 지혜로운 사람, 그들이 하는 모든 일이 하나님의 손안에 있다는 것을 알게 되었다. 그러나 그들은 자신들이 사랑을 받고 있는지 미움을 받고 있는지 모른다.

think they can get by with murder.

12-13 Even though a person sins and gets by with it hundreds of times throughout a long life, I'm still convinced that the good life is reserved for the person who fears God, who lives reverently in his presence, and that the evil person will not experience a "good" life. No matter how many days he lives, they'll all be as flat and colorless as a shadow—because he doesn't fear God.

14 Here's something that happens all the time and makes no sense at all: Good people get what's coming to the wicked, and bad people get what's coming to the good. I tell you, this makes no sense. It's smoke.

15 So, I'm all for just going ahead and having a good time—the best possible. The only earthly good men and women can look forward to is to eat and drink well and have a good time—compensation for the struggle for survival these few years God gives us on earth.

16-17 When I determined to load up on wisdom and examine everything taking place on earth, I realized that if you keep your eyes open day and night without even blinking, you'll still never figure out the meaning of what God is doing on this earth. Search as hard as you like, you're not going to make sense of it. No matter how smart you are, you won't get to the bottom of it.

9 1-3 Well, I took all this in and thought it through, inside and out. Here's what I understood: The good, the wise, and all that they do are in God's hands—but, day by day, whether it's love or hate they're dealing with, they don't know.

있을 수 없는 일이 일어나고 있다. 의인과 악인, 착한 사람과 악한 사람, 괜찮은 사람과 비열한 사람, 예배를 드리는 자와 드리지 않는 자, 맹세하는 자와 맹세하지 않는 자 모두가 같은 운명이다. 이렇게 모두가 한 운명으로 도매금으로 처리된다니, 터무니없는 일이요 답답한 세상사 중에서도 최악이다. 많은 사람들이 악에 집착하는 것을 이상하게 볼 이유가 무엇인가? 사람들이 여기저기서 미쳐 날뛰는 것을 이상하게 여길 까닭이 무엇인가? 삶은 죽음으로 이어진다. 그것이 전부다.

4-6 그래도 산 사람에게는 희망이 있다. 흔히 하는 말로, 살아 있는 개가 죽은 사자보다 낫다. 산 자는 하다못해 자기가 죽을 거라는 사실이라도 안다. 그러나 죽은 자는 아무것도 모르고 아무것도 얻지 못한다. 그들은 아무도 기억하지 않는 논외의 대상이다. 그들의 사랑, 미움, 심지어 꿈마저 사라진 지 오래다. 이 세상에서 그들의 흔적은 전혀 남아 있지 않다.

7-10 생명을 붙잡아라! 신나게 빵을 먹고
힘차게 포도주를 마셔라.
그렇다. 네가 기뻐할 때 하나님도 기뻐하신다!
아침마다 축제옷을 입어라.
깃발과 스카프를 아끼지 마라.
네 위태로운 인생에서
사랑하는 배우자와 함께하는 하루하루를 즐겨라.
하루하루가 하나님의 선물이다. 그것이 생존이라는 노고의
대가로 받는 전부다.
하루하루를 최대한 잘 사용하여라!
무슨 일이 닥치든지 꽉 붙잡고 감당하여라. 성심성의껏!
지금이 네가 그 일을 감당할 수 있는 마지

Anything's possible. It's one fate for everybody—righteous and wicked, good people, bad people, the nice and the nasty, worshipers and non-worshipers, committed and uncommitted. I find this outrageous—the worst thing about living on this earth—that everyone's lumped together in one fate. Is it any wonder that so many people are obsessed with evil? Is it any wonder that people go crazy right and left? Life leads to death. That's it.

Seize Life!

4-6 Still, anyone selected out for life has hope, for, as they say, "A living dog is better than a dead lion." The living at least know *something*, even if it's only that they're going to die. But the dead know nothing and get nothing. They're a minus that no one remembers. Their loves, their hates, yes, even their dreams, are long gone. There's not a trace of them left in the affairs of this earth.

7-10 Seize life! Eat bread with gusto,
Drink wine with a robust heart.
Oh yes—God takes pleasure in *your* pleasure!
Dress festively every morning.
Don't skimp on colors and scarves.
Relish life with the spouse you love
Each and every day of your precarious life.
Each day is God's gift. It's all you get in exchange
For the hard work of staying alive.
Make the most of each one!
Whatever turns up, grab it and do it. And heartily!

막 기회, 유일한 기회일 수도 있다.
너는 죽은 자들이 있는 곳으로 날마다 가고 있으며
그곳에는 할 일도, 생각할 거리도 없기 때문이다.

⚜

¹¹ 나는 다시 한번 주위를 돌아보았고 이 세상의 모습을 깨달았다.

빠르다고 경주에서 늘 이기는 것도 아니고
힘세다고 싸움에서 이기는 것도 아니다.
지혜롭다고 만족을 얻는 것도 아니고
똑똑하다고 부자가 되는 것도 아니며
학식이 높다고 품위가 있는 것도 아니다.
그리고, 조만간 우리 모두에게 불행이 닥친다.

¹² 누구도 불행을 내다볼 수 없다.
물고기가 무자비한 그물에 걸리고 새가 올무에 걸리듯,
사람도 갑작스럽고 몹쓸 사고에
꼼짝없이 걸려든다.

지혜가 완력보다 낫다

13-15 지혜가 이 세상에서 어떤 대접을 받는지 지켜보던 어느 날, 정신을 바짝 차리고 주목하게 된 한 사건이 있었다. 사람이 얼마 살지 않는 조그만 성읍에 힘센 왕이 쳐들어왔다. 그는 성을 둘러 참호를 파고 공격 태세를 갖추었다. 그러나 작은 성읍에는 가난하지만 지혜로운 사람이 있었고, 그가 지혜를 발휘하여 그 성읍을 구해 냈다. 그런데 사람들은 이내 그를 잊어버렸다. (따지고 보면 그는 가난한 사람에 불과했다.)

¹⁶ 가난하지만 지혜로웠던 그 사람이 무시를 당하고 곧 잊히기는 했지만, 그래도 나는 여전히 지혜가 완력보다 낫다고 믿는다.

This is your last and only chance at it,
For there's neither work to do nor thoughts to think
In the company of the dead, where you're most certainly headed.

⚜

¹¹ I took another walk around the neighborhood and realized that on this earth as it is—

The race is not always to the swift,
Nor the battle to the strong,
Nor satisfaction to the wise,
Nor riches to the smart,
Nor grace to the learned.
Sooner or later bad luck hits us all.

¹² No one can predict misfortune.
Like fish caught in a cruel net or birds in a trap,
So men and women are caught
By accidents evil and sudden.

Wisdom Is Better than Muscle

13-15 One day as I was observing how wisdom fares on this earth, I saw something that made me sit up and take notice. There was a small town with only a few people in it. A strong king came and mounted an attack, building trenches and attack posts around it. There was a poor but wise man in that town whose wisdom saved the town, but he was promptly forgotten. (He was only a poor man, after all.)

¹⁶ All the same, I still say that wisdom is better than muscle, even though the wise poor man was treated with contempt and soon forgotten.

17 지혜로운 이의 조용한 말이
어리석은 자들의 왕이 내지르는 호통보다 실속 있다.

18 지혜가 핵탄두보다 낫지만
성질머리 못된 한 사람이 좋은 땅을 망칠 수 있다.

10 ¹ 향수에 죽은 파리가 있으면 그 안에서 악취가 나듯,
작은 어리석음 때문에 많은 지혜가 썩어버린다.

2 지혜로운 생각은 올바른 생활로 나타나고
어리석은 생각은 잘못된 생활로 나타난다.

3 바보는 길을 걸을 때도 방향감각이 없어서,
그 걷는 모습만으로도 "여기 또 바보가 간다!"는 사실을 드러낸다.

4 통치자가 네게 화를 내더라도 당황하지 마라.
침착한 대처는 격렬한 분노를 가라앉힌다.

❧

5-7 내가 세상에서 통치자를 탓해야 할 몹쓸 일을 보았다.
미숙한 자에게 고위직이 주어지고
성숙한 이는 하위직을 맡은 것이다.
능력이 입증되지도 않은 신출내기가 갑자기 출세해 위세를 떨치고
경험이 풍부한 노련가는 해임된 것이다.

❧

17 The quiet words of the wise are more effective
Than the ranting of a king of fools.

18 Wisdom is better than warheads,
But one hothead can ruin the good earth.

10 ¹ Dead flies in perfume make it stink,
And a little foolishness decomposes much wisdom.

2 Wise thinking leads to right living;
Stupid thinking leads to wrong living.

3 Fools on the road have no sense of direction.
The way they walk tells the story: "There goes the fool again!"

4 If a ruler loses his temper against you, don't panic;
A calm disposition quiets intemperate rage.

❧

5-7 Here's a piece of bad business I've seen on this earth,
An error that can be blamed on whoever is in charge:
Immaturity is given a place of prominence,
While maturity is made to take a backseat.
I've seen unproven upstarts riding in style,
While experienced veterans are put out to pasture.

8 조심하여라. 네가 놓은 덫에 네가 걸릴 수 있다.
주의하여라. 네 공범자가 너를 배반할 수 있다.

9 안전이 제일이다. 석재를 떠내는 사람은 석재를 떠내다 다칠 수 있다.
정신을 바짝 차려라. 나무를 베는 사람은 나무를 베다 다치기 십상이다.

10 잊지 마라. 도끼날이 무딜수록 일은 더 고되다.
머리를 써라. 머리를 많이 쓰면 쓸수록 힘쓸 일이 적어진다.

11 주술을 걸기도 전에 뱀에게 물린다면 뱀 주술사를 불러 보내는 일이 무슨 소용 있겠는가?

❧

12-13 지혜로운 이의 말은 호감을 산다.
어리석은 자는 말로 신세를 망친다.
그는 허튼소리로 시작해
광기와 해악으로 마무리한다.

14 어리석은 자는 말이 너무 많아
제가 무슨 말을 하는지도 모르고 지껄인다.

15 어리석은 자는 무난한 하루 일에도 녹초가 되어
성읍으로 돌아가는 길도 찾지 못한다.

❧

16-17 어린 풋내기가 왕인 나라,
대신들이 밤새 잔치판을 벌이는 나라는 불행하다.
원숙한 이가 왕인 나라,

8 Caution: The trap you set might catch you.
Warning: Your accomplice in crime might double-cross you.

9 Safety first: Quarrying stones is dangerous.
Be alert: Felling trees is hazardous.

10 Remember: The duller the ax the harder the work;
Use your head: The more brains, the less muscle.

11 If the snake bites before it's been charmed,
What's the point in then sending for the charmer?

12-13 The words of a wise person are gracious.
The talk of a fool self-destructs—
He starts out talking nonsense
And ends up spouting insanity and evil.

14 Fools talk way too much,
Chattering stuff they know nothing about.

15 A decent day's work so fatigues fools
That they can't find their way back to town.

❧

16-17 Unlucky the land whose king is a young pup,
And whose princes party all night.
Lucky the land whose king is mature,
Where the princes behave themselves

대신들이 점잖게 처신하고
술에 취해 어리석은 짓을 하지 않는 나
라는 행복하다.

❧

18 무능한 남자의 오두막은 허물어지고
게으른 여자의 집은 지붕에 비가 샌다.

19 빵이 있는 곳에 웃음이 있고
포도주는 인생에 생기를 더한다.
그러나 세상을 굴러가게 하는 것은 돈
이다.

20 작은 목소리라도 네 지도자를 헐뜯
지 마라.
아무도 없는 자기 집에서라도 윗사람
을 욕하지 마라.
함부로 뱉은 말은 누군가 엿듣고 퍼뜨
리기 마련이다.
네 험담의 부스러기를 작은 새들이 사
방팔방 전한다.

11
1 너그럽게 베풀어라. 자선활
동에 투자하여라.
자선은 크게 남는 장사다.

2 재산을 쌓아 두지 말고 주위에 나누
어 주어라.
남에게 고마운 사람이 되어라. 오늘 밤
이 마지막 시간이 될 수도 있다.

3-4 구름에 물기가 가득 차면 비가 내
린다.
바람이 불어 나무가 쓰러지면, 나무는
그 자리에 그대로 있다.
거기 앉아서 바람만 살피지 마라. 네
할 일을 하여라.

And don't drink themselves silly.

❧

18 A shiftless man lives in a tumbledown shack;
A lazy woman ends up with a leaky roof.

19 Laughter and bread go together,
And wine gives sparkle to life–
But it's money that makes the world go around.

20 Don't bad-mouth your leaders, not even under your breath,
And don't abuse your betters, even in the privacy of your home.
Loose talk has a way of getting picked up and spread around.
Little birds drop the crumbs of your gossip far and wide.

11
1 Be generous: Invest in acts of charity.
Charity yields high returns.

2 Don't hoard your goods; spread them around.
Be a blessing to others. This could be your last night.

3-4 When the clouds are full of water, it rains.
When the wind blows down a tree, it lies where it falls.
Don't sit there watching the wind. Do your own work.
Don't stare at the clouds. Get on with your life.

구름만 빤히 쳐다보지 마라. 네 인생을 살아라.

⁵ 임신한 여인의 뱃속에서 벌어지는
생명의 신비를 이해할 수 없듯,
하나님이 행하시는 모든 일 안에서 벌어지는
신비 역시 이해할 수 없다.

⁶ 아침에 일하러 나가면
저녁까지 시계도 보지 말고 네 일에 전념하여라.
네 일이 결국 어떻게 풀릴지는
미리 알 도리가 없다.

7-8 오, 한낮의 빛은 얼마나 달콤한가!
햇살을 받으며 사는 것, 얼마나 멋진 일인가!
아무리 오래 산다 해도, 하루를 당연하게 여기지 마라.
빛으로 가득한 매시간을 즐거워하되,
앞으로 어두운 날이 많이 있을 것과
장래의 일들이 대부분 연기에 불과함을 기억하여라.

네 젊음을 잘 선용하여라

⁹ 젊은이여, 네 젊음을 잘 선용하여라.
네 젊은 힘을 즐거워하여라.
네 마음이 원하는 대로 따라가 보아라.
좋아 보이는 것이 있거든 그것도 추구해 보아라.
그러나 네가 알아야 할 것이 있다. 모든 일이 다 괜찮은 것은 아니며,
네가 추구한 모든 일을 하나님 앞에서 남김없이 해명해야 한다는 사실이다.

¹⁰ 한곳에 매이지 말고 자유롭게 생각하며 살아라.
젊음은 영원하지 않다.
연기처럼 금세 사라져 버린다.

⁵ Just as you'll never understand
the mystery of life forming in a pregnant woman,
So you'll never understand
the mystery at work in all that God does.

⁶ Go to work in the morning
and stick to it until evening without watching the clock.
You never know from moment to moment
how your work will turn out in the end.

Before the Years Take Their Toll

7-8 Oh, how sweet the light of day,
And how wonderful to live in the sunshine!
Even if you live a long time, don't take a single day for granted.
Take delight in each light-filled hour,
Remembering that there will also be many dark days
And that most of what comes your way is smoke.

⁹ You who are young, make the most of your youth.
Relish your youthful vigor.
Follow the impulses of your heart.
If something looks good to you, pursue it.
But know also that not just anything goes;
You have to answer to God for every last bit of it.

¹⁰ Live footloose and fancy-free–
You won't be young forever.
Youth lasts about as long as smoke.

12

1-2 네가 아직 젊을 때,
네 창조주께 영광을 돌리고
그분을 즐거워하여라.
세월의 무게에 못 이겨 기력이 쇠하기 전,
눈이 침침해져 세상이 부옇게 보이기 전,
겨울철에 난롯가를 떠나지 못하게 되기 전에.

3-5 늙으면 몸이 말을 듣지 않는다.
힘줄은 늘어지고, 쥐는 힘은 약해지며, 관절은 뻣뻣해진다.
세상에는 땅거미가 깔린다.
마음대로 드나들 수 없게 된다. 세상이 멈추어 선다.
가족들의 소리는 희미해진다.
새소리에 잠이 깨고
산을 오르는 것은 옛일이 되며
내리막길을 걷는 일마저 겁이 난다.
머리털은 사과 꽃처럼 희어져,
성냥개비처럼 부러질 듯 힘없는 몸을 장식할 뿐이다.
그렇다. 너는 영원한 안식으로 가는 길에 거의 이르렀고,
친구들은 네 장례 계획을 세운다.

6-7 근사했던 삶이 조만간 마무리된다.
값지고 아름다운 인생이 끝난다.
몸은 그 출처였던 땅으로 되돌아가고,
영은 그것을 불어넣으신 하나님께 되돌아간다.

8 모두가 연기다. 연기일 뿐이다.
탐구자는 모든 것이 연기라고 말한다.

결론

9-10 **탐구자**는 지혜로웠고 다른 사람들에게 지식을 가르쳤다. 그는 많은 잠언

12

1-2 Honor and enjoy your Creator while you're still young,
Before the years take their toll and your vigor wanes,
Before your vision dims and the world blurs
And the winter years keep you close to the fire.

3-5 In old age, your body no longer serves you so well.
Muscles slacken, grip weakens, joints stiffen.
The shades are pulled down on the world.
You can't come and go at will. Things grind to a halt.
The hum of the household fades away.
You are wakened now by bird-song.
Hikes to the mountains are a thing of the past.
Even a stroll down the road has its terrors.
Your hair turns apple-blossom white,
Adorning a fragile and impotent matchstick body.
Yes, you're well on your way to eternal rest,
While your friends make plans for your funeral.

6-7 Life, lovely while it lasts, is soon over.
Life as we know it, precious and beautiful, ends.
The body is put back in the same ground it came from.
The spirit returns to God, who first breathed it.

8 It's all smoke, nothing but smoke.
The Quester says that everything's smoke.

The Final Word

9-10 Besides being wise himself, the Quester also taught others knowledge. He weighed,

을 따져 보고 검토하고 정리했다. 탐구자는 옳은 말을 찾아 알기 쉬운 진리로 기록하려고 최선을 다했다.

11 지혜로운 이의 말은 우리에게 제대로 살라고 촉구한다.
그 말은 잘 박힌 못처럼 인생을 붙들어 준다.
그것은 한분 목자이신 하나님의 말씀이기도 하다.

12-13 친구여, 이 밖의 것에 대해서는 너무 무리해서 연구하지 마라. 책을 출판하는 일은 끝이 없고, 공부만 하다 보면 지쳐서 공부밖에 못하는 사람이 된다. 나는 할 말을 다했고 결론은 이것이다.

하나님을 경외하여라.
그분이 명하시는 대로 행하여라.

14 이것이 전부다. 결국 하나님은 우리가 하는 모든 일을 환히 드러내시고, 감추어진 의도에 따라 그것의 선함과 악함을 판단하실 것이다.

examined, and arranged many proverbs. The Quester did his best to find the right words and write the plain truth.

11 The words of the wise prod us to live well.
They're like nails hammered home, holding life together.
They are given by God, the one Shepherd.

12-13 But regarding anything beyond this, dear friend, go easy. There's no end to the publishing of books, and constant study wears you out so you're no good for anything else. The last and final word is this:

Fear God.
Do what he tells you.

14 And that's it. Eventually God will bring everything that we do out into the open and judge it according to its hidden intent, whether it's good or evil.

아가를 조금만 읽어 보면 두 가지가 눈에 들어온다. 절묘한 사랑 노래와 노골적인 성애 표현이다. 다시 말해, 아가는 부부애와 성관계를 연결시키고 있다. 이것은 대단히 중요하고 성경적인 연결 관계다. 어떤 이들은 사랑을 이야기할 때 성관계를 배제하려 하고, 그렇게 하면 사랑이 더 거룩해진다고 생각한다. 반면 성관계를 생각할 때 사랑을 전혀 고려하지 않는 자들도 있다. 세상은 사랑 없는 성관계가 판을 치는 곳이다. 그런 세상을 향해 아가서는 결혼과 헌신적 사랑이 온전한 통일체를 이룬다는 기독교의 가르침을 선포한다.

아가는 남자와 여자가 육체적, 감정적, 영적으로 사랑하며 살아가도록 창조되었음을 설득력 있게 증언한다. 성경은 처음부터 "사람이 혼자 있는 것이 좋지 않다"고 기록하고 있다. 아가는 서로 다른 두 인격체가 이루는 사랑의 연합을 노래함으로써 창세기의 그 대목을 상세히 설명한다. 서로 다른 모습 속에서도 하나가 되는 모습이 그려진다.

> [여자] 나의 사랑하는 연인은 건강미가 넘치지.
> 혈색이 좋고 빛이 난단다!
> 그이는 수많은 사람 중에 으뜸,
> 그와 같은 이는 하나도 없단다! ……
> 그이의 모든 것이 속속들이 나를
> 기쁘게 하고 짜릿하게 하지! (아 5:10, 16)

We don't read very far in the Song of Songs before we realize two things: one, it contains exquisite love lyrics, and two, it is very explicit sexually. The Song, in other words, makes a connection between conjugal love and sex— a very important and very biblical connection to make. There are some who would eliminate sex when they speak of love, supposing that they are making it more holy. Others, when they think of sex, never think of love. The Song proclaims an integrated wholeness that is at the center of Christian teaching on committed, wedded love for a world that seems to specialize in loveless sex.

The Song is a convincing witness that men and women were created physically, emotionally, and spiritually to live in love. At the outset of Scripture we read, "It is not good for man to live alone." The Song of Songs elaborates on the Genesis story by celebrating the union of two diverse personalities in love. Yet, even in their diversity, they agree:

> [The Woman] My dear lover glows with health—
> red-blooded, radiant!
> He's one in a million.
> There's no one quite like him!...
> Everything about him delights me, thrills me through and through!(Song of Songs 5:10, 16)

488

[남자] 이 같은 여인은 세상에 없네.
전에도 없었고, 앞으로도 없으리.
비할바 없이 아름다운 여인,
나의 비둘기는 완벽 그 자체라네(아 6:8-9).

창세기를 통해 우리는 결혼이 기쁨과 삶을
서로 나누기 위해 만들어진 제도임을 배운
다. 아가를 읽으면 우리 모두가 추구해야 할
목표와 이상이 무엇인지 알게 된다. 우리는
정말 사랑할 줄 모르는 사람들이지만, 아가
가 노래하는 황홀감과 충족감을 보면서, 우
리가 창조된 목적이자 하나님이 우리에게 주
기 원하시는 것이 사랑하고 사랑받는 일임을
알게 된다.

사랑은 위험과 죽음에도 굴하지 않는 것,
그 열정은 지옥의 공포를 비웃는답니다.
사랑의 불은 어떤 것에도 꺼지지 않아,

제 앞에 있는 모든 것을 쓸어버린답니다.
홍수도 사랑을 익사시키지 못하고
억수같은 비도 사랑을 꺼뜨리지 못합니다.
사랑은 팔 수도 살 수도 없는 것,
시장에서 구할 수도 없는 것(아 8:6-7).

그리스도인들은 아가를 부부 간의 친밀감,
자기 백성을 향한 하나님의 깊은 사랑, 신랑
되신 그리스도의 교회를 향한 사랑, 주님을
향한 그리스도인의 사랑 등 여러 차원으로
읽는다. 온 세상에 있는 하나님의 모든 사랑
과, 하나님을 사랑하고 그분의 사랑을 받는
이들의 모든 반응이 아가라는 프리즘 안에
한데 모였다가 각기 고유한 색깔로 다시 나
누어진다.

[The Man] There's no one like her on earth,
never has been, never will be.
She's a woman beyond compare.
My dove is perfection(Song of Songs 6:8-9).

We read Genesis and learn that this is the
created pattern of joy and mutuality. We read
the Song and see the goal and ideal toward
which we all press for fulfillment. Despite our
sordid failures in love, we see here what we
are created for, what God intends for us in the
ecstasy and fulfillment that is celebrated in the
lyricism of the Song.

Love is invincible facing danger and death.
Passion laughs at the terrors of hell.
The fire of love stops at nothing–
it sweeps everything before it.
Flood waters can't drown love,
torrents of rain can't put it out.
Love can't be bought, love can't be sold–
it's not to be found in the marketplace.
(Song of Songs 8:6-7)

Christians read the Song on many levels: as
the intimacy of marital love between man
and woman, God's deep love for his people,
Christ's Bridegroom love for his church, the
Christian's love for his or her Lord. It is a
prism in which all the love of God in all the
world, and all the responses of those who
love and whom God loves, gathers and then
separates into individual colors.

아가   SONG OF SONGS

1

¹ 노래 중의 노래, 솔로몬의 노래다!

여자

2-3 입 맞춰 주세요. 당신의 입술로 내 입술
덮어 주세요!
그래요, 당신의 사랑은 포도주보다 달콤하고
당신이 바른 향유보다 더 향기로워요.
당신의 이름을 부를 때면 초원의 냇물 흘러가
는 소리가 들려와요.
그러니 다들 당신의 이름 말하기를 좋아할 수
밖에요!

⁴ 나를 데려가 주세요! 우리 함께 도망쳐요!
나의 왕, 나의 연인이여, 우리끼리 몰래 떠나요!
우리 축하하고 노래하며
멋진 사랑의 음악을 연주해요.
그래요! 당신의 사랑은 최상품 포도주보다
달콤하니까요.
다들 당신을 사랑해요. 당연한 일이지요! 아
무렴요!

5-6 오, 예루살렘 아가씨들아,
나 비록 가뭇지만 우아하단다.
게달 사막의 천막처럼 까맣게 탔지만
솔로몬 성전의 휘장처럼 더없이 부드럽단다.
내가 가무잡잡하다고 깔보지 마라.
따가운 햇볕에 그을렸을 뿐이니.

1

¹ The Song—best of all songs—
Solomon's song!

The Woman

2-3 Kiss me—full on the mouth!
Yes! For your love is better than wine,
headier than your aromatic oils.
The syllables of your name murmur like a
meadow brook.
No wonder everyone loves to say your
name!

⁴ Take me away with you! Let's run off
together!
An elopement with my King-Lover!
We'll celebrate, we'll sing,
we'll make great music.
Yes! For your love is better than vintage
wine.
Everyone loves you—of course! And why
not?

5-6 I am weathered but still elegant,
oh, dear sisters in Jerusalem,
Weather-darkened like Kedar desert tents,
time-softened like Solomon's Temple
hangings.

내 오라버니들이 나를 조롱하며 밭에서 일
하게 했단다.
땅의 작물을 가꾸느라
내 얼굴을 가꿀 시간이 없었지.

7 임이여, 너무나 사랑하오니
어디에서 일하시는지 알려 주세요.
어디에서 양 떼를 돌보시는지
한낮에는 어디에서 양 떼를 쉬게 하시는지
알려 주세요.
어찌하여 나는 임의 부드러운 보살핌을 받
지 못하고
홀로 남아 있어야 하나요?

남자
8 여인들 가운데 가장 사랑스러운 그대,
나를 찾지 못해도 괜찮아요. 그대의 양 떼
곁에 머물러요.
그대의 양 떼를 데리고 아름다운 목장으로 가서
이웃 양치기들과 함께 있어요.

9-11 그대를 보노라면
잘 손질되어 매끈한 바로의 암말이 떠올라요.
늘어뜨린 귀걸이는 그대의 우아한 볼 선과
어우러지고
보석 목걸이를 건 그대의 목선은 아름답게
빛나지요.
나 그대에게 금과 은으로 장신구를 만들어
주려 해요.
그대의 아름다움이 더 돋보이고 두드러질
거예요.

여자
12-14 나의 왕, 나의 연인께서 내 곁에 누우
실 때
나의 향기가 방 안을 가득 채웠네.
내 젖가슴 사이에서 쉬던 그이의 머리,
내 연인의 머리는 감미로운 몰약 주머니였네.

Don't look down on me because I'm dark,
  darkened by the sun's harsh rays.
My brothers ridiculed me and sent me to
work in the fields.
  They made me care for the face of the earth,
  but I had no time to care for my own face.

7 Tell me where you're working
  —I love you so much—
Tell me where you're tending your flocks,
  where you let them rest at noontime.
Why should I be the one left out,
  outside the orbit of your tender care?

The Man
8 If you can't find me, loveliest of all
women,
  it's all right. Stay with your flocks.
Lead your lambs to good pasture.
  Stay with your shepherd neighbors.

9-11 You remind me of Pharaoh's
  well-groomed and satiny mares.
Pendant earrings line the elegance of your
cheeks;
  strands of jewels illumine the curve of
  your throat.
I'm making jewelry for you, gold and silver
jewelry
  that will mark and accent your beauty.

The Woman
12-14 When my King-Lover lay down beside me,
  my fragrance filled the room.
His head resting between my breasts—
  the head of my lover was a sachet of sweet
  myrrh.
My beloved is a bouquet of wildflowers

내 연인은 엔게디 들판에서 날 위해 꺾어 만든
야생화 꽃다발이라네.

남자

15 오, 나의 사랑! 그대는 정녕 아리땁군요!
그대의 두 눈은 비둘기같이 아름다워요!

여자

16-17 사랑하는 나의 연인, 너무나 잘생기신 분!
우리가 함께 누울 잠자리는 숲 속에 있어요.
지붕은 우거진 백향목 가지,
우리를 둘러싼 벽은 향기롭고 푸르른 잣나무.

2

1 나는 샤론 평원에서 꺾은 한 송이 들꽃,
골짜기 연못에서 따낸 한 송이 연꽃.

남자

2 마을 아가씨들 사이에 있는 그대는
수초 가득한 늪에 핀 한 송이 연꽃이지요.

여자

3-4 살구나무가 숲속에서 돋보이듯이,
나의 연인은 마을 젊은이들 사이에서 단연
빼어납니다.
내가 원하는 것은 그이의 그늘에 앉아
그이의 달콤한 사랑을 맛보고 음미하는 것뿐.
그이는 나를 집으로 데려가 잔칫상을 베풉
니다.
그러나 그이의 눈이 포식한 것은 바로 나.

5-6 오! 기운을 차리게 먹을 것을 주세요.
어서!
살구, 건포도, 무엇이든 좋아요. 사랑에 겨워
정신이 혼미해져요!
그이의 왼손, 내 머리를 받치고
그이의 오른팔, 내 허리를 휘감네!

picked just for me from the fields of Engedi.

The Man

15 Oh, my dear friend! You're so beautiful!
    And your eyes so beautiful—like doves!

The Woman

16-17 And you, my dear lover—you're so
handsome!
    And the bed we share is like a forest glen.
We enjoy a canopy of cedars
    enclosed by cypresses, fragrant and green.

2

1 I'm just a wildflower picked from
    the plains of Sharon,
a lotus blossom from the valley pools.

The Man

2 A lotus blossoming in a swamp of weeds—
    that's my dear friend among the girls in
    the village.

The Woman

3-4 As an apricot tree stands out in the forest,
    my lover stands above the young men in town.
All I want is to sit in his shade,
    to taste and savor his delicious love.
He took me home with him for a festive
meal,
    but his eyes feasted on *me*!

5-6 Oh! Give me something refreshing to
eat—and quickly!
    Apricots, raisins—anything. I'm about to
    faint with love!
His left hand cradles my head,
    and his right arm encircles my waist!

7 오, 예루살렘 아가씨들아, 노루를 두고
그래, 들사슴을 두고 그대들에게 경고한다.
때가 무르익기 전, 준비되기 전에는
사랑에 불을 지르지 마라. 사랑이 달아오르
게 하지 마라.

8-10 보셔요! 들어 보셔요! 내 연인이어요!
그이가 오는 모습이 보이나요?
산을 뛰어오르고
언덕을 뛰어넘잖아요.
내 연인은 노루처럼 우아하고
젊은 수사슴처럼 늠름하답니다.
보셔요, 그이가 문 앞에 서서 까치발을 하고
있어요.
귀를 세우고 눈을 크게 뜬 것이 당장이라도
들어올 기세!
내 연인이 도착하여
나에게 말을 거네요!

남자
10-14 나의 사랑하는 이여, 일어나요.
어여쁘고 아리따운 나의 연인이여, 이리 나
와요!
주위를 둘러봐요. 겨울이 갔어요.
겨울비도 그쳤어요!
여기저기 봄꽃이 만발하고
온 세상이 합창대가 되어 노래하고 있어요!
봄 휘파람새가 고운 화음으로
숲을 가득 채워요.
화사한 자줏빛을 뽐내며 향기를 내뿜는 라일락,
만발한 꽃이 향기로운 체리나무를 봐요.
오, 사랑하는 이여, 일어나요.
어여쁘고 아리따운 나의 연인이여, 이리 나
와요!
수줍음 많고 얌전한 나의 비둘기여,
숨어 있지 말고 밖으로 나와요!
얼굴 좀 보여줘요.
목소리 좀 들려줘요.

7 Oh, let me warn you, sisters in Jerusalem,
  by the gazelles, yes, by all the wild deer:
Don't excite love, don't stir it up,
  until the time is ripe—and you're ready.

8-10 Look! Listen! There's my lover!
  Do you see him coming?
Vaulting the mountains,
  leaping the hills.
My lover is like a gazelle, graceful;
  like a young stag, virile.
Look at him there, on tiptoe at the gate,
  all ears, all eyes—ready!
My lover has arrived
  and he's speaking to me!

The Man
10-14 Get up, my dear friend,
  fair and beautiful lover—come to me!
Look around you: Winter is over;
  the winter rains are over, gone!
Spring flowers are in blossom all over.
  The whole world's a choir—and singing!
Spring warblers are filling the forest
  with sweet arpeggios.
Lilacs are exuberantly purple and
perfumed,
  and cherry trees fragrant with blossoms.
Oh, get up, dear friend,
  my fair and beautiful lover—come to me!
Come, my shy and modest dove—
  leave your seclusion, come out in the
  open.
Let me see your face,
  let me hear your voice.
For your voice is soothing
  and your face is ravishing.

그대 목소리는 내 마음을 진정시키고
그대 얼굴은 내 마음을 황홀케 해요.

여자

15 그러시다면 여우 떼를,
먹이를 찾아 헤매는 저 여우 떼를 막아 주셔요.
녀석들은 꽃이 만발한 정원에 난입하려고
호시탐탐 노린답니다.

16-17 나의 그이는 나의 것, 나는 그이의 것.
그이는 밤마다 우리의 정원을 거닐며
꽃들을 보고 즐거워한답니다.
새벽이 빛을 내뿜고 밤이 물러갈 때까지.

사랑하는 연인이여, 내게 오셔요.
노루처럼 오셔요.
기쁨의 산 위,
야생 수사슴처럼 어서 뛰어오셔요!

3 1-4 잠자리에서 마음 졸이고 밤새 잠
못 이루며
나의 연인을 그리워했네.
그이를 간절히 원했건만, 그이가 없어 가슴
아팠네.
그래서 일어나 성 안을 헤매며
거리와 뒷골목을 샅샅이 뒤졌네.
나의 연인을 더없이 간절히 원했네!
하지만 그이를 찾아내지 못했네.
어두운 성을 순찰하던 야경꾼들이
나를 보았네.
"사랑하는 사람을 놓쳐 버렸어요. 혹시 못 보
셨나요?" 나는 물었네.
그들을 지나치자마자 그이를 만났네,
놓쳐 버렸던 내 연인을.
나 그이를 얼싸안았네. 꼭 껴안았네.
그이와 함께 집으로 돌아가,
화롯가에 자리 잡을 때까지 얼싸안은 팔을 풀

The Woman

15 Then you must protect me from the
foxes,
    foxes on the prowl,
Foxes who would like nothing better
    than to get into our flowering garden.

16-17 My lover is mine, and I am his.
    Nightly he strolls in our garden,
Delighting in the flowers
    until dawn breathes its light and night
    slips away.

Turn to me, dear lover.
    Come like a gazelle.
Leap like a wild stag
    on delectable mountains!

3 1-4 Restless in bed and sleepless
    through the night,
    I longed for my lover.
    I wanted him desperately. His absence
    was painful.
So I got up, went out and roved the city,
    hunting through streets and down alleys.
I wanted my lover in the worst way!
    I looked high and low, and didn't find
    him.
And then the night watchmen found me
    as they patrolled the darkened city.
    "Have you seen my dear lost love?" I
    asked.
No sooner had I left them than I found
him,
    found my dear lost love.
I threw my arms around him and held
him tight,

지 않았네.

5 오, 예루살렘 아가씨들아, 노루를 두고
그래, 들사슴을 두고 그대들에게 경고한다.
때가 무르익기 전, 준비되기 전에는
사랑에 불을 지르지 마라. 사랑이 달아오
르게 하지 마라.

6-10 먼지구름 일으키며,
달콤한 냄새와
알싸한 향기를 공중 가득 풍기며
사막에서 다가오는 저것은 무엇인가?
보아라! 솔로몬의 가마로구나.
이스라엘의 가장 뛰어난 용사들 중에서
뽑힌
예순 명이 메고 호위하는구나.
모두 빈틈없이 무장한 용사들,
전투를 위해 훈련된 전사들,
만반의 준비를 갖추었구나.
가마는 전에 솔로몬 왕의 지시로 만든 것.
나뭇결 고운 레바논 백향목으로 지은 것.
뼈대는 은으로 세우고 지붕은 금으로 덮
었네.
자줏빛 천으로 등받이를 싸고
무두질한 가죽으로 내부를 둘렀네.

11 예루살렘 아가씨들아, 와서 보아라.
오, 시온 아가씨들아, 놓치지 마라!
혼례식에 맞추어 예복을 입고 화관을 쓰
신 분,
기쁨에 겨워 가슴이 터질 것 같은
나의 왕, 나의 연인을!

남자

4 1-5 나의 사랑, 너무나 아리따워요.
아름다운 그대, 머리카락에 가려
진 두 눈이 비둘기 같아요.
그대의 머리카락,

wouldn't let him go until I had him home again,
safe at home beside the fire.

5 Oh, let me warn you, sisters in Jerusalem,
by the gazelles, yes, by all the wild deer:
Don't excite love, don't stir it up,
until the time is ripe—and you're ready.

6-10 What's this I see, approaching from the desert,
raising clouds of dust,
Filling the air with sweet smells
and pungent aromatics?
Look! It's Solomon's carriage,
carried and guarded by sixty soldiers,
sixty of Israel's finest,
All of them armed to the teeth,
trained for battle,
ready for anything, anytime.
King Solomon once had a carriage built
from fine-grained Lebanon cedar.
He had it framed with silver and roofed with gold.
The cushions were covered with a purple fabric,
the interior lined with tooled leather.

11 Come and look, sisters in Jerusalem.
Oh, sisters of Zion, don't miss this!
My King-Lover,
dressed and garlanded for his wedding,
his heart full, bursting with joy!

The Man

4 1-5 You're so beautiful, my darling,
so beautiful, and your dove eyes are veiled
By your hair as it flows and shimmers,
like a flock of goats in the distance

멀리서 햇빛 받으며 언덕 아래로 내리닫는
염소 떼처럼
찰랑거리며 반짝여요.
아낌없는 환한 미소,
그대의 마음을 보여주네요. 힘 있고 정갈한
미소예요.
진홍색 보석 같은 그대의 입술,
우아하고 매혹적인 그대의 입매.
너울에 가린 부드러운 두 볼은 광채를 발하고,
눈길을 사로잡는 부드럽고 유연한 목선,
다들 쳐다보며 감탄하며 흠모하지요!
그대의 두 젖가슴은 한 쌍의 새끼사슴 같고
처음 핀 봄꽃 사이에서 풀을 뜯는 쌍둥이 노
루 같아요.

6-7 그대의 몸, 그 멋지고 우아한 곡선,
부드럽고도 특별한 윤곽이
나를 부르니, 내가 가네.
새벽이 빛을 내뿜고 밤이 물러갈 때까지, 그
대 곁에 머무르네.
머리부터 발끝까지 아름다운 그대, 내 사랑.
그 아름다움, 무엇과도 비교할 수 없고, 흠
하나 없네.

8-15 나의 신부여, 나와 함께 레바논에서 나
갑시다.
레바논을 떠납시다.
그대의 산속 은신처를 버리고
그대가 칩거하는 광야,
그대가 사자와 어울려 사는 곳,
표범이 지켜 주는 곳을 떠납시다.
사랑하는 이여, 그대가 내 마음을 사로잡았
어요.
그대가 나를 보는 순간, 난 사랑에 빠졌어요.
그대의 눈길 한 번에 속절없이 사랑에 빠졌
어요!
사랑하는 이여, 그대의 사랑이 얼마나 아름
다운지요!

streaming down a hillside in the
sunshine.
Your smile is generous and full—
expressive and strong and clean.
Your lips are jewel red,
your mouth elegant and inviting,
your veiled cheeks soft and radiant.
The smooth, lithe lines of your neck
command notice—all heads turn in awe
and admiration!
Your breasts are like fawns,
twins of a gazelle, grazing among the
first spring flowers.

6-7 The sweet, fragrant curves of your body,
the soft, spiced contours of your flesh
Invite me, and I come. I stay
until dawn breathes its light and night
slips away.
You're beautiful from head to toe, my dear
love,
beautiful beyond compare, absolutely
flawless.

8-15 Come with me from Lebanon, my
bride.
Leave Lebanon behind, and come.
Leave your high mountain hideaway.
Abandon your wilderness seclusion,
Where you keep company with lions
and panthers guard your safety.
You've captured my heart, dear friend.
You looked at me, and I fell in love.
One look my way and I was hopelessly in
love!
How beautiful your love, dear, dear
friend—
far more pleasing than a fine, rare wine,

그대의 사랑은 희귀한 고급 포도주보다 달콤
하고,
그대의 향기는 고르고 고른 향료보다 특별
해요.
내 사랑, 그대와의 입맞춤은 꿀처럼 달고,
그대 입에서 흘러나오는 한 마디 한 마디는
최고의 진미랍니다.
그대의 옷에서 들판의 싱그러움과
고산 지대의 신선한 내음이 풍겨요.
나의 연인, 나의 벗이여, 그대는 비밀의 정원,
나에게만 열려 있는 맑은 샘.
나의 연인, 그대는 낙원,
즙 많은 과일이 주렁주렁 열린 과수원.
잘 익은 살구와 복숭아
오렌지와 배
개암나무와 육계나무
향이 나는 온갖 나무들,
박하와 라벤더
향기로운 온갖 허브가 그대 안에 있어요.
그대는 정원의 샘,
레바논 산맥에서 흘러내린 샘물이
퐁퐁 솟구쳐요.

여자
16 북풍아, 일어라.
남풍아, 움직여라!
나의 정원으로 불어와
향기를 퍼뜨려 다오.

오, 나의 연인이 그이의 정원으로 드시게 하
여라!
잘 익어 맛깔스러운 과일을 따 드시게 하여라.

남자
5 1 나의 사랑하는 벗, 최고의 연인이
여! 나는 내 정원으로 가서
달콤한 향기를 들이마셨어요.
과일과 꿀을 먹고

your fragrance more exotic than select
spices.
The kisses of your lips are honey, my love,
every syllable you speak a delicacy to
savor.
Your clothes smell like the wild outdoors,
the ozone scent of high mountains.
Dear lover and friend, you're a secret
garden,
a private and pure fountain.
Body and soul, you are paradise,
a whole orchard of succulent fruits—
Ripe apricots and peaches,
oranges and pears;
Nut trees and cinnamon,
and all scented woods;
Mint and lavender,
and all herbs aromatic;
A garden fountain, sparkling and splash-
ing,
fed by spring waters from the Lebanon
mountains.

The Woman
16 Wake up, North Wind,
get moving, South Wind!
Breathe on my garden,
fill the air with spice fragrance.

Oh, let my lover enter his garden!
Yes, let him eat the fine, ripe fruits.

The Man
5 1 I went to my garden, dear friend,
best lover!
breathed the sweet fragrance.
I ate the fruit and honey,
I drank the nectar and wine.

과즙과 포도주를 마셨어요.

벗들아, 나와 함께 즐기자!
잔을 들어 건배하자. "삶을 위하여! 사랑을 위
하여!"

여자
2 나는 깊이 잠들었지만, 꿈속에서는 완전히
깨어 있었어요.
쉿, 들어 보셔요! 나의 연인이 문 두드리며 부
르는 소리를!

남자
"들어가게 해줘요, 나의 반려자, 가장 아끼는
벗이여!
나의 비둘기, 완벽한 연인이여!
밤안개와 이슬에 흠뻑 젖어
오한이 드는군요."

여자
3 "나는 잠옷을 입고 있는데, 옷을 다시 차려
입으란 건가요?
몸을 씻고 잠자리에 들었는데, 다시 흙을 묻히
란 건가요?"

4-7 그러나 나의 연인은 도무지 물러서지 않았네.
그이가 문을 두드리면 두드릴수록, 나는 더욱
흥분되었네.
나의 연인에게 문을 열어 주고
그이를 다정히 맞이하려 잠자리에서 일어났네.
그이를 간절히 바라고 기대하며
문고리를 돌렸네.
그러나 문을 열고 보니, 그이는 가고 없었네.
내 사랑하는 임이 기다리다 지쳐 떠났네.
내 마음이 무너졌네. 오, 내 가슴이 찢어졌네!
달려 나가 그이를 찾았지만,
그이의 모습 어디서도 보이지 않았네.
어둠 속에 대고 불러 보아도 대답이 없었네.

Celebrate with me, friends!
Raise your glasses—"To life! To love!"

The Woman
2 I was sound asleep, but in my dreams I
was wide awake.
Oh, listen! It's the sound of my lover
knocking, calling!

The Man
"Let me in, dear companion, dearest
friend,
my dove, consummate lover!
I'm soaked with the dampness of the
night,
drenched with dew, shivering and
cold."

The Woman
3 "But I'm in my nightgown—do you
expect me to get dressed?
I'm bathed and in bed—do you want
me to get dirty?"

4-7 But my lover wouldn't take no for an
answer,
and the longer he knocked, the more
excited I became.
I got up to open the door to my lover,
sweetly ready to receive him,
Desiring and expectant
as I turned the door handle.
But when I opened the door he was gone.
My loved one had tired of waiting and
left.
And I died inside—oh, I felt so bad!
I ran out looking for him
But he was nowhere to be found.

성을 순찰하던 야경꾼들이
나를 보았네.
그들은 나를 때려 상처를 입히고
내 옷을 벗겨 갔네.
성 안을 지켜야 할 그들이 강도짓을 했네.

8 예루살렘 아가씨들아, 간절히 부탁한다.
나의 연인을 만나거든 전해 다오.
내가 그이를 원한다고,
그이를 너무 사랑하여 크게 상심했다고.

합창
9 아름다운 아가씨야, 그대의 연인이 뭐가
그리 대단하냐?
그 사람 무엇이 그리 특별하기에 우리의
도움을 구하느냐?

여자
10-16 나의 사랑하는 연인은 건강미가 넘치지.
혈색이 좋고 빛이 난단다!
그이는 수많은 사람 중에 으뜸,
그와 같은 이는 하나도 없단다!
나의 소중한 그이는 티 없이 순수하고,
어깨에 흘러내린 고수머리는 까마귀처럼
검고 윤이 난단다.
그이의 두 눈은 비둘기같이 부드럽고 반짝
이지.
가득 찬 우물처럼 깊어서 그윽한 뜻이 담
겨 있지.
그이의 얼굴은 강인한 인상을 주고, 수염
은 현인의 기운 풍기며
따뜻한 목소리는 나를 안심시킨단다.
불끈 솟아오른 멋진 근육은
근사하고 아름답지.
그이의 몸은 조각가의 작품,
상아처럼 단단하고 매끈하단다.
백향목처럼 휜칠하고
태산같이 듬직하여 흔들림이 없고,

I called into the darkness—but no answer.
The night watchmen found me
  as they patrolled the streets of the city.
They slapped and beat and bruised me,
  ripping off my clothes,
These watchmen,
  who were supposed to be guarding the city.

8 I beg you, sisters in Jerusalem—
  if you find my lover,
Please tell him I want him,
  that I'm heartsick with love for him.

The Chorus
9 What's so great about your lover, fair lady?
What's so special about him that you beg for
our help?

The Woman
10-16 My dear lover glows with health—
  red-blooded, radiant!
He's one in a million.
  There's no one quite like him!
My golden one, pure and untarnished,
  with raven black curls tumbling across his
  shoulders.
His eyes are like doves, soft and bright,
  but deep-set, brimming with meaning,
  like wells of water.
His face is rugged, his beard smells like sage,
  His voice, his words, warm and reassuring.
Fine muscles ripple beneath his skin,
  quiet and beautiful.
His torso is the work of a sculptor,
  hard and smooth as ivory.
He stands tall, like a cedar,
  strong and deep-rooted,
A rugged mountain of a man,

나무와 돌처럼 자연의 내음 가득하단다.
그이의 말은 말로 하는 키스, 그이의 키스는
키스로 하는 말.
그이의 모든 것이 속속들이 나를
기쁘게 하고 짜릿하게 하지!

예루살렘 아가씨들아,
이 사람이 바로 나의 연인, 나의 임이란다.

합창

6 ¹ 아리따운 여인아,
      그대의 임은 어디로 갔느냐?
도대체 그는 어디에 있느냐?
우리가 그를 찾는 일을 도와줄까?

여자

²⁻³ 신경 쓰지 마라. 나의 연인은 이미 자기 정원으로 가서
꽃을 구경하고 있으니.
손으로 쓰다듬으며 그 색깔과 모양 음미하고 있단다.
나는 내 연인의 것, 내 연인은 나의 것.
그이는 달콤한 향내 나는 꽃을 애무하고 있단다.

남자

⁴⁻⁷ 나의 사랑하는 벗, 나의 연인이여,
그대는 기쁨의 도시 디르사처럼 아름답고
꿈의 도시 예루살렘처럼 사랑스러워요.
그 매혹적인 모습이 황홀해요.
얼마나 아리따운지, 내가 어찌할 바를 모르겠어요.
이런 아름다움은 처음이에요! 감당할 수 없어요.
그대의 머리카락,
멀리서 햇빛 받으며 언덕 아래로 내리닫는 염소 떼처럼
찰랑거리며 반짝여요.
아낌없는 환한 미소,
그대의 마음을 보여주네요. 힘 있고 정갈한 미

aromatic with wood and stone.
His words are kisses, his kisses words.
   Everything about him delights me,
   thrills me through and through!

That's my lover, that's my man,
   dear Jerusalem sisters.

The Chorus

6 ¹ So where has this love of yours
      gone,
fair one?
Where on earth can he be?
   Can we help you look for him?

The Woman

²⁻³ Never mind. My lover is already on
his way to his garden,
   to browse among the flowers, touching
   the colors and forms.
I am my lover's and my lover is mine.
   He caresses the sweet-smelling flowers.

The Man

⁴⁻⁷ Dear, dear friend and lover,
   you're as beautiful as Tirzah, city of
   delights,
Lovely as Jerusalem, city of dreams,
   the ravishing visions of my ecstasy.
Your beauty is too much for me—I'm in
over my head.
   I'm not used to this! I can't take it in.
Your hair flows and shimmers
   like a flock of goats in the distance
   streaming down a hillside in the
   sunshine.
Your smile is generous and full—
   expressive and strong and clean.

소예요.
너울에 가린 부드러운 두 볼,
광채를 발하네요.

8-9 이 같은 여인은 세상에 없네.
전에도 없었고, 앞으로도 없으리.
비할 바 없이 아름다운 여인,
나의 비둘기는 완벽 그 자체라네.
그녀가 태어나던 날,
어머니가 기뻐하며 요람에 누이던 그날만
큼, 순수하고 순결하다네.
지나던 사람들이 그녀를 보면
한결같이 환호하며 감탄한다네.
모든 아버지와 어머니, 이웃과 친구들이
그녀를 축복하고 칭송한다네.

10 "이 같은 여인을 본 적 있는가?
새벽처럼 신선하고, 달처럼 어여쁘며, 해처
럼 빛나는 여인,
은하수 흐르는 밤하늘처럼 매혹적인 여
인을."

11-12 어느 날 나는 과수원을 거닐었네.
봄이 왔나 보려고,
꽃망울이 터지는지 보려고.
때가 무르익었기를 기대하며 거닐었네.
그런데 당신 생각에
나도 모르게 그만 마음을 빼앗겼네!

13 춤을 춰요, 사랑하는 술람미 아가씨, 천
사 같은 공주여!
춤을 춰요, 그대의 우아한 모습 보며 우리
눈이 호사하도록!
모두 술람미 아가씨의 춤을 보고 싶어 해요.
사랑과 평화의 춤, 승리의 춤을.

Your veiled cheeks
are soft and radiant.

8-9 There's no one like her on earth,
never has been, never will be.
She's a woman beyond compare.
My dove is perfection,
Pure and innocent as the day she was born,
and cradled in joy by her mother.
Everyone who came by to see her
exclaimed and admired her—
All the fathers and mothers, the neighbors
and friends,
blessed and praised her:

10 "Has anyone ever seen anything like
this—
dawn-fresh, moon-lovely, sun-radiant,
ravishing as the night sky with its galaxies
of stars?"

11-12 One day I went strolling through the
orchard,
looking for signs of spring,
Looking for buds about to burst into flower,
anticipating readiness, ripeness.
Before I knew it my heart was raptured,
carried away by lofty thoughts!

13 Dance, dance, dear Shulammite,
Angel-Princess!
Dance, and we'll feast our eyes on your
grace!
Everyone wants to see the Shulammite
dance
her victory dances of love and peace.

7 ¹⁻⁹ 신발을 신은 그대의 두 발, 맵시 있고 우아하네.

그대의 움직임, 여왕과도 같고
나긋하고 우아한 손발,
예술가의 작품 같네.
그대의 몸은
포도주 가득한 성배.
부드러운 황갈색 피부는
산들바람 닿은 밀밭.
그대의 두 젖가슴은 한 쌍의 새끼사슴,
쌍둥이 노루.
그대의 목은 둥글고 날씬하게 깎아 낸
상아.
그대의 두 눈은 신비를 머금은 빛의 우물.
오, 비할 데 없는 여인이여!
그대가 나타나면 그 모습 바라보고
모두 눈을 떼지 못한다네.
나, 그대를 보면 떠오르네.
높은 산맥을 볼 때처럼 정상에 오르고 싶
은 욕구,
그 꿈틀대는 갈망이.
이제 다른 여인은 눈에 들어오지 않네!
사랑하는 연인, 친밀한 반려자여,
그대의 아름다움 안팎으로 완벽해요.
그대는 야자나무처럼 크고 유연하며,
그 풍만한 젖가슴은 달콤한 야자송이 같아요.
나는 말한답니다. "저 야자나무에 오르
리라!
저 야자송이를 애무하리라."
그래요! 나에게 그대의 두 젖가슴은
달콤한 과일송이.
그대의 숨결은 신선한 박하처럼 맑고 시
원하고,
그대의 혀와 입술은 최고급 포도주 같아요.

여자

⁹⁻¹² 그래요, 당신의 것도 그러하답니다.
내 연인의 입맞춤,

---

7 ¹⁻⁹ Shapely and graceful your sandaled feet,

and queenly your movement—
Your limbs are lithe and elegant,
    the work of a master artist.
Your body is a chalice,
    wine-filled.
Your skin is silken and tawny
    like a field of wheat touched by the breeze.
Your breasts are like fawns,
    twins of a gazelle.
Your neck is carved ivory, curved and slender.
    Your eyes are wells of light, deep with mystery.
    Quintessentially feminine!
Your profile turns all heads,
    commanding attention.
The feelings I get when I see the high mountain ranges
    —stirrings of desire, longings for the heights—
Remind me of you,
    and I'm spoiled for anyone else!
Your beauty, within and without, is absolute,
    dear lover, close companion.
You are tall and supple, like the palm tree,
    and your full breasts are like sweet clusters of dates.
I say, "I'm going to climb that palm tree!
    I'm going to caress its fruit!"
Oh yes! Your breasts
    will be clusters of sweet fruit to me,
Your breath clean and cool like fresh mint,
    your tongue and lips like the best wine.

The Woman

⁹⁻¹² Yes, and yours are, too—my love's kisses
    flow from his lips to mine.

그이의 입술에서 나의 입술로 흘러듭니다.
나는 내 연인의 것.
나는 그이가 원하는 전부. 나는 그이의 온 세상!
사랑하는 연인이여, 오셔요.
우리 함께 시골길을 걸어요.
길가 여관에서 묵고
일찍 일어나 새소리를 들어요.
흐드러지게 핀 들꽃,
흰 꽃 피는 검은 딸기 덤불,
충충이 꽃 피어
늘어선 과일나무들을 찾아보아요.
거기서 나를 당신에게 드리겠어요.
내 사랑을 당신의 사랑 앞에 바치겠어요!

13 사랑의 열매가 향기로 우리를 감싸고
다산의 기운이 우리를 에워쌉니다.
오로지 내 사랑, 당신만을 위하여 간직하고
아껴 둔
햇과일과 절인 과일을 드셔요.

8 ¹⁻² 당신이 내 어머니의 젖을 함께 빨던
나의 쌍둥이 오라버니였다면,
거리에서 뛰놀며
남들이 보는 앞에서 입 맞추어도
별나게 생각하는 사람 없으련만.
내 어머니가 나를 기르시던 집으로
임의 손을 잡고 데려가련만.
임은 나의 포도주를 마시고
내 볼에 입 맞추겠지.

³⁻⁴ 상상해 보아라! 그이의 왼손이 내 머
리를 받치고
그이의 오른팔이 내 허리를 껴안는 모습을!
오, 예루살렘 아가씨들아, 그대들에게 경고한다.
때가 무르익기 전, 준비되기 전에는
사랑에 불을 지르지 마라. 사랑이 달아오르
게 하지 마라.

I am my lover's.
  I'm all he wants. I'm all the world to
  him!
Come, dear lover—
  let's tramp through the countryside.
Let's sleep at some wayside inn,
  then rise early and listen to bird-song.
Let's look for wildflowers in bloom,
  blackberry bushes blossoming white,
Fruit trees festooned
  with cascading flowers.
And there I'll give myself to you,
  my love to your love!

13 Love-apples drench us with fragrance,
  fertility surrounds, suffuses us,
Fruits fresh and preserved
  that I've kept and saved just for you, my
  love.

8 ¹⁻² I wish you'd been my twin brother,
  sharing with me the breasts of my
  mother,
Playing outside in the street,
  kissing in plain view of everyone,
  and no one thinking anything of it.
I'd take you by the hand and bring you home
  where I was raised by my mother.
You'd drink my wine
  and kiss my cheeks.

³⁻⁴ Imagine! His left hand cradling my
head,
  his right arm around my waist!
Oh, let me warn you, sisters in Jerusalem:
  Don't excite love, don't stir it up,
  until the time is ripe—and you're ready.

합창

5 연인과 팔짱을 끼고
들판에서 올라오는 저 여인은 누구인가?

남자

나는 살구나무 아래에서 그대를 보고,
그대를 깨워 사랑을 나누었지요.
그 나무 아래에서 그대의 어머니가 진통을
시작했고
바로 그 나무 아래에서 그대를 낳았지요.

여자

6-8 내 목걸이를 당신 목에 걸고,
내 가락지를 당신 손가락에 끼워 주셔요.
사랑은 위험과 죽음에도 굴하지 않는 것,
그 열정은 지옥의 공포를 비웃는답니다.
사랑의 불은 어떤 것에도 꺼지지 않아,
제 앞에 있는 모든 것을 쓸어버린답니다.
홍수도 사랑을 익사시키지 못하고
억수 같은 비도 사랑을 꺼뜨리지 못합니다.
사랑은 팔 수도 살 수도 없는 것,
시장에서 구할 수도 없는 것.
내 오라버니들이 나를 걱정하여 이렇게 말
하곤 했답니다.

8-9 "우리의 어린 누이는 젖가슴이 없다네.
사내들이 구혼이라도 하는 날이면,
우리의 어린 누이를 어찌해야 하나?
그 애는 처녀고 연약하니
우리가 지켜 주어야지.
저들이 그 애를 성벽으로 여기면, 그 위에
철조망을 쳐야지.
저들이 그 애를 문으로 여기면, 우리가 방
어벽을 쳐야지."

10 사랑하는 오라버니들, 나는 성벽으로 둘
러싸인 처녀이지만
내 젖가슴은 풍만하답니다.

The Chorus

5 Who is this I see coming up from the country,
　　arm in arm with her lover?

The Man

I found you under the apricot tree,
　　and woke you up to love.
Your mother went into labor under that tree,
　　and under that very tree she bore you.

The Woman

6-8 Hang my locket around your neck,
　　wear my ring on your finger.
Love is invincible facing danger and death.
　　Passion laughs at the terrors of hell.
The fire of love stops at nothing—
　　it sweeps everything before it.
Flood waters can't drown love,
　　torrents of rain can't put it out.
Love can't be bought, love can't be sold—
　　it's not to be found in the marketplace.
My brothers used to worry about me:

8-9 "Our little sister has no breasts.
　　What shall we do with our little sister
　　when men come asking for her?
She's a virgin and vulnerable,
　　and we'll protect her.
If they think she's a wall, we'll top it with barbed wire.
　　If they think she's a door, we'll barricade it."

10 Dear brothers, I'm a walled-in virgin still,
　　but my breasts are full—
And when my lover sees me,

내 연인이 나를 보면
이내 만족할 거예요.

남자

11-12 솔로몬 왕은 기름지고 비옥한 땅에 있는 넓은 포도원을 갖고 있다네.
왕은 일꾼들을 고용해 땅을 일구게 하고
사람들은 많은 돈을 내고 거기서 포도를 기른다네.
하지만 나의 포도원은 오롯이 나의 소유,
나 혼자만의 것이라네.
왕이시여, 왕의 거대한 포도원을 차지하십시오!
왕의 욕심 많은 손님들과 함께 얼마든지 차지하십시오!

13 오, 정원의 아가씨여,
나의 벗들이 나와 함께 귀 기울이고 있어요.
그대의 목소리를 나에게 들려주어요!

여자

14 사랑하는 연인이여, 나에게 달려오셔요.
노루처럼 오셔요.
향내 그윽한 이 산으로
야생 수사슴처럼 뛰어오셔요.

he knows he'll soon be satisfied.

The Man

11-12 King Solomon may have vast vineyards
  in lush, fertile country,
Where he hires others to work the ground.
  People pay anything to get in on that bounty.
But my vineyard is all mine,
  and I'm keeping it to myself.
You can have your vast vineyards, Solomon,
  you and your greedy guests!

13 Oh, lady of the gardens,
  my friends are with me listening.
  Let me hear your voice!

The Woman

14 Run to me, dear lover.
  Come like a gazelle.
Leap like a wild stag
  on the spice mountains.

성경 이야기의 다섯 막

성경의 요체는 이야기다. 특정 백성에 대한 이야기, 하나님께서 어떻게 그들을 부르셨고 그들을 모든 인류를 위한 복의 통로로 삼고자 하시는지에 대한 이야기다. 사실, 이야기는 우리 삶을 가장 잘 묘사해 주는 단어이기도 하다. 우리는 법을 잘 준수하는 사람일 수도, 사실을 깊이 연구하는 사람일 수도, 지혜를 추구하는 사람일 수도 있지만, 이런 행위들이 우리에게 우리 삶의 의미를 밝혀 주는 것은 아니다. 우리 삶에 맥락을 제공하고 의미를 부여해 주는 것은 다름 아닌 이야기다.

성경은 모든 부분들이 모여 결국 하나의 이야기를 이룬다. 그렇기에

성경을 이해하자면, 우리는 그 등장인물을 파악하고
배경을 이해하고 줄거리를 따라가야 한다.

성경의 클라이맥스와 대미를 이해하자면, 우리는 거기까지 전개되어 온 이야기를 알고 있어야 한다. 고조되는 긴장과 깊어지는 갈등을 함께 느낄 줄 알아야 한다. 좋은 소설을 읽을 때처럼 우리는 이야기 속에 푹 빠져들어야 한다.

다음은 성경을 다섯 막으로 이루어진 드라마로 보고 그 이야기를 축약해 본 것이다.

제1막 | 창조

성경 드라마는 막이 오를 때 이미 하나님이 무대 위에 올라와 계신다. 세상을 창조하고 계신다. 하나님은 사람 곧 아담을 만드시고는, 그를 에덴 동산에 두어 그곳을 돌보고 가꾸는 일을 하게 하신다. 하나님의 뜻은 인간이 당신과 친밀한 관계 가운데 살며 주변의 모든 창조물과 조화를 이루며 사는 것이다. 성경의 처음 장들은 하나님을 처음 인간들인 아담과 하와와 더불어 에덴 동산에 거주하시는 분으로 그린다. 창세기 첫째 장은 스스로 하신 일에 대해 자평하시는 하나님의 말씀으로 마친다.

하나님께서 손수 만드신 모든 것을 보시니

참으로 좋고 좋았다! (창 1:31)

이렇게 성경 이야기의 1막은 하나님께서 사람에게 바라시는 것이 무엇인지를 계시해 주며, 이후 일어날 일들의 배경이 된다.

제2막 | 타락

이야기에 긴장이 도입된다. 아담과 하와가 하나님의 길을 저버리고 자기 꾀를 내어 살기로 선택한 것이다. 그들은 하나님의 원수인 사탄의 혹하는 소리에 귀를 기울이고 하나님의 미쁘심을 의심한다. 그들은 하나님께 반역한다. 그 결과,

> 하나님은 그들을 에덴 동산에서 내쫓으시고, 그들이 흙으로 지어졌으므로 흙을 일구게 하셨다. 하나님께서 그들을 쫓아내신 다음, 동산 동쪽에 그룹 천사들과 회전하는 불칼을 두셔서, 생명나무에 이르는 길을 지키게 하셨다(창 3:23-24).

1막이 세상을 창조하신 하나님의 뜻이 무엇인지를 계시해 주었다면, 여기 2막은 창조물 가운데 일부가 하나님의 계획을 따르기를 거부했음을 보여준다. 하나님은 과연 인간과의 관계를 회복하고 창조세계에서 저주를 제거하실 수 있을 것인가? 아니면, 하나님의 원수에 의해 결국 그분의 계획이 무산되고 이야기가 역전되고 말 것인가?

1막과 2막은 페이지 수로 따지면 성경에서 얼마 안되지만, 뒤따라 전개되는 이야기 전체를 지배하는 중심 갈등이 도입되는 부분이다.

제3막 | 이스라엘

하나님께서 아브람에게 말씀하셨다. "네 고향과 네 가족과 네 아버지 집을 떠나, 내가 네게 보여줄 땅으로 가거라.

> 내가 너를 큰 민족이 되게 하고
> 네게 복을 주겠다.
> 내가 네 이름을 떨치게 할 것이니
> 너는 복의 근원이 될 것이다.
> 너를 축복하는 사람에게는 내가 복을 내리고

너를 저주하는 사람에게는 내가 저주를 내리겠다.

세상 모든 민족이

너로 인하여 복을 받을 것이다"(창 12:1 - 3).

하나님은 아브람(후에 하나님은 그에게 아브라함이라는 새 이름을 지어 주신다)을 부르셔서는 그를 큰 민족의 조상으로 삼아 주시겠다는 약속을 하신다. 그러고는 하나님은 초점을 좁혀 한 동안은 한 무리의 사람들에게 집중하신다. 하지만 하나님의 궁극적 목적은 동일하다. 지상의 모든 민족들에게 복을 내리고, 창조세계에서 저주를 없애며, 에덴 동산에 존재했던 그 본래적 관계를 회복시키는 것 말이다.

이후 아브라함의 자손들이 이집트에서 노예로 살아가는 상황이 벌어지자, 성경 이야기의 중심 패턴 하나가 모습을 드러낸다. 즉 하나님께서 당신의 백성을 다시 찾아오시고, 그들을 해방시켜 주시며, 그들에게 약속의 땅을 되찾아 주신다. 하나님은 이 새 민족 이스라엘과 시내 산에서 언약을 맺으신다. 이집트로부터 탈출하여 출애굽(Exodus)하는 그들을 위해 모세를 지도자로 세워 주신다. 언약을 맺으실 때 하나님은, 만일 당신의 백성이 당신께 충실하고 신실히 당신의 길을 따른다면 그 새 땅에서 그들에게 복을 내리고 그곳을 에덴 동산 같은 곳으로 만들어 주겠노라고 분명히 약속해 주신다.

그러나 하나님은 또 경고하시기를, 만일 이스라엘이 언약을 충실히 이행하지 않는다면, 당신께서는 그들을 아담과 하와에게 하셨던 것처럼 그 땅에서 쫓아내실 것이라고 하신다. 비극적이게도, 또 하나님의 거듭된 경고와 호소에도 불구하고, 이스라엘은 결국 하나님의 길을 저버리고 만다. 그들은 하나님과의 언약을 깨뜨리고, 주변 민족들이 섬기는 거짓 신들을 따르며, 그렇게 하나님의 심판을 자초한다.

이렇게 아브라함의 자손들은 아담의 실패를 만회하라고 선택된 이들이었음에도 결국 실패하고 만다. 그러나 이런 와중에서도 하나님은 다른 씨들을 심고 계셨다. 이스라엘의 왕들 가운데 하나였던 다윗은 "하나님의 마음에 합한 사람"이었다. 하나님은 이스라엘에게 장차 다윗 같은 왕을 보내 주시겠다고 약속하셨다. 다윗의 후손인 그 왕은 이스라엘을 지혜롭게 인도할 것이며, 백성의 마음을 다시 하나님께로 돌이킬 것이며, 세계의 모든 민족들에게 복을 가져올 것이라고 하셨다.

이렇게 3막은 하나님의 부재와 더불어, 그러나 또한 한 약속, 희망과 더불어 막을 내린다.

제4막 | 예수

시간이 흘러 사백 년 후, 이스라엘 백성은 로마의 압제 아래서 신음하며 하나님이 다시 찾아와 주시기를 대망하고 있다. 이때 하나님의 천사가 마리아라는 한 젊은 여인을 찾아와서는 소식 을 전한다.

"네가 임신하여 아들을 낳을 것이니, 그 이름을 예수라고 하여라.

그는 크게 되어
'지극히 높으신 분의 아들'이라 불릴 것이다.
주 하나님께서 그에게
그의 조상 다윗의 왕위를 주실 것이다.
그는 영원히 야곱의 집을 다스리고
그의 나라는 영원무궁할 것이다"(눅 1:31-33).

예수께서 오시는 것은 하나님의 약속의 성취였다.

예수께서는 미션에 돌입하신다. 백성 가운데 아프고 병든 이들을 고쳐 주신다. 영적 세계에 도사리고 있는 하나님의 원수들 곧 마귀들과 대결하시고, 그들더러 사람을 괴롭히지 말고 떠 나라고 명령하신다. 가난한 심령으로 나아오는 이들에게 죄 용서를 선언하신다. 예수께서는 복음, 곧 희소식을 선포하신다.

"때가 다 되었다! 하나님 나라가 여기 있다.
너희 삶을 고치고 메시지를 믿어라"(막 1:15).

예수께서 전한 메시지의 핵심은 바로 이 희소식, 하나님께서 통치하시는 나라가 다가오고 있 다는 소식이다. 마침내 하나님께서 당신의 백성에게 돌아오실 것이고 다시 그들 가운데 거하 실 것이다. 예수께서 임마누엘, 곧 "하나님이 우리와 함께하신다"고 불리시는 까닭이 여기에 있다.

그러나 예수의 메시지는 상반된 반응을 불러일으킨다. 믿고 받아들이는 이들도 있으나, 대 부분은 그저 어리둥절해하며 그분을 신기해할 뿐이다. 제도권 종교 지도자들은 곧 그분을 적 대한다. 갈등은 고조되다가 마침내 파국에 이르고, 마침내 종교 지도자들은 공모해 예수를 체 포해서는 십자가에 못 박아 죽인다.

그러나 일견 하나님의 패배로 보이는 이 일은 실상 하나님의 최고 승리 사건이다. 예수의 죽음은 대역전의 사건, 하나님께서 당신의 원수를 거꾸러뜨리고 세상을 뒤엎으신 사건이다. 스스로 자기 목숨을 제물로 바침으로써 예수께서는 우리의 죄에 대한 하나님의 심판을 친히 담당해 주신다. 이스라엘의 참 제사장으로서 그분은 자기 목숨을 당신의 백성을 위해 제물로 바치신다. 그분께서는 당신 백성을 새로이 출애굽시키신다. 죽음에서 생명으로 옮기신다. 이 모든 일이 보여주는 바, 예수께서는 인류를 하나님과 화해시켜 주려 오시기로 약속된 바로 그 아브라함의 자손이다. 이스라엘은 예수를 통해 비로소 자신의 역할을 완수하게 된다. 하나님께서 아브라함을 부르신 목적을 마침내 이루게 된다.

이와 같은 예수 이야기가 바로 성경 전체 이야기의 핵심 포인트다. 하나님의 원수와의 대결, 세상의 근원적 뒤틀림을 바로잡으려는 씨름의 진면목이 펼쳐지는 장이 바로 예수의 삶이다. 예수께서 바로 성경 이야기의 주인공이시다.

제5막 | 하나님의 새 백성

결정적 승리는 이미 확보되었다. 그런데 왜 5막이 필요할까? 하나님께서는 예수의 승리가 세상 모든 민족들에게 퍼져 나가기를 바라시기 때문이다. 예수를 따르는 이들은 지금 함께 하나님의 새 성전으로 지어져 가는 중이다. 하나님의 영이 거하시는 곳으로 말이다. 하나님은 세계 방방곡곡에서 이런 이들을 불러 모아 당신의 교회를 이루게 하신다. 이 일이 완성되는 날, 예수께서 돌아오실 것이고, 하나님의 통치가 하나님의 창조세계 전체에 걸쳐 실재가 될 것이다 (고전 15:24-25). 2막 때 들어왔던 저주가 마침내 제거될 것이다(계 22:3).

세계 모든 민족들에게 복을 가져오는 백성이 되라는 임무가 다시금 아브라함의 자손들에게 주어졌다. 신약성경에 따르면, 그리스도께 속한 이들이야말로 진정한 아브라함의 자손들이다 (갈 3:29). 5막은 그리스도를 따르는 제자들에게 부여된 미션을 강조한다. 그리스도의 나라에 대한 희소식, 그 해방의 메시지를 선포하며 살아 내는 삶 말이다.

지금 우리 모두는 이 5막의 시대, 그 드라마를 살고 있다. 그리스도에 대한, 그분 나라에 대한 복음 메시지가 우리에게까지 이르렀다. 우리도 중대한 결단 앞에 서게 된 것이다. 어떤 결단을 내릴 것인가? 이 이야기 속에서 우리는 어떤 역할을 자임할 것인가?

성경 이야기는 인류 역사를 관통하는 갈등과 씨름에 대한 참된 서술이다. 우리는 새 창조의 일을 하시는, 세상을 회복시키시며 세상과 우리를 새롭게 하시는 하나님의 선교에 동참할 것인가?

무엇을 할 것인가?

지금 당장 할 수 있는 가장 중요한 일은 먼저 이 성경을 주의 깊게 읽는 것이다. 그러면 하나님의 영께서 성경의 말씀을 힘 있게 들어 사용하셔서 당신의 목적을 성취하신다. 여러분을 변화시키며, 여러분을 통해 세상을 변화시키신다.

성경을 읽기 쉬운 책이라 말하기는 어렵다. 이해하기 어려운 구절들도 분명 있다. 그러나 그럼에도 불구하고 여러분이 성경 읽기를 고수한다면, 하나님에 대해, 또 그분께서 성경을 통해 주시는 이야기에 대해 더 깊이 알고자 매진한다면, 여러분은 인도받을 것이고, 변화될 것이며, 하나님과 친밀한 사이가 될 것이다.

성경 드라마 | 연대표

◎ 세계사 주요 사건

피라미드 건설, 주전 2500년대
힌두교가 인도에서 흥왕하다, 주전 1100년대
불교가 인도에서 창시되다, 주전 500년대
알렉산더 대제의 통치 시대 개막, 주전 336년
중국이 만리장성 건축을 시작하다, 주전 214년
로마제국의 발흥, 주전 28년

제1막 창조
제2막 타락
제3막 이스라엘
제4막 예수
제5막 하나님의 새 백성

아담과 하와 · 노아 · 아브라함 · 모세 · 예수

상단

창조

대홍수가 지면을 덮다

하나님께서 아브라함을 택하시다
주전 2100년경

왕정의 시작
주전 1000년경
사울 / 다윗 / 솔로몬

왕국의 멸망과 포로기
이스라엘 주전 722년
유다 주전 586년

예수의 탄생

예수께서 죽으시고
3일 만에 부활하시다
주후 30년경

교회의 시작

오늘의 교회

하단

죄로 인한 타락

사람들이 흩어지다

모세가 이스라엘을
이끌고 출애굽하다

왕국의 분열

구약의 마지막 책이
저술되다

그리스도의 생애
마태, 마가, 누가, 요한이
다른 관점에서 예수의 삶을 기록하다

예수께서 사역을 시작하시다

유진 피터슨 Eugene H. Peterson, 1932-2018

1932년 11월 6일	미국 워싱턴 주 이스트 스탠우드에서 태어나다. 몬태나 주 캘리스펠로 이주하여, 어린 시절을 보내다.
1950-1954년	시애틀 퍼시픽 대학에서 철학(B. A.)을 공부하다.
1954-1957년	뉴욕 신학교에서 신학(S.T.B.)을 공부하다.
1957-1959년	존스 홉킨스 대학에서 셈어 연구로 석사학위(M. A.)를 받다.
1958년	미국 장로교단(PCUSA)에서 목사 안수를 받다. 존스 홉킨스 대학에서 재니스 스텁스를 만나 결혼하다.
1959-1962년	뉴욕 신학교로 돌아와 성경 원어(히브리어, 그리스어)와 성경을 가르치며, 뉴욕 시 화이트 플레인스 장로교회 협동목사로 사역하다. "나는 잠깐 동안 목사 일을 할 생각이었다. 생활비를 벌기 위해 시작한 일이었고, 당시 내게는 목회자가 될 마음이 없었다.…… 그러나 3년을 교수와 목사로 일하면서 내 소명이 무엇인지 명확해졌다. 마침내 나는 교수가 아니라 목사이어야 함을 분명하게 깨닫게 되었다. 이 일이 큰 충격이었던 것은, 나는 한번도 목사로서의 삶을 진지하게 생각해 본 적이 없기 때문이었다."
1962년	교수직을 사임하고, 메릴랜드 주의 작은 마을 벨 에어에서 '그리스도 우리왕 장로교회'(Christ Our King Presbyterian Church)를 시작하다. 이후 29년간 이 교회의 목사로 섬기다.
1980년대 초	교인들과 성경을 공부하며 성경 원문의 생생한 의미를 전달해 줄 방법을 고민하던 중, 갈라디아서를 오늘의 일상 언어로 번역해서 교인들과 함께 읽다. 이렇게 번역된 갈라디아서를 통해 교인들이 성경에 눈을 뜨게 되다. 이 번역은 나중에 있게 될 『메시지』작업의 기초가 된다. "내가 번역을 하면서 염두에 두었던 것은 오직 우리 교회 교우들과 그들의 삶이었다. 그래서 나는 그리스어로 쓰여진 본문 속으로 들어가 그 의미의 밑바닥까지 살피고, 오늘 우리가 사용하는 일상 언어로 그것을 표현하려고 했다."
1988년	새로운 갈라디아서 번역과 설교를 담은 『자유』(Traveling Light)가 출간되다.
1990년 4월	『자유』에 실린 갈라디아서 번역을 수년간 마음에 두고 있던 NavPress 출판사 편집자 존 스타인이, 신약성경 전체를 번역할 것을 제안해 오다. "나는 정말로 그 일을 할 수 있으리라고는 생각하지 않았다. 하지만 우선 마태복음 10장까지 번역해 보기로 했다.…… 그러던 어느 날, 지하실 서재에서 산상수훈을 번역하고 있던 나는 이 작업이 가능하다는 것을 문득 깨닫게 되었다."
1991년 7월	마태복음 번역과 함께 보낸 16개월의 기도 끝에 신약성경을 번역하기로 결정하다. 29년간 섬기던 교회 목사직을 사임하다.
1991-1992년	피츠버그 신학교 집필교수로 재직하며 신약성경을 번역하다.